KB204450

무엇이 그들을 성공한 리더로 만들었는가

명장의 코드
American Generalship

에드거 F. 퍼이어 지음 | 윤상용 옮김

AMERICAN GENERALSHIP

Character is Everything:
The Art of Command

Edgar F. Puryear Jr.

THE RANDOM HOUSE PUBLISHING GROUP · NEW YORK

American Generalship

옮긴이의 말

이 책에 관해 처음 들은 것은 아직 현역으로 복무하고 있던 군 생활 말엽이었던 듯하다. 당시 이 책의 원서(American Generalship)가 좋은 평을 받아 군 일부에서 추천 도서로 돌기도 했다. 그러나 그때 이 책의 한글 번역본이 있었던 것도 아니고, 그렇다고 일부러 원서까지 사서 읽을 정성은 없었던지라 '그냥 그런 책이 있구나' 하는 정도로 이름만 듣고 말았다. 그러던 중 2009년 초에 잠시 미국에 다녀온 적이 있었는데, 이때 로스앤젤레스의 한 서점에서 이 책이 판매대에 놓인 것을 보고 문득 기억이 나 구입했다가 한국으로 돌아오는 비행기 안에서 내내 읽으며 이 책을 처음으로 접했다.

그런데 처음 이 책을 읽을 때 몇 가지 걸리는 점이 있었다. 맥아더나 아이젠하워처럼 이미 한국 대중에게도 잘 알려진 이들은 괜찮으나, 그 밖에 이 책에 등장하는 생소한 이름들은 이야기에 몰입하는 데에도 방해가 되었고, 어떤 행적을 거친 이들인지 궁금하다는 생각도 강하게 들었다. 그래서 등장인물 한 명 한 명의 정보를 직접 찾아가며 읽던 중, 마침 국내 출판사에서 번역본이 나온 사례가 없다는 소리를 듣게 되어 직접 번역해보겠다고 시작한 것이 이런 결과(?)까지 낳게 되었다. 내용도 읽기 쉬운 일화 위주이고, 무엇보다 위기 상황에서 이 책에 소개된 장군과 제독이 보여준 리더십은 비단 군사 분야뿐 아니라 일반적인 분야에서도 폭넓게 이해될 수 있을 것 같아 덤벼든 작업인데, 좋은 작품을 본래의 질보다 못하게 만들지는 않았나 하는 두려운 생각도 드는 것이 사실이다.

2006년 7월 28일 자 《포브스》 보도에 따르면,[•] 미국에서 군인은 소방수, 의료계 종사자 등과 더불어 가장 존경받는 직업 중 하나다. 이는 항상 고된 조건과 환경 속에서도 멸사봉공을 지향하는 직업 특성에 대한 일반인의 존경심이 반영된 결과일 것이다. 그런데 이 책에 소개된 일화를 살펴보면, 이들이 보여준 리더로서의 특성은 모두 사회나 기업 분야에서도 통용될 만한 것들이다. 어느 조직이든 한 조직의 리더는 사리사욕이 없어야 하고, 결정적인 순간에 선택할 줄 알아야 하며, 감을 가지고 있고, 감언이설을 물리칠 줄 알며, 전문적인 지식을 쌓고, 후진을 양성하며, 부하를 배려하고, 위임할 줄 알며, 조직의 비난을 대신 뒤집어쓰되 칭찬은 타인에게 돌릴 줄 알아야 한다. 무엇보다 리더가 인품을 갖춘 사람이어야 아랫사람이든 동료든 그를 따른다는 것은 어디서나 통하는 진리라는 점은 누구나 공감할 것이다. 2012년은 한국뿐 아니라 미국을 비롯해 세계 주요 국가에서 선거가 치러지는 의미 깊은 해이며, 전 세계적인 금융위기뿐 아니라 세계 각지에서 분쟁의 위험이 늘어가고 있는 시기이므로, 지금 시대가 필요로 하는 리더십이란 어떤 것인지 짚어보는 것도 대단히 중요한 일일 것이다.

주변에서 항상 도움을 주고 지지해주시는 분들이 헤아릴 수 없이 많지만, 특히 이 책과 관련해서 정말 많은 분의 응원과 도움을 받았다. 이분들을 모두 열거하고 싶으나 그러기에는 지면이 부족하므로, 이 책이 나오기까지 직접적

• Tom Van Riper, "America's Most Admired Professions," *Fobes*, July 28, 2006.

으로 도움을 주신 분들께만이라도 감사의 표시를 여기에 남기고자 한다.

먼저 이 책의 출판에 가장 큰 도움을 주신 이정빈 대위님과 한국외국어대학교 김태성 선생님 두 분께 감사드리고자 한다. 두 분 모두 본업이 있으신 가운데서도 바쁜 시간을 쪼개 원고의 수정과 감수를 해주셨고, 그 덕에 한층 더 좋은 원고가 될 수 있었다. 특히 이 대위님은 훈련이 겹친 상황에서도 밤마다 개인 시간을 쪼개 글을 검토해주셨으며, 작은 실수나 계산 오류까지 잡아주실 정도로 신경을 많이 써주셨다. 그것 말고도 항상 많은 도움을 주고 계신 점도 이 자리를 빌려 감사드리고자 한다.

항상 이 작업에 깊은 흥미와 관심을 보여주셨고, 또 중간중간 좋은 조언을 아끼지 않으신 김장욱 서미츠Summits 사장님과 이주용 국방부 서기관님께도 감사드린다. 특히 두 분께서는 지난 10년 가까이 곁에서 항상 좋은 조언을 아끼지 않으시고, 이런저런 도움이 필요할 때면 항상 최선을 다해 도와주셨다. 이 또한 늘 감사드린다.

또한 내용 확인도 도와주고, 여러 면에서 많은 힘이 되어준 주한 폴란드 대사관의 김문경 씨에게도 감사의 인사를 전한다. 특히 마지막 작업 시기에 많이 지쳐가기 시작할 때 여러 면에서 큰 힘이 되어준 덕에 끝까지 책을 완성할 수 있었다.

그리고 대학교 동문인 남지민 양도 초반에 작업을 시작할까 말까 하는 시점에 초벌 원고 일부를 읽고 격려를 해주었다. 군 경험이 없는 이들이 읽기에 재미없는 책이 되지 않을까 고민했었는데, 일반인의 관점에서도 흥미로운 주제가 될 것이라는 그녀의 의견은 이 작업을 이어나가는 데 큰 힘이 되었다. 또한 내용상의 교정을 도와주신 외교통상부의 위민복 씨와 노드롭-그러먼의 최영주 씨에게도 감사의 말씀을 드린다.

아울러 이 책의 가능성을 보시고 작업을 지원해주신 도서출판 한울의 박행웅 고문님과 윤순현 과장님, 그리고 편집 작업을 해주신 최규선 씨께도 큰 감사를 드린다. 특히 박 고문님과 윤 과장님께서 이 책에 많은 관심을 보여주시어 물심양면으로 많은 도움을 주셨고, 최규선 씨께서 정성스럽게 편집 작업을 해주셨기에 이 책이 존재하게 되었음은 두말의 여지가 없다.

이 기나긴 작업을 하는 동안 관심과 응원을 보내주신 부모님과 형, 형수님, 조카 윤중필 군에게도 감사의 뜻을 전한다. 윤중필 군이 아직 이 책을 이해하기에는 어리지만, 머지않아 이 책을 읽고 이해할 수 있는 날도 올 것이라 기대해본다. 특히 진도가 중간에 막혔을 때, 육군사관학교를 졸업하고 다년간 군생활을 한 형님께서 문제를 발견해 해결해주신 것도 큰 도움이 되었다.

또한 이 책을 고르는 데 도움을 주기도 하셨고, 어려서 유학 생활을 하던 시절 항상 돌봐주셨던 셰인 부부Mr. and Mrs. Fred Shaine 께도 감사의 인사를 전한다. 셰인 부인께서 작업 중에 돌아가셔서 이 책을 완성했다는 소식을 전할 수 없는 것이 안타까울 따름이다.

직장을 다니면서 조금씩 작업을 하다 보니 해가 바뀌었다. 부족한 점이 많겠으나, 모쪼록 이 책이 군사학과 리더십 분야에 관심이 있는 이들에게 조금이나마 도움이 되고, 많은 이가 이 분야에 관심을 갖게 되는 입문서의 역할을 해준다면, 그것으로도 지난 10개월이 넘는 시간 동안 이 책에 들인 노력이 헛되지 않다고 여길 수 있을 것이다.

2012년 11월
신촌에서
윤상용

일러두기

✓ 이 책은 프레시디오 프레스북(Presidio Press Book)에서 2000년에 출간한 에드거 F. 퍼이어의 *American Generalship* 을 우리말로 옮긴 것입니다.

✓ 본문 각주 중 원문에 있던 것에는 '필자 주'라고 표시했고, 나머지는 모두 옮긴이가 덧붙인 것입니다.

✓ 부록의 인물 설명은 원문에는 없는 것으로, 독자의 이해를 돕기 위해 옮긴이가 덧붙인 것입니다.

지은이의 말

이 책을 쓰면서 이름을 다 열거하기 어려울 정도로 많은 분의 도움을 받았다. 특히 지난 35년간 인터뷰해온 100여 명의 장군과 제독의 도움이 컸다. 이들은 최고의 인품을 갖추고, 신과 조국을 위한 희생적인 헌신을 보여주어 많은 이에게 존경과 신뢰를 받았다. 이 훌륭한 분들은 단 한 번도 조국을 위한 봉사를 멈추지 않았으며, 내가 알고 있는 다른 직업군의 사람들과 달리 군인을 평생의 업으로 삼은 다음 세대의 젊은이들을 키우려는 노력을 게을리하지 않았다. 이 모든 한 분 한 분께 우리는 모두 크나큰 감사의 빚을 지고 있는 셈이다.

출판사인 프레시디오 출판사Presidio Press에서 내가 받은 지원은 아마도 그 어느 저자가 출판사로부터 받은 지원보다 컸을 것이다. 이 출판사를 설립하신 로버트 케인Robert V. Kane 예비역 육군 대령께서는 이 원고 초벌을 세 번이나 감수해주셨고, 매회 수정을 거칠 때마다 나는 능숙하고 명석한 편집 기술이 짜임새 있고 유익한 글을 완성해나가는 데 도움이 된다는 것을 깨달았다. 또한 프레시디오 출판사의 리처드 케인Richard Kane 씨와 E. J. 매카시E. J. McCarthy 로부터 편집 과정에서 큰 도움을 받은 것도 행운이었다고 하겠다. 이 책을 출판하는 과정에서 교열을 담당한 바버라 펠러-로스Barbara Feller-Roth 씨도 더 좋은 책이 되게끔 좋은 제안을 많이 해주었다. 이에 큰 감사를 드린다.

나의 막내아들인 코튼 퍼이어A. A. "Cotton" Puryear도 뛰어난 컴퓨터 실력과 저널리스트 같은 능력을 보여주었다. 막내아들의 아이디어와 제안은 값을 매길 수 없을 정도로 귀중했으며, 이 글의 질과 각 장章의 구분은 그의 도움을 받은 바가 크다. 초벌 원고를 작성하는 데 데버러 포스터Deborah Foster 씨가 보여준 인내력과 속도, 타자 속도에 대해서도 아무리 감사해도 모자랄 것 같다. 헬렌 슬레이븐Helen M. Slaven 씨는 편지와 인터뷰를 정리하는 데 큰 도움을 주었으며, 평소라면 매여 있어야 할 업무로부터 나를 많이 해방시켜주어 이 책에 집중할 수 있게 해주었다. 둘째 아들인 칩 퍼이어Edgar F. "Chip" Puryear III가 이 책에 준 도움은 굉장히 크다. 그는 훌륭한 학자이며, 신뢰성 있는 단서를 추적하는 방법을 찾아낸 그의 연구는 말 그대로 대단히 중요했다. 또 다른 아들인 콜트 퍼이어S. B. "Colt" Puryear는 실제 야전 진지에서 근무한 뛰어난 군인으로서의 경험을 바탕으로 도움을 주었다. 세부적인 내용을 검토하고 오탈자를 검사해준 지니 메이슨Jinnie B. Mason 양의 도움 덕에 편집자 검토용으로 훨씬 잘 다듬어진 원고를 넘길 수 있었다.

미 국방대학교 이사회와 1994년부터 1997년까지 국방대학교 총장을 지낸 어빈 로크Ervin J. Rokke 예비역 공군 중장, 그리고 1997년부터 2000년까지 총장을 지낸 리처드 칠코트Richard A. Chilcoat 공군 중장께도 감사를 드린다.

내게는 다행스럽게도 내 고향인 버지니아 주 메디슨으로 은퇴하신 로버트 포터Robert W. Porter Jr. 예비역 육군 대장께 개인적으로 특히 감사드린다. 장군은 인격자의 표본이자 의무, 명예, 애국이라는 가치의 전형이며 나와 내 가족에게 항상 영감을 주셨다. 또한 필립 어들Philip J. Erdle 예비역 공군 준장께도 개인적인 감사를 전한다. 장군은 자신의 열의를 전염시켰고, 아이디어를 공유했으며, 인품과 자신의 노력에 대한 믿음을 함께 나누어주셨다. 무엇보다도 지난 40년 이상 우정 관계를 유지해주신 것에 감사드린다.

마지막으로, 이 책을 쓰는 동안 셀 수도 없이 오랜 시간을 연구, 여행, 집필로 시간을 보낸 나를 항상 도와주고 인내심을 보여준 아내 아그네스 퍼이어 Agnes G. Puryear에게도 감사함을 전한다.

차례

Contents

옮긴이의 말 5

지은이의 말 9

서론 13

Chapter 1 **사심 없는 마음가짐** 25

Chapter 2 **결심: 리더십의 정수** 81

Chapter 3 **결심 수립에서의 감 혹은 육감** 123

Chapter 4 **예스맨에 대한 거부: 도전적인 기질을 갖춰라** 163

Chapter 5 **독서의 중요성** 207

Chapter 6 **멘토십: 지도, 상담, 조언, 가르침, 그리고 앞길을 열어주기** 265

Chapter 7 **배려** 327

Chapter 8 **위임** 359

Chapter 9 **책망하기보다는 문제를 바로잡아라** 389

Chapter 10 **인품의 일부를 보여주는 품격** 409

Chapter 11 **패턴** 455

인물 설명 487

참고문헌 582

찾아보기 592

서론

리더십에 관한 이 연구는 성공적으로 미군을 지휘한 인물들에 대해 필자가 35년간 연구해온 내용을 반영한 것이다. 이 기간에 필자는 100명 이상의 사성장군과 개인 인터뷰를 했고, 1,000명 이상의 준장급 이상 장성과 연락을 주고받았다. 총 1만 통 이상의 편지를 주고받았고, 수백 권 이상의 일기와 자서전, 전기, 회고록, 전사戰史를 참고했다.

  1971년, 필자는 제2차 세계대전 중 가장 뛰어났던 미군 장성 중 네 명의 리더십을 비교 연구한 『열아홉 개의 별: 군인의 기질과 리더십에 대한 연구 Nineteen Stars: A Study in Military Character and Leadership 』•라는 책을 집필했으며, 이 책을 통해 무엇이 이들을 훌륭한 리더로 만들었으며 이들이 어떤 식으로 군을 지휘했는지를 살펴본 바 있다. 비교 연구를 위해 1939년부터 1945년까지 미 합참의장을 지낸 조지 마셜George C. Marshall 원수General of the Army: G.A., 극동사

• 한국에서는 『영혼을 지휘하는 리더십』(이민수·최정민 옮김, 책세상, 2005)이라는 제목으로 출간되었다.

령부 최고사령관을 지낸 더글러스 맥아더^{Douglas MacArthur} 원수, 전쟁사^{戰爭史}상 최고의 진공^{進攻}작전 중 하나인 북아프리카, 시칠리아, 유럽 진공작전 당시 연합군 최고사령관을 지낸 드와이트 아이젠하워^{Dwight D. Eisenhower} 원수, 그리고 미 제1군, 북아프리카 2군, 시칠리아 7군, 유럽의 3군사령관을 지낸 조지 패튼^{George S. Patton} 대장을 선택했다.

이 네 명의 인품을 분석하기로 한 이유는 따로 이야기할 필요가 없을 것이다. 마셜, 맥아더, 아이젠하워는 제2차 세계대전 당시 군사적으로 가장 중요한 임무를 맡았고, 패튼은 제2차 세계대전을 통틀어 가장 잘 알려진 야전지휘관이기 때문이다. 『열아홉 개의 별』이라는 책의 제목은 이들 네 명의 위대한 지휘관들이 달았던 별들의 수를 합친 것이다. 아직도 『열아홉 개의 별』은 판매되고 있으며, 여러 번 재판을 찍었을 뿐 아니라 여전히 군 리더십에 관심이 있는 사람들에게 각광받고 있다.

『열아홉 개의 별』 출판 후, 필자는 리더십에 대해 군 관계자와 민간인 청중을 대상으로 수많은 토론을 진행했다. 토론을 진행하면서 현재의 미군 지휘부에 대해 많은 질문을 받았다. 이러한 질문들 덕에 『열아홉 개의 별』 속편을 쓰기로 결심했고, 제2차 세계대전부터 1999년까지를 망라한 기간의 군사지도자들을 인터뷰하거나 연구함으로써 리더십 연구를 다시 쓰기로 했다. 100명이 넘는 사성급 장성 및 제독과 실시한 단독 일대일 인터뷰 기록은 합동참모본부 의장, 제2차 세계대전 당시 육군 지휘관들, 육군 예하 부대 및 공군 부대 지휘관, 육군·해군·공군 참모총장과 해병대 사령관을 망라했다. 이번 연구는 또한 1,000명 이상의 준장급 이상 지휘관과 주고받은 서신 및 인터뷰를 포함하고 있으며, 장성과 함께 근무했거나 휘하에서 근무한 1만 명 이상의 인터뷰 및 서신도 포함하고 있다. 이 모든 자료는 어떻게 하여 미군에서 성공적인 지휘관이 될 수 있었는가 하는 질문의 답을 모은 것이다.

『열아홉 개의 별』이 출판된 후, 자서전, 회고록, 전기, 전사^{戰史}의 형태로 미군 지휘관에 관한 책이 쏟아져 나왔다. 덧붙이자면, 필자는 주요 장성의 일기와 서신, 연설문 등을 추가로 접할 기회가 있었고, 이것들은 모두 새로운 자료로서 훌륭한 가치가 있었다.

제2차 세계대전, 냉전, 탈냉전, 한국전쟁, 베트남전쟁 및 이라크전쟁은 미군 지휘부에게 힘든 도전 과제였다. 그들의 리더십에는 미국뿐 아니라 전 세계의 자유가 달려 있었다. 제2차 세계대전이 끝난 후인 1946년, 펜타곤의 한 사무실에서 윈스턴 처칠Winston Churchill 경은 전쟁 중 뛰어난 활약을 보여준 30여 명의 미 육군 및 육군항공대 지휘관을 비공식적으로 면담했다. 처칠 경은 의자에 기댄 채 책상 위에 다리를 올려놓고 한 손에는 브랜디 잔과 다른 한 손에는 커다란 검은 시가를 든 채로 지휘관들에게 "미국이 전쟁의 운명을 연합군 쪽으로 돌려놓을 수 있는 군수물자와 인력을 보유하고 있다는 것을 알고 있었어도 이렇게 우수한 군 지휘부를 만들어낼 줄은 몰랐다"라고 말했다.

제2차 세계대전 당시와 전후에 미국에는 신과 조국을 위해 헌신할 준비가 된 우수한 군사지도자들이 넘쳐났다. 전쟁의 승기가 미국 쪽으로 넘어왔을 당시, 미국은 이러한 군사 리더십을 전 세계 어디든 고르게 전파할 준비가 되어 있었다. 이 책은 리더십이라는 것이 어떻게 미국을 전쟁에서 이길 수 있게 했고 서방세계의 자유를 지켜낼 수 있게 했는지를 고민한 장군들의 식견을 보여줄 것이다.

이 책의 목적은 이러한 리더들이 어떻게 성장하고, 어떻게 성공적으로 지휘할 수 있는 식견을 습득할 수 있었는지를 알아보는 것이다. 흔히 '리더'는 태어나는 것이지 만들어지는 것이 아니라고 한다. 만약 이들이 '리더'로서 태어난 것뿐이라면 이 책이 무슨 의미가 있을까? '태어나는 것이지 만들어진 것이 아니다'는 의미를 말 그대로 받아들인다면, 이는 한 인간의 '리더'로서의 자질이 이미 태어나는 순간에 결정되며 교육과 환경은 한 개인을 발전시켜나가는 데 아무런 영향을 미치지 못한다는 뜻이 된다. 하지만 이 문구를 조금 느슨하게 해석한다면, 인간은 '잠재력'을 제공할 특정 능력을 지니고 태어나며, 특정한 환경 속에서 성장한다면 성공적인 리더십을 발휘할 수 있게 된다는 뜻이 된다.

필자는 1946년 처칠과 함께 사무실에 있었던 30여 명의 장성 중 20명과 인터뷰했다. 그날 그곳에는 드와이트 아이젠하워 원수가 있었으며, 그는 필자와 훗날 리더십에 관해 토의하면서 리더십이란 타고나는 것이지 만들어지는 것이 아니라는 말에 대해 자신의 의견을 제시했다. "'지휘하기 위해 태어났다'라거나 '이끌기 위해 태어났다'는 표현은 맞는 말 같습니다. 하지만 위대한 미술가가 될 자질을 가지고 태어났지만 자신의 재능을 최대한 개발할 기회를 얻지 못한 사람이 많은 것처럼, 세상에는 리더십의 자질을 보유한 채로만 사는 사람도 많을 겁니다. 제 생각에 리더십이란 타고난 능력의 산물에 환경이 더해진 요소인 듯합니다. 환경이라 함은 훈련과 그 리더십을 발휘할 수 있는 기회가 되겠죠."

필자는 또한 아이젠하워 장군 휘하에서 육군 야전사령관을 지낸 오마 브래들리Omar N. Bradley 원수도 인터뷰했다. 리더는 타고나는 것인가에 대한 질문에 그는 이렇게 답했다. "저는 일부 타고나는 것이라고 생각합니다. 사람들은 특정한 리더십 자질을 타고날 수 있습니다. 예를 들면 좋은 신체조건, 훌륭한 정신력, 호기심, 무엇이든 알고 싶어 하는 의지를 생각할 수 있습니다. 사냥개 무리 중에서 최고의 사냥개를 고를 때, 6주밖에 안 된 강아지라도 최고의 자질을 충분히 가지고 있을 수 있습니다. 그런 개는 호기심이 많고 모든 것을 직접 확인하려는 기질이 강한데, 일반적으로 그런 개들이 성장하면 최고의 사냥개가 되는 경우가 많습니다. 하지만 동시에 자신이 스스로 발전시킬 수 있는 능력도 있습니다. 자신의 전문성에 대한 깊은 지식은 리더십의 첫 번째 필수요소인데, 분명 이는 '획득'해야 하는 요소입니다. 타인을 잘 관찰하는 능력또한 중요한데, 이를 통해 특정 인물이 두드러져 보이는 이유를 찾을 수 있기 때문입니다. 그렇기 때문에 저는 과거의 리더들을 연구함으로써 많은 것을 배울 수 있다고 생각합니다. 예를 들면 로버트 리Robert E. Lee 장군이나 다른 남북전쟁 영웅인 스톤월 잭슨Stonewall Jackson, 에이브러햄 링컨Abraham Lincoln 대통령 등을 연구하고, 무엇이 그들을 위대하게 만들었는지 관찰할 수 있겠죠."

앤서니 매콜리프Anthony C. MacAuliffe 대장은 이 질문을 조금 다르게 받아들였다. "수많은 군중을 통제하는 능력을 새파란 애송이가 훈련을 통해 얻을 수 있을 것 같습니까?" 제2차 세계대전 중 가장 유명한 '한 단어' 연설의 주인공(그의 부대가 바스토뉴에서 독일군에게 포위당했을 때 독일군이 항복을 요구하자 '미쳤냐Nuts'라고 한마디로 응수했다)인 매콜리프 장군은 "내 생각에 (리더십이란) 타고날 수밖에 없는 신의 선물입니다. 맥아더 장군, 패튼 장군, 몽고메리Bernard Law Montgomery 원수는 리더인 데다가 타고난 연기자이기도 했습니다. 이들은 군중에게 엄청난 영향을 줄 수 있는 재능을 가지고 있었습니다." 매콜리프 장군은 리더십의 과단성은 사람이 개발해나갈 수 있는 능력이지만, "이 능력은 오직 어떤 한도까지만 개발이 가능할 뿐이며, 많은 부분은 타고나야 하는 것"이라고 정의했다. 매콜리프 장군은 자질에 대해서도 정의했다. "인격 다음으로는 지식이 가장 중요합니다. 지식은 신뢰감을 쌓아주고 결단력을 길러줍니다. 지금 내가 해야 할 일을 꿰뚫고 있고, 이를 행동으로 옮길 때 용기와 과감성을 북돋게 됩니다. 맥아더와 패튼 장군이 대표적인 사례입니다. 이들의 폭넓은 군사적 전문성은 이들이 결심을 내리고 리더로서 성공하는 데 크게 기여했다고 생각합니다."

'리더는 타고난다'는 이론을 가장 강력하게 지지했던 인물로는 제2차 세계대전 당시 7군사령관을 역임했으며, 1949년부터 1953년까지 미 육군참모총장을 역임한 로턴 콜린스J. Lawton Collins 대장을 들 수 있다. 그는 "오직 소수의 사람들만이 직업적 전문지식과 직결되는 요소인 인격, 성실성, 해박함, 일하려는 자세와 같은 필수 요소들을 하나로 통합할 줄 압니다. ……세상에는 우리가 조상들로부터 물려받을 수밖에 없는 '신이 부여한 재능'이 존재합니다"라고 말했다. 하지만 그 또한 태어나면서부터 부여받은 자질이 모든 것을 결정한다고 보지는 않았다. "하지만 약간의 지식과 일하려는 자세만 갖췄다면 누구나 배울 수 있는 리더십 기술도 분명히 존재한다고 믿습니다."

제2차 세계대전 중 성공적으로 군단을 이끌었던 또 한 명의 지휘관인 웨이드 헤이슬립Wade H. Haislip 대장은 다음과 같이 회고했다. "처음 군인이 되었을 때부터 '리더는 타고나는 것이지, 만들어지는 것이 아니다'라는 오래된 이론이 항상 신경 쓰였습니다. 그 이론을 연구하면서, 이론 자체를 작게 나누어 분석해봤습니다. 그리고 가장 기본적인 요소를 몇 가지 찾아냈는데, 누구든지 이 요소에 충실하다면 성공적인 리더가 될 수 있다고 생각합니다."

아이젠하워 장군은 제2차 세계대전 중 휘하 항공대 사령관을 역임한 칼 스파츠Carl A. Spaatz 대장에 관해 이야기하면서, "내가 아는 장성 중 유일하게 단 한 번도 실수한 적이 없는 사람"이라고 언급한 적이 있다.

필자 또한 스파츠 장군에게 '무엇'이 성공적인 리더십을 만드는지 물어보았다. 그는 "제 생각에 리더는 그냥 알아서 성장하는 경향이 있는 것 같습니다"라고 대답했다. "물론 어떤 자질은 타고나야 하는 것도 있지만, 태어난 후 어떤 일을 겪느냐가 그가 차후 리더가 될 것인지 아닌지를 결정하는 데 중요하다고 생각합니다."

제2차 세계대전 당시 미 5군사령관을 역임하면서 연합군의 이탈리아 진공을 지휘했던 마크 클라크Mark W. Clark 대장은 다음과 같이 결론 내렸다. "리더는 대부분 만들어진다고 생각합니다. 조상 대대로 내려온 결단력과 용기를 이어받은 사람이라면, 그가 리더십 자질을 갖췄음을 의심할 여지가 없습니다. 저는 평소에 체격도 작고 온순하던 사람에게 기회가 주어지니 평소에는 상상도 못 하던 리더십을 발휘하고, 결국 명예대훈장Medal of Honor 수훈자가 되는 모습을 전장에서 여러 차례 목격했습니다. 분명 좋은 리더가 되기 위해서는 타고나야만 하는 자질이 있습니다. 하지만 이런 자질을 타고나지 않은 사람은 자신에게 기회가 찾아올 때 이러한 능력을 개발할 수 있습니다."

제2차 세계대전 중 순차적으로 사단장, 군단장, 군사령관을 지낸 루시안 트러스콧Lucian K. Truscott 대장은 "제가 보기에 모든 인간은 리더십 쪽으로 연마될 수 있는 자질을 타고납니다. 하지만 리더십이라는 것이 연마될 수 있다는 사실은 의심의 여지가 없습니다. 누군가는 태어날 때부터 군사령관 감이라든가, 아이젠하워 장군처럼 나면서부터 전역사령관 감이라는 것은 말도 안 된다고 봅니다. 어떤 종류의 리더십이든, 리더십의 자질은 필수불가결하게 단호함과 신뢰성을 포함합니다. 단호함과 신뢰성은 대부분 학습과 훈련으로 쌓은 지식에 기반을 두고 있습니다. 가장 근본적인 것은 기본적인 지식, 정신력의 발전, 군 생활을 하면서 이러한 지식을 활용할 줄 아는 능력입니다."

제2차 세계대전 중 제9군을 지휘한 윌리엄 심슨William H. Simpson 대장은 "세상에 타고난 리더는 없습니다. 리더십은 배울 수 있는 거죠. 제가 젊었을 때 누군가 이 말을 해주었다면 참 좋았을 것 같다는 아쉬움이 듭니다. 군중을 능숙하게 다루는 기술은 특정한 리더십 자질의 활용을 필요로 할 뿐입니다. 물론 타고난 리더도 있기는 합니다만, 이들은 매우, 매우 소수일 뿐입니다."

제2차 세계대전 후반에 중국 전역에서 미군 선임지휘관을 지낸 앨버트 웨드마이어Albert C. Wedemeyer 대장은 '리더는 타고나는 것이지, 만들어지는 것이 아니다'라는 명제에 대해 다음과 같은 의견을 피력했다. "그 말에 동의할 수 없습니다. 제 생각에는 다른 이들보다 리더십을 개발할 수 있는 기회를 더 많이 부여받는 사람들이 종종 더 있을 뿐입니다. 이건 이들의 활동과 관련한 주 관심 분야가 리더십과 관계가 있기 때문일 것입니다. '천재적인' 리더십은 부단한 노력의 결과일 뿐이며, 어떤 젊은이라도 배짱과 끈기만 갖고 있다면 평범한 신체조건과 지성을 지녔더라도 괜찮은 리더십을 갖출 수 있게 될 것입니다. 물론 사람마다 차이가 있겠지만, 끊임없는 활기와 지속적인 호기심은 필수적인 요소입니다."

　전쟁 기간 중 성공적인 전시戰時 야전지휘관으로서 공적을 남긴 이 장성들의 말은 미군 군사지도자들이 품고 있는 일반적인 생각을 예로 든 것이다. '리더는 타고난다'는 이론을 강력하게 지지하는 이들은 훌륭한 리더가 되려면 특정한 능력을 타고나야 한다고 믿지만, 이러한 자질도 지속적으로 개발되어야 한다고 말한다. 이들 중에는 누구나 노력만 한다면 리더가 될 수 있다고 결론을 내린 이들도 있다. 이들 모두가 교육, 경험, 학습, 환경이 리더를 만들어가는 데 중요한 역할을 한다고 강조한다. 제2차 세계대전 전후의 지휘관들은 모두, 리더란 타고나는 것이 아니라 만들어지는 것이지만, 리더십 개발에 중요한 어떤 특정한 자질은 타고나야만 하는 것도 있다는 데 동의한다.

　결국 전쟁이란 인간을 통해야 승리할 수 있기 때문에, 전쟁과 관련한 위대한 지휘관과 작가에 대한 연구는 군사지도자를 양성하는 데 꼭 필요하다. 무기는 변화할지언정, 인간의 본성은 변하지 않기 때문이다. 미국은 항상 전쟁을 대비해 훈련된 지휘관을 필요로 할 것이다. 플라톤은 "오직 죽은 자만이 전쟁의 끝을 볼 수 있다"라고 했다. 전쟁은 인류에게 일상적인 현상일까? 안타깝지만 사실인 것 같고, 그렇기에 군사 리더십을 연구할 필요가 있는 것이다. 미국은 지난 여러 전쟁에서 운이 좋았다. 준비할 시간이 항상 있었기 때문이다. 하지만 현대전은 긴 준비 시간을 허용하지 않는다. 미국은 전 세계의 자유를 책임지는 국가로서 일순간에 발발하는 전쟁에도 항상 대비가 되어 있어야 한다. 미국은 예전처럼 전쟁에 참여할지 말지의 여부를 몇 년씩 고민하는 동안 영국과 프랑스가 적을 붙들고 있어주길 바랄 수도 없다. 물론 그렇게만 된다면 느긋하게 전쟁을 준비하는 사치를 부릴 수도 있을 것이다. 하지만 미래에는 미국이 먼저 선제공격을 당할지도 모른다.

　이 책의 집필을 위한 여러 연구의 진행 과정에서, 실제 필자의 탐구 과제가 '리더십'보다는 '장군의 도道'가 아니냐는 지적도 있었고, 여기서 찾는 특정한 인격이 '리더'를 찾는 것이 아니라 '참모'감을 찾는 것이 아니냐는 의견도 있었다. 또한 이 책의 주제가 찾고 있는 것이 리더십보다 지휘권에 관한 것이 아니냐는 지적도 있었다. 여전히 어떤 사람은 행정 또는 관리에 관한 문제가 아니냐고도 한다. 하지만 그런 의미론적인 문제로 입씨름할 이유는 없다고 본다. 이 책은 장군들에 관한 연구이며, 이들이 어떻게 최고의 장군이 되었고 또 최고위의 군사책임자가 된 후 어떤 식으로 자신에게 주어진 일을 완수했는지를 살펴본다. 여기서 이들이 어떻게 일을 처리했는지를 의미하는 단어가 바로 '리더십'이다.

이번에 장군들의 리더십을 비교하면서, 이들이 성공에 필요한 특정한 자질을 가지고 있었다는 사실이 분명하게 보였다. 이러한 자질을 갖춘다고 독자 모두가 이 장군들이 쌓은 것과 같은 위대함을 갖게 될 것이라고는 장담하지 못한다. 하지만 최소한 평범한 인간을 더 나은 사람으로 만드는 데는 일조할 것이다. 리더십 훈련 중에 의식적인 노력을 하지 않는 것은 크나큰 실수다. 리더십이란 다른 형태의 훈련의 부산물로 얻어지는 것이 아니기 때문이다. 어느 나라 군대든 다수의 병력을 이끄는 방법에 관한 법을 적어놓은 목록을 출판하지만, 그런 목록으로는 충분하지 않다. 성공적인 리더십을 위한 자질은 인생을 걸고 의미를 찾아야 하는 과제이기 때문이다.

군사 리더십에 관한 문헌은 대부분 성공적인 리더십을 위해 반드시 필요한 요소들이 있다는 데 동의한다. 한 사람이 어디까지 올라갈 수 있는지는 사심 없는 마음가짐, 결정을 내리면서 책임을 받아들이는 자세, 직감과 육감을 기르고 발휘하기, 이른바 '예스맨yes man'에 대한 반감, 독서 생활을 통한 성장과 발전, 스승을 통해 개발된 직업성, 의사결정자들과의 특별한 친밀성, 심사숙고의 중요성 이해와 병사에 대한 배려, 위임할 줄 아는 능력 등이 결정한다. 무엇보다 중요한 것은 인품이며, 사실상 이것이 리더십의 모든 것이라고 해도 과언이 아니다. 이것 하나가 성공적인 리더십을 위한 자질 전부에 포함되어 있다. 이 책은 인품이라는 요소에 대해 생명과 의미를 부여하는 데 목적을 둔다. 이 요소는 사전적으로 정의를 내릴 수가 없으며, 설명으로 풀이해야 한다. 그리고 이 책에서 지금부터 하려는 것이 바로 이 인품을 풀이하는 것이다.

리더십의 각 자질들에는 의미가 부여되어야 하며, 이를 통해야만 명망 있고 검증된 지도자들의 인품 안에서 생명을 얻게 될 것이다. 만약 이것이 사실이 아니라면, 필요한 자질들을 그냥 목록에 적어놓고 그것을 읽는 이들이 모두 위대한 리더가 되리라 생각해도 충분할 것이다. 성공을 위한 자질은 목록 이상의 것이 필요하다. 필요한 것은 리더십과 성공을 위한 자질에 대한 해설일 것이다. 이는 사실『열아홉 개의 별』의 목적이었으며, 이제는 이 책의 목적이 될 것이다. 두 책 모두 군사지도자로 성공하는 방법을 써놓았다고 말하지는 않겠지만, 그 해답은 분명 두 책 안에 있다.

'성공적인 미군 군사지도자의 리더십을 위한 필수 자질'이 무엇인지를 놓고 인터뷰한 지도자들 간에 분명한 합의점이 있었다. 모범을 만들어야 한다는 것이다. 또한 제2차 세계대전, 한국전쟁, 베트남전쟁, 이라크전쟁에서 리더로 활약했던 이 장군들은 '성공적인 리더십'에 대한 서로의 견해를 존중하고 있음을 밝힌다.

Chapter 1

/

Selflessness

사심 없는 마음가짐

/

Selflessness

> 나는 지금까지 살아오면서 모든 공무원을 두 개의 부류로 나누는 데 매우 익숙해졌다.
> 한 부류는 자신의 일을 위해 무엇을 할 수 있을까 고민하는 부류이고, 또 다른 하나는
> 자신의 일이 자신을 위해 무엇을 해줄 수 있을까 고민하는 부류다.
> — 헨리 스팀슨 미 전쟁부 장관(1909~1911, 1939~1945), 국무장관(1928~1932)

성공적인 리더가 되기 위해서 하나로 통합해야 하는 요소로는 여러 가지가 있다. 가장 중요한 것으로는 전문적인 지식, 결단력, 인간성, 공정성, 용기, 신중한 판단, 권한의 위임 능력, 충성심, 사심 없는 마음가짐, 인품을 들 수 있다. 하지만 필자의 연구에 따르면, 성공적인 리더십에서 '인품'보다 중요한 요소가 없다는 것은 두말의 여지가 없을 정도로 확실하다. 조지 워싱턴^{George} ^{Washington}, 로버트 리^{Robert E. Lee}, 조지 마셜 같은 위대한 장군들은 훌륭한 리더로서만이 아니라, 이들이 갖추고 있던 탁월한 인품 때문에 더 잘 기억된다.

이 책은 '인품'의 자질이 무엇인지에 관한 여러 의견과 주장을 담고 있다. 그중에는 1939년부터 1945년까지 전쟁부* 장관을 지낸 헨리 스팀슨^{Henry L.}

• '전쟁부(Department of War)'는 1798년에 내각 부처 중 하나로 설치되었으며, 주로 미 육군의 운영 및 유지를 관리하는 역할을 했다. 하지만 1947년 9월 「국가안보법」에 따라 신(新)연방군 편제가 발표되면서 새로 창설된 육군성(Department of the Army), 해군성(Department of the Navy), 공군성(Department of the Air Force)으로 역할이 분할되었으며, 이 세 기관의 상위 기관으로서 1949년 국방부(Department of Defense:

Stimson 장관의 논평도 있다. "마셜 장군의 리더십은 그의 위대한 '인품의 힘'으로부터 그 권위를 부여받았다."

마셜 장군의 인품에 대한 증언은 그 밖에도 많다. 처칠 수상은 마셜을 "남다른 고결함과 인품을 갖춘 인물"이라고 평했다. 유럽 승전일V-E Day에 처칠은 마셜에게 보낸 편지에서 다음과 같이 말했다. "나는 이 혼란이 가라앉을 때까지 귀하의 질문에 대답하는 것을 보류해왔습니다. 당신으로부터 우정 어린 말과 지지를 받았다는 것이 제게 얼마나 대단한 영예였는지 제대로 알려드리고 싶었기 때문입니다. 우리는 이 지독한 전쟁을 치르면서 힘든 일을 함께 보고 느껴왔고, 장군께서는 항상 맹렬한 토의 끝에 누구보다도 값진 의견을 제시하셨습니다. …… 이 위대한 군대를 지휘하는 역할은 당신에게 그냥 주어진 일이 아니었습니다. 장군께서는 이 군대를 만들어냈고, 조직했으며, 사기를 북돋아 주셨습니다. 장군이 지시하는 손짓에 따라서, 프랑스부터 독일까지 휩쓸었던 강하고 용맹한 진형이 놀라울 정도로 짧은 시간 안에 완벽히 완성되었습니다. 전투 병력과 복잡한 예하 지원 부대들이 창조되었고, 현대적인 군과 집단군의 광범위한 조직체를 기동할 수 있는 지휘체계가 세워졌으며, 이 지휘체계는 부대들을 이동시키는 데에도 비길 데 없이 민첩했던 바, 필요한 부대들이 항상 필요한 곳으로 적시에 이동했습니다. 그뿐 아니라 주요 전략과는 별개로, 장군께서는 연합참모본부라는 놀라운 조직의 중추였으며, 이곳에서 장군께서 보여주신 모습과 인간관계는 앞으로 동맹 및 연합작전을 기획하고 감독하는 데 잊히지 않을 중요한 모델이 될 것이라고 생각합니다.

수년간 정신적으로 고된 일을 하면서 제 가슴 속에는 장군의 인품과 힘에 대한 존경심이 생겨났으며, 이는 함께 고생하는 동료들에게 큰 위안을 안겨주었습니다. 그리고 저 또한 그러한 동료 중에 한 사람이었다고 기억되고 싶습

DOD)가 설치되었다.

니다.”

　우드로 윌슨 대통령은 노스캐롤라이나 대학교에서 행한 연설에서 로버트 리 장군에 대해 다음과 같이 말했다. “(그의 업적은) 병사들의 기억 속에만 있는 것이 아니라, 그의 인품을 통해 달성된 이러한 업적이 개인의 명성을 높이려는 이기적인 목적이 아닌, 목숨을 걸 가치가 있는 조국을 위한 헌신에서 비롯되었음을 보고 싶어 하는 품격 있고 재능 있는 사람들에게도 기억되고 있습니다. 이러한 것들이 바로 이 위대한 한 사나이를 중요한 인물로 만들었을 뿐 아니라, 우리 조국의 역사 속에서 감히 누구도 범접할 수 없는 인물로 자리 잡게 했다고 생각합니다.”

　미연방군을 승리로 이끈 율리시스 그랜트Ulysses S. Grant 장군은 그의 자서전을 통해 애포매톡스Appomatox에서 항복한 리 장군과 자신의 인품에 대해 묘사했다. “그날 리 장군의 기분이 어땠는지는 나도 모른다. 그 정도의 위엄을 갖춘 사나이가 겉으로는 못 견딜 듯한 표정을 짓고 있었지만, 속으로는 이제야 모든 게 끝났다고 안도를 하고 있었는지 아니면 이 애석한 결말에 대해 비통해하고 있었는지는 모를 일이다. 어느 쪽이었든, 이를 겉으로 내색하는 것은 남자답지 못했을 것이다. 그의 기분이야 어땠든, 그는 내가 전혀 눈치 챌 수 없도록 감정을 감추고 있었다. 반면 항복하겠다는 그의 편지를 받고 기쁨에 겨워 있던 내 마음은 슬프고도 비통해졌다. 그들이 오랫동안 용감하게 싸워왔기에, 오래도록 나를 괴롭힌 적이 쓰러지는 그 순간의 감정은 서로 싸움을 해 온 사람들만이 느낄 수 있는 최악의 기분이었고, 그 자리를 피할 수 없었던 사람들에게는 더더욱 뼈저린 아픔이었다. 하지만 나는 우리에게 대항한 저들의 진정성만큼은 의심하지 않는다.”

　남북전쟁 중 리 장군의 군종참모를 지내고 전후 리 장군의 목사 역할을 한 윌리엄 존스J. William Jones 목사는 다음과 같이 서술했다. “나는 아름다운 (리 장군의) 인품을 매일매일 지켜보았으며, 그 인품은 전쟁 때보다 평화 시에 더

숭고했을 것이다.”

리 장군은 학계로부터도 많은 찬사를 받았다. 옥스퍼드 대학 출신의 영국 학자인 필립 워슬리^{Philip S. Worsley}가 번역한 호메로스의 『일리아드^{Iliad}』에는 그 책을 리 장군에게 바친다는 문구가 쓰여 있다. 워슬리는 책머리에 다음과 같이 적었다. “이 책을 그에게 헌납한 이유는 이렇다. 리 장군은 영웅이며, 일 리아드 속의 헥토르와 같다. …… 이 서사시 안의 웅장한 대목을 일부 읽노라 면, 리 장군의 고결한 인품이 떠오르곤 한다.”

남북전쟁 기간 중 가장 성공적이었던 중요한 두 장군을 꼽는다면, 율리시 스 그랜트 장군과 윌리엄 테쿰세 서먼^{William T. Sherman} 장군을 들 수 있다. 링컨 대통령이 그랜트 장군을 총사령관 단일 후보로 압축하자, 링컨은 그를 워싱턴 으로 불러들여 진급식을 하기로 결정했다. 워싱턴의 분위기가 어떤지를 잘 아 는 서먼 장군은 자신의 동생인 존 서먼^{John Sherman} 상원의원에게 다음과 같이 편지를 썼다. “가능한 한 최선을 다해 네가 그랜트 장군을 지원해주었으면 한 다. 그는 거기서 사람을 떠받들어 대는 역겹고도 위험한 의전 절차로 고통받 을 것이기 때문이다. …… 그랜트 장군은 우리 모두가 인정하듯 훌륭한 리더 다. 그는 정직하고, 단순하며, 목표 지향적이고, 민력^{民力}을 찬탈할 의사 따위 는 조금도 없다. 그의 천재성보다도 그의 성격이 군대를 조화롭게 할 것이며, 사람들을 하나로 모을 것이다.”

리 장군에 관해 남아 있는 가장 흥미로운 연구는 더글러스 프리먼^{Douglas S. Freeman} 박사가 남긴 전기다. 이 책은 리 장군이 마셜 장군에게 끼친 영향에 관 해 서술하고 있다. 프리먼 박사는 리 장군의 전기를 완성한 후에도 방대한 양 의 연구 자료를 보유하고 있었으며, 이 자료를 이용해 3권으로 이루어진 『리 장군의 막료들^{Lee's Lieutenants}』이라는 책을 남기기도 했다. 프리먼 박사는 제2 차 세계대전 중에 “리 장군과 마셜 장군^{General Lee and General Marshall}”이라는 사 설을 냈다. 이 사설에서 그는 “전쟁의 현 단계에서, 사령관으로서의 리 장군이 갖추었던 것 중 현재 우리 지도부에게 필요한 두 가지는 제대로 잘 추측하는 능력과 온전한 판단력일 것이다. 육군참모총장인 조지 마셜 장군은 리 장군과 같은 철두철미함을 보여주고 있으며, 리 장군이 보여준 공정한 판단력을 갖추고 있다. 미국은 이 전쟁이라는 노름판에서 마셜 장군이 하고 있는 도박을 믿어줄 여유가 있다고 생각하며, 이는 그가 뛰어난 학식, 건전한 판단력, 매우 훌륭한 인품을 갖추고 있기 때문이다"라고 적었다.

마셜 장군의 부인은 그녀가 저술한 『함께Together』라는 책에서 이 기사를 보고 매우 큰 감명을 받았다고 적었다. "나는 그 기사를 곧장 조지(조지 마셜)에게 보내는 다음 편지에 넣어 부쳤다. 리 장군은 조지가 벤저민 프랭클린과 더불어 가장 존경하는 역사적 인물 두 명 중 하나였기 때문이다. 조지는 리 장군의 인품과 군인으로서의 능력에 감탄했으며, 벤저민 프랭클린에 대해서는 그의 상식과 인간 본성에 대한 뛰어난 이해 때문에 존경했다."

아이젠하워 원수는 훌륭한 인품을 갖춘 인물의 전형적인 예였다. 1941년, 그는 유일하게 살아남은 아들●인 존에게 고등학교 졸업 후 무엇을 해야 할지에 대해 조언해준 적이 있었다. 아이젠하워 장군은 자신의 자서전(『쉬어: 친구들에게 전하는 이야기At Ease: Stories I tell my Friends』)에서 이 일화를 자세히 설명했다. "존은 애당초 내가 왜 군에 남았는지를 궁금해했다. 아들에게 조금이라도 밝은 면의 이야기를 들려주기 위해, 내가 그간 군에서 얻은 경험은 아주 흥미로운 것들이었으며, 이 경험을 통해 능력, 신의, 조국에 대한 높은 헌신성을 갖춘 사람들을 만날 수 있었다고 말했다."

훗날, 아이젠하워는 아들에게 다음과 같이 물었다.

● 아이젠하워에게는 아들이 두 명 있었는데, 장남인 다우드(Doud)는 불과 3세의 나이로 성홍열로 사망했으며, 둘째인 존(John Sheldon Doud)은 웨스트포인트에 진학해 이후 미 육군 준장까지 진급하고 1969년부터 1971년까지 벨기에 대사를 지냈다.

"아들아, 에드워드 삼촌의 말을 들자니, 이미 확실하게 웨스트포인트에 지원하기로 결심했더구나."

"네. 맞습니다."

그래서 나는 아들에게 그 이유를 물어보았다. 그의 대답의 요지는 다음과 같았다.

"왜냐하면 언젠가 저녁때 제게 해주신 말씀 때문에 결심이 섰습니다. 아버지께서 군 생활을 통해 얻은 만족감에 대해 말씀해주시고, 또 인품을 갖춘 훌륭한 사람들과 만날 수 있었던 것에 대한 자부심을 말씀하셨을 때 바로 결심이 섰습니다. …… 제 군 생활이 끝날 때도 만약 제가 아버지의 말씀과 똑같은 말을 할 수 있게 된다면, 저 역시 아버지만큼이나 진급을 신경 쓰지 않을 자신이 있습니다."●

이 대화는 인품이라는 것이 얼마나 중요한 품성인지를 보여준다. 그렇다면 인품이란 무엇인가? 성공적인 리더십에 인품이라는 것이 얼마나 중요한 역할을 하는가?

어떤 사람들은 오직 성공만이 탁월한 지휘관들의 공통분모라고 보는데, 성공이란 리더십의 전조이며 도의심을 만들어내기 때문이다. 하지만 조지 워싱턴은 최후의 승리를 얻기까지 수많은 패배를 거듭했는데도 그의 병사 대부분은 그에 대한 신뢰를 잃지 않았다. 리 장군 또한 패전한 지휘관이었지만, 그의 이름은 리더십과 동격의 의미로 받아들여진다. 어째서일까? 두 사람 모두

● 1941년까지 크기가 작았던 미군의 진급 적체 현상 때문에 아이젠하워의 진급은 더딘 편이었다. 1920년에 소령을 달았으나 중령을 달기까지 16년이 걸렸고, 다시 5년 후에야 대령을 달았다. 물론 전쟁이 시작된 1941년 이후부터는 고속으로 진급해 준장에서 소장까지 6개월, 소장에서 중장까지 4개월밖에 걸리지 않았으며, 다시 불과 7개월 후에는 대장을 달았다.

훌륭한 인품을 갖추고 있었기 때문이다.

　리더십은 사실 리더의 인품과 성격을 무의식적으로 풀이한 단어일 뿐이다. 아이젠하워는 필자에게 이렇게 말한 적이 있다. "여러 면에서 볼 때, 인품은 리더십에 필요한 모든 것이라고 해도 과언이 아닙니다. 인품은 여러 요소의 조합으로 만들어지지만, 저는 사실 인품이란 정직함에 바탕을 둔 성실함이라고 생각합니다. 예를 들어, 아랫사람에게 무슨 일을 위임할 때, 그 위임의 공과는 오로지 위임을 부여한 자의 책임이며 위임을 받는 자 또한 그 점을 잘 이해해야 합니다. 당신이 리더라면, 당신의 아랫사람이 하는 일에 대해 완전한 책임을 질 수 있어야 합니다."

　브래들리 장군에게 인품이란 다음과 같다고 했다. "의존할 수 있는 든든함, 정직성에 바탕을 둔 성실함, 무엇인가를 알면서도 일부러 틀리게 하지 못하는 성격, 타인을 절대 속이지 않는 성격, 그리고 모든 이에게 공정할 수 있는 성격을 말합니다. 인품은 모든 것을 포함한 개념입니다. 만약 누군가가 인품을 갖췄다면, 모두가 그를 신뢰할 것입니다. 병사들은 자신의 리더에 대한 신뢰를 가지게 되기 때문입니다."

　제2차 세계대전 당시 이탈리아 방면 사령관이던 마크 클라크 장군은 성공적인 리더십에 필요한 요소에 대해 다음과 같이 말했다. "저라면 일단 인품을 다른 모든 것보다 우위에 놓겠습니다. 만약 내 사령부에서 일할 장교를 선발한다면, 일단 자기 업무에 자신이 있고, 충성심이 깊으며 훌륭한 인품을 갖춘 인물을 뽑을 것입니다. 저라면 좋은 인품을 갖춘 인물을 찾겠습니다. 세상에 일을 '수완 좋게' 처리할 줄 아는 사람은 많습니다만, 이들은 함께 일하는 사람들을 함부로 대하는 경향이 있습니다. 저는 이런 자들을 원치 않습니다."

　제2차 세계대전 당시 군단 및 군사령관을 지낸 루시안 트러스콧 장군은 '인품'에 대해 다음과 같이 말했다. "사람들이 말하듯, 나의 초등학교 때 모습이 결국 나의 모습입니다. 명성이란 다른 사람들이 생각하는 자신의 모습입니다. 사람들이 '리더십'이라 불리는 성공으로 가는 사다리에서 간혹 떨어지는 것은 명성과 인품 간에 차이가 있기 때문입니다. 이 둘이 언제나 일치하지는 않습니다. 만약 어떤 사람이 훌륭한 인품을 갖추고 있다고 합시다. 아마 언젠가는 그에게 기회가 찾아올 겁니다. 하지만 그가 실제 자신의 모습과 다른 명성을 갖고 있다면, 그 기회를 잡지 못할지도 모릅니다. 제 생각에 인품이란 성공적인 리더십의 근간이 아닐까 싶습니다."

최초의 미 공군참모총장이자 제2차 세계대전 당시 유럽 전역의 항공사령관이던 칼 스파츠 장군은 인품이란 '강한 의지'라고 말했다. "군사지도자라면 절대 우유부단해서는 안 됩니다. 리더는 현 상황을 판단해야 하고, 그것에 맞는 결정을 내려야 합니다. 우유부단함은 인품의 약점입니다. 리더가 하는 말에 대해서는 항상 신뢰할 수 있어야 합니다."

한국전쟁 당시 육군참모총장을 지낸 로턴 콜린스 장군은 다음과 같이 말했다. "저는 인품을 리더십에 필요한 최우선적인 요소로 꼽겠습니다. 인품이라 하면, 순전히 정직함에 바탕을 둔 성실함을 말합니다. 모든 행동을 정직함과 판단에 근거하는 리더는 그의 상관이나 심지어 아랫사람들까지 모두 신뢰할 수 있는 사람입니다. 만약 그 행동이 신의에 바탕을 두지 않는다면, 그는 리더로서의 가치가 없는 자입니다."

제2차 세계대전 당시 군사령관을 역임한 윌리엄 심슨 장군은 자신이 믿는 바를 다음과 같이 말했다. "'훌륭한' 인품을 갖춘 사람은 여러 특성을 보여줍니다. 이걸 어떻게 나눠야 할지 모르겠네요. 높은 품성을 갖춘 사람은 성실하고, 정직하고, 믿음직스러우며, 사람을 항상 직설적으로 대합니다. 그리고 이런 사람은 가족, 친구, 상관에게 충실합니다."

제2차 세계대전 때 집단군사령관을 역임한 제이컵 데버스[Jacob L. Devers] 대장은 이렇게 말했다. "제가 인품이라는 단어를 쓰려고 할 때에는 항상 정직함에 바탕을 둔 성실함을 뜻하고 마찬가지로 정직함에 바탕을 둔 성실함을 말하려고 하면 인품이라는 개념과 혼동한다고 많이들 지적했습니다. 저는 리더십에서 인품이 모든 것이라 해도 과언이 아니라고 생각합니다. 우리가 젊은 장교들에게 심어주려고 하는 것도 바로 그것이지요. 제게 인품이란 진실이라는 뜻과 일치합니다. 그렇게밖에는 설명할 수가 없네요. 말해야 할 때 일어나 진실을 말하고, 흐릿한 자세를 취하지 않는 것 말입니다."

앤서니 매콜리프 장군도 이렇게 말한다. "인품은 리더십에서 엄청난 역할을 합니다. 이는 여러 가지를 하나로 합친 요소입니다. 성격, 깨끗한 사생활, 존재감 등이죠. 사실 잘 모르겠습니다. 왜냐하면 모두들 알다시피 리더란 제각기 다른 모습과 형태와 성격을 가지고 있기 때문에, 말로 설명하는 것 자체가 어렵습니다. 맥아더 장군과 패튼 장군의 경우 두 사람은 완전히 다른 모습이었지만, 거대한 군을 이끄는 능력에 관해서는 둘 다 위대한 리더인 동시에 훌륭한 인품을 갖춘 사람들이었습니다. 지금까지 살아오면서 이런 사람들을 또 만난 적이 없는 것 같습니다."

두 명 이상으로 이루어진 모든 집단에서 어떤 문제에 대해 만장일치가 이루어지는 것을 보기는 매우 드문 일이다. 하지만 최고 리더십의 정점에 도달했던 군 장교들의 말을 되짚어보면, 인품이 군사 지도력의 기초가 된다는 것에 이구동성으로 동의한다는 것을 알 수 있다. 리더십에서 인품이 매우 중요하다는 믿음은 필자가 대화를 나누고 서신을 주고받아온 수천 명의 준장급 이상 장교들도 모두 동의하는 바다. 하지만 이 단어가 무슨 뜻을 내포하느냐에 대해서는 단 하나의 일치점을 찾기 어렵다. 사실 인품은 정의내릴 수가 없다. 서술해야 하는 것이다.

전쟁부 장관을 지낸 스팀슨은 마셜 장군의 생일축하연에서 이런 말을 했다. "장군은 내가 평생 알아온 사람 중에서 희생정신이 가장 강한 공인이십니다." 또 경제협력국Economic Cooperation Administration● 국장이었던 폴 호프먼Paul Hoffman은 "나는 모든 문제를 처리하는 데 조지 마셜 장군처럼 전적으로 사심 없이 일을 처리하는 사람을 만나본 적이 없었던 것 같다"고 했다(호프먼은 제2차 세계대전 후 유럽을 공산주의로부터 지켜낸 마셜플랜을 감독한 인물이다).

이러한 사심 없는 태도는 미국 군사지도자들의 인품에서 가장 핵심적인 요소였고, 아직도 그러하다. 아이젠하워는 '인품'을 강조했고, 그의 군 경력 자체가 성공적인 리더십에서 '인품'의 중요성을 잘 대변해준다. 그는 자서전에서 다음과 같이 회고했다. "조지 워싱턴은 나의 영웅이었다. …… 나의 동경심을 자극했던 부분은 우선 적에 대한 워싱턴의 끈기와 침착함이었고, 다음으로는 자기희생적인 불굴의 용기와 대담함, 도량이었다."

헌신성 혹은 '사심 없는 태도'는 바로 아이젠하워가 갖추었던 성품이다. 마셜 장군이 이를 알아본 순간은 바로 아이젠하워의 군 생활 전기轉機였다. 아이젠하워는 언젠가 필자에게 다음과 같은 일화를 들려주었다. "마셜 장군께서 가장 혐오했던 부류는 진급밖에 생각하지 않는 사람이었습니다. 즉, 자신만을 챙기는 사람이었죠. 언젠가 한번은 우리 둘이서 무엇인가에 관해 이야기하고 있었는데, 그가 자신을 찾아온 한 남자를 정중하게 돌려보냈던 이야기를 했습니다. 그 사내가 마셜 장군에게 찾아와 왜 자신이 진급해야 하는지 장황하게 설명을 늘어놓았다고 합니다. 그 이유는 매우 이치에 맞았습니다만, 마셜 장군은 얼굴이 흙빛으로 변했다고 합니다. 마셜 장군은 그에게 이렇게 말씀하셨다고 합니다. '이보게, 전쟁 중에 진급하는 사람들은 지휘권을 가지고 있거나 무거운 책임을 지고 있는 사람들이 될 걸세. …… 참모들은 절대 진급할 일이 없을 거야.' 이 말을 하더니, 갑자기 마셜 장군께서 저를 돌아보시고 말씀하셨습니다. '자, 자네의 경우를 보세. 어쩌다 우연히 조이스Kenyon A. Joyce 장군이 자네를 사단장으로 임명하려 하고 있다는 걸 들었네. 크루거Walter Krueger 장군

- 마셜플랜을 관리하기 위해 1948년에 설치된 미 행정부서. 현재 미국 국제개발국(US Agency for International Development: USAID)으로 승계되었다.

은 나한테 자네라면 언제든지 군단을 맡기겠노라고 하더군. 하지만 미안하네. 자넨 준장이고, 다 자기 계급에 맞는 일이 있기 마련이니까.' 그래서 제가 이렇게 답했습니다. '장군님, 뭔가 잘못 생각하고 계십니다. 저는 제 진급 여부나 장군님이 저를 진급시켜주실 권한 따위는 신경 쓰지 않습니다. 장군께서는 일을 맡기려고 저를 부르셨고, 저는 그 일이 좋은지 싫은지 군소리 없이 해왔습니다. 저는 그저 제 일을 할 뿐입니다.' 그렇게 말하고 사무실에서 나왔습니다. 내가 방금 무슨 짓을 한 건가 하는 생각에 나도 모르게 주변을 둘러보았고, 돌아서서 나올 때 마셜 장군이 희미하게 웃는 것을 보았습니다. 저도 제 자신이 우스웠습니다. 방금 한 말이 바보 같아 보였다는 걸 잘 알았기 때문입니다.

하지만 그날부터 마셜 장군이 저를 계속 진급시켜주신 사실을 잘 아실 겁니다. 뭐, 바로 그날은 아니었지만, 그날로부터 열흘쯤 뒤부터 그랬던 것 같습니다. 마셜 장군은 제 소장 진급 요청서를 직접 작성해 상원으로 가져가셨습니다. 그는 육군성 내에 설치된 작전참모부는 절대 참모 기관이 아니라고 말하며, 제가 부대 전개 등의 업무를 처리해야 하므로 제 일은 지휘관 보직이라고 강조했습니다. 이것이 장군께서 저를 합리화하신 방법이었습니다. 그 후 얼마지 않아 마셜 장군은 저를 영국으로 보내셨고, 그곳에서 제게 별을 하나 더 달아주신 후 또 얼마 후에 하나를 더 달아주셨습니다."

훗날 마셜과 아이젠하워 간에 오간 대화는 두 사나이의 뛰어난 인품을 더욱 빛나게 한다. 1944년 6월 12일, 유럽 본토 공격 시작으로부터 6일 후, 미 육군항공대•의 헨리 아널드 Henry H. Arnold 장군, 해군참모총장인 어니스트 킹

• 시기에 따라 혼동이 있을 것 같아 '공군'의 명칭을 정리하자면 다음과 같다. 1914~1918년 통신병과 항공반(Signal Corps Aviation Section), 1918~1926년 육군항공부(Army Air Service), 1926~1941년 육군항공단(Army Air Corps), 개전 후인 1941년부터 1947년까지는 육군항공대(Army Air Force)였다가 1947년 이후부터 공군(United States Air

Ernest J. King 제독, 마셜 장군이 아이젠하워를 만나러 찾아왔다. 아이젠하워 장군의 술회에 따르면, "마셜 장군께서는 내게 '아이젠하워 장군, 귀관은 워싱턴에서 보내준 참모들 대신 지금 이 사람들을 예하 지휘관으로 골랐소. 대체 어떤 기준으로 지휘관들을 선정하고 있는 것이오' 하고 물으셨습니다. 이 질문에 저는 즉석에서 '사심 없는 마음가짐입니다'라고 답했습니다. …… 그리고 사실 그 발상을 준 사람은 바로 마셜 장군 본인이셨음을 깨달았습니다. 그것이 가장 중요한 품성이었던 것입니다. 그의 사무실에서 있었던 소동과 나의 반응을 돌이켜보자면, 마셜 장군께서는 그날 저를 보며 이 친구는 자기 임무를 수행할 때 진급 가능성에 얽매이지 않겠다고 판단을 내리신 것 같았습니다. 이 사심 없는 태도는 사실 제가 먼저 생각했던 품성은 아니었지만, 저의 잠재의식이 이 기준을 끄집어낸 것 같습니다. 만약 제가 마셜 장군과 그날 대화를 나누지 않았더라면, 아마 저는 전쟁부의 작전장교 정도로 전쟁을 마감했을 것입니다."

사심 없는 태도는 아이젠하워의 생애 전체에서 나타나는 특징이기도 하다. 그가 필리핀에서 맥아더 장군의 휘하에 보직된 당시 기록한 일기를 보면, 그 보직이 별로 기분 좋은 경험은 아니었음을 알 수 있다. 아이젠하워와 맥아더는 별로 친하지 않았으며, 둘 사이에는 동지애 같은 것도 존재하지 않았다.

아이젠하워는 필리핀에서 4년간 근무하는 동안 미국 본토에는 불과 4개월 간 귀국해 있었을 뿐이다. 그는 미국에서 필리핀으로 굳이 돌아오지 않아도 되었다. 또한 보직을 다른 곳으로 바꿔줄 능력이 있는 친구도 있었지만, 책임감과 희생정신이 그를 필리핀으로 다시 돌아가게 했다. 그는 언젠가 맥아더와 마음이 통하리라는 희망을 버리지 않았으며, 자신의 현재 임무가 매우 중요하다는 것을 잘 이해했다.

Force)으로 명칭이 변경되었다.

아이젠하워가 가지고 있던 '책임감'의 개념(혹은 자신보다 임무를 우선시하는 자세라고 정의할 수 있겠다)은 그가 필리핀에 보직된 기간의 일화뿐 아니라 돈을 잘 벌 수 있는 민간 영역의 일자리도 몇 개씩이나 거절했다는 데에서 잘 찾아볼 수 있다. 그는 한 기업의 임원직 제의를 거절했을 뿐 아니라, '거래'와 추천 모두를 거부했다.

명예와 성실함 또한 의사결정에서 중요한 품성이었다. 아이젠하워의 일기를 보면, 그가 1942년 6월 20일, 꽤 큰 액수의 돈을 거절했다는 일화가 있는데, 이를 통해 그의 사심 없는 자세를 엿볼 수 있다. "필리핀 대통령께서 오늘 오전 10시에 찾아오셨다. 그의 방문 목적은 내가 마닐라에서 필리핀 정부 고문 역할을 한 맥아더 장군의 참모장으로 있던 것에 대해 사례금을 수여하기 위해서였다. 케손Manuel L. Quezon 대통령께서는 사례금과 함께 수여하기 위해 본인이 직접 쓴 훈장 수여장을 함께 가져오셨다. 나는 대통령께 정중하게 그의 마음에 진심으로 감사드리고, 또 이러한 감사 표시를 영광스럽게 생각하지만 이것이 현명한 방법은 아니라고 여기며 내가 수행한 직무에 대해 금전적인 포상을 받을 수는 없다고 말씀드렸다. 물론 지금 하시는 일이 분명하게 합법적이며, 대통령 각하께서 하시려는 일이 최고의 영예임을 잘 이해하고 있으나, 이 행동이 오해를 불러올 위험도 있을 뿐 아니라, 누군가가 이 행동을 잘못 이해한다면 지금 이 전쟁에서 연합군에 대한 나의 미약한 역할에나마 좋지 않은 영향을 끼칠지도 모른다고 말씀드렸다. 우리 미국 정부는 중요한 역할 앞에서 나를 신뢰해주었고, 나는 이에 따른 중요한 책임을 지고 있다."

케손 대통령은 그의 설명을 납득했으며, "이 문제는 두 번 다시 거론하지 않겠다"라고 말한 뒤 사례금 대신 문서로 된 표창장을 수여했다. 아이젠하워는 이에 대해, "이런 표창은 우리 가족에게 돈보다도 더 값어치가 있다. …… 대통령께서는 명백히 나의 결심에 대해 노여워하거나 자존심 상하시지 않고 받아들이셨다. 특히 후자는 내가 특히나 우려했던 부분이었다. 선물을 거절당

한다는 것은, 그것도 특히 도덕성을 걸고 넘어졌다면, 이를 극동아시아 지역에서 자란 사람들은 개인적인 문제로 받아들이는 경향이 있기 때문이다"라고 적었다.

아이젠하워의 부친은 1942년 3월에 타계했지만, 이 가슴 아픈 시기에도 그의 책임감은 모든 것을 압도했다. 전쟁부 작전차장으로서의 임무에 대한 책임감 때문에 장례식에 참석하지 못한 것이다. 그는 1942년 3월 11일 일기에 다음과 같이 적었다. "기분이 정말 끔찍했다. 요 며칠 동안 어머니와 함께 있어드려야 한다고 생각했다. 하지만 지금은 전쟁 중이다. 전쟁은 무르지 않으며, 이 시기에는 아무리 경건한 감정이 앞선다 하더라도 내 기분대로 할 수는 없다. 어머니는 아버지 인생의 의미 그 자체였으며, 또한 문자 그대로 모든 면에서 좋은 내조자셨다. 현재 시간은 오후 7시 30분이며, 오늘은 그만 퇴근하고자 한다. 무슨 일을 더 할 수 있는 마음이 아니기 때문이다." 그는 바로 다음 날 그의 부친에 관해 적었다. "아버지의 말씀은 항상 약속 그 자체였으며, 모두들 그렇게 받아들였다. 아버지의 순수한 정직함, 모든 빚은 즉각적으로 다 갚아야 한다는 고집, 독립성에 대한 자부심이 명성을 쌓았고, 우리 자식들은 모두 그 덕을 톡톡히 보았다."

아이젠하워가 디데이D-day 동맹군사령관 역할 및 육군참모총장직을 성공적으로 수행하자, 전 세계는 계속해서 그의 리더십을 필요로 했다. 1950년대에 가장 중요했던 안보 문제는 공산주의의 견제였으며, 이를 위해 아이젠하워는 나토NATO 군사령관으로 보직되었다. 트루먼Harry S. Truman 대통령이 맥아더 장군을 해임한 것은 이 시기에 가장 심각한 사건이었다. 아이젠하워는 다시금 사심 없는 마음의 중요성을 되새겼다. 그는 1951년 4월 27일 자 일기에 다음과 같이 썼다. "미국 본토가 자연발생적인 개인, 당파, 개인적 반목 관계에 불과한 '거대한 논쟁'으로 여전히 흥분한 상태다. 이 모든 문제는 대부분 단순화되어(내 말인즉, 지나치게 단순화되었다) 트루먼과 맥아더 간의 대결이 되어버렸다. 세계 역사상 매우 중요한 시점인 지금, 인간의 이기주의 때문에 우리 모두가 갈가리 찢겨야 한다는 사실은 비극이 아닐 수 없다. 우리는 공산주의에 효과적으로 대항하기 위해서 현재 우리의 가용한 모든 수단과 방법에 관해 심각하게 논의해야 한다. 여기에는 의미 있는 의견 교환과 토론이 있어야겠지만, 우리에게는 낭비할 시간이란 단 1분도 없을 뿐 아니라, 개인의 욕심을 채우기 위해 쓸데없는 일을 벌임으로써 우리를 약하게 할 여유도 없다.

내가 아는 바에 따르면, 지금 우리 사령부의 모든 고급장교들은 다른 곳으로의 전출을 희망하고 있다. 이곳에 있는 사람들은 모두 압도적인 직무의식이나 인간적인 긴박성 때문에 복무하고 있을 뿐이다. 이들은 매일매일 비관주의와 싸워야 하고, 런던과 워싱턴, 파리에 있는 능력 없는 인간들이 우리의 운명을 쥐고 있다든가, 혹은 이들이 우리의 운명을 이끌어 보겠다면서 처절한 전쟁을 하고 있다는 사실을 깨달으며 사기 저하에 시달리고 있다. …… 만약 우리에게 도덕성이나 정신적인 도덕적 성실함이 필요한 때가 있다면, 지금이 바로 그때다. 나는 우리 집단을 여전히 하나의 덩어리로 붙들고 있는 이들이 있다는 사실에 신에게 감사드린다(진심이다). 내 인생에서 유일하게 진정한 사랑의 대상인 가족과 미국을 위해 나는 계속해서 최대한 효율적으로 일할 것이며, 나에게 힘이 남아 있는 한 계속 긍정적인 자세로 임무에 임할 것이다. 이제 자유세계에서 영향력의 중심이 되는 곳에서는 신선하고, 젊고, 강건한 민간 또는 군지도자들이 각자 자신의 조국과 조국의 품격, 안보에만 열정을 바치게 되면 좋겠다."

직무에 대한 아이젠하워의 책임감은 군 장교로서만 발휘된 것이 아니다. 이 의식은 그가 나토 군사령관을 역임하고 있던 당시, 대통령 후보 자격을 수락할 것인지를 고민할 때에도 이어졌다. 1951년 10월 25일, 한 명의 특사가 그를 찾아와 대통령 후보로 출마할 것을 권유했다. 그는 이 제안을 고민하면서, "나는 미연방합중국의 대통령이 되기를 바라지 않을 뿐만 아니라, 그 어떤 정치적인 직책이나 정치적 연관이 있는 일을 할 의향이 없다. 지금 나의 승리가 미국의 미래에 엄청나게 중요한 영향을 끼칠 임무이기 때문이다"라고 답했다.

그는 직업의식에서 사심 없는 마음을 강조했다. "나는 오직 직무에 대한 의식 하나만을 기억하며 SHAPE• 사령관 보직을 맡았다. 이 직책을 받고 뉴욕을 떠나면서 개인적인 안락함, 유리함, 내 성격에 맞는 건설적인 일들을 희생해야 했다. 나는 명확한 임무 때문이 아니라면, 어떤 형태의 정부 보직이든 그것을 위해 현 보직을 떠나지 않겠다. 나는 나를 대통령 후보로 입후보시키려는 그 어떤 노력에도 참여하지 않을 것이다. 내 생각에 대통령직이란 하고 싶다고 해서 할 수 있거나 하기 싫다고 해서 하지 않을 수 있는 것이 아니기 때문이다. 미래에 어떤 상황이 도래해야 정치판에 들어갈 사유가 충족되었다고 나 자신을 납득할 수 있는가를 묻는다면, 아직 그 질문에는 대답할 준비가 되어 있지 않다. 어떤 상황이 되어야 그렇게 될지 잘 모르겠다. 다만 이 시점에서 인정하자면, 그 위대한 직무로 가는 일을 내가 직간접적으로 돕지 않았어도, 또 내가 묵인했는데도 굳이 내게 부여된다면, 그때는 이들이 말하는 입후보를 고려해볼 만할 것이다."

진정으로 희생적이었으며 공무원의 표본이었던 초대 국방장관 제임스 포러스털 James V. Forrestal 의 비극적인 자살은 아이젠하워에게 엄청난 시련이었다. 아이젠하워는 다음과 같이 말했다. "짐 포러스털과 이야기를 많이 했었습니다. 그 누구보다도 그와 여러 일에 관해 많은 대화를 나누었는데, 그것은 목적에 대한 그의 진정성과 공익을 위한 그의 헌신성 때문이었습니다. 그뿐 아니

• 연합군 유럽 최고사령부인 SHAPE는 'Supreme Headquarters Allied Powers Europe'의 약자로 나토군사령부의 정식 명칭이다. 당시에는 사령부가 프랑스 파리 외곽에 있었으나, 1966년 프랑스가 나토 통합지휘체계에서 탈퇴함에 따라 1967년 벨기에 몽스(Mons)로 이전했다. 프랑스는 2009년 3월에 나토군에 다시 가입했다.

라, 그는 지금 조국이 직면한 위험에 대해 개인적으로 크게 우려했으며, 그 문제에 관해 이야기하고 싶어 했습니다. 군에 있던 나의 동료 몇 사람과 정부 및 민간 요직에 있던 사람 중에는 포러스틸만큼 사심 없던 사람들도 있었지만, 배움에 대한 욕심이 많고, 그 지식을 공공의 이익을 위해 사용하려 했던 이는 손에 꼽을 정도입니다. 그래서 우리는 오랜 세월동안 쓰일 수 있고, 상세하면서도 일반적인 명확한 문장으로 서술된 방책을 만들려고 노력했습니다."

아이젠하워는 사심 없는 태도를 갖추지 않은 모든 이를 불쾌하게 여겼다. 대통령이 된 후에 그는 이렇게 회고했다. "지금 하와이 주지사 자리를 노리는 유력 인사가 두 명 있다. 둘 다 자신을 뒷받침해줄 '압력집단'을 가지고 있는데, 공직에 대한 이러한 접근 방식은 자신의 모든 재능을 파괴할 뿐이다. 내 입장에서 보자면, 이런 자리를 찾아다닌다는 것 자체가 자격이 없다는 뜻이다. 엄청난 개인적 희생 없이 워싱턴으로 날아와 중요한 정부 요직을 차지하려는 자는 그 직책을 유지할 자격이 없다. 물론 기술 및 전문적인 직책에 따라서는 이 말이 적용되지 않을 수도 있고, 고위 직책이 걸려 있는 경우 모든 사람이 나와 같은 생각을 해주기를 바라는 것은 불공평할지도 모르겠다. 하지만 정치적인 요직 앞에서 결국 자리를 좇는 자로 판명난 사람들에 대한 나의 존경과 경애는 마치 애초부터 그런 마음이 없던 것처럼 사라지게 된다."

그는 이런 말도 덧붙였다. "이러한 요소는 직책을 맡기 위해서 당연히 감수해야 하는 것들로, 성공적인 사업가들이라도 마찬가지 희생을 감수해야 한다. 물론 합당한 희생을 각오해야 할 것이다. 사실 정부는 중요한 요직에 누군가를 임명할 때 그가 물질적인 포기를 각오하지 않는다면 그를 보직시키기가 쉽지 않다. 하지만 이는 극단적인 관례로, 상원에서 이 문제를 합리적으로 중단시키지 않는다면 이는 결과적으로 우리 모두에게 큰 해가 될 것이다."

대통령 임기 중 아이젠하워의 회상

아내 메이미와 처음 백악관에 들어섰을 때, 우리는 이곳의 생활이 어떨지 비교적 제대로 예상했다. 내가 오랫동안 군대에서 수행한 주요 보직은 대통령이 살아가야 하는 삶과 비교했을 때 미약하나마 분명한 공통점이 있었다. 특히 제2차 세계대전 중 해외에서 SHAEF[•]의 지휘관을 맡았을 때, 그리고 SHAPE 지휘관을 했을 때와 비슷했다. 두 보직을 수행하면서 외로운 일상을 보냈고, 평생 처음으로 오직 부관과 단 둘이서만 생활했을 뿐 아니라 메이미와 두 번째로 마르네 라 코케트Marne-la-Coquette에서만 살았다. 식당이든, 극장이든, 평범한 시민이 갈 수 있는 공공장소는 아무데도 갈 수 없었다. 보안 문제, 의전 문제, 사인 공세 문제가 항상 따라다녔다. 건강관리나 기분전환을 위한 시간 따위는 항상 찾기 어려웠다.

우리는 백악관에 살게 되면서 이런 문제의 몇 배의 고통을 예상했다. 하지만 최소한 이번에는 정신적으로라도 준비되어 있었다는 것이 달랐다.

미국 독립혁명 중 지휘관으로서 조지 워싱턴 장군의 삶은 미군 장성으로는 꽤나 일찍부터 사심 없는 태도를 보여주었고, 추후 200년간 미군 최고의 군사 지도자들이 따라야 할 모범이 되었다. 그의 병사 중 상당수는 소총도 없었고 훈련을 받을 때도 총 대신 빗자루를 들었다. 또한 대부분 신발이 없었고, 군용 모포도 귀했으며, 식량은 항상 부족했고, 징집 기간도 불규칙했다. 워싱턴의 생각과 우려는 친구인 조지프 리드Joseph Reed에게 보낸 1776년 1월 14일 자 서한에서 잘 나타난다. "나와 내 군대의 현 상황은 내 주변 사람 모두가 잠든 후에도 나를 괴롭히고 있네. 오직 소수의 인원만이 현재 우리가 맞닥뜨린 문

- 연합원정군 최고사령부인 SHAEF는 'Supreme Head Quarters Allied Expeditionary Force'의 약자다.

제가 1,000가지쯤은 된다는 걸 알고 있지. 이 전선에 어떤 재앙이 닥쳐온다면, 그것 때문에 필경 엄청난 소동이 발생할 걸세. 이런 상황 속에서, 내가 만약 지휘권을 받은 대신 대열 속에 어깨에 총을 메고 일개 병사로 서 있었거나, 혹은 이 모든 문제를 그냥 후대에 물려주고 나 자신은 은퇴해서 어디 후방 지역의 작은 오두막에서 산다면 얼마나 행복했을까 하는 생각을 종종 한다네. 만약 이 문제들뿐만 아니라 열거하기도 어려운 수많은 난관이 모두 해결된다면, 우리에게는 필시 적의 눈을 속이는 신神의 '섭리의 손가락'이 함께한다고 믿겠네. 만약 우리가 이번 달을 넘긴다면, 이는 필시 적들이 우리가 어떤 고통을 받는지 보고 싶어 하기 때문일 걸세……."

미국으로서는 다행스럽게도, 워싱턴은 은퇴를 선택해 오두막에 은거하지도 않았고, 지휘권을 버리고 일개 병사가 되는 길을 택하지도 않았다. 그 대신에 그는 희생적으로 군을 이끌고 조국의 승리를 쟁취했다. 어쩌면 그가 행한 가장 숭고한 희생적 행동은 왕위王位를 거절한 사건이었을 것이다. 워싱턴이 신생 미연방합중국의 새 국왕으로 즉위하기를 바라는 사람은 매우 많았지만 그는 이를 거절했고, 그 덕택에 미국은 세계에서 가장 위대한 공화국으로 성장할 수 있었다.

물론 왕이 되었더라도 훌륭히 왕권을 수행했을 것이라는 점에는 의심의 여지가 없으나, 그의 왕위 거부는 워싱턴이라는 인물이 순수한 사심 없는 마음가짐을 지니고 있었다는 사실을 잘 보여준다. 미국 독립전쟁을 승리로 이끄는 데 가장 중요한 인물이었던 이 사나이는 '왕관'을 거절했다. 그러한 행동은 그의 탐욕 없는 인품이야말로 자기 스스로의 위대한 생애를 헤쳐나가는 데 원동력이었음을 동시대와 후대 사람들에게 여실히 증명해주었다.

전쟁이 끝날 무렵, 워싱턴의 인품은 또 한 번 시험대에 오른다. 1783년 3월 15일, 호레이쇼 게이츠Horatio Gates 장군을 위시한 그의 장교단 일부가 군대 급여 확보를 위해 군사행동을 취할 것인지 여부를 놓고 모의했다.

이 문제는 신생 정부의 군 통수권과 문민통제권 간의 대결이었다. 하지만 가장 큰 문제는 워싱턴의 지휘권이 위험에 빠졌다는 것이었다. 군은 워싱턴의 '극도의 신중함'이 자신들의 정당한 급여를 받는 데 방해가 된다고 판단했다. 아마도 이 순간이 미국 역사상 가장 위험한 순간 중 하나였을 것이다. 그것은 미국 역사를 통틀어 문민통제권이 군에 의해 위협받은 유일한 사건이기 때문이다. 만약 이 엇나간 위협이 먹혀들었다면, 아마 국가로서의 미국 역사는 완전히 다른 방향으로 흘러갔을지도 모를 일이다.

하지만 여기서 다시 워싱턴은 절대로 굴복하지 않는 그의 성격을 바탕으로 한 특유의 리더십으로 다른 결과를 만들어냈다. 워싱턴은 알렉산더 해밀턴 Alexander Hamilton이 장교단과 회의를 주재하기로 하자 이 회의에 직접 참석하기로 결정했다. 그가 회의장에 들어서자, 참석해 있던 장교들은 불쾌한 표정의 놀란 얼굴이 되었다. 군으로부터 사랑받아온 워싱턴은 평생 처음으로 자신을 향한 분개와 분노의 시선을 느꼈다. 그는 이어서 짧은 연설을 한 후, 장교들에게 군사행동을 취하려는 의사를 철회해달라고 요청했다. 그는 장교단에게 다음과 같이 말했다. "이성적이고 차분히 이 문제를 바라본다면, 이는 지금껏 여러분이 지켜온 품위를 떨어뜨리고 영광을 퇴색시킬 것이 분명합니다. 이런 결과를 야기할 그 어떤 행동도 취하지 않기를 간곡히 부탁드립니다."

하지만 그들의 영웅이 전한 이 감동적인 연설도 그들의 마음을 흔들진 못했다. 그러자 워싱턴은 미리 적어온 연설 끝에 편지 한 통을 읽었고, 여기에 감성적이고 즉흥적인 '장치'를 더함으로써 청중의 마음을 사로잡았다. 그는 주머니에 손을 넣어 미연방의회 의원에게서 온 편지를 꺼내 들었다. 이 편지는 조국이 처한 심각한 금전적 상황을 설명하는 동시에, 의회가 군인들에게 보상하기 위해 어떤 식으로 노력하고 있는지가 적혀 있었다. 하지만 그는 편지를 읽어 내려가던 중 잠시 무언가 이상해 보이는 행동을 했다. 워싱턴은 잠시 찌푸린 표정을 지었고, 한동안 뚫어지게 편지를 응시했다. 장교들은 무슨 일일까 하는 마음에 그에게로 몸을 기울였다. 그러자 워싱턴은 이윽고 코트의 주머니를 뒤져 안경을 꺼냈다.

장교들은 그들의 '장군님'이 읽기 힘들게 휘갈겨 쓴 편지를 안경까지 꺼내 쓰고 힘겹게 읽는 모습에 연민을 느꼈다. 워싱턴은 미안한 목소리로 말했다. "여러분께서 양해해주신다면 안경을 좀 꺼내 쓰겠습니다. …… 조국을 위해 헌신하며 세월을 보내다 보니 머리만 하얗게 센 것이 아니라 눈까지 잘 안 보이게 되었습니다."

이 가슴 아픈 말은 단번에 청중을 휘어잡았다. 이 단순한 한마디는 지금껏 그가 계속 달성하지 못한 일들을 단번에 해결해주었다. 장교들의 눈가에는 이슬이 맺히기 시작했으며, 눈물방울이 맺힌 그들의 눈에는 어느새 그들의 맨 앞에서 지금까지 긴 여정을 이끌어주었던 최고사령관에 대한 사모의 마음이 담겨 있었다. 워싱턴은 편지를 빠르게 마저 읽었다. 이미 이 전투에서 이겼다는 것을 알았기 때문이다. 본능에 가까운 그의 극적인 감각은 불미스러운 결말을 피했을 뿐만 아니라, 그가 당당하게 걸어서 홀을 나갈 수 있게 해주었다.

다시 강조하지만, 워싱턴은 폭군의 억압에 맞서 조국을 구했다. 먼저, 그는 대영제국 왕실의 압제에 맞서 미국을 구했다. 그리고 나서는 자신이 왕위에 오르는 것을 거절함으로써 조국이 또 다른 군주를 맞이하는 상황을 피했다. 마지막으로, 이 '극적인' 연설을 통해 신생 공화국이 군사적 반란 사태에 빠지는 것을 막았다. 그는 이 세 번의 상황에서 모두 희생하는 마음으로 개인적인 권력을 외면해온 그의 인품을 통해 위기에 빠진 조국을 구해냈다.

미 혁명군사령관으로서 워싱턴의 생애는 역경의 연속이었다. 이는 훗날 마셜 대장에게도 영향을 미쳤는데, 이는 그가 포트 베닝Fort Benning●에서 열린

● 포트 베닝은 조지아 주에 위치한 미 교육교리사령부(US Training and Doctrine Command: TRADOC) 및 전력사령부(US Forces Command: US FORSCOM)의 소재지다. 육군기갑학교와 부사관학교 등 여러 군사기관이 상주하고 있다.

제2차 세계대전 이후 첫 기수의 사관후보생^{OCS} 졸업식에서 행한 연설에도 잘 나타난다. "진정 위대한 지도자는 모든 역경을 극복해야만 하며, 모든 군사작전과 전투는 계속해서 극복해야만 하는 역경의 일부일 뿐입니다. 장비가 부족하다거나 식량이 부족하다거나 그 밖에 이것저것이 부족하다는 것은 핑계일 뿐입니다. 진정한 지도자는 역경 속의 승리로 그의 능력을 보여주는 법이며, 이를 통해 얼마나 위대한지를 나타낼 뿐입니다."

사심 없는 마음은 분명 마셜 장군의 성격의 일부였으며, 그의 이런 점을 가장 날카롭게 보여준 일화는 그가 연합군 원정부대를 지휘할 인물을 결정한 일이었다.

1942년 초, 루스벨트 대통령과 처칠 수상은 연합군 원정부대의 최고사령관을 영국군 장성으로 임명하는 데 동의했다. 하지만 전쟁이 진행되면서, 미군 병력과 물자가 연합군 내에서 압도적인 우세를 보이게 될 것이 명백해 보였다. 이 상황은 루스벨트와 처칠 모두를 정치적으로 어색한 입장에 서게 만들었다. 영국인을 지휘관으로 놓자면, 루스벨트가 원정군의 대다수 병력을 차지하는 미국인 병사들에게 외국인이 지휘관을 맡게 될 것이라고 설득해야 했다. 반면에 처칠로서는 미국인 지휘관이 유럽 침공 작전을 이끌게 될 것이라는 말을 영국인에게 설명해야 할 판이었다. 처칠은 이 어색한 상황에서 루스벨트의 부담을 덜어주고자 자발적으로 원정군 지휘관은 미국인이 되어야 한다고 먼저 말했다.

모두에게 극히 중대한 문제였던 최고사령관 선임은 길고도 지지부진하게 이어져 2년이라는 시간을 소비하게 만들었다. 미국인으로 사령관을 세우기로 결정한 후에도 루스벨트는 18개월 동안이나 지명을 하지 못했고, 처칠은 이 기간 내내 사령관을 선택하라고 루스벨트를 압박했다. 1943년 테헤란에서 스탈린은 선수를 쳐 "오버로드 작전(노르망디 상륙작전의 작전명 — 옮긴이)은 누가 지휘할겁니까" 하고 루스벨트에게 물었다. 루스벨트는 아직 결정된 바가 없노라고 대답했다. 스탈린은 자신이 선호하는 최고사령관은 마셜 장군이라고 밝히며, 최고사령관이 선임되기 전에는 연합군이 진심으로 유럽 내로 진격할 의사가 있다고 믿지 못하겠다면서 압박을 가했다. 스탈린은 절대적으로 유럽 내에 제2의 전선이 형성되기를 원했지만, 루스벨트는 압박을 전혀 받고 있지 않았다.

사실 마셜은 이 역할에 가장 적합한 미국인 장성 후보였다. 1942년 7월 31일, 처칠은 루스벨트에게 "만약 마셜 장군을 상륙군의 최고사령관으로 지명한다면 이에 동의할 수 있음"이라는 내용의 전신을 보냈다. 1943년 8월 10일, 스팀슨 장관은 루스벨트 대통령에게 보낸 서한에서 디데이 지휘관 선임 문제에 관한 자신의 의견을 피력했다. "결국 가장 민감한 이 시기에 가장 민감한 작전을 감독할 최고사령관을 결정해야 할 시기가 온 것 같습니다. 각하께서는 링컨 대통령이나 윌슨 대통령보다 이런 결정을 내리는 데 용이한 입장에 서 계십니다. 링컨 대통령은 올바른 대상자를 찾을 때까지 끔찍한 패배를 경험하면서 계속 시험과 실패를 반복해야 했습니다. 윌슨 대통령은 말 그대로 미국 국민에게도 잘 알려지지 않은 인물(존 퍼싱 장군을 말한다 — 옮긴이)을 그가 이끌어야 할 외국 군대 앞에 사령관으로 세워야 했습니다. 마셜 장군은 믿을 만한 군인으로서 명성을 얻고 있고, 관리자로서도 넓은 식견과 숙련된 기술을 갖추고 있습니다. 이미 이런 점은 1년 반 전에 영국 쪽에서 그를 추천했다는 데에서도 확인할 수 있습니다. 그의 인품과 능력으로 볼 때, 그가 성공적인 작전을 위한 연합된 군사행동으로 이 두 나라를 이끌어나갈 군사 지도력을 완성해나갈 것이라 믿습니다. 워싱턴을 중심으로 한 전 세계적 전략과 조직의 단점과 문제점에 관해 저보다 더 잘 아는 사람은 없을 것입니다. 현재 우리가 직면한 난관에 그보다 나은 대안은 없어 보입니다."

1943년 8월 22일, 스팀슨 장관과 루스벨트 대통령은 이 문제를 놓고 논의했다. 스팀슨은 루스벨트가 이렇게 말했다고 회고했다. "처칠이 자발적으로 오버로드 작전을 위해 마셜 장군을 지휘관으로 받아들이겠다고 한 덕에 대통령께서 직접 그의 의사를 물어봐야 하는 난감한 상황은 피할 수 있었다고 하셨다. 그리고 나와 마셜의 육군참모총장 후임자에 관해 논의하시면서, 아이젠하워 장군을 언급하셨다."

마셜은 명백히 이 보직에 가장 적합한 1순위 후보였다. 1943년 11월, 루스벨트 대통령은 북아프리카를 방문하면서 아이젠하워 장군과 잠시 접견했다. 루스벨트는 아이젠하워에게 이렇게 말했다. "아이크(아이젠하워의 애칭), 자네나 나는 누가 남북전쟁 막판에 육군참모총장을 했었는지 알고 있지만,• 사람들은 말 그대로 당시 야전지휘관들 이름밖에는 잘 모른다네. 그랜트, 리, 잭슨, 셔먼, 셰리던Philip Sheridan 등…… 초등학생도 다 아는 이름이지. 그런 맥락에서, 사실 50년 후에 사람들이 조지 마셜이 누구였는지 아무도 모르게 될 것이라는 사실이 가슴 아프네. 그것이 내가 마셜로 하여금 거대한 사령부를 맡아주길 원하는 이유 중 하나야. 그는 위대한 장군으로 역사에 한자리를 차지할 자격이 있거든."

연합군이 디데이 사령관을 곧 임명할 것이 분명해지면서, 워싱턴에는 마셜 장군에 관한 소문이 돌기 시작했다. 그가 곧 연합군 지휘권을 받기 위해 떠날 것이라는 소식이 새어 나가자 격렬한 논쟁이 오가기 시작했다. 의회 군사위원회의 선임 의원인 워런 오스틴Warren R. Austin, 스타일스 브리지스Styles Bridges, 존 거니John Gurney 세 명은 마셜 장군을 워싱턴에서 떠나보내기에는

• 남북전쟁 말기에 육군참모총장을 지낸 인물은 헨리 헬렉(Henry W. Helleck, 1815~1872) 소장이다. 원래 연방군(북군) 총사령관을 지냈으나, 자신의 예하 부대 지휘관이던 율리시스 그랜트 장군이 중장으로 진급하면서 보직을 내주고 참모총장으로 보직을 이동했다. 행정 업무와 군수 분야에서는 뛰어난 인물이었지만, 야전지휘에서는 부족한 역량을 드러냈다고 한다. 링컨 대통령도 그를 가리켜 '일등급 서기보다 좀 나은 사람'이라고 혹평했다.

그가 의회에 매우 중요한 인물이라며 반대했다. 스팀슨의 말에 따르면, "그들은 개인적으로도 마셜 장군에게 의지하고 있을 뿐 아니라, 만약 어떤 불확실한 방책을 마셜 장군이 인가해줄 경우 이들이 의원들 사이에서 논란이 있는 문제를 계속 진행해나가기가 수월했다"라고 한다. 이 상원의원들은 마셜 장군의 영향력이 대통령뿐 아니라 합동참모본부나 연합참모본부에도 크게 미쳤기 때문에 적들이 그를 육군참모총장에서 물러나게 하기 위해 축출 운동을 뒤에서 교사하고 지원하고 있을까 우려했다.

≪워싱턴타임스 헤럴드Washington Times Herald≫ 또한 '루머'성 기사를 실었다. 마셜이 곧 워싱턴을 떠나 해외로 파견될 예정인데 그것은 그가 최근에 대통령에게 항명한 적이 있기 때문이라는 것이었다. 1943년 9월 28일, 이번에는 루스벨트 대통령이 마셜 장군을 '다른 자리로 쫓아내고' 서머벨Brehon B. Somervell 장군을 총장에 앉히려는 음모를 꾸미고 있다는 소문이 돌기 시작했다. 소문에 따르면, 루스벨트가 그렇게 하는 데는 서머빌로 하여금 그의 인사권을 이용해 루스벨트의 1944년 대통령 선거를 대비하게 하려는 목적이 있다는 것이었다.

존 퍼싱John J. Pershing 장군 또한 마셜 장군이 육군참모총장 보직에서 떠나는 것에 반대했다. 그는 루스벨트에게 편지를 보내 "마셜 장군을 전출시키는 것은 우리 군 정책에서 중요하고도 심각한 실책이다"라고 전했다. 루스벨트는 제1차 세계대전 당시 미 동맹원정군AEF 사령관을 지낸 이 노장에게 "저는 마셜 장군이 제2차 세계대전에서 제2의 퍼싱 장군이 되길 바라고 있습니다"라고 답했다.

윌리엄 레이히William D. Leahy 제독, 헨리 아널드 장군, 어니스트 킹 제독이 모두 각각 루스벨트를 사적으로 찾아가 마셜 장군을 대통령 곁에 계속 두기를 권했다. 세 사람 모두 마셜 장군을 이렇게 떠나보내기에는 그가 합동 및 연합 참모본부에서 너무도 중요한 사람이라고 판단했다. 각 군의 총장 및 사령관은 그가 가장 압도적인 영향력을 지닌 인물이라고 생각했으며, 특히 합동 전략 결정의 실행 여부를 판단하는 데 중요한 인물로 인정했다. 그는 이러한 전략 결정에서 각 군의 단결을 이끌어내는 데 핵심적인 인물이었다. 아널드 장군과 킹 제독에 따르면, 마셜은 합동참모본부 내에서 가장 인정받는 지도자였다.

킹 제독은 루스벨트 대통령에게 "지금 워싱턴에는 전쟁에서 이길 수 있는 인물의 조합이 갖춰져 있는데, 왜 이걸 해체하려고 하십니까"라고 말했다. 아널드 장군은 전 세계적 규모의 전쟁을 치르는 데 마셜처럼 비범한 감각과 육상·해상·공중 군수지원에 대한 지식, 한 개의 전역이나 동맹군 혹은 군 각각의 중요성에 대한 균형 잡힌 판단력을 갖춘 자가 없다고 강조했다.

비공식 군 관련 언론지인 ≪육·해군 저널 The Army and Navy Journal ≫은 사설을 통해 조지 마셜 장군의 참모총장 해임은 "군, 의회, 더 나아가 전국을 충격에 몰아넣을 것"이라고 썼다.

마지막으로, 스팀슨 장관이 이 문제에 대해 강경한 태도를 표명했다. 1943년 9월 30일, 그는 기자회견을 통해 다음과 같이 말했다. "지금까지 나온 취재기사에 대해 입장을 표명할까 합니다. 지금부터 어떤 임무가 조지 마셜 장군에게 부여되더라도, 이는 장군에 대한 대통령의 전적인 신뢰에 기반을 두어 결정될 것이며, 미군 내에서도 가장 출중한 인물인 장군께서 전쟁을 성공적으로 종결짓는 데 가장 적합한 역할을 수행할 수 있는 곳으로 발령될 것임을 분명하게 말씀드릴 수 있습니다."

책임 있는 직위에서 뛰어난 성과를 내는 인물은 남들이 볼 때 그가 하는 일 자체를 쉬워보이게 하는 경향이 있다. 마셜 장군이 참모총장 보직을 수행한 것도 같은 사례다. 그 결과, 그의 걸출한 역할이 제대로 평가받지 못하기도 했다. 마셜 장군이 전출될 것이라는 소문은 그가 지금껏 이루어낸 위대한 성과를 도드라지게 했고, 대중적으로도 인정받게 했다.

1943년 12월 카이로회담에서 루스벨트 대통령은 그의 결심을 발표했다.

아이젠하워 대장을 연합군 최고사령관으로 지명한 것이다. 루스벨트는 개인적으로 가장 가까운 두 조언자인 해리 홉킨스Harry Hopkins와 스팀슨 장관의 열렬한 마셜 장군 지지에도 아이젠하워를 선택한 것이다. 스탈린과 처칠도 마셜 장군을 선호한다고 이미 입장을 밝힌 바 있었다.

그렇다면 왜 아이젠하워를 선택하고 마셜을 선택하지 않았을까? 해답의 일부는 마셜 장군의 '사심 없는 태도'에 있었다. 그는 자신이 보직될지 모를 그 직책에 대해 자신의 선호를 단 한 번도 밝힌 적이 없었다. 최종 결정이 나기 직전인 1943년 12월, 루스벨트 대통령은 마셜 장군을 자신의 별장으로 불러들였다. 이날 만남에서 루스벨트 대통령이 최초 지휘관 보직 의사를 마셜 장군에게 묻자 장군은 이렇게 답했다고 나중에 필자에게 편지로 알려주었다. "'제가 제 능력을 평가하지 않겠습니다'라고 답변해드렸고, 저에 대한 평가는 각하께서 직접 하셔야 한다고 말씀드렸습니다. 저는 어떤 결정이 나더라도 전심전력으로 따를 것이며, 이 문제는 개인적인 감정을 고려하기에는 너무나도 거대한 문제라고 말씀드렸습니다. 제가 제대로 기억한다면, 대통령께서는 대화를 끝내시면서 '자네가 우리나라 밖으로 나가 있다면 밤에 제대로 잠을 이룰 수가 없을 것 같네'라고 말씀하셨습니다."

동석했던 스팀슨 장관은 루스벨트 대통령의 이 대화 내용을 기록했다. "대통령께서는 '최고사령관 선임에 관한' 이 주제를 애매하게 꺼내셨고, 마셜 장군에게 무엇을 원하는지, 혹은 그에게 무엇을 어떻게 해야 한다고 생각하는지 물으셨습니다. 언제나처럼 마셜 장군은 꼿꼿하게 서서 무엇이 어떻게 되어야 할지의 여부는 자신이 답변드릴 사안이 아니라고 말했습니다. 하지만 거기에 덧붙이길, 장군은 만약 자신이 오버로드 작전에 참가하게 된다면, 대통령께서는 육군참모총장 자리를 공석으로 놔두시면 안 되고 아이젠하워를 정식 총장으로 발령하셔야 하며(대통령은 아이젠하워 장군을 총장 대리로 보직하는 것도 고려 중이셨습니다.), 그 외의 방법은 어떤 것이든 아이젠하워나 육군성에 불합리한 조치가 될 것이라고 말했습니다." 이 사건은 마셜의 사심 없는 자세를 보여준 또 하나의 일례였다. 그의 말대로 되었다면 계급의 진급에 상관없이 참모총장이 선임 보직이기 때문에 아이젠하워를 자신의 상관으로 앉히게 될 것이었기 때문이다.

그러고 나서 대통령이 결정 내용을 발표한 것이다. 루스벨트는 마셜에게 다음과 같이 말했다. "이 문제에 대해 심사숙고를 거듭한 결과, 자네를 육군참모총장으로 계속 두고 아이젠하워를 오버로드 작전의 책임자로 앉히기로 했네." 마셜은 어떠한 감정도 보이지 않은 채 이 결과를 받아들였다. 이후 마셜은 존 매코이John J. McCoy 전쟁부 차관과 이야기를 나눴는데, 매코이는 마셜이 "그리 크게 실망한 사람 같아 보이지 않았다"라고 술회했다. 하지만 스팀슨은 다음과 같이 증언했다. "내 생각에는 그에 대해서는 내가 더 잘 알 것이다. 그의 마음속 깊은 곳에는 프랑스로의 침공을 지휘하고 싶은 야심이 있었다. 그저 그의 희생정신과 자기통제라는 압도적인 힘이 남들에게 그렇지 않은 인상을 주었을 뿐이다."

결정이 내려진 후, 오버로드 작전에 대한 마셜의 지휘권과 관련된 논의는 스팀슨과 마셜 사이에서 암묵적인 상호 동의하에 사라졌다. 이 결정에 대한 마셜의 반응을 본 스팀슨은 "이 모든 것을 통해 그의 위대함을 보여주었다"라고 평가했다.

마셜의 성공과 그에 대한 모두의 존경은 전부 그의 인품에 강하게 뿌리를 두고 있었다. 대통령, 전쟁부 장관, 의회는 모두 육군참모총장의 전쟁 수행에 큰 영향을 끼치는 존재다. 하지만 미국에서 최종적인 권한은 국민에게 있다. 미국 여론의 대세는 언론에 의해 측정되는 경향이 있다. 기자들은 일반 시민이 직접적으로 묻기 어려운 질문을 던지는 일이 있다. 일본이 필리핀을 침공한 후, 필리핀에 주둔 중이던 미군의 상황은 날이 갈수록 악화되었다. 마셜 장군에 대한 불신의 분위기 또한 일부 부대 뒤편에서 조금씩 퍼지기 시작했다.

1942년 육군 공보부에 있던 참모 하나가 쓴 편지에 따르면, "중서부지역 유수 신문사의 워싱턴 지국장이던 친구 하나가 어느 날 우리 집에 찾아오더니 마셜 장군의 리더십이 직책과 맞는지에 대한 불만이 퍼져나가고 있다는 이야기를 했다." 기자들은 마셜 장군에게 기자회견을 열라고 요구했지만, 당시 전쟁부의 방침은 스팀슨 장관만이 모든 기자회견을 여는 것으로 되어 있었다. 사실 마셜 장군에게는 마음에 드는 방침이었다.

마셜 장군이 기자회견을 열어야 한다는 제안이 들어오고 며칠 후, 스팀슨 장관은 파나마운하 시찰 및 방어태세 점검을 위해 워싱턴을 비워야 했다. 하지만 전쟁부는 예정된 기자회견을 취소하는 대신, 마셜 장군으로 하여금 회견을 계속 진행하도록 설득했다.

마셜 장군은 워싱턴 상주 기자단에게 현재 전쟁 진행 상태와 관련해 질문이 많을 것임을 이해한다고 말한 다음, 모든 질문은 개별적으로 기자회견 시작 전에 해줄 것을 요청했다. 그러면 자신이 그 질문에 한꺼번에 답변해보겠다는 것이었다. 마셜 장군은 질문을 모두 주의 깊게 경청하고 나서, 지금부터 매우 솔직하게 답하겠다고 말했다.

"마셜 장군은 30분 이상 답변하면서, 문자 그대로 그 시점까지 일어난 모든 일에 대해 이야기하고, 그동안 바탄반도의 우군에게 물자를 조달하기 위해 어떤 다양한 시도를 했는지 말했습니다. 그는 민간 선박을 구입해 이곳에 투입했고, 여기 투입된 승무원 가족을 위해 보험금을 미리 지급했다는 이야기까지 했습니다. 그는 또한 조심스럽게 공개하기를, 오래전에 달성했어야 할 계획을 지연시키고 현재 이런 불미스러운 결과를 야기한 재앙의 범위에 대해서도 털어놓았습니다."

마셜의 기자회견 진행은 완벽했다. 그의 솔직하고 진솔한 성명 내용은 언론의 호의를 이끌어냈고 이는 이후 제2차 세계대전 기간 내내 지속되었다. 그는 언론에 자신의 신뢰성을 보여주었고, 그를 의심하던 사람들을 지지자로 돌려놓았다. 그의 능력에 대한 논란성 비평은 일거에 사라졌다. 육군 공보부의 한 장교는 "마셜 장군은 이날 내 평생 본 적 없는 흡인력을 보여주었다"라고 말했다.

남은 전쟁 기간에 마셜은 주 1회에서 2회 정도 정기적으로 기자회견을 열었다. 그는 습관처럼 모든 질문을 처음에 다 받았고, 그 후에 순서대로 각 질문을 한 기자에게 직접 답변했다. 사실과 이름에 대한 그의 기억력은 경이로울 정도였다. 그는 솔직했을 뿐 아니라 신뢰를 주었다. 그는 기자들에게 어떤 항목이 비밀로 분류되어 있는지 지적하면서, 기자들에 대한 자신의 신뢰를 저버리게 하지 말라고 강조했고, 기자들 역시 그런 신뢰를 무너뜨리지 않았다. 그가 만약 전쟁 기간을 통해 언론의 믿음을 사지 못했다면, 아마도 이 정도로 효율적인 리더십을 발휘할 수 없었을지도 모른다.

전쟁 기간 중 단 한 번 마셜과 의회의 관계가 위험한 적이 있었다. 루스벨트 대통령은 해군의 재촉 때문에 마셜 장군과 킹 제독을 원수로 승진시키는 방안을 고려했었다. 스팀슨 장관이 이 계획에 대해 처음 들은 것은 1943년 2월 16일로서, 녹스Dudley W. Knox 해군 장관이 이 계획안을 처음 보고하면서였다. 스팀슨은 이렇게 회고했다. "나는 전쟁부로 돌아가 마셜에게 이 안건에 관해 이야기했다. 그 내용 중에는 내가 직접 의회로 가 두 명의 군사 관련 위원회 위원장과 이야기하도록 요청하는 것이 있었기 때문이다. 마셜은 이런 진급에 단호히 반대했다. 그는 킹 제독과 녹스 장관이 루스벨트 대통령에게 직접 압력을 넣도록 해군성의 초급 제독들이 강요했을 것이라고 말했다."

마셜 장군에게는 이 진급안에 반대하는 분명한 이유가 있었다. 그는 이 진급이 자신을 자기본위적인 인물로 보이게 하여 의회와 국민에 대한 자신의 영향력에 손상을 줄 것이라 우려했던 것이다. 그의 사심 없는 태도는 분명 그의 인품의 일부였으며, 그의 리더십에서 가장 중요한 덕목이었다. 그는 이 진급을 받아들이면 그의 가장 기본적인 임무인 '전쟁의 승리'를 달성하는 데 걸림

돌이 될 것으로 보았다. 스팀슨은 진급 문제에 대한 마셜의 태도에 대해 다음과 같이 의견을 피력했다. "마셜의 태도는 놀랍도록 이타적이었다……."

스팀슨은 마셜의 반대 때문에 같은 날 루스벨트에게 메모를 보내 다음과 같이 전했다. "이 문제를 놓고 마셜과 대화해보았고, 어떤 생각을 하고 있는지 들어보았습니다. 그가 우려하는 바는 이 진급이 도움보다는 해가 되지 않을까 하는 점이며, 특히 의회와의 관계라든지 미 국민의 반응을 걱정하고 있었습니다. 그는 이 문제에 대해 강경한 입장이며, 저 또한 그에게 동의하는 쪽으로 마음이 기울고 있습니다." 며칠 후, 스팀슨 장관은 루스벨트 대통령과 이 문제에 관해 논의했고, 결국 이 안을 취소하기로 했다. 하지만 이 진급안은 나중에 다시 제출되었으며, 의회는 마셜의 반대에도 전쟁 말엽에 그를 오성장군으로 승진시켰다.•

1942년 1월, 스팀슨 장관과 마셜 장군이 직면했던 가장 어려운 문제 중 하나인 미군 장성의 중국 파견 문제가 대두되었다. 당시 중국군••은 일본군의 학살을 피해 빠른 속도로 퇴거하고 있었기 때문에, 이 임무는 극히 어려운 임무가 될 가능성이 컸다. 특히 이곳에 파견될 미군 장성은 미군뿐 아니라 중국

• 제2차 세계대전 개전 후 5~6성 장군으로 진급한 미군 장성 및 제독의 진급 순서는 다음과 같다. 윌리엄 레이히 해군 원수(합참의장, 1944년 12월 15일), 조지 마셜 육군 원수(육군참모총장, 1944년 12월 16일), 어니스트 킹 해군 원수(해군참모총장, 1944년 12월 17일), 더글러스 맥아더 육군 원수(연합군 서남태평양 방면 사령관, 1944년 12월 18일), 체스터 니미츠 해군 원수(연합군 태평양 방면 사령관, 1944년 12월 19일), 드와이트 아이젠하워 육군 원수(연합군 유럽 최고사령관, 1944년 12월 20일), 헨리 아널드 육군 원수(육군항공대 사령관, 1944년 12월 21일, 공군 원수 계급을 1949년 5월 7일에 재수여), 윌리엄 할시(William F. Halsey, Jr.) 해군 원수(미 3함대 사령관, 1945년 12월 11일), 오마 브래들리 육군 원수(합참의장, 1950년 9월 20일), 조지 워싱턴 육군 대원수(명예추서, 1976년 7월 4일).
•• 현재 중화인민공화국의 인민해방군이 아니라, 중화민국(현재의 타이완)의 국민혁명군을 말한다.

군까지 지휘해야 하는 부담을 안고 있었으며, 중국의 부패한 정치체계까지 상대해야 하는 문제가 있었다. 고려 대상이 되었던 첫 장성은 휴 드럼^{Hugh A. Drum} 중장이었다. 스팀슨은 기록에 "드럼 장군은 반론을 내세웠다. …… 그는 내가 제의한 중국 내 보직이 자신의 능력에 비해 작은 역할이라고 생각하는 듯했다"라고 적었다.

스팀슨은 드럼의 역할을 놓고 마셜과 오후 내내 토의했다. 다음 날 이 문제가 상부로 올라갔다. 스팀슨은 이렇게 기록했다. "그날 오후는 불쾌한 드럼 장군 문제로 내내 씨름했다. …… 나중에 드럼 장군으로부터 편지가 한 통 왔는데, 그는 자신의 중국행과 관련해 고집을 부린 데 대한 악영향에 겁먹은 듯했으며, 편지에는 내가 하라는 대로 다 하겠다는 내용이 쓰어 있었다."

스팀슨은 이 편지를 마셜 장군에게 보여주었고, 마셜은 이것이 그 자리에 드럼 장군이 맞지 않는 또 하나의 증거로 보았다. 마셜은 드럼이 중국으로 가기를 거부한 것 때문에 돌아올 비난으로부터 자신을 지키려고 한다고 보았던 것이다.

마셜은 개인적인 선호로 자신이 직접 보직을 선택하기를 바라는 장교들이 모두 문제가 있다고 보았다. 스팀슨은 1941년 초 어느 날 쓴 일기에 다음과 같이 적었다. "윌리엄 해스켈^{William N. Haskell} 장군이 전역까지 남은 8개월 동안 있을 보직에 대해 사소한 부탁을 하려고 찾아왔다. …… 나는 해스켈 장군이 마음에 들지만 …… 마셜에게 그에 대해 이야기하자 마셜은 해스켈이 자신의 미래를 놓고 이것저것 선택하려 했다는 사실에 얹잖아했다." 마셜은 스팀슨과 훌륭한 관계를 유지해왔지만, 해스켈이 먼저 자리를 요청해 왔다는 이유 때문에 그에게 특별한 배려를 해주기를 거부했다.

1920년부터 1970년까지 미 공군의 역사 중에 공군의 존속과 준비태세를 위해 노력한 장교들의 사심 없는 태도와 뛰어난 인품이 빛났던 두 번의 시기가 있었다. 이들을 이끈 것은 헨리 아널드Henry "Hap" Arnlond 공군 원수, 독립된 공군의 첫 공군참모총장을 지낸 칼 스파츠 대장, 그리고 두 번째 공군 대장이자 1974~1978년에 공군참모총장, 1978~1982년에 합참의장을 지낸 데이비드 존스David C. Jones 대장이었다. 이 장군들은 50년 가까운 기간 동안 완전한 희생과 공군의 발전 및 서방세계의 자유를 위해 자신들의 경력마저 희생할 준비가 되어 있음을 보여주었다. 여러 상황에서 이들은 항공 전력을 발전시키기 위해 자신들이 옳다고 믿은 바를 관철했으며, 몇 번은 자신들의 경력까지 손해를 볼 각오도 했다. 아널드와 스파츠는 특히 1920년대 공군력이 발전하던 시기에 매우 중요한 역할을 했다. 하지만 공군의 역사는 공군 리더십을 위해 희생적인 헌신을 한 빌리 미첼William "Billy" Mitchell 대령의 식견 없이는 완성되지 않았을 것이다.

빌리 미첼 대령의 항공 분야에 대한 첫 관심은 일찍이 그가 군용 기구氣球, ballon에 관해 분석한 논문에서 찾아볼 수 있다. 그는 육군에서 항공 전력을 관리해오던 통신병과에 오랫동안 소속되어 있었지만, 본격적인 조종사 교육은 1916년 가을 무렵 근무 외 시간에 사비를 들여 교육받기 시작한 것이 처음이었다. 1917년 1월, 전쟁부는 그를 유럽에 항공 분야 관찰관으로 파견하기로 결정했다. 이런 기회와 경험은 미첼이 항공 분야 지식을 쌓게 해주었으며, 퍼싱 장군은 이 때문에 그를 대령으로 진급시키고 그에게 미 동맹원정군AEF 전투부대 지휘권을 주었다.

퍼싱은 미첼에게서 훌륭한 전투 능력을 보았을 뿐 아니라, 전투지휘관으로서의 재능도 함께 보았다. 미첼은 사실상 미 항공대 사령관이나 마찬가지였다. 퍼싱 또한 그의 능력에 만족하여 준장으로 진급을 건의했다.● 1918년 12

● 미첼의 준장 계급은 전쟁 기간에 부여된 가진급(假進級) 계급이었으며, 전후 다시 대령으로 환원되었다.

월, 미첼은 미 본토로 돌아와 군사항공국장에 취임했지만, 전후 육군이 재편되면서 이 부서는 해체되었다.

제1차 세계대전을 통한 미첼의 경험과 성장은 항공력에 대한 통찰력을 갖게 해주었다. 그는 다음 전쟁에서 항공 전력이 얼마나 중요한 역할을 할 것인지를 보았고, 조국이 이를 준비하는 데 헌신하겠다고 마음먹었다. 미첼에게 항공전은 지상전이나 해전만큼 중요했으며, 이 때문에 독립된 공군이 필요하다고 강하게 믿었다.

제1차 세계대전 종전 직후 미첼의 업적으로 기억되는 일로는 그가 항공기에 함선을 격침시킬 능력이 있다고 주장한 사건을 꼽을 수 있다. 그는 해군의 신경질적인 반응에도 구 독일군 함선 오스트프리슬란트Ostfriesland를 1921년 7월 22일에, 그리고 USS 앨라배마호(퇴역 직전의 목표함)를 8월에 격침해 보임으로써 이를 증명했다.

종전 후, 미첼은 자주 신문 헤드라인에 언급되었다. 그의 친구와 적 모두 공군을 위한 그의 헌신성과 전문가로서의 위상을 인정했다. 하지만 모두가 공군력의 중요성에 대해 그와 뜻을 함께하지는 않았으며, 오직 소수의 사람만이 그의 독특한 혜안과 열정을 이해했다. 제1차 세계대전 후 그는 험난한 인생의 굴곡을 겪었으며, 이는 최후의 일전을 앞두고 극에 달했다.

1925년 9월 5일, 별도의 공군을 창설하는 문제를 놓고 가장 중요한 전환점이 된 사건이 발생했다. 미첼은 기자회견을 열었으며, 이날은 공군 역사에서 절대 잊을 수 없는 하루가 되었다. 그 이후에 진행된 군법재판에 대해서 세세하게 이야기하지는 않겠지만, 공군력, 즉 독립된 공군과 공군 지도자들의 미래에 크나큰 영향을 준 부분 몇 가지만 짚고 넘어가겠다.

1925년 9월 1일과 3일, 존 로저스John Rogers 해군 준장과 그의 수병 네 명이 샌프란시스코에서 호놀룰루로 비행하던 중 태평양 상공에서 실종되었다는 보고가 들어왔다. 믿을 만한 매스컴은 역풍을 고려하지 않고 항공기의 연료를 채워 목적지까지 가기에 부족했던 것이 아니냐는 의문을 제기했다. 샌안토니오에서 근무 중이던 미첼은 9월 2일 라디오 방송에 나와 로저스와 그의 선원들을 '순교자'라고 불렀다.

9월 3일, 로저스와 선원들이 여전히 실종된 상태에서 셰넌도어Shenandoah라는 경비행기가 돌풍에 말려들어 탑승 중이던 지휘관과 열네 명의 승무원이 모두 사망하는 사고가 발생했다. 해당 비행기의 지휘관이 좋지 못한 기상 상황을 들어 비행에 반대했었지만 명령에 따라 어쩔 수 없이 비행했다는 소문이 돌면서 이들의 죽음을 애도하는 분위기는 악화되었다. 상황은 사망자들에 대한 해군성 장관의 무신경한 발언 탓에 더욱 나빠졌다. 그는 공개 석상에서 두 비극적인 사건을 축소하려는 의도로 "두 사건은 우리나라가 타국 공군력의 침입으로부터 안전하다는 점을 증명했다"라고 말했다. 이 냉혹한 발언은 공군력 지지자와 희생자 가족으로서는 그냥 넘겨들을 수 없는 말이었다.

이 비극적인 사건은 미첼로 하여금 공개적으로 침묵을 깨게 했다. 9월 5일, 그는 샌안토니오에서 기자회견을 열어 그 자신과 그의 상관들이 수년 동안 논란을 벌여온 문제를 공론화했다. 그는 "이 끔찍한 사고들은 …… 전쟁부와 해군성이 주도하는 무능한 국방정책의 결과이자 범죄적인 과실이며 거의 반란에 가까운 국방행정이다"라고 고발했다.

미첼이 먼저 군법회의 회부나 최소한 견책의 사유가 될 상황을 조성했다는 점에는 의심의 여지가 없다. 그의 혐의 내용은 그냥 넘어가기에는 너무나 심각했다. 그를 잘 아는 사람들은 그가 일부러 군법재판을 원했으며, 이를 통해 자신과 뜻을 함께하는 지지자들을 모아 구태가 만연한 항공정책을 진보적이고 장기적인 안목의 정책으로 바꿔보려 한 것이라고 보았다. 그는 자신이 강제 전역해야 하는 상황이 된다면, 오히려 군복을 입고 있을 때보다 항공 분야를 발전시킬 더 나은 기회가 자신에게 주어지리라고 생각했다.

단순한 견책 정도로 끝났다면 미첼이 원하는 목표 중의 하나가 달성되지 못했을 것이다. 그는 이를 통해 의회의 조사가 시작되기를 바랐다. 그의 경력에 견책이 하나 붙는 정도로는 군 항공정책이 '비행에 대해서는 하나도 아는 것이 없는 멍청한' 수뇌부의 손에 달려 있으며, 이것이 항공병들을 바보 같고 시기적절치 않은 모험에 놀아나게 하고 있다는 그의 공개적 비난에 대한 반응을 유도해낼 수 없었을 것이기 때문이다.

군법재판은 미첼에게 군에 대한 그의 비난을 증명하든지, 아니면 육군을 떠나야 하는 양자택일의 선택만을 주었다. 재판에서 그는 정당한 법적 절차를 통해 자신이 수집한 증거와 증인을 제시할 수 있었고, 또 정부 측 증인을 반대심문할 권리가 있었다. 이를 통해 이 논란은 최고 수뇌부에게까지 도달했다. 캘빈 쿨리지Calvin Coolidge 대통령은 미첼 대령을 질서유지와 군율 위반, 명령 불복종 및 상관에 대한 경멸적인 발언 혐의로 기소했다.

이 군법재판 기록은 총 7권의 두꺼운 책자로 남아 있다. 비록 제1차 세계대전 이후 육군항공부를 대상으로 20회 이상에 달하는 수사가 진행되었지만, 대중은 지금까지 별로 관심을 보이지 않았다. 하지만 이번에는 미국 전역이 이 사건을 지켜보았고, 엄청난 관심을 가지고 재판에 귀 기울였다.

논란의 핵심은 ① 통합된 항공력이 과연 필요한지, 즉 독립된 공군이 있어야 하는지, ② 항공력의 발달 및 발전이 육군과 해군의 보수성으로 말미암아 지연되었는지, ③ 육군항공부 대원들에 대한 급여 지급 및 진급에서 차별이 있어왔는지, ④ 지상과 해상에서 싸우는 데 항공력이 어떤 중요성을 가지고 어떤 역할을 하는지 여부였다.

미첼은 자신을 변호하면서 "육군에는 항공대가 존재하지 않는다. 즉, 항공부는 군수물자(항공기나 장비), 인원(조종사, 항법사, 사수, 정비병), 작전(즉, 이들을 운용하는 방식)과 관련해 아무것도 가진 것이 없다. …… 우리가 현재 사용하는 항공기는 모두 낡고 위험하며, 현대 공군으로서의 역할을 수행하기에는 능력 부족이다"라고 말했다.

미첼의 말에 따르면, 병력과 물자의 부족은 "항공 관련 업무가 모두 육군이나 해군에 위임되어 있기 때문이며, 이는 비행과는 무관한 장교들이 감독하고 통제하기 때문에 발생한다. 이들은 항공 분야에 대해 거의 아무것도 모르는 것이나 다름없을 뿐 아니라, 항공력을 그들의 현재 임무에 대한 보조 수단 정도로 보고 있을 뿐, 조국 군사력의 한 주축으로 보지 않는다. 공군 문제에 관한 이들의 증언은 전혀 가치가 없을뿐더러, 가끔은 그보다 못할 때도 있다. …… 항공부의 목소리는 누군가가 듣기도 전에 억눌러버린다."

그는 또한 항공 분야를 아는 장군이나 제독이 항공 분야에 관해 설명할 필요가 있는데도 이들이 그저 아무나 찍고는 "의회에 가서 항공 분야에 관해 이야기하고 와라"라고 하며 보내기 일쑤라고 지적했다.

미첼은 특히 육군의 정비병 모집 및 훈련 체계를 신랄하게 비판했다. "(정비병 모집 및 훈련은 현재) 매우 한심하게 이루어지고 있는바, 지금 이들의 교육 행태는 조종사들의 목숨을 거는 것과 마찬가지다." 그는 마치 예언하듯 독립된 현대의 공군이 필요하다고 주장했을 뿐 아니라, 전쟁부와 해군성을 재편해 국방부를 창설하고, 그 예하기구로 육군, 해군, 공군을 두어야 한다고 말했다.

미첼의 지지자들은 기소에 대해 반론을 하면서, 군법회의 자체가 참모본부에서 미첼을 잡기 위해 시도한 마지막 노력이며, 군법회의를 열기 몇 해 전에도 미첼은 공군을 위한 시도들을 중단하지 않는다면 군을 떠나게 될 수도 있을 것이라는 경고를 들었다고 증언했다.

육군참모총장이던 존 하인스John L. Hines 소장은 미첼이 제창한 독립 공군 창설에 격렬히 반대했다. 그에게 항공부는 땅이나 배에 매여 있는 존재인 육군과 해군에 중요한 구성 요소였다. 해군의 견해는 통합 항공부가 전시에 필요한 형태의 사령부를 손상시킬 것이며, 평시에는 통일된 훈련을 방해할 것이라는 것이었다.

미첼의 공박에 대해서는 엇갈린 반응이 돌아왔다. 그의 동료 장교 중 일부는 미첼이 '무능, 태만, 반역'이라는 단어를 쓰며 군을 비방한 것에 분개했다. 이는 미첼과 싸우고 있는 군지도부에는 한 점 의혹이 없고, 또 조국의 심장부에 대한 안보 대비가 최선으로 되어 있다고 생각하는 사람들에게는 화가 날 만한 발언이었다.

뉴스 해설자들도 미첼에게 전혀 호의적이지 않았다. ≪뉴욕타임스≫ 사설은 흐릿하게 "미첼 대령은 그저 '요구만 하고 있을 뿐'이며, 그는 여전히 이 행동이 그의 명성을 드높이리라 믿고, 지각 있는 사람들이 그를 적당히 붙잡아 줄 것이라고 착각하고 있기는 하지만, 어쨌든 아마 원하는 것을 얻게 될 것이다"라고 내보냈다. 같은 사설은 미첼의 진술이 "그나마 남아 있던 그의 명성을 완전히 파괴할지도 모른다"라고 적었다.

1925년 9월 7일 자 ≪뉴욕타임스≫에 한 뉴스 해설자는 "그가 지금 사용하는 전술 때문에 그의 가장 친한 전우들이 전반적으로 그를 좋아하지 않는다. 이들은 미첼이 무모하고 부정확한 진술을 함으로써 그의 논점 자체를 훼손하고 있다고 생각한다"라고 말했다.

마치 번개가 내리치듯, 미첼의 샌안토니오 선언은 온 미국을 경악하게 했다. 육군은 전군의 사기에 미칠 파급효과가 대참사 수준에 가까울 것이라 여겨 미첼의 도발을 그냥 넘길 수 없었다.

하지만 미첼은 그의 주장에 동조하는 든든한 장교들이 있었으며, 그들 중 두 명은 재판 중에 증언대에 서기도 했고, 훗날 제2차 세계대전을 거치면서 가장 중요한 공군 지휘관이 되기도 했다. 헨리 아널드와 칼 스파츠가 그들이었다. 두 사람 모두 군 경력에 손상을 입거나 군 생활을 마감하고 싶은 것이 아니라면 증언대에 서지 말라는 경고를 받았으나, 두 사람 모두 그 말에 겁먹지 않았다.

법정에서 아널드의 증언은 육군과 해군의 장교 일부가 의회에 거짓 혹은 오해의 여지가 있는 정보를 제공해왔다는 주장을 뒷받침했다. 아널드는 그의 상관들이 의회에 타국 항공 전력이 현재 보유한 항공 자산에 관한 이야기라든지, 독립된 공군을 갖춘 타국 공군 전력이 어떤 조직구조를 갖추고 있는지에 대해 오해의 여지가 있는 정보를 제공해왔다고 진술했다.

미첼은 이 일화에 대해 다음과 같이 기억했다. "우리 편 코너에서 싸워준 이는 우리 공군이 다음 전쟁 전까지 필요한 전력을 갖추는 데 도움을 줄 신념과 용기를 갖춘 인물이었다. 그는 내 부하 중 하나이자, 편견으로 뭉친 상관들 앞에서도 언제나 용감한 헨리 아널드 소령이었다."

군법재판이 끝나고 미첼 대령의 유죄가 확정된 다음에도 아널드 소령은 이 싸움을 끝내고 싶어 하지 않았다. 그는 회고록에 다음과 같이 적었다. "미첼 대령의 싸움을 계속 이어가기 위해 노력한 이는 허버트 다그Herbert Dargue 소령과 나뿐이었다. 워싱턴에서 오래 근무한 덕에, 우리는 의회와 언론에 친구들이 많았다. 우리는 계속 미들버그Middleburg에 있는 미첼 대령의 댁과 의회를 찾아갔으며, 계속 용기를 잃지 말고 싸우라는 편지를 써 보냈다.

하지만 이런 소동은 갑자기 단 한차례의 폭발과 함께 조용해졌다. 좋지 않은 이야기와 함께 종결된 빌리 미첼 대령 사건 이후, 군은 이 문제를 계속 야기할 여지가 있는 작은 불씨도 남겨두려 하지 않았던 것이다. 이제 와서 보니 기소인의 우두머리는 캘빈 쿨리지 대통령 자신이었다. 우리는 항공부 현황 고발과 관련하여 우리가 (미첼과) 주고받은 서신에 대해 문책당하기 위해 불려갔다. 다그는 견책으로 끝났다. 나는, 언론의 표현을 빌리자면, '추방'당했다."

아널드의 추방을 야기한 이 문제는 재판이 끝나고 1년 후, 항공부에 대해서는 매우 호의적이고 육군 참모진에 대해서는 비판적인 소문이 은밀하게 돌면서 다시 대두했다. 아이라 이커Ira C. Eaker 대위는 다음과 같이 이 사건을 회고했다. "나는 육군감찰감에 의해 아널드 소령과의 관계를 추적당했다. 아널드 소령은 (서신을 쓰기 위해) 정부 소유의 타자기와 종이를 썼고, 육군에 불리한 계획을 시행하는 데 공공 재산을 사용한 혐의로 기소되었다. 감찰감은 아널드에게 군법재판에 출두할 것을 권유했으나, 그는 패트릭Mason M. Patrick 장군의 중재안을 받아들여 공군 참모 보직에서 해임당하고 워싱턴을 떠났다. 그는 캔자스 주에 위치한 기병부대 주둔지인 포트 라일리Fort Riley•의 한 비행대대 지휘관으로 보직되었다."

이커 대위는 아널드 소령이 메이슨 패트릭 소장의 보좌관으로 지내던 무렵 힘든 시간을 보내면서도 그 존재감이 눈에 띄었다고 한다. 그는 추방 사건과 관련해서 다음과 같이 말했다. "아널드 소령은 패트릭 장군을 위한 자신의 역할과 임무를 다했다. 패트릭 장군은 아널드가 똑똑하고 능력 있다고 평가했으며, 그의 업무 결과에 만족했다. 하지만 그는 패트릭 장군을 돕는 공식 업무 외에는 모든 개인 시간을 미첼 대령을 돕기 위해 썼다. 그는 그 행동이 옳았다고 믿었다. …… 그리고 우리도 모두 똑같이 하고 있었다. …… 내 생각에 아널드 소령은 패트릭 장군이 그에게 항상 엄하다고 느끼는 것 같았다."

패트릭 장군은 언론과의 인터뷰에서, 이 문제가 법안에 대한 지지를 촉구하기 위한 집단 모임에 의한 것이었으며, 이런 장교들의 노력이 '부족한 지식과 잘못된 열의'로 차 있었다고 말했다. 몇몇 공군 장교들이 연루된 혐의에 대해서는 "제 사무실에서는 오직 두 명의 장교만이 입법 절차에 영향을 주기 위한 시도에 관심이 있었으며, 저 자신은 이를 매우 불쾌하게 받아들이고 있습니다. 두 사람 모두 엄중한 견책을 받을 것이며, 두 사람 중 하나(아널드)는 제 사무실에 더는 받아들일 수 없어 곧 다른 기지로 전출될 예정입니다."

아널드에 대한 일부 동료 장교들의 태도는 그가 그간 보여준 대응에 영향을 받은 바가 컸다. 포트 라일리에 신고를 마친 후, 아널드는 "내 아이들이 새 기지의 숙소에서 잠들고 난 후 아내 비Eleanor "Bee" Pool와 함께 부대 사령관인 부스Donald P. Booth 장군의 관사로 불편한 걸음을 옮겨 첫 공식 접견을 했다.

• 포트 라일리는 캔자스 주에 위치한 미 육군 주둔지로, 미 1보병사단이 주둔하고 있다.

관사는 모든 불을 밝혀 매우 밝았다. 우리는 집 안에 들어서면서 사령관이 카드게임 파티를 하고 있는 모습을 보았다. 거실은 사람들로 가득 차 있었다. 우리는 그 자리에 서 있었고, 부스 장군은 방 저쪽 끝에서 우리를 응시한 후 나를 알아보았다. 그는 자리에서 일어나 우리에게 다가왔고, 한 손을 내 어깨에 올린 채 다른 한 손을 내밀었다. …… 그는 정중하게 말했다. '아널드, 만나서 반갑네. 자네를 내 부대에 받아들인 것을 자랑스럽게 생각하네.' 그러더니 모두가 들을 수 있는 목소리로 이렇게 덧붙였다. '자네가 왜 여기 왔는지 잘 알고 있네, 젊은이. 그리고 이곳에 있는 동안에는 자네가 쓰고 싶은 것이나 하고 싶은 말을 마음대로 해도 좋네. 그저 내가 자네에게 요구하는 건 나한테 가장 먼저 알려달라는 것뿐일세!'"

이 '추방' 사건 후 아널드의 상관이 된 서머빌 장군은 포트 레벤워스Fort Leavenworth●에 전문을 보내 장교 한 명을 지휘참모대학 다음 학기 과정에 추가로 입교시킬 수 있는지 문의했다. "가능합니다. 그런데 누구입니까"라고 답변이 돌아왔다. 이에 아널드 소령의 이름이 제출되었다. 지휘참모대학 쪽에서는 그의 입교를 달갑지 않게 여기기는 하지만, 어쨌든 입교를 신청한다면 문제없이 처리될 것이라고 했다.

아널드는 훗날 다음과 같이 회고했다. "레벤워스 사령관은 페쳇James E. Fechet 장군에게 개인적으로 편지를 보내면서, 만약 내가 학생으로 레벤워스에 오게 된다면 '희생양'이 될 것이라고 적어 보냈습니다. 하지만 저는 그곳에 가기로 결심했습니다. 왜냐하면 지휘참모대학 학장이 빌리 미첼 대령을 재판했던 재판부의 일원이었고, 그것이 그의 태도와 관련이 있을 것이라고 여겼기

● 포트 레벤워스는 캔자스 주에 위치한 미 육군 주둔지다. 미 육군 연합제병센터(Army Combined Arms Center), 해외 군사 및 문화학대학(대항군 교육기관), 지휘참모대학, 교육교리사령부 분석센터, 해외군사학 연구소, 35기계화보병사단(주 방위군), 전투지휘훈련센터, 미군 교도소 등이 위치하며, '미 육군의 지적(智的) 중심지'로 불린다.

때문입니다. 그의 편지는 전혀 정중하지 않은 문체였습니다만, 지휘참모대학 과정은 배울 만한 가치가 있다고 보았습니다. 실제로 지휘참모대학을 다니는 동안 그다지 문제는 발생하지 않았으며, 어렵지 않게 과정을 마칠 수 있었습니다. 당연히 저는 항공기 운용과 관련된 학교 측의 개념에 동의하지 않았고, 육군 항공과 관련된 학교 수업들이 현대화될 필요가 있다고 생각했습니다."

아널드 소령은 지휘참모대학 입학 동기 중 여든 여덟 번째로 졸업했다.

몇 년 후, 아널드는 다음과 같이 회고했다. "레벤워스의 사령관이던 E. L. 킹E. L. King 장군이 기동연습을 위해 1931년 도착했고…… 놀랍게도 그는 제가 레벤워스를 떠날 때 학교가 항공작전 교육을 제대로 할 수 있는 간략한 아이디어들을 제출한 것에 매우 감사한다고 말했습니다. 그는 또한 제가 G-4(군수참모 – 옮긴이)로서 업무를 잘 수행하고 있는 것도 칭찬하셨습니다. 제가 만약 지휘참모대에 가기만 한다면 저를 희생양으로 삼겠다고 했던 사람에게 이런 말을 들으니 기분이 매우 좋았습니다."

빌리 미첼 재판에서 증인대에 서며 아널드와 함께 또 다른 주역을 맡았던 이는 칼 스파츠였다. 스파츠는 이 사건 이전에 패트릭 장군에게 맞섰던 일 때문에 어디론가 전출될지도 모른다고 우려했었지만, 그는 패트릭 장군의 배려심을 다소 낮게 평가했었다. 1925년 6월 18일, 그는 워싱턴 D.C.의 항공참모부장 사무실에 전입신고를 하도록 명령받았다. 이 보직은 그의 개인적인 발전과 군 경력에서 매우 중요한 보직이 되었다.

워싱턴으로 보직된 지 6개월 후, 그는 공군을 위한 빌리 미첼 대령의 투쟁에 동참했다. 스파츠는 그 일이 경력에 흠이 될지도 모른다는 상관들의 경고에도 증언대에 서기로 결심했다.

피고 측 변호사는 스파츠에게 "현재 항공부에 공급된 장비의 상태에 관해 법정에서 증언하실 수 있습니까"라고 물었다. 스파츠는 이에 이렇게 대답했다. "항공부의 장비는 우리가 더 이상 어떻게 해야 비행을 계속할 수 있을지

모를 정도로 힘든 상황에 도달했습니다. …… 항공부가 보유한 장비는 구식이
거나 노후했습니다."

증언이 계속되면서 스파츠는 다음과 같은 질문을 받았다. "현재 보유한 항
공기 중 몇 퍼센트 정도가 전투기로서 임무를 수행할 수 있습니까?" 그는 이
렇게 답했다. "현재 우리가 보유한 항공기 중에는 임무수행이 가능한 항공기
는 없습니다. 전투에 투입된다면 딱히 어떤 기체를 타게 되든 상관없을 것입
니다. 일단 이 기체들은 정비작업 자체가 쉽지 않으며, 최소한 3년 이상 사용
해오고 있습니다. 보유 항공기 대부분은 최소한 1회 이상 정비창에 들어간 후
부대에 재배치된 적이 있습니다." 스파츠는 항공기의 물량 부족 문제와 관련
해 약 355대의 항공기가 부족한 상황이라고 증언했다.

다음 문제는 인력 여유에 관한 확인이었다. 스파츠는 전술제대에는 최소
660명 정도의 장교가 부족하며, 하와이에는 85명, 필리핀은 55명, 파나마는
54명가량이 부족하다고 말했다.

미첼의 자문단은 공격적이고 집요했으며, 스파츠의 변호사는 심리 중 육
군의 약점을 찔렀다. "참모부의 장교들은 훈련이나 경험을 통해 군사항공의
원칙을 나열할 수 있는 수준입니까?" 스파츠는 이 질문이 지휘부에 대한 모
욕이 될 것이기 때문에 대답할 수 없었다. 격렬한 항의와 기나긴 토의가 오간
후, 스파츠는 계속해서 답변을 이어가도록 허락받았다. "참모부 장교 중에는
밀러드 하몬Milliard F. Harmon 소령과 제럴드 브랜트Gerald C. Brant 소령을 제외하
고 항공교육을 이수한 사람이 없습니다. 그런데도 교육 경력이 부재한 이들이
여전히 항공부 전술부대 지휘관에 보직되어 있습니다."

재판이 계속되면서, 스파츠는 항공단 소속 전우에게서 많은 격려를 받았
다. 프랭크 헌터Frank O. D. Hunter 대위는 1925년 11월 10일에 보낸 전문에서
"잘하고 있네"라고 말했다. 피커링Pickering이라는 사람도 그에게 찾아와 "성
공적인 법정 증언과 당신의 용기에 찬사를 보냅니다. 미첼 대령에게도 신의

가호를 기원합니다. 제가 무언가 도와드릴 것은 없습니까"라고 묻기도 했다.

필자는 이 사건에 관해 스파츠 장군과 수차례 인터뷰하면서 균형 있는 시각을 확보하고자 노력했다. 스파츠 장군이 평하길, "내 생각에 이 문제의 가장 기본적인 요소는 유사 이래 내려온 '변화에 대한 저항'이었던 것 같습니다. 자기 직업을 위해 잘 훈련받고 교육이 된 상태라면, 뭔가 처음부터 새로 다시 다 배워야 하는 상황이 오는 것을 반기지 않을 겁니다. 특정 직업군에서 오래 종사했을수록 변화에 대한 저항이 심합니다. 구체제는 신체제로 대체되기 마련이며, 그렇게 구체제에 대한 적절성은 떨어지게 됩니다. 그들의 이점은 계속 약화되고, 새로운 경력과 계급은 신체제로 몰리기 마련입니다. 특히 군사 분야에서는 변화에 대한 심리적인 집단편견이 있기 마련이며, 이는 역사를 통해 충분히 증명되어왔다고 생각합니다."

스파츠는 한참 시간이 흐른 후에 이렇게 회고했다. "저는 참모본부 보직을 걸고 빌리 미첼 대령을 위해 증언대에 섰었습니다만, 그들은 실제로 제게 아무런 위해도 가하지 않았습니다. 사실 그들은 저에게 위해를 가할 수가 없었습니다. 명예선서를 한 사람들은 질문을 받았을 때 진실밖에 말할 수 없음을 다들 잘 알기 때문입니다."

공군 발전에 또 한 번의 중요한 시기는 1950년대, B-70 프로그램과 새로운 전략폭격기 계획을 추진할 필요성이 논의되면서 찾아왔다. 이 사건은 역시 사심 없이 공군을 위해 자신의 군 경력을 희생할 각오가 서 있던 데이비드 존스 대장을 통해 설명하는 것이 최선일 듯싶다. 그는 심지어 일시적이나마 준장으로 강등당하기까지 했다. 존스 장군은 이렇게 회고했다. "중령 시절인 1950년대에는 전략공군사령관이던 커티스 르메이Curtis E. LeMay 대장의 부관이었습니다. 이 보직을 수행하면서 전술공군력의 필요성에 관해 확실하게 이해할 수 있었습니다. 나중에 르메이 장군이 공군참모총장으로 계시고 제가 공군성 참모로 있을 때 그는 저에게 B-70 신형 초음속 전략폭격기의 필요성에 대해 참모부에서 연구해보라고 과제를 주셨습니다. 저는 이 연구 내용을 맥나마라Robert S. McNamara 국방장관에게 보고했고, 우리는 그에게 폭격기의 필요성에 대해 설득했다고 생각했습니다.

하지만 의회 내에서 이 프로그램 취소의 타당성을 지지하는 강한 반론의 목소리에 뒤이어 엄청난 논쟁이 오갔습니다. '전지전능한' 칼 빈슨Carl Vinson 의원이 이끄는 하원 군사분과위원회The House Armed Services Committee는 제가 맥나마라 장관께 브리핑했던 것과 똑같은 내용을 위원회 앞에서도 보고하라고 지시했습니다. 이 브리핑을 통해 공군이 B-70 폭격기 개발을 위해 총 4억 9,100만 달러의 지출을 내년 회계연도상에 주문하고 요구하고 지시하고 위임할 수 있는 세출 법안이 통과되었습니다.

맥나마라 장관이 반대했는데도 상원 국방세출위원회Defense Appropriations Committee 또한 제게 같은 내용의 브리핑을 위원회 앞에서 해주기를 요구했습니다. 국방부 연구개발국장인 해럴드 브라운Harold Brown 씨가 저와 함께 앉아 브리핑 내용을 교정했습니다. 브라운 씨와 저는 브리핑 내용을 두고 여러 가지로 논쟁이 있었습니다만, 저는 그의 총명함과 사심 없는 자세에 큰 경외심을 품게 되었습니다. 한참 후에 우리 둘 다 받아들일 수 있는 브리핑이 완성되었습니다. 브라운 씨가 브리핑을 승인받기 위해 맥나마라 장관에게 가져가자, 맥나마라 장관은 브리핑에 여기저기 톱질을 가하기 시작했습니다. 그는 브리핑 내용을 바꾸었으며, 보고서의 귀퉁이에 읽기 어려운 글씨로 이것저것 바꿔 넣었습니다. 그뿐 아니라 차트는 하나도 안 고쳤기 때문에 차트와 문서 내용 사이에는 엄청난 격차가 발생했습니다. 제가 해당 브리핑 내용을 받았을 무렵에는 저는 이미 의회에 보고하기 위해 도착한 후였습니다.

일반적으로 이런 브리핑을 할 때에는 고급장교들이 함께 와서 앉아 있습니다. 하지만 이번에는 한 명만이 따라왔으며, 그나마도 마지못해 따라온 이는 브락 맥밀런Brock McMillan 공군성 차관이었습니다. 공청회가 시작되고 나서 위원장인 로버트슨Absalom W. Robertson 의장은 먼저 우리가 늦은 것이 거슬린다는 말을 한 후, "존스 대령께서는 이 자리에서 하원 군사분과위원회에서 했던 것과 똑같은 브리핑을 저희에게 해주시기 위해 온 것이 맞습니까" 하고 물었습니다. 그는 두 개의 다른 대답을 들었습니다. 하나는 제가 "아니오"라고 하는 대답이었고, 또 하나는 맥밀런 차관의 "예"라는 대답이었습니다.

로버트슨 의장은 맥나마라 장관이 브리핑 내용을 수정했다는 이야기를 듣고 매우 격노했고, 브리핑을 받지도 않은 채 공청회를 해산했습니다. 결국 그 냉정한 사람들이 이겼고, 맥나마라 장관은 직접 의회로 찾아가 로버트슨 의장에게 브리핑 원본을 제출했습니다. 이후 이 문제는 케네디 대통령 자신이 칼빈슨 의원과 로즈 가든Rose Garden(백악관 정원 — 옮긴이)을 함께 걸으며 해법을 찾았습니다. B-70은 취소하기로 결정되었으며, 그 대신 더 고등형 폭격기에 대한 연구를 개시하기로 했습니다. 이는 훗날 B-1 폭격기를 탄생시켰습니다.

최초의 지침은 고급전략유인항공기Advanced Strategic Manned Aircraft: ASMA에 관해 연구하라는 것이었습니다. 하지만 우리는 곧 이 프로그램의 명칭을 고급유인전략항공기Advanced Manned Strategic Aircraft: AMSA로 바꿨습니다. 새 항공기가 호흡기 질환 때문에 하늘을 날 수 없는 비행기라는 소리 따위를 들어서는 안 되었기 때문이죠."•

공청회가 시작되기 전에 존스는 준장으로 진급하게 되었다는 소식을 들었지만, 공군성을 떠나자마자 명단에 있던 그의 이름이 삭제되었다. 누구라도 그의 이름은 맥나마라 장관에 의해 제거되었을 것이라고 짐작할 수 있었다. 존스는 그의 준장 진급을 보전하기 위해 공청회에서 '예'라고 답할 수도 있었

• '고급전략유인항공기'의 약자인 'ASMA'를 그냥 읽으면 '천식'이라는 뜻의 'asthma'와 발음이 비슷해진다.

지만, 그의 인품과 공군의 미래에 대한 믿음이 이를 허락하지 않았다. 비록 그는 이렇게 별 하나를 잃었지만, 그의 인품은 그로 하여금 나중에 별 세 개를 더 얻게 했다. 그의 군 경력은 위기를 맞았지만 끝나지 않았고, 훗날 그는 공군참모총장과 합동참모본부 의장까지 지내게 된다.

해럴드 브라운 장관은 맥나마라 장관 때 연구개발국장을 하면서 자신을 가장 곤혹스럽게 했던 두 사람으로 젊은 두 대령, 공군의 데이비드 존스와 해군의 아이크 키드Ike C. Kidd를 꼽았다. 브라운에 따르면, 이 두 사람이 결국 1978년 합동참모보부 의장 후보로 지명되었었다고 한다. 이 두 개성파 장교가 같은 국방부 내에서 최고 자리를 놓고 경합하게 된 것은 아이러니였다.

존스 장군이 공군참모총장이 되었을 때, B-1 폭격기 개발 프로그램은 이미 한창 순조롭게 진행되고 있었다. 하지만 카터 대통령이 이 프로그램을 취소하기로 결정하면서 뒤통수를 맞았다. 논란이 다시 시작되면서 의회의 주요 지도자들은 이 결정에 맞서 싸우고 싶어 했다. 이들의 전략은 거액의 예산 지출을 강요해 항공기 두 대를 더 획득하게 하는 것이었다. 만약 공군이 여기에 가세한다면 두 대가 더 제작될 것은 명백했지만, 프로그램 전체가 완성될 가능성은 매우 낮았다.

당시 공군참모차장은 윌리엄 맥브라이드William V. McBride 대장으로, 그는 B-1 프로그램이 취소된다고 발표되었을 당시의 반응을 생생하게 기억했다. "B-70에 대한 결정이 내려지던 날, 국방부 정보국장이던 가이 해리슨Guy Harrison 장군이 제 사무실 문을 박차고 들어와 불과 15분 후에 대통령이 B-70 프로그램 취소 발표를 할 예정이라고 말했습니다. 저는 인터폰으로 이 일에 관해 존스 장군에게 보고했죠. 존스 장군은 믿을 수 없다는 반응이었습니다. 하지만 그는 정신적으로 매우 체계적인 사람이었습니다. 그는 '정확하게 대통령께서 이 일에 대해 어떻게 말씀하실 예정인지 알아오고, 이후에 기자회견으로 말할 내용을 준비하게. 분명 우리의 반응은 무엇이고, 앞으로 어떻게 할 것인지에 대해 수많은 사람들이 질문할 걸세'라고 말했습니다. 분명 추후 며칠 동안은 앞으로 우리가 어떻게 할 계획인지에 대해 반복해서 질문을 듣게 될 터였습니다. 대통령의 결심에 맞서 싸워야 할 것인가? 전원 보직 사퇴를 해야 할 것인가? 아니면 그냥 이 결심을 받아들일 것인가? 이런 분위기 속에서, 몇 명의 고급장교들이 이렇게 말했습니다. '젠장! 원한다면 기꺼이 전역지원서를 제출하죠.' 이럴 때 명석한 사람들이 있었다면 훨씬 도움이 되었을 것입니다.

주요 지휘관을 포함한 많은 사람들과 토의한 끝에, 존스 장군은 대통령의 결심에 맞서 싸우는 것은 말도 안 된다는 결론을 내렸습니다. 우리가 할 수 있는 최선은 당국으로 하여금 항공기 두 대를 더 만들게 하는 정도였습니다. 이 행정부는 항공기를 여덟 대 구입하는 프로그램에는 절대로 동의하지 않을 것이 분명했습니다. 존스 장군은 '나는 이 항공기를 위해 지금껏 누구보다 더 열심히 일해왔지만, 이렇게 결정이 내려졌다면 최선을 다해 지지하겠네'라고 말했습니다."

존스 장군은 군사분과위원장인 존 스테니스John C. Stennis 상원의원에게 이 결정에 대한 의견을 묻는 편지를 받았다. 존스 장군은 이렇게 답했다. "제 소견으로는 우리 전략공군의 현대화를 계속 진행하는 것이 안보 이익에 가장 부합한다고 생각하며, 이는 전략핵전력의 세 기둥● 중 하나인 이 유인폭격기 문제도 포함됩니다. …… B-1 프로그램이 불투명하게 남아 능력을 증가시키는 것이 아니라 예산만 잡아먹고 우리의 광범위한 전략적 필요성으로부터 관심이 멀어진다면, 앞으로는 우리 전략군 유지에 중요한 문제들을 해결하는 데 일치된 에너지를 집중시키기 어려울 것이라고 확신합니다."

존스 장군과 인터뷰하면서, 필자는 혹시 장군이 대통령의 결심에 항의하

● 전략핵전력의 세 기둥이란 전략폭격기, 대륙간 탄도미사일(ICBM), 잠수함 발사 탄도미사일(SLBM) 등 전략핵 억제력을 말한다.

는 의미로 사임하는 것을 고려한 적은 없는지 물었다. 그의 답은 이러했다. "아니요. 전혀 고려해본 적 없습니다. 만약 우리 군이 어떤 무기체계 하나를 놓고 내린 결정 하나 때문에 생과 사가 갈리는 곳이었다면, 우리는 조국에 엄청난 민폐를 끼치고 다녔을 겁니다. 대통령께서 한 번 결심을 내리셨는데, 그 결심을 약화시키려 하는 것은 우리 군을 위해 적절치 못한 행동이라고 생각했습니다."

존스 장군이 참모총장으로 재직하면서 공군을 위한 B-1 무기체계 논란에 광범위하게 개입했다면, 에드워드 마이어^{Edward C. Meyer} 대장은 육군참모총장으로서 전 육군과 관련된 유사한 고민을 겪었다. 마이어는 1979년 6월, 수많은 고급장교 중에서 카터 대통령에 의해 육군참모총장으로 선택되었다. 이후 그는 1980년 5월 7일 하원 군사분과위원회의 인사소위 청문회에 참석했다. 마이어 장군은 홉킨스^{Larry J. Hopkins} 하원의원에게 다음과 같은 질문을 받았다. "얼마 전에 포트 녹스^{Fort Knox}에 방문해 현지 사령관과 만나고 좋은 하루를 보냈습니다. 그곳에서 병사들과도 시간을 보냈죠. …… 그리고 그곳에서 한자리에 모였을 때 완전지원병제가 제대로 시행되고 있는지 물어봤습니다. 한 사람도 예외 없이 그 자리에 있던 병사들이 전부 '아니오'라고 대답했고, 상당수는 그 방에서 나갔습니다. 병사들 말로는, 요즘 군에서 지원을 받는 애들은 대부분 마약 장사를 할 줄 아는 '도시 물정에 밝은' 이들이고, 실제로도 마약을 팔고 있다고 했습니다. 실제로, 바로 그때 포트 녹스에서도 마약을 팔고 있었다고 합니다. 만약 그런 이들이 이 나라를 지키기 위해 우리가 보유한 병력의 전부라면, 우리는 지금 심각한 문제에 직면해 있는 겁니다. 제 개인적인 소견은 그렇습니다. 저는 이 상황을 바로잡고 싶고, 장군께서 저를 도와주셨으면 합니다."

마이어 장군의 답변은 비록 1776년 렉싱턴^{Lexington}에서 미국 독립전쟁의 시작을 알린, '전 세계를 울린 총소리'는 아니었을지 몰라도, 강한 충격을 주었고 상당한 관심을 끌었다. 그가 홉킨스 의원에게 한 답변은 다음과 같았다. "의원님의 선거구와 니콜 의원님의 선거구, 그리고 다른 모든 곳에 있는 80퍼센트의 훌륭한 젊은이들을 변호하기 위해 말씀드리겠습니다. 만약 베를린, 유럽이나 파나마처럼 전 부대의 인력 및 물자가 완편 상태인 전방 전개지역을 보신다면 아마 상황이 다르다는 것을 깨달으실 것입니다. 하지만 여기저기 허점이 있고, 의원님께서 말씀하신 상황도 분명 존재합니다. 본질적으로, 저는 이것을 오늘날 미국의 '속빈 군대'라 부르고 있으며, 이는 우리가 필요로 하는 만큼 부사관과 병력을 질과 양적으로 제공하지 못해 발생한 현상입니다."

마이어의 대답은 행정부의 관심을 끌었을 뿐 아니라, 그는 불과 얼마 후인 1980년 12월 5일 ABC 방송국의 〈굿모닝 아메리카Good Morning America〉라는 아침 뉴스 시간에 직접 출연해줄 것을 부탁받았다. 사회자는 데이비드 하트먼David Hartman이었으며, 두 사람 사이에는 이런 대화가 오갔다.

하트먼: 안녕하십니까, 마이어 장군님. 환영합니다. 오늘 이 자리에 함께 해주셔서 감사합니다.

마이어 장군: 안녕하십니까. 초대해주셔서 감사합니다. 저도 오늘 이 자리에 오게 되어 기쁩니다.

하트먼: 불과 얼마 전에, 미국은 장군님께서 이름 붙이시길, '속빈 군대'를 보유하고 있다고 하셨습니다. 실제로 한 보고서에 따르면, 10개 전투사단● 중 6개

● 미군에는 10개의 상설사단이 있으며, 나머지는 예비전력이다. 상설사단은 다음과 같다. 1보병사단(캔자스 주 포트 라일리), 1기갑사단(텍사스 주 포트 블리스), 1기병사단(텍사스 주 포트후드), 2보병사단(대한민국 동두천시 캠프 레드클라우드), 3보병사단(조지아 주 포트 스튜어트), 4보병사단(콜로라도 주 포트카슨), 10산악사단(뉴욕 주 포트 드럼), 25보병사단(하와이 주 스코필드 배럭스), 82공정사단(노스캐롤라이나 주 포트브래그), 101공중강습사단(켄터키 주 포트캠벨).

가 전투준비가 되어 있지 않다는 조사 내용이 있었습니다. 무서운 일이네요. 아마 미국 전역의 국민 대다수가 그렇게 생각할 겁니다. 정확하게 '속빈 군대' 라는 게 어떤 뜻인가요? 그리고 그 주장을 아직도 고수하십니까?

마이어 장군: 물론입니다. 그리고 제가 '속빈 군대'라고 한 것은, 현재 해외에 전개 중인 우리 군의 준비태세를 유지하기 위해서 본토에 있는 부사관과 병사 들을 끌어다 채워 넣어야 하는 현 상황을 말한 것입니다. 그렇게 육군이 유럽, 한국, 파나마, 알래스카 같은 전방 전개지역의 장비와 인력 등을 '최신화'한 결 과…… 우리는 미국 본토의 병력을 끌어다 채워 넣을 수밖에 없었습니다. 따라 서 전력이 불충분한 중대와 소대가 생기고, 병사를 훈련시킬 수 있는 부사관이 모자라게 된 겁니다.

필자는 다른 군지도자들이 겪었던 난관과 같은 맥락에서 이 문제에 관해 마이어 장군과 이야기를 나눴다. 그는 정부 행정당국의 적절한 암묵적 합의를 따랐다는 점을 분명히 했다. "저는 그 부분(육군이 필요로 하는 것을 위해 싸우는 문제)을 여러 차례 검토했습니다만, 우리 군이 '속빈 군대'를 보유하고 있다는 말을 한 것이 하이라이트가 되었습니다. 당시 육군에 대한 공격도 있었습니다. 다행히도 이 문제에 대해 대통령과 브라운 장관께 개인적으로 말씀을 드 렸기 때문에 두 분 다 제가 어떤 견해를 지니고 있는지 아셨습니다만, 상당수 는 그렇지 않았습니다. 제 상관 중 한 분은 제가 한 말을 철회하라고 하셨습니 다. 저는 그렇게는 못하겠다고 답하고 사무실로 돌아와 사직서를 썼습니다. 그런데 제가 제출할 필요도 없었습니다. 왜냐하면 그들도 우리 모두 각자의 책임을 지고 있는 나라에 살고 있다는 사실을 새삼 깨달았기 때문입니다. 우 리는 대통령에게 충성을 맹세한 것이 아니라, 헌법에 충성을 맹세했습니다. 그 말인즉, 우리는 의회와 대통령에 대해 동등한 책임을 진다는 뜻입니다."

사건 이후인 1983년 2월 25일, 마이어 장군은 상원 군사분과위원회에 다시 나타나 회계연도 1984년 국방부 예산요청안에 관해 증언했다. 그는 위원회 앞에서 개회사로 다음과 같이 말했다. "저는 우리가 '속빈 군대'를 갖고 있다는 말을 하는 바람에 꽤나 곤욕을 치렀습니다. 그저 제가 하고 싶은 말은 과거 3년간 의회가 저희에게 지원해준 1,530억 달러는 미래의 육군을 건설하기 위한 단단한 기반을 차곡차곡 쌓아가게 해주었다는 것입니다."

타워John Tower 분과위원장은 이렇게 응답했다. "장군님, 먼저 한 말씀 드리자면, 장군께서는 우리 위원회와 문제를 일으키신 것이 아닙니다. 단지 저희의 관심을 끄셨을 뿐입니다."

버지니아 주 상원의원인 존 워너John W. Warner 의원도 다음과 같이 의견을 피력했다. "제가 하고 싶은 말은 이렇습니다. 우리가 2년 정도 걸려 '속빈 군대' 문제를 해결했다고 치고, 지금 당장 예산을 삭감해야 한다면, 대부분의 무기획득 사업이 5~10년 정도 걸린다는 것을 염두에 둘 때 군 현대화 작업을 중단하는 것이 현역 병력을 줄이는 것보다 낫지 않겠습니까?"

이 모든 것의 핵심은, 마이어 장군의 직설적이고 정직한 접근법이 먹혀들어갔느냐는 것이다. 필자는 구체적으로 이 점에 대해 그에게 물어봤고, 그는 이렇게 답했다. "군 내외에서 분명 영향이 있었습니다. 군 내부 사람들에게는 군 수뇌부가 이 문제를 잘 알고 있고, 모든 장병이 우려하는 이 문제에 대해 고심하고 있다는 신호가 되었습니다. 군 외부에는 군 지휘관들이 지금 직면해 있는 진정한 난제에 대해 국방부나 의회 안에서 자유롭게 말할 책임이 있다는 표시가 되었습니다."

추후 몇 년간 육군에는 훈련 상태와 준비태세상의 결점을 보완하는 데 필요한 예산이 지원되었다. 이 사건은 군지도자들에게 인품이라는 것이 얼마나 중요한지를 보여준 또 다른 좋은 예가 되었다. 마이어는 의회 앞에서 소신 있게 말했지만, 대통령과 국방장관에게 먼저 그런 말을 할 것임을 알리기 전에는 절대 행동을 먼저 취하지 않았다. 그는 자신의 주장을 굽히지 않았으며, 사임할 준비까지 해놓고 그 주장을 했을 정도로 그 중요성을 충분히 잘 느끼고 있었다. 그는 또한 개인의 복지보다 군의 복지를 우선할 준비가 되어 있었다.

헨리 아널드와 칼 스파츠가 빌리 미첼을 변호했던 사건에서도 교훈을 찾을 수 있다. 이들은 희생적으로 자신의 군 경력을 한계선 앞까지 가져갔다. 하지만 나중에 아널드와 스파츠는 둘 다 빌리 미첼이 계속 군에 남아 공군을 위해 체제와 대결해야 했다는 의견을 피력했다. 그리고 아널드와 스파츠는 바로 그렇게 했다.

포트 라일리로 추방되었을 당시, 아널드는 민간항공사인 팬아메리칸 항공사Pan American Airways•의 사장직을 제의받았지만 거절했고, "비난을 받는 상황에서 군을 쉽게 떠날 수가 없었다"라고 회고했다. 스파츠 장군에게도 비슷한 질문을 했더니, 그 또한 같은 시기에 팬아메리칸 항공사로부터 부사장직을 제의받았었다고 한다.

카터 대통령이, 계속 개발 중이던 B-1 프로그램의 중단을 결정하자, 많은 사람들은 존스 장군에게 항의의 의미로 사임해야 한다고 말했다. 하지만 그는 아널드와 스파츠처럼 하지 않았다. 그는 계속 체제에 남아 싸웠으며, 종국적으로는 승리했다. 유사하게도 B-1 프로그램이 거부되었을 당시 합참의장이자 존스 장군의 전임 공군참모총장이던 조지 브라운George S. Brown 대장 또한 주변 사람에게서 사임해야 한다는 말을 들었다.

브라운 장군의 유머 감각은 의회에 출석했던 어느 날 빛났다. 어느 의원이 계속 진행되던 질의응답의 맥락에서 벗어나 이렇게 물었다. "그건 그렇고 브라운 장군님, 장군께선 공군의 선임 장군이십니다. 카터 대통령께서 B-1 프로

• 팬아메리칸 항공사는 1927년부터 1991년까지 운영한 미국의 민간항공사로, '팬암(Pan Am)'으로 불렸다. 최초로 제트 항공기, 점보제트 여객기를 도입하고 컴퓨터 예약시스템을 도입하는 등 국제 민항사의 기준을 마련했다. 1991년 경영난 악화로 파산신청을 했으며, 항공사 자산은 유나이티드 항공사와 아메리칸 항공사 등이 나누어 인수했다.

그램을 취소하기로 하셨죠. 그런데 왜 공군에서 사퇴하지 않으십니까?" 결코 정치적이지 않은 브라운 장군은 이렇게 답했다. "물론 그럴 수도 있겠습니다만, 의원님께서 의원직을 사퇴하실 경우 이 나라에 끼칠 영향과 비슷한 정도의 영향이 예상되어 사퇴를 못 하고 있습니다."

미국은 우수한 군사지도자들이 전시에 국민의 자유와 전 세계의 자유를 지킬 필요가 있을 때에 항상 준비가 되어 있는 축복을 받아왔다. 이들은 모두 사심이 없으며, 조국을 위해 목숨을 바칠 각오가 되어 있고, 또 위기가 닥치면 맞서 싸울 준비가 되어 있던 사람들이다. 많은 점에서 전군全軍 또한 마치 이 지도자들의 가족처럼 항상 사심 없이 희생적이었다. 이들은 낮은 급여, 느린 진급, 잦은 이동, 가족과의 기나긴 이별, 부족한 훈련 및 보급자원 등도 기꺼이 견딘다. 가끔 이들은 관료주의적인 어리석음과 자기본위적인 정치가들도 견뎌야 하며, 인정받지 못하고 감사받지 못하는 고통을 겪고, 곧잘 지역 주민들의 적대감도 겪는다. 때로는 이들의 가족이 열악한 의료체계를 감내해야 하기도 하고, 이들이 다른 곳에 보직을 받아 이동해야 할 때면 그 자녀들은 친구와 학교에서 함께 뿌리째 뽑혀 따라가야 하는 희생과 고통을 요구받는다.

개인적으로 필자에게 가장 인상 깊었던 인터뷰는 독립된 공군의 초대 참모총장을 지낸 스파츠 장군의 미망인과 나눈 인터뷰였다. 인터뷰에서 그녀는 장녀가 대학 2년차가 되어 방학이 끝나고 학교로 다시 가기 위해 짐을 싸면서 이런 말을 했다고 전했다. "엄마, 지금 이게 내 평생 처음으로 같은 학교를 2년 연속으로 다니게 되는 거란 걸 아세요?"

이 사나이들에게 사심을 버린 가장 큰 행위는 전쟁이 터졌을 때 조국을 지키기 위해서 언제든지 목숨을 버릴 각오가 되어 있다는 것이며, 평시에는 미래의 분쟁에 대비하기 위해 필요한 것들을 관철하기 위해 자신의 경력마저도 위태롭게 할 각오가 되어 있다는 점이 아닐까.

Chapter 2

/

Decision: The Essence of Leadership

결심: 리더십의 정수

Decision: The Essence of Leadership

결심 수립은 리더십의 정수다. ― 드와이트 아이젠하워

아이젠하워 장군은 인터뷰에서 리더십에 관해 다음과 같이 이야기했다. "저는 리더십이 무엇이냐는 질문을 꽤 오래 고민해봤습니다. 리더십에 대한 제 의견으로 우선 나폴레옹이 한 말을 인용해보겠습니다. '천재적인 리더십이란 주변 사람들이 전부 미쳤거나 최소한 히스테리 상태가 되었을 때에도 홀로 평범한 일을 할 수 있는 능력이다.' 한마디로 요약하자면, 리더십이란 것이 보통 사기 진작, 신뢰를 포함한 모든 능력을 항상 최대한 발휘하기 위해 노력하는 것이지만, 또한 어려운 결정을 최종적으로 내려야 할 때도 눈에 띄기 마련이라는 것입니다. 이 순간은 자신의 생각과 상반되는 조언과 긴급한 조언 등 온갖 이야기를 듣게 되는 때이기도 합니다. 자, 이런 리더십이야말로 대중으로부터 곧잘 감춰져 있는 리더십이죠. …… 하지만 결심을 수립하는 것은 리더십의 핵심입니다. 다시 말해, 전시든 평시든 중대한 문제를 다룹니다. 이런 결정을 내리는 순간은 언제나 극적인 순간과 함께 찾아오는 것이 아닙니다. 거의 매일 일상적으로 일어나죠. 당신이 직시하고 있는 사실을 판단해 결론을 내리고, 상황에 기초하여 여러 요소에 대해 평가하고, 각각의 관계를 분석한 후, 각기 다른 개개인들이 능력에 맞게 각기 장소에 배치되었다는 확신을 할 수 있어야 합니다. 그리고 이 모든 것을 심사숙고한 후 결심에 도달합니다. 그런 다음에 '우리는 지금부터 이렇게 할 것이다'라고 해야 합니다."

지휘관의 자리는 외롭다. 특히 생과 사, 성공과 실패, 승리와 패배가 걸린 중요하고 높은 수준의 결정을 내려야 할 순간일수록 지휘관은 더 외롭기 마련이다. 지휘관이란 오직 소수만이 원하고, 그 소수보다 더 적은 사람만이 자질을 갖추고 있는 엄청난 책임 그 자체다. 하지만 '결심의 수립', 즉 결정을 내리는 것은 리더십의 일부이며, 전시戰時에 결정과 판단을 내릴 능력이 없는 장군은 대다수의 경우 고급지휘관 직책을 오래 버티지 못한다. 장군들 또한 인간이며, 여느 사람들과 마찬가지로 정신적인 긴장과 스트레스의 영향을 받는다. 이들의 실수는 죽음이나 파괴와 동의어가 될 수 있으며, 정상적인 인간이라면 가볍게 여길 수 없는 책임이기도 하다.

전시 상황에서 장군들은 매일같이 헤아릴 수 없이 많은 난관과 중대한 결정을 마주하게 된다. 여기서 조심할 것이 두 가지 있는데, 이 점을 특별히 강조할 필요가 있다. 첫째, 전시 지휘관들이 중대한 결정을 내릴 때는 역사가들이 오늘날 평가를 내리는 데 근거로 사용하는 정보에 기반을 두고 결정을 내릴 수 있는 경우가 매우 드물다. 지휘관은 결정을 내려야 하는 상황에서 가용한 사실만을 가지고 행동해야 한다. 둘째, 수뇌부급의 결심 수립 단계에 참여해보지 않은 사람이라면 이 모든 절차가 쉬워 보일 수도 있다. 항상 비평을 하는 건 쉽지만, 그런 책임이 있는 자리에서 그들보다 일을 더 잘해내기란 어려운 법이다.

수뇌부급의 결심 수립 절차에는 세 번째 요소가 있다. 일반적으로 전시 지휘관은 그의 주요 참모직을 직접 선택하며, 자신이 지금껏 알아온 사람 중 가장 능력 있는 이들로 구성하기 마련이다. 헌신적이고 강인한 전문가로 말이다. 지휘관은 이런 이들의 조언을 가볍게 들을 수 없다. 만약 이러한 참모 전체가 최고지휘관의 결론에 반대한다면, 이 결심 수립 절차는 훨씬 힘들어질 수밖에 없다.

아이젠하워 장군이 제2차 세계대전 기간에 내려야 했던 가장 힘든 결정은 유럽 대륙 연합군 상륙단이 언제, 어디로 상륙하느냐 여부와 상륙작전 직전 셰르부르Cherbourg 반도에 공정부대를 전개하는 문제였다. 이들 공정사단은 영국 및 미군 작전지역 내에 상륙지점을 확보하는 임무를 띠고 있었다. 아이젠하워 장군의 참모장이었던 월터 베델 스미스Walter Bedell Smith 대장은 이렇게 말했다. "여러 가지로 무리였습니다. 상륙지역 바로 뒤로 뻗어 있는 저지대에는 독일군이 밀려들고 있었습니다. 몇 개 안 되는 도로는 늪지대를 가로지른 몇 마일씩의 좁은 길이었기 때문에, 공정부대가 뒤쪽의 안정된 지반에 내려 도로에 진지를 확보하지 않는다면, 아군이 늪지를 가로지른 좁은 도로 위에서 적 포화에 휩쓸릴 수 있었습니다. 그렇게 되면 아군 병력이 해안에서 내륙까지 진출하기 위해 엄청난 희생자를 내야만 했을 겁니다."

아이젠하워 장군의 참모진 중 선임 항공참모였던 영국군의 리-맬러리Sir Trafford Leigh-Mallory 대장은 멀쩡한 사단들을 의미 없는 대학살에 말려들게 할 뿐이라고 생각했기 때문에 이 공정부대의 강하작전에 반대했다. 그는 셰르부르 및 작은 강하지점 주변의 강력한 대공시설이 공정부대를 실어 나를 글라이더를 75퍼센트 이상 격추할 것이고, 공정부대원은 50퍼센트 이상 전사해 병력 수천 명이 사망할 것이라고 반박했다. 또한 엄청난 손실 때문에 결국 이 임무가 실패로 끝날 것이라고 주장했다.

1944년 5월 30일, 리-맬러리 장군은 아이젠하워를 찾아가 작전 시행에 대한 마지막 시위를 벌였다. 그가 자신의 주장을 말하기 시작하자, 아이젠하워의 머릿속에는 다음과 같은 고민이 떠올랐다. "그(리-맬러리)의 조언을 무시해야 하는 상황에서, 그를 보호하기 위해 나는 공군사령관(리-맬러리)에게 건의 사항을 서면으로 제출하면 몇 시간 후에 답변을 주겠다고 말했다. 나는 이 문제를 누구와도 상의하지 않았다. 전문적인 조언이나 권고도 도움이 되지 않을 터였다. 나는 내 막사로 홀로 돌아와 생각에 잠겼다. 각 단계를 계속 반복하면서 검토해보았다. 그리고 만약 내가 당면 과제에 대한 전문가의 기술적 조언을 의도적으로 무시하고 그의 예측이 결과적으로 정확함이 증명된다면, 나는 아무것도 모른 채 죽어간 수천 명의 꽃다운 젊은이들을 희생시킨 나의 멍청함을 자책하며 이 견딜 수 없는 결과의 부담을 홀로 무덤까지 가지고 가게 될 것이다. 하지만 이런 개인적인 부담보다 큰 것은, 만약 그가 옳았다면 그로 말미암은 영향이 국지적인 수준보다 훨씬 엄청나게 클 것이라는 점이었다. 그 악영향의 파급효과는 전군으로 확대되어나갈 것이다."

아이젠하워는 무엇을 해야 할지를 고민하면서 다음 요소들의 중요성을 가늠해보았다.

1. 그는 이 작전이 기습의 성공에 필수적이라는 점을 확신했다.
2. 코탕탱Cotentin 반도의 기지를 즉각적으로 탈취하기 위한 유타 해안Utah Beach 상륙이 없다면, 작전 전체를 그대로 강행하기가 너무 위험했다.
3. 그가 판단하기로는 독일군이 생각만큼 큰 타격을 줄 것 같지 않았다.

아이젠하워는 리-맬러리 장군을 불러 이 작전이 계획대로 강행될 것이라고 말했다. 역사는 아이젠하워 쪽이 옳았음을 증명한다. 첫 공수를 실시한 공정부대의 손실은 2퍼센트 이하였고, 전 작전에 걸친 손실율도 10퍼센트 미만이었다. 아이젠하워의 보좌관이던 해리 부처Harry C. Butcher 대령은 자신의 저서에서 이렇게 기록했다. "리-맬러리 대장은 전형적인 영국식 농담을 쓰며 자신이 틀렸음을 솔직하게 인정했다. 인생을 살면서 자신이 틀렸다는 사실을 인정하는 것은 때때로 매우 어려운 일이다. 하지만 이번만큼은 자신이 틀렸음을 인정하는 것이 매우 기쁜 일이었을 것이다. 리-맬러리 장군은 현명한 지휘 결정을 내린 것을 두고 아이젠하워 장군을 축하했다."

이 일과 비슷했던 사건이 또 하나 있다. 아르덴Ardennes 반격작전이 수포로 돌아간 후 연합군은 병력을 다시 결집하고 있었으나, 아이젠하워는 이 효과적인 작전을 라인 강 서안까지 확대해 실시하기를 바랐다. 그는 연합군이 라인 강 방어선에 강습을 가하기 전까지 히틀러가 지닌 전력의 많은 부분이 붕괴할 것으로 생각했다. 앨런 브룩Sir Allen Brooke 원수는 연합군 전력의 분산에 대한 우려와 루르Ruhr 지방을 향해 라인 강 북부를 도하 중이던 몽고메리 장군에게서 사단들이 멀어지게 될 가능성 때문에 이 전략에 반대했다. 브룩 원수는 이 문제에 대해 강경한 태도였고, 아이젠하워도 자신의 결심을 바꿀 생각이 없었다. 몇 주가 지나고 브룩 원수가 아이젠하워에게 말했다. "장군께서 완전히 옳으셨습니다. 그리고 만약 부대들이 분산되는 것을 걱정한 제 우려가 장군님의 부담을 크게 해드렸다면 진심으로 사과드립니다. 장군께서 의견을 굽히지 않으신 것을 신께 감사드립니다."

아마도 제2차 세계대전 중 아이젠하워가 직면했던 가장 어려운 결정 사항은 제2전선을 언제 어디에 형성할 것인지였을 것이다. 이에 관한 토의는 2년 넘게 진행되었다. 아이젠하워가 최고사령관에 임명된 후, 작전을 실시할 장소로 프랑스가 선택되었다. 참모기획관은 1944년 5월을 침공일로 정했다. 날짜를 정하는 것이 아이젠하워가 결정해야 할 첫 번째 난제였다. 그는 강습상륙 사단을 3개에서 5개로 늘려야 한다고 결정했다. 인사 및 군수상 문제를 해결하려면(특히 상륙정이 더 필요했다) 결행일을 5월에서 6월로 미뤄야 했다. 이렇게 한 달을 연기하는 것은 매우 중대한 문제였다. 좋은 봄 날씨가 공격작전을 펴는 데 훨씬 좋았기 때문이다.

언제나 가장 중요한 문제는 기후였다. 아이젠하워가 북아프리카에서 '결행go' 혹은 '중단no go'을 결정해야 했을 때도 날씨가 문제였다. 시칠리아에서는 기후가 훨씬 더 나빠, 큰 문제에 직면한 적도 있었다. 연합군이 침공 작전을 실시한다는 결정은 이미 내려졌으나, 작전 결행 직전 오후에 바람이 갑자기 시속 64킬로미터로 불기 시작했다(최초 예측에는 바람이 잦아들 것으로 보았다). 이는 높은 파도를 형성할 것이기 때문에 병사들이 뱃멀미를 일으키는 것은 물론이고, 상륙 자체를 위험하게 할 가능성이 컸다. 이 소식은 적진 한가운데로 강하할 예정이던 82공정사단에도 그다지 반가운 소식이 아니었다. 마셜 장군은 전보를 보내, "공격은 여전히 유효합니까, 아니면 취소입니까"라고 물었다. 이 전보를 읽은 아이젠하워 장군은 "나도 좀 알았으면 좋겠군"이라고 혼잣말을 했다. 하지만 결심은 아이젠하워의 몫이었다. 다시 강조하지만, 그는 혼자였고, 위험에 대해 계산해야 하는 것도 그 자신뿐이었다. 만약 그가 침공을 취소한다면, 이 특정 임무를 지원하기 위해 일찍 출발한 다른 부대들이 고립무원에 빠지는 대재앙이 벌어질 수도 있었다. 이들 부대에 귀환하라는 명령이 너무 늦게 간다면 대학살이 벌어질 것이며, 연합군이 크게 기대를 걸고 있던 기습부대는 패배할 것이 분명했다. 아이젠하워는 밖으로 나가 풍속계를 다시 한 번 응시했고, 다시 사무실로 돌아온 후 명령을 내렸다. "작전은 계속 진행한다. 지금은 강한 바람이 불고 있지만, 아마 내일쯤에는 좋은 소식이 있을 것이다."

하지만 오후로 접어들수록 풍속계의 지수는 높아져 갔다. 길고도 절망적인 기다림의 시간을 버티면서, 아이젠하워는 행운의 동전을 계속 만지작거렸다. "당시에는 기도 말고는 할 수 있는 것이 아무것도 없었습니다. 그것도 절망적으로요."

노르망디 상륙작전은 월광, 파고, 기습시간이 완벽하게 조합되어야 했기 때문에, 공격 예정일은 6월 5~7일 중 하나로 잡혔다. 이 날짜 중 언제 공격하느냐는 순전히 날씨에 달려 있었다. 아이젠하워는 당시 상황에 대해 다음과 같이 회상했다. "기상의 관점에서 세 날짜 모두 만족스럽지 못하다면, 그 결과로 일어날 일은 감히 상상하기조차 겁이 났다. 작전의 은밀성은 모두 깨질 것이고, 강습병들은 하선한 후 철조망으로 둘러쳐진 집결지 뒤쪽에 모두 몰려 있게 될 것이며, 이들이 원래 상륙해야 할 목표지점은 제2파로 상륙해야 할 부대가 차지하고 있을 것이었다. 복잡한 이동표movement table는 모두 폐기될 것이고, 사기는 바닥으로 떨어질 것이다. 최소한 14일, 어쩌면 28일 동안 그 자리에서 기다려야 할지도 모른다. 200만 명이 전혀 움직이지도 못하고 말이다! 대규모 작전이 가능한 좋은 기상 시간대는 계속 줄어들 것이고, 적의 방어는 여전히 군건할 터였다."

일단 작전 결행은 6월 5일로 잡혔다. 이미 전방전개부대는 바다 위로 떠난 뒤였지만, 최종 결심회의는 6월 4일 새벽 4시에 열렸다. 낮은 구름과 강한 바람 및 파도까지 동반되어 기상상태는 여전히 나빴고, 이 모든 것은 상륙이 위험해질 것임을 나타내고 있었다. 공중지원은 불가능했고, 함상포격은 부정확할 것이었다. 아이젠하워 장군은 그의 주요 참모들을 모아 의견을 들었다. 램지Sir Bertram Ramsey 제독은 해군의 입장에서 중립적이었지만, 몽고메리 장군은 '강행'을 주장했고, 테더Sir Arther W. Tedder 공군 대장은 '중지'를 건의했다. 하지만 이들이 할 수 있는 것은 어디까지나 의견 제시였다. 최종 결심은 아이젠하워의 몫이었고, 그는 결국 작전을 연기하기로 결심했다.

참모진은 다음 날 아침에 다시 모였다. 6월 6일 기상 전망은 괜찮았으나 아마도 그런 기상상태가 36시간 정도 유지될 것으로 보였다. 아이젠하워의 참모장이던 스미스 장군은 6월 5일 아침의 분위기를 다음과 같이 설명했다.

아이젠하워 장군이 도착하셨을 때 모든 지휘관은 다 그 자리에 있었다. 아이젠하워 장군은 깔끔하게 맞춘 전투복 차림이었으나 그의 어깨 위에 놓인 책임의 무게 때문인지 긴장감이 역력해 보였다. 몽고메리 원수는 항상 즐겨 입는 통 넓은 코르덴바지와 스웨터를 입고 있었다. 램지 제독과 그의 참모장은 티하나 없이 깨끗한 청색과 금색의 해군 정복을 갖춰 입고 있었다.

잠시 후 기상장교가 불려 왔다. 장신의 스코틀랜드 사내인 스태그^{Sir James} ^{M. Stagg} 대령의 피곤한 얼굴에는 어렴풋한 미소가 어려 있었다.

그는 아이젠하워 장군에게 말했다. "장군님께 조금이나마 희망적인 소식을 가지고 왔습니다!" 우리 모두 기대하며 그의 다음 말에 귀를 기울였다. 최고 기상책임관인 스태그 대령은 "대서양에서부터 올라오는 기상전선들이 예상했던 것보다 빨리 오고 있습니다"라고 말했다. 그는 적당한 기상상태가 24시간 동안은 확실히 계속될 것이라고 장담했다. 아이젠하워의 참모들은 그의 말이 끝나기가 무섭게 그에게 질문을 엄청나게 쏟아댔다. 그가 모든 질문에 답을 하고 나자 약 5분간 침묵이 흘렀고, 아이젠하워 장군은 방 끝에 위치한 서재 앞 소파에 조용히 앉아 있었다. 나는 새삼 이런 중대한 결정을 내려야 하는 순간 앞에서 사령관의 외로움과 고립감을 공감할 것 같았다. 특히 실패와 성공이 전적으로 그 혼자만의 판단에 달려 있다는 것을 모두가 아는 상황에선 더더욱 말이다. 그는 조용히 앉아 있었으며, 평소에 하듯 자리에서 일어나 성큼성큼 걸어다니지도 않았다. 그는 긴장하고 있었고, 4월부터 내내 총연습을 하며 브리핑을 받아온 내용을 되짚으며 기상 및 평가가 어려운 모든 요소들에 대한 모든 상황을 고려해보고 있었다.

결국 그가 고개를 들었을 때, 그의 얼굴에는 모든 긴장이 사라져 있었다. 그리고 그는 기운차게 말했다. "그래, 가보자!"

이 작전이 결국 잘 진행되었다는 것은 역사가 말해준다. 하지만 이런 기념비적인 결심을 내릴 때 사령관의 머릿속에는 어떤 생각이 스칠까? 아이젠하워는 그의 자서전에서 이 상황에 대해 다음과 같은 말을 남겼다. "또 한 번 나는 이런 모험에 항상 따르는 최고사령부의 최종 결심이 떨어지는 순간과 작전의 성패가 확인되는 가장 이른 시점 사이에서 지루한 기다림의 시간을 견뎌야 했다."

그가 결정을 내릴 때와 내리기 전 그리고 내린 후 주변에 항상 사람이 많았는데도 왜 아이젠하워가 전쟁 기간 중 친구에게 "상급 군 사령부의 가장 나쁜 점은 고독하다는 점이야……"라고 써 보냈는지 이해하기가 어렵지는 않을 것이다.

미국의 최고사령관을 역임한 인물 중 가장 어마어마한 의사결정이라는 난제에 맞닥뜨린 인물은 해리 트루먼 대통령이었을 것이다. 루스벨트 대통령이 서거할 당시, 트루먼은 부통령으로서 83일째를 보내고 있었다. 그는 제1차 세계대전 당시 육군 대위로 복무한 이래 단 한 번도 유럽에 가본 적이 없었다. 그는 백악관 웨스트윙West Wing●에서 대통령에게 전쟁의 경과를 매일같이 보고하는 전략상황실War Room에 한 번도 초대된 적이 없었으며, 얄타회담에 초대된 적도, 경과에 대한 브리핑을 받아본 적도 없었다. 그는 폴란드에서 미국과 소련이 대결하고 있는 구도에 대해서도 전혀 몰랐고, 핵무기 개발에 대해서도 아는 바가 없었다. 쉽게 말해 그는 한 집단의 일원으로 하루도 보내본 적이 없었다.

대통령 취임선서를 하고 첫 달부터 트루먼은 즉각적인 관심이 필요한 중요 결심 사항 여러 개와 마주하게 되었다. 원자탄을 투하할 것인가, 패배한 독일을 어떻게 점령하고 관리할 것인가, 소련을 어떻게 격려하여 대일對日 선전포고를 유도할 것인가, 그리고 소련이 바르샤바에 괴뢰정권을 설립하는 것에 대해 무엇을 해야 할 것인가 등이 그런 것들이었다. 트루먼이 훗날 자신의 자서전 첫 번째 책 제목을 『결정의 한 해Year of Decisions』로 지은 데에는 다 이유가 있었다. 책의 서문에서도 그는 이렇게 말했다. "미국 대통령 직위는 비슷한 예가 없을 정도로 너무나 개인적인 책임들을 수반한다. 매우 소수의 사람만이 대통령을 위해 말하도록 허가받았다. 그 누구도 대통령을 위해 결심을 대신

● 백악관의 서관(西館)을 의미하며, 대통령 집무실과 비서실 등이 있다.

해줄 수 없다. 그 누구도 대통령이 중요한 결정을 내리는 절차와 단계에 대해서 알 수 없다. 직계 가족을 비롯해 대통령과 가장 가까운 사람들조차도 왜 그가 특정 행동을 하고 있는지, 그리고 어떻게 특정 결론에 도달했는지 알지 못한다. 미연방합중국의 대통령이 된다는 것은 외로운 일이고, 특히 엄청난 결심을 수립해야 하는 상황일수록 더욱더 고독하다."

당시 국무부 차관보이던 딘 애치슨Dean Acheson은 트루먼의 리더십에 대해서 물어본 친구에게 다음과 같이 대답했다. "그는 직설적이고, 단호하며, 단순하고, 정말로 정직한 인물이다." 애치슨의 이러한 대답은 트루먼이 훌륭한 인품을 갖춘 인물이었음을 나타내며, 이는 결정을 내리는 데 매우 중요하면서도 필수적인 요소다.

제2차 세계대전 당시 주소련 미국 대사를 지낸 애버렐 해리먼W. Averell Harriman은 루스벨트 행정부와 14년에 걸쳐 가깝게 일했다. 두 대통령을 비교하면서 해리먼은 트루먼에 대해 다음과 같이 말했다. "일단 그의 집무실에 질문을 가지고 들어가면, 지금껏 내 평생 알아온 그 누구보다도 더 빨리 결정을 내려줘서 금방 집무실 밖으로 나갈 수 있게 해주던 사람입니다."

평론가들은 트루먼 대통령이 핵무기의 사용을 '너무 경솔하게' 결정했다고 비난하지만, 그는 경솔하게 결정하지 않았다. 그는 이 문제에 관해 다음과 같이 말했다. "내가 알고 있는 핵무기 개발과 관련된 지식은 대통령이 된 이후에나 알게 된 것들로, 스팀슨 장관이 말해줬을 때 처음 들었다. 그는 나에게 이 말을 해줄 당시 이미 핵무기가 완성 단계에 들어섰으며, 4개월 정도만 기다리면 원자탄이 준비될 것이라고 말했다. 그는 내게 최고의 인물들로 위원회를 구성하고, 이 신무기가 우리에게 어떤 영향을 끼칠 것인지 매우 조심스러운 연구를 진행하는 것이 좋겠다고 건의했다."

이 위원회는 스팀슨 전쟁부 장관이 지휘했다. 트루먼은 이에 관해 다음과 같이 적었다. "위원회는 핵무기가 완성되면 곧장 적에게 사용할 것을 권유했다. 이들의 권고는 핵을 사용할 때 사전경고 없이 목표물에 사용하여 그 파괴적인 위력을 명백하게 보여주라는 것이었다. 당연히 나 역시 핵폭탄의 폭발이 상상을 초월하는 파괴와 인명살상을 낳을 것임을 잘 이해했다. 하지만 위원회에 속한 과학보좌관들은 '전쟁을 종결할 만한 기술적인 시범은 없으며, 또한 직접적인 군사적 사용을 대신할 방법도 없어 보인다'라고 말했다. 이들의 결론은 무인도에 핵을 사용한다든가 하는 기술적인 시범으로는 전쟁을 종결지을 수 없다는 것이었다. 이 무기는 적의 목표물에 직접 사용되어야 했다. 언제, 어디에 핵무기를 사용하느냐에 대한 최종 결정은 나의 몫이었다. 이 결정에 제발 실수가 없기를 바랐다. 나는 이 폭탄을 군용 무기로 간주하고 있으며, 이것이 반드시 사용되어야 한다는 점에서는 조금도 의심하지 않았다. 대통령 선임군사보좌관들도 이 무기를 사용할 것을 건의했으며, 처칠 경과 이야기를 했을 때에도 그는 조금의 주저함도 없이 이 무기가 전쟁을 종결할 수 있다면 당연히 원자탄의 사용을 지지한다고 말했다."

하지만 트루먼은 각료 보좌관의 의견을 완전히 배제하고 결정을 내린 적도 있었다. 1948년 당시 미국이 직면한 과제는 시온주의 이스라엘 독립국가 건국과 관련한 문제였다. 영국은 제2차 세계대전 후 경제 및 군사적으로 파탄 상태에 빠졌고, 이 때문에 팔레스타인을 비롯하여 기존에 영향력을 발휘하고 있던 세계 각지의 영토를 포기해야 했다. 이 문제 지역에 대한 책임은 유엔으로 이관되었고, 다시 그 책임은 미국으로 돌아왔다.

트루먼은 유대인들의 역경에 대해 동정적이었다. 특히 '홀로코스트(유대인 대학살)', 그리고 그 대학살의 생존자들이 팔레스타인에 거주하기를 희망한다는 점을 고려할 때 더욱 그랬다. 트루먼은 이들의 바람에 대해 인도주의적 관점에서 민감하게 생각했고, 유대인들은 그들만의 고향을 가질 자격이 있다고 믿었다.

그의 가장 중요한 보좌관들은 이스라엘의 건국 문제에 부정적이었다. 특히 부정적이었던 인물은 국무장관 조지 마셜, 국무부장관 로버트 러벗Robert A. Lovett, 국방장관 제임스 포레스털, 조지 케넌George F. Kennan, 및 국무부 보좌관이자 소련 전문가이던 찰스 볼런Charles E. Bohlen과 딘 애치슨 등이었다. 이들은 이스라엘이 미국 국가안보에 심각한 위험을 가져올 것이라고 판단했고, 특히 아랍권에 대한 석유 의존 문제를 고려할 때 더욱 그러하다고 보았다. 이스라엘 국가의 승인은 아랍권에 대한 모욕으로 받아들여질 것이며, 아마도 이스라엘과 아랍권 간의 전쟁을 불러올 것이었다. 그러면 미국은 이스라엘을 지원하기 위해 파병할 것이고, 이 행동은 결국 아랍권을 소련 편으로 만들 것이 분명했다.

트루먼은 외교정책보좌관들의 조언을 따를 것처럼 보였으나, 영국의 통치가 1948년 5월 15일로 끝나게 되자 미국이 이스라엘을 승인하는 것으로 결정했다.

한 전기 편찬자는 이 문제와 관련한 회의에 대해 다음과 같이 기술했다.

조지 마셜 장관은 분개했다. 그는 트루먼 대통령이 외교적인 압력 때문에 움츠러들었다고 생각했으며, 이는 이 노장에게는 용납할 수 없는 일이었다. 5월 12일 블레어 하우스Blair House에서 열린 모임에서 그는 클라크 클리퍼드Clark M. Clifford가 이스라엘 승인에 대해 설명하는 것을 듣고 분노가 치밀었다. 마셜은 지금까지 정치적 조정자라 생각해온 클리퍼드가 이런 민감한 국가안보 문제를 모임에서 논의할 수 있게 허락받았다는 사실에 분노했다. 클리퍼드는 마셜 장관의 얼굴이 벌겋게 달아오른 것을 힘들게 지켜보았다. 마셜 장관은 클리퍼드를 가리키며 트루먼에게 말했다. "우선, 저는 왜 이 사람이 이 자리에 있는지부터 이해할 수 없습니다." 그 방 안에 있던 사람들에게 노장의 이런 냉혹한 모습은 듣도 보도 못한 것이었다. 그는 트루먼에게 차갑게 말했다. "만약 클리퍼드의 안案을 채택하시면 다음 선거에서 저는 각하의 상대편

후보에게 제 표를 던질 겁니다." 트루먼으로서는 지금까지 '가장 위대한 미국인'이라고 믿어온 인물에게 이런 말을 듣는 것은 정말로 쓰디쓴 약과 같았다.

로버트 러벳은 이 모임 내내 트루먼이 "정치적으로 너무 빤한 나머지 의미 없이" 행동했다고 말했다. 마셜의 전기를 쓴 포러스트 포그Forrest C. Fogue는 결심 수립 절차에 대한 더 넓은 식견을 보여준다. "마셜은 의견이 오가는 것을 들으면서, 새 국가의 승인에 관한 클리퍼드의 의견이 정치적인 접근법에 불과하다는 러벳의 비난이 틀리지 않았다는 것을 꿰뚫어보았다. 왜냐하면 미국 내에는 상당히 많은 유대인 인구가 있었고, 국가 승인 문제를 미국 선거와 연결하여 충분히 흥정할 수 있었기 때문이다. 그는 이러한 행위가 대통령직에 손상을 가져올 것이라고 말했다. 클리퍼드는 이 문제가 정치적 관점에서 해결할 문제가 아니며, 국내 정치가 개입되지 않았다면 자신도 그 회의에 참석하지 않았을 것이라면서, 그의 용어를 빌리자면 '도덕적인 망할 침례교 신자 같은 톤'으로 대꾸했고, 마셜 장관은 그의 그러한 태도에 화가 난 것이었는지도 모른다. 클리퍼드는 이 문제를 5월 16일 이후에 다시 살펴보자고 제안했다. 이 모임이 통제 불능 상태로 가고 있다는 것을 알아챈 트루먼 대통령은, 마셜에게 동의하지는 않지만 잠시 이 문제를 접어두자고 말했다."

"유대인 지도자는 백악관에서 있었던 5월 12일 모임의 본질을 곧 이해했고, 새로운 압력이 트루먼에게 가해졌다. 하임 바이츠만Chiam A. Weizmann은 트루먼 대통령이 감동할 만한 굉장히 설득력 있는 탄원서를 작성해 5월 13일에 보냈다. 바로 다음 날, 트루먼 대통령은 클리퍼드를 불러 그날 오후까지 이스라엘 건국 승인을 준비하라고 지시했다."

러벳은 모든 것은 대통령의 결정이며 그 결정은 주저 없이 이행되어야 한다고 생각했다. 하지만 그는 이 문제 때문에 마셜 장관이 사퇴할 것을 우려해 마셜을 찾아가 이 문제를 상의했다. 마셜은 대통령을 존중한다는 의사를 밝히며, "상관(대통령)에 대한 책임을 우선으로 해야 하고, 논쟁에서 패했으니 이제는 대통령의 명령을 이행해야 한다"라고 말했다. 마셜의 몇몇 친구는 차라리 사퇴하라고 종용했으나 그는 사퇴하지 않았으며, 오히려 대통령에게는 결정을 내릴 권한이 있고, 이를 이행하는 것이 자신의 임무라고 말했다.

이스라엘 승인과 관련한 결심 수립 절차는 확실히 트루먼과 마셜이 결심을 수립할 때의 특징을 잘 보여준다. 특히 마셜은 승인에 대해 매우 강력히 반대했으나, 국가원수의 결정을 희생적으로 따름으로써 최후의 순간에는 훌륭한 군인으로 돌아와 있었다.

마셜은 1939년부터 1945년까지 육군참모총장을 지내면서 중요한 결정을 내려야 할 순간을 누구보다 많이 직면했다. 그는 판단을 내릴 때 어떤 절차를 따랐을까? 그의 결심 수립 절차에는 특별한 방법론이 있었을까? 물론이다. 그리고 그의 방법보다 나은 방법은 이제까지 없었다.

마셜은 수많은 결심을 내려야 했던 만큼 재능 있는 장교들의 그룹을 꾸려 자신을 보좌하게 했다. 그는 이들에게 직접 '보좌진secretariat'이라는 이름을 붙이고 자신의 결심 수립을 돕게 했다.

마셜이 제2차 세계대전 발발 전후인 1939년 총장에 임명되었을 무렵 뿐 아니라 전쟁 발발 후에도 "총장이나 처장의 결심을 필요로 하는 연구가 참모 본부 내 관련 부서에서 준비되고 있었다"라고 로턴 콜린스 당시 소령은 기억했다. 콜린스 소령은 '보좌진'의 일원이었으며, 훗날 1943년부터 1953년까지 육군참모총장을 지냈다. "이 연구에 기반을 둔 실행문서들은 워드Ward 대령의 사무실을 통해 전달되었고, 그는 총장과 처장들에게 보고하기 전에 이 문서들을 보좌진 멤버들에게 할당했습니다. 보좌진 멤버는 모두 각각 5개에서 10개의 문서를 매일같이 받았습니다. 제가 그곳에서 근무하던 동안에 다른 임무는 떨어지지 않았습니다. 우리는 각각의 문서를 검토했고, 명백한 오류가 있는 곳을 체크했으며, 결론이 흐릿하거나 내용이 불분명하여 분명 총장이나 처장들께서 질문하실 것이 분명한 부분을 찾았습니다. 그 후에 우리는 검토가 끝난 문서들을 하나하나 처장이나 총장께 보고했습니다."

결심 수립에 관한 책은 매우 많지만, 그 어느 것도 마셜 장군의 단순한 방법론을 뛰어넘지 못한다. 이 방법은 최고의 장교들과 그의 교육생들도 잘 활용했다. 이들 중 상당수가 군 생활 끝 무렵에는 최고위급 장성이 되었다. 콜린스 장군은 다음과 같이 설명한다. "마셜 장군은 내용이 얼마나 복잡하든지 간에 모든 참모부의 문서를 두 페이지 이하로 줄이라고 지시하셨습니다. 문서의 형식도 매우 엄격했습니다. 첫째는 제시된 문제가 무엇인지에 대한 서술, 둘째는 이 문제를 지속시키는 요소 및 장단점, 셋째는 필요할 경우 간단한 논고 서술, 마지막으로는 가장 중요한 건의 및 제안이었습니다. 본문에 대해서는 '첨부' 문서를 붙일 수 있었지만, 해당 문제가 더 자세한 배경 설명, 논고나 설명이 필요할 때에만 짤막하게 더할 수 있었습니다. 매우 복잡한 주제에 관한 파일은 1인치(2.54센티미터) 정도 두께가 되었습니다만, 결심 수립을 위한 자료는 두 페이지 이하로 압축해야 했습니다. 이 작업 때문에 참모진은 매우 세밀하게 분석할 수밖에 없었고, 거의 확정적인 제안을 올릴 수 있었습니다. 보좌진에 참가했던 이들은 모든 보고를 구두로 해야 했고, 최소한으로만 적은 메모를 들고 들어갈 수 있었기 때문에 각 페이지에는 요점만 적을 수 있었습니다. 우리는 총장이나 처장님들의 질문에 항상 대답할 수 있도록 준비하고 있어야 했으며, 더 상세한 설명을 요구하는 부분에 대해서도 보충설명을 할 수 있어야 했습니다. 참모총장 서한을 필요로 하는 문서나, 정책에 영향을 끼칠 수 있는 주요 결심은 총장에게 보고해야 했습니다. 마셜 장군은 보좌진의 각 멤버를 전부터 알아오셨고, 우리의 판단을 신뢰하셨습니다. 우리는 기존의 건의사항에 대한 반대 의견을 자유롭게 개진하도록 권장받았고, 충분한 가치가 있는 다른 제안을 제시해도 좋다고 허락받았습니다."

아이젠하워 장군이 유럽에서 참모장으로 데리고 있었던 월터 베델 스미스는 마셜의 영향을 강하게 받은 후배 중 한 명이었다. 그는 '뛰어난 천재성과 분석적인 두뇌'를 가져 당시 보병학교 무기처장이던 오마 브래들리 소령의 눈에 들었다. 마셜은 스미스가 수업 중 프레젠테이션하는 모습을 보고 브래들리에게 말했다. "저 친구는 뛰어난 교관이 될 자질이 있구먼."

1939년 브래들리는 마셜 장군의 참모진에 비서실 보좌관으로 참가했다. 그는 포트 베닝에서 만난 스미스를 기억하고 있었을 뿐 아니라, 마셜에게 스미스를 불러와 참모총장의 공보관으로 앉힐 것을 건의했다. 이후 스미스가 마셜에게 없어서는 안 될 존재가 되는 데에는 그리 오랜 시간이 걸리지 않았다. 그는 마셜의 생각을 글로 풀어내는 방법을 잘 알고 있었다.

참모총장은 프랭클린 루스벨트 대통령과 긴밀하게 일하면서 어쩔 수 없이 직면하는 정치적인 문제를 무시할 수 없었다. 루스벨트 대통령은 대통령 고유의 결정권을 대부분 유지했으나, 순수한 군사적 문제에 대해서 대통령이 참견하는 것은 옳지 않았다. 루스벨트는 굉장히 날카롭고 변덕이 심했던 탓에, 마셜이 이를 응대하는 것은 굉장히 힘든 일이었다. 당시 루스벨트의 백악관 군사보좌관은 에드윈 왓슨Edwin M. Watson 소장이었는데, 베델 스미스는 왓슨 소장을 "상대하라"는 임무를 받아 매우 훌륭하게 수행했다. 수완 있는 외교가로서 스미스는 백악관과 전쟁부 사이의 정치적인 간섭을 최소화할 수 있었던 것이다.

스미스 장군의 전기 작가는 다음과 같은 말을 남겼다. "결심 수립 능력과 마셜 장군을 비평할 수 있는 자신감은 전쟁부 내에서 상승세에 있는 주요 장교들 사이에서도 매우 희귀하면서 유용한 능력이었다." 아이젠하워는 마셜 장군이 자신에게 "전쟁부는 분석력이 뛰어난 능력 있는 사람들로 차 있지만, 최종 해결책을 위해 나에게 문제를 가져올 땐 항상 강박관념을 지닌 듯합니다. 나는 자기 문제를 알아서 해결한 후에 자기가 무엇을 했는지만 보고해줄 보좌진이 필요합니다"라고 말했다고 한다.

마셜 장군은 브래들리에게 "내가 하려는 행동에 대한 반대 및 지지 의견을 다 들어보기 전에는 내가 옳은지 알 수 없는 법"이라고 가르쳤다. 마셜은 참모들로 하여금 자신의 의견과 충돌하는 일이 있더라도 결정을 내리라고 강조했다. 물론 그런 결정을 내릴 때에는 충분히 결정을 뒷받침할 수 있어야 했다. 이렇게 하여 마셜은 독립적으로 사고할 수 있는 분위기를 조성했다.

헨리 아널드 대장은 마셜 장군의 예하에서 미 육군항공대를 지휘했다. 육군항공단은 가장 군세가 컸을 때 병력 240만 명과 항공기 8만 대를 보유하기도 했다. 아널드는 매우 정열적인 의사결정자였다. 하워드 데이비슨Howard C. Davidson 소장은 다음과 같이 회고했다. "저는 아널드 장군과 마치March 기지에 있던 19폭격단에도 함께 있었고, 나중에 육군항공단 사령관을 역임하셨을 때에도 보좌관을 했기 때문에 그를 가까이에서 관찰할 수 있었습니다. 아널드 장군은 빠르게 결단을 내렸습니다. 아널드 장군은 항상 항공대와 관련된 사람이나 사안으로부터 정보를 찾아다녔기 때문에 그가 내리는 판단은 대부분 옳았고, 어쩌다 틀릴 때가 있을 뿐이었습니다. 칵테일파티나 저녁만찬 같은 친목 도모 때에도 그는 항상 모든 이로부터 아이디어를 찾았습니다. 만약 알래스카에서부터 총림지대 조종사bush pilot가 워싱턴에 왔다면, 아널드는 그를 초청해 즐겁게 해주면서 알래스카에 관해서 알 수 있는 것은 뭐든지 알아냈을 겁니다."

정보에 대한 아널드의 갈증은 만족을 몰랐으며, 그의 결심 수립에 매우 중요하게 작용했다. 제2차 세계대전 전에 베를린에 있던 육군 무관이 항공대 참모진 앞에서 강연할 기회가 있었는데, 이후 아널드 장군은 미국계 방산업자가 유럽을 방문해 항공기 생산방법을 배우게 하려고 온갖 수단을 동원했다. 그는 찰스 린드버그Charles Lindbergh가 독일에 다녀온 후에도 브리핑하게 하여 루프트바페Luftwaffe: 독일 공군의 능력에 관해 물어보았다. 그는 육군 참모진 및 전쟁부 장관을 이 브리핑에 동석하게 했다. 그는 이 '외로운 독수리Lone Eagle'가 독일에서 본 것들에 관한 이야기를 더 많은 청중이 듣기를 바랐으며, 독일의 공군력 증강에 대한 그의 우려에 관해서도 알기를 원했다.

데이비슨 장군은 지휘와 결심 수립 절차에 관해서도 의견을 피력했다. "아널드 장군은 성격이 급했으며 곧잘 흥분했습니다. 그의 급한 성격은 만사를 빠르게 처리하게끔 했고, 다행히 네 시간 정도 지나고 나면 자신이 무엇 때문에 화를 냈었는지 잊었습니다. 그는 급한 성격 때문에 장황한 보고서를 끝까지 읽지 못했기 때문에 저는 그의 보좌관으로서 항상 여러 장으로 설명한 보고서를 한 페이지가량으로 요약해서 넣곤 했습니다."

한번 내린 결정을 고수하기

조지 마셜 장군이 냉전 중인 1947년 국무장관에 임명되었을 때, 그는 또다시 여러 가지 어려운 결정을 내려야만 했다. 1948년 봄, 정책기획 국장이던 조지 케넌은 마셜플랜과 관련하여 소련을 달래줄 수 있는 자세를 취하는 것이 좋겠다고 국무장관에게 건의했다. 곧 전언이 소련 측에 전달되었으며, 이 문제에 관해 논의해보자고 소련 측을 초청했다. 소련은 이 제안을 곧 수용했으나 고위급회담을 위한 초청이라고 해석하면서 이 기회를 악용했다. 이 문제는 연합국 측의 분노를 샀다. 소련과의 회담에 관해 미국이 연합국 측과 사전에 협의한 적이 없기 때문이었다. 연합국 측은 미국이 소련과 막후에서 협상하고 있다는 판단하에 미국에 해명을 요구했다. 케넌은 다음과 같이 기록했다.

다른 누구보다 그(조지 마셜 장군)를 좋아하게 된 일화가 하나 기억난다. 나는 내가 한 일 때문에 잔뜩 겁을 먹고 있었다. 이틀 동안 폭스홀Foxhall의 거리를 걸으면서 사건의 진행 경과를 되짚어보고 어디서부터 문제가 틀어졌는지 생각했다. 3일째 되는 날, 나는 이 문제에 대한 고민을 늘어놓기 위해 장군의 집무실을 찾았다. 그는 서류 더미 속에 파묻혀 있었다.

나는 그에게 말을 걸었다. "장군님, 저도 사람이란 실수로부터 무엇인가를 배우려 해야지, 그 실수 때문에 눈물을 흘려야 하는 게 아니라는 진리는 잘 알고 있습니다. 벌써 저는 이틀 동안이나 우리가 무슨 잘못을 저지른 것인지 답을 찾아보려 애썼습니다. 하지만 아마 제가 죽을 때까지 그 답은 못 찾을 것 같습니다. 제 생각에는 우리는 옳았고, 비평가들이 틀렸습니다. 하지만 이 정도로 많은 비난이 따른다면, 아마도 어딘가에서 실수가 있던 거겠죠."

마셜 장군은 보던 서류를 내려놓고 의자를 무겁게 돌려 안경 너머로 나를 응시했다. 나는 이제부터 그가 할 말을 생각하고 속으로 떨었다. 장군께서 말씀하셨다. "케넌 씨, 우리가 1942년에 북아프리카에 갔을 때, 최초 상륙은 매우 성공적이었소. 그리고 3일 동안 언론은 우리를 천재들이라며 칭송했지. 하지만 그 이후에 다를랑J. L. X. François Darlan과의 문제•가 시작되었고, 이후 3주 동안 우리는 얼간이들로 전락했소.

지금 당신이 말하는 결정은 내가 승인했던 것이고, 내각에서 회의를 거쳤으며, 대통령께서 재가하신 내용이오. 지금 당신의 유일한 문제는 논객들과 같은 통찰력이 부족하다는 점이야. 알아들었으면 나가보시게!"

책임 있는 리더를 위한 영역에 관해서도 항상 비평이 따른다. 중요한 결정이 내려질 때에는 항상 '모든 것을 다 아는 언론'으로부터 엄청난 비평이 따르게 된다.

아이젠하워에게 한번 결정을 내리고 나면 바꾸지 않는다는 철칙은 매우 분

• 이에 관해 자세한 내용은 부록의 인물 소개에서 다를랑 부분을 참조할 것.

명했다. 1943년 6월 11일, 아이젠하워는 연합군사령관으로 재직하던 당시 함께 있던 영국군 장군인 해럴드 알렉산더Harold R. L. G. Alexander 대장에 관해 다음과 같이 회상했다. "그는 매력적인 인품의 소유자였고, 전쟁 경험이 풍부했으며, 친화력도 좋았고, 또 신뢰할 만한 전략 개념을 가지고 있었다. 그는 나서지 않았지만 열정적인 사람이었다. 그의 능력에 대해 유일하게 의문을 제기할 수 있는 부분은 특정 부하들을 다룰 때 보이는 미심쩍은 신뢰성이었다. 가끔 그는 자신의 계획이나 생각을 바꾸곤 했는데, 이는 그저 부하들의 반대나 제안에 대처하려는 것이었으며, 직접적인 지휘 절차를 피하려는 방편으로 보였다."

아이젠하워 장군은 타인들이 이미 내린 결정 사항을 흔들 때면 직접 밖으로 나가 상황을 점검했다. 아이젠하워는 영국 군인들이 어떤 계획 하나를 미심쩍어했던 순간을 1943년 7월 1일 자 일기에 다음과 같이 적었다. "공격에 가담하기로 결정된 지상군은 월터 클러터벅Walter E. Clutterbuck 소장이 이끄는 영국군 1보병사단이었다. 그는 작전 전망을 썩 좋게 보지 않았다. 그는 개인적으로 나를 방문해 그의 사단 병력이 엄청난 손실을 볼 때 겪게 될 문제와 우려를 설명했다. 심지어 알렉산더 대장조차 허스키 작전Operation Husky에 관련된 비판적인 반응을 심각하게 받아들여 우리가 판텔레리아Pantelleria 섬에서 적의 강한 저항에 부딪힐 상황을 우려하는 것 같았다. 이러한 공포심과 의구심 때문에 나는 작전 결행 2~3일 전쯤 직접 바다로 나가 현지 정찰을 하기로 했다. 커닝엄Sir Andrew B. Cunningham 제독과 함께 정찰해본 결과, 상륙작전은 쉬운 일이며 적의 저항은 미미할 것이었기에 나는 계획을 예정대로 시행하라고 명령했다. 사실 선두의 상륙 보트가 해안에 닿기도 전에 해당 지역 적 부대는 항복해버렸고, 적의 방어사령관은 그날 보병에 의한 공격이 있으리라고는 예측도 못 했었다고 진술했다. 그날 우리는 적 병사 1만 1,000명 이상을 포로로 잡았다."

이와 유사하게 살레르노Salerno 침공 때에도 아이젠하워는 다음과 같이 적었다. "아발란체Avalanche 작전을 계속 실행할 것인지 여부를 놓고 사령부 내에서 계속 의문이 제기되었다. 나는 상륙정이 부족하게 동원된다고 하더라도 예상 결과는 매우 훌륭할 것이라는 느낌을 받았다. …… 이 작전은 계속 진행해야 한다. 그리고 그렇게 해야 한다고 연합참모부에 통보했다."

마셜 또한 결심 수립 상황에서 냉철하면서도 공정한 인물이었다. 당시 국무부 부장관이던 딘 러스크Dean Rusk는 다음과 같이 회고했다. "우리는 그의 참모들이 그의 방침에 동의하지 않을 때에는 마셜을 독대할 수 없었다. 그는 해당 논쟁에 관계된 모든 당사자가 다 함께 와야 한다고 말했다. 루스벨트 행정부 때에는 대통령의 신뢰를 얻거나 정책 이슈에 대해 압력을 넣기 위해서 루스벨트의 보좌관들이 종종 그에게 사퇴하겠다고 위협하곤 했는데, 마셜은 이러한 태도를 비열한 협박으로 봤으며 국무부 내에서는 절대 허용하지 않았다. 그가 국무장관이 된 후, 국무부 선임관리 하나가 정책을 바꿀 것을 건의했고, 만약 마셜이 이 변화를 받아들이지 않으면 그(선임관리)는 자신이 더는 효용가치가 없어질 것이기 때문에 사퇴하겠다고 말했다. 마셜은 그 자리에서 쏘아붙였다. '아무개 씨, 댁과 내가 미 정부를 위해 일한다는 사실은 이 문제의 본질과 아무 상관도 없소. 그러니 이 문제와 무관한 주제는 이 자리에서 제외합시다. 당신이 사퇴하겠다면 당장 사퇴를 수리하리다. 자, 이제 그 문제는 해결되었으니, 지금부터 몇 분간 나와 계속 이 정책 문제로 토의해보겠다면 당신의 이야기를 들어드리리다.' 이 이야기가 알려지고 난 후부터는 아무도 조지 마셜을 상대로 '뉴딜New Deal 사퇴 전법'을 감히 꺼낼 엄두도 내지 못했다."

아이젠하워가 얻은 또 다른 결심 수립의 통찰력은 1942년 12월 10일 일기에서 찾아볼 수 있다. "이 모든 일을 통해 나는 많은 것을 배우고 있다. ① 다른 사람들이 무언가 해내기를 기다리는 것은 사령관의 가장 힘든 임무 중 하나다. ② 현대 육·해·공군의 고위 직책에서 풍부한 조직 경험, 질서정연하고 논리적인 생각은 성공에 가장 중요한 요소다. 나서기 좋아하고 언론을 찾아다니는 타입의 모험가는 특종을 장식하고 대중의 눈에 영웅으로 비칠 수 있을지도 모르지만, 그는 고급사령부에 필요한 것을 가져다줄 수 없다. 반면, 느리고 고지식하며 가식적인 인물은 중요 직책에서 하나도 쓸데가 없다. 이들 간에는 최고의 균형점이 있을 것이다. 이러한 직책에는 신경질적인 에너지를 끊임없이 공급해야 한다. 그는 낮과 밤을 가리지 않고 뛰어다니며 부하들의 실망과 낙심, 의심을 혼자 삼켜야 하며, 동시에 그는 부하들이 불가능하다고 믿는 것을 완수할 수 있도록 강요할 수 있어야 한다."

직감

많은 결정이 참모와 지휘관의 조언을 거쳐 내려지지만, 일부 능력 있고 경험 많은 리더들은 자신의 직감이 결심을 수립하는 데 큰 도움이 된다는 점을 경험을 통해 배웠다. 직감을 믿고 과감하게 행동으로 옮기는 것은 한국전쟁 당시 더글러스 맥아더 원수에게 그랬던 것처럼 리더의 자질에 대한 시험이다.

1950년 6월 25일, 북한군은 대한민국을 침공했다. 한국군은 기습 앞에 제대로 저항하지 못했지만, 다행히 한반도 동남쪽 부산을 중심으로 방어선을 치면서 북한군을 저지할 수 있었다. 미국은 곧장 유엔에 대한민국의 방어를 청원했으며, 맥아더는 이에 따라 유엔군사령관으로 선택되었다. 그는 중국에서 이어지는 보급선을 차단하고, 서울에서 불과 약 30킬로미터 서쪽에 있는 당시 한국 제2의 도시 인천에서 수도권 이남의 북한군을 포위하기 위한 상륙작전을 펴 적의 측면과 후방으로 찔러 들어가는 기동을 실시하고자 했다. 이 작전에서는 타이밍이 핵심이었는데, 조수간만의 문제 때문에 반드시 9월 중순에 실행해야 했다. 맥아더는 자서전에서 다음과 같이 회고했다. "그 말인즉슨, 현대전에서 시도한 그 어떤 대규모 상륙작전보다 더 빨리 인천 상륙을 위한 집결을 마쳐야 한다는 뜻이었다."

맥아더는 인천상륙작전 실행 문제를 홀로 결정해야 하는 상황이었다. 그는 그의 자서전인 『회상록Reminiscences』에서 다음과 같이 회고했다. "나의 계획은 워싱턴에서 군사 분야에 강력한 영향력을 가진 이들의 반대에 직면했다. …… 합참의장인 오마 브래들리 대장은 이러한 상륙작전을 시대착오적이라고 생각했으며, 이런 유의 작전이 또다시 성공할 가능성은 적다고 보았다. …… 합참은 나에게 전보를 보내, 자신들이 직접 도쿄로 날아와서 나와 이 문제를 놓고 이야기하겠다고 알려 왔다. 이들은 도쿄에 발을 디디는 순간부터 대화보다는 설득을 하고자 여기까지 왔다는 사실이 명백해 보였다. 해군참모총장CNO인 포러스트 서먼Forrest P. Sherman 대장은 회의 중 프레젠테이션에서 다음과 같은 의견을 밝혔다. '모든 지정학적, 해군 작전상 불리한 장애 조건을 리스트로 만들어 적어본다면, …… 인천에는 그 모든 것이 다 있습니다.'"

총장들이 의욕을 꺾는 건의사항을 모두 말한 후의 분위기를 맥아더는 이렇게 회상했다. "방 안에서 긴장감이 서서히 높아지는 것이 느껴졌다." 그는 생각을 정리한 후, 그들에게 다음과 같이 말했다. "저는 적들이 인천을 제대로 방어하는 데 실패했다고 확신합니다. 이 작전이 실용성이 없다는 여러분의 주장은 오히려 이 작전이 '기습'의 요건을 충족시킨다고 확신하게 합니다. …… '기습'이란 모든 전쟁의 승리에 가장 핵심적인 요소입니다. 조수간만, 수로 측량, 지형 및 물리적인 장애 조건과 관련한 해군의 반대 이유는 매우 중요하면서도 적절한 지적이라고 생각합니다. 하지만 이것들이 대처할 수 없는 문제들은 아닙니다. …… 제 생각에는 해군이 해군 자신에 대해 가진 자신감보다, 제가 해군에 대해 가진 자신감이 훨씬 더 큰 것 같습니다."

맥아더는 자신의 결정에 확신을 품었으며, 이런 강력한 반대에도 겁먹지 않고 작전을 진행했다. 그는 자신의 계획과 직감을 믿었으며, 작전은 엄청난 승리로 돌아왔다. 이 작전은 전쟁 역사상 전무후무할 정도로 기발한 전략적 결심으로 알려져 있으며, 현재 및 미래의 장군을 교육하는 데 매우 고전적인 사례로 자리 잡았다.

군사적 결심 수립의 정치

아이젠하워는 군 생활 초창기에 필리핀에서 복무하며 맥아더 휘하에 있었다. 그는 이 시기에 정치가 정상적인 군사적 결심 수립을 방해할 수 있다는 교훈을 얻었다. 육군의 엄청난 예산 부족 때문에 육군 고문단은 1936년부터 1938년까지 필리핀 주둔군에게 엔필드Enfield 소총을 가능한 한 최저 예산을 들여 공급하려고 했다. 사실 이것이 어려운 일은 아니었지만, 문제는 미국 정부가 이 소총을 한물간 구식 소총으로 간주하고 있다는 점이었다. 아이젠하워는 1936년 1월 20일 자 일기에서 이렇게 논평했다. "워싱턴에서 우리의 요청을 접수했을 때 이는 분명 주요 정책과 관련된 사안이자 대통령이 결심해야 하는 일로 간주했을 우리는 이것을 정확히 어떤 정책 문제로 봐야 할지 알 수 없었다. 우리는 이것이 국내 정책과 관련이 있는 문제라고 해야 할지, 혹은 어떤 식으로든 국제적인 색채를 띠는 문제라고 해야 할지를 몰랐기 때문이다."

아이젠하워는 계속해서 적어나갔다. "대통령께서는 평화주의자 집단, 중앙정부에 대한 반란, 미국 돈으로 무장시킨 위기의 필리핀인들이 미국 정부로부터 돌아서버린 것에 대해 비난받을지, 이것이 미국과 일본 관계에 영향을 끼칠지, 그리고 의회가 이것을 무기 엠바고를 깨려는 시도로 보고 새로운 공익사업을 제정하려 할 것인지를 우려하시는 걸까?"

하지만 한 사람의 군인으로서 아이젠하워는 현실정치를 정리했다. "오늘날 워싱턴에서 결정되는 모든 문제는 내년 11월 선거에서 얻을 표에 기반을 두어 정해진다는 점을 잊어서는 안 된다. 이 문제를 우리에게 좋게 결정한다면 아무런 표도 못 얻을 것이지만, 우리의 요구를 거부하고 이 문제를 매스컴에 흘리면 이것이 평화주의자나 미국 사회 내 어리석은 분자들에게 표를 달라는 제안으로 받아들여질 수도 있을 것이다."

그는 모든 미국의 병사들도 반드시 이해해야 할 교훈과 함께 그날의 생각을 마친다. "고위인사가 결정을 내리면, 우리는 해당 문제에 대해 최선의 조언을 했으므로 어떤 결정이 도출되더라도 이에 따를 준비가 되었다는 태도를 견지해야 한다. 이것이 규정이자, 지침이고, 모든 직업군인이 따라야 할 명령인 것이다."

제2차 세계대전이 벌어지는 동안 아이젠하워와 많은 미군 지휘관을 정치적으로 힘들게 한 상대는 영국뿐이 아니었다. 오히려 미국 정치인도 이들을 곤란하게 했다. 아이젠하워는 1942년 7월 주영 미국 대사가 전략폭격 목표를 선정하고자 자신이 직접 위원회를 설치하겠다는 전보를 보내 와 매우 놀랐다. 아이젠하워는 이 문제를 가만히 두고 보지 않았으며, 대사와 마찰은 피했지만 표적 선택 업무에 그가 접근하지 못하게 했다.

베트남 파병 미군 사령관을 지낸 윌리엄 웨스트모얼랜드William C. Westmore-land 대장은 아이젠하워처럼 운이 좋지 못했다. 그는 북베트남에 대한 폭격이 남베트남군의 사기를 북돋고 전쟁을 종결시키리라고 기대했다. 하지만 그가 회고록을 통해 기억했듯, "이 폭격은 베트남군이 계속 전쟁을 하려는 의지에 아무런 영향도 끼치지 못했다. 특히 워싱턴은 결단력 없이 그저 작전을 계속 진행하라고만 명령했다." 그의 저서에서 그는 자신의 결심 수립 절차에 대한 방해에 대해 비판적으로 논평했다. "24시간 내내 항공기 수천 대가 폭격을 가하는 대신, 워싱턴에서는 그저 매회 항공기 열댓 대로 주당 2~4회 폭격만을 허가했다. …… 워싱턴의 간섭은 작전을 심각하게 방해했다. 존슨 대통령은 심지어 언젠가 한번 '그놈들은 내 허가가 없으면 바깥 공중변소도 폭격 못 한다'고 외쳤다. 워싱턴의 소심증은 의도가 뻔하고 소극적인 고급관료의 조언에서 자라났으며, 그 결과 대통령에게 매우 정치적인 영향을 주는바, 그는 이를 악물고 어려운 결심을 내리기보다 그저 모든 이들의 비위를 두루두루 맞추려고만 했다. …… 이런 관료와 일부 백악관 및 국무부 보좌관 같은 우수한 아이비리그 출신의 지성인들께서는 무력을 쓰지 않고 대통령의 전쟁 의지를 없앨 수 있는 정치적인 주문이나 마법을 걸 수 있다고 믿었기 때문에 전문적인 군사 조언자들을 경멸하는 경향이 있었다."

정부의 참견에 대한 웨스트모얼랜드의 인내는 결국 폭발하고 말았다. 그가 회고하기를, "B-52의 목표물은 거의 대부분 내륙지역에 있는 인구 밀집지역에서 멀리 떨어진 병력 밀집지역이나 본부 캠프지역이었다. 초창기 미국 정부는 요청받은 폭격 목표를 어리석을 정도로 자세히 검토했다. 대통령 해외정보 고문위원회의 클라크 클리퍼드는 1965년 사이공을 방문했는데, 나는 그때 워싱턴의 누군가가 목표지역의 항공사진에서 초가지붕을 찾아내 이곳이 민간 거주지역이라고 짐작하고 우리의 폭격 요청을 거부했다는 이야기를 듣고 분개했다. 나는 지금 이 사례에서처럼 워싱턴이 나를 더는 신뢰하지 않는다면 나를 대신할 다른 지휘관을 찾아보라는 전언을 정부에 전달하라고 클리퍼드에게 말했다. 정부의 간섭은 그 후로 조금 덜해졌다."

조지 브라운George Brown 대장이 합동참모본부 의장으로 재직하던 당시 합참이 직면한 가장 중대한 결심 수립 상황은 파나마운하의 소유권을 양도하는 내용을 담은 '신파나마운하조약new Panama Canal treaty'의 집행 문제였다. 이 시나리오는 군과 대통령 간의 가장 이상적인 관계를 잘 보여준다. 미국의 안보는 미국이 파나마운하와 운하지대에 대한 통치권을 포기해야 하는 이 조약에 큰 영향을 받게 되어 있었다. 이런 결정은 중미 지역에 대한 미국의 영향력을 포함해서 전 세계에 영향을 끼칠 터였다. 미 해군은 특히 한 개의 대양大洋에서 다른 대양으로 병력을 이동할 때 운하를 사용해야 했으므로, 미국의 안보를 보호하는 차원에서 매우 중요한 문제였다.

운하의 통치권을 포기해야 한다는 쪽을 지지하는 사람들은 미국이 부당한 방법으로 파나마로부터 해당 영토를 뺐었다는 점을 강조했으며,• 미국이 원 자재 수입에서 크게 의존하는 제3세계 국가들을 달래기 위해 필요한 조치임을 강조했다.

1977년 9월 26일, 브라운 장군은 하원 국제관계위원회의 요청으로 청문회에 불려 갔다. 당시 그의 요지를 요약하자면, 미국에 필요한 것은 운하의 사용권이지, 운하의 통치권이 아니라는 점이었다. 그는 미연방군이 전시와 평시를 막론하고 운하를 이용해야 하기 때문에 이를 위한 보장이 지속되어야 한다고 합참을 대표해 말했다. 그는 미국이 운하를 방어할 수 있느냐 하는 문제는 미국과 파나마 간의 협력에 달려 있으며, 이는 새로운 조약이 포함하는 내용이라고 보았다.

언론은 브라운 장군과 각 군 총장들이 조약을 지지하거나 그렇지 않으면 사임해야 하는 양자택일의 상황에 몰리게 되었다는 사실을 비난했다. 이런 주장에 대한 반박으로 브라운 장군은 하원 위원회에서 다음과 같이 말했다.

위원장님, 이미 대통령 각하께서는 결심을 내리셨으며, 합동참모본부와 제가 이 조약을 지지한다는 비난은 한두 명의 칼럼니스트와 전국 각지의 몇 안

• 파나마 지협에 운하를 건설하려는 시도는 1779년 프랑스의 레셉스가 처음 했으나, 말라리아와 황열병 문제로 9년 만에 포기했다. 1894년에 다른 프랑스 기업이 운하에 진출했으나 횡단철도만 놓고 철수했는데, 이때 대서양과 태평양의 연결이 절실하던 미국이 채굴권을 1903년에 4,000만 달러에 사들였다. 하지만 운하 건설에 필요한 주변 치외법권 지역의 설정을 콜롬비아 정부가 거부하자 미국의 지원으로 파나마가 콜롬비아로부터 독립했으며, 독립 후 운하 건설과 관련한 모든 지원을 전폭적으로 받은 미국은 1914년에 운하를 완공했다. 미국은 운하에 대한 권리를 85년간 유지했으나 1999년 12월 31일 정식으로 파나마 정부에 반환했다.

되는 사람들에 의해 나온 이야기일 뿐입니다. 브라운 장관(해럴드 브라운 국방 장관을 말함)께서도 말씀했듯이, 우리가 대통령의 결심을 반대하는 유일하게 적법한 방법은 현역 신분을 버린 후 반대 입장을 표명하는 것뿐입니다.

하지만 우리 군인의 삶에는 또 다른 법칙이 있습니다. 우리는 의회에서 증언할 것이고, 조사 중에 받게 되는 모든 질문에 대해 완전하고도 사실적으로 답변할 것이라는 명백한 사실이 지금 이 게임의 법칙입니다. 이미 저는 이런 일을 여러 해 동안 해왔습니다.

기억하실지 모르겠지만, 저는 이미 한국에서 미 지상군의 철군 문제와 관련해 본 위원회에서 증언했던 적이 있으며, 이미 1월에 합참은 기존에 제안된 행동을 지지하지 않았다는 사실을 공문 기록을 통해 알 수 있을 겁니다. 우리는 국방장관과 대통령께 차례대로 제안서를 보냈으며, 이 문서는 다음 세 가지 부분에 대한 수정이 이루어져야 한다는 내용을 담고 있습니다.

① 우군은 균형이 유지되고 방해받지 않는 상태라는 조건하에서 철수해야 함. ② 대한민국과 상호방위조약을 계속해서 유지해나갈 것이라고 국민과 약속해야 함. ③ 우리는 태평양 지역에서 영향력을 거두지 않을 것임.

이 세 조건은 모두 받아들여졌고, 그 시점에서 합동참모본부는 철군 프로그램을 지지하여 계획이 4~5년 안에 실제로 이행될 수 있도록 성실하게 계획을 짰습니다.

이와 유사하게, 사실 놀랍지도 않습니다만, 우리는 B-1에 관한 판단을 공유받은 바가 없습니다. 우리는 B-1 생산을 시작해야 한다고 생각했고 그렇게 제안했습니다만, 결과는 우리의 의사와 반대였습니다.

따라서 합동참모본부가 언제든 대통령을 지지한다는 것은 틀린 말입니다. 공문 기록은 의회에서 행한 증언을 명확하게 담고 있으며, 특히 파나마운하와 관련된 내용에서도 그렇습니다. 또한 여기에는 돌빈Welborn G. Dolvin 장군이 협상 대표단 일원으로 참가해 있습니다. 합동참모본부와 미 남부사령부*는 세부안을 놓고 함께 협력했으며, 특히 우리가 운하지역에서 작전을 실행하거나 방어하는 데에 더는 필요하지 않은 운하지역의 영토와 해역을 포기하는 문제가 포함되었습니다.

현역 장교이자 주한 미군 최고지휘관이던 존 싱글로브John K. Singlaub 소장은 한국에서 미군을 철수하기로 결정한 카터 행정부의 결정을 공개적으로 비난했으며, 대통령은 이에 개인적으로 처벌 조치를 내렸다. 운하 문제에 관한 청문회에서 존 글렌John H. Glenn 상원의원은 브라운 장군에게 장문의 질문을 던졌다. 그는 의회가 여전히 싱글로브 장군 사건을 기억하고 있으며, 전역한 해군참모총장 네 명이 이의를 제기한 일이 있었음을 브라운 장군에게 상기시켰다. 하지만 그는 브라운 장군 같은 현역 최고 선임자들이 행정부를 지지한다고 보았으며, 이들이 동기와 의견을 공개적으로 말할 수 없는 입장일지 모른다는 의문을 품었다.

브라운 장군은 다음과 같이 답했다. "우선 싱글로브 장군 문제에 관해 언급하고 싶습니다. 이 자리에서 그 문제를 다시 거론하자는 것은 아닙니다만, 그 이야기가 나왔기에 하는 말일 뿐입니다. …… 그들이 어떻게 이해했을지는 의원님의 말씀이 옳습니다. 하지만 그들은 오해하고 있었습니다. 우리가 합당한 권위에 즉각적으로 반응하는 규율 잡힌 군대를 보유하려면 군대 조직 내에서 절대 해서는 안 되는 가장 기본적인 것들이 있는데, 그들은 그것을 인정하지 않았습니다. 그것이 무엇이냐 하면, 일단 결정이라는 것이 내려지고 나면, 군인은 이를 지지하거나 아니면 군을 떠나 반대하는 것 외에는 선택할 수 없다는 것입니다. 군인은 현역으로 남은 상태에서는 명령에 이의를 제기할 수

• 미 남부사령부(US Southern Command: US SOUTHCOM)는 중미와 남미 지역을 작전 책임지역으로 하는 10개의 통합전투사령부(Unified Combatant Commands) 중 하나로, 플로리다 주 마이애미에 사령부가 있다.

없습니다. 그리고 저는 그 지점에서 선을 그었습니다."

의사결정자로 성장하는 방법

합참의장을 역임한 데이비드 존스 대장은 어떻게 해야 훌륭한 의사결정자로 성장할 수 있는지에 관한 질문에 다음과 같이 회고했다. "그때도 그렇고 지금도 그렇고, 제게는 읽고 보고 듣는 것을 통한 정보에 대해 만족할 줄 모르는 욕구가 있습니다. 욕구보다는 사실 강한 갈증에 가까운 것 같습니다. 예를 들어 제가 2공군사령관을 맡았을 당시에 부대 내에서 인종문제가 서서히 대두하고 있었습니다. 저는 그 문제에 집중했습니다. 저는 이 문제와 관련된 책을 여덟 권 정도 읽었고, 이 문제와 관련하여 수집할 수 있는 모든 정보를 독파했습니다. 저는 또 수많은 흑인 병사와 대화를 나누고, 이 문제로 토의도 해봤습니다. 리더십에서 가장 중요한 것은 결정을 내릴 줄 아는 능력이며, 이에 가장 중요한 것은 어떤 직책에 어떤 이를 앉히느냐를 결정하는 것입니다. 그리고 중요한 것은 이들이 그 직책에서 어떤 식으로 일하는지 잘 관찰하여 얼마나 일을 잘하는지 대략적인 감을 잡는 것입니다.

리더라는 자리는 결정을 내려줄 수 있는 누군가를 위한 자리입니다. 최악의 리더는 우유부단한 자이죠. 가끔은 나쁜 결정을 내리는 것이 아무 결정도 안 내리는 것보다 나을 때도 있습니다.

군 체계를 거치면서 중요한 자리에 오르면, 결심의 범위는 매우 폭이 좁아지게 됩니다. 예를 들어 비행대대장은 큰 결정을 내릴 것이 많지 않습니다. 어쩌면 작전장교 몇 명의 보직을 변경해야 할지도 모르고, 사령부 내에 있는 인원에 대한 방책을 마련하고 그의 경력에 손상을 입혀야 할 일이 있을지도 모르지만, 설령 그래야 한다 하더라도 그건 그 사람 자신이 뭔가 잘못을 했고 그것에 대해 교정해야 했기 때문입니다. 하지만 지휘관을 필요로 하는 결정은 대부분 작은 것들입니다."

나는 노먼 슈워츠코프 H. Norman Schwarzkopf 장군에게 "만약 엉터리 리더 밑에서 일하게 되면 어떤 일이 벌어지게 될까요" 하고 물어보았다.

슈워츠코프 장군은 이렇게 대답했다. "그건 훌륭한 기회가 될 겁니다. 좋은 리더에게서 많은 것을 배울 수 있지만, 나쁜 리더에게도 많은 것을 배울 수 있기 때문이죠. '만약 나한테 같은 기회가 돌아온다면, 나는 이렇게 하겠어.'라고 생각해볼 수 있게 될 겁니다. 나쁜 리더를 보면 '난 절대 저렇게 하지 않겠어'라고 생각하게 되죠. 제 군 생활 초창기를 보자면, 최악의 리더는 결정 자체를 내리지 않는 리더였습니다. 무슨 말이냐 하면, 고민만 하고 결정은 내리지 않는 사람들이 있더군요. 최소한 나쁜 결정은 조직 내에 행동을 유발시키고, 조직 그 자체가 나쁜 결정을 받아들여 이를 좋은 것으로 돌려놓기도 합니다. 하지만 아무런 결정도 내리지 않는다면, 전체 조직은 그냥 그 자리에 주저앉아 있게 되는 거죠."

나는 그래서 그에게 다시 물어보았다. "장군께서는 결심을 수립하는 방법론이 있으셨습니까?" 그는 이렇게 답했다. "기본적으로, 임무를 받고 나면 그 임무를 분석하고, 참모들에게 지침을 내립니다. 저는 주요 결심 사항에 대해 최소한 세 가지 방책을 요구했습니다. 그 후 방책들이 저에게 오면, 참모들에게 그 세 가지 방책을 간단히 설명하게 했습니다. 그리고 함께 각 방책의 장단점을 살펴보았죠. 참모들이 저에게 보고해야 하는 단계까지 오면, 여기서 최종 결심을 수립하는 것은 저의 몫입니다. 가끔은 이들의 방책을 다시 돌려보내면서 아직 충분하지 않다, 방책 1, 2, 3에 관한 더 많은 정보가 필요하다고 하기도 했습니다. 많은 경우, 예를 들자면 저는 '방책 2A'를 선택했고, 이는 2번 방책의 수정안이었습니다. 하지만 어쨌든 지휘관으로서 결정을 내려야만 하는 순간이 오기 마련입니다. 저는 항상 제 장점이 결심을 언제든지 내리려는 자세와 이 결심을 밀고 나가려는 의지라고 생각해왔습니다. 간혹 좋지 못한 결정을 내렸더라도, 그 결정이 어떤 결과를 도출할 수 있도록 계속 추구한다면 임무를 충분히 달성할 수 있습니다. 여기서 다시 제가 처음에 말했던 논점으로 돌아가게 됩니다. 저는 실패할 것이라 예상되는 임무는 애초부터 절대 착수하지 않습니다. 제가 어떤 결심을 내렸을 때에는 그 결심을 달성할 수 있다는 믿음이 함께합니다. 이 말은 일이 제대로 진척이 안 된다고 다시 결심을 처음부터 검토하라는 소리가 아닙니다. 이럴 때는 다시 처음으로 돌아가 일들을 찬찬히 살펴봐야 합니다. 하지만 저는 좋은 리더의 가장 기본적인 특성이 결정을 내릴 줄 아는 자세라고 생각합니다.

슈워츠코프 장군이 결심을 수립할 때 어떤 생각들이 머릿속에 거쳐 갔을까? "걸프전 당시 저는 제대로 잠을 못 잤습니다. 심지어 계획이 매우 확실할 때에도 그랬습니다. 저는 매일 밤 침대에 누워 '뭘 잊어버린 것이 있나, 뭘 놓쳤을까, 더 할 수 있는 일이 있을까' 하고 혼잣말로 되뇌었습니다. 그리고 다시 밖으로 나가 지도를 펼쳐 보곤 했죠. 만약 병사들을 진정으로 염려한다면, 지휘관은 그 정도로 자신을 몰아붙일 각오가 있어야 합니다."

'느낌'과 '육감'의 개념에 대해서 그에게 물어보자 그는 이렇게 답했다. "저도 육감이 있었다고 생각합니다. 여러 상황에서 저는 직감에 의존해서 결정을 내렸습니다. 하지만 그 직감이란 결국 경험과 판단을 통해 단련된 것이죠. 그냥 무턱대고 추측한 것이 아닙니다. 저는 직감적으로 옳은 일이 어느 것인지 알았고, 이는 수년간의 훈련과 경험을 통해서 얻은 능력이었습니다."

슈워츠코프 장군의 의견은 아이젠하워가 장군으로 지내면서 느낀 외로움과 일맥상통하는 부분이 있는 듯하다. 합참의장을 역임한 콜린 파월Colin L. Powell 장군 또한 군단장 재직 당시 한 연설을 통해 이렇게 말했다고 했다.

지휘관은 외롭다. 이것은 낭만적인 어구가 아니다. 이 부대에서 상관과 문제를 공유하는 것은 나약함이나 무능한 행동으로 보이지 않을 것이며, 오히려 상호 신뢰에 대한 증표로 받아들여질 것이다. 반면 이들이 모든 결정을 나에게 떠넘길 필요는 없다. 나는 "나의 무관심의 범위는 매우 넓다"고 말했다. "여러분이 5시 반에 기상나팔을 불든, 4시 45분에 불든 나는 상관하지 않는다. 그저 나에게 결정하라고 하지만 말라."

나는 내가 생각하는 충성의 개념이 무엇인지 설명했다. "우리가 어떤 문제를 놓고 논쟁을 벌일 때, 여기서 '충성'이란 상관인 내가 좋아하든 말든 여러분의 가장 정직한 의견을 제시하는 것이다. 이 단계에서 의견충돌은 나를 자극할 뿐이다. 하지만 일단 결론이 나고 나면 논쟁은 끝난다. 이 시점에서부터는 충성이란 그 결론이 마치 자기 자신의 의견이었던 것처럼 받아들이고 실행하는 것이다."

쉽게 말해, 이 '임금님'께서는 자신이 벌거벗은 상황이라면 신하들이 '임금님께서 벌거벗고 계시다'고 말해주기를 기대하고 계신다. 그는 자기 자신의 무식함 때문에 얼어 죽게 되는 것은 두려워하지 않는다.

나는 그들에게 말했다. "만약 무엇인가가 잘못되었다면 와서 말하라. 어차피 듣게 될 이야기라면, 나중에 듣기보다는 일찍 듣는 것이 낫다. 나쁜 소식은 포도주가 아니다. 오래 묵을수록 질이 좋아지는 것이 아니라는 뜻이다." 만약 이들이 아직도 문제를 감당할 수 있다면, 나는 일찍부터 그 문제에 뛰어들지 않을 것이다. 하지만 변화를 만들기에는 너무 늦은 시점이 되고 나서야 그 문제를 알게 되고 싶지는 않다. 나는 이들에게 다음과 같이 조언했다. "만약 일을 망쳤다면, 그때에는 다음부터 더 잘하겠다고 고개 숙여 사죄하고 넘어갈 뿐이다. 나는 두고두고 악감정을 품지는 않는다. 또한 여러분의 실수를 일일이 수첩에 적어두는 것도 아니다."

나는 계속 말을 이어나갔다. "내가 여러분에게 바라는 것들이 무엇인지에 대해서는 명확한 지침을 줄 것이다. 만약 지침이 불분명했다면 물어보라. 만약 두 번, 세 번 설명한 후에도 여전히 못 알아듣겠다면 그것은 분명히 내 쪽 송신에 문제가 있는 것이지, 여러분 쪽 수신에 문제가 있는 것이 아닐 것이다. 나는 여러분이 귀머거리나 멍청이라고 여기지 않을 것이다." 이럴 때 최악의 상황은 하급자가 자신의 혼란을 감추려고 무식한 상태로 일하게 되는 것이며, 결국에는 엉뚱한 일을 하게 되는 것이다. 그리고 나는 이렇게 말했다. "만약 내가 무엇을 원하는지 이해하지 못한 채로 나의 집무실을 떠나는 일이 발생했다면 곧장 다시 돌아와서 내게 물어보라."

나는 부하들이 임무를 수행하는 데 필요한 것이 있다면, 이를 위해 언제든 싸울 것이라고 말했다. "만약 여러분이 필요로 하는 무엇인가가 여기 프랑크푸르트에 없다면 나는 워싱턴이라도 다녀올 것이다. 무슨 일이 있어도 나는 끝까지 여러분의 뒤를 받쳐줄 것이다."

그렇다면 파월 장군의 결심 수립 접근법은 무엇이었을까? 한 인터뷰에서 나는 그와 결심 수립에 관해 토론할 기회가 있었다. "감히 저에게 재능이 있다고 할 수 있을지 모르겠습니다만, 이는 여러분이 다음에 판단해주실 것입니다. 어쨌든 제가 뭔가 할 줄 아는 '재능'이 있다면, 그것은 문제를 풀고 사람들을 이끄는 것입니다. 저는 사람들을 조직하고, 이들에게 동기를 부여하며, 문제를 풀 줄 압니다. 전략적 수준이든 무엇이든, 저는 필요한 단계까지 생각할 수 있습니다. 하여튼 리더십이란 기본적으로 전략적 혹은 개인적 범주에서 문제를 푸는 것입니다."

그는 자서전을 통해 다음과 같이 회고했다.

백악관 웨스트윙의 일상은 끊임없는 의사결정과 권고 사항 제출의 연속이었으며, 이런 문제는 뉴욕의 어디에서 정상회담을 여는 것이 좋을까 하는 문제부터 그 정상회담에서 핵 폐기 협정을 이끌어내는 것을 돕는 것까지 다양한 범위에 있었다. 지금쯤 나는 의사결정의 철학을 완성했을 것이다. 쉽게 말하자면, 할 수 있는 한 최대한 많은 정보를 파낸 후, 그다음에는 직감을 따라가는 것이다. 인간은 누구나 어떤 직관을 갖고 있으며, 나이를 더 먹을수록 그 직관을 신뢰할 수 있다. 어떤 인물을 특정 직위에 앉힌다든가, 어떤 방책을 세운다든가 하는 결정의 순간이 도래했을 때, 나는 내가 모을 수 있는 모든 지식을 훑어서 긁어 온다. 여러 사람과 만나고, 여러 사람에게 전화도 건다. 또한 관련된 자료라면 최대한 많이 읽는다. 나는 나의 지식이 나의 본능에 정보를 알려주게 한다. 그러면 난 내 본능을 이용하여 모든 자료를 분석한다. "어이, 본능 씨. 이렇게 하면 맞는 것 같은가? 옳을 것처럼 보이고, 옳을 것 같은 느낌이고, 또 옳게 잘 들어맞는가?"

하지만 무한정으로 정보를 수집할 수 있는 여유와 사치를 누릴 수는 없는 법이다. 모든 가능성 있는 사실을 손에 넣기 전 어느 시점엔가는 결정을 내려야만 한다. 중요한 것은 빠른 결정을 내리지 말라는 것이다. 나는 올바른 시간에 대한 조합이 있다. P-40에서 70이라고 부르는데, P는 성공 가능성probability of success이며, 숫자는 현재까지 수집된 정보의 퍼센트다. 나는 올바른 결과를 도출할 가능성이 있는 정보의 양이 40퍼센트 이하로 수집되었다면 움직이지 않는다. 또한 나는 적절한 정보의 양이 확실하게 100퍼센트가 될 때까지 기다리지도 않는다. 왜냐하면 그때까지 시간을 끌었다면 거의 대부분 너무 늦은 시점이 되었을 것이기 때문이다. 나는 적절한 정보가 대략 40~70퍼센트 사이로 획득되었다면 그때 결정을 나의 느낌에 맡긴다.

합참의장을 역임한 윌리엄 크로William J. Crowe, Jr. 제독은 그의 자서전에서 효과적인 결심 수립 방법에 대해 훌륭한 견해를 제시했다. "돌이켜 생각해보자면, 걸프전이 필요로 했던 인간의 가장 중요한 능력은 사고의 유연성이었다. 우리는 훌륭한 경력과 명성을 갖춘 인물들을 지휘관 자리에 앉혀놓았지만, 이들은 결국 융통성 없고 독단적인 모습을 보여주었을 뿐이었다. 현실은 사령관으로 하여금 각 상황을 자신의 조건에 맞게 평가한 후 적응하라고 요구한다. 사령관은 이런 일에 능력 있는 장교단을 갖추고 있어야 하며, 이들은 지금껏 배워온 방식과 다른 방법을 수행할 자세가 되어 있어야 한다. 내가 우려하는 점은, 현재 미군의 시스템은 우리가 이런 사람들을 갖추고 있는지를 제대로 가려내지 못한다는 것이다. 이들을 가려낼 유일한 방법은 이들을 강압적인 환경에 몰아넣은 후 관찰하는 것뿐이다. 유연성과 혁신성이 있어야 하는 상황에서 잘 견뎌내는 사람들은 오히려 평상시 군의 일반적이고도 엄격한 절차를 잘 견디지 못하며, 계속 군 생활을 하면서 걸러져 버리게 된다.

이 점은 내가 의장을 하고 있던 당시에도 신경 쓰였고, 지금도 여전히 신경 쓰인다. 열린 생각을 하는 사령관을 양성하는 것은 최우선적인 과제인데도, 우리는 이 점을 제대로 이행하고 있지 못한 것 같다. 이 문제를 제외하더라도 사실 군에는 할 일이 너무나 많다. 하지만 이런 이들이 없다는 점은 화를 자초하는 일이 될 것이다. 걸프전 당시 이 문제를 놓고 고민한 결과, 사고의 유연성이란 지금 우리에게 가장 필요한 요소라고 확신했다."

크로 제독의 초창기 군 생활도 결심 수립의 또 다른 좋은 일례를 보여준다. 크로 대령이 제독으로 진급하느냐의 여부가 판가름 나던 시절, 미 해군에는 1,400명의 해군 대령이 30개의 해군 준장 자리를 놓고 경합을 벌였다. 크로 본인뿐 아니라 미 해군, 더 나아가 미국에 다행스럽게도, 당시 해군참모총장이던 엘모 줌월트 Elmo Zumwalt 대장은 해군으로 하여금 '개성파와 반골'들을 우선적으로 진급시키도록 영향력을 행사했다. 크로는 여기에 대해 다음과 같은 견해를 피력했다. "군에서 최고 지휘부를 선택하는 일 중 가장 어려운 점은 진급 절차를 통과한 인물이 상급사령부에 필요한 독립적인 사고를 할 수 있는지 확실하게 파악하는 것이었다. 내가 본 사람 중에서는 줌월트 제독 자신이 바로 최상위 계급까지 도달했으면서도 동시에 자신만의 특이한 기질을 온전하게 보전한 첫 인물이었다. 어떤 군 조직이든 간에 '개성파'들이 살아남기도 하지만, 이들은 매우 소수일 뿐이다. 가장 큰 문제는 이런 이들이 진급할 수 있도록 조직구조를 짜는 일이었다. 줌월트 제독은 제도적으로 이 문제에 덤벼들었다. 그는 해군참모총장이었으며, 해참총장은 많은 시간을 함대 사령관을 선택하는 데 투자한다. 또한 총장은 진급위원회를 소집하고, 이들에게 가이드라인을 제시하여 이를 따르게 한다. 물론 이 위원회의 위원들은 법적으로 독립적이지만, 해군참모총장은 여전히 일반적인 진급 정책에 영향을 줄 수 있다. 따라서 해군참모총장의 가이드라인은 어쨌든 영향력이 있고, 줌월트 제독은 이러한 가치들을 하루빨리 바꾸고 싶어 했다. 그는 '나는 인습 타파주의자들을 원한다'는 요지의 가이드라인을 선언했으며, '작년 우리는 단 한 명도 이런 인물을 뽑지 못했다! 올해 나는 이런 인물을 두 명 원한다! 내게 어슷비슷한 사람들을 뽑아 올리지 마라'고 선언했다. 그 결과, 전통적인 패턴 범주의 밖에 속하는 다수의 사람이 선택되었고, 나도 그중 하나였다."

나는 파월 장군에게 합참의장으로 재직하면서 했던 가장 중요한 결심이 무엇이었는지 물었다. 그는 다음과 같이 대답했다. "하나나 둘 정도 대답해드릴 수 있겠지만, 저는 항상 인터뷰하는 분들이 원하는 '최고, 가장 힘든, 최악의, 최우선의, 마지막의' 같은 것들은 거부한다는 점을 먼저 알려드립니다. 왜냐하면 이런 것들은 앞뒤 문맥을 무시하게 하기 때문이죠. 어쨌든 이 질문에 말려드는 것을 피해 답변하자면, 사실 '사막의 폭풍Desert Storm' 작전●은 그다지 기억에 남지 않는데, 이는 이 사건이 터지기까지 진행 경과가 있었기 때문입니다. 정작 전쟁이 터졌을 때에는 그다지 결정을 내릴 일들이 많지 않았습니

● '사막의 폭풍 작전'은 1991년 다국적군이 쿠웨이트를 탈환한 후 이라크를 역습한 작전을 가리킨다.

다. 왜냐하면 이 일이 결국은 발생할 것이라는 걸 알고 있었기 때문이죠. 파나마* 쪽이 훨씬 예리하면서도 강압적인 결정을 내려야 했는데, 사건이 너무도 급작스럽게 일어났기 때문이었습니다. 불과 12시간 만에 평화로운 토요일 오후에서 한 나라를 침공하는 결정을 내려야 하는 긴박한 순간으로 바뀌었죠."

파월은 1989년 12월 17~18일 주말 동안 노리에가^{Manuel A. Noriega}가 이끄는 파나마방위군^{PDF} 대원이 파나마에서 어떻게 미 해병대원을 사살했는지 설명했다. 사복을 입은 미 해병장교 네 명이 저녁을 먹으려고 파나마 시 시내로 진입했는데, 이들은 파나마군의 검문소에서 정지당했다. 병사 중 한 명이 이 미국인들을 차에서 강제로 끌어내리려 하자 운전을 하던 장교가 그대로 액셀러레이터를 밟았다. 그러자 파나마군 병사가 이들을 향해 발포했고, 로버트 포즈^{Robert Poz} 해병 소위가 총탄에 맞아 사망했다. 그 사건 직후 주말 동안 상황은 최악으로 치달았다. 파나마방위군은 문제의 총격을 목격한 미 해군 대위와 그의 아내를 구금했고, 문제의 해군 대위는 폭행당한 후 살해 협박까지 받았다. 그의 아내는 강제로 벽에 붙들려 세워진 후 파나마군 병사들에게 성추행을 당해 실신했다.

파월 장군은 곧장 합동참모회의를 소집해 육군참모총장 칼 부오노^{Carl Vuono} 대장, 공군참모총장 래리 웰치^{Larry D. Welch} 대장, 해군참모총장 칼 트로스트^{Carl Trost} 대장 및 해병대사령관 알 그레이^{Al Gray} 대장을 불러들였다. 합참의장은 파나마군의 행동을 그냥 넘길 수 없다는 입장을 견지했다. 토의 끝에 합참은 만장일치로 당시 파나마에 사령부를 두고 있던 미 남부사령부 사령관 맥스웰 서먼^{Maxwell R. Thurman} 대장이 수립한 파나마 침공 작전 및 노리에가 혁명정부 전복과 민주적 선거를 통한 파나마 정부의 수립 작전에 동의했다.

- 미군이 노리에가를 체포하려고 실행한 파나마 침공 작전(작전명은 Operation Just Cause, 1989)을 말한다.

1989년 12월 17일 일요일 오후, 파월 장군은 부시George H. W. Bush 대통령의 백악관 관저로 가 보고했다. 대통령 곁에는 딕 체니Richard B. Cheney 국방장관, 제임스 베이커James A. Baker 국무장관, 브렌트 스코크로프트Brent Scowcroft 국가안보보좌관이 동석했다. 파월은 당시를 다음과 같이 기억했다. "나는 최우선 목표부터 시작했다. 우리는 노리에가와 파나마군을 제거할 것이다. 만약 이것이 성공한다면, 우리는 민간 정부와 보안군 조직이 들어설 때까지 이 나라를 대신 통치할 수도 있다. 이 계획이 '노리에가 체포' 이상으로 나가자 나는 잠시 말을 멈추고 작전의 요점과 암시 내용이 확실히 녹아들도록 기다렸다. 대통령 보좌관들이 이 문제에 관해 열띤 질문을 던져대는 사이, 조지 부시 대통령은 마치 술집 의자에서 싸움을 지켜보는 식당 손님처럼 앉아 있었다. 브렌트 스코크로프트의 태도는 익숙해지는 데 시간이 좀 걸리는 신경 건드리는 부분이 있었으나, 그는 지식이 뛰어났으며 집중력도 놀라웠다. 그는 대통령에게 그 어떤 불분명한 부분도 남지 않게 하려 노력했다. '당연히 부상자가 발생할 것입니다. 또 사람들도 죽겠죠.' 스코크로프트가 말했다. 대통령은 고개를 끄덕였고, 계속 토의가 진행되도록 내버려뒀다."

파월 장군은 왜 미국이 개입해야 하는지 설명했다. 노리에가는 마약을 공급하고 있었고, 미 해병대원을 살해했으며, 미국의 운하 접근을 위협했고, 민주주의를 멸시했다.

깊으면서도 빠른 질문이 이어졌고, 이는 당장 눈앞에서 내릴 수 있는 결정 사항에서 벗어나는 느낌이 들 때까지 계속되었다. 하지만 모든 이가 전부 할 말을 하고 나자 부시 대통령은 의자 팔걸이를 붙잡고 자리에서 일어서며 말했다. "좋아. 해보세. …… 어떻게든 되겠지."

삶과 죽음을 결정하는 책임을 졌던 아이젠하워 같은 장군들처럼, 파월 장군도 불안하면서도 외로운 순간이 있었다. "침공 바로 전날, 집으로 돌아오는 내 차 뒷좌석에서 어둠 속에 있으면서 계속 불길한 예감을 느꼈다. 나는 전쟁을 시작하게 될 것이며, 내가 바로 시작을 명령하고, 피를 흘리게끔 할 것이었다. 내가 옳았을까? 내 조언은 정상적이었나? 만약 미국의 추운 날씨가 군수물자 공수작전에 방해되면 어떻게 할까? 그럴 때 이미 파나마에 있는 미군을 어떻게 지원해야 할까? 사상자는 얼마나 발생할까? 전쟁을 통해 민간인은 얼마나 희생될까? 이럴 가치가 있는 전쟁일까? 나는 자기회의적인 질문으로 괴로워하다 잠들었다.

12월 19일 화요일 아침 펜타곤에 도착했을 때, 합동참모국장 마이클 칸스Michael P. C. Carns 중장이 이끄는 나의 합동군 참모들과 파나마에 주둔 중인 맥스 서먼 장군의 남부사령부 참모들이 모든 것을 감당하고 있다는 것을 깨달았다. 하워드 그레이브스Howard D. Graves 중장은 솜씨 있게 우리의 군사계획을 국무부와 국가안전보장회의NSC의 정치 및 외교 노력과 통합하고 있었다. 미진한 부분은 모두 재정비되었다. 우리는 '실행 준비 완료'였으며, 내 안의 신뢰감이 커지기 시작했다. 나의 모든 걱정은 사라졌으며, 나는 폭풍 전야의 고요 속에 빠져들었다."

그렇다면 앞서 다룬 리더십 책임을 수행한 장군들의 회고와 이야기에서 어떤 결론을 이끌어낼 수 있을까? 군에서 결심을 수립하는 것은 생과 사를 가르는 일이다. 이는 외로운 일이며, 특히 항상 의견을 존중받는 능력 있는 이들이 리더의 결론에 반대하고 있을수록 더 강인함이 요구된다. 일을 시작할 때에는 불안한 기다림의 시간이 있기 마련이고, 결과가 나올 때까지 기대감이 존재하기 마련이다.

트루먼 대통령은 대부분의 최상급 리더들처럼 결심 수립 절차를 거칠 때 능력 있는 사람들에게 의견을 구할 만큼 충분히 현명했다. 콜린스 장군이 강조했듯이 마셜 장군이 사용한 방법론은 1940년대 당시뿐 아니라 오늘날에도 충분히 통용된다. 물론 결심을 수립하려면 짧은 시간 안에 충분한 정보부터 습득해야 한다. 경험과 지식은 명백하게 중요하지만, 직관력은 한 요소일 뿐이다. 맥아더, 그랜트, 패튼, 브래들리, 아이젠하워뿐 아니라 많은 이들이 이 능력을 소유했다. 하지만 애치슨이 말했듯이, "결심을 내리는 수용력은……신이 인간에게 드물게 주는 정신적 선물이다."

하지만 이 또한 개발할 수 있는 능력이다. 내가 아이젠하워 장군에게 "어떻게 해야 좋은 의사결정자로서의 능력을 개발할 수 있겠습니까" 하고 묻자, 그는 "결심을 내리는 사람들 주변에 항상 같이 있으십시오" 그리고 "책을 읽으십시오"라고 말했다.

결심을 내리는 사람들 주변에 함께 있는 것에 관해서는 이 책 제6장 '멘토십mentorship'에서 다룰 것이며, 아이젠하워 장군이 책에 관해서 말한 부분은 제5장 '독서의 중요성'에서 다시 다루게 될 것이다.

Chapter 3

/

Feel or Sixth Sense in Decision Making

결심 수립에서의 감 혹은 육감

Feel or Sixth Sense in Decision Making

필자는 성공적인 리더십을 발휘하기 위한 어떤 패턴이 존재한다는 것을 미군 사성급 장성 수백 명과 나눈 인터뷰를 통해 확신하게 되었지만, 어떤 이들은 이 의견에 동의하지 않는다. 하지만 이 명제에 가장 강하게 반대하는 사람들 조차도 모든 위대한 군사지도자들이 '감感' 혹은 '육감'이라는 것을 지니고 있었다는 점에는 동의한다.

아이젠하워에게는 병사들과의 접촉이 결심 수립에서 중요한 역할을 했다. 그는 연합군의 유럽 침공을 지휘하기 위한 최고사령관 임무를 인수하기 위해 지중해에서 런던으로 이동하기 직전에, 안치오Anzio 계획에서 불편한 느낌을 받았다. 아이젠하워는 카세르타Caserta 에 위치한 공군사령부에 전력을 집중하려던 자신의 계획이 중단될 것이라는 말을 듣고 기분이 언짢았다. 그는 이 사건에 관해 이렇게 말했다. "그 결정에 대해 내가 받은 느낌은 지도부가 현 상황을 제대로 이해하지 못하고 야전 최고지휘관으로서의 사명감도 부족하다는 것이었다. 지금 당장 수많은 중대한 문제에 얼마나 몰두하고 있느냐를 떠나, 지휘관은 자신의 병사들과 연결된 어떤 '느낌'에 대한 감을 잃어선 안 된다. 지휘관은 자신이 선택한 부하들에게 권한을 위임하며 전술적인 책임을 위임할 수도 있고, 또 마땅히 그래야 하는 법이다. 그리고 그 후에는 더 이상의 간섭을 피해야 한다. 하지만 지휘관은 병사들과 실질적이면서 정신적으로 가장 가까운 접촉 관계를 유지해야 하며, 그렇게 하지 못한다면 여러 다양한 작전에서 실패할 수밖에 없다. 이러한 접촉은 지휘관들이 직접 병사들을 자주 찾아다녀야만 유지할 수 있다."

아이젠하워는 자신의 모든 시간을 고급지휘관이나 참모들과 보내지 않았다. 그는 자신의 지휘하에 있는 병사들을 수시로 방문했다. 1944년 가을, 아이젠하워는 전방으로 가 29보병사단에 소속된 장병 수백 명을 만났다. 그는 병사들과 이야기하기 위해 진흙탕의 미끄러운 언덕배기에 섰다. 이야기가 끝난 후 지프로 돌아가다가 순간 진흙에 미끄러지면서 등이 진흙으로 완전히 더럽혀졌다. 그와 조금 전까지 이야기를 나누던 병사들 사이에서 웃음소리가 터져 나왔지만, 이들의 웃음이 아이젠하워를 화나게 하지는 않았다. 아이젠하워는 "그 순간 터져 나온 웃음소리를 들으면서, 나는 전쟁 내내 병사들과 보냈던 그 어느 대화 시간보다 그때가 성공적이었음을 믿어 의심치 않았다."

아이젠하워의 연합원정군 최고사령부SHAEF가 설치된 후, 그는 자신의 시간 중 3분의 1 정도를 병사들을 방문하는 데 할애하기로 방침을 세웠다. 실제로 부대 방문을 하는 와중에도 아이젠하워는 각 부대가 평소와 같이 훈련하기를 원했기 때문에 절대로 자신의 방문 시에 열병식이나 공식적인 사열을 행하지 말라고 명령했다. 그의 부대 방문은 일반적으로 언론에 노출되지 않은 채로 행해졌다. 그는 군악대와는 거의 시간을 보내지 않았으며, 모든 관심은 병사와 이들의 식사, 숙영 시설에 집중되었다.

부대 검열이 예정되었을 때 표준 절차는 병사들을 계급별로 정렬시켜 도열해놓는 것이었다. 아이젠하워는 이들이 도열한 사이를 평소와 같은 속도로 걸으며 이리저리 이동했다. 그는 열댓 번째 병사들마다 그 앞에 잠시 서서 다음과 같은 방식으로 대화를 나누었다.

> 아이젠하워: 사회에 있을 땐 무얼 했나?
> 병사: 입대 전에는 농사를 지었습니다.
> 아이젠하워: 좋구먼. 나도 그랬다네. 뭘 키웠었나?
> 병사: 밀을 재배했습니다.
> 아이젠하워: 좋아. 한 에이커acre•당 몇 부셸Bushel••이나 거둬들였나?
> 병사: 아, 풍작일 땐 대략 35부셸 정도 거둬들였습니다.
> 아이젠하워: 그래? 전쟁이 끝나고 나면 자네 농장에 취직하러 갈 테니 잘 부탁하네.

그는 병사들과 대화를 나눌 때면 대부분 이런 식으로 끝냈다. "자네들에게 부탁 하나 함세. 내가 하루빨리 낚시라도 하러 갈 수 있도록 어서 이 전쟁을 끝내주게."

아이젠하워의 지프에는 확성기가 달려 있었으며, 이는 여러 명의 병사와 대화할 때 사용했다. 그는 전쟁에서 병사들의 중요성을 강조하며 "여러분이 바로 이 전쟁을 승리로 이끌 사람이다"라고 독려했다. 그는 또 이렇게 말하곤 했다. "보통 지휘관들은 영감을 불어넣어 주기 위해 병사들과 대화하지. 하지만 나는 그 반대일세. 여러분이 나에게 영감을 불어넣어 준다네."

언젠가 연합군이 라인 강 도하를 준비하던 무렵 아이젠하워가 전방을 방문했는데, 이때 그는 강기슭을 따라 걷고 있는 병사 하나와 마주쳤다. 그 병사는 매우 우울한 표정을 짓고 있었다. 아이젠하워는 그에게 말을 걸었다. "거기

• 1에이커는 약 1,224평, 약 4,047제곱미터에 해당한다.
•• 부셸은 곡물이나 과일의 건량 단위로, 1부셸은 약 35리터에 해당한다.

병사, 괜찮나?" 그러자 병사는 아이젠하워에게 응답했다. "장군님, 사실 저는 굉장히 불안합니다. 저는 불과 2개월 전에 부상을 당했었는데, 바로 어제 병원을 나와 이곳에 도착했습니다. 그리고 별로 느낌이 좋지 않습니다."

아이젠하워가 답했다. "음, 그렇다면 자네와 나는 좋은 짝이겠군. 왜냐하면 나도 지금 불안하거든. 하지만 우리는 이 공세를 오래전부터 계획해왔고, 독일군을 겪는 데 필요한 항공기, 무기, 공정부대원을 모두 확보했다네. 잠시 나와 강가까지 함께 걷겠나? 그렇게 하는 게 서로에게 도움이 될 것 같군."

아이젠하워의 부대 방문은 패턴과 목적이 있었다. 벌지 대전투Battle of the Bulge에 참가했고 13군단장을 역임한 앨번 길렘Alvan C. Gillem 중장은 위기를 넘긴 후 이틀 정도 휴식을 취하기 위해 휴가를 떠났다. 그는 파리로 간 후 리츠 호텔Ritz Hotel에 투숙했고, 저녁을 먹은 후 밤에 공연을 보고 와서 새벽 한 시쯤 호텔로 돌아왔다. 그러나 그는 방에 돌아오자마자 사령부로 당장 돌아오라는 전갈을 받았다. 길렘 중장은 곧장 위험한 비행과 힘겨운 지프차 여행을 거쳐 사령부로 돌아와 부대 식당으로 뛰어갔다. "내가 도착했을 때, 아이젠하워 장군께선 몇몇 참모들과 점심식사를 하고 계시다가 자리에서 일어나셨다. 나는 복귀신고를 한 후 아이젠하워 장군께서 부대에 도착하셨을 때 직접 영접해드리지 못해 죄송하다고 사과를 드렸다. 그는 그 말에 빙긋이 미소 지으시면서 자신의 방문은 예정에 없던 일이며, 사실 부대를 둘러보는 건 지휘관이 없을 때 해야 이 부대가 이런 상황에서도 효율적으로 운영되고 있는지 여부를 알 수 있다고 말씀하셨다. 그는 또한 이번 방문에 매우 만족하셨으며, 자신이 살펴보려던 것들을 모두 보았으므로 다시 오지 않을 것이지만 지금 부대를 떠나야 해서 안타깝다고 말씀하셨다. 그는 나의 지휘가 잘 이루어지고 있는 것을 치하하신 후 최근 전투에서 우리 군단 역투를 보는 것이 기뻤다고 말씀하셨다. 그리고 장군께서는 나와 악수하신 후 떠나셨다. 그 후 내가 엘베 강에 도달한 전쟁 마지막 날까지 아이젠하워 장군이나 그의 사령부로부터 아무런 연락도 오지 않았다.

아이젠하워는 이렇게 말했다. "이렇게 최고사령부나 정부 최고위 관료가 실시하는 부대 검열은 병사들의 사기에 끼치는 영향을 생각할 때 그 중요성을 아무리 강조해도 모자란다. 병사들은 특히 자신의 주변에서 계급이 높은 인물들을 볼 때 희열을 느끼기 마련이다."

아이젠하워는 병사들을 방문할 때 격식을 차리지 않고 친밀한 관계를 쌓는 것을 지향했다. 그가 자신의 지휘하에 있는 모든 병사를 방문하는 것은 불가능했다. 하지만 병사들 개개인이나 소규모 집단을 만날 때마다 이들과 매우 친밀한 관계를 쌓았고, 이들은 다시 다른 이들에게 그 이야기를 전하곤 했다. 이런 식으로 그에 관한 이야기는 수천 명의 병사들에게 전해졌다. 이야기라는 것이 전달되는 과정에서 과장되기 마련이지만, 언제나 아이젠하워는 그 이야기 속에서 소탈하면서도 인간적이라는 점이 부각되었다. 아이젠하워는 자신의 부대 방문에 대한 신문기사를 읽으면 불쾌해했다. 만일 그가 매스컴을 타기 위해 부대를 방문한다고 병사들이 생각하게 된다면 부대를 방문하는 효과가 사라질 것이기 때문이었다.

하지만 아이젠하워가 언제나 신문기자들의 시야 밖에서 행동할 수는 없는 법이었다. 1945년 1월, 파리에 방문했을 때, 그가 의도하지 않았던 쇼맨십을 발휘하는 바람에 군 일간지인 ≪성조지Star and Stripes≫는 수많은 병사들에게 한 일화를 전하게 되었다.

지난 주, SHAEF에는 전방에서 긴급하게 수혈을 필요로 하는 O형 혈액 요청이 들어왔다. 며칠 후, 진료소 앞에는 수혈 자원자들이 줄지어 서 있었다. 그 와중에 한 장교가 걸어 들어왔는데, 처음에는 사람들이 그에게 그다지 관심을 두지 않았다. 그는 간이침대 위에 누운 다음 지혈대를 감았다.

그의 옆 침대에 누워 있던 병사는 아무 생각 없이 옆을 잠깐 본 후 고개를 돌렸다가 깜짝 놀라 다시 옆을 보았다. 그의 옆에 누워 있던 사람은 아이젠하워 원수였던 것이다.

진료소 의무병인 기술병장* 콘래드 세그린에 따르면, "(장군께선) 그냥 보통 병사들과 다름 없으셨고, 특별한 대우를 해드린 것도 없습니다. 아이젠하워 장군은 그냥 진료소에 걸어 들어오셨고, 수혈을 하신 후 커피 한 잔을 드시고 나가셨습니다. 그게 전부였습니다."

대기 줄 속에는 이등병도 여럿 있었는데, 이들은 아이젠하워 최고사령관이 진료소를 걸어 나가는 모습을 목격했다. 그중 한 이등병은 옆에 있던 동료에게 이렇게 농담을 했다. "이봐, 방금 뽑아낸 그 피야말로 수혈받을 만하겠어. 어쩌면 그 피를 수혈받으면 장군이 될지도 몰라."

그 말을 등 너머로 들은 아이젠하워는 뒤로 돌아서 빙긋이 미소 지으며 말했다. "만약 그렇게 된다면, 자네가 내 나쁜 기질은 물려받지 않으면 좋겠군."

대전투를 앞두고 전투준비의 기세가 한참 오를 무렵, 아이젠하워와 고급 지휘관들의 전장 방문 빈도도 빠르게 늘어났다. 유럽 침공을 단행하기 4개월 전인 1944년 1월 1일부터 6월 1일까지 아이젠하워는 총 26개 사단, 24개 공군기지와 함선, 그리고 수많은 보급창, 매점, 병원을 비롯한 주요 군 시설을 방문했다. 브래들리, 몽고메리, 스파츠, 테더 장군도 모두 아이젠하워의 방문 일정을 모델로 삼아 따라 했다. 전장 방문은 최고급 지휘관들이 업무에 압도

---

* 기술병장은 제2차 세계대전 중인 1942년 1월에 설치되었던 육군 계급이다. 정식 명칭은 '4급 기술병[Technician Fourth Grade(T/4)]'이며, 급여 등급이 병장과 동일했기 때문에 그냥 '병장'이라고 통용되었다. 탱크 운행, 정비, 요리, 통역 등 특수한 기술을 요하는 직책에 보직되었으며, 이 계급에는 지휘권이 부여되지 않았다. 계급 표시로는 병장 계급 아래 'T'자가 쓰여 있는 계급장을 사용했다. 원래 기술상병, 기술병장, 기술하사 등 세 계급이 설치되었으나 1948년에 폐지되었으며, 1955년에 병사, 부사관 계급체계가 정리되면서 전문상병(Specialist)만 남았다.

당하던 시점에서 수많은 회의와 참모회의 사이에 짬짬이 행해질 수밖에 없었지만, 이들은 항상 병사들을 만날 시간만큼은 어떻게든 만들었다.

아이젠하워의 친구들은 그에게 부대 방문을 포기하거나 최소한 횟수를 줄이기를 권했다. 이들은 그렇게 다녀봤자 극히 일부 부대밖에 못 다닐 것이며, 결국 아무것도 달성하지 못한 채 기력이 고갈될 것이라고 우려했다. 그는 친구들의 깊은 우려가 담긴 이 조언에 동의하지 않았고, 따르지도 않았다. 그는 이렇게 말했다. "우선 나는 부대 방문을 통해 병사들의 심리 상태를 정확하게 느낄 수 있었다. 나는 병사들과 어떤 이야기이든 상관하지 않고 나누었다. 그들과 대화를 나눌 수 있는 주제라면 무엇이든 가리지 않았다. 이 행동은 병사들로 하여금 자신들의 상관과 대화할 용기를 주었으며, 이런 습관은 결국 효율성을 높였다고 느끼게 되었다." 아이젠하워는 만약 병사들이 '고급지휘관'들과도 대화를 나눌 수 있다는 사실을 깨닫는다면 자신을 이끄는 소대장과도 대화하는 것을 두려워하지 않게 될 것이라고 믿었다. 그는 자신의 예를 보고 초급장교들도 병사와의 대화를 통해 필요한 정보를 얻을 수 있기를 기대했다. 아이젠하워는 이에 대해 다음과 같이 말했다. "전쟁터에서 총을 들고 다니는 집단 속에서도 항상 비범함과 진취성을 갖춘 사람들이 있기 마련입니다. 만약 병사가 장교와 제약 없이 자연스럽게 대화할 수 있게 된다면, 병사들의 능력이라는 풍부한 자원을 우리 모두 함께 쓸 수 있게 될 것입니다." 아이젠하워가 병사들에게 묻기 좋아하던 질문은 자기 소대나 분대에서 전투에 도움이 되는 새로운 기술이나 도구를 만든 것이 있느냐는 것이었다. 이 질문을 통해 노린 효과는 "애대심의 핵심이 되는 상호 신뢰와 동료애를 촉진하는 것"이었다.

1944년 12월, 아이젠하워는 연합군의 통일성과 관련된 어떤 사안이 영국 입맛에 맞게 결정되어 일부 미군 병사들이 "아이젠하워는 영국군에게 최고의 장군이다"라며 비아냥거리고 있다는 사실을 알게 되었다. 아이젠하워 장군은 이 일에 대해 매우 우려했다. 이 말이 돌기 시작하고 불과 얼마 후에 그는 전방 지역을 방문했는데, 그 방문 후 연합통신사^{AP}의 웨스 갤러거^{Wes Gallagher} 기자는 부처 대령에게 다음과 같은 메모를 보냈다. "최근 미국의 활동과 관련해 아이젠하워 장군이 전방 지역에 방문한 일에 대해 아시고 싶어 하실 것 같습니다. 장군께서 전방을 방문하신 후 '영국군 최고의 장군'이라는 말은 완전히 들어간 것으로 보입니다."

1942년 봄 아이젠하워가 유럽 전역 최고사령관이 된 시점부터 유럽에서의 전쟁이 끝나고 1945년 봄에 미국으로 돌아갈 때까지 그는 부대 사열 일정에 단 한 번도 늦은 적이 없었다. 그는 병사들을 기다리게 한다는 개념 자체를 받아들이지 않았다.

1945년 5월, 호머 케이프하트^{Homer Capehart} 상원의원은 아이젠하워 장군과 함께 여러 부대를 시찰했다. 이들은 파리에 주둔 중인 미군 부대를 둘러본 다음 항공기까지 함께 걸어갔는데, 이때 아이젠하워가 이곳에 왔다는 소식이 부대 내에 퍼지면서 엄청난 인파가 모여들어 이동하는 데 지장을 주었다. 아이젠하워는 병사 네다섯 명을 지나칠 때마다 병사 한 명과 짧게 대화를 나누었다. 해당 병사는 대화가 끝나면 곧장 돌아서서 흥분한 채로 방금 무슨 대화를 주고받았는지를 동료들에게 자랑했다. 그중 한 명은 심지어 "G.I.[•]는 '아이크 장군^{General Ike}'의 약자라고 해도 과언이 아니다"라고까지 했다. 이 장면을 본 케이프하트 의원은 "이 양반이 우리 주^州에서 나를 상대로 선거에 출마하지 않았으면 좋겠다. 그는 필요한 모든 것을 갖고 있다. 여기에 함께 온 후 왜 병사들이 그를 흠모하는지 알 것 같다. 그는 병사들과 같은 말을 할 줄 알며, 고급 지휘관들이라면 항상 찾아볼 수 있는 거만함 따위는 전혀 없었다. 또한 그는 병사들의 문제를 알고 있었고, 병사들도 그가 자신들을 이해한다는 사실

• G.I.는 미 육군 병사들의 애칭으로, 'government issued'의 약자다. 복장 및 장비류 일체를 관급품으로 지급받은 데서 유래했다.

을 잘 알고 있었다."

아이젠하워는 또한 부상병들을 만나기 위해 군 병원에도 찾아갔다. 그는 병원에서 각 병사들의 이름을 묻고 악수를 한 후 언제 어디서 부상을 당했는지, 그리고 언제 다시 부대로 복귀하고 싶은지를 물었다. 제2차 세계대전 당시에는 본인이 자초한 부상이나 진짜 혹은 가짜 히스테리 증세, 전쟁신경증 및 의도적으로 감염된 성병 환자들을 위한 병원과 시설을 따로 격리할 필요가 있었다. 아이젠하워 장군은 "지휘관으로서 이런 곳들을 방문하는 것은 큰 도움이 된다. 이곳에서는 기본적으로 삶에 공포를 느끼게 되지만, 죽음을 두려워하는 이들에게 악영향을 끼치는 혼란, 공포, 패배주의에 대한 이해를 돕는 대화를 나눌 수 있다. 놀라울 정도로 많은 이들이 한마디 격려에 즉각 반응하고 긍정적으로 받아들인다. 이미 이곳의 많은 병사가 타인이 자신에게 관심을 가져준다는 사실을 깨닫자마자 내게 '장군님, 이곳에서 나가게 해주십시오! 다시 전투복을 입고 싶습니다'라고 말했다. 나는 이들에 대한 거친 조치들이 이런 증세를 더 악화시키고, 오히려 이들에 대한 이해가 치료 이상의 효과를 나타내기도 한다고 본다. 이런 조치가 적당한 때에 취해진다면, 이런 증세를 상당수 막을 수 있다."

아이젠하워는 병사들에게 관심을 기울였던 가장 큰 이유에 관해 자서전에서 다음과 같이 밝혔다. "병사들은 작전을 지휘하는 사람들이 누구인지 직접 보고 싶어 한다. 이들은 지휘관이 자신들을 무시하거나 자신들에 대해 무심하다는 징후가 보이면 서운해한다. 매우 짧은 시간이라도 지휘관의 방문은 지휘관이 자신들에게 관심을 기울이고 있다는 증거로 두고두고 이해한다. 지휘관은 소심함이나 겸손함 때문에, 자기 자신을 병사들에게 보이고 이들과 이야기하고 물리적으로 가능한 범위까지 이들과 함께 섞여 있어야 할 의무를 망각해서는 안 된다. 이런 행동은 다른 행동들과 비교할 때 병사들의 사기 측면에서 큰 몫을 해내며, 사기는 전장 위에서 최상에 있는 요소다."

아이젠하워는 파리에서 앤트워프^{Antwerp} 해안 북쪽의 셰르부르까지 여행을 갔다가 사령부로 돌아온 적이 있었다. 벨기에의 오래된 항구도시인 앤트워프까지 차로 이동하는 동안, 아이젠하워는 배에 승선하고 있는 한 무리의 병사들을 보았다. 그는 이들 중 몇몇 사람과 대화를 나누기 위해 차를 세웠고, 이들이 병력 교대 후 집으로 돌아가는 중이라는 것을 알게 되었다. 5분 만에 약 400명의 병사들이 그의 주변에 모여들었다. 아이젠하워는 병사들에게 고향 친구들이 모두 건강하고 행복하게 살고 있기를 바란다고 말했으며, 돌아가 즐거운 시간을 보내고, 충분히 잘 쉬며, 다음에 또 큰일을 치를 준비를 하고 오라고 말했다. 그 말을 한 후, 이들을 이끌던 대위가 이미 전쟁터에서 다섯 번이나 부상을 당한 전력이 있다는 것을 알게 되었다. 아이젠하워는 대위에게 복귀 후 어디에서 근무하고 싶은지 물어보았다. 대위는 "다시 저의 모부대로 돌아가고 싶습니다"라고 말했다. 아이젠하워 장군은 그의 태도와 정신이 마음에 들었다. 차로 돌아온 아이젠하워 장군이 뒷좌석을 돌아보며 동승하고 있던 벤 리어^{Ben Lear} 대장에게 다음과 같은 우려의 말을 했을 때에는 지휘관용 승용차가 병사들과 이야기를 한 지점에서부터 50미터도 채 이동하지 않은 상태였다. "리어, 아까 그 대위는 벌써 다섯 번이나 죽을 고비를 넘겼다지 않나. 자네가 더는 그런 일이 일어나지 않도록 확실히 조치해주게."

'감'은 무엇인가가 잘못되었을 때 본능적으로 느낄 수 있는 재능이다. 조지 마셜 장군은 육군참모총장으로서 부대 검열을 매우 자주 다녔다. 마셜 장군의 부인은 "남편이 매우 빠른 속도로 검열을 실시해 장교들이 그를 따라다니기 힘들 정도였다고 하지만, 그는 거의, 정말로 거의 놓치는 것이 없었다"라고 말했다. 언젠가 한번은 포트 녹스로 병사들을 검열하러 갔는데, 마셜 장군의 부인은 그가 두 줄로 서 있는 병사들의 사이를 재빠르게 걷고 있는 모습을 보았다. 그리고 마셜 장군은 뒷줄에 있는 병사 하나와 잠시 이야기하기 위해 몇 분인가 그 자리에 멈춰 섰다. 마셜 장군의 부인은 마셜에게 왜 하필 그 병사를 골라서 대화했냐고 물었다. 이에 마셜 장군은 "그 병사의 눈을 봤을 때 뭔가 이상하다는 것을 느꼈기 때문이오. 그게 무엇인지 알고 싶었소"라고 답했다. 그녀가 "무슨 문제인지는 알아내셨나요" 하고 묻자, 그는 "물론이오"라고 답했다. "전부 다 문제였지. 그 병사는 애당초 입대해서는 안 될 청년이었어. 이미 나이가 제한 연령을 넘겼고 식솔도 많은 데다 현역 근무를 하기에는 건강도 안 좋더군. 물론 그도 좋은 병사이고 자신의 직분을 수행하려고 했지. 그의 문제가 무엇인지 알기까지 한참 동안 많은 질문을 해야 했어. 징집위원회가 그 청년에 대해 실수를 한 것 같더군." 바로 그날 이에 대해 조치가 취해졌으며, 그 병사는 곧장 가족에게로 돌아갔다.

제2차 세계대전 당시 전투비행단 지휘관을 역임한 커티스 르메이 대장은 각 임무를 지휘하기 위한 '승무원 선택' 정책을 시행했다. 그와 인터뷰를 하면서 어떻게 승무원을 골랐는지 물었다. 그는 다음과 같이 말했다. "내가 알고 있는 사람 중 최고의 인물로 선택하려고 했습니다. 어떻게 선발했는지는 묻지 마십시오. 어떻게 했는지 모르니까요. 그저 임무 전에 병사들이 도열한 줄로 내려가 걸으면 마음속으로 제 스스로가 이렇게 말했습니다. '이 친구는 격추당할 거야.' 더 걸어간 후에 다시 '이 친구도 격추당할 거야.' 그렇게 내보내면 정말로 격추당하더군요. 그 때문에 이 문제에 대해 미신적으로 생각하게 되었고, 그다음부터는 이런 생각을 하지 않으려고 노력했습니다."

제2차 세계대전 때 패튼 장군의 부관을 지낸 찰스 코드먼Charles R. Codman 대령은 패튼 장군에 관해 이런 기록을 남겼다. "시칠리아 섬 작전 후반이던 어느 날, 패튼 장군께서 갑작스럽게(최소한 그는 그렇게 생각했다) 중요한 결정을 내리게 되었다. 그 결정이란 제대로 내리면 남들이 공을 차지하게 될 것이고, 잘못 내리면 오직 당신 혼자만이 뒤집어쓰는 그런 유의 것이었다. 장군께서는 제대로 선택하셨지만, 그것은 추측으로만 찍은 것이 아니라 직감으로 이루어진 육감과 신념을 바탕으로 내린 선택이었으며, 그것이 그를 위대한 지도

자로 만들었다."

　오마 브래들리 장군도 말했다. "패튼에게는 그런 감이 있었습니다. 3군이 라인 강을 넘어 쾰른으로 향하다가 오른쪽 측방으로 꺾었는데, 우리 우측에 미 7군을 저지하고 있던 부대가 있었던 것이 기억납니다. 패튼은 이틀 동안 이곳으로 전진했고, 매우 미미한 저항을 받던 중 갑자기 완전히 정지했습니다. 제 참모 중 누군가가 '왜 계속 전진하지 않는 걸까요' 하며 궁금해하기에, '패튼은 지금 직감적으로 뭔가를 느끼는 거야'라고 말해줬습니다. '우리에게는 정보가 부족하기 때문에 느낄 수 없는 무엇인가를 느끼는 거지.' 바로 다음 날, 독일군의 3개 사단이 패튼의 부대를 공격해 왔습니다. 하지만 패튼은 정지 상태로 있으면서 이들을 상대할 준비를 해왔죠. 그는 그 공격을 간단하게 물리친 후 다시 전진했습니다."

　육감이라는 것은 타고나는 능력일까? 이 감각을 '군사적 반응력'이라고 명명한 패튼 장군은 1944년 6월 6일, 웨스트포인트에 재학 중이던 자신의 아들에게 이렇게 썼다. "내가 이룬 성공은 나의 군사적 반응력이 항상 옳다는 확신을 했기 때문에 나온 결과다. 많은 사람이 나에게 동의하지 않지만, 그들이 틀린 거다. 언젠가 정확한 역사의 증인들이 우리 둘 모두가 죽고 한참 후에 내가 옳았음을 증명해줄 것이다.""내가 말한 '군사적 반응력'에 대해 잘 생각해 보거라. 그 누구도 기생충을 타고나지 않듯, 아무도 그 능력을 타고나지 않는다. 물론 올바른 군사적 반응력에 걸맞은 영혼이나, 거대한 근육에 걸맞은 신체를 가지고 태어날 수는 있겠지. 하지만 두 능력 다 엄청난 노력이 있어야만 개발할 수 있단다."

　브래들리 장군은 결심 수립에 관해 자신의 느낌을 이렇게 말했다. "제 이론을 설명해드리죠. 우선 정보들이 조금씩 수집됨에 따라 이 내용들은 마치 1401 IBM 계산기에 정보를 입력하듯 뇌 속에 차곡차곡 들어가게 됩니다. 정보는 뇌 속에 있지만, 그 정보를 의식하지는 못하는 거죠. 어떤 정보는 전화

통화 중에 입력되고, 지도 위에서 볼 수 있기도 하며, 무엇을 읽는 와중이나 브리핑 중에도 입력됩니다. 이 모든 것은 다 머릿속에 저장되어 있습니다. 그러다 갑자기 결심해야 하는 순간에 직면하면 지금껏 나온 모든 정보의 조각을 처음부터 다 모으는 것이 아니라, 해당 사안과 관련된 큼직한 부분만 훑으면, 마치 IBM 기계에서 버튼을 누르면 답이 나오는 것처럼 해답을 얻게 됩니다. 이 모든 정보는 수집과 동시에 다 지식으로 저장되어 있던 것이고, 전투 중 결심이 필요한 상황에 직면하게 되면 이 정보를 찾을 수 있는 겁니다. 사람들이 전화로 저를 찾거나 버튼을 눌러야 하는 상황이 주어지면, 저는 그 자리에서 답을 찾아낼 수 있습니다. 다시 처음부터 지도를 보면서 이틀이나 사흘씩 고민하면 안 되는 거죠."

즉흥적인 상황에서 튀어나오는 그런 '느낌'에는 그저 문제를 푸는 것 이상의 것이 있다. 여기에는 직관도 필요한 것이다. 로턴 콜린스 장군은 '감'에 관해 이야기하던 중 이렇게 말했다. "어쩌면 직관이라는 것이 있는지도 모릅니다. 하지만 저는 그것을 진짜 직관력이라고 생각하지 않습니다. 저는 이 능력이 주어진 상황에 대해 신중한 평가를 내릴 수 있는 충분한 지적 능력에 기초한 것이라고 생각합니다. 어느 지점에서 문제가 발생할 것인지를 아는 것이죠. 제가 아는 좋은 지휘관들은 모두 그 능력을 갖추고 있었습니다. 그들은 어디에서 문제가 발생할지를 예측할 줄 알았고, 그곳으로 갔습니다. 그들은 그 지점에 가서 문제가 진행되는 과정에서 무엇인가를 하기 위해 노력했습니다. 만약 직관이라는 것이 우선 지식에 기반을 둔 능력이라고 한다면, 일단 당장 가용한 방법이 무엇인지를 알아야 합니다. 즉, 먼저 지금 내가 무슨 일을 하고 있는지를 정확하게 알아야 하는 것입니다. 젊은 청년의 경우라면 자신의 일을 열심히 하고, 또 공부를 하면서 알게 되기 마련입니다."

윌리엄 심슨 장군 또한 유사한 결론을 내리면서 이렇게 말했다. "감이란 여러 곳에서 오는 능력입니다. 우선 훈련받은 것에서 올 것입니다. 제 긴 군 생활 중 제가 처음 했던 여덟 개에서 열 개의 기본적인 일들을 떠올려보자면, 소위로 지루한 7년을 보내면서 얻은 배경지식과 경험은 당장 직면한 상황을 이해할 수 있는 이해력을 길러주었습니다. 제 생각에는 이러한 것들이 일어날지도 모르는 일들을 예측할 수 있도록 저를 준비시켜준 것 같습니다."

한편, 루시안 트러스콧 장군은 이렇게 말했다. "느낌의 기반은 지식입니다. 훈련, 학습, 병사들에 대한 지식, 이들이 자신을 위해 어떤 일을 할 수 있는지에 대한 이해, 이들의 체력적 제약, 규율에 대한 반응 등이죠. 이러한 것은 사람에 대한 관심과 흥미를 필요로 합니다."

웨이드 헤이슬립 장군 또한 같은 이야기를 했다. "제 생각에 '감'이란 학습과 교육의 결과이며, 자신의 직업을 상세하게 꿴 결과입니다. 제가 1944년 군단과 함께 아일랜드에 있을 무렵, 우리는 대기 상태에서 유럽 침공을 위한 훈련을 받고 있었습니다. 저는 유럽으로 건너가는 제2제대에 소속되어 있었기 때문에, 7월 9일부터 8월 1일까지 전투를 참관만 했습니다. 제 병사들이 훈련을 받고 있는 동안에 저는 이탈리아로 잠깐 가 둘러봐도 좋다는 허가를 받았습니다. 이 시찰은 제가 가장 바라던 일이었으며, 그곳에 직접 감으로써 그곳에 제가 모르는 불가사의한 것 따위는 없다는 것을 확인할 수 있었습니다. 제가 그곳에 관해 평생 공부해온 모습 그대로였습니다. 그래서 제 군단이 전투에 투입되었을 때는 아무것도 달라진 것이 없었습니다. 우리는 훈련 및 지휘소 연습을 통해 내내 해왔던 것들을 반복했을 뿐입니다. 유일한 차이는 반대편에 서 있는 사람들이 저에게 총질을 해댔다는 정도였죠."

앤서니 매콜리프 장군의 의견도 다를 바 없었다. "전투지휘관은 대규모 부대의 훈련을 시행하거나 예하 부대 지휘관들을 다룰 때 심리학자처럼 해야 합니다. 어떤 이들은 등을 두드려주면 더 잘하지만, 또 어떤 이들은 등짝을 한대 걸어차야 더 잘하기도 합니다. 이런 것은 군에서 오래 생활하다 보면 자연스럽게 배우게 되는 것들입니다. 이런 일은 사람에 대한 이해를 필요로 합니다. 경험 또한 큰 역할을 하죠. 군 생활을 통해 수많은 사람을 만나게 되고, 그러면서 이들을 판단하는 방법도 배우게 되는 것 같습니다."

'감'이든, 육감이든, 군사적 반응력이든, 이를 뭐라고 부르든 이것은 전쟁 상황에서만 국한되어 통용되는 것이 아니다. 오마 브래들리 장군은 이렇게 말했다. "조지 마셜은 훌륭한 인격자였습니다. 그는 훌륭한 선견지명을 가지고 있었죠. 그는 상상력이 있었습니다. 상상력을 정의하기란 쉽지 않습니다만, 이는 특정한 사건들의 결과로 무슨 일이 일어날지를 예측하는 능력입니다. 전쟁터에서는 이것을 '전투의 감' 혹은 '육감'이라고 부릅니다."

칼 스파츠 장군도 이것을 가지고 있었다. 스파츠 장군의 절친한 친구이자 신뢰할 만한 인물인 동시에 굉장히 날카롭고 정확한 관찰자였던 로버트 러벳 전쟁부 항공차관은 스파츠가 대부분의 상황에서 틀리지 않는 전술적 본능을 가지고 있다고 느꼈다. 스파츠는 체계적인 기획가는 아니었지만, 자신의 직관에 따라 올바른 결정을 내릴 줄 알았다. 그의 참모장교였던 로런스 큐터Laurence S. Kuter 준장은 이렇게 말했다. "스파츠 장군께서는 참모부 검토를 굉장히 싫어하셨습니다. 참모부의 검토는 항상 제출되었지만, 스파츠 장군은 즉각적으로 결론이 무엇인지, 어떤 선택이 있으며 참모의 제안은 무엇이고 누가 이를 수행할지를 듣고 싶어 하셨습니다. …… 장군께서는 참모부 검토 내용을 다 읽지 않으셨습니다. 스파츠 장군은 결말을 원했고, 결론이 무엇인지, 선택 사항으로 무엇이 있는지와 약간의 정보를 더 원하셨을 뿐입니다."

조지 브라운George S. Brown 장군에게도 그런 능력이 있었다. 그는 군 생활을 하면서 1973년 공군참모총장이 되기 직전에 공군의 과학화 조직인 공군병기 사령부Air Force System Command로 보직되기 전까지는 항상 모든 준비가 되어 있었다. 그의 참모 장군 중 한 명인 제리 쿡Jerry Cook 소장은 나에게 이렇게 말했다. "브라운 장군은 굉장히 강한 자신감을 가졌지만, 그렇다고 거만한 사람은 아니었습니다. 브라운 장군이 병기사령부에 도착했을 때 제일 먼저 하신 일은 이곳 사람들이 무슨 일을 하는지 모른다는 사실을 밝힌 것이었습니다. 그는 이곳에 사령관이 되기 위해 왔으며, 이들의 영향력이 한계를 보일 때 이들의 일을 대신 처리해줄 창구 역할을 할 것이라고 말했습니다. 하지만 이 사람들의 업무에 관해서는 전혀 아는 바가 없다고 강조하셨습니다. 사실, 저는 이곳에 있으면서 이 사람들의 업무를 잘 모른다는 사실이 창피했습니다. 하지만 브라운 장군은 이 문제에 겸손하셨죠. 그는 이 점을 강점으로 활용했습니다. 전문가가 보고하려고 그의 집무실에 들어오면, 그는 곧잘 이렇게 말했습니다. '자, 나는 자네가 말하는 공학적인 세부 내용이나 사양, 무기 데이터, 타이밍 등을 놓고 자네와 말다툼할 수가 없네. 하지만 난 자네가 나에게 이것들을 보고하는 모습에서 오는 느낌을 가지고 언쟁을 할 수 있겠지.' 그는 가끔 '이건 뭔가가 이상하군' 하고 말하면서 명백하게 잘못된 부분을 짚어내곤 했습니다. 예를 들어, 배열통제위원회에 소속된 한 '영향력'이 있는 사람이 공학적인 부분에서 이해 충돌이 발생하는 것을 보고는 브라운 장군이 잽싸게 이 문제에 끼어들었습니다. 하지만 그가 이런 일에 끼어들 때는 브리핑하는 이에게 그 자리에서 한 번 수정할 수 있는 기회를 늘 주었습니다. 그는 누군가가 자신의 실수를 지적받으면, 그 자신이 다시 이를 극복하도록 놔두었습니다."

루시안 트러스콧 중장은 이탈리아 침공 당시 마크 클라크 대장 휘하의 군단장이었다. 트러스콧 장군은 자서전에서 '감'과 관련해 흥미로운 견해를 적어놓았다. "클라크 장군은 능력 있는 참모였으며, 걸출한 행정가이자 관리자였다. 하지만 그는 알렉산더 원수로부터 충분하게 훈련받지 못했고, 최고사령부 근무 경험도 부족했다. 그의 첫 고급사령부 경험은 살레르노에서였으며, 그곳은 그에게 험한 교훈을 안겼다. 클라크 장군이 내 지휘소를 방문할 때면, 그는 기자와 사진기자 한 무리를 대동하고 나타나곤 했다. 그의 공보장교는 안치오에 있을 때부터 모든 언론 보도 내용에 '마크 클라크 중장의 제5군'이라는 말을 집어넣도록 명령받았다. 언론의 개인적 관심을 원하는 것이 그의 최대 약점이었다. 패튼이나 몽고메리처럼 광범위한 언론 홍보가 그다지 영향을 끼치지 않는 경우도 있겠지만, 나는 가끔 그의 이런 점이 일류 전투지휘관들의 증표인 '전장의 감'을 얻는 데 방해가 되지 않았나 생각했다. 클라크보다 더 뛰어난 매력을 갖춘 이는 드물었고, 그처럼 부하들이 임무를 수행할 수 있도록 모든 지원과 노력을 아낀 상급지휘관도 흔치 않았다. 실제로 나는 클라크 장군이 나의 요청을 거부했던 일이 떠오르지 않으며, 그는 항상 군수 및 전술적인 문제를 즉각적으로 신속히 해결해주려고 지치지 않는 노력을 보여주었다."

그렇다면 '감'이란 신이 부여하는 재능일까? 나는 육군참모총장을 지낸 에드워드 마이어 대장에게 이에 관해 질문했다. 그는 이렇게 답했다. "양쪽의 조합인 것 같습니다. 원칙적으로는 개발되는 능력이라고 봅니다. 신께서는 두뇌, 염색체, 머리카락(혹은 대머리)을 비롯해 다양한 것들을 주십니다. 어떤 사람들은 이런 능력을 개발하고, 또 어떤 사람들은 그 능력을 활용하지 못합니다. 위대한 리더들이 최고의 리더십 위치에서 성공적일 수 있게 한 것은, 이런 능력을 개발할 수 있던 기회가 아닐까 싶습니다."

같은 질문에 전 합참의장 존 샬리캐슈빌리John M. Shalikashvili 대장은 이렇게 답했다. "그런 능력이 어디서 오는지는 모르겠습니다만, 어떤 것의 옳고 그름을 이야기할 때 주변 사람들이 아무리 반대로 이야기하더라도 그 느낌은 뱃속 깊은 곳에서 느껴져 옵니다. 잘은 모르겠지만, 아마도 항상 그런 느낌이 있어 온 것 같습니다. 아니, 그 일부는 자신감에서 오는지도 모르겠습니다. 어떤 일을 충분히 자주 하고, 경험을 많이 쌓다 보면 그 감각을 개발하게 됩니다. 소위 시절에는 그 느낌을 몰랐던 것 같습니다. 아시겠지만, 지금은 소령들이 아무리 뭐라고 하든 무엇이 옳은지는 제가 잘 압니다. 그땐 달랐죠. 지금은 자신감에서 오는 것이라고 말할 수밖에 없는 그 느낌을 가지고 있습니다."

사령관이 병사들을 꾸준히 시찰하는 것은 결심하는 데 필요한 '감'에서 매우 중요한 요소라는 점을 여러 인터뷰를 통해 알 수 있었다. 태평양전쟁을 치르면서 아시아에서 필리핀을 수복하기 위해 미국이 공격을 가했을 당시 미 8군사령관이던 로버트 아이첼버거Robert L. Eichelberger 중장은 이렇게 회고했다. "어쨌든 맥아더 장군은 마닐라에서 쉴 틈 없이 움직였다. 4월에 크루거 장군의 병사들이 참호 속에 들어가 있던 3,000여 명의 일본군과 격전을 벌였던, 마닐라 동북쪽 32킬로미터의 마라키나 계곡으로 순시를 갔던 단 하루를 제외하고, 그는 가족들이 도착한 이래로 계속 마닐라에 머물렀다. 그는 남방 쪽 전투의 '감'을 잡고 싶어 했다." 6월 3일, 맥아더 장군과 참모 몇 명은 훗날 아이첼버거가 미8군의 전장 '순회 관람'이라고 부른 순시를 떠나기 위해 보이시Boise호에 승선했으며, 순시 끝에는 브루나이 만 상륙작전에 참가할 예정이었다. 맥아더는 12일 동안 사령부를 떠날 계획이었다.

아이첼버거가 8군 지휘권을 인수했을 때, 그는 당장 부대 검열을 실시해 우려되는 바를 찾아냈다. "병사들은 개탄스러울 정도였다. 이들은 다들 더럽게 긴 수염을 기르고 있었다. 전투복은 넝마에 가까웠고, 전투화는 손질이 하나도 안 되어 있거나 닳아 있었다. 이들은 한참 부족한 양의 전투식량을 보급받고 있었고, 이들 사이에 군기나 예절은 매우 희박했다. …… 마틴과 내가 연대 전투단의 '공격' 실시를 관찰하기 위해 찾아갔을 때 연대 지휘소가 전선에서 7킬로미터 바깥에 있다는 것을 알았다. 연대 지휘관과 연대 참모들은 이 지점에서 어쩌다 한 번 정도 전방으로 나가는 정도였다. 병사들은 작은 소규모 단위로 전선까지 가는 길을 따라 흩어져 있었으며, 공격을 하고 있어야 하는 순간에 뭔가 먹고 있거나 자고 있었다. 전선에는 150명 남짓 되는 두 개 중대의 일부만이 모여 있었다. 150명이 들어가 있는 전선 주변의 참호 밖 전투지역에 위치한 나머지 2,000명가량의 병력은 예비군이라고 생각하기 어려울 정도였다. 이들을 모아 부대를 재편하고, 이동시켜 전술임무에 투입하는 데에는 최소 서너 시간이 필요했다."

침공 작전이 진행되면서, 아이첼버거 장군은 군기와 조직이 엉망이 된 이 부대들의 개탄스러운 모습을 바꿔보기 위해 얼마나 넓은 범위의 책임지역을 뛰어다녔는지 기록으로 남겼다. "4월이 되었을 무렵, 나는 아시아에서 가장 바쁜 항공기 통근자가 되어 있었다. 8군은 수많은 곳에서 전투를 치르고 있었고, 나는 성실한 비즈니스 외판원처럼 이들 모두를 방문하려고 노력했다. 항공기는 내게 마법의 양탄자였다. 아침 일찍부터 이륙해서, 7시 정각쯤에는 이미 하늘 위를 날고, 마닐라에서 연합군사령부와 회의한 후 해지기 전까지 참모회의를 하기 위해 다시 내 책상으로 돌아왔다. 야전 보고서의 혼란과 모순점은 전략적인 결심을 내려야 하는 지휘관을 항상 괴롭힌다. 항공기 덕에 나는 재빨리 레이테 섬의 녹색 산들 사이로 날아오르고, 잠보앙가와 세부, 네그로스, 심지어 나중에는 녹색 잔디 활주로가 깔려 있던 민다나오 등에 내려 야전 상황을 직접 확인할 수 있었다. 1945년 봄의 90일 동안 나는 하늘 위에서만 70일을 보냈다."

한국에서 미군의 패배를 막아낸 리지웨이^{Matthew B. Ridgway} 장군은 병사들을 순시하는 것을 자신이 리더이자 의사결정자로서 성공한 가장 큰 요인으로 보았다. "만약 지휘관이 그의 참모에만 의존한다면, 그 전쟁은 진 것과 같다. 지휘관은 참모와 가장 친밀한 관계를 유지해야 하며, 특히 참모장과 가까워야 한다. 하지만 지휘관은 주요 예하 지휘관들에게도 직접 찾아갈 수 있어야 한다. 지휘관은 병사들과 함께 밖에 있어야 하며, 그곳에서 지휘관은 감을 얻고, 자신의 느낌과 참모보고서에 적혀 있는 것들을 직접 자신의 눈과 귀로 확인할 수 있다. 하지만 지휘관 중에는 참모들에게 지나치게 의존한 나머지, 실제로 그가 받아들게 되는 보고는 두 사람을 거친 간접 보고인 것도 허다하다(당연히 대부분의 경우는 한 사람을 거친 보고를 받게 되기 마련이다). 사단 정도 되는 규모의 부대에서는 이런 식으로 의존할 필요가 없다. 사단에서는 한 번에 하나 이상 문제가 발생하는 일이 거의 없으며, 지휘관은 거의 예외 없이 이런 문제를 미리 예측할 수 있다. 따라서 지휘관은 문제가 발생하기 전에 그곳에 있어야 하며, 부하들의 영역에 침범하지 않는다는 태도를 최대로 유지하는 동시에 최선을 다해 그들을 도와주어야 한다. 그들이 묻기 전에 무엇을 필요로 하는지 예측해야 하는 것이다."

리지웨이 장군은 이렇게 확인했다. "저는 사건이 벌어지는 현장에 직접 있었거나 해당 임무를 위임하기로 한 지휘관과 사전에 상의해 이 사실을 알면서도 묵인한 경우를 제외하고는 전투 중간에 중요한 결정을 내린 적이 없습니다. 바꿔 말해, 현장에 있는 해당 지휘관이 어떤 결정을 내리기로 하면, 나 또한 그것이 옳다고 생각했습니다. 이렇게 하면 지휘관은 그 자신이 직접 경험하지 않은 일을 병사들에게 시킬 수 없다는 점을 고려하게 되고, 결국 이런 문제 자체를 고민할 필요가 없게 됩니다."

리지웨이가 프랑스 침공 무렵 82공정사단장을 하고 있을 당시, 그는 작은 항공기로 부대를 시찰하기로 했다. "저는 하늘에서 정찰하다가 파일럿인 마이크에게 착륙하라고 했고, 그는 항공기를 착륙시켰습니다. 우리는 그 작은 항공기 안에서 쪽지를 주고받으며 전신주 아래로 들어가 작은 마을 길거리에 착륙하기로 했습니다. 다행히 신의 도움으로 우리는 그곳에서 똑같은 방법으로 이륙할 수 있었습니다. 저는 공병 수색대에 연락해 다리에 설치되어 있던 폭약이 해체된 상태인지 수색하라고 지시했습니다. 그러고 나서 불빛 따위는 거의 없었는데도 강바닥 같은 여러 장소에 연이어 착륙했습니다. 그곳에는 불이 밝혀진 활주로 같은 땅은 전혀 없었지만, 다행히 마이크는 훌륭한 조종사였습니다."

리지웨이 장군은 1950년 미 8군사령관이 되어 한국에 부임한 후 병력을 적극적으로 순시했다. 훗날 1964년부터 1968년까지 육군참모총장을 역임한 당시 예하 연대장 해럴드 존슨^{Harold K. Johnson} 대령은 다음과 같이 말했다. "리지웨이 장군이 도착해서 가장 크게 바뀐 것은 지휘관회의가 자주 열리고 사령관이 순시를 자주 다닌다는 것이었습니다. 지휘관회의에는 중대장까지 참석했습니다. 리지웨이 장군은 순수한 인품을 지닌 사람이었으며, 그런 마음으로 우리와 대화했고, 우리 모두의 마음을 돌려놓아 변화를 만들어냈습니다. 정말로 그랬죠. 그는 실제로 반전의 변화가 발생했는지 확인하기 위해 많은 이와 얼굴을 맞대고 살펴보았습니다. 그는 오래 기다리지 못했고, 느린 것을 용서하지 않았습니다. 그는 말 그대로 부관을 대동하고 직접 거처를 지휘소 안으로 옮겼습니다. 심지어 그는 연대 식당에서 식사했고, 주 지휘소에서 아침에 나가시고 저녁때 돌아오셨습니다. 낮 시간에는 하루 종일 예하 부대를 순시했죠. 취침은 꽤 일찍 하신 대신, 기상도 일찍 하셨습니다. 저도 여기서 보고 배운 후 순시를 통해 현장에서 벌어지는 일을 이해하고자 노력했습니다. 저는 리지웨이 장군의 뒤를 따라다니며 그가 병사들에게 하는 말이 무엇인지 배우려고 했습니다. 이 방법은 특히 다른 지휘관들에게 여러 가지 내용을 브리핑할 때 매우 도움이 되고 효과적이었습니다."

제2차 세계대전 당시 군단장을 역임한 로턴 콜린스 장군은 자신의 자서전에서 리지웨이 장군을 다음과 같이 평했다. "리지웨이와 나는 직속 병사들과 매우 가까웠으며, 몽고메리 장군보다 훨씬 정확한 상황 지식을 가지고 있었다. 몽고메리는 자신이 직접 우리 사령부에 배치한 영국군 초급 참모장교들로 이루어진 '유령 관찰자'들의 일일 보고서를 맹신하는 경향이 있었다."

공군참모총장을 역임하던 당시 데이비드 존스 장군은 부대 순시를 자주 다녔다. 그의 부관이던 로버트 백스터Robert H. Baxter 당시 중령은 항상 그를 수행했다. 그는 존스의 수행 방식에 대해 다음과 같이 서술했다. "존스 장군은 기지를 순시할 때 이것저것을 둘러보는 절차를 가지고 있었습니다. 그는 굉장히 묘한 구석이 있었습니다. 그는 직접 그 방법을 고안했거나, 아니면 경험을 통해 익힌 것 같았습니다. 존스 장군은 가기 전 해당 기지에 관해 많은 것을 조사했습니다. 참모들은 기지의 배경 정보, 그리고 기지 주변의 환경 관련 민원이라든지 기지 부지 추가 매입 마찰 같은 해당 기지와 관계된 문제나 주제에 관해 엄청나게 많은 정보를 조사했고, 기지의 임무와 관련된 주제도 살펴보았습니다. 존스 장군은 모든 준비를 철저히 해내던 애벗 그린리프^{Abbot Greenleaf}와 퀴리^{James B. Currie} 장군을 항상 동행했습니다. 존스 장군은 하루 순시 끝에 기지 둘레를 따라 걸으며 무엇을 옮겼으면 좋겠으며, 무엇을 여기저기서 잘라냈으면 좋겠다는 이야기를 했습니다. 불가피하게도, 이런 말씀에 대해 기지 측은 어떤 식으로든 반응을 보여야 했고, 결국 어떻게든 다 해결이 되었던 것 같습니다. 우리는 마치^{March} 공군기지에 갔던 적이 있었는데, 거기서 그는 자신이 관찰한 점을 큰소리로 말하셨습니다. 제가 그에게로 돌아서면서, '그걸 어떻게 아십니까? 그저 기지 내 길거리만 걸어 다니셨는데, 어떻게 그냥 보시기만 하고 그런 정확한 분석을 내리신 겁니까' 하고 묻자 그는 이렇게 답하셨습니다. '글쎄, 경험 덕에 아는 거지. 콧구멍 안쪽 구석구석까지 충분히 손가락을 찔러 넣어봐야 겨우 그 느낌을 알게 되는 법 아니겠어?' 그는 예를 들어 엄청나게 일의 중복성이 심했던 24시간 작업 본부를 통합하려 했습니다. 그는 효율성을 높이기 위해 여러 다른 기능을 제 위치에 맞게 배치하고자 했죠. 이때 우리는 공군 내에서 여러 통합 작업을 하기 위해 여기저기 움직이고 다녔고, 예산을 많이 아꼈습니다. 저는 그가 기지들을 순시하면서 기지에 대해서 가지고 있는 '감'에 대해 항상 놀랐습니다. 사실 이 점은 여러 사람들이 그와 관련해 논란을 불러일으켰던 부분입니다. 그는 대부분 사람들이 생각하는 것 이상으로 기지에 더 많은 것을 짜 넣었습니다. 그는 종종 장비의 부하^{負荷}를 올렸습니다. 가끔은 기지 내에 이미 효율적인 상태로 있던 것을 통합했지만, 종종 부가적인 기능을 얻기 위한 공간을 찾아냄으로써 폐쇄해야 했을지도 모를 기지 하나를 다시 살려내기도 하셨습니다."

'감'을 느끼는 능력은 상관을 대할 때에도 매우 중요하다. 존스 장군은 이와 관련한 일화 한 가지를 말했다. "저는 르메이 장군의 부관이 된 첫날부터 그의 보디랭귀지를 이해할 수 있었습니다. 저는 그가 심각한 문제 때문에 깊은 생각에 잠길 때면 이를 알아챌 수 있었고, 혼자 계실 수 있게 해드렸습니다. 만약 장군께서 심심해 못 견디신다는 느낌이 오면 그가 관심을 가질 만한 것을 가져다 드렸죠. 항상 중요한 것은 타이밍이었습니다."

존스 장군은 관료들을 상대할 때에도 이 '감'을 사용했다. 미 공군 전술공군사령부Tactical Air Command 사령관을 지낸 윌버 크리치Wilber L. Creech 대장은 이렇게 말했다. "데이브 존스는 매우 정치적인 사람이었습니다. 제 말은 좋은 의미로 정치적이라는 것이며, 그는 개인이든 집단이든 타인의 감정을 맞춰줄 줄 알았습니다. 그는 편견과 편향을 이해했고, 어떻게 이런 것이 생기는지, 어디에 이런 편견이 존재하는지도 잘 알았습니다. 그는 의견이 교차하는 흐름을 잘 분석했고, 이런 의견이 흘러 어떤 결론이 도출되는지도 잘 판단했습니다. 그가 무엇인가를 해야 한다고 결심했을 때에는, 그 의견에 공감하는 이가 많지 않더라도 빠르게 이를 처리할 용기가 있었습니다. 그가 일하는 모습을 관찰한 바에 따르면, 그는 그저 관료들의 꼬리나 잡아당기기 위해 무엇을 하지 않았습니다. 그는 자신이 옳다고 생각한 일을 했고, 대다수가 그것을 하지 말아야 한다고 생각하더라도 그는 신경 쓰지 않았습니다. 그는 무엇을 해야 하는지에 대한 자신만의 비전이 있었고, 그대로 했습니다. 하나 분명하게 덧붙이자면, 그가 상관하지 않았기 때문이 아니라 상관했기 때문에 그렇게 했던 것이고, 그가 이해하지 못했기 때문이 아니라 이해했기 때문에 그렇게 했던 것입니다. 그는 계속 모든 것을 밀고 나갔습니다."

노먼 슈워츠코프 대장은 베트남전쟁에 참전하던 당시, 베트남군 장교이던 응오꽝쯔엉Ngo Quang Troung 대령과 함께 지내면서 무엇이 '감'인지에 관해 한 가지 훌륭한 예를 알게 된 적이 있다. 응오꽝쯔엉 대령은 군사적으로 천재였으나 전혀 그렇게 보이지 않았다고 한다. 슈워츠코프는 그를 40대 중반에 키가 약 170센티미터이며, 매우 말랐고, 어깨가 살짝 굽었으며, 몸에 비해 머리가 매우 크고, 얼굴이 창백한 남자로, 전혀 잘생기지 않았으며, 항상 입에 담배를 물고 있었다고 묘사했다. "그렇지만 그의 장교와 병사들은 그를 숭배했고, 북베트남 지휘관들은 그를 두려워했다."

이아드랑Ia Drang 계곡에서 격파당한 북베트남 연대 하나가 전장에서 탈출해 캄보디아로 진입하려 하면서 문제가 발생했던 사건이 있었다. 베트남군 참모총장은 직접 응오꽝쯔엉 대령을 지명해 이를 막으라고 시켰고, 다시 응오꽝쯔엉 대령은 슈워츠코프를 미군 고문관으로 선택했다. 슈워츠코프는 당시를 이렇게 회상했다. "그가 작전을 수행하는 모습은 흥미진진했습니다. 그는 함께 행군을 하다가 우리를 잠시 정지시키고 지도를 봤으며, 가끔씩 주기적으로 지도의 한 지점을 가리키며 '이 지점에 포격하게'라고 말했습니다." 슈워츠코프는 처음에는 이 명령이 매우 못미더웠으나 어쨌든 일제사격을 가했다. 부대가 다시 행군하여 그 지점에 다다라 보니 북베트남군의 시체가 널려 있었다. 쉽게 말해 응오꽝쯔엉 대령은 지형을 시각화하고, 지난 15년간 적을 상대한 경험을 이용해 적들이 무엇을 할지를 예상하는 묘한 능력을 보여준 것이다.

그날 밤, 응오꽝쯔엉 대령은 전투계획을 설명하면서 부하들에게 다음과 같이 말했다. "새벽이 되면 한 개의 대대를 내보내 이 지점, 우리의 좌측에서 언덕과 강 사이의 저지부대 역할을 하도록 위치시키게. 내일 오전 한 8시쯤이 되면 이 부대는 적과 엄청난 교전에 들어갈 거야. 그러면 대대 한 개를 우리의 오른쪽에서 추가로 투입하게. 그러면 이 부대는 약 11시쯤 적과 교전에 들어갈 텐데, 그때 포병들이 우리 정면 방향으로 포격하도록 준비하게." 그러고는 덧붙이기를, "우리는 3, 4대대로 강을 향해 공격하게 될 거야. 그렇게 되면 적은 강을 등진 채로 함정에 빠지게 되는 것이지."

슈워츠코프는 회고록에서 이렇게 기억했다. "나는 웨스트포인트에서도 이런 식의 이야기는 들어본 적이 없었다. 나는 속으로, '8시니, 11시니 하는 건 다 뭐야? 어떻게 전투계획을 이런 식으로 짜지' 하고 생각했다. 하지만 나는 그의 계획의 개요를 잘 이해했다. 응오꽝쯔엉 대령은 기원전 217년 한니발 Hannibal 장군이 트라시메노Trasimene 호숫가에서 로마군을 전멸시킨 그 전술을 응용하고 있었다."

응오꽝쯔엉 대령은 자신의 공격 명령을 발표한 후에 자리에 앉아 담배를 피우며 지도를 연구했고, 한밤중까지 계획을 계속해서 재검토하며 전투의 모든 과정을 단계별로 그려보았다고 한다. 그리고 새벽에는 3대대를 내보냈다. 이들은 지정된 위치에 도착했고, 8시에 본부로 연락해 대규모 교전에 돌입했다고 알렸다. 응오꽝쯔엉 대령은 다시 오른쪽으로 5대대를 내보냈고, 11시에 이 부대가 대규모 교전에 들어갔음을 알려 왔다. 응오꽝쯔엉 대령이 예상했듯, 그들의 발아래 밀림에서 적들은 3대대와 마주쳤다. 응오꽝쯔엉은 이 상황을 사전에 예측했으며, 적들이 움직이지 못하도록 고착시켰다. 그는 슈워츠코프를 돌아보며 말했다. "이제 포격해주십시오." 포병은 응오꽝쯔엉 대령의 부대 발밑 지역에 30분 정도 포격을 퍼부었다. 응오꽝쯔엉은 다시 나머지 대대에 언덕 아래로 내려가 공격하라고 명령했으며, 이곳은 곧 엄청난 총격전의 현장이 되었고 본대도 곧 여기에 함께 뛰어들었다. 응오꽝쯔엉은 다시 명령했다. "좋아, 이쯤에서 중지한다." 그는 빈터를 골라 앉은 후 이곳에서 참모들과 점심을 들었다. 점심을 절반쯤 먹었을 때, 슈워츠코프는 응오꽝쯔엉 대령이 밥그릇을 내려놓고 무전기에 대고 뭐라고 명령을 내리는 것을 보았다. 그는 자신의 병력에게 전장을 수색하여 무기류를 찾도록 시켰다. "적을 많이 사살했으니, 우리가 죽이지 못한 적은 무기를 버리고 달아났을 것이다." 슈워츠코프는 매우 놀란 느낌으로 회상하길, "대령이 실제로 본 건 하나도 없었습니다! 모든 행동은 밀림에 가려 보이지 않았습니다. 하지만 우리는 그 공터에 앉아 나머지 반나절 내내 기다렸고, 그의 병사들은 우리 앞에 계속해서 한 아름씩 가득 무기류를 실어 날라댔습니다. 저는 매우 흥분했었습니다. 이건 완전히 결정적인 승리라고 생각했죠. 하지만 응오꽝쯔엉 대령은 계속 그 자리에 앉아 담배만 피울 뿐이었습니다."

슈워츠코프 장군은 매우 열심히 예하 병사들을 순시했다. 당시 중령이던 그는 베트남에서 복무하면서 야전부대 대대장으로 보직되었다. 그는 이임하는 대대장을 '호감을 주지 못하는 연상의 인물로, 중키에 말랐고, 턱이 움푹 들어갔다'고 묘사했다. 슈워츠코프는 그와 두세 시간 정도 대대에 관해 대화하기를 원했지만, 이임 대대장은 대대원들의 사기와 임무수행 상태가 엉망이라고만 말했다. 그는 슈워츠코프를 향해 "행운을 빌겠소"라고 말했고, 악수를 한 차례 청한 후 떠나버렸다.

슈워츠코프는 현재 상황이 어떤지 듣고 싶었기 때문에 사령부를 찾았다. 대대 행정장교가 그에게 경례한 후 말했다. "대대장님, 브리핑할 준비가 끝났습니다."

"나는 지금 브리핑을 받고 싶지 않네. 지금 당장 중대들을 둘러보고 싶어."

"예?"

"내 예하 중대들을 둘러보고 싶다고. 이 대대에도 당연히 지휘통제용 헬리콥터가 있겠지?"

"예, 있습니다만, 리$^{Will\ Lee}$ 소령이 현재 사용 중입니다."

윌 리 소령은 작전참모였다.

"대대장님, 사실 헬리콥터는 리 소령이 항상 사용하고 있습니다."

"무슨 소리인가? 지휘통제용 헬리콥터는 대대장이 사용하라고 있는 게 아닌가? 당장 헬기를 이리 가져와."

작전실에는 충격을 받은 듯한 침묵이 잠시 흘렀다. 행정장교가 말했다. "대대장님, 잠깐 바깥에서 한 말씀 드려도 되겠습니까?" 두 사람이 밖으로 나가자 행정장교가 자초지종을 설명했다. "사실 이 상황이 정상적이 아니기는 합니다만, 전임 대대장께서 단 한 번도 야전을 둘러보러 나가신 적이 없기 때문에 이곳에 헬기가 없는 겁니다."

헬리콥터가 다시 돌아오는 데에는 한 시간 반이 걸린다고 했다. 슈워츠코프는 사령부 안에서 기다리면서, 작전실 안에 대대장이 앉아 있을 곳이 하나도 없다는 것을 깨달았다. 책상도, 의자도, 아무것도 없었다. 그는 자신의 작은 막사로 돌아가 무엇부터 해야 할지 곰곰이 생각하면서 스스로에게 물었다. '이들을 도대체 어떻게 해야 다시 제대로 작동하게 할 수 있을까? 도대체 누가 이곳의 책임자일까?' 한참 후에 헬리콥터가 돌아왔다. 그가 작전실로 들어설 때 누군가가 이렇게 말하는 소리가 들렸다. "도대체 무슨 망할 일 때문에 나를 불러냈나? 밖에서 할 일이 산더미인데!" 그 말을 한 이는 리 소령이었으며, 그는 매우 적극적인 베테랑 장교로서 명령을 준수하기 위해 노력했고, 사실상 리더십이 부재한 상황에서 작전을 유지하고자 애쓰고 있었다. 슈워츠코프는 리 소령에게 자신을 소개하고, 야전을 둘러보고 싶다고 말했다. "좋습니다, 대대장님! 가시죠! 어느 중대부터 보시겠습니까?" 리 소령이 답했다.

슈워츠코프가 둘러본 상황은 개탄스러웠다. 중대 막사는 혼란스러웠고, 병사들은 단정하지 못하게 전투복을 입고 있었으며, 참호는 하나도 파놓지 않았다. 중기관총은 탄약이 없었고 녹이 슬어 있었다. 그는 이렇게 당시를 회고했다. "병사들이 죽어 나가기 전에 이 무사태평한 분위기를 끝내야 했습니다. 나는 지금까지 빨간색 반바지를 입고 다닌 중대장을 한쪽으로 불러냈습니다. '이제부터 이곳은 크게 변할 걸세, 대위. 당장 말이야, 당장. 나는 자네를 보직 해임하고 싶네만, 자네가 이렇게 임무를 수행하도록 지금까지 용인해온 것부터 잘못이니 그렇게 하진 않겠네. 하지만 분명히 말하지. 자네도 뭘 해야 할지 잘 알 것이고, 당장 그렇게 되게 하는 게 좋을 걸세. 우선 자네 부대가 어딘가에 멈춰 서게 되면, 먼저 해당 지역의 방호부터 확보해야 하네. 제대로 된 방호 말이야. 둘째, 야전에 나와 있는 모든 휴대용 라디오는 없애버리게. 셋째, 이곳에 있는 모든 무기를 깨끗이 손질하고, 내가 이곳에 왔을 때 두 번 다시 무기 없이 빈손으로 다니는 자를 보지 않게 하게. 절대로! 무기는 항상 손에,

새 탄약과 함께 가지고 다니게 하라고! 넷째, 자네부터 시작해서 이곳의 모든 병력이 깨끗하게 면도하고 씻고 제대로 된 전투복을 입게 하게. 당연히 방탄모도 쓰고! 다섯째, 오늘 밤에 이 병사들이 매복 순찰을 나가지 못하게 하게. 왜냐하면 지금 다 깨 있으니 나가면 분명히 졸 테니까.'"

슈워츠코프는 사령부로 돌아와 식당으로 갔다. 그곳에는 병사들이 비를 맞으면서 긴 줄을 서 있었다. 그는 줄 끝으로 걸어가 맨 뒤에 섰다. 식당 관리관이 뛰어나와 앞으로 오시라고 하면서 이렇게 말했다. "대대장님께서는 줄을 서실 필요가 없습니다. 저희 식당 안에는 장교용 구역이 따로 마련되어 있습니다."

슈워츠코프가 대답했다. "중사, 내 병사들이 빗속에 줄을 서서 기다려야 한다면 나도 그렇게 하겠네." 병사들은 그를 바라봤다. 그는 곧 병사들과 대화를 시작했고, 이곳에 온 이래 처음으로 용기를 얻었다. 한 병사가 물어보았다. "중령님이 새로 부임하신 대대장님이십니까?" 다른 병사도 물어보았다. "뭔가 많이 바꾸실 생각이십니까?" 세 번째 병사는 이렇게 말했다. "지금 처음으로 우리 대대장님과 대화해봅니다. 직접 대화를 나눌 수 있어 좋습니다, 대대장님." 줄은 계속해서 이동했고, 건물 안으로 들어갔다. 그는 장교들의 식사 시간이 애초부터 병사들과 달랐다는 것을 알게 되었다. 장교들은 병사들이 식사를 끝낼 때까지 기다린 후 자리에 앉으면 음식을 내왔다. 그는 행정장교를 불러 지금부터 모든 장교는 병사들과 함께 식사하라고 지시했다.

에드워드 마이어 대장은 순시를 하면서 '감'을 개발하는 것과 병사들을 순시하는 것의 역할을 다음과 같이 말했다. "한국과 베트남에서의 경험, 그리고 참모총장을 하면서 얻은 경험에 의거해 저는 일부러 예상하지 못한 때에 알리지 않고 기지나 병영, 부대를 방문했습니다. 출발하고 나서 한 삼십 분 정도 되면 그때 연락해 우리가 가고 있다고 알렸습니다. 제가 간다고 단장해놓는 것이 싫었기 때문이죠. 지휘관은 그곳이 보급소든, 전술부대든, 연구개발 부대든 현장 그 자체의 느낌을 얻어야 합니다. 어떤 곳이든 상관없이, 사람이 일하는 곳에는 항상 무슨 일인가가 있기 마련이고, 이들의 일이 조직의 이익을 위해 어떤 식으로 기여하는지 잘 이해하려면 기본적인 근거를 잘 이해해야 합니다. 따라서 지휘관은 현장의 관찰이 필요하고, 밖으로 나가 병사들을 둘러보는 것이 '감' 혹은 '육감'을 얻는 데 필수적이라고 생각합니다."

쇼맨십

쇼맨십showmanship은 지휘관과 그가 지휘하는 최하위 제대까지 닿을 수 있게 해주는 탁월한 기술이다. 조지 패튼 장군은 웨스트포인트에서 생도 생활을 하고 있던 자신의 아들에게 이렇게 말했다. "특히 바람둥이처럼 (잘 차려입고) 다녀라. 완전히 잘 꾸며 입어서 사람들이 너를 그냥 의식 못 하는 정도가 아니라 완전히 모두의 관심을 끌도록 말이다. 내가 왜 옷을 잘 입으려 노력하겠니. 항상 옷은 잘 다려서 입어라. 내가 (사관학교에서 상급 계급을 따기 위해) 노력했을 때, 나는 항상 단 한 번도 구긴 적 없는 깨끗한 전투복을 한 벌 더 갖고 있었단다."

패튼은 전투복을 입고 있을 때 가장 완벽한 모습이 나왔다. 이는 모든 지휘관들에게 가장 중요한 점이었으며, 패튼은 이를 병사들과 소통하는 데 이용했다. 이는 '감'을 얻는 데 중요했던 것이다. 장성이 되면서 그는 몸에 딱 맞춰서 훌륭하게 재단된 야전 재킷을 입었으며, 재킷은 황동 단추로 장식되어 있었다. 왼쪽 주머니 위에는 네 줄의 작전참가 기장과 훈장 약장이 달려 있었고, 각 어깨와 셔츠 칼라에는 원래보다 더 크게 만들어진 장성 계급장이 고정되어 있었다. 그의 전투복 하의는 능직물로 만든 승마 바지였다. 그는 목이 높은 기병장화를 신고, 거울처럼 반질반질하게 광을 냈으며, 뒤축에는 박차까지 달았다. 그의 허리에는 수공예로 제작한 가죽벨트 위에 번쩍번쩍 빛나는 청동 버클이 달려 있었다. 양쪽 둔부에는 상아로 손잡이를 만들고 장군의 별을 박아 넣은 권총을 차고 있었다. 그의 손에는 항상 말채찍이 들려 있었다. 그의 방탄 헬멧은 유광으로 마무리되어 있었다. 그를 처음 만나는 순간 받게 되는 인상은 '콰쾅' 그 자체였다. 전투복을 차려입은 그의 모습이 매력적으로 시선을 끌었다는 데에는 전혀 이견이 없었다. 그의 전투복은 마치 '나는 패튼이다. 우리 육군, 아니 전 세계 육군에서 최고의 장군 바로 그 사나이다'라고 말하는 듯했다.

어느 마을이 적에게 함락당하면 패튼은 저격수나 시한폭탄의 위험이 도사리고 있다 해도 가장 먼저 마을에 들어섰다. 기습 상륙에 성공하면 그는 상륙선이 접안하기도 전에 파도 속으로 뛰어들어 총탄, 포격, 박격포 공격이 쏟아지는 한가운데로 물을 헤치며 걸어갔고, 병사들의 사기를 북돋기 위한 말들을 소리쳐댔다. 그는 그의 군이 프랑스에서 독일로 이동하면서 수많은 강을 건넜다. 그는 심지어 표정까지 완벽해 보이기 위해서 연습하곤 했다. 하루는 그의 여동생인 니타Nita가 그에게 "왜 오빠는 항상 사진 속에서 심술궂고 성질 나쁘게 보이는 거죠"라고 묻자, 패튼은 "그게 내 전쟁용 표정이라서 그래"라고 답했다.

전쟁이 한창 진행 중이던 어느 춥고 비 내리던 오후, 패튼은 적의 화력에 파손당한 전차들을 정비 중이던 병사들을 찾아갔다. 접촉선까지 전차 이동량이 많았기 때문에 파손된 전차들은 도로에서 약 10미터 바깥으로 벗어난 곳에서 수리 중이었다. 이를 본 패튼은 운전병에게 차를 세우게 했다. 그는 자신의 트럭 밖으로 뛰어나간 후, 문제의 파손된 탱크로 가 그 아래로 기어들어 갔다. 그 아래에는 한창 바쁘게 정비작업을 하고 있던 정비병 두 명이 있었는데, 갑자기 번쩍이는 은색별을 단 장군이 그 아래로 기어들어 오자 완전히 당황했다. 당시 그 장소를 순시 중이던 부사단장의 증언에 따르면, 패튼은 탱크 아래로 들어가서는 25분 가까이 나오지 않았다. 그가 차로 돌아왔을 때, 그의 깔끔했던 전투복은 진흙과 기름으로 범벅이 되어 있었다. 그의 부관이 "무슨 문제가 있답니까" 하고 묻자 패튼은 이렇게 답했다. "몰라. 그것보다는 내가 진흙 속에서 정비 중인 탱크 아래로 배를 깔고 들어갔었다는 이야기가 곧 전 사단에 퍼질 거라는 게 중요하지."

가끔 패튼의 쇼맨십 효과는 단순함에 기반을 두었다. 전쟁이 막 끝났을 때, 베를린에서 패튼과 주코프^{Georgy Zhukov} 원수는 러시아 전쟁기념비 헌정식에 각각 미국과 소련을 대표해 참석했다. 주코프의 예복은 가슴 양쪽을 훈장으로 가득 채워 장식하고 있었다. 하지만 대조적으로 패튼 장군은 몇 개의 참전 기장만 달고 있을 뿐이었다. 당시 행사에 참석해 두 사람을 관찰한 한 사람은 이렇게 말했다. "깔끔하고 정돈된 모습의 패튼은 거대한 러시아 탱크보다도 훨씬 치명적인 인물로 보였다."•

장군으로서 패튼의 쇼맨십은 그 자신이나 군 지휘관이던 동료들에게 새로운 개념이 아니었다. 20대부터 승마인으로 이름을 날린 그는 폴로 경기와 승마에서 보여준 특이함 때문에 '경마의 조지^{Horse George}'라는 별명이 붙었다. 한 친구는 패튼과 자신의 우정을 설명하면서, "우리는 항상 어디론가 돌격하는 것 같은 기분이었다"라고 회고했다. 패튼은 2기갑사단장을 맡으면서 직접 전차병을 위한 녹색의 전투복을 디자인해 '그린 호넷^{Green Hornet}', '번개의 고든^{Flash Gordon}' 같은 별명을 얻기도 했다. 다른 이들은 그에게 '벽 로저스^{Buck Rogers}(서부영화에 나오는 주인공 이름 — 옮긴이)', '화성에서 온 남자', '강철바지^{Iron Pants}' 등 그의 성격과 잘 맞는 별명을 지어주었다. 야전군사령관을 역임하면서는 '피비린내 나는 영감님^{Old Blood and Guts}'이라는 별명도 얻었다. 그에게

• [필자 주] 이 증언을 한 인물은 미 17공정사단(17th Airborne Division) 부사단장이던 존 화이트로(John L. Whitelaw) 준장이다.

이런 별명들은 성공적인 쇼맨십을 나타내는 지표였다. 그는 이런 악명이 리더십 스타일에 필수적이라고 보았다. 수천 명의 병사를 지휘하면서, 패튼은 원거리에서 리더십을 행사해야 했고, 특유의 화려함은 병사들이 자신을 볼 때 느끼기를 바라는 이미지를 퍼뜨리는 데 큰 도움이 되었다.

65보병사단장을 지낸 스탠리 레인하트Stanley E. Reinhart 소장은 독일에서 패튼 장군의 휘하에 있으면서 자신이 한 행동을 기록해두었다. 그는 "진격 속도가 지나치게 빨랐으며, 마치 뭔가를 추격하는 듯했다. 우리의 측방은 간간이 비어 있었고, 가끔은 포위당할 위협에 시달리기도 했다. …… 너무 정도가 심했기 때문에, 내 예하에 있던 3개 연대의 연대장들이 비공식적으로 찾아와 현 상황이 마음에 들지 않는다고 항의했다. '여기까지 셔츠자락을 밖으로 뺀 채로(측방이 비어 있는 상태라는 의미) 달려왔습니다'라는 것이 이들의 표현이었다." 레인하트는 이들에게 만약 최악의 경우 적에게 포위당한다면, '조지(조지 패튼)'가 달려와 꺼내줄 것임을 못 믿느냐고 물었다. 이 한마디가 연대장들을 완전히 만족시킨 것 같았고, 다시 이 문제에 관해서는 한마디도 꺼내지 않았다. 이들은 한 번도 패튼 장군을 만난 적이 없었지만, 그의 명성에 대해서는 익히 알고 있었다. 멀리 있어도 시끄럽고 화려한 패튼의 이런 리더십이 아우라를 만든 것이다.

아이젠하워는 패튼의 쇼맨십이 "항상 조심스럽게 걸치고 있는 껍데기" 같다고 말했다. 패튼이 하는 모든 일에는 다 목적이 있었다. 그는 리더란 자신의 명성이 하급 제대에까지 미치게 하기 위해 병사들이 자신에 관해 수군거리게 할 만한 계산된 개성을 보여주어야 한다고 믿었다. 그의 병사들은 그의 인격을 통해 그를 알았고, 패튼은 이 이미지를 보존하려고 끊임없이 노력했다. 패튼은 1943년 북아프리카에서 로버트 메이컨Robert C. Macon 소장에게 이렇게 말했다. "(이 병사들이) 훈련을 받고 있을 때, 난 상아로 만든 손잡이가 달린 리볼버 두 개를 차고 다녔었네. 다들 날 '쌍권총 패튼'이라고 부르더군. 이곳 해안에 왔을 때도 이들을 실망시키고 싶지 않았네. 그래서 이 망할 쌍권총을 일부러 차고 왔지."

패튼과 가깝던 이들은 그가 훌륭한 배우였다고 말한다. 그는 상황이 요구함에 따라 쇼맨십 기질을 빛내기도, 죽이기도 했다. 묘지 봉헌식, 간부 및 병사를 칭찬하는 연설, 성과가 형편없는 부대에 대한 신랄한 비평 등 각각의 상황마다 그는 각기 다른 적절한 연기를 했다. 그렇다고 그가 진실하지 않았던 것도 아니고, 그의 쇼맨십이 어색했던 적도 없었다. 굳이 인정하자면 의상만 예외였다. 그것도 특별히 재단으로 몸에 딱 맞춘 의상이었다.

패튼이 가지고 있던 쇼맨십과 연기의 이유는 1931년 ≪보병 저널Infantry Journal≫에 게재된 "전쟁에서의 성공Success in War"이라는 글의 관점에 잘 나타나 있다.

성공적인 리더십의 특성(자신감, 열정, 헌신성, 충성, 용기)에 관해 토의한 후, 패튼은 이렇게 결론을 내렸다. "용기, 사기 및 체력은 앞서 말한 모든 특성과 동의어라고 봐도 좋습니다. 이 특성들은 전투에서의 과감성을 기르고, 성공적이든 그렇지 않든 책임을 질 줄 아는 능력을 소중히 여기게 합니다. …… 하지만 심지가 감춰진 거대한 양초와 마찬가지로, 이런 특성들은 감춰져 있을 때는 군사적 가치가 전혀 없습니다. 까다로운 태도를 갖춘 사람은 절대 신뢰를 불어넣지 못합니다. 사무적인 복무 태도는 열정을 일으키지 못하며, 다른 이들에게도 마찬가지로 내성적이고 정신적인 위엄에 대한 외향적이고 시각적인 표시가 있어야 합니다."

결과적으로 리더란 배우여야 한다는 것이며, 실제로 사실이기도 하다. 하지만 그의 경우라면…… 그가 현재의 배역을 살아가고 있는 것이 아니라면, 이는 비현실적인 이야기일 뿐이다.

이러한 것도 배울 수 있는 것일까? 패튼은 그렇다고 생각했다. "그렇다면 인간이 이런 기질을 얻어서 보여줄 수 있을까요? 정답은 인간 모두 이런 기질을 가지고 있고 배울 수도 있다는 것입니다. '사람은 자신의 마음속에 생각하는 대로 존재한다.'• 이런 기질을 얻으려는 부동의 결의, 그리고 명예와 함께 정복하거나 사라지겠다는 투지가 바로 전쟁에서 성공하는 비밀입니다."

맥아더에게는 다른 사람들이 그를 영웅으로 추앙하게 하는 무언가가 있었다. 그는 잘생겼고, 늠름했으며, 우수한 웅변가였다. 그는 놀라운 쇼맨십을 갖추고 있었지만, 동시에 은둔자이기도 했다. 그는 병사들 앞에 거의 나타난 적이 없지만, 병사들을 방문할 때 보여준 그의 쇼맨십 스타일은 신비한 아우라를 연출했다.

그의 쇼맨십의 핵심은 독특한 단순함에 있었다. 제2차 세계대전 기간 내내 그는 아무것도 없는 카키색 유니폼을 입고 목까지 단추를 잠그지 않았으며, 빳빳하게 다리미로 다리고 줄을 세운 바지를 입었을 뿐이다. 그는 훈장은 하나도 달지 않고 장군 계급장과 부리에 금색 술로 장식한 정모正帽만을 썼을 뿐이다. 이런 정식 지급 품목을 제외한다면 그는 옥수수 속대로 만든 파이프 담배와 대나무로 만든 단장을 하나 들고 다녔다. 가끔은 길고 검은 담배 파이프를 위로 향해 물고 담배를 피우며, 갈색의 단장을 휘두르고 다니기도 했다.

맥아더의 행동이 그를 돋보이게 했던 드라마틱한 순간도 있었다. 그가 미주리호USS Missouri 함상에서 일본의 항복을 받은 순간에 보여준 퍼포먼스는 매우 독특했다. 항복식은 1945년 9월 2일 일요일 오전에 치러졌다. 일본 측 외교관 및 장성급 대표단은 8시 55분쯤 도착했다. 그 자리에는 이미 미국, 영국, 중국, 네덜란드, 프랑스 및 소련 대표단이 그들을 기다리고 있었다. 11명으로 이루어진 일본 대표단은 모닝코트를 입고 있거나 무거울 정도로 많은 훈장을

• 구약성서 잠언 23장 7절에서 인용. "As a man thinketh, so is he."

단 정복을 입고 있었다. 모든 사람이 다 도착하고 나서 몇 분 후에 맥아더 장군이 객실에서 나왔다. 그는 전쟁 기간 내내 입고 있던 카키색 유니폼을 입고 있었으며, 넥타이를 매지 않은 채 목 부분 단추를 풀고 있었고, 훈장도 달고 있지 않았다. 원수 정모는 언제나처럼 멋들어지게 살짝 기울여 썼다. 그는 서언誓言을 읽는 동안 똑바로 서 있었지만, 연설문을 읽어나가는 그의 손은 떨리고 있었다. 이후 항복문서에 서명이 진행되자 완벽한 침묵이 흘렀다. 행사가 시작되고 불과 13분 후인 9시 8분이 되자 모든 행사가 끝났다.

맥아더의 서명은 대통령의 관행을 연상시키는 듯했다. 그는 다섯 자루의 펜을 사용했으며, 그중 한 자루는 자기 자신의 펜이었다. 그는 첫 번째 펜으로 '더그Doug'까지 서명했고, 두 번째 펜으로 '러스las', 세 번째 펜으로 '맥아더MacArthur'를 서명했다. 두 번째 항복수리문서에 서명하면서는 다른 두 자루의 펜을 썼다. 이렇게 하여 그는 역사적인 문서에 서명한 중요한 펜들을 친구들에게 줄 수 있었다. 그중 한 자루는 그가 사랑한 웨스트포인트 육군사관학교 박물관에 기증했다.

이 항복문서 조인식에서, 맥아더는 감히 비할 데 없는 쇼맨십을 보여주었다. 코레히도르Corregidor의 항복 후 연합군 병사들은 '바탄Bataan 죽음의 행군'•을 겪었는데, 이는 제2차 세계대전을 통틀어 미군이 겪은 가장 슬프고도

• '죽음의 행군'이란 필리핀에 주둔 중이던 7만 5,000여 명의 미군 및 필리핀군 포로가 항복하자, 일본군이 이들을 필리핀 남쪽 끝 마리벨레스에서 산 페르난도까지 97킬로미터의 거리를 강제로 행군하게 한 사건을 말한다. '시인 장군'이라 불리던 일본군 14군사령관 혼마 마사하루(本間雅晴) 중장의 지휘로 이루어졌으며, 일본군 자신도 대규모 포로 이동 준비가 안 된 상태에서 강제 행군을 강요해 행군 중 학대와 구타, 굶주림이 자행되었으며, 낙오자는 처형되기까지 했다. 행군 중 7,000명에서 1만 명 가까이 사망했으며, 5만 4,000명 정도만이 겨우 수용소에 도착했다. 혼마 마사하루 중장은 1946년 4월 3일 마닐라에서 열린 군사재판에서 바탄 행군 중 포로 학대 및 살해 혐의로 전범 처리되어 사형을 당했다.

잔혹한 사건이었다. 일본군이 강제 행군을 통해 연합군 포로를 처리하는 과정에서 많은 이가 죽었는데, 전쟁 기간 중 포로수용소에서 죽은 이들만큼 많은 희생자가 발생했지만, 이 행군의 희생자는 단기간에 모두 발생했다. '죽음의 행군'을 당한 기간이 훨씬 길었다. 맥아더는 회고록에서 다음과 같이 말했다. "일본에 상륙하자마자 포로들은 일본군 포로수용소에서 쏟아져 나오기 시작했고, 그중에는 웨인라이트Jonathan M. Wainwright 장군과 퍼시벌Arthur E. Percival 장군도 섞여 있었다. 이들은 만주의 묵덴Mukden(선양瀋陽의 다른 이름 - 옮긴이)에서 포로 생활을 하고 있다가 마닐라로 다시 끌려와 있었다. 나는 즉각 이들을 미주리호 함상의 일본군 항복문서 조인식에 참석시키라고 지시했다. 이들이 도착했다고 부관이 알렸을 당시 나는 저녁식사를 하고 있었다. 나는 당장 일어나 로비로 걸어갔는데, 도착도 하기 전에 문이 먼저 열리며 웨인라이트가 들어왔다. 그는 초췌하고 늙어 있었다. 그의 전투복은 잔뜩 주름이 진 채로 바짝 마른 그의 몸에 걸쳐져 있었다. 그는 단장을 짚고 힘겹게 걸어 들어왔다. 그의 눈은 움푹 들어가 있었고, 볼살은 홀쭉해져 있었다. 그의 머리카락은 하얗게 세어 있었고, 피부는 마치 오래된 신발 가죽 같았다. 내가 그를 껴안자 그는 힘겹게 웃어 보였지만, 뭔가 말하려고 하는 듯한 그의 목소리는 나오지 않았다."

일본이 1945년 9월 2일에 전함 미주리호 함상에서 항복을 선언할 당시, 맥아더의 뒤에는 웨인라이트 장군과 퍼시벌 장군이 서 있었다. 이 행사는 웨인라이트에게 더 의미가 깊었다. 그는 포로 생활을 한 기간 내내 정신적 고통을 겪었고, 만약 전쟁 후까지 살아남는다면 필리핀에서 미군을 항복시킨 죄로 군법재판을 받아야 했기 때문이다.• 하지만 그를 항복식에 출석시키려고 한 맥

• 맥아더 장군이 서남태평양 사령관으로 임명되어 필리핀을 탈출한 후 웨인라이트 장군이 필리핀에 주둔 중이던 잔여 미군 병력을 이끌고 적에게 항복했기 때문에 적에 대한 투항 혐의로 군사재판이 불가피했다. 하지만 실제 재판은 이루어지지 않았고, 웨인라이트 장

아더의 노력은 그 무엇으로도 막을 수 없었다.

1945년에 '정복자'로서 일본 땅을 밟았을 때 맥아더는 은빛으로 번쩍이는 C-54를 타고 도착했다. 그가 아츠기厚木 기지에 내려 트랩을 내려서자 군악대가 연주를 시작했다. 그는 바탄Bataan'이라는 이름이 붙은 해당 항공기에서 처음으로 내렸다. 그는 파이프 담배를 피우면서 트랩 계단을 내려왔고, 드라마틱하게도 내려오던 중간에 잠시 멈춰 섰다. 그는 일본을 통치하게 된 역사상 첫 백인이었다. 그는 몇 분간 저 멀리를 바라보다가 계단을 마저 내려왔고, 선발대로 출발한 그의 친구들과 따뜻하게 악수를 나누었다.

맥아더가 이끄는 미 대표단이 미 대사관에 도착하자 맥아더는 다음과 같이 명령을 내렸다. "아이첼버거 장군, 성조기를 활짝 펼쳐 걸어놓고, 이 깃발이 정의로운 승리의 전조이자 억압받는 자들에게 희망의 상징이 되도록 이 깃발을 영광스럽게 도쿄의 태양을 받아 휘날리게 하시오." 여기에 게양된 성조기는 1941년 12월 7일, 제2차 세계대전이 개전하던 날 워싱턴 D.C.에 있는 의회 앞에서 휘날리고 있던 그 깃발이었다.

필자가 인터뷰한 네 명의 사성장군은 최고의 리더에게 '감' 혹은 '육감'이 있다는 데 동의했다. 아이젠하워는 "리더란 병사에 대한 감을 절대 잃어선 안 되며", '느낌'에 집중하고 그 느낌을 요약할 수 있어야 한다고 말했다. 그는 또한 "접촉이란 병사들을 자주 순시함을 의미"하며, "최고지휘관에 의한 순시의 중요성은 병사들의 사기에 미치는 영향을 고려할 때 절대 과소평가해서는 안 된다"라고 말했다. 아울러 "병사는 주변에 있는 최고지휘관이 직접 방문해줄 때 만족감을 얻기 마련"이며, "순시는 병사들이 자신의 상관과 대화할 수 있는 용기를 가질 때 그 효율성이 증가한다"라고 말했다. 그는 "순시는 초급장교들이 자신의 병사에게서 특정 정보를 얻는 것을 도와주며", "전쟁을 위해

군은 일본군에 항복하기 전까지 분투에 대한 공로로 명예대훈장을 받았다.

총을 든 수많은 개인이 모인 집단에는 독창성과 진취성을 갖춘 사람이 반드시 있고", 이러한 순시는 "지휘관이 병사에게 관심을 기울이고 있다는 증거"이 자 "지휘관이 가지고 있는 가장 기본적인 장비"이며, "개인에 대한 관심은 성 공의 열쇠"라고 말했다.

그렇다. 역사 속에서 재능을 갖춘 군사지도자들은 '감' 혹은 '육감'을 가지 고 있었다. 하지만 이것이 신이 내린 재능일까, 아니면 개발할 수 있는 능력일 까? 이 글에서는 이것이 개발할 수 있는 능력이라고 결론을 내렸다. 이 점에 관해 패튼이 간단하게 요약했다. 그에 따르면, 그 누구도 타고나는 것이 아닌 '군사적 반응력military reaction'은 "엄청난 노력을 통해 개발하는 것"이다. 브래 들리는 자신의 경험이 뇌에 '저장된' 것이라고 말했으며, 갑자기 결심의 순간 을 맞으면 "버튼을 누르고…… 즉각적으로 답을 얻었다"라고 말했다. 콜린스 장군은 감이란 "지식에 우선적으로 기반"을 두며, "젊은 시절 꾸준한 노력과 학습을 통해 개발하는 것"이라고 했다.

심슨 장군은 갑작스럽게 주어진 상황을 이해하는 데 배경 조사와 경험이 도움을 주었다고 말했다. 트러스콧 장군은 "지식이란 감의 기반"이라고 했으 며, 그것은 "사람에 대한 관심을 필요로 한다"라고 말했다. 헤이슬립 장군은 감이란 교육의 결과이고, 자신의 직업을 완벽하게 이해하는 데서 나오는 것이 라고 말했다. 매콜리프 장군은 "사람은 계속 일하면서 배우기 마련"이며, "(느낌은) 사람에 대한 이해를 필요로 한다"라고 말했다. 또한 "여기에 경험은 크나큰 역할을 차지한다"라고 덧붙였다.

브라운 장군은 병기사령관에 보직되었었으나 엔지니어나 과학자가 아니 었다. 한번은 회의를 하면서 브리핑 장교에게 말하길, 자신은 공학적인 세부 사항에 대해 논쟁을 벌일 수 없지만 들은 내용에 대한 '감'을 가지고 논쟁할 수는 있다고 말했다.

샐리캐슈빌리 장군은 "무엇인가가 옳거나 틀렸을 땐 뱃속 깊은 데서 올라오는 느낌이 있었는데, 이건 무엇인가를 반복해서 자주 하다 보면 얻게 되는 자신감이다"라고 말했다. 다시 말하자면, 경험이다.

반면 병사들을 방문하는 것도 중요하다. 리지웨이 장군은 "지휘관들은 병사들과 함께 밖에 나가야 하며, 거기서 느낌을 얻을 수 있다"라고 했으며, "병사들이 먼저 말하기 전에 이들이 필요로 하는 것이 무엇인지 살펴보는 것이 중요하며, 보좌관이나 지휘관이 '행위가 벌어지고 있는 바로 그 장소에 있지 않는 한' 전투에서 결정을 내릴 일은 없다"라고 말했다.

존스는 순시를 다니면서 자신의 관찰이 경험을 통해 나왔다고 말했다. 그는 콧구멍 안쪽 구석구석까지 손가락을 충분히 찔러 넣어야 그 느낌을 알 수 있게 되며, 보디랭귀지를 읽을 수 있게 된다고 말했다.

쇼맨십은 자신의 병사들과 교류하기 위해 필요한 느낌을 얻거나 순시를 하는 데 필요한 일부다. 패튼은 리더란 "잘 빼입고 관심을 끌 줄 알아야 한다"라고 말했다. 그는 말뿐 아니라 상아로 만든 손잡이가 달린 권총, 번쩍이는 방탄모와 어깨, 옷깃 위에 붙은 큰 사이즈의 장군 계급장, 승마 부츠, 말채찍을 통해 행동으로도 보여주었다. 그는 기질이란 감추고 있다면 아무런 가치가 없으며, "사람은 자신의 마음속에 생각하는 대로 존재한다"라고 했다. 그는 자신의 쇼맨십을 통해 50만 명에 달하는 병사들과 소통하려 했으며, 실제로 그렇게 했다.

아이젠하워는 150만 명에 달하는 병사들과 소통해야 했다. 그가 순시를 할 때면 약모를 쓰고, 나중에 정식 군 지급품이 된 '아이크 재킷'이라는 별명이 붙은 단추 없는 재킷을 걸쳤으며, 승마 바지, 부츠, 승마용 채찍을 들었다. 아이젠하워의 미소는 자연스러웠으며, 2개 사단의 가치와 맞먹었다. 이 최고위 장군들은 모두 자신만의 쇼맨십 스타일과 병사들과의 소통 방식을 가지고 있었지만, 하나같이 모두 이런 능력이 있었고, 또 이를 활용했다.

Chapter 4

Aversion to "Yes Men":
Having the Character to Challenge

Chapter **4**

예스맨에 대한 거부:
도전적인 기질을 갖춰라

/

Aversion to "Yes Men": Having the Character to Challenge

1940년, 조지 마셜 장군은 오마 브래들리 소령을 참모부 비서실 차장으로 임명했다. 이 보직은 마셜 장군에게 지휘결심 보고서를 브리핑하는 임무도 해야 하는 자리였다. 임무를 수행하기 시작하고 몇 주 후, 마셜 장군은 브래들리와 그의 보좌관들을 사무실로 불렀다. "여러분." 마셜 장군이 입을 열었다. "나는 여러분에게 매우 실망했습니다. 여러분은 내가 내린 결정에 대해 단 한 건도 이견을 보이지 않았습니다." 브래들리가 이에 대답했다. "장군님, 그건 저희가 이견을 보일 만한 사안이 없었기 때문입니다. 만약 저희의 의견이 장군님과 다르다면, 그땐 분명히 말씀드리겠습니다." 이 일화는 결심을 수립하는 데 가장 중요한 측면 중 하나를 조명한다. 참모 중에 '예스맨yes men'이 없어야 한다는 것이 바로 그것이다.

마셜 자신이 예스맨이 아니라는 점은 그의 군 생활 중 반전의 계기를 만들었다. 그가 제1차 세계대전 당시 유럽에서 받았던 첫 보직은 1사단장이던 윌리엄 시버트William L. Sibert 소장의 참모직이었다.

몇 개의 사단이 훈련을 받는 동안, 퍼싱 장군은 이들의 훈련 성과를 평가하기 위해 자주 부대를 순시했다. 1917년 9월, 퍼싱은 사전 통보 없이 자신과 레몽 푸앵카레Raymond Poincaré 프랑스 대통령이 시버트 장군의 부대를 사열하겠다고 갑자기 통보해 왔다. 실제로 이 통보는 준비하기에 이미 너무 촉박한 오후 늦은 시각에 날아왔다. 사단 병력은 부대 사열이 이루어질 프랑스 우델쿠르Houdelcourt부터 밤새 행군해 약 80제곱킬로미터의 지역에 흩어져 있었다. 마셜 대위는 사열을 대비해 부대 집결 임무를 맡았지만, 워낙 통보를 늦게 받아 사열할 장소를 오후가 한참 지나서야 선택할 수 있었다. 깜깜해지고 난 후에 마셜은 자신이 선택한 지점이 병사들의 주기적인 훈련으로 움푹 패고 발목까지 진흙이 차는 곳이라는 것을 깨달았다. 사단 병력 대부분은 군사 경험이 없고 단지 한 달 정도 훈련을 받았을 뿐이었다. 당연히 사열은 엉망이 되었다. 훗날 마셜 장군은 퍼싱 장군 때문에 그날 모두 지옥에 떨어진 느낌이었다고 회상했다. 사단이 그다지 훈련 성과를 보이지 못했고, 제때 활용할 준비가 되어 있지 않았으며, 자신의 지시를 이행하지 않았다고 한 것이다. 마셜에게 이런 지적은 말도 안 되게 불공평했으며, 특히 퍼싱이 "사단장 시버트 장군을 모든 장교가 보는 앞에서 매우 가혹하게 대한 것"은 너무 심했다고 여겼다. 퍼싱은 지금껏 마셜이 처리해온 일들에 대해 시버트 장군을 문초했다. 시버트 장군은 사열이 이루어지기 불과 이틀 전에 도착했으므로 이런 일에 관해 모르는 것이 당연했다. 퍼싱은 대화가 끝난 후 퉁명스럽게 시버트에게 나가라고 했다. 훗날 마셜의 전기 작가인 포러스트 포그Forrest C. Pogue가 본 마셜의 다음 행동은 충분히 예상된 것이었다.

명백히 부당한 이 처사에 분노한 마셜은 초급장교라면 설령 이런 상황에서 분노를 느꼈을지라도 주의했어야 할 일말의 조심성도 다 내던져버렸다. 그는 어떤 대가를 치르더라도 무엇인가를 해명해야만 한다고 판단했다. 마셜은 뭔가 말하기 시작했고, 별로 변명을 들을 기분이 아니었던 퍼싱은 어깨를 한 번

으쓱 한 후 돌아서버렸다. 그러자 마셜은 "이건 말도 안 됩니다"라고 말하면서 퍼싱 장군의 팔을 잡아챘다.

마셜은 계속 말했다. "퍼싱 장군님, 꼭 들으셔야 할 말이 있습니다. 제가 이곳에서 가장 오래 근무했으므로 제가 말씀드려야 한다고 생각합니다."

퍼싱은 멈춰 섰다. "무슨 할 말이 있는가?"

격분한 대위가 정확하게 이 자리에서 무슨 말을 했는지는 기록에 남아 있지 않으며, 그 자신도 자신이 무슨 말을 했는지 정확하게 기억하지 못했다. 이날 있었던 한 동료의 말에 따르면, 화가 난 마셜은 매우 빠르게 말했으며, '사실들을 퍼부어대며' 상대방을 압도했다. 같이 서 있던 동료 장교들은 모두 공포에 질렸다. 마셜의 말이 끝나고 퍼싱 장군은 조용히 있었다. 퍼싱 장군은 마셜에게 다음과 같이 말하고 자리를 뜨려 했다. "지금 이 문제를 제대로 인지할 필요가 있겠군."

퍼싱 장군이 '제대로 말려들었다'는 것을 알아챈 마셜은 한 발짝도 물러서지 않았다. "맞습니다, 장군님. 하지만 문제라는 건 모름지기 매일같이 발생하지만, 저희도 해 떨어지기 전에 통보를 받아야 문제를 해결할 수 있습니다."

퍼싱 장군은 그렇게 떠났고, 분노는 식었다. 시버트 장군은 자신을 위해 마셜이 잘못을 대신 뒤집어써 준 것을 미안하게 여겼다. 마셜의 친구 중 일부는 그의 군 생활이 여기서 끝났으며 '곧장 해고당할 것'이라 생각했다. 마셜 자신은 후회가 없었다. 그의 견해에 동조한 이들에게 마셜은 "어쩌면 참모 보직에서 쫓거나 야전으로 가야 할지 모르지만, 그 정도면 성공한 거다"라고 말했다.

하지만 징계 같은 것은 전혀 없었다. 오히려 퍼싱이 사단을 방문할 때면 마셜을 곁에 불러 대동하고 어떤 식으로 일들이 돌아가는지 물었다. 수개월이 지나고 마셜에 대한 퍼싱의 존중과 호감이 상승했다는 것을 알 수 있었다. 마셜이 발견한 바로는, 퍼싱은 정직한 비평에 항상 귀를 기울일 줄 알았으며, 놀라운 정도로 자기 자신을 문제에서 객관적으로 떨어뜨려 놓고 볼 줄 알았다. "퍼싱 장군과 대화할 때는 마치 다른 나라에 있는 사람과 대화하듯 이야기할 수 있었습니다. 장군께선 단 한 번도 상대방 말을 감정적으로 받아들이시지 않으셨죠. 저는 이런 식으로 대화를 주고받을 수 있는 다른 지휘관을 본 적이 없습니다. …… 여러 이야기를 들을 줄 안다는 것은 퍼싱 장군의 가장 큰 장점이었습니다."

그리하여 마셜은 해고를 당하기는커녕 불과 1년 만에 대령을 달았으며, 전쟁이 끝나기 전에 퍼싱 장군의 작전장교가 되었다. 전쟁 후 퍼싱은 육군참모총장이 되었으며, 마셜은 그의 부관과 보좌관으로 4년 이상 함께 근무했다. 당시 부관은 1회 보직 시 불과 2년만 근무하는 것이 통례였다.

마셜 장군이 멀린 크레이그Malin Craig 장군 휘하에서 육군참모차장을 역임하고 있을 때에도 유사한 사건이 발생했다. 1938년 11월 14일, 루스벨트 대통령은 자신의 각료 및 군사보좌관들과 회의를 열고 1만 대의 전투기 양산 계획을 수립할 것을 제안했다. 마셜은 처음에 이 항공기들이 미군을 위한 것이라고 생각했으나, 회의가 진행되면서 대통령의 의중은 이 항공기들을 영국과 프랑스에 양도해 독일과 싸우게 하겠다는 것임을 깨달았다. 회의에 참석한 군 관계자들은 이에 대해 깊이 생각하지 않았고, 마셜은 아무도 루스벨트 대통령의 생각에 반대 의견을 제시하지 않는 것에 놀랐다. 루스벨트는 의견을 물어본 후 마셜을 돌아보며 확인차 물었다. "자네도 그렇게 생각하나, 조지?" 마셜은 대통령의 눈을 똑바로 쳐다보면서 대답했다. "죄송합니다, 각하. 저는 각하의 생각에 전혀 동의하지 않습니다."

당시 회의에 참석했던 한 인사의 말에 따르면, "경악한 듯한 표정이 루스벨트 대통령의 얼굴에 스쳐갔다. 대통령은 왜 그러냐고 물어보려는 듯하다가 다시 좀 더 깊은 생각에 빠지는 것 같았고, 회의는 그렇게 끝났다. 회의가 끝나고 나서 다른 이들이 마셜에게 찾아가 악수를 청했다." 특히 재무장관 헨리 모겐소Henry Morgenthau는 마셜에게 다가가 "그동안 수고 많으셨습니다" 하며 인사했다. 그 자리에 있던 다른 모든 이들처럼 모겐소는 마셜이 자신의 거리 낌 없는 성격 때문에 방금 군 생활을 망쳤으며 워싱턴 근무는 그것으로 끝이라고 생각했던 것이다.

하지만 그것으로 끝이 아니었다. 1939년 루스벨트는 마셜을 준장에서 대장으로 끌어올리며 육군참모총장으로 승진시켰다. 마셜은 이를 받아들였지만, 절대로 자신이 '예스맨'이 되지는 않을 것임을 분명히 했다. 마셜은 그 순간을 이렇게 기억했다. "대통령께서 총장 임명에 관해 이야기하셨을 때, 저는 그분 서재에 있었습니다. 그 자리에서 흥미진진한 면담을 했습니다. 저는 제가 생각하는 대로 말할 수 있는 권리를 원한다고 했고, 가끔 그 의견이 듣기에 좋지는 않을 것이라고 말씀드렸습니다. '그래도 좋습니까' 하고 묻자, 대통령께서는 '괜찮네Yes'라고 말씀하셨습니다. 저는 '방금 전 각하께서 괜찮네 하고 듣기 좋게 말씀하셨습니다만, 때로는 그렇지 않을 일도 있을 겁니다'라고 말했습니다." 자신이 생각하는 바대로 말하기 위해 나섰던 마셜을 해임하지 않은 루스벨트는 조국이 처한 엄청난 위기를 알고 있었기 때문에 예스맨을 주변에 둘 여유도 없었고, 바라서도 안 된다는 것을 잘 알고 있었다.

마셜은 자신의 참모와 지휘관에게도 똑같은 솔직함을 원했다. 제2차 세계 대전 당시, 사단장들은 전투에 출격하기 전 브리핑을 받는 것이 일반적인 관례였다. 이 브리핑에는 마셜 장군의 훈시도 포함되어 있었다. 한 사단장은 브리핑에 관해 다음과 같이 기록을 남겼다. "나는 그(마셜)가 전투준비태세와 관련해 자신의 기준 등에 관한 조언이나 상담을 해줄 것이라 예상했었다. 대신 그는 힘겨운 진실보다 사령관이 듣고 싶어 하는 대답을 하는 부류의 장교들을 비난하느라 모든 훈시 시간을 할애했다. 그는 어떤 특정 사건 때문에 굉장히 기분이 상해 있었다. 그는 안 좋은 소식을 몰래 감추지 않고, 지휘관의 귀에는 썩 기분 좋지 않게 들릴 수도 있는, 진실을 말하려는 도덕적인 용기를 갖춘 장교의 중요성을 잘 알고 있었으며, 그 자리에 있던 우리들에게 큰 감명을 주었다."

마셜의 기대에 대한 좀 더 정확한 예는 그가 1944년 유럽을 방문했을 때에 잘 나타났다. 마셜은 당시 찰스 콜렛^{Charles H. Corlett} 소장이 지휘하는 30사단 사령부가 위치한 네덜란드 헤를렌^{Herrlen}에서 순시 여행을 멈추었다. 하지만 사단의 일부 부대는 준비가 잘되어 있었고 일부는 안 되어 있었기 때문에 콜렛 소장은 매우 부담스러워했다. 당시 육군 지휘관들에게 사단 보충병의 실전 투입 문제는 가장 큰 골칫거리였기 때문에, 마셜은 콜렛에게 보충병들을 연대 단위로 보내 이미 유럽에 있는 사단과 통합하게 하면 어떻겠냐고 물었다. 콜렛은 그 자리에서 긍정적으로 대답했다. 마셜은 심각한 표정으로 그를 바라보다가 말했다. "콜렛, 방금 전 대답은 설마 내가 참모총장이라서 그렇게 한 건 아니겠지?" 콜렛은 자신을 예스맨으로 보고 있다는 암시에 크게 화를 냈으며, 이에 마셜은 콜렛이 듣기 좋은 소리를 하고 있었다는 의심을 없앴다. 예스맨에 대해 거의 광적인 반감을 보인 마셜은 장교들에게 서류나 참모보고서를 제출할 때에는 브리핑에 직접 참석하라고 말했다. 그는 참석한 모든 이들에게 직속상관이 있든 없든 자유롭게 말하라고 독려하곤 했다.

마셜은 참모총장으로서 의회와 처음부터 언쟁이 있었다. 그중 하나가 1941년 가을 '한물간' 무능한 장교들을 몰아내기 위한 첫 단계에 들어서면서 발생했다. 1941년 9월 15일, 마셜은 무능한 장교들의 전역 문제에 관해 전쟁위원회 앞에서 스팀슨 장관에게 보고했다. 이에 대해 스팀슨의 반응은 간단했다. "문제가 매우 많을 것 같군."

문제가 발생하는 데까지는 오래 걸리지 않았다. 스팀슨은 자신의 일기에서 이렇게 회고했다. "텍사스 주지사 톰 코넬리^{Tom Connally}가 화가 머리끝까지 나서 머리카락을 곤두세우고 회의실에 들어왔을 때 우리도 겨우 회의 하나를 마쳐가고 있던 중이었다. 그는 주 방위군에 소속된 두 명의 텍사스 출신 장군이 현역 신분에서 예비역으로 전환된 후 전역 처리된 것에 분개하고 있었다."
마셜은 이들 중 한 명은 나이, 또 한 명은 무능함을 이유로 전역시켰다. 마셜
은 두 장군 모두 재심사하기를 거부했으며, 어떠한 정치적 압력에도 전혀 굴
하지 않았다. 이런 힘, 용기, 정직함은 그가 미 의회 의원들에게서 계속 신뢰
를 쌓아갈 수 있었던 원동력이었다.

　육군항공대가 육군에서 갈라져 독립된 군이 되었을 때 군번 1A를 받은 바
있는 미 공군의 조지프 맥나니Joseph T. McNarney 대장은 마셜 장군과 동석한 첫
회의에 관해 이렇게 말했다. "전쟁이 시작되기 직전에 저는 워싱턴 전쟁부 산
하 전쟁기획국에서 참모로 근무하고 있었습니다. 당시 저는 중령이었죠. 저는
합동기획국 산하 기획과 과장에 임명되었는데, 그때 이 부서는 해군과 함께
합동 전쟁 계획을 짜는 일을 했습니다. 하루는 마셜 장군께서 우리가 작업 중
이던 계획 내용을 보고하라 하셨습니다. 그런데 제 상관이 없어서 제가 직접
올라갔죠. 그것이 제가 마셜 장군을 처음으로 만난 자리였고, 그는 저를 한 번
도 본 적이 없었습니다. 그 자리에서 우리는 약간 논쟁을 벌였습니다. 저는 사
무실로 돌아온 후 제 논점을 증명할 정보와 필요한 지도를 모았습니다. 저는
바닥에 지도를 펼쳐놓고 그에게 제 논점을 다시 설명했고, 이에 대해서 또 작
은 논쟁을 벌였습니다. 저는 당시 패기가 있고 자신만만한 젊은이였습니다.
절대 물러서지 않았죠. 마셜 장군은 계속 질문하셨고, 저는 결국 약간 짜증을
냈습니다. 이렇게 말했습니다. "세상에, 그냥 원래부터 그렇게 하시면 안 되
는 겁니다!" 그랬더니 저더러 사무실에서 나가보라고 하셨습니다. 저는 사무
실에서 나왔고, 웨스트포인트 한 기수 선배이던 비서실장은 제 어깨를 툭툭
치면서 이렇게 말했습니다. "신경 쓰지 마. 원래 영감님께선 매번 저러셔. 그
냥 자네가 어떤 사람인지 감을 잡아보려고 하신 걸세."

　마셜은 맥나니에 대해 호의적인 인상을 받은 모양이었다. 맥나니는 제2차
세계대전을 거치면서 중령에서 대장까지 진급했다.

맥나니는 마셜 장군을 이렇게 평했다. "그는 '예스맨'을 싫어했습니다. 그는 '예스맨'과는 아무것도 하고 싶어 하지 않으셨죠. 만약 누군가가 자신의 의견에 처음으로 동조했다면, 마셜 장군은 그를 의심스러운 눈초리로 바라봤습니다. 당연히 마셜 장군과 동조했다고 모두 예스맨이 되는 것은 아니지요. 그의 의견에 동의하는 것이 그 상황에서 옳을 수도 있으니까요. 단지 마셜 자신은 '예스맨'이 아니었고, 그런 부류의 사람이 자기 휘하에 있는 것을 좋아하지 않았습니다. 마셜은 다른 관점에서 바라본 솔직한 표현을 원했습니다."

마셜은 국무장관이 되고난 후에도 달라지지 않았다. 1947년 1월 21일, 신임 국무장관이 된 마셜은 국무부 부장관이던 딘 애치슨Dean Acheson에게 군 참모장과 같은 역할을 국무부에서 수행해달라고 요청했다. 애치슨의 이 일에 관한 회고는 마셜이 자신의 참모에게서 무엇을 원했는지 잘 보여준다. "국무부 안에서 그가 벌이려고 하는 이 충격적인 일에 대해 저는 속으로 웃으면서, 이곳의 일이라는 것이 장관께서 밑그림을 짜는 대로 모두 이루어질 수 없다는 점을 설명했습니다. 그리고 서둘러 그가 무엇을 원하시는지는 잘 이해했다고 덧붙였죠. 여기에 어떤 할 말이 더 있었을까요? 할 말이 있었더군요. 저는 가끔 그 상황을 떠올리곤 하는데, 당시 마셜 장군이 하신 말씀이 너무나도 그의 전형적인 모습을 보여주었기 때문입니다. '나는 자네로부터 일말의 거짓 없는 솔직함을 기대하겠네. 특히 나를 대할 때 그렇게 해주게. 나는 내 아내를 대할 때만을 빼놓고 타인에게 감정을 가지지 않네.' 그 말과 함께 그는 자리를 떴습니다. 자신에게 감정이 없다는 장군의 말씀은 얼마 가지 않아 시험대에 오르게 되었습니다."

더글러스 맥아더는 허버트 후버Herbert C. Hoover 대통령에 의해 육군참모총장에 임명되었다. 당시는 세계 경제대공황 때문에 힘든 시기였고, 예산도 매우 제한적이었다. 맥아더의 노력에도 육군 예산은 그의 임기 내내 꾸준히 삭감되었다.

예산 삭감도 충분히 문제가 많았지만, 가장 심각한 문제는 의회의 속칭 평화·고립주의 집단이 정규군 소속 장교단의 수를 급격하게 줄이고 싶어 했고, 이것이 미국의 국익에 엄청난 손상을 가져올 것이 분명했다는 점이다. 이들이 낸 법안은 많은 장교들에게 강제 휴직을 강요했으며, 남은 이들의 급여를 절반으로 삭감하도록 규정했다. 이 문제를 해결하고자 맥아더는 의회 군사위원회 앞에서 이렇게 증언했다. "우리 조국의 방어체계의 토대는 정규군에 있으며, 정규군의 토대는 장교단에 있습니다. 장교들은 이 체계의 영혼이나 마찬가지입니다. 만약 「국가방위법National Defense Act」의 모든 것을 다 잘라버려야 한다고 하더라도, 마지막까지 건드려서는 안 되는 것이 장교단입니다. 만약 모든 병사를 제대시켜야 하고, 만약 다른 모든 것도 처분해야 한다면, 저는 여전히 전문가의 입장에서 이 1만 2,000여 명의 장교단만큼은 꼭 보존해야 한다고 권하고 싶습니다. 그들은 이 모든 메커니즘의 핵심이며, 각각은 전쟁 초기의 병사 1,000명과 맞먹는 가치를 가지고 있습니다. 그들은 제각각인 집단들을 하나의 집단으로 뭉칠 수 있는 유일한 사람이기 때문입니다."

맥아더의 주장은 설득력이 있었으며, 공격적인 법안은 연기되었다. 최고집행부는 결국 정규군 예산만을 크게 깎는 쪽으로 방향을 바꿨다.

당시 전쟁부 장관은 전 유타 주 주지사이자 루스벨트 내각 참여 전까지 성공적인 사업가였던 조지 던George H. Dern이었다. 그는 국방 문제에 관해 잘 알고 있었으며, 예산 삭감안에 대해서도 매우 불쾌해했다. 루스벨트 대통령은 사적인 모임에 던 장관, 맥아더 장군 및 육군참모차장이던 휴 드럼Hugh Drum 장군, 공병부장이던 라이틀 브라운Lytle Brown 장군을 불렀으나, 회의는 잘 진행되지 않았다. 이들은 대통령에게 독일과 이탈리아가 급속도로 군비를 재무장하고 있으며, 일본은 만주와 중국을 침공하고 있으므로 군 예산 책정액을 잘라버리는 것은 치명적인 실수가 될 것이라고 경고했다.

부드러운 톤으로 이야기하던 던 장관은 루스벨트 대통령에게서 통렬한 비판을 받았는데, 거의 협박당한 것이나 마찬가지였다. 하지만 맥아더는 달랐다. 그는 당시 대화를 자신의 자서전인 『회고록Memoir』에서 이렇게 기억했다. "나는 곤봉을 드는 것이 나의 임무라고 생각했다. 조국의 안전이 위험에 빠지려고 하고 있었으므로 나는 직설적으로 말했다. 대통령은 나에게 빈정대는 말투로 독설을 퍼부었다. 그는 흥분하면 통렬한 비판가가 되곤 했다. 긴장이 끓어오르기 시작했다. 내 인생 세 번째이자 마지막으로, 전신이 마비될 듯한 메스꺼움이 덮쳐 왔다. 감정적으로 모든 것이 소진된 상태에서 나는 무모하게 말했다. 우리가 만약 다음 전쟁에서 패하면, 적의 총검에 배를 꿰뚫린 채로 진흙 속에 누워 적의 군화에 목을 밟힌 채 죽어가고 있는 미국인 청년이 눈을 감기 전에 마지막으로 내뱉는 저주가 맥아더를 향한 것이어야지, 루스벨트를 향한 것이 되지 않기를 바란다고 말했다. 대통령은 매우 격노했다. 그는 '자네, 이렇게 대통령에게 무례한 언사를 해도 되는가'라고 하며 으르렁댔다. 물론 그의 말이 옳았으며, 나도 그 말을 뱉기 전에 충분히 잘 알고 있었다. 나는 곧장 죄송하다고 사과했다. 하지만 군 생활이 끝났다는 느낌도 동시에 받았다. 나는 참모총장직의 사직서를 제출하겠다고 말씀드렸다. 내가 자리에서 일어나 문까지 가자 뒤에서, '바보같이 굴지 말게, 더글러스. 예산 문제를 해결하려면 자네도 이 자리에 있어야 해'라는 무심한 듯한 톤의 목소리가 들려왔다. 이는 그의 초인적인 자아통제력을 보여주었다. 던 장관이 곧 나에게 다가와 매우 들뜬 목소리로 말했다. '자네가 육군을 살렸네!' 하지만 나는 그 소리를 듣고 백악관 계단에다 구토하고 말았다. 나와 대통령은 그날 회의에 대해 두 번 다시 이야기한 적이 없지만, 그날 이후로 대통령은 우리 편이 되었다. 대통령은 그가 추진 중인 사회개혁 프로그램들에 대해 내 의견을 자주 물으셨으나, 군사와 관련된 문제에 대해서는 절대 묻지 않았다. 어느 날 오후 저녁을 먹던 중, 문득 궁금증과 불쾌감 같은 느낌이 밀려와 대통령께 질문을 던지고 말았다. '각하, 왜 제 권한과 관계도 없는 사회개혁 문제에 관해서는 제 의견을 자주 물으시면서 정작 군사 문제에 관한 제 의견에는 관심을 보이지 않으십니까?' 그의 답변은 나의 의표를 찔렀다. '더글러스, 난 자네 조언이 필요해서 그 질문들을 하는 것이 아닐세. 자네 반응이 궁금해서 묻는 거야. 내게 자네는 전 미국인의 의식을 대변하는 상징 같은 존재거든.'"

다시 말하지만, 이 장은 예스맨이기를 거부하는 장교들에 관해 다룬다. 맥아더는 해고당하는 대신 오히려 총사령관인 미 대통령의 가장 중요한 자산이 되었다.

물론 동의하지 않을 사람도 많겠지만, 일부 사람들은 맥아더가 제2차 세계대전 당시 극동군사령관을 지내면서 예스맨을 선호했다고 주장한다. 누군가는 맥아더에 대해 말하면서 "맥아더는 조언이라는 것을 들을 줄 몰랐다. 그는 항상 모든 것을 혼자 하려 했는데, 이는 그의 가장 큰 결점이었다"라고 말했다. 어떤 이는 그가 지나치게 똑똑하고 직관적이었기 때문에 조언을 필요로 하지 않았다고 말한다. 둘 다 사실이 아니다. 같은 맥락의 비판 중에는 제2차 세계대전 당시 맥아더의 참모 중에 예스맨이 많았다는 것도 있다. 이것 또한 사실이 아니다. 그는 중요한 결심을 할 때 항상 참모들의 조언을 들었으며, 항상 정직한 의견을 구했다. 그는 진실하지 못하거나 아첨하며 자신과 동의하는 이들은 재빨리 물리쳤다.

제2차 세계대전 당시 맥아더와 해군이 잘 지내지 못했다는 이야기가 언론과 특정 역사가들을 통해 나오기도 했다. 하지만 사실 맥아더의 리더십하에서 군 내 경쟁 관계는 최소한으로 유지되었다고 할 수 있다. 집요하고도 거침없는 성격 때문에 '황소'라는 별명이 붙은 윌리엄 할시^{William F. Halsey} 제독은 맥아더의 화술과 논리력에 매료되기도 했다. 할시는 이렇게 회고했다. "전 지역의 전반적인 전략은 모두 맥아더 장군의 손안에 있었다. 합동참모본부는 솔로몬제도의 전술사령부를 내게 맡겼다. 비록 이 배치가 합리적이기도 하고 만족스럽기도 했지만, 그래도 내게 같은 제대梯隊급에서 두 개의 '모자'를 쓰라고 한 것은 뜻밖이었다. 내가 원래 쓰고 있던 모자는 니미츠^{Chester W. Nimitz} 제독의 예하 지휘관 모자였으며, 니미츠 제독은 나의 병력, 함선, 물자를 통제했다. 이제는 또 다른 모자를 맥아더 아래에서 쓰고 있어야 했는데, 그는 나의 전략을 통제했다. 뉴조지아^{New Georgia}에 관한 계획을 맥아더 장군과 토의하기 위해 당시 오스트레일리아 브리즈번에 있던 맥아더의 사령부에서 그와 회의 약속을 잡았다. 4월 초엽, 나는 누메아^{Nouméa}를 가로질러 그에게로 날아갔다. 나는 맥아더를 만나본 적이 없었지만, 그와 나 사이에는 사실 약간의 인연이 있었다. 거의 40년도 전의 이야기이지만, 내 부친은 필리핀에 있었을 때 맥아더 장군의 부친과 친구 사이이셨다. 도착 신고를 하고 불과 5분 만에 우리는 마치 평생 알아온 친구처럼 느껴졌다. 나는 그처럼 날렵하고, 강하며, 호감이 넘치는 인상을 주는 사람을 만나본 적이 없었다. 그는 63세였지만 50대라고 해도 믿었을 것이다. 그의 머리카락은 짙은 흑색이었으며, 눈은 맑았고, 걸음걸이는 반듯했다. 만약 그가 사복을 입고 있었더라도 나는 그가 군인임을 단번에 알아봤을 것이다. 그날 오후 내가 그에 대해서 느끼게 된 존경심은 전쟁 후 항복한 일본의 군정집행을 능숙하게 하는 모습을 보면서 더 커졌다. 우리 관계는 어색했던 순간이 없었다. 가끔 논쟁이 있기는 했으나, 그 모든 논쟁은 원만하게 마무리되었다. 나의 상관으로서 그는 단 한 번도 자신의 결심 사항을 강요하지 않았다. 이따금 내가 그의 의견에 동의하지 않을 때 나는 동의하지 못한다고 그에게 말했고, 둘 중 한 사람의 마음이 변할 때까지 계속 그 문제를 놓고 토의했다. 나는 상상 속에서 문제의 배경이 되는 상황 속에 그의 모습을 그려보곤 했다. 그는 조지 워싱턴의 초상화를 마주보고 있는 그의 거대한 책상에서 뒤꿈치로 마치 리듬을 타듯 두드렸고, 손에는 항상 담배 파이프를 쥐고 있었다(하지만 실제로 피는 모습은 거의 보지 못했다). 그리고 그는 지금껏 내가 들어온 수준을 뛰어넘는 용어를 사용해 자신의 요점을 짚었다."

하지만 사실 맥아더를 설득하려면 설득력이 매우 좋아야 했다. 한번은 맥아더의 '근거지'와 해군의 영역 간의 사법권 문제를 놓고 맥아더와 할시가 만난 적이 있었다. 할시는 당시 만남에 관해 이렇게 적었다.

그는 자신의 말을 끝내자, 담배파이프의 담뱃대 부분으로 나를 가리키며 이렇게 동의를 강요했다. "내 말이 틀렸소, 빌?"

톰 킨케이드Tom Kinkaid, 믹, 펠릭스와 나는 모두 한목소리로 외쳤다. "그렇지 않습니다, 장군님!"

맥아더는 미소를 지으며 나긋나긋한 목소리로 물었다. "그래? 이렇게 많은 신사분들께서 나와 동의하지 못하신다면, 이 문제를 다시 한 번 살펴봐야겠구면. 빌, 당신 의견은 어떻소?"

나는 이렇게 말했다. "장군님, 저도 장군님 의견에 전혀 동의할 수 없습니다. 동의 못 하는 정도가 아니라, 만약 이 명령을 계속 유지하신다면 지금까지의 아군의 노력을 수포로 돌릴 수 있다고 말씀드려야겠습니다!"

그의 참모들은 순간 숨이 막힌 듯했다. 아마 이런 용어가 지금껏 심판석을 기준으로 한 이쪽 편에서 나오는 것을 들어본 적이 없었으리라. 나는 마누스Manus 섬의 지휘권 따위는 조금도 신경 쓰지 않는다고 말했다. 내게 가장 중요한 것은 기지를 빨리 짓는 문제라고 말했다. 우리가 뉴기니로 북상하고, 필리핀 방면으로 이동하기 시작할 때까지 함대를 다룰 준비가 되기만 한다면 케니George C. Kenney든, 오스트레일리아 군인이든, 기병병과 소속 장교든 누가 상관 노릇을 해도 상관없다고도 말했다.

이 논쟁은 17시에 시작되었고, 우리는 18시쯤 흩어졌다. 나는 내가 그를 이겼다고 생각했지만, 다음 날 오전 10시쯤 그는 나를 자신의 집무실로 다시 불렀다(그는 항상 무언가를 할 때 10시부터 14시, 16시부터 21시, 혹은 그 이후라는 이상한 시간 규칙이 있었다). 보아하니 그는 밤새 화가 다시 치밀어 올랐던 모양이었다. 우리는 전날 오후에 했던 논쟁을 처음부터 다시 시작했고,

거의 같은 문장을 다시 반복했다. 그리고 끝에 가서는 결국 똑같은 결과에 이르렀다. 계획대로 진행한다는 것이었다. 나는 그가 갑자기 17시에 이야기를 재개하자는 소리를 하기에 잘 있으라고 말하고 그냥 누메아로 돌아가려고 했다. 세상에, 어떻게 같은 이야기를 세 번씩이나 반복한단 말인가! 하지만 갑자기 그는 매력적인 미소와 함께 나에게 말했다. "자네가 이겼네, 빌." 그리고 서덜랜드Richard K. Sutherland 장군에게 다음과 같이 통보했다. "딕, 계획대로 계속 진행하게."

전시에 동맹군을 다루는 성품이나 리더십, 특히 예스맨에 대한 혐오감을 보여준 대표적인 예로는 조지프 스틸웰Joseph W. Stilwell 장군을 들 수 있다. 1941년 12월 7일, 일본군이 진주만을 공습했을 당시 그처럼 아시아 문제를 잘 알고, 중국어에 능통한 현역 미군 장교는 없었다. 그는 중국어를 능숙하게 쓰고 말할 줄 알았으며, 중국인의 심리와 정부를 잘 이해하고 있었다. 미국이 제2차 세계대전에 참전하게 되자 마셜 장군은 그를 중국에 세 번째로 파견 명령하여 국민당의 장제스蔣介石의 참모장으로 임명했다. 1942년, 스틸웰이 처음으로 받은 임무는 미얀마를 거쳐 진격해 오는 일본군 저지에 실패한 이후의 상황 정리였다. 연합군은 미얀마를 잃으면서 중국과 서방 연합군을 연결하고 있던 '버마 도로'를 잃은 상태였다. 장제스는 스틸웰에게 중국군 5군 및 6군의 지휘권을 주었으나, 매우 불만스러웠다. 일단 중국인들은 공격하려 하지 않았으며, 오직 예스맨들만 장군으로 데리고 있던 장제스는 스틸웰의 권위를 계속해서 약화시켰다.

일본군이 중국군과 연합군을 미얀마에서 격파하자 스틸웰은 자신의 책임 하에 있는 미 육군 및 중국군 병사들을 살려서 데리고 나가야 할 책임감을 느꼈다. 철도를 사용할 수 없게 되자 이들은 미얀마에서부터 행군했으며, 질병과 밀림, 적의 기습, 야생동물, 기아, 피로 등으로 극심한 고통을 겪어야 했다.

하지만 이들은 스틸웰의 끈기, 리더십, 성품 덕에 간신히 살아서 빠져나올 수 있었다.

스틸웰은 중국군 병사들이 효율적인 전사가 되려면 적합한 훈련과 리더십이 필요하다고 생각했다. 그가 지휘권을 받은 후 살펴보니 병사들은 굶주리고 병에 시달렸으며, 장비는 턱없이 부족했다. 중국군 장교 대부분은 능력이 있고 정직했다. 문제가 된 것은 고위급 장성들로, '부패'가 모든 일이 진행되는 기본이 되어 있을 정도였다.

미국은 무기와 현찰 등 수백만 달러를 장제스에게 보냈다. 루스벨트 대통령과 마셜 장군은 스틸웰이 장제스와 대립할 때마다 그를 두둔했다. 루스벨트와 마셜은 스틸웰의 리더십이 효과적인 중국군을 양성할 것이라고 생각했고, 루스벨트는 아예 전 중국군의 지휘권을 스틸웰에게 주는 것이 어떠냐고 제안하기까지 했다. 하지만 스틸웰은 항상 예스맨이기를 거부했으며, 장제스는 매우 분노하여 스틸웰에게 결정을 번복하도록 매번 종용했다. 결국 1944년 10월, 스틸웰은 미국으로 귀국했다. 이는 매우 불운한 일이었는데, 스틸웰은 중국군 병사들의 생각을 잘 이해하고 있었고, 이들에게 중국군의 장군들은 절대로 할 수 없는 어떤 기폭제 역할을 할 수 있었기 때문이다. 역사는 그가 미얀마의 밀림을 통해 탈출한 후, 중국군을 이끌어 미키카냐^{Mikikyana}를 점령한 것에 대해 그의 뛰어난 전술적인 기획력과 실행력을 보여준 일례라고 말한다.

장제스와 스틸웰의 관계를 어렵게 만든 것은 스틸웰이 예스맨이기를 거부했기 때문이다. 장제스는 독재자였으며, 독재자들 대부분이 그렇듯 그는 항상 예스맨에게 둘러싸여 있었다. 스틸웰은 자신의 일기에 이렇게 적었다. "공정하게 말하자면, 그(장제스)의 입장에서도 외국인에게 정규 중국군 병사들에 대한 지휘권을 준 것은 큰 부담이었을 것이다. 만난 지 얼마 되지도 않은 잘 모르는 사람에게 지휘권을 맡기는 이런 시도는 한 번도 이루어진 적이 없었다. 나중에 알게 된 사실인데, 그는 한번 제약 없이 위임한 권한을 효과적으로 제한하는 자신만의 방법을 가지고 있었으나, 이 때문에 중국군 최고사령부의 체면은 결과적으로 크게 떨어졌다. 이 때문에 내가 중국군 장군들의 신뢰를 얻는 데 엄청난 부담이 더해졌다." 장제스는 전선에서 2,500킬로미터 이상 떨어져 있었는데도 주기적으로 참견했으며, 스틸웰이 해야 할 일들에 대한 지시를 단편적인 정보와 비현실적인 전술 개념에 기반을 두어 반복적으로 내려보냈다. 그는 자신이 다 잘 안다고 생각했고…… 이리저리 휩쓸렸으며, 어떤 행동이 취해질 때마다 생각이 변했다. 그는 지속적으로 나의 권한에 참견했다. …… 군사령관 및 사단장들은 필수불가결하게 장제스의 의중대로 움직이는 데에만 관심이 있었다. 하긴 그들이 왜 나에게 복종해야 했겠는가?"

스틸웰의 인품은 1942년 4월 1일 자로 본인이 적은 기록에 잘 나타나 있다. "장제스는 너무 오랫동안 실력자로 지내왔으며, 그의 주변에는 수많은 예스맨들이 둘러싸고 있어 모든 분야에서 자기 자신은 실수하지 않는다고 생각하고 있었다. …… 나의 유일한 관심사는 그에게 진실을 말해준 후 내 갈 길을 가는 것이다. 만약 의도대로 잘 안 풀린다면, 될 대로 되라는 심정이다. 나 혼자서 그를 둘러싼 기생충과 아첨꾼 무리를 상대한다는 것은 분명 무리다."

충칭重慶에 있을 때 1942년 6월 7일 자로 아내에게 쓴 편지에는 이렇게 적었다. "지금 그 양반(장제스)에게 보낼 보고서를 작성했소. 나는 그에게 모든 진실을 말했고, 꼭 나이든 노부인의 배를 발로 걷어차는 느낌이었소. 어쨌든, 내가 아는 바로는 나 말고 그에게 진실을 말해줄 사람은 없었고, 그러니 더더욱 그에게 말하고 말고는 나의 선택이었소. …… 나는 그들을 신경 쓰지 않고 그냥 일이 알아서 흘러가도록 내버려둘 참이오."

장교가 앞으로 나서서 말을 해 '진압'을 당하는 것이 결과적으로 나은 경우도 있다. 예를 들자면, 마셜 장군이 1945년 10월 육군참모총장에서 물러났을 때, 아이젠하워 장군이 그 자리를 이어받았다. 로턴 콜린스는 아이젠하워가 새 보직으로 자신을 육군 공보국장에 앉혔다는 사실을 알았다. 콜린스는 분개해 아이젠하워를 찾아가 '보직 배치를 막고자' 노력했다. 콜린스는 아이젠하워와 나눈 면담 내용을 자신의 회고록에 적었다. "아이젠하워 장군은 친근한 미소를 지으며 나를 환영했지만, 그 미소는 이내 내가 포문을 열기 시작하자 찡그림으로 변했다. '장군께서 저를 전쟁부 공보국장으로 임명하셨다는 소문을 들었습니다만, 저는 그 자리를 전혀 원하지 않는다는 말씀을 드리려고 왔습니다.' 그의 미소가 쏘아보는 눈길로 바뀌는 동안 나는 침묵했다. 그리고 이렇게 한마디를 더했다. '저는 제 특기가 병력을 지휘하는 일이라 생각했습니다만.' 아이젠하워는 으르렁거리듯이 말했다. '조(콜린스), 지난 2년 정도 했으면 충분하지 않소?' 나는 이야기가 불쾌해지기 전에 얼른 자리를 빠져나왔다. 다음 날인 1945년 12월 16일, 결국 나를 전쟁부 공보국장에 임명한다는 명령이 내려왔다."

아이젠하워는 자신이 무슨 일을 하는지 잘 알고 있었다. 콜린스는 인격자였으며 직설적이고 개방적인 인물이었다. 육군은 언론과 의회로부터 병력 감축과 독일 주둔 문제로 시달리고 있었다. 콜린스는 이따금 흥분하는 경향이 있었지만 특유의 허심탄회함 덕에 언론과 훌륭한 관계를 구축하고 있었다. 아이젠하워는 콜린스를 유럽으로 보내 '나쁜' 언론에 대처하게 한 것이다.

어느 기자가 콜린스 장군에게 미국인이 독일 주둔의 복잡성을 잘 이해하고 있는지 물어보자, 콜린스는 솔직하게 그다운 방법으로 대답했다.

"아니요." 다시 기자가 물었다. "왜 아니죠?" 그래서 대답했다. "왜냐하면 미국 국민들은 러시아와 연합군이 독일 주둔 문제를 놓고 싸우는 냉전의 가장 중요한 현 국면보다 스캔들 따위를 보느라 더 바쁘기 때문이죠."

나의 답변은 방송을 타고 전 세계로 나갔으며, 독일 내 미국 기자들의 분노에 불을 지폈다. 내가 베를린에 갔을 때 그들은 이미 연필 끝을 뾰족하게 갈고 나를 기다리고 있었다. 1946년 8월 19일, 나는 베를린 기자클럽에 이상한 초대 손님이 되어 앉아 있었다. 참석자는 클럽 회원과 나, 부관 한 명으로 제한되었다. 기분 좋게 칵테일 한 잔이 돌고 훌륭한 식사가 나온 후, 베를린 특파원협회장인 켄들 포스Kendal Foss가 내게 공격적인 질문을 던지기 시작했다. 그리고 다른 기자들도 합류하면서, 주둔군에 속한 간부와 병사가 스캔들이 될 만한 뉴스거리를 만들었다면 충분히 언론이 보도해줬을 것이라는 요지로 말했다. 나 또한 "당연히 그래야 한다"라고 말했고, 스캔들 보도는 육군이 하는 일의 전반적인 성격에 대해 지나치게 편파적일 수 있고, 독일 주둔과 관련된 진짜 문제를 가려버리는 경향이 있다고 답했다.

마지막으로 한 사내가 일어나, 어느 정도 내 의견에 동의하지만 내가 직접 미국 내 신문 편집자들을 만나보는 것이 좋겠다는 의견을 냈다. 그는 지난 몇 개월 동안 미국이 러시아를 상대하는 문제에 대해 기사를 보냈지만 아무런 답도 오지 않았다고 말했다. 그 후 곧장 임신한 한 간호사에 대한 기사를 보내자 "이런 기사를 더 보내달라"는 답변이 날아왔다고 했다.

내가 이곳에 온 진짜 목적은 우리 지휘관들에게 "실제로 자신이 한 일 이상"의 언론 관심은 절대 받지 못할 것임을 강조하기 위해서였다고 말하자 기자들이 모두 "잘 아시네요"라고 합창했다. 물론 나의 희망사항이지만, 베를린 기자단과 기브 앤드 테이크give-and-take로 대화를 주고받은 후 이들과 우리 장교단 사이에 유익한 영향이 남기를 바랐다.

콜린스가 이 보직을 성공적으로 수행했다는 사실은 그의 경력 자체의 성공에도 큰 의미를 남겼다. "이제 와서 돌이켜보자면 사실 나 자신이 공보국장 보직을 거부하기는 했지만, 만약 내가 육군참모총장이 되기 위해 나 자신을 교육할 수 있는 보직을 의도적으로 선택해야 했다면 그것보다 나은 보직은 없었을 듯합니다. 그 임무를 통해 다른 방법으로는 얻을 수 없었을 의회와 대중, 육군 언론 관계의 문제에 대한 통찰력을 얻었습니다. 육군 공보국장으로 재직하면서 나는 아이젠하워를 거의 매일같이 만나며 훨씬 더 개인적으로 친해지게 되었고, 이윽고 1947년 가을 무렵 저를 자신의 참모차장으로 임명하고 싶다는 이야기를 했습니다. 이 이야기는 매우 뜬금없이 나왔습니다. 저는 물론 그렇게 된다면 기쁘겠지만, 아이젠하워 장군과 대부분의 문제에 대해 다르게 생각할 수 있기 때문에 덜 노골적인 인물을 고르시는 것이 일하는 데 편할지도 모르겠다고 말했습니다. 아이젠하워는 단박에 그 의견을 물리쳤죠. 그래서 1947년 9월 1일 자로 저는 육군참모차장에 보직되었습니다. 차장이 되면서 저는 총장을 사무실의 단순 업무에서 많이 해방시켰습니다."

1947년 말, 콜린스 장군은 아이젠하워 장군의 후임으로 육군참모총장에 보직되었다. 그 자신이 차기 총장으로 지명되었다는 소식을 듣자, 콜린스 장군은 웨이드 헤이슬립 장군에게 전화를 걸어 이렇게 말했다. "웨이드, 방금 전에 내가 차기 육군참모총장으로 보직되었다는 전화를 받았는데, 내 밑에서 차장으로 일해주겠나?" 헤이슬립이 물었다. "왜 저를 찾으시죠? 솔직히 지난 30년 동안 저와 단 한 번도 의견이 같으셨던 적이 없지 않습니까." 그러자 콜린스는 이렇게 답했다. "바로 그것 때문에 내가 자네를 원하는 걸세."

콜린스는 예스맨을 원하지 않았다. 뛰어난 리더는 모두 그렇다. 하지만 그저 자신이 예스맨이 아님을 보여주기 위해 무조건 반대해서도 안 된다. 필자는 제임스 둘리틀James Doolittle 중장에게 아이젠하워 장군이 제2차 세계대전 초 그를 북아프리카 공군사령관으로 임명하기를 원하지 않았던 것이 사실이냐고 물었다. 둘리틀 장군은 그 말에 긍정하면서, 어느 날 참모회의를 하면서 아이젠하워 장군이 곧 있을 북아프리카 침공에 대한 계획을 발표하던 일화를 들려주었다. 아이젠하워 장군은 그 자리에 참석한 사람들의 견해를 물었다. "패튼은 자신이 무엇을 할 것이라는 이야기를 했고, 아이젠하워 장군은 곧 저를 불러 말했습니다. '우리가 가장 먼저 해야 할 일은 활주로를 점령하는 일이다.' 이에 저는 '맞습니다, 아이젠하워 장군님. 일단 상륙부대 병력이 해안가에 다다르면 활주로부터 확보하는 것이 가장 먼저 해야 할 일입니다'라고 대답했습니다."

둘리틀 장군은 이어서 말했다. "그렇게 답해야 하는 게 분명했죠. 하지만 문제는 이후 제가 바보 같은 짓을 했다는 겁니다. 그 말을 한 후에도 계속 떠들면서, '장군님, 하지만 활주로는 우리가 물자, 기름, 연료, 폭탄, 탄약, 지원병력, 식량, 그리고 병력을 관리하는 동안에는 아무런 가치가 없습니다'라고 말했습니다. 맞는 말이었죠. 그래도 제가 그 자리에서 할 말은 아니었습니다. 저는 제 상관에게 지금 당신이 무슨 말을 하고 있는지 잘 모르면서 그냥 떠들고 있다는 지적을 면전에서 한 셈이었습니다. 제가 말한 그대로를 말하기보다는 그냥 아이젠하워 장군님이 옳으시다고 말했어야 했죠. 우리가 제일 먼저 확보해야 할 것은 활주로고, 그다음 가능한 모든 원정작전을 실시하면서 이를 달성하는 데 필요한 물자를 얻어야 하는 것입니다."

"저는 말을 하면서 아이젠하워 장군의 얼굴을 지켜봤습니다. 제가 방금 무슨 일을 저질렀는지 분명히 알았기 때문에 뼈저리게 후회하고 있었습니다. 하지만 너무 늦었죠. 그 사건에서 회복하는 데 1년이 걸렸습니다. '예스맨'이 되라는 말이 아닙니다. 제가 하고 싶은 말은, 당신의 상관이 이런저런 정보들을 한자리에서 다 이야기하지 않았기 때문에 그가 바보라는 듯한 암시를 주면 안 된다는 것입니다. '예스맨'이 되어서는 안 되겠지만, 아이디어를 전달하는 데 요령이 있어야 한다는 것을 강조하고 싶습니다."

결심을 세우려 할 때 지휘관과 병사 간의 관계란 어떤 것인지를 초대 공군 참모총장 출신인 스파츠 장군에게 물었다. 그는 이렇게 대답했다. "당연히 내 주변 사람들에게서 신뢰를 받고 싶었지, 저를 두려워하게 하고 싶지 않았습니다. 저는 항상 모든 참모부 요원에게 나와 토의하고 싶은 주제가 있다면 언제든 이야기하도록 권장했습니다. 그리고 저는 항상 참모 중에 최소한 한 명은 다른 이들과 반대 의견을 지닌 사람이 있는 것을 좋아했습니다. 정말 좋은 '노맨no man'은 매우 똑똑하고, 말하기 좋아하는 사람이어야 합니다."

'노맨'의 역할은 무엇이었냐고 묻자, 스파츠는 이렇게 답했다. "결심을 내리기 전에 문제에 도전해보는 역할이었습니다. 하지만 최종 결정을 내리기 전에 해야 했죠. 그게 바로 성공적인 지휘관과 성공적이지 못한 지휘관의 차이입니다. 만약 결심을 내리기 전에 도전을 받아보지 못하고, 결심을 내린 후에 받아본다면 우유부단하게 되기 마련이고, 이는 군사작전을 치명적인 재앙으로 막을 내리게 할 수도 있습니다."

1952년부터 1956년까지 공군참모총장을 지낸 후 첫 공군 출신 합참의장을 역임한 네이선 트와이닝Nathan F. Twining 장군은 '노맨'의 개념에 관해 설명하면서, 의사결정자는 터프하면서도 낯이 두꺼워야 한다고 말했다. 또한 유사한 맥락에서 이렇게 말했다. "리더십에 관해 하나 더 말하자면, 부하들이 항상 무슨 생각을 하고 있는지 말하게 해야 한다는 겁니다. 그 누구도 남의 말을 하나도 듣지 않아도 될 정도로 위대하지는 못합니다. 어떤 사람들은 자신이 그렇다고 믿지만, 대부분 거기서부터 문제가 발생합니다. 물론 피아노 천재나 바이올린 천재 같은 경우도 있지만, 그것은 리더십이 아닙니다. 그것은 개인적인 성취입니다. 리더십은 뒤로 물러나 앉아 참모나 보고자처럼 권위를 가진 자의 브리핑 내용을 들을 줄 아는 능력이 필요합니다. 리더는 앉아서 들을 줄 아는 용기가 있어야 하고, 비록 쓰라린 말을 듣게 될지언정 참모들에게 무엇이 옳다고 생각하는지를 말하게 해야 합니다. 또한 내가 틀렸다고 생각되면 당장 찾아와 말해줄 수 있는 지휘관도 필요합니다. 저 또한 이런 일을 여러 차례 겪었고, 이들의 조언은 항상 도움이 되었습니다. 그렇게 하려면 확실히 자존심도 꺾을 줄 알아야 합니다."

브루스 할러웨이Bruce K. Holloway 공군 대장은 스파츠와 둘리틀이 말한 '노맨'에 대해 같은 생각을 하고 있었다. 할러웨이는 훌륭한 군 경력을 갖춘 인물이다. 제2차 세계대전 초반에는 '비호전대飛虎戰隊, Flying Tigers'와 함께 전투기 조종사로 활약했으며, 13대의 일본군 전투기를 격추해 에이스 반열에 올랐다. 작전소요국장으로 보직되어 참모로도 근무했으며, 여러 공군 항공기와 미사일 체계 개발에서도 중요한 역할을 맡았다. 또한 전략공군사령부Strategic Air Command 출신이 아닌데도 사령관으로 보직된 첫 인물이 되면서 경력의 정점을 찍었다. 할러웨이는 인터뷰를 하다가 예스맨 문제와 관련해 견해를 밝힐 기회가 있었다. 질문은 "지휘관으로서 어떤 부류의 부하를 찾으셨습니까"였는데, 할러웨이는 이렇게 답했다. "기본적으론 결과를 만들 줄 아는지를 봅니다. 저는 약간이라도 '예스맨' 기질이 있는 자는 싫어했고, 마찬가지로 내 견해에 이의를 제기해 자신의 성질을 나타냄으로써 그 명성을 뒷받침하려는 부류도 싫었습니다. 그중에는 항상 지나친 '노맨'들도 가끔 있었습니다. 이들은 소수였고, 저는 이들 또한 병균을 다루듯 피해 다녔습니다. 뭐, 제가 찾고 있던 사람은 경험과 지적 성실성을 고르게 갖춘 이라고 할 수 있겠습니다. '지적 성실성'이 무슨 뜻이냐 하면, 문제의 본질에 대해 저와 진정 동의할 수 없을 때에는 반대 의사를 밝히되, 저와 의견이 같다면 생각하지 않고 즉각적으로 의견이 같다는 점을 피력할 수 있는 인물을 말합니다. 이런 이들 앞에서는 저의 동의 여부를 떠나 그들과 동의하지 못하는 척을 하든지, 일부러 반대편 의견을 대변해보곤 했습니다. 하지만 이런 부류의 사람은 매우 드물죠."

할러웨이는 실제로 그와 의견을 같이하는지의 여부와 상관없이 무조건 그의 의견에 반대하던 소장 한 명을 언급했다. 할러웨이는 그 사나이가 앞서 말한 식으로 여러 사람의 신경을 건드리곤 했다고 했다. "바로 그 이유 때문에, 만약 제게 다른 선택이 있었다면 절대 그 장군을 고용하지 않았을 겁니다. 그 사람처럼 무조건 의견에 반대하는 걸 타고난 사람들이 좀 있습니다. 이런 사람들을 데리고 다니려면 충성심을 고취해주고 제대로 자기 위치를 잡게만 해준다면 괜찮아지기도 합니다. 이런 부류의 사람들에게는 직설적으로 이야기해야 합니다. 이들과 한참 토의를 한 후에도 여전히 언쟁을 하려고 한다면, 저는 '내가 말한 대로 하든지, 아니면 자네 말고 내 명령을 들을 다른 사람에게 시키겠네'라고 했습니다. 비록 판단을 내릴 만한 지식수준이 천재적인 수준은 못 되더라도, 자신과 저에게 정직하고, 제가 결심을 내린 후에는 제가 원하는 방식대로 해보려고 노력하는 것처럼 보이고, 제 견해에 동의하지 못할 때에는 그 의사를 확실히 밝히는 사람이 있다면 이런 사람들이 훨씬 더 참고 견디기가 수월합니다. 저라면 차라리 초인적인 지식수준을 갖춘 사람들에게서 흔히 보이는 뒤틀린 자아를 지닌 특급 천재보다 이런 사람들을 택하겠습니다. 그냥 그런 자들이 싫습니다. 저는 균형 잡힌 태도를 지닌 그런 사람들을 선호합니다. 이런 사람들을 발견하는 것은 정말로 금광을 발견한 것과 마찬가지죠. 저도 제 군 생활을 통틀어 이런 금광을 몇 번 발견했습니다. 어쩌면 제가 군 생활을 잘할 수 있던 것은 그래서였는지 모릅니다. 사실 그렇죠. 그 누구도 완전히 홀로 자기 일을 다할 수 있을 만큼 똑똑할 순 없습니다. 그냥 불가능하죠. 아울러 자기 자신은 그렇게 할 수 있다고 믿는 놈들이 자신이 바라는 곳까지 도달하는 경우는 거의 없습니다."

에드윈 롤링스Edwin W. Rawlings 장군은 공군이 독립한 직후 공군물자사령부를 8년간 책임진 독특한 경험이 있다. 사령관 임기 중 그는 960억 달러를 지출하기로 결정했다. 롤링스 장군은 다음과 같이 말했다. "리더는 결심을 수립하기 위해 사령부 내를 최상의 분위기로 만들어내야 합니다. 제가 물자사령부를 운영하고 있던 당시, 저의 주요 관심사는 사령부의 특정 주요 보직에 좋은 사람들을 찾아 세우는 것이었습니다. 열심히 하다 보면 최고의 인물들을 최고의 자리에 위치시킬 수 있습니다. 그리고 나면 그 사람이 그 보직을 떠날 때 또 좋은 사람을 찾아 넣기가 수월해집니다. 이는 좋은 리더의 필수 자질 중 하나가 자신을 따를 자들을 항상 훈련시키는 것이며, 그렇기 때문에 마치 눈덩이가 굴러가듯 돌게 되는 것이기 때문이죠. 이런 일을 하는 데에는 방법이 있습니다. 저는 제 주요 지휘관 및 참모와 작전 내용에 관해 월 단위로 점검하면서 일했습니다. 우리는 함께 모든 문제를 살펴보았고, 각 분야 최고 책임자들에게는 자신의 철학과 태도, 특정 시기에 자신이 다뤄야 할 문제에 관해 다른 동료들이 함께 따라갈 수 있도록 이야기할 기회가 주어졌습니다. 일반적으로 사람들은 우리가 생각하는 것보다 훨씬 훌륭합니다. 최고 책임자는 모든 이들이 각자의 최대 마력馬力을 끌어낼 수 있는 분위기를 만들어주어야 합니다. 그 방법 중 하나는 최고 책임자가 다루는 문제를 모두가 알고, 해당 문제를 둘러싼 요소들을 파악하며, 최고 책임자의 철학이 무엇인지 공유하는 것입니다. 이것은 에스맨이 되게 하라는 소리가 아닙니다. 지휘할 때 가장 큰 문제는 너무 많은 사람이 계속해서 지휘관이 듣고 싶어 할 만한 이야기를 한다는 점입니다. 따라서 지휘관은 아랫사람들이 자신과 동의하지 않을 수 있는 분위기를 만들어주는 것이 중요합니다. 물론 쉽지 않습니다. 사람들은 만약 지휘관이 결정을 내리는 시점에 그 지휘관의 의견을 부정하면 지휘관이 악감정을 가질지 모른다고 생각합니다. 나의 철학은 원하는 사람 모두 자기 생각을 말하게 하라는 것이었습니다. 왜냐하면 그 누구도 모든 것을 다 혼자 생각할 수 있을 정도로 똑똑하지는 않으니까요. 누군가는 우리의 방향을 바꿔놓을 수 있는 생각이나 아이디어가 있을 수도 있습니다. 결심을 세운 이후에 리더는 모두가 그 결심을 이행할 것으로 기대합니다. 만약 많은 사람의 아이디어를 끄집어낼 수 있는 분위기가 그전에 조성되었었다면, 모두가 기뻐할 것이며, 기뻐하지 않는다면 어떤 일도 제대로 수행되지 않을 것입니다.”

1974년부터 1978년까지 공군참모총장을 지낸 데이비드 존스 장군은 나서서 말하는 것이 쉽게 수용되는 분위기가 조성될 수 있도록 진력을 다했다. 당시 공군 군종감이던 헨리 미드Henry J. Meade 소장은 이렇게 회상했다. “저는 존스 장군이 수많은 지휘관회의를 주재하시던 모습을 기억하고 있습니다. 참모나 고급지휘관 모두는 존스 총장을 대할 때 소심해질 필요가 없다는 인식이 있었죠. 이들 모두 존스 총장에게 자신의 생각을 전해도 된다는 믿음이 있었습니다. 존스 장군은 한 번도 침착함을 잃지 않으셨습니다. 그는 절대, 절대 격앙되는 일이 없었죠. …… 언젠가 본봉 외의 수당 문제로 공격을 받은 적이 있었습니다. 존스 장군은 필요악의 역할을 맡아 자신의 고급장교들을 공격하면서 이 혜택이 필요한 이유를 합리화해보라고 시켰습니다. 그는 이 혜택을 보호하기 위한 가장 강한 주장을 논박해보려고 했습니다. 존스 장군은 절대 냉정함을 잃지 않았으며, 짜증내지도 않았고, 초조해하지도 않았습니다. 그는 자기 자신을 통제하는 데 달인이었습니다. 저는 4년간 그와 함께 근무하면서 단 한 번도 성내는 모습을 본 적이 없습니다. 사실 사나이로서 놀라운 부분이죠. 당연히 냉철한 사고를 해야 할 때, 이런 성품은 자신의 처신과 품행에 큰 도움이 됩니다. 안 그렇겠습니까?"

1982년부터 1986년까지 공군참모총장을 지낸 찰스 게이브리얼Charles A. Gabriel 대장 또한 예스맨을 혐오했던 인물이다. "군인으로서 공군을 위한 최고의 봉사를 하고 싶다면, 절대 '예스맨'을 참모로 보직해서는 안 됩니다. 하지만 동시에 누군가와 의견을 달리하여, '아니요'라고 말할 때는 조심스러울 필요가 있습니다. 리더는 언제나 최선을 다하는 사람을 필요로 합니다. 또한 배경, 경험, 판단 등 사람들에 대한 느낌을 얻게 되죠. 이 중에서 케이스별로 가장 강점을 지닌 이가 누구인지 분류해야 합니다. 누가 내 편이고 누가 내 편이 아닌지에 대해서는 신경 쓰지 마십시오. 특히 지휘관과 참모 사이에 발생할 수 있는 최악의 상황은 틀릴지도 모른다는 공포 때문에 말하기를 꺼리게 되는 것입니다. 많은 사령관은 조언하는 참모들을 잘라버려 적절한 정보를 거부해왔습니다."

게이브리얼 장군의 후임으로 공군참모총장을 역임한 래리 웰치 대장 또한 같은 견해를 지니고 있었다. "사람들이 내가 듣고 싶어 하는 것만 이야기하기 시작하면 엄청난 문제가 생깁니다. 어떤 이야기가 그런 이야기인지 즉각적으로 알아낼 수도 있습니다. 수년 동안 지켜봐온 나의 공군 참모들은 그런 문제를 야기하지 않습니다. 우리는 그런 사람을 뽑지 않습니다. 공군 참모로 '예스맨'이 선택될 수 있는 유일한 방법은 총장이 의견 차이를 포용하지 않고, '노맨' 대신 '예스맨'을 포상하는 것입니다. 하지만 저는 아직까지 제가 알아온 총장들이 '예스맨'을 용납하는 경향을 보지 못했습니다. 그건 공군이 아니죠. 그저 우리의 방식이 아닌 겁니다."

노먼 슈워츠코프 중령이 대대장 임무를 수행하기 위해 두 번째로 베트남으로 들어갔을 때 그는 자신의 강한 기질과 리더십을 보여주었다. 그는 전투지 휘관으로서 예스맨과 거리가 멀었다. 그는 당시 막 합류한 부대와 관련된 경험을 서술했다. "바로 다음 날, 나는 새벽 정찰조가 우리 방어선을 따라 설치된 철책을 통해 침투하려던 베트콩을 쏴 죽였다는 뉴스와 함께 기상했다. 이들의 시신에는 착륙 지점 베요넷LZ Bayonet의 상세한 지도가 있었다. 이는 '새퍼 어택sapper attack'이라 불린 베트콩의 가장 파괴적인 전술을 파악하는 데 반드시 필요한 정찰이었다."

이 사건은 슈워츠코프로 하여금 자신이 맡은 부대의 전투준비태세가 형편없이 허술하다는 점을 환기해주었다. 당시 그의 연대장은 한국전쟁 당시 '포크 촙 힐Pork Chop Hill' 전투에서 수훈십자훈장을 받기도 한 국민적 영웅이던 조지프 클레먼스Joseph G. Clemons 대령이었다. 그는 슈워츠코프의 부대로 찾아와 부대를 순시하기로 했다. 클레먼스 대령은 내려앉은 벙커, 적들이 드나들기에 충분해 보이는 철조망 틈새에 경악했으며, 다 녹슬고 지향 방향까지 틀린 클레이모어 지뢰는 잘못 터트리면 파편을 죄다 우군 방향으로 쏟아내 수많은 미군 병사들을 죽이거나 불구로 만들 터였다.

이 비참한 상태를 본 후, 클레먼스 대령은 슈워츠코프를 돌아보며 말했다. "이건 치욕일세. 내 군 생활을 통틀어 이 정도로 엉망인 것은 처음 보네." 당연히 슈워츠코프도 연대장의 의견에 동의했다. "우리는 방어선을 전부 함께 걸어서 돌아봤고, 연대장께서는 함께 걷는 내내 나를 질책하셨다. 나도 그가 옳다는 것을 잘 알았다. 만약 그 전날 밤에 저격수 공격이라도 있었다면 수많은 병사들이 죽었을 것이다.

그가 떠나자마자 나는 간부들을 모두 불러 모아 하루 종일 모래주머니를 채우고, 벙커를 파고, 클레이모어를 재배치해 숙영지를 방어할 수 있게 했다. 작전지휘소와 내 숙소까지를 방어선으로 확장하려 했지만, 결과적으로는 두 개 다 진지 안으로 옮기는 것이 낫다고 나중에 결정했다. 클레먼스 대령이 야단치는 소리가 계속 머릿속에서 맴돌았다. 난 나의 능력을 의심하는 지휘관과는 함께 일할 수 없다고 결론을 내렸다. 난 클레먼스 대령에게 연락해 면담할 수 있느냐고 물었다. 그는 나에게 연대본부로 오라고 해서 찾아갔으나, 그는 앉으라고 권하지도 않았다.

나는 이렇게 말했다. '연대장님, 연대장님께서는 오늘 제 부대에서 보신 광경 때문에 충분히 화를 내실 수 있다고 생각합니다. 하지만 저도 화가 났었다는 사실을 알아주셨으면 합니다. 저도 오늘 방어선의 상태를 보고 연대장님만큼 화가 났습니다. 그리고 제가 지휘권을 받자마자 이 시설들을 둘러보지 않은 것이 실수였다는 것을 깨달았습니다.'

클레먼스 대령은 내가 말하는 동안 나의 눈을 쳐다보고 있었으나, 아무 말도 하지 않았다. 나는 잠시 숨을 들이마신 후 다시 말을 이었다. '연대장님께서 제 부대를 얼마나 잘 아시는지는 모르겠습니다. 하지만 지난 이틀간 제가 관찰한 바를 볼 때 저는 미 육군에서 최악의 대대를 인계받은 것 같습니다. 무엇이 문제인지도 잘 알고 있고 곧 시정할 것입니다만, 이 모든 문제를 하루아침에 다 고쳐놓을 수는 없습니다. 그리고 매번 저를 찾아오실 때마다 저를 닦달하셔도 아무런 소용이 없을 겁니다. 오히려 제 작업 속도만 떨어뜨리실 뿐입니다.'

그는 아무 말도 하지 않은 채 그저 얼음처럼 차가워 보이는 파란 눈동자로 나를 노려보고만 있었다. 한참 후에 그가 입을 열었다. '슈워츠코프 중령, 나도 자네에게만 말하는데, 나 또한 전 미 육군에서 최악의 여단을 인계받았네. 자네가 뭘 해야 할지 잘 알고 있다는 말도 난 믿네. 그러니 함께 고쳐보세.' 그 자리에서 서로 미소를 짓거나 등을 두드려주는 일 따위는 없었다. 우리는 둘 다 엄청난 스트레스를 받고 있었던 것이다."

슈워츠코프는 예스맨이 되지 않은 대가가 어떤 것인지를 잘 보여주는 또 다른 경험을 베트남에서 했다. 이 일화는 형편없는 리더십을 접하게 될 때에는 요령이 필요하다는 교훈도 강조하고 있다. 어느 날, 부사단장이 날아와 슈워츠코프에게 베트콩을 충분한 수만큼 없애지 못하고 있다고 말했다. 부사단장은 원래 공병 출신으로, 전투에 관해 잘 모르기도 하거니와 진지 안에서 전장을 경험한 것도 없었다. 그는 보병전투를 전혀 이해하고 있지 못하다는 것을 보여주는 결정을 내렸고, 슈워츠코프는 그 계획이 통하지 않을 것이라고 그에게 말하면서 그 이유를 설명했다. "그 행동이 부사단장을 분노하게 했다. '그래? 왠지 이건 리더십의 문제처럼 들리는군! 자넨 자네 대대의 병사들을 더 강하게 통제할 필요가 있어 보여.'

나는 순간 화가 치밀어 '장군님, 죄송하지만 그 명령은 따를 수 없습니다' 라는 말이 목구멍까지 올라왔지만, 다행히도 클레먼스 대령이 끼어들었다.

'부사단장님, 슈워츠코프 중령의 분석이 확실히 옳습니다. 부사단장님께서 제시하는 방책은 현명한 선택이 못 됩니다.'

문제의 장군은 대꾸하지도 못할 정도로 화가 나 벙커 밖으로 몰아치듯 나가버렸다.

만약 클레먼스 대령이 끼어들지 않으셨다면, 내 군 경력은 바로 그 자리에서 끝났을 것이다. 문제의 장군은 앙심을 품고 '이건 명령 불복종이다. 내 명령을 따르기를 거부했으니, 지휘관 보직에서 해임하겠네' 하고 말했다. 나 대신 클레먼스 대령이 포화를 맞은 것이다. 자신의 부하가 옳을 때 지휘관이 나서주는 행동은 분명히 옳은 일이었다. 하지만 그 행동을 하는 데에는 엄청난 도덕적 용기가 필요했다."

슈워츠코프 장군은 예스맨에 대한 자신의 견해를 설명했다. "나는 내게 겁먹지 않는 사람들과 함께하고 싶고, 그런 사람들을 내 밑에서 복무하게 하고 싶습니다. 당신이 장군의 처지이고, 키는 193센티미터, 체중은 113킬로미터쯤 나가고, 뭐든지 다 하려고 하며, 성공하기 위해 매우 많은 것을 원할 정도로 열정적이고, 절대로 실패하기 싫어한다면, 아마 많은 사람을 위협하게 될 겁니다. 어떤 자들은 내 앞에서 산산이 부서질 것이지만, 내가 주변에 두고 싶은 사내들은 부서지지 않는 사내들일 겁니다. 이 사내들은 내게 이렇게 말하겠죠. 잠깐만요 장군님, 지금 여기서 너무 왼쪽으로 나가 계십니다, 이건 틀리셨습니다, 이건 동의할 수 없습니다, 지금 잘못하고 계십니다! 이런 말들을 할 겁니다. 나도 항상 동의하지는 않겠지만, 중요한 것은 내가 내 주변에 두고 싶어 한 사람들은 내가 실수를 하고 있거나 뭔가 잘못하고 있다고 생각이 들면 주저하지 않고 내게 말해주는 사람들이라는 것입니다. 이런 사람을 꼭 주변에 두어야 합니다. 가장 멍청한 짓을 하는 방법은 자기 주변에 '예스맨'만 잔뜩 갖다놓는 것이죠."

예스맨의 개념에 대해 1979년부터 1983년까지 합참의장을 지낸 윌리엄 크로William J. Crowe, Jr. 제독은 필자와의 심도 깊은 대화를 나누며 솔직한 조언의 가치에 관해 이렇게 답했다. "저도 인간입니다. 가끔은 '노맨'이 저를 매우 화나게 하기도 합니다. 뭔가 지금 하고 싶은 일이 있는데, 웬 똑똑한 척하는 자식이 와서 '그건 바보 같은 생각입니다'라고 하는 때가 있죠. 완전히 사람 미치게 합니다. 이런 거친 사내들이 주변에 있으면 혈압이 올라 좋은 건강을 유지하기가 힘들어집니다. 하지만 이런 부류의 사람들이 중요한 사람들입니다. 저는 예스맨도 아니면서 자멸하는 사람도 여럿 봤습니다. 이런 사람들은 그저 반대자의 입장을 즐길 뿐 어떤 식으로 반대하는지에 대해서는 별로 생각하지 않습니다. 그들은 사실 지금 내가 한 배에 타고 있지 않다고 사람들에게 알리고, 벼랑 끝까지 가지 않고도 더 나은 생각이 있는 척합니다. 정말 예술이죠. 국방장관은 이런 이들의 조언을 들을 것이며, 만약 이들이 똑똑한 자들이라면 이런 조언을 더 많이 듣게 될 겁니다. 장관은 항상 이런 의견만 좋겠죠. 하지만 제가 장관에게 불려가 질문을 들을 때 그 의견이 틀렸다고 말한다면, 아마 장관은 왜 내가 크로 의장과 대화해야 하는지 모르겠다고 생각하시고, 그놈은 그냥 무조건 반대하는 놈이라고 하시겠죠. 국방장관께선 그리고 저를 문제 밖으로 쫓아낼 겁니다. 장관을 상대할 때에는…… 이렇게 하든 저렇게 하든 그다지 중요하지 않은 대부분의 일에 대해서는 그와 동의하되, 뭔가 중요한 문제에 직면할 때는 분명히 나서야 합니다. 이건 자연스럽게 되는 행동이 아닙니다. 일부러 노력해야 하죠. 용기를 갖고 분명히 말하기 위해 노력해야 합니다."

마셜, 아이젠하워, 맥아더와 마찬가지로, 크로 제독 또한 자신의 정직함 때문에 군 경력이 끝날지도 모른다고 생각했던 때가 있었다. "헤이우드 제독에게는 밥 롱Bob Long(로버트 롱)이라는 함대 부사령관이 있었습니다. 저는 개인적으로 그를 존경했죠. 제가 해군참모총장실에 보직되기 전까지는 그를 몰랐습니다. 그는 핵잠수함 승조원 출신입니다. 그는 한 주 가까이 가만히 있다가 저를 부르더니, 제 일에 대해서 이러쿵저러쿵 말하셨습니다. 그래서 그에게 맞섰죠. 제 친구이기도 했던 그의 보좌관이 잠시 후에 내려오더니, 밥 롱 제독은 나의 태도가 마음에 들지 않으신다, 아무도 제독님께 그런 식으로 말하지 않는다고 말했습니다. 저는 속으로 혼자 생각했죠. 그래 뭐, 그럼 다 끝난 거군. 저는 그렇게 끝장이 났다고 생각했습니다. 하지만 나중에 보니 전혀 그렇게 되지 않았습니다."

예스맨 개념에 대해 콜린 파월 장군은 자신의 군 생활 중 자신의 상관이자 콜로라도 주 포트 카슨Fort Carson에 주둔 중인 4보병사단의 사단장 존 후다첵John W. Hudacheck 소장에게 맞섰던 이야기를 했다. 당시 파월은 그의 부사단장으로 보직되었었다. 파월은 예스맨이 되면 안 되는 것의 중요성에 공감했다. 이 일화는 그의 자서전인『콜린 파월 자서전My American Journey 』에 잘 소개되어 있다. "포트 카슨에는 '공동' 지휘관이 있다는 불만을 동료 장교들로부터 들었다. 후다첵 장군은 항상 부하들을 감시하고 있던 판국이었는데, 후다첵 부인까지도 장교 부인들을 감시하고 있다는 말이 나왔다. 후다첵 장군 부부는 금슬이 좋은 부부였으며, 후다첵 장군은 거의 부인과 파트너를 이루어 기지를 운영하고 있었다. 앤 후다첵Ann Hudachek 부인은 장군이 군 매점, PX, 아동복지센터 등의 시설을 감독하기 위해 설치한 위원회에 모두 참여했다. 그녀는 남편의 지휘하에 있는 병사들과 이들 가족의 복지에 대해 깊이 헌신했다. 문제는 후다첵 부부가 자신들의 역할에 충실하다 보니 주변 사람들에게는 몰인정하게 굴었다는 점이었다. 나는 이런 불만을 해결하기 위해 총대를 멨다. 그렇다. 결국 나는 필요하다면 왕과 여왕께 필요한 이야기를 할 것이고 이에 대한 대가를 치를 각오를 했다. 하지만 포트 카슨의 내부 상황은 이미 너무 멀리 가 있었다. 나는 4개월 이상 문제를 지켜봐야 했으며, 사기가 무너지는 것을 느꼈다. 나는 뭔가 해야 한다는 책임감을 느꼈다."

파월은 후다첵 장군의 참모장인 톰 블래그Tom Blagg 대령을 찾아가 왜 후다첵 장군을 만나고 싶은지에 관해 알렸다. 블래그 대령은 이렇게 경고했다. "파월 장군님, 그만두십시오……. 경고드립니다만, 그렇게 하신다고 그가 나아지진 않을 겁니다. 게다가 파월 장군님도 다치실지 모릅니다." 그런데도 파월은 후다첵을 찾아갔으며, 블래그가 예상했듯이 후다첵은 전혀 파월의 말을 고맙게 여기지도 않았을 뿐 아니라 두 사람 사이의 대화도 매우 좋지 않게 끝났다.

필자는 초급장교를 대상으로도 여러 차례 리더십 강의를 했다. 질의응답 시간에는 이런 질문을 자주 받았다. "……하지만 옳은 일을 위해 (상관에게) 맞섰다가 처벌을 받게 되면 어쩌죠?" 그 질문에 대한 답으로 콜린 파월 장군과 후다첵 장군 사이에서 벌어진 일을 예로 들 수 있겠다. 파월은 이렇게 회고했다.

1982년 5월 20일, 포트 카슨에서의 첫해가 지나갔다. 10개월 전만 해도 소장 진급위원회에서 내 이름을 대상자로 올리길 원하던 후다첵 장군이 나를 집무실로 불렀다. "앉게." 후다첵 장군이 말했다. 그는 항상 줄담배를 즐겼고, 나에게 두 장짜리 문서를 넘겨주던 순간에도 손으로 담배 한 개비를 털고 있었다. 그 문서는 나의 연간 성과분석 보고서였다. 나의 미래는 그 두 쪽 자리 종이에 걸려 있었다. 다 읽고 난 후 나는 "이게 장군님께서 진지하게 판단하신 결과십니까"라고 물었고, 그는 고개를 끄덕였다. 나는 "이게 어떤 영향을 끼칠 것인지도 잘 알고 계십니까" 하고 다시 물었다. "이 보고서는 제 군 생활을 끝낼지도 모릅니다." "아니, 아직이야." 후다첵 장군이 부정했다. 그는 내년에도 나를 평가할 것이었다. 그는 "아마 다음 번 보고서가 자네를 끝장내겠지"라고 덧붙였다. 이 모든 것을 납득할 수 없었지만, 나는 실례했다고 말하고는 자리를 떴다.

그날 밤, 나는 머릿속이 빙빙 도는 듯한 상태로 침대에 누웠다. 그 보고서는 내가 육군에 몸담고 32년간 복무하면서 받아본 최악의 전문성 평가였다. 참스 쿨Charm school의 버니 로저스Bernie Rogers가 말하길, 우리 동기 중에 50퍼센트는 소장까지 도달하지 못할 것이라 했다. 이제는 내가 어느 쪽 50퍼센트에 속하는지 알 것 같았다. 펜타곤 일반 장교관리실GOMO에서 장군의 보직을 결정하는 젊은 중령은 이 보고서를 보고서는 '지금까지 기적을 이루며 살아온 군인께서 이제야 결국 펑크가 나셨군' 하고 생각할 것이다. 파월은 그저 정치적 이유로 장군을 달았던 사람으로 기억될 것이다. 마이어 장군께서는 이 보고서를 보고 고개를 저으시며 생각하시리라. 콜린은 야전에서 너무 오래 떠나 있었노라고. 그리고 다음번 진급심사위원회는 지금까지 오점 하나 없던 나의 경력을 보고 '이 친구는 대체 무슨 일을 겪은 걸까' 하며 궁금해하겠지. 그날 나는 잠을 거의 제대로 자지 못했다.

필자는 이 사건에 대해 당시 육군참모총장이던 에드워드 마이어 장군과 논의한 적이 있었다. 그는 파월과 후다첵 사이에 문제가 있다는 이야기를 들었으며, 파월을 곧장 사단에서 빼낸 후 소장 보직으로 이동시킴으로써 그의 군 경력을 보호해주었다.

파월이 빌 클린턴^{Bill Clinton} 대통령과 겪은 첫 번째 문제는 군 내 동성애자 문제였다. 파월도 훗날 "그때가 내 군 생활 중 가장 힘든 시기가 아니었나 싶습니다"라며 당시를 회고했다. 그는 이 문제에 대해, 특히 대통령이자 군 통수권자의 생각과 결정적으로 관점이 달랐기 때문에 힘들었다고 말했다. "중책을 맡은 모든 이는 그것이 대통령의 의중이라고 말했습니다. 제 생각을 물으시기에 저는 이렇게 말했습니다. '제 관점은 전임 대통령께 말씀드렸던 입장과 같습니다. 만약 대통령께서 이 방향으로 일을 진행하시길 원하신다면, 명령을 내리시면 됩니다. 하지만 대통령께서 저의 조언을 원하신다면, 제 조언은 지난주에 조지 부시^{George H. W. Bush} 대통령께 해드린 것과 같은 내용일 것입니다.' 그 대답 때문에 엄청난 비난에 시달렸지만…… 어쨌든 나는 불충한 장군이라는 비판을 받았으며, 기본적으로 나는 대통령에게 불충했습니다. 뭐, 사람들이 자신에 대해 수군거리면 어떤 기분인지 대충 아실 겁니다. 나는 이때 큰 곤욕을 치렀고, 나중에 사람들에게 이렇게 말했습니다. '이봐, 만약 대통령께서 그날 정책을 바꾸기로 결정했다면, 나는 그대로 이행했을 거야. 그는 정책을 바꾸지 않았어. 대통령께서는 내 의견을 물어보셨고, 나는 내 의견을 말씀드렸을 뿐이야. 그리고 통수권자가 바뀌었다는 이유만으로 불과 이틀 만에 내 조언이 달라진다면, 그거야말로 최악의 불충이지.'"

필자가, "장군께서 사임 압력을 받으셨다는 내용이 문서로 남아 있습니다.

장군님이나 다른 총장들 중에 사임한 사람이 있습니까" 하고 물었을 때 파월은 이렇게 답했다. "아닙니다. 당시에 수많은 장군들이 저에게 사임하라고 서신을 보내왔습니다. 저는 못 한다고 했죠. 저는 그 어떤 문제를 놓고도 사임하는 것을 고려해본 적이 없습니다. 왜냐하면 제가 군 통수권자가 아니라, 대통령이 통수권자이기 때문입니다. 저는 마셜 장군으로부터 영감을 받았습니다. 1947년인가 1948년에 이스라엘 승인 문제를 놓고 마셜 장군이 대통령과 격렬하게 언쟁하여 결국 졌는데, 트루먼 대통령은 우리는 이스라엘을 승인할 것이라고 말했고, 일부 사람들은 마셜이 사임해야 한다고 생각했습니다."

1993년부터 1997년까지 합참의장을 지낸 존 샬리캐슈빌리 대장과의 인터뷰 중 우리는 맥아더가 육군참모총장을 역임하던 당시 루스벨트 대통령에게 맞섰던 사건에 관해 이야기를 나눴다. "내겐 맥아더 장군이 총장으로 지내셨을 때처럼 드라마틱한 순간이 없었습니다. 고급 직책에서 근무하는 사람들이라면 군 통수권자를 비롯한 고위 정치가들과 의견이 대립하는 순간이 있기 마련입니다. 그런 순간이 바로 맞서 일어서야 하는 순간이고, 매우 중요한 때입니다. 제가 의장으로 재직한 4년 동안은 맥아더 장군이 겪었던 것들만큼 드라마틱하지는 못했습니다만, 행정부가 군에 충분한 자원을 공급하고 있는지와 같은 중요한 주제가 있었습니다. 획득 예산에서 약 20억 달러 정도 자금 부족을 겪어 제가 의회에서 증언했던 때가 기억납니다. 그때 꽤 소란이 있었죠. 그때 말고도 보스니아 같은 곳에서 우리 군에 적합한 임무가 무엇인가를 놓고 통수권자와 이견이 있었던 적이 있고, 특정 무기 통제안을 놓고도 부딪힌 적이 있습니다. 하지만 어느 때이건, 이야기를 하면 할수록 잘 알게 되겠지만, 항상 자신의 입장을 고수하고 최선의 군사적 조언을 하는 것이 중요합니다. 가장 일반적인 의견 말고요. 결국에는 대통령께서는 제 의견이 그의 다른 보좌관 의견과 일치하지 않을지라도 제 최선의 판단을 원하신다는 점을 분명히 했습니다. 대신 저는 제 할 일을 확실히 다하고 최상의 조언을 제공해야 했습니다. 결과적으로 조국이 제 권고대로 움직일 수도 있고, 수많은 목숨이 제 결정에 좌우될 수도 있으니까요. 그런 관점에서 저는 합동참모본부에서 근무하면서 매번 주어지는 어려운 문제를 잘 처리한 저의 동료들을 자랑스럽게 여깁니다. 이들은 자신이 옳다고 믿는 바를 위해 항상 일어설 준비가 되어 있었습니다."

1978년부터 1982년까지 합동참모본부 의장을 지낸 데이비드 존스 공군 대장은 자신이 합참 기구를 재편할 당시 예스맨이기를 거부했던 한 장교의 이야기를 들려주었다. 당시 존스는 제2차 세계대전 때부터 이어져 온 미군 조직을 가장 획기적으로 변화시킨 성전聖戰을 치르는 중이었다. 이 변화는 앞서 언급한 크로 제독과 파월, 샐리캐슈빌리 장군뿐 아니라 전 미군 부대가 훗날 혜택을 입은 개편 작업이었다.

존스 장군의 우려는 수십 년 전의 군 생활로 거슬러 올라간다. "제가 처음 합참제도를 접하게 된 건 커티스 르메이 장군의 부관으로 지낼 때였습니다. 르메이 장군은 그의 부관으로서 저의 첫 임무는 배우는 것이라고 하셨고, 저는 합동참모본부 회의를 포함한 그의 거의 모든 회의에 동석했습니다. 당시 복잡한 합참 제도의 절차와 빠르고 매우 효율적으로 운용되는 전략공군사령부 절차 간에는 분명하게 대비되는 명암이 있었습니다. 당시 저는 누군가가 나서서 합동체계를 정비해야 한다는 생각을 떠올렸습니다만, 결국 나중에 제 자신이 그 작업에 참여하게 될 거라고는 생각지도 못했습니다."

합참 제도에 대한 그의 우려는 베트남에서 근무하던 당시 자신이 '공군력의 오용'이라고 생각한 문제를 보면서 더욱 깊어졌다. 이 문제는 적절하게 고려된 적조차 없었다. 당시 문제는 존슨 대통령이 폭격 목표 리스트를 계속해서 만들어내는 것뿐만이 아니었다. 7년 후인 1974년 여름, 존스 장군이 공군참모총장이 되고 나서 이 문제에 관해 그는 다음과 같이 말했다. "저는 대부분의 긴 합참 회의들이 내 시간을 좀먹고 있다는 생각이 들었습니다. 솔직히 말하자면 그냥 앉아 있다 오려고 합참까지 갔다 오는 건 매우 지루한 일이었습니다. 저는 충실한 군인이고, 본부에 있다면야 당연히 갔지만…… 그다지 마음은 내키지 않았습니다. 아마 제 동료들도 이에 동의했을 테지만, 정확하게 이걸 어떻게 바꿔야 하는지에 대해서는 의견이 일치하지 않았습니다."

당시 특히 변화가 필요하다고 본 것은 두 개의 특정 '전쟁' 활동이었다. 존스 장군은 베트남에서 공군 부사령관을 하고 있던 당시 이렇게 말했다. "저는 합참제도가 현재 진행 상황을 제대로 통제하지 못하는 모습을 지켜봤습니다. 첫째로, 우리는 최소한 여섯 개의 서로 다른 공중전을 치렀습니다. 북방에서 해군, 북방에서 공군, 남쪽에서 공군의 전쟁, 베트남전쟁, 육군항공대……. 둘째로, 1980년 4월 25일, 중도에 취소된 작전이자 공군의 공습 역사상 최악의 불명예스러운 실패가 된 작전명 '이글 클로Eagle Claw'•'는 이란 주재 미국 대사관에 억류되어 있던 53명의 미국인 인질을 구출하는 임무였습니다. 이들을 구하려던 시도는 랑데부 지점에서 오직 세 대의 헬기만 운용이 가능한 상황이 되면서 취소되었습니다."

존스 장군이 변화시켜야 한다고 주장했던 것은 궁극적으로 1986년 골드워터-니컬스Goldwater-Nichols 국방부 재편안••을 통해 시행되었다.

- '이글 클로'란 1979년 11월부터 1981년 1월까지 벌어진 주이란 미국 대사관 인질 사건을 해결하려는 과정에서 시도된 작전이다. 1980년 4월 미국은 대사관 내 인질을 구출하고자 미군을 투입했으나, 목적지까지 가던 중 헬기 충돌로 작전에 실패했다.
- •• 「골드워터-니컬스 법안(Goldwater-Nichols Act of 1986)」은 공법 99-433으로서 레이건 대통령이 서명했다. 1947년 「국가안보법(National Security Act)」을 통해 정립된 미군 구조 개혁 법안으로, 합동참모본부의장의 권한을 강화하고, 지휘체계도 일부 변화시켜 대통령은 국방부 장관을 통해 통합군사령군 사령관들을 지휘하게 되었으며, 각 군 총장을 건너뛰게 되었다. 각 총장은 대통령과 장관에게 조언을 하며, 전군에 대한 훈련 및 교육 책임을 맡아 통합군사령관들에게 병력을 제공하는 임무를 수행하게 되었다. 공화당의 베리 골드워터(Barry Goldwater) 상원의원과 민주당의 윌리엄 니컬스(William Nichols) 하원의원의 이름을 따 법안 명칭이 정해졌으며, 하원은 383대 27로, 상원은 95

존스 장군은 의장 임기 첫 두 해 동안 조직구조 개혁을 단행하고 싶어 했는데, 이를 각 군 총장과 내부적으로 조용히 진행하려 했으나 각 군이 자기 스스로를 재편할 수 없다는 문제가 있음을 곧 깨달았다. 개혁은 외부로부터 진행되어야 했다. 데이비드 존스 장군 자신도 한때 그들 중 하나였다. 존스 장군은 각 군의 총장이 먼저 자신이 속한 군의 최고위자가 되어야 한다고 생각했다. 자신의 군을 위해 이를 악물고 필사적으로 싸우지 않은 총장들은 곧 영향력이 쇠퇴한다는 것을 이미 역사가 증명해주었기 때문이다.

존스 장군은 자신이 다른 군(육군과 해군 — 옮긴이)을 분노케 할 수 있다는 것을 알았으며, 이들은 펜타곤의 '영역'을 놓고 '성전'을 치를 것임을 알았다. 또한 현역뿐 아니라 퇴역 장성들까지도 맹공을 가할 것이라 예상이 되고도 남았다. 그는 펜타곤 동료들과 의견을 달리했으며, '군대 동지'들은 그가 제시한 변화를 달갑게 여기지 않을 것임을 잘 알았다. 그는 동료들에게 변절자였으며, 모든 군 중에서 자신의 영향력을 포기할 의사가 있는 군은 어디에도 없었다. 사실 미군의 '동지애'가 고급장교를 놓고 비판적인 자세를 취하는 일은 매우 드물었지만, 존스 장군을 무너뜨리고 그의 개혁안을 파괴하기 위해 항거하면서 이런 전통도 모두 사라졌다. 그뿐 아니라 국방부의 민간 부문도 자신들의 '제국'에 대한 영향력이 위협받는다고 믿었는데, 그것은 정치적으로 임명된 인사들의 높은 보직 회전율이 업무의 연속성과 전문성을 해치고 있었기 때문이다. 이는 합동참모본부의 구성원들에게도 달갑지 않았다. 이들은 평균적으로 2년 반 정도마다 보직을 옮겼기 때문이다.

변화를 위한 싸움을 이끌게 된 존스 장군은 군과 민간 당국 간의 적절한 관계를 유지하는 규칙들을 조심스럽게 지켰다. 그는 상원 군사위원회와 해럴드 브라운 국방장관에게 향후 2년간 합참 제도 재편을 위해 압력을 넣겠다는 의

대 0으로 통과했다. 이 법안을 적용받은 첫 의장은 윌리엄 크로 제독이었다.

건을 밝혔고, 브라운 장관은 존스 장군에게 지지를 보냈으며, 그가 할 수 있는 한 최선을 다해 도와주었다.

레이건이 대통령에 당선되고 나서 국방장관으로 캐스퍼 와인버거Casper Weinberger가 지명되었다. 존스 장군은 와인버거에게 조만간 겪게 될 문제에 관해 사전 경고를 했는데, 와인버거는 이에 대해 존스 장군의 조언을 기대하겠다고 답했다. 존스 장군이 나중에 이 문제를 제기하자 와인버거는 재편 문제를 다루고 싶지 않으며, 많은 사람들이 이미 합참 제도가 엉망이 된 제도라고 결론을 내렸고, 결국 이는 예산 문제에 부정적 영향을 끼칠 것이라고 보았다. 존스 장군은 이에 대해, 한때는 엉망이었지만 이 문제에 관해서 의회의 높은 분들이 이미 잘 알고 있으며, 만약 이 문제를 다룬다면 분명 공훈을 얻게 될 것이라고 답했다. 존스는 또한 이렇게 덧붙였다. "이 문제가 제기될 때마다 와인버거 장관은 매우 정중한 태도를 취했지만, 저는 끝까지 그를 설득할 수 없었습니다."

존스 장군은 45년 군 역사상 가장 긴 8년이라는 기간을 합동참모본부의 멤버로 재직했기 때문에, 이 변화를 달성하기 위해서는 의장 자신이 변화를 추구하는 것이 논리적으로 맞는다고 판단했다. 특히 그가 자신의 제국을 세우기 위해 변화를 밀어붙이고 있다고 한다면 설득력이 떨어질 터였다. 의장으로서 그의 임기는 고작 몇 개월밖에 남지 않았기 때문이다. 의장의 역할을 강화하는 것은 명백히 자기 자신보다 후임자를 강화할 뿐이었다. 그는 의회에서부터 변화가 시작되어야 한다고 결론을 내렸으며, 이 절차가 기세를 유지하고 의회가 변화를 지지하게 하려면 언론이 관여해야 한다고 생각했다.

존스 장군은 언론을 상대로 이렇게 말했다. "제 남은 몇 개월의 임기 동안, 저는 합동참모본부의 조직구조에 대한 중대한 변화를 이루기 위해 투쟁할 것입니다……. 솔직히 말하면 저는 필요한 변화를 달성하기 위한 지지층을 마련하려 하고 있습니다. 여러분이 어떤 식으로든 저를 도와주신다면 정말 감사하겠습니다."

≪뉴욕타임스≫는 사설에 이렇게 내보냈다. "자군自軍을 위한 변호 집단을 꾸리는 전통 속에서 성장한 군 장교들은 그동안 민간 당국이 적법하게 요청하지 않는 한 변화를 위한 공공 활동을 한 적이 거의 없었다."

존스 장군은 당시 자신의 입장을 이렇게 말했다. "굉장히 강하고 지속적인 역풍이 불고 있음을 느끼는 가운데, 진정한 문제점을 한 번 더 조명하고, 약간의 구체적인 변화를 이끌어내기 위한 큰 노력을 해보지도 않고서는 올 여름에 멀쩡한 정신으로 이 사무실을 떠날 수 없을 것 같았다."

존스 장군은 입법 초기부터 「골드워터-니컬스 법안」을 두고 꽤나 성공적으로 협상을 시작했으며, "제2차 세계대전 이래 가장 중요한 국방 법안일 것"이라거나 "1949년에 국방부 조직구조를 짠 이래로 가장 의미 있는 변화가 될 것"이라는 평을 들었다. 하원 군사위원회 의장이자 국방장관을 역임한 레슬리 애스핀Les Aspin은 "미국 역사에서 획기적인 사건이 될 것이다. 이는 1775년 미 대륙의회가 대륙육군을 창설한 이래 미군 역사상 가장 위대한 변화일 것이다"라고 말했다.

이번 장에 소개된 장군들은 예스맨이 참모에 끼는 것을 용납하지 않았고, 스스로가 예스맨이기를 거부함으로써 자신의 군 경력이 손상되기도 했다. 마셜 대위의 경력은 '몸을 사리기를 거부하며', "여기에는 반드시 해명되어야 할 것이 있다"라고 퍼싱 장군에게 도전하며 그가 틀렸음을 지적하면서 반전의 계기를 맞았다. 마셜의 동료들은 그가 '당장 해고'당할 것이라고 했으나 그렇게 되지 않았다. 오히려 그는 퍼싱의 작전장교가 되었고, 불과 1년 만에 대령까지 진급했다.

마셜은 루스벨트 대통령과 가진 첫 각료회의에서 대통령에게 "저는 각하께 동의하지 않습니다"라고 말하며 맞섰다. 각료들이 백악관을 떠나면서 재무장관 또한 마셜에게 "그동안 수고 많으셨습니다"라고 말할 정도였다. 하지만 1년도 채 되지 않아 마셜은 루스벨트에 의해 육군참모총장으로 발탁되었다. 마셜은 대통령에게 자신이 생각한 바를 말할 수 있도록 보장해달라고 요구했고, 이는 "종종 듣기 싫은 소리일 수도 있다"라는 점도 분명히 했다. 국무장관이 된 후 그는 자신의 차관이던 딘 애치슨에게 "나는 자네로부터 가장 완벽한 솔직함을 기대하겠네. 특히 나를 대할 때 그렇게 해주게"라고 말하기도 했다.

1933년 루스벨트 대통령이 육군의 예산을 대폭 삭감하려 했을 때, 당시 육군참모총장이던 맥아더는 일말의 머뭇거림도 없이 맞섰다. 루스벨트는 그에게 "자네, 이렇게 대통령에게 무례한 언사를 해도 되는가" 하고 말했고, 맥아더는 "그 순간 나의 군 생활이 끝났다는 느낌이 들었다"라고 회고했다.

1949년 자신이 육군참모총장에 보직되었다는 소식을 들은 로턴 콜린스 장군은 웨이드 헤이슬립 장군에게 자신의 차장으로 와달라고 부탁했다. 헤이슬립 장군은 "왜 저를 찾으시죠? 솔직히 지난 30년 동안 저와 단 한 번도 의견이 같으셨던 적이 없지 않습니까"라고 말했고, 콜린스 장군은 이에 대해 "그래서 자네를 원하는 걸세"라고 답했다.

마셜 장군이 당시 아이젠하워 준장을 향해 자신의 참모들은 진급하는 일이 없을 것이라고 말하자, 아이젠하워는 이 말에 곧바로 응수했다. "저는 진급에 신경 쓰지 않을 뿐만 아니라, 장군께서 저를 진급시키실 권한에 대해서도 상관하지 않습니다." 아이젠하워는 훗날 "바로 그날부터 그는 나를 진급시키기 시작했다"라고 회고했다.

데이비드 존스 장군은 맥나마라 장관에 맞서 상원 군사위원회에서 의견을 말할 수 있는 배짱이 있었다. 그 결과 그는 준장 진급 대상에서 누락되었다. 하지만 공군은 그의 군 경력이 그렇게 끝나도록 내버려두지 않았으며, 존스 장군은 이후 공군참모총장과 합동참모본부 의장까지 역임하게 된다.

슈워츠코프 장군은, 실제 전투를 지휘해본 적도 없고 자신이 무슨 명령을 내리는지도 잘 모르는 한 공병 출신 준장의 바보 같은 명령을 거부했다. 슈워츠코프는 그 장군에게 "죄송합니다만, 저는 그 명령에 복종할 수 없습니다"라고 말했다. 거기서 끝날 뻔했던 그의 경력을 구한 것은 한국전쟁 당시 포크 촙힐의 영웅이었던 여단장 조지프 클레먼스 대령이었다. 슈워츠코프의 군 생활은 이후 계속되었지만, 그 대신에 클레먼스 대령의 군 생활은 그 자리에서 끝났다.

콜린 파월 준장은 자신의 사단장이던 존 후다첵 소장에게 맞섰으며, 후다첵 소장은 그에 대한 답으로 파월 준장의 성과보고서를 형편없이 써줬다. 파월은 그에게 "이 보고서는 아마도 제 군 생활을 끝낼지도 모릅니다"라고 말하기까지 했다. 하지만 그렇게 되지는 않았다. 다행스럽게도 당시 육군참모총장이던 에드워드 마이어 장군이 그를 사단 보직에서 빼내 이성장군 보직에 앉힘으로써 파월의 군 경력을 보전해줬기 때문이다.

크로 제독은 자신이 생각한 바를 상관이던 롱 제독에게 말했고, 그의 동기는 그에게 "아무도 밥 롱 제독께 그렇게 말하지 않는다"라며 핀잔을 주었다. 크로 또한 자신의 군 생활이 그 자리에서 끝났다고 생각했다. 하지만 그렇게 되지 않았으며, 그는 훗날 합동참모본부 의장이 되었다.

마이어 장군은 상원 군사분과위원회에 맞서면서 미군이 '속빈 군대'를 가지고 있다고 지적했다. 그는 그 자리에서 필요하다면 사임할 각오까지 했다. 하지만 그럴 필요가 없었으며, 오히려 그의 직설적인 의견은 육군이 필요한 조치를 취할 수 있는 예산을 받는 데 도움이 되었다.

존스 장군은 합동참모본부 조직에 도전했으며, 다른 군에 소속된 그의 동료 장교에게서 혹독한 비난을 받았다. 그는 결국 성공적으로 「골드워터-니컬스 법안」을 통과시켰으며, 전 국방장관이던 레슬리 애스핀 장관에게서 다음과 같은 찬사를 들었다. "미국 역사에서 획기적인 사건이 될 것이다. 이는 1775년 미 대륙의회가 대륙육군을 창설한 이래 미군 역사상 가장 위대한 변화일 것이다."

미국이라는 공화국의 성공적인 군사지도자는 논란의 여지가 있는 사안을 내놓으며 그것이 결심 수립으로 이어질 수 있게 했고, 비록 본인 자신은 동의하지 못하더라도 그 결심을 결과로 이어지게 할 수 있는 성격을 갖춘 부하를 필요로 했다. 비록 크로 제독이 "노맨은 나를 화나게 한다"라고 하고, 트와이닝 장군이 "그렇게 하려면 확실히 자존심을 버려야 한다"라고도 했지만, 최고위 군사지도자라면 그러한 도전 또한 받아들일 줄 알아야 하는 법이다.

Chapter 5

Books: The Importance of Reading

독서의 중요성

/

Books: The Importance of Reading

교육의 목적은 인격 형성이다. ─ 허버트 스펜서

역사(history)란 없다. 오직 전기(biography)만이 있을 뿐이다. ─ 랠프 월도 에머슨

1940년, 드와이트 아이젠하워 대령은 텍사스 주 포트 후드Fort Hood●에서 당시 3군사령관을 역임하고 있던 월터 크루거 소장의 참모장을 지내고 있었다. 어느 날, 아이젠하워 대령은 조지 마셜 육군참모총장에게 워싱턴으로 오라는 호출을 받았다. 아이젠하워는 지난 10년간 자신이 바라마지 않던 병사들과 함께하는 야전 보직에서 다시 워싱턴으로 불려 가 참모 보직을 받게 될까 봐 이 호출이 그다지 달갑지 않았다.

워싱턴에서 열린 회의에서 마셜은 미국에 도전하는 일본에 어떻게 대처할 것인지 아이젠하워에게 의견을 구했고, 특히 당시까지 아직 미국 영토였던 필리핀제도에 대한 대처 방안을 물었다. 아이젠하워의 전기 작가 중 한 명은 이 상황을 다음과 같이 기술했다. "이 질문은 아이젠하워를 흔들어놓았다. 그는

● 포트 후드는 텍사스 주 벨 카운티의 킬린(Killeen) 시에 위치한 육군 주둔지로, 면적은 약 64만 제곱미터이고, 병력 약 8,800명이 주둔해 있다. 원래 기갑 전력의 주둔 및 훈련을 목적으로 설치했으며, 현재는 미 3군단(기갑), 1기병사단(기계화보병), 3기갑 수색연대, 69방공포여단 등이 주둔 중이다.

자신이 육군 내에서 '아이디어맨'으로서 평판이 자자하다는 것을 잘 알고 있었다. 아이젠하워는 마셜과 그의 전쟁기획국이 전혀 독자적인 아이디어를 가지고 있지 못하다는 사실을 깨달았다. 아이젠하워는 명백히 특정 보직에 대한 테스트를 받는 중이었고, 아마도 그 자리는 바로 전쟁부 내의 보직일 가능성이 컸다."

아이디어맨으로서의 아이젠하워는 매우 중요한 점을 시사한다. 한번은 아이젠하워에게 이렇게 물었다. "어떻게 해야 의사결정자로 자신을 개발할 수 있을까요? 이런 건 타고나는 재능일까요, 아니면 개발해나가야 하는 것일까요? 만약 후자라면, 어떻게 해야 의사결정자로 성장할 수 있으며 그 능력을 향상시킬 수 있겠습니까?"

그의 답은 두 가지였다. 첫째, 아이젠하워는 의사 결정을 내리는 사람들의 주변에 있는 것이 중요하다는 것을 항상 강조했다. 그 자신은 분명히 군 생활 중 그런 경험이 있었다. 아이젠하워는 워싱턴과 마닐라에서 맥아더 장군과 함께 근무했으며, 참모총장이던 마셜 장군과도 일했다. 둘째, 아이젠하워는 독서의 중요성을 강조했는데, 특히 역사와 전기傳記를 많이 읽을 것을 권했다.

아이젠하워의 자서전에는 '벽장을 여는 열쇠'라는 장이 있다. 그의 놀라운 군 경력을 볼 때, 이 장은 '성공으로 가는 열쇠'라는 제목으로 지었어도 괜찮았을 것이다. 이 장에서 아이젠하워는 이렇게 회상했다. "내가 처음으로 사랑했던 독서 대상은 고대사였다. 어린 시절 나는 인간의 기록에 대한 관심을 키웠고, 특히 그리스와 로마 시대 이야기를 좋아하게 되었다. 이런 주제들은 사람을 몰두하게 하는 힘이 있었고, 가끔은 그 때문에 다른 주제를 무시하게 되는 경향이 생겨 죄책감마저 들었다. ······ 그 '벽장'과 책들 밖으로 나오면서 다소 기묘한 결과를 낳았다. 심지어 지금까지도 내 머릿속에는 그리스와 로마에 관한 상관없는 정보들이 떠돌아다닌다. 우선 날짜들이 그렇다. 난 연설자들이 아르벨라Arbela(알렉산더 대왕이 페르시아군을 격퇴한 장소 ― 옮긴이) 같은 역사적 사건을 이야기하다가 날짜를 1년 혹은 100년 정도 틀리게 말하면 반드시 끼어들어야만 하는 집착 같은 것이 있다. 나는 종종 어떤 작가가 연도와 관련해 꼼꼼하지 못하다는 점을 발견하면, 그때까지 재미있게 읽던 책을 덮어 버리기도 한다."

"항상 마라톤 전투, 자마 전투, 사라미스 해전, 칸나이 전투는 내가 학교 운동장에서 형제 및 친구들과 즐기던 놀이보다 더 친숙했다. 영화에서는 항상 검은 모자를 쓰고 있는 자가 악당이라고 가르쳤다. 나에게 한니발, 시저, 페리클레스, 소크라테스, 테미스토클레스, 밀티아데스는 하얀 모자를 쓴 사람들이었고, 크세르크세스, 다리우스, 알키비아데스, 브루투스, 네로는 검은 모자를 쓴 사람들이었다. 하얗든 검든 간에 이들의 이름과 전투는 항상 새롭게 들렸고, 이런 사건이 2,000년도 더 전에 벌어진 사건이라는 점을 인식할 수가 없을 정도였다. 어쩌면 나는 고대의 문제보다 현실 문제에 더 집중해야 한다는 소리를 들어야 할지도 모르겠다. 고대의 명사들 중에서 나는 한니발Hannibal을 가장 좋아했다."

"이런 어린 시절을 보낸 후, 모든 종류의 역사와 정치, 군사 분야 또한 강한 흥미를 불러일으켰다. 역사 기록들이 잘 집필된 서적이 있다고 하면, 나는 오후 내내 이 책만 읽기를 마다하지 않았다. 프리드리히 대왕, 나폴레옹, 구스타브스 아돌프스(스웨덴 국왕 – 옮긴이), 미국 역사 속의 중요한 군인과 정치가의 작전은 나를 빨아들였다."

"미국사에 관심을 갖게 되었을 때 워싱턴은 내가 가장 좋아하는 인물이 되었다. 워싱턴이 프린스턴, 트렌턴, 벨리 포지Valley Forge 등에서 쌓은 영웅담은 몇 번을 읽어도 지루하지 않았다. 나는 마음속으로 콘웨이Thomas Conway와 그의 도당에 대해 거의 폭력적인 증오를 마음속에 품었을 정도였고, 워싱턴 장군처럼 애국적인 인물을 미 대륙군사령관에서 끌어내리려는 자들처럼 바보 같은 자들은 또 없었을 것이라고 생각했다. 그에 대한 존경심을 높인 것은 먼저 워싱턴의 지치지 않는 정력과 적에 대한 인내 때문이었고, 나중에는 그의 불굴의 용기, 대담성, 희생정신 때문에 그를 존경하게 되었다."

아이젠하워가 워싱턴에 대해 언급한 것은 매우 흥미로운데, 조지 워싱턴 자신도 대단한 독서가였기 때문이다. 그는 사망할 당시, 그 시대로서는 엄청 난 규모라 할 수 있는 900권 이상의 장서를 보유한 개인 도서관을 가지고 있 었다. 워싱턴은 매우 어려서부터 독서하는 습관이 몸에 배었고, 항상 런던에 서부터 새로운 책들을 한 짐씩 주문하곤 했다. 그가 골라 읽고 공부한 책들은 군사, 영국사, 농업 분야를 위한 지식을 쌓는 데 매우 중요한 역할을 했다. 그 는 심지어 『톰 존스Tom Jones』 같은 당대의 대중소설도 섭렵했다.

『건국의 아버지: 조지 워싱턴의 재발견Founding Father: Rediscovering George Washington』(1996)이라는 제목으로 출간된 조지 워싱턴 전기에는 '아이디어 Ideas'라는 제목의 장이 있다. 이 장에서는 워싱턴의 교육에 관해 제법 길게 다 루고 있다. 저자인 리처드 브룩하이저Richard Brookheiser는 토머스 제퍼슨Thomas Jefferson을 인용해 워싱턴이 "대부분의 시간을 농업 및 영국사를 읽는 데 할애 하곤 했다"라고 했다.

그의 독서 목록에는 당대에 논란이 일었던 책도 끼어 있었으며, 특히 당시 화두가 되는 내용을 담고 있던 팸플릿을 빠짐없이 읽었다. 전기 작가 브룩하 이저는 이렇게 평했다. "총사령관으로서 워싱턴의 경험은 더 강한 연방정부 를 선호하게 했으며, 독서를 통해 그 방법을 찾았다. 헌법에 대해 논쟁이 붙었 을 당시, 그는 『연방주의자Federalist』 같은 책 말고도 여러 논객의 에세이와 찬 반양론을 알 수 있는 수십 권의 책을 읽었고 자신의 취임연설문 첫 초안에 인 용했다." 워싱턴은 신문을 공짜로 하자는 주장에 찬성했다. 워싱턴이 은퇴한 후 마운트 버넌Mount Vernon(워싱턴의 자택 — 옮긴이)에 방문한 사람들은 그가 10종의 신문을 구독하고 있는 것을 보았다.

아이디어는 어디에서 떠오르는 것일까?

브리태니커 백과사전에서 벤저민 프랭클린Benjamin Franklin을 찾아보면 다음과 같은 말이 나온다. "그는 아마도 조지 워싱턴 다음으로 가장 유명한 18세기 미국인일 것이다." 비누와 양초를 만들던 부친을 둔 그는 열일곱 남매 중 열 번째 자식이었다. 특이할 것 없던 인생의 출발과 달리 그는 50세의 나이에 젊은 거부가 되었고, 이후 자신의 여생을 공공정책을 위해 헌신했다. 그의 수많은 공헌 중에는 독립선언서 작성 참여, 미 독립혁명 중 프랑스로부터 금전 및 군사 지원 확보, 13개 주를 독립국가로 승인하기 위한 영국과의 협상을 비롯해 미 헌법의 틀을 짠 것 등이 손꼽힌다.

물론 프랭클린은 펜실베이니아 주 민병대 대령으로 복무하는 등 공익을 위해 지대한 공헌을 했을 뿐만 아니라, 발명가로서도 족적을 남겼다. 어디에서 그런 아이디어가 넘쳐났을까? 독서와 사색을 통해 프랭클린은 오늘날에도 쓰이는 '프랭클린 스토브(사방과 위아래를 막고 앞면만 여닫이식으로 만든 개량 난로 ─ 옮긴이)'를 만들었다. 그는 피뢰침을 발명했으며, 전기電氣에 대해 실험한 연구와 이론은 유럽에서 정평이 나 있었다. 또한 복초점 안경을 발명했다. 프랭클린이 평생의 대부분을 거주한 필라델피아에서는 최초의 자원소방대를 조직하기도 했다(매회 모임마다 소방대원들은 직접 모래 한 양동이씩을 가지고 참석하게 되어 있었다). 그는 세계 최초의 공공 도서관을 만들고, 병원을 세웠으며, 필라델피아 최초의 교육시설인 오늘날의 펜실베이니아 대학교University of Pennsylvania: UPENN를 설립했다. 성공한 인생을 사는 법을 제시하고자 그는 직접 『불쌍한 리처드의 연감Poor Richard's Almanac』을 썼으며, 이는 당대의 베스트셀러로 널리 인정받으며 그가 부를 축적하는 데 큰 도움을 주었다.

10권의 전기를 쓴 전기 작가 캐서린 드링커 보엔Catherine Drinker Bowen은 1974년 프랭클린에 관해 이렇게 적었다. "혁명의 선동과 지지가 젊은이들의 특권으로 인정받는 오늘날, 이미 200년 전 영국의 왕실과 유럽의 여러 나라가 가장 위험한 미국인으로 인식하던 인물이 바로 나이 예순여덟에서 여든 사이에 주로 활동한 벤저민 프랭클린이었다는 것은 매우 의미가 깊다."

그가 이뤄낸 업적을 볼 때 특히 놀라운 것은 학교를 열 살까지밖에 다니지 못했으며, 그나마도 정식으로 학교를 다닌 것은 한 해뿐이고, 나머지 한 해는 가정교사를 통해 교육받았다는 것이다. 그렇다면 그의 아이디어는 다 어디에서 온 것이고, 막중한 책임이 있는 직책을 수행할 준비는 어떻게 해왔던 것일까? 정답은 그가 독서를 사랑했다는 사실에 있다.

그의 자서전은 독서의 중요성을 잘 보여준다. 독서는 항상 그의 삶의 일부였으며, 그는 "내가 글자를 읽을 줄 모르던 시절이 언제였는지 기억나지 않는다"라고 적기도 했다. 사실 그의 친구들은 그가 훌륭한 학자가 될 것이라 믿고 그를 계속 격려했다. "유년 시절부터 나는 열정적으로 독서를 즐겼으며, 내 수중에 들어오는 돈은 모두 책을 위해 다시 나갔다." 그의 부친의 서재에는 종교논쟁에 대한 책들만 있었는데, "나는 그 책 대부분을 읽었다. 종종 그 사실을 후회하곤 했는데, 당시 나는 지식에 대한 갈증이 심했고, 갈증을 잠재울 만큼 많은 양의 책을 구할 수 있는 다른 곳이 없었다."

유년 시절 프랭클린은 수습 인쇄공이 되었다. "그때부터 훨씬 더 나은 책들을 접할 수 있게 되었다. 나는 종종 내 방으로 책을 가져와 밤새 읽었으며, 혹시라도 누가 찾거나 돌려달라고 할지 몰라 오후에 책을 빌려와 다음 날 아침까지 다 읽고 돌려주곤 했다."

프랭클린은 다른 소설가들의 스타일을 흉내 내면서 자신의 작문 실력을 늘렸다. 그는 이렇게 말했다. "때가 되면 어쩌면 나도 괜찮은 작가가 될 수 있을지도 모른다는 용기를 갖게 되었고, 또 그렇게 되고 싶은 큰 야망을 품었다. 내가 책을 읽을 수 있고 그런 연습을 할 수 있었던 시간은 밤과 업무 후 혹은 일을 시작하기 전 아침 무렵이었고, 일요일에도 어떻게든 혼자 인쇄소에 남기 위해 노력했다……."

1724년 봄, 프랭클린은 영국을 방문했고 책에 대한 자신의 흥미를 이어갔다. 자서전에서 프랭클린은 다음과 같이 말했다. "나는 리틀 브리튼Little Britain 에 묵으면서, 바로 옆에 사는 윌콕스라는 이름의 서적 판매상과 알게 되었다. 그는 엄청난 양의 중고 서적을 보유하고 있었다. 순회도서관은 그다지 잘 운 영되지 않았으므로, 내용은 기억이 나지 않지만, 나는 적당한 조건에 그의 모 든 책을 구입해 읽은 후 다시 돌려주기로 했다. 이것은 훌륭한 기회라고 생각 했고, 나는 그 기회를 최대한 활용했다."

영국에서 필라델피아로 돌아온 후, 프랭클린은 열두 명의 멤버를 모아 한 주에 한 번 저녁을 같이 먹고, 미리 정한 책에 관해 오후 내내 토의하는 모임 을 열기 시작했다. 그는 멤버가 각자 보유한 책을 공용 도서관에 '소장'하게 하여 나머지 멤버도 쉽게 읽을 수 있게 하도록 설득했고, "그렇게 함으로써 각 멤버가 그 모든 책을 전부 소장한 것과 같은 효과를 내게 할 것이다"라고 판단했다. 하지만 생각대로 일이 잘 풀리지 않자 프랭클린은 공공성에 기반을 둔 자신의 첫 프로젝트인 구독제 도서관을 시작했다. 그의 말에 따르면, "이 는 훗날 북미 지역의 모든 구독제 도서관의 어머니가 되었다. 이 도서관들은 미국인의 전반적인 대화 수준을 향상시켰으며, 평범한 상인과 농부의 지식수 준을 끌어올려 다른 나라의 젠틀맨 수준까지 되게 했다. 어쩌면 이것이 모든 식민지가 자신의 특권을 방어하기 위해 일제히 일어서는 데에도 어느 정도 일 조했는지 모르겠다." 이는 미국의 첫 무료 공공 도서관의 시초였다.

훗날 프랭클린은 이렇게 회상했다. "이 도서관은 내가 꾸준히 학습하여 나 자신을 향상시킬 수 있는 수단을 제공했으며, 나는 하루에 한 시간에서 두 시 간 정도를 독서에 할당했다. 그리하여 나의 아버지가 한때 내게 제공하고 싶 어 하셨던 잃어버린 학습의 기회를 어느 정도 보충할 수 있었다. 독서는 내게 허락된 유일한 즐거움이었다. 나는 술집에서 놀이나 유흥에 시간을 허비하지 않았으며, 사업에 대한 나의 근면성은 지칠 줄 몰랐다."

미국 역사상 가장 주목할 만한 군인 중 하나로 더글러스 맥아더 원수의 부친인 아서 맥아더Arthur MacArthur 장군을 꼽을 수 있을 것이다. '아버지' 맥아더 장군은 열여덟의 나이에 남북전쟁에 참전해 이미 명예대훈장Medal of Honor을 받았고, 열아홉 살에는 북군과 남부연합군을 통틀어 최연소로 대령을 달았다.

미서전쟁 후 중장이 된 아서 맥아더 장군은 필리핀제도의 총독으로 임명되었다. 훗날 윌리엄 태프트William H. Taft가 민간 총독으로 부임했을 때, 이 두 사람은 심각할 정도의 마찰을 일으켰다. 사실 전쟁 이후 필리핀을 통치하는 것 자체가 논란이 많았는데, 이는 미국이 해외 영토를 운영하는 것에 문제가 많았기 때문이다. 결국 이들의 마찰 때문에 상원에서 조사에 들어갔고, 이 문제를 놓고 공화당과 민주당은 광범위한 충돌을 일으켰다.

군사 총독으로서의 역할 때문에 맥아더 장군은 의회에 증인으로 회부되었다. 1902년 청문회에서 그는 다방면에 걸쳐 폭넓은 관심과 훌륭한 식견을 보여주었다. 그는 민주주의 원칙과 정치이론에 관해 증언했다. 미국이 필리핀을 합병해야 했는가에 대해 질문을 받자, 그는 필리핀제도의 정치적·경제적·군사적 중요성을 해박한 지식으로 풀어놓으며 자신의 비전을 설명했다. 그는 필리핀이 미국 상품에 대한 시장이 될 뛰어난 잠재성이 있다고 보았으며, 중국과 무역을 늘리기 위한 극동아시아의 전략 거점이자 하와이 방어에 도움이 될 위치이고, 민주주의를 확신시키기 위한 정치적 기지 역할을 할 수 있다고 주장했다. 그는 "이곳은 정치, 무역, 군사상의 우세권 같은 지배적인 영향력을 갖기 위한 초석이 될 것입니다"라고 말했다. 고등학교 정도의 교육밖에 받지 못했지만 그는 자수성가했다. 그의 교육은 독서를 바탕으로 평생에 걸친 독학을 통해 얻은 결과물이었다.

1904년 2월 8일, 일본 연합함대는 만주의 포트 아서Port Arthur(뤼순의 영어 표기 ― 옮긴이)와 다롄大連에서 러시아의 태평양함대를 공격했고, 이것이 전쟁으로 이어졌다. 시어도어 루스벨트Theodore Roosevelt 대통령은 1905년 평화

조약을 이끌어낸 '우호적 중재good office'를 제시하기 전 아서 맥아더 장군을 일본과 러시아로 보내 이 전쟁(러일전쟁)을 관찰하게 했다. 맥아더가 루스벨트에게 보고한 관찰 내용은 전기 작가인 케네스 레이 영Kenneth Ray Young이 쓴 전기를 통해 알 수 있듯이 그 가치를 말할 수 없을 정도였다. "30년간 루스벨트는 동아시아에 관해 출판된 거의 모든 책을 읽었으며, 중국과 일본에 대한 그의 깊은 관심은 필리핀에서의 경험을 통해 더욱 심화되었다." 실제로 그는 1882년 초쯤에 베이징으로 가는 국방무관 역할을 수행하려고도 했다.

아서 맥아더 장군이 아시아의 상황을 공부하던 당시, 그는 자신의 아들이던 더글러스 맥아더 중위를 부관으로 데리고 다녔다. 그는 아들에게 방문하는 나라마다 찾을 수 있는 책은 모조리 구입하고, 저녁에는 그 책들을 읽고 그에 대해 함께 토의한 후 분석하라고 명령했다. 아서 맥아더 장군은 아들에게 꼼꼼히 기록을 남기라고 했으며, 매일같이 이들의 독서 목록은 늘어만 갔다. 이들의 여행이 끝날 무렵, 맥아더 부자는 함께 방문한 국가마다 십여 권의 책들을 독파한 셈이 되었다.

더글러스 맥아더는 그의 군 생활을 통해 군인으로서 뛰어난 업적을 남긴 그의 아버지처럼 살고자 노력했다. 아서 맥아더 장군은 더글러스 맥아더 장군이 자라나는 데 중요한 모범이 되었다. 남북전쟁 후 아서 맥아더는 주로 미국 서부 지역에 주둔했다. 어느 전기 작가는 아서 맥아더에 관해 "타인이 쓴 책들을 즐겨 읽는 훌륭한 독서가였으며, 운송 가격이 비싼데도 항상 책을 한 가득씩 주문해 읽곤 했다"라고 진술했다.

그는 어떤 책을 읽었을까? 부관감실에 제출된 보고서에 따르면, 아서 맥아더 장군은 국경을 봉쇄한 한 해 뒤 정치경제, 미국사 중 식민지 시절과 독립혁명기, 미국과 영국의 헌법 비교 연구, 중국의 문명과 조직구조에 대한 광범위한 연구, 그리고 기번Edward Gibbon, 매컬리Thomas B. Macaulay, 새뮤얼 존슨Samuel Johnson, 토머스 매더스Thomas Mathers, 데이비드 리카도David Ricardo, 존 스튜어트 밀John Stuart Mill, 헨리 캐리Henry Carey, 월터 바지노Walter Bagenot, 토머스 레슬리Thomas Leslie, 윌리엄 제번스William Jevons를 탐구했다.

1905년 이후, 두 맥아더 부자의 독서 목록은 계속 늘어났다. 이들의 독서욕은 왕성했다. 그리스와 로마의 역사, 중국의 역사와 문화 등 각 나라에서 중요한 가치가 있는 것은 무엇이든 찾아 읽었다. 이들의 여행은 8개월간 계속되었으며, 이 기간 중 3만 2,000킬로미터에 달하는 거리를 여행했다.

더글러스 맥아더는 자신의 자서전에서 다음과 같이 기술했다. "아시아 여행이 나의 전 인생을 준비하는 데 가장 중요한 요소였음은 의심할 여지가 없다. …… 식민지 제도의 강점과 약점, 어떻게 그곳에서 법과 질서가 확립되었고, 또 어떻게 교육과 정치, 경제에서 국민을 계몽하는 데 실패했는지를 알게 되었다." 이 여행은 훗날 제2차 세계대전 후 일본을 점령하고 민주주의의 기틀을 마련하는 데 맥아더 장군에게 중요한 기반이 되었다.

더글러스 맥아더는 그의 부친이 사망하면서 4,000권 이상의 장서를 상속받았다. 그는 평생에 걸쳐 엄격한 독서계획을 지켰고, 넓은 범위의 주제를 다루는 다양한 책을 골라 읽었다.

1919년 6월 19일, 웨스트포인트를 졸업한 지 16년 만에 더글러스 맥아더는 모교에 교장으로 부임했다. 그는 자신의 광범위한 독서로부터 영감을 받아 역사와 전기傳記 교과목을 통합했다. 그는 웨스트포인트가 혼란과 무질서 속에 있음을 알게 되었다. 4년의 교육과정은 제1차 세계대전을 거치면서 부족해진 장교 수급을 채우기 위해 짧아져 있었다. 이제 미래 육군에게는 차세대 장교들이 필요했다. 육군참모총장이던 페이튼 마치Payton C. March 장군도 맥아더에게 "웨스트포인트는 40년은 뒤처져 있네"라고 말했고, 이에 맥아더는 "웨스트포인트는 다시 회복되어야 하고, 교과과정은 재정립되어야 합니다"라고 말했다. 무엇이 문제였을까? 어떤 변화가 필요했을까? 맥아더는 이렇게 간추렸다. "교육과정은 혼란스러웠고, 입학 기준은 급격하게 떨어져 있었으며, 생도단의 사기도 매우 낮아져 있었다. 상급생이라는 것 자체가 없었으므로 모범이 될 만한 이가 없었고, 전통의 웨스트포인트는 1919년 6월까지 갖추고 있던 그 모습을 찾아볼 수 없었다. 그 모습은 이제 버리고 이를 새로 교체해야 할 때였다."

맥아더는 여름 기간에 생도들을 모두 캠프에 집어넣었다. 그는 생도들로 하여금 실제 복무 환경을 직접 체험하게 하고, '거의 수도원 수준으로까지 격리된' 생활을 하기를 원했다. 맥아더는 또한 생도들을 주요 스포츠에 의무적으로 참여하게 했다.

이런 변화의 필요성은 명백했고, 그중 가장 중요한 것은 생도들이 세계적인 지식 기반을 갖출 수 있도록 국제관계, 역사, 경제 같은 교과목을 더욱 확장하는 것이었다.

윌리엄 맨체스터William Manchester는 『아메리칸 시저American Caesar』에서 더글러스 맥아더가 1930년대 필리핀에 주둔하고 있던 당시, 그의 아내인 진Jean이 계속해서 남편에게 남부연합 장군들의 전기를 구해다 주었다고 기록했다. 그중에는 더글러스 프리먼Douglas S. Freeman이 네 권으로 집대성한 리 장군의 일생, 핸더슨G. F. R. Henderson이 쓴 두 권짜리 잭슨Stonewall Jackson 전기, 위스J. A. Wythe가 쓴 『네이선 베드포드 포레스트Nathan Bedford Forrest』 같은 책도 있었다. 맨체스터는 맥아더를 매우 빠른 속독가로 평가했으며, 하루에 세 권의 책도 충분히 읽었다고 말했다.

맥아더는 프랭클린 루스벨트 대통령의 명령으로 1942년에 필리핀을 떠난 후 오스트레일리아로 이동했다. 그곳에서 맥아더는 일본군의 침공으로 점령된 영토를 수복하기 위한 연합군 조직을 편성했다. 어떤 전기문은 이렇게 기술했다. "맥아더는 방갈로 안의 도서관에서 오후 내내 시간을 보낸 적도 있었다. 먼저 있던 임차인이 글을 읽을 줄 아는 사람이었기 때문에 서재는 여러 언어로 쓰인 다양한 책으로 가득 차 있었다. …… 이런 문화적 스모가스보드(스칸디나비아식 뷔페 — 옮긴이)에서 나온 다양한 구절은 매일 아침 맥아더가 분명한 어구의 공식 성명서를 내는 데 이용되었다. 그는 무엇인가를 설명할 때 셰익스피어, 성서, 나폴레옹, 마크 트웨인 및 링컨을 곁들여 인용했고, 존스턴 Albert S. Johnston 또한 그가 성명서를 만들면서 플라톤, 가끔은 성서 구절의 도움을 받았다고 진술했다."

맥아더가 참모총장으로 재직할 당시 수하에서 근무하던 한 장교는 맥아더의 총장직 수행에 관해 이렇게 설명했다. "그는 사무실에서 오랜 시간 일했으며, 저녁 대부분은 포토맥 강 건너편 포트 마이어 Fort Myer 의 관사에서 지냈다. 항상 그는 (그의 부친이 물려준 장서들을 읽는) 엄청난 독서가이자 역사학도였고, 그의 서재에 앉아 책을 읽으며 휴식을 취하곤 했다."

독서는 마셜, 아이젠하워, 워싱턴, 프랭클린, 맥아더가 인격을 형성하는 데 중요한 역할을 했다. 독서에 대한 열정이 위대한 지도자들에게 끼친 긍정적인 영향은 남북전쟁 중 양측의 지휘관을 역임한 군인들이나 제2차 세계대전 당시 육군항공단을 이끌던 인물들에게서도 공통적으로 찾아볼 수 있다.

독서가 인격 형성에 끼친 영향을 알아보려면 남북전쟁 당시의 주요 지휘관들을 살펴볼 가치가 있다. 에이브러햄 링컨 대통령에 의해 1862년 포토맥군 사령관으로 임명된 조지 매클렐런 George B. McClellan 소장에게 독서와 연구는 군 생활 초창기에 명성을 쌓는 데 중요한 역할을 했다. 매클렐런은 1846년 웨스트포인트 육군사관학교를 59명의 생도 중 2등의 성적으로 졸업했다. 그는 당시 육군에서 최고의 엘리트 병과로 분류되던 공병으로 임관했다.

졸업 후 웨스트포인트에서 보직을 받은 그는 '마헌의 나폴레옹 클럽 Mahan's Napoleon Club'이라고 알려진 방과 후 조직에서 많은 시간을 보내면서 학습했다. 이 클럽은 군사에 관해 더 많은 연구를 할 수 있는 곳으로, 교관이나 장교들에게 개방되어 있었다. 이 클럽에서는 나폴레옹 원정에 참여했던 인물들이 쓴 글을 놓고 자주 토론이 벌어지곤 했다. 매클렐런은 1812년 나폴레옹의 러시아 원정에 관해 논문을 썼다. 이 논문은 클럽 회원들로부터 우수한 연구 성과로 인정받았다.

1851년 6월, 매클렐런은 델라웨어 강에 관한 육군 공병대의 간단한 프로젝트를 맡았고, 그때 독일어를 공부하기 시작했다. 1855년 3월, 그는 유럽으로 파견되어 크림전쟁Crimean War에 관해 연구하게 되었다. 이 파견 길에는 리처드 델라필드Richard Delafield 소령과 앨프리드 모데카이Alfred Mordecai 소령이 동행했다.

프랑스, 영국, 독일, 러시아의 군 시설과 요새를 6개월간 둘러본 매클렐런은 워털루를 방문해 유명한 전적지를 답사했다. 꼼꼼하게 전적지를 둘러본 그는 자신의 친구에게 "이제 나는 내가 이 위대한 드라마의 관중이었던 것처럼 생생하게 상상할 수 있게 되었다"라는 내용이 담긴 편지를 보냈다.

매클렐런이 귀국한 후, 제퍼슨 데이비스Jefferson F. Davis 전쟁부 장관은 전쟁에 대한 관찰 결과를 기병과 공병의 관점에 중점을 두어 보고하라고 명령했다. 모데카이 소령은 병기에 관해 보고했으며 델라필드 소령은 요새에 관해 보고했다. 매클렐런은 귀국하면서 200여 권의 장서와 함께 돌아왔다. 책들은 야전식량부터 수의학 분야까지 망라하고 있었다.

매클렐런은 이 경험을 통해 많은 것을 배웠으며, 전술학에 대한 학자(그리고 전문가)로서의 인상을 정치가들에게 강하게 심어놓아, 남북전쟁이 발발해 리더십이 필요해졌을 때 다들 그를 먼저 찾게 되었다.

1861년, 매클렐런의 보고서를 읽은 누군가는 이렇게 적었다. "저자가 무의식적으로 그의 분석도구와 원칙에 대한 레퍼토리를 사전에 제시했기 때문에, 그의 보고서에 최우선적으로 관심이 갈 수밖에 없었다. 보고서에 적혀 있는 글만으로도 앞으로 그가 어떤 훌륭한 성과를 남길지 기대해볼 만하다. …… 이 글을 적은 시점까지 그가 남긴 글, 그리고 오랜 세월 동안 해온 연구와 독서는 전장에서 군을 지휘하는 데 효과적으로 사용되었다."

매클렐런의 예를 언급하면서, 독서만으로는 성공적인 군사지도자가 된다는 보장을 해줄 수 없다는 점을 분명히 강조해야 할 것 같다. 그는 전쟁사학도였지만, 비평가들은 그의 지휘 경력을 놓고 왜 그가 자신이 연구했던 내용들에서 득을 보지 못하고 실패했는지 의문을 품는다. 그는 전쟁학 분야에서는 업적을 쌓은 학도였지만, 야전지휘관으로서는 실패한 사람이었다. 매클렐런의 문제는 인품이 모자랐다는 점이었다. 잭슨의 전기 작가인 바이런 파웰Byron Farwell은 "잭슨은 군사학 교육을 중요하게 생각했지만, 그는 '장군을 만드는 데는 어떤 무엇인가가 더 있으며' 그 무엇에 해당하는 것들로 '판단력, 용기, 그리고 인품의 힘'이 있다고 보았다"라고 적었다.

로버트 리 장군은 열렬한 독서가이자 성공적인 장군이었다. 웨스트포인트 4학년 생도 시절, 리와 동기생 몇 명은 수학 과목에서 실력이 떨어지는 동기생들을 돕는 보조 교수 역할을 했다. 물론 동기들의 학습지도 활동에 대해 어느 정도 보상이 주어졌지만, 문제는 리의 성적이 계속 떨어지기 시작했다는 것이었다. 다시 성적을 회복하기 위해서는 이러한 학업 외의 업무를 줄여야 했다. 덕택에 그는 나중에 혼자 독서를 계속할 수 있는 시간을 가질 수 있었다. 1828년 1월 26일부터 같은 해 5월 24일까지 그는 도서관에서 총 52권의 책을 빌렸으며, 폭넓은 분야를 아우르는 서적을 골랐다. 이 책들에는 장 자크 루소, 마키아벨리의 『전쟁론』, 수많은 자서전, 나폴레옹에 관한 논문이 포함되어 있었다.

리 장군이 웨스트포인트 교장을 역임할 당시 그는 당대 최고의 군사학 도서관에 출입하는 기회를 많이 누렸다. 2년 7개월간 교장으로 재직하면서 마흔여덟 권의 책을 읽었고, 그중 열다섯 권은 군인 전기, 역사, 전쟁학에 관한 책이었다. 일곱 권은 나폴레옹과 나폴레옹의 러시아 원정에 관한 책이었다.

이켄로드H. J. Eckenrode와 콘래드Bryan Conrad가 쓴 남부연합군 제임스 롱스트리트James Longstreet의 전기에는 이렇게 기술되어 있다. "롱스트리트만큼 그의 인격이 자신의 행위와 말로 묘사된 사람은 거의 없다. 그는 그의 말보다는 행위로 묘사된 부분이 컸다. 롱스트리트는 전쟁의 술術에 대해서도 깊이 생각해본 적이 없으며, 잭슨처럼 책을 많이 읽거나 학도의 자세를 갖추지도 않았다. 그가 가지고 있던 전쟁의 이론은, 군이 표현하자면, 의도하지 않은 습득된 지식일 뿐이었다. 롱스트리트는 책을 읽지 않았다." 작가는 뒤에서 다시 한 번 강조했다. "롱스트리트는 전쟁학도가 아니었으며, 전쟁이라는 주제를 놓고 깊이 생각한 사람도 아니었다. 그러니 그가 지식과 행동력을 필요로 하는 직책을 맡았을 때에는 결국 실패할 수밖에 없었다. 모든 상황에 대한 전략적인 조합을 연구해보지 않은 그는 무엇을 어떻게 해야 할지 몰랐다."

스톤월 잭슨 장군은 진정한 독서가였다. 그의 전기를 쓴 제임스 로버트슨 James Robertson은 이렇게 적었다. "잭슨은 서점에서 정신을 홀딱 뺏기곤 했다. 그는 여러 시간을 서재에 꽂힌 장서들을 살펴보면서 보냈다. 모든 관점에서 군인이 될 수밖에 없었던 그는 역사서와 군인들의 전기를 즐겨 읽었다. 고대사, 그리고 나폴레옹 보나파르트의 원정에 관한 논문을 특히 좋아했다. 가끔 잭슨은 당대의 학술지 등을 읽으면서 국가적인 사건의 맥박을 느끼려고도 노력했다."

필자는 버지니아역사협회 Virginia Historical Society에 연락해 잭슨 장군이 보유하고 있던 장서의 목록을 확인해달라고 요청했다. 잭슨 장군의 장서 목록에는 『앤드루 잭슨의 일생 Life of Andrew Jackson』도 있었는데, 이 책은 잭슨의 인품을 보여주는 일화를 엮은 책이었다. 이 외에도 올리버 크롬웰과 헨리 클레이의 전기, 나폴레옹과 조지 워싱턴에 관한 수많은 논문, 그리고 종교와 과학을 주제로 한 수많은 책이 목록에 들어 있었다.

율리시스 그랜트 장군은 그의 자서전에서 웨스트포인트 생도 시절을 회고했다. "나는 학업에 그다지 열정적이지 않았다. 사실 나는 생도 시절 수업시간에 배운 내용을 복습하는 일 따위는 거의 하지 않았다. 그렇다고 내 방에서 아무것도 하지 않고 앉아 있을 수는 없었다. 다행히 학교와 연결된 괜찮은 도서관 하나가 있었고, 여기서 생도들은 책을 빌려 기숙사에서 읽을 수 있었다. 나는 학업과 관련된 교재보다 이렇게 빌린 책을 읽는 데 더 많은 시간을 할애했다. 나는 주로 장편소설을 읽었는데, 이렇게 말하기는 조금 그렇지만 쓰레기 같은 책들은 읽지 않았다." 그랜트의 전기 작가인 윌리엄 맥필리William S. McFeely는 이에 관해 이렇게 썼다. "그는 균형 잡힌 용기와 보수적 인품을 지닌 전형적인 인물이었다. 그랜트는 자신의 지적 자주성을 자랑스러워하다가 곧 재빨리 사과했다. 그에게는 그 책들이 어떤 책인지가 중요했다. 그랜트는 자신이 책들에 진 빚을 기록해놓는 것이 중요하다고 생각한 것 같았다. 그 책들은 다 좋은 책이었고, 그 책을 읽는 것도 즐거워했다."

책과 독서에 대한 윌리엄 테쿰세 셔먼 장군의 흥미와 사랑은 이미 아홉 살 때부터 시작되었다. 그의 부친인 찰스 셔먼Charles R. Sherman은 사망하면서 미망인과 열한 명의 아이를 남겼는데, 이들 중 '컴프Cump(셔먼 장군의 아명)'는 다른 가족이나 친구에게 맡겨야 할 판이었다. 다행히도 아홉 살의 컴프는 종종 책을 읽어주며 독서에 대한 사랑을 가르쳐준 이웃의 성공한 변호사인 토머스 유잉Thomas Ewing 씨 가족에게로 갔다. 셔먼의 전기 작가인 존 피츠제럴드John F. Fitzgerald는 이렇게 말했다. "책은 그의 친구가 되었다. 그는 읽을 수 있는 것이라면 뭐든 닥치는 대로 읽었다." 유잉은 부인과 아이들을 모두 모이게 한 뒤 컴프로 하여금 S. G. 굿리치S. G. Goodrich의 아홉 권짜리 피터 팔리Peter Parley를 읽게 했다. 이 책은 지리학, 역사, 도덕에 관해 가르쳐주었으며, 그에게 새로운 세계를 열어주었다. 마리아 유잉은 컴프가 잠들기 전에 항상 책을 읽도록 독려했다.

유잉의 서재는 "근방에 비견할 만한 곳이 없을 정도"였다고 한다. 이 시기의 독서는 셔먼으로 하여금 평생에 걸쳐 지리에 관심을 갖게 했다. 전기 작가인 존 마잘렉John F. Marszalek은 "(셔먼이) 미연방을 숭배하게 된 데 이 책이 기폭제 역할을 했다는 점에는 의심할 여지가 없다"라고 했다.

1846년 7월, 셔먼 대위는 렉싱턴함USS Lexington에 승선해 캘리포니아로 갈 것을 명령받았다. 그는 3포병대대 E중대장이었지만, 부대의 임무가 항구를 떠날 때까지 정확하게 하달되지 않았다. 렉싱턴호는 바다 위에서 6개월간이나 항해했으며, 셔먼은 항해 내내 독서를 즐겼다.

셔먼은 군을 떠난 후인 1859년 4월, 오늘날 루이지애나 주립대학교Louisiana State University가 된 신설 루이지애나 사관학교의 교장직 제의를 받아들였다. 이 학교에서 그의 첫 임무는 독서를 강조하는 일이었다. 셔먼은 학교 도서관에 채워 넣기 위해 뉴욕까지 가 몇백 권에 달하는 장서를 구입했으며, 이 중 400권에 달하는 책은 역사와 지리에 관한 것이었다.

셔먼은 한평생 책을 사랑했다. 은퇴한 뒤에도 상당한 양의 독서를 즐겼다. 그의 거대한 개인 도서관은 열두 권짜리『웰링턴의 파견Dispatches of Wellington』, 셰익스피어 희극, 그리고 버클Buckle이 쓴 세 권짜리『미국의 역사History of the United States』뿐만 아니라 월터 스콧Walter Scott, 찰스 디킨스Charles Dickens, 워싱턴 어빙Washington Irving의 서적도 보유했다.

제2차 세계대전을 통틀어 조지 마셜 장군보다 더 많이 중대한 결정을 내린 사람은 없을 것이다. 그는 직업 군인으로서 독서를 항상 중요하게 여겼으며, 이는 안정적인 결심을 수립하는 데에도 중요한 요소라고 생각했다.

마셜은 이렇게 말했다. "오늘 갑자기 깨달았다. 고향에서 지내던 시절 나는 독서를 통해 엄청난 특혜를 입었다. 나의 부친은 책을 큰 소리를 내며 읽으셨으며, 조금 이상하기는 했지만 그렇게 하는 것을 좋아하셨다. 나의 모친도『아이반호Ivanhoe』같은 좋은 총서를 많이 읽어주셨다. 하지만 나중에 눈이 나빠지시면서 독서를 할 수 없게 되었다. 그때부터 나의 부친이 책을 소리 내 읽어주시는 것을 즐기셨으며, 우리는 모두 이를 좋아했다. 부친께서는 좋은 책을 많이 읽어주셨다. (미국의 작가로) 로마에 살았던 매리언 크로포드F. Marion

Crawford가 쓴 『사라시네스카Saracinesca』 시리즈가 특히 기억에 남는다. 또 아버지가 읽어주신 페니모어 쿠퍼James Fenimore Cooper 이야기도 기억나며, 특히 그 유명한 아서 코난 도일Sir Arthur Conan Doyle의 작품도 좋아했다."

한 인터뷰에서 마셜 장군은 어린 시절 '가볍게' 읽었던 책들에 관해 말한 적이 있다. "당시에는 크고 얇은 종이에 인쇄된 책들이 많았습니다. 닉 카터Nick Carter 시리즈, 프랭크 메리웰Frank Marriwell 시리즈, 남부 고전 시리즈 등이 있었죠. 어린 시절 우리는 프랭크 메리웰 시리즈를 뺀 나머지 책들은 읽는 것이 금지되어 있었지만, 메리웰 시리즈는 매우 추천할 만한 책입니다. …… 제스 제임스Jess James의 전성기 시절 작품과 비슷한 닉 카터 시리즈를 조용히 읽기 위해서 육류 저장소 안으로 들어가 있기도 했습니다."

어린 시절 마셜이 세인트 피터 성공회 교회에서 일하던 당시, 독서 때문에 문제가 생긴 적도 있었다. "저는 오르간에 펌프질을 하는 일을 했습니다. 펌프질을 하는 사람의 자리는 오르간 뒤쪽의 매우 좁은 곳에 있었고, 펌프는 마치 배의 키 손잡이처럼 생겼습니다. 그 장소에 있기만 한다면 펌프질 자체는 별로 어려울 것이 없었습니다. 하지만 성공회 미사가 진행되는 동안 한참 기다려야 할 때가 있었습니다. 어느 날 아침에, 저는 닉 카터에 대한 5센트짜리 책 한 권을 읽으면서 기다리고 있었습니다. 하필 또 가장 재미있는 부분이었죠. 한참 넋을 놓다가 정신을 차린 것은 쿵쿵거리며 건반을 치는 소리 때문이었습니다. 오르간 연주자였던 패니 하우Fanny Howe 여사가 건반을 치면서 나는 소리였죠. 그제야 미사 끝에 그녀가 연주해야 한다는 사실이 떠올랐습니다. 오르간에서는 아무 음악도 나오지 않고 있었습니다. 그녀는 기분이 상한 정도가 아니라 거의 광분한 상태였습니다. 하우 여사는 제가 오르간에 펌프질을 하는 일을 그만두게 했죠."

고등학교에서 마셜의 수학, 철자, 문법 실력은 평범한 수준이었다. 하지만 그에 따르면, "역사에서만큼은 괜찮았습니다. 역사 수업에서는 우등생이 될 수 있었죠. 벤저민 프랭클린과 로버트 리 장군이 특히 제 영웅이었습니다."

1957년 3월 6일, 마셜은 포러스트 포그와 한 인터뷰에서 버지니아 군사학교Virginia Military Institute: VMI 생도 시절 독서에 관한 일을 회상했다. "당시에는 읽을 수 있는 것이라면 가리지 않고 읽었습니다. 특히 생도 생활 마지막 1년 반을 남기고는 더욱 그랬죠. 그때 룸메이트였던 니컬슨과 그의 형은 고아였는데, 이들은 뉴올리언스 ≪피카윤The Picayune≫ 신문과 거의 유사했던 타임-피카윤Times-Picayune 회사를 소유하고 있었습니다. 어느 날 니컬슨은, 도서 평론을 위해 수많은 책이 들어왔는데 그 책들을 권당 5센트에 팔아치우고 있다고 알려줬습니다. 당장 저는 신문사에 있는 그의 친구에게 연락하게 한 후, 그와 그의 친구에게 책 한 상자를 보내라고 했습니다. 저쪽 리셉션 데스크에서 니컬슨이 도서관에 기증한 장서 기록을 볼 수 있을 겁니다. 그렇게 모든 게 바뀌었죠. 저는 매우 빠른 속독가였지만, 페이튼은 빠른 편이었고, 니컬슨은 읽는 속도가 느렸습니다. 페이튼과 저는 그 상자의 책을 거의 다 읽었죠."

한 인터뷰에서 아이젠하워 장군은 전문적인 군인으로서 자신을 개발하는 데 독서가 얼마나 중요한지에 관해 토의한 적이 있다. "우리가 웨스트포인트에 재학 중이던 당시, 지금과는 많이 다르지만 군사학軍史學, Military History이라는 제목의 수업이 있었습니다. 그 수업에서 배운 것 중에는 게티즈버그 전투도 있었죠. 처음으로 받은 숙제는 그 전투에 참가한 장성급 지휘관과 대리 지휘관의 이름을 모두 외우는 것이었습니다. 아울러 해당 지휘관이 무슨 부대를 지휘했는지도 알아야 했습니다. 그 수업에서는 각 부대 배치 상황을 주고, 또 각각의 날짜와 시간별로 달라진 배치도를 주었습니다. 저는 기억력이 꽤 좋은 편이었지만 외우는 것 자체를 항상 싫어했습니다. 특히나 이런 것들에 대해 제가 관심이 있던 것도 아니었기 때문에 군사학 수업에 별로 집중하지 않고, 그 때문에 거의 낙제할 뻔했죠. 저는 그런 교육 방식을 혐오했습니다."

생도 시절 풋볼 선수로 활약하다가 비록 부상을 입었지만 아이젠하워는 육군 소위로 임관할 수 있었다. "그때 나는 내가 만약 군인으로 직업을 정한다면, 그렇게만 된다면 훌륭하게 군 생활을 하겠다고 다짐했습니다. 그렇다고 그것 때문에 즐거움을 포기했다는 뜻은 아닙니다. 제 생각에 저는 저 나름대로 즐겁게 지냈던 것 같습니다. 하지만 공부를 하려고 앉으면 절대 한눈팔지 않았습니다. 저는 항상 새로운 계획과 아이디어를 찾아다녔습니다. 저는 참호전에 많은 관심이 있었고, 왜 우리가 이를 격파하지 못했는지를 알고 싶어 조바심을 냈습니다. 저는 참호전에 관해 알 수 있는 자료는 닥치는 대로 읽었습니다. 실제로 제가 참호전을 겪은 적은 전혀 없습니다. 그 대신에 제가 훈련가로서 특출한 자질이 있다면서 결국 훈련만 받아들였습니다. 그게 제가 젊은 장교였던 시절에 겪었던 도움 안 되는 위안이었죠."

그는 계속 말을 이었다. "폭스 코너Fox Conner 장군께서 저의 자질을 기를 수 있도록 준비시켜 주셨다는 점에는 이견이 없습니다. 저는 1915년부터 1919년까지 학업을 계속했습니다. 그다음에 코너 장군을 만났고, 1921년부터는 그를 따라다녔습니다. 코너 장군은 저에게 체계적인 학습계획을 짜주신 분입니다. 그는 연합원정군의 작전장교로 막 전쟁에 참전하셨으며, 똑똑하고 침착한 분이셨습니다. 코너 장군은 제가 멀리까지 도달할 수 있는 자질이 있다고 보셨기 때문에 실제로 저도 제가 어디까지 갈 수 있는지를 알아보고 싶었습니다."

코너 장군은 아이젠하워 소령에게 꼭 읽어야 할 역사서적을 주었고, 이후에는 그 서적에 관해 질문했다. 코너 장군은 파나마에서 일부러 자신의 관사 안에 방을 하나 마련해 아이젠하워가 이용할 수 있는 학습실을 만들었다. 벽에는 지도를 걸어 세계 전략을 공부하게 했다. 코너 장군과 아이젠하워는 기지 내의 장교들에게 수업을 가르치기도 했다. 이들은 파나마의 정글 속에서 신실한 벗이었으며, 밤에는 모닥불 앞에 앉아 코너가 아이젠하워에게 숙제로 내주었던 책에 관해 질문하곤 했다. 그곳에서 아이젠하워는 또한 야전명령서와 편지를 작성했으며, 기타 모든 행정 관련 업무를 전부 처리했다.

젊은이가 육군에서 가장 뛰어난 인물에게서 지도를 받는다는 것은 매우 독특한 경험이다. 아이젠하워가 받은 모든 교육 중 가장 값졌던 것은 코너 장군이 베르사유조약에 적힌 바를 토대로 다음 세계대전의 열쇠가 될 것이라 판단한 '연합군사령부'에 관한 구상이었다. 전쟁이 터지기 이미 20년 전, 아이젠하워는 연합군의 통일성에 관해 연구했으며, 이는 당연히 훗날 그가 제2차 세계대전을 승리로 이끄는 중요한 바탕이 되었다.

조지 패튼은 제1차 세계대전을 거치면서 전차전과 관련해 미군의 그 누구보다도 많은 경험을 쌓았다. 아이젠하워는 비록 본국의 전차 훈련부대에서 복무하기는 했지만, 제1차 세계대전 중 해외 파병 경험을 쌓지 못했다. 전쟁이 끝난 후 아이젠하워는 메릴랜드 주 캠프 미드^{Camp Meade}●에 배치되었으며, 여기에서 패튼을 만났다. 두 사람은 군과 관련해 함께 책을 읽고 학습하고 토의했으며, 현실성과 이론성에 균형을 맞춘 전술을 가르치는 기술학교를 시작했다. 아이젠하워는 이렇게 회상했다. "전쟁 중 해외에 나가보지 못한 사람들은 조지(조지 패튼)에게 계속 조르듯 질문했고, 전쟁에 참여했던 이들은 기획과 작전에 대한 상세한 식견을 제시했다. 우리는 이를 통해 전차교리를 새롭고 더 나은 것으로 진화시켜나갔다."

아이젠하워는 패튼과 함께 근무한 경험을 이렇게 이야기했다. "사실 우리는 둘 다 당대의 군사교리를 배운 학생이었다. 우리의 열정은 탱크에 대한 믿음으로 향해 있었으며, 당시의 많은 이들은 이를 조롱했다." 이들은 탱크가 '훨씬 더 값지고 굉장한 역할을' 맡아야 한다고 믿었으며, 이를 위해 자신들의 이론을 열심히 설명하고, 전술 아이디어를 다듬었다.

● 캠프 미드(Camp George S. Meade)는 메릴랜드 주에 위치해 있으며, 국방정보학교, 육군 야전군악대, 사이버사령부, 국방우편국 등이 있다. 또한 미 국가안보국(NSA) 소재지이기도 하다.

이들이 이렇게 직업 전문적인 연구를 한 것에 대한 포상은 기질이 약한 사람들이었다면 크게 낙심했을 만한 것이었다. 아이젠하워는 이렇게 평했다. "우리는 군사 저널에 기고하기 시작했다. 그(조지 패튼)는 기병, 나는 보병에 관한 글을 보냈다. 그러던 중 나는 보병병과장(소장)으로부터 부름을 받았다! 그러나 보병병과장은 나의 생각이 틀린 정도가 아니라 위험하다고 했으며, 그렇기 때문에 이런 생각을 혼자만 품고 있어야 한다고 했다. 특히 앞으로는 확고한 보병교리에 맞지 않는 내용이면 절대 인쇄해서는 안 된다고 했다. 그렇게 한다면 그때는 군법회의에 회부될 것이라고 했다. 조지 또한 비슷한 메시지를 받았을 것이다. 이는 큰 타격이었다. 하지만 그 반대 효과로 그 통에 조지와 내가 더 친해지게 되었다. 우리는 훨씬 더 많은 시간을 함께 보냈으며, 낮에는 각각의 병과 관련 사령부를 방문하고, 밤에는 대화하고, 연구하고, 함께 분노를 삭였다. 조지의 성미와 나의 짜증 이상의 감정이 한자리에 모이면, 그 열기로 부대 내 세탁소보다 더 많은 증기가 장교 숙소 안에 가득 찼다."

아이젠하워는 보병병과장이 자신을 고급 보병학교 반에 입교하도록 명령해 그의 군 경력을 끝장내려고 했다고 말했다. 이 말의 의미는, 아이젠하워가 그렇게 그 학교에 입교할 경우 그가 포트 레번워스에 있는 지휘참모대학에 들어갈 기회를 잃는다는 뜻이었고, 그리되면 소령 이상으로 진급할 수가 없게 된다는 것이다. 하지만 이때 코너 장군이 개입해 상황을 바꿔주었다.

아이젠하워의 독서 사랑은 그의 군 생활 내내 지속되었다. 아이젠하워가 마셜 장군의 기획장교로 보직되어 워싱턴으로 돌아왔을 때, 그와 아내는 워드먼 파크 호텔Wardman Park Hotel에 숙소를 잡았다. 손자인 데이비드 아이젠하워David Eisenhower는, "할머니는 숙소에 1930년대에 구입한 하버드 고전 전집을 책장에 전시해놓으셨고, 그 옆에는 12년 전 파리 제16구Rue D'Auteil에 사셨을 때 구입하신 프랑스 그림들을 액자에 넣어 전시해놓곤 하셨다"라고 말하며 당시 조부의 책 사랑을 설명했다.

제2차 세계대전을 통틀어 가장 뛰어난 야전지휘관 중 한 명이었던 패튼은 아이젠하워와 마찬가지로 자신도 장군들의 이름과 날짜 등을 기억하기 싫어하는 취향을 가지고 있다고 했다. 이 둘 모두는 독서, 역사 공부, 전기를 읽어야 하는 필요성에도 공감했다.

　리더십은 전시에도 달라지지 않는다. 패튼은 1944년 6월 6일, 디데이 전날 자신의 아들에게 이렇게 말했다. "성공적인 군인이 되려면 역사를 잘 알아야 한다. 객관적인 관점에서 역사를 읽어야 하며, 전술의 날짜나 분 단위 세부 사항은 전혀 쓸모없다. 네가 알아야 하는 것은 인간이 어떻게 반응했냐는 것이다. 무기는 변하지만, 그것을 사용하는 인간은 절대로 변하지 않는다. 전투에서 승리하려면 상대의 무기를 이겨야 하는 것이 아니라, 상대의 영혼을 꺾어야 하기 때문이다."

　『패튼 문서Patton Papers』의 편집자인 마틴 블루멘슨Martin Bluemenson은 패튼의 역사 학습에 관해 이런 관찰을 남겼다. "1870년 이전의 전쟁은 공부하는 의미가 없었다. 그전까지의 전쟁은 더 이상 현실에 적용하는 데 적합하지 않으며 실질적이지 않기 때문이다. 하지만 패튼에게 역사는 순환하는 것이며, 전쟁의 양상은 다시 돌아오는 것이었다. 관점 없는 수채화가 가치가 없듯이, 전쟁도 마찬가지였다. 고대 전술을 똑같이 복원하는 것은 거의 불가능하지만, 그 전술을 다시 적용하려면 그것을 익혀야 하는 것이다. 인간의 기본적인 본성은 변화했지만, 역사의 기록이 시작한 이래로 따져보면 그 변화는 미미할 뿐이다. 패튼은 기원전 2,500년부터의 전쟁을 어떤 군대가 참전했는지를 기준으로 구분했다. 그저 집단이냐, 전문 군대냐의 구분이었다. 그는 이집트인, 시리아인, 그리스인, 마케도니아, 로마, 아프리카, 고트, 비잔틴, 프랑크, 바이킹, 몽골, 스위스, 투르크족, 영국, 프랑스, 스페인, 네덜란드, 독일, 미국의 순서에 따라 전쟁을 살폈으며, 마지막에는 보어전쟁으로 끝냈다. 그는 이런 역사적 사례에서 교훈을 찾아냈다. 예를 들면, 전문적인 군대는 장기간 작전, 보급이 어려운 전쟁, 감정적 고무보다는 규율과 질서가 더 중요했던 전쟁에서 더 잘 싸웠다."

열렬한 독서가인 오마 브래들리 장군은 자서전에서 부친이자 미주리 주에서 단 하나의 교실로 이루어진 학교의 교사였던 존 브래들리John S. Bradley를 '개척자, 스포츠맨, 농부, 지식인을 섞어놓은 별난 분'이라고 평했으며, "그는 잡식성 독서가였으며 애독가였다. 그는 어디에서 학생들을 가르치건 독서를 독려했으며, 학생들을 위한 작은 도서관을 만들곤 하셨다"라고 했다.

부친의 애독가 기질은 아들인 브래들리 장군에게 유전되었다. 오마 브래들리는 이렇게 회고했다. "나는 아버지를 존경했다. 아버지는 나에게 책을 사랑하라는 생각을 심어주는 데 일찍이 성공하셨다. 나는 책을 비교적 잘 읽게 된 후 월터 스콧의 『아이반호Ivanhoe』, 조지프 키플링Joseph R. Kipling의 『정글북Jungle Books』 같은 책을 사랑했다. 나는 특히 역사에 매료되었으며, 프렌치·인디언전쟁 이야기, 미국 독립혁명과 남북전쟁 이야기를 좋아했다. 나는 이런 전쟁을 거실 카펫 위에서 재연하면서 도미노 블록으로 요새를 쌓고, 0.5미리미터짜리 빈 만년필 카트리지를 병사들로 상정해 도열시켰다. 나는 속이 빈 엘더베리elderberry 갈대나 빈 놋쇠 관을 이용해 중포병을 만들었으며, 흰 강낭콩을 이용해 도미노 요새에 포격을 가할 수 있었다. 이 가짜 전쟁에서는 항상 미군이 승리했다."

1915년에 웨스트포인트를 졸업한 후, 브래들리는 워싱턴 주 스포캔Spokane에 위치한 포트 조지 라이트Fort George Wright에 배속되었으며, 이곳에서 계속 독서에 대한 취미를 이어갈 수 있었다. 1909년에 웨스트포인트를 졸업한 에드윈 하딩Edwin F. Harding 중위 또한 그곳으로 배치되었다. 브래들리는 이렇게 회고했다. "하딩은 진지한 사학도였으며, 글재주가 있었고, 흥미를 유발하는 교사였다. 우리가 부대에 도착한 후, 하딩은 기지 내의 대략 여섯 명가량의 위관장교를 모아 비공식적인 주간 모임을 시작했다. 그의 지시에 따라 몇 시간은 소부대 전술에 관해 토의했고, 다양한 토양 조건하의 분대 및 소대 공격 등에 관해서도 이야기를 나누었다. 이 모임은 굉장히 자극이 되면서도 교육적이었으며, 자주 군사학에 관한 토의로 전환되곤 했다. 나의 초기 군 생활에서 포러스트 하딩만큼 유익한 영향을 끼친 사람은 없었다. 그는 나의 내 직업에 관해 더 자세하게 배우고 싶다는 진정한 욕구를 서서히 일깨워주었다."

아이젠하워처럼 브래들리는 제1차 세계대전 때 참전하지 못했는데 이 일 때문에 자신의 군 경력이 '망가졌다'고 여겼다. 전후 전역자가 많아 1918년 포트 그랜트Fort Grant에 주둔 중이던 그의 대대는 심각할 정도로 인원이 부족했으며, 이 때문에 굉장히 작은 부대로 전락했다. 브래들리는 전쟁 직후 몇 개월을 "살을 에는 듯 춥고, 움직일 일 없는 겨울이었으며, 엄청난 양의 책을 읽었다"라고 설명했다.

브래들리는 1920년부터 1924년까지의 보직에 대해 이렇게 말했다. "그 기간에 나는 진지하게 책을 읽었고, 군사학, 위인전기를 공부하며 선조들의 실수로부터 교훈을 얻었다. 특히 남북전쟁 당시 명장이던 윌리엄 테쿰세 셔먼 장군에게 관심을 가지게 되었는데, 그는 남부에서 평가가 좋지 않았지만 미연방군이 낳은 가장 능력 있는 장군이었기 때문이다."

브래들리는 결심 수립을 하기 위한 감이나 육감을 어떻게 해야 얻을 수 있는지에 관한 물음을 놓고 독서와 학습의 중요성을 강조했다. "먼저 병력을 다루는 이론 공부를 해야 합니다. 전쟁의 원칙을 배우고, 전술의 법칙을 배우며, 특정 지휘관이 이를 어떻게 응용했는지 알아야 합니다. 물론 당연하게도 완전히 똑같은 상황을 만날 가능성은 없습니다. 하지만 이 모든 원칙을 잘 숙지하고, 과거의 명장들이 어떻게 응용했는지를 안다면 어떤 상황이 닥쳐오더라도 당신은 이러한 원칙을 적용할 수 있을 것이며, 좋은 해결책을 찾을지도 모릅니다. 전쟁사를 공부하고, 위대한 지도자들의 행적을 살펴보는 것은 젊은 장교들이 이런 육감을 기르는 데 매우, 매우 중요하다고 생각합니다."

로턴 콜린스 대위는 마셜 대령이 1930년대 보병학교 부교장을 맡고 있던 시절 포트 베닝에 배치되었다. 마셜은 콜린스가 기억하는 것처럼 교관으로 배속된 젊은 장교들에게 중요한 영향을 끼쳤다. "마셜 대령은 특히 찰리 볼테 Charlie Bolte와 나에게 관심을 보이셨다. 추가적인 과제가 우리 둘 중 하나에게 자주 부여되었으며, 무엇인가를 찾는 것이거나 구두 발표를 필요로 하는 것들이었다. 우리는 곧 위에 언급한 장교들을 아우르는 스터디 그룹의 일원이 되었으며, 닥터 스테이어Doctor Stayer, 해럴드 불Harold R. Bull 소령, 브래드포드 시나우스Bradford G. Chynowth 소령이나 마셜 대령의 숙소에 저녁 무렵 간간이 보는 멤버 등이 참가했다. '닥Doc' 쿡Cook의 감독 아래 한두 개의 그룹이 지난 모임에서 마셜이나 쿡이 지정한 책 혹은 탐구 과제에 관해 발표했다. 주제는 종종 군사와 관련된 것이었지만, 범위는 군사적인 문제에 영향을 끼칠 수 있는 지정학, 경제학, 심리학, 사회학 분야를 망라했다. 항상 그 뒤에는 활발한 토의가 뒤따르곤 했다."

콜린스의 독서에 대한 갈증은 웨스트포인트 생도 시절부터 시작되었지만, 흥미 분야는 군사 주제보다 더 폭넓은 주제를 향해 있었다. "나는 웨스트포인트 생활을 매우 즐긴, 아니, 최소한 즐겼다고 생각한 몇 안 되는 생도 중에 하나였다. 웨스트포인트는 내가 상상했던 것보다 훨씬 훌륭했으며, 특히 교과목의 강도가 굉장히 높았다. 나는 처음 입학할 때 거의 수석에 가까운 성적으로 졸업해 공병 장교로 임관했으면 했다. 하지만 입학 후 곧 내가 상위 10위권으로 졸업하려면 나의 모든 관심사를 포기하고 모든 시간을 학업에만 쏟아부어야 한다는 것을 알았다. 당시 수업은 대부분 기술적인 내용 위주였지만, 나는 그것보다는 인문학 분야에 더 관심이 많았다. 학과시간은 지금처럼 빡빡하지 않았고, 생도들은 겨울에 독서나 사색을 할 개인 시간이 더 많았다. 나는 도서관에서 많은 시간을 보내면서 스윈번Algernon C. Swinburne, 매스필드John Masefield, 라프카디오 헌Lafcadio Hurn(영국 태생으로 일본에 귀화한 작가. 고이즈미 야쿠모小泉

八雲라고도 알려진다 — 옮긴이), 입센^{Henrik Ibsen}, 그리고 수많은 시인과 희곡작
가들의 글을 읽었다. 이런 책은 루서스 H라는 교관이 소개해주었다. 예일 대
학교 출신으로 당시 유일한 민간인 교관이던 그는 영문과 학과장을 역임하고
있었으며, 그는 나에게 신선한 영향을 주었다.

제2차 세계대전 중 연합군에서 가장 뛰어난 팀워크를 보인 사람은 아이젠
하워 장군과 훗날 육군참모총장을 역임한 월터 베델 스미스 장군이었다. 스미
스 장군은 고등학교 교육까지밖에 받지 못했지만, 군 생활 동안 열렬한 독서
가로 살았다. 그를 값어치를 매길 수 없을 만큼 뛰어난 인물로 만든 것은 바로
독학이었다. 아이젠하워는 자신이 프랑스 원정군사령관으로 내정되었다는
소식을 듣자마자 곧장 스미스가 함께 참가하기를 원했다.

이들의 관계를 스미스의 전기 작가가 기가 막히게 잘 요약해놓은 글이 있
다. "처음부터 '아이크(아이젠하워의 별칭)와 비틀(스미스의 별칭)'은 거의 완벽
에 가까운 인격의 조합을 보여주었다. 아이젠하워의 장점은 인간적 자질에 있
었다. 그의 겸손함, 상식, 낙관주의, 유머 등이 그것이었다. 그는 사람들을 자
신에게로 끌어당기는 힘이 있었다. 이는 사심 없이 계산된 듯한 스미스의 전
문성과 대비되었다. 언제나 긴장한 자세의 예민한 사나이인 스미스는 자신의
임무를 향한 목적 지향적 열정으로 연합군 참모단을 이끌었다. 부하들에게 감
독관 노릇을 한 그는 영국 군인들과의 관계에서 미묘한 외교관적 기질을 보여
주기도 했다. 그는 개인적인 것들을 희생했으며, 목적을 달성하기 위해서는
어떤 방법이든 사용했다."

하지만 스미스는 제대로 된 교육을 얼마 받지도 않으면서 어떻게 중요한
인물이 되었을까? 1942년 6월 26일에 런던 출발이 연기된 때부터 실제 도착
하게 된 1942년 9월 7일까지 그는 사단장 자리를 제의받았다. 그는 고심 끝에
런던으로 가 아이젠하워에게 합류하겠다고 말했다. 다시 말하지만, 이타심은
명백히 그의 인품 중 하나였으며, 그렇게 지휘관이 될 수 있는 포상의 기회를

포기했다. 아이젠하워의 참모장으로서 책임을 다하기 위해 스미스는 1942년 여름 내내 참모 업무, 참모장의 이론 및 역사적 실례, 전 세계, 전 세기에 걸친 여러 전쟁에 관한 책 더미에 묻혀 지냈다. 이런 전문 서적 탐독은 스미스의 군 생활 내내 이어진 패턴이었으며, 자신이 맡아야 할 책임을 훌륭하게 완수하는 데 반드시 필요한 준비 과정이었다.

이 책은 기본적으로 미국 장성에 관해 살펴보고 있지만, 영국의 윈스턴 처칠 수상도 포함시키고 싶다. 그는 고급 사립학교인 해로우Harrow를 다녔지만, 우수한 학생이라 하기는 조금 어려웠다. 처칠은 옥스퍼드Oxford를 결국 졸업하지 못했고, 영국의 웨스트포인트라 할 수 있는 직업군인 양성기관인 샌드허스트Sandhurst 사관학교에 진학했다.

그의 자서전인『나의 어린 시절My Early Life』에 따르면, 처칠은 샌드허스트에서의 삶을 이렇게 묘사했다. "나는 (샌드허스트에서) 새롭게 시작했다. 군기는 엄했고 학습 시간과 행군 시간도 길었다. …… 나는 내 직업에 큰 관심이 있었으며, 전술과 요새 방어에 특히 관심이 컸다. 아버지께서는 서적상인 베인 씨에게 말해 내게 학업과 관련해 필요한 서적을 보내도록 시키셨다. 그래서 나는 햄리Edward B. Hamley의『전쟁의 운용Operation of War』, 크라프트 왕자Prince Kraft의『보병, 기병, 포병에 대한 편지Letters on Infantry, Cavalry and Artillery』, 메인Charles B. Maine의『보병 화력 전술Infantry Fire Tactics』및 미국 남북전쟁, 보불전쟁 및 러시아-터키전쟁을 다룬 역사 서적들을 주문했다. 이러한 전쟁은 최근의 전쟁이자 최고의 사례들이었다."

샌드허스트 졸업 후에 대해서도 계속 말을 이어갔다. "나는 학교에서 가르치는 역사가 항상 즐거웠으며, 역사와 철학, 경제 같은 것들을 많이 읽기로 다짐했다. 이런 주제에 관심을 기울이기 시작하면서 어머니에게 관련 서적을 보내달라고 부탁했다. 어머니께서는 즉시 편지에 답하셨고, 매달 가장 기본적이라고 생각한 책 묶음을 소포로 받기 시작했다. 역사의 경우, 일단 기번Edward

Gibbon의 책으로 시작하기로 했다. 아버지께서 기번의 책을 읽으면서 즐거워 하셨다는 이야기를 누군가가 했었다. 아버지께서는 그 책의 모든 내용을 마음 으로 이해하셨으며, 그 책이 아버지의 연설이나 작문 스타일에 큰 영향을 끼 쳤다는 것이다. 그래서 더 고민할 것도 없이 여덟 권짜리 딘 밀먼Dean Milman이 편집한 기번의 『로마제국의 쇠망사Decline and Fall of the Roman Empire』에 도전했 다. 나는 당장에 그 스타일과 이야기에 압도당했다. 햇살이 뜨거운 인도에서 의 나날을 보낼 당시, 마구간에서 나와 있는 시간부터 오후 늦게 저녁 그림자 가 드리워 폴로polo를 할 시간이 될 때까지 나는 미친 듯이 기번의 책을 읽었 다. 나는 이 책을 끝에서 끝까지 마치 질주하듯 의기양양하게 읽었고, 정말 즐 거웠다. 나는 책의 귀퉁이에 여러 의견을 적어 넣었고, 거만한 편집자의 비난 에 대항해 저자의 맹렬한 지지자가 되어 있음을 깨달았다. 심지어 나는 편집 자의 무례한 각주에도 전혀 상관하지 않았다. 반면 편집자인 딘의 사과와 권 리 포기는 나를 화나게 했다. 나는 『로마제국의 쇠망사』에 너무나 만족한 나 머지, 책을 끝내자마자 곧장 기번의 자서전을 읽기 시작했다."

젊은 초급장교 시절 처칠은 인도 방갈로르Bangalore에 주둔하면서 독서에 대한 열정을 계속 키워나갔다. "11월부터 5월까지 나는 매일 네다섯 시간씩 역사나 철학 서적을 읽었다. 플라톤의 『국가론The Republic』을 읽으면서 그 또 한 소크라테스와 마찬가지로 모든 현실적인 목표를 추구했던 것이라 생각했 다. 웰든Jame E. C. Weldon이 편역한 『아리스토텔레스의 정치학Politics of Aristotle』, 쇼펜하우어의 『염세주의에 관하여On Pessimism』, 맬서스의 『인구론On popula- tion』, 다윈의 『종의 기원Origin of Species』 등을 읽었는데, 이 책들은 모두 눈에 잘 안 띄는 책들 사이에 끼어 있었다. 이는 호기심을 유발하는 학습 방법이었 다." 역사와 전기에 대한 그의 사랑은 이후에도 평생 이어졌다.

독립 미 공군의 첫 공군참모총장을 지낸 칼 스파츠 대장 또한 열렬한 독서 가였다. 그는 1925년 버지니아 주 랭글리Langley 기지에 위치한 육군항공부 전술학교의 학생 장교였다. 육군 병과학교제도의 목적 중 하나는 장교들을 평소의 업무 부담에서 일시적으로 해방시켜 학습에 전념할 수 있는 기회와 생각하고 돌아볼 수 있는 시간을 주는 것이다. 스파츠의 일기에 따르면, 그는 꼭 직업과 관련된 전문 서적으로 주제를 한정하지 않고 광범위한 주제의 책을 읽은 것으로 보인다. "1925년 5월 10일: 지금 허니커Huneker 의 『수리공Steeplejack 』을 읽고 있다./ 1925년 5월 18일: 돈 마르키스Don Marquis 의 『다크아워Dark Hour 』를 끝냈다./ 1925년 5월 25일: 아르투어 슈니츨러Arthur Schnitzler 의 문학 작품을 읽었고, 조르주 앙시George Ancey 의 『므시외 람블린Monsieur Lamblin 』은 실제 인물로 그려보기 어려운 캐릭터들을 보여주는 것 같다."

그가 적은 가장 의미 있는 논평은 이것이다. "『수리공』을 정오까지 읽었다. 본문을 인용하자면, '황금을 긁어 들이는 두 개의 저승 사이의 공간을 무시하는 것은 내게 불합리했을 뿐이다……' 따라서 나는 노년을 걱정하지 않아도 될 만큼의 적절한 황금을 모을 것이다. 비행사가 노년을 걱정한다는 것은 사실 웃기는 일이기는 하지만, 나는 걱정하고 있으며, 아마 나 자신의 자유 의지이건 반대이건 군을 떠나야 할 날이 올지도 모른다는 우려도 함께 하고 있다."

토머스 화이트Thomas D. White 장군은 1957년에 공군참모총장이 되었다. 뛰어난 군인이자 정치가였던 그는 냉전을 비롯해 매우 민감한 시기에 공군에서 복무했다. 그는 중국어와 러시아어를 포함한 7개 국어를 유창하게 구사했다.

나는 화이트 장군에게 그의 군 생활과 고위 직책을 맡기 위해 어떤 준비를 했는지 들려달라고 했다. 그는 독서의 중요성도 언급했다. "파나마에서 지냈던 마지막 해에 저는 군 내에서 오랫동안 학자로 알려져 온 존 파머John M. Palmer 장군의 전속부관을 지냈습니다. 그는 여러 책을 저술했고, 제1차 세계대전 후 군을 재편성한 1920년 국방법안 관련 작업에도 참여하셨습니다. 그는 『워싱턴, 링컨, 윌슨: 세 명의 전쟁 정치가』라는 책을 쓰셨고, 폰 슈토이벤

Von Steuben 장군에 관한 책인『무장한 미국, 그리고 정치력 혹은 전쟁』을 쓰셨죠. 파머 장군 자신이 역사에 관심이 많은 학생의 자세를 견지했기 때문에, 제 인생에 걸쳐 엄청난 영향을 끼치셨습니다."

화이트는 중국으로 가는 보직을 받기 위해 수년간 노력했으며, 끈질긴 노력 끝에 겨우 중국에서 언어교육을 받도록 명령받았다. 그는 1927년 6월 10일 샌프란시스코를 떠나 베이징으로 향했다. 그는 태평양을 건너면서부터 중국에 도착할 때까지 일기를 썼으며, 중국어를 배우는 내내 매일 일기를 적었다. "이 배에는 16년 동안 괌에서 지내기 위해 떠나는 카푸친 승려들이 타고 있다. 소문에는 이들이 스페인에서 왔다고 한다. …… 나는 이들을 상대로 스페인어를 연습했다. 내가 배운 것을 얼마나 빨리 잊어버리는지를 깨닫고 크게 놀랐지만, 일부러 생각하지 않고 거의 모든 것을 한 번에 말할 수 있게 되었다. 내 생각에 나는 언어에 꽤 자신이 있는 것 같다." 그는 1927년 6월 15일자 일기에 이렇게 적었다. "지금까지 나는 대부분의 시간을 책과 함께 보냈고, 러시아어도 갈고닦았다. 나도 이것이 바보 같은 짓처럼 보인다는 것을 잘 안다. 특히 부산과 펑톈奉天(만주어로 묵덴; 선양의 옛 이름 ─ 옮긴이)을 거쳐 베이징으로 가고 있는데 말이다. 나는 러시아어를 비교적 꽤 잘 읽는다는 것을 깨달았고, 조지타운Georgetown 대학교에서 8개월 정도 배운 덕에 발음도 정확하게 다듬어져 있다. 나는 내가 원한다면 공부를 더 해도 손해날 것이 없으며, 앞으로 배울 중국어 학습에 방해만 되지 않는다면 계속할 생각이다. 내가 웨스트포인트를 비롯한 여러 곳에서 여가 시간에 중국어를 배우는 것을 보며 사람들은 필시 비웃었을 것인데, 이제는 내가 오히려 그들을 조롱할 것이다. 내가 중국에 가는 아이디어를 냈을 때 샘을 내지 않은 사람이 거의 없었는데, 결국 지금 나는 중국으로 가고 있기 때문이다."

화이트는 대부분의 시간을 독서에 할애하곤 했다. 그는 1927년 6월 18일자 일기에 이렇게 적었다. "나는 지금 중국에 관해 최근에 나온 책인『중국사

개괄』을 읽고 있다. 이 책은 매우 흥미롭다. 게다가 나는 지금처럼 3~4회의 항해를 견딜 수 있게 해줄 에밀 루트비히Emil Ludwig 의 『나폴레옹, 철학의 이야기The Story of Philosophy, Napoleon』, 『낭만으로 향하는 왕도The Royal Road to Romance』 같은 두꺼운 책을 가지고 있다."

국제관계에 관한 화이트의 지식은 그가 훗날 공군참모총장으로 선택되는 데 중요한 요소가 되었으며, 무엇보다도 그가 총장으로서 훌륭하게 임무를 수행할 수 있는 밑거름이 되었다.

화이트는 정말 열심히 공부했다. 그는 1930년 1월 27일 자 일기에 "말 그대로 나는 책에 코를 처박고 산다"라고 적었다. "나는 발이 좋지 않아 쉰 기간 동안에 놓친 학업을 따라잡으려 노력하고 있다. 나는 또한 매그루더Nelson Megruder 가 국방무관에서 해임되기 전에 끝내려고 했던 중국어로 된 『항공기 사전』을 다 읽어간다. 내가 이곳을 떠나기 전에 다 끝내야 한다." 그는 또한 전문적인 학술지에도 투고하고 있었다. "방금 '종이 위의 곡예: 중국어 사전을 만드는 방법'이라는 내 글이 실린 5월호 ≪미 육군항공부U.S. Air Services≫를 받았다."

화이트가 마닐라를 방문했을 때, 그는 웨스트포인트 동기인 조지프 스미스Joseph Smith와 함께 지냈다. 훗날 공군 중장으로 전역한 스미스는 화이트가 중국에서 보낸 마지막 해를 이렇게 회고했다. "마지막 해에 그는 마음대로 휘젓고 다니면서 하고 싶은 일을 하도록 허락받았습니다. …… 그는 종종 릭샤 끄는 소년을 불러 2주 동안 최대한 시골 지역을 돌아다녔으며, 말 그대로 순수하게 여행을 다니면서 사람들과 살아보고, 중국인과 대화하고, 현지인들이 살아가는 방식을 배우고자 했습니다. 그는 중국의 미술과 문화에 조예가 깊었습니다. 그는 그런 것에 관심이 많았죠. …… 그의 주목적은 중국어의 다양한 방언을 전부 익히는 것이었습니다."

예비역 육군 중장인 루이스 바이어스Louis E. Byers 장군은 화이트에 관해 이렇게 말했다. "그가 베이징에서 언어학습 장교로 지내고 있었을 때, 그는 용기, 상상력, 예측 못한 상황을 받아들이는 태도를 가지고 있었습니다. 화이트는 한번은 당시 중국 무관이던 넬슨 매그루더에게 일본이 만주로 진출했을 때 초창기의 전쟁터를 방문할 수 있게 허락해달라고 요청하게 했습니다. 톰 화이트의 명확하고 정확하며 객관적인 보고는 전 전쟁부 인원이 돌려가며 읽었을 정도였습니다. 이때부터 그는 '명사수'가 되었습니다."

그의 배움에 대한 갈증과 국제관계에 대한 흥미는 1926년, 아직 젊은 중위였던 시절 집에서 남긴 기록에 잘 나타나 있다. "나 자신에게 주는 크리스마스 선물로 ≪포린어페어Foreign Affairs≫의 정기구독권보다 더 좋은 것이 떠오르지 않는다."

언어를 배우는 과정에서 그는 이런 말도 했다. "최근에 공부를 많이 하면서 글도 꽤 많이 썼다. 지금 나 혼자서 사용하는 중국어 교재의 첫 30쪽을 다 읽을 수 있는 것을 보면 다들 놀랄 것이다. …… 쓰기 굉장히 어려운 중국어 한자도 이제는 쓸 수 있다. 나는 이런 것을 즐기는 편이고, 또 쉽게 받아들이기도 한다. 나는 스페인어, 포르투갈어, 약간의 프랑스어와 이탈리아어, 약간의 중국어를 읽을 수 있으며, 21년을 살아오면서 인생의 대부분을 다른 분야에 관해 공부해왔다는 것을 생각해보면, 꽤 나쁘지 않은 것 같다."

"볼링Bolling 기지에 있었을 때, 나는 조지타운 대학교의 야간과정을 끊었지만 언어과정을 빼고는 달라붙어 공부할 만한 과목을 찾을 수 없었다. 나는 중국어와 러시아어를 둘 다 들었다. 해외 근무에 대한 생각 따위는 일단 한쪽으로 치워두었는데, 이는 당시 군의 최고위층까지 올라가려면 개인적인 운이 따라야 했기 때문이다. 나는 그 문제를 특별히 따로 의식하고 있지는 않았던 것 같다."

미국이 소비에트 연방공화국(소련)을 승인했을 때, 1933년 처음으로 모스크바로 파견된 대사는 윌리엄 불릿William C. Bullitt이었다. 루스벨트 대통령은 불릿 대사를 불러 원하는 사람은 누구든 참모로 골라가도 좋다고 했다. 불릿은 먼저 개인용 항공기를 한 대 소유하여 소련 내에서 언제든 항공기로 이동할 수 있게 되었으면 좋겠다고 했다. 크레플린(소련 정부)은 이를 허가했고, 신문은 그를 모스크바에 온 첫 '하늘을 나는 대사'라고 묘사했다. 그는 토머스 화이트를 골라 동행하기로 했으며, 화이트는 그 덕에 처음이자 마지막으로, 그리고 미국인으로는 유일하게 소련의 조종사 자격증을 딴 인물이 되었다.

화이트는 이렇게 말했다. "어쩌면 미국이 소련을 승인하는 날을 대비해서 나 자신을 준비해왔다고 말할 수도 있을 것 같다. 나는 조지타운에서 러시아어를 공부했고, 이는 충분히 그 값을 했다. 공군 무관으로 소련에 가게 되었을 때, 이미 몇몇 사람이 알고 있었듯 러시아어를 익혀놨다는 것을 제외한다면 내가 딱히 선발되기 위해 무엇을 한 것은 없었다. 내가 선발되었다는 소식을 들었을 때 나는 완전히 깜짝 놀랐다. 맥아더 장군께서 나를 선발했는데, 당시 나는 중위를 달고 볼링 기지에서 근무하던 중이었고, 맥아더 장군은 참모총장을 맡고 계셨다. 어떻게 그렇게 된 것인지도 모르겠다. 맥아더 장군께서 직접 나를 모스크바로 보낸다고 하셨을 뿐이었다. 나는 그 누구에게도 그 임무에 관해 물어본 적이 없지만, 이미 이전에 해외 근무 신청을 여러 번 했던 적은 있었다."

소련으로 가는 해외 근무는 훗날의 공군참모총장에게 시야를 넓혀준 경험이었다. 그는 소련에서 실제 적용되고 있는 공산주의를 목격했고, 소련 국민과 정부 고관의 성향도 익힐 수 있었다.

화이트는 독서하는 습관을 이어나갔으며, 지역 서점에도 자주 들렀다. 일기에도 이렇게 적혀 있다. "날짜 미상. 서점 사람들은 무례하고 불친절하다. 나는 항상 독일인으로 오해받았다. 칭찬은 아니었지만, 어쨌든 이들을 이해한다!" 그는 중학교 교재로 쓰이던 러시아제 지도책을 얻었고, 이 책이 "매우 쓸모 있었다"라고 말했다.

매슈 리지웨이 장군은 1950년대 말 한국전쟁 중 8군사령관인 월턴 워커 Walton H. Walker 중장이 사고로 사망하자 부대를 이어받았다. 리지웨이는 훌륭하게 부대를 지휘하여 연패에 빠진 부대 분위기를 반전시켰다. 그는 진지한 리더였다. 어느 인터뷰에서 그는 웨스트포인트 생도 시절에 대해 이렇게 말했다. "사관학교에 다니면서 엄청나게 많은 양의 책을 읽었는데, 이 때문에 성적이 좀 떨어졌을지는 모르겠습니다만 장기적으로 보면 엄청난 이득이었습니다. 저는 첫해부터 계속 엄청난 양의 독서를 했습니다. 대부분 전기와 전쟁사 관련 책이었죠. 해밀턴 Ian Hamilton 의 『어느 장교의 스크랩북 Scrapbook of an Officer』 같은 책을 읽었습니다. 해밀턴은 일본이 만주에 진출했던 당시 영국 국방무관으로 나가 있던 사람입니다. 우연의 일치겠습니다만 ─ 당연히 앞일을 내다보고 그런 것은 아닙니다 ─ 40년 후 한국에서 지휘관 생활을 하면서 그가 적었던 내용이 생생하게 이해되었습니다. 아마 제가 인지하지 않은 상태에서 이런 것이 다 간접적으로 도움이 되었던 것 같습니다. 예를 들어, 그는 일본군 병사들이 혹독한 겨울 같은 악천후 속에서 행군할 때 이들의 금욕과 신체적 인내력, 박탈에 대한 용납 정신 등에 대해 서술했었습니다. 저는 그 글 속의 겨울을 떠올리면서 내 병사들에게 '여러분이 겪고 있는 한국의 기후로 인한 고통은 다른 나라 군대가 과거 수년 전에 다 겪었던 일들이며, 그러므로 여러분도 견딜 수 있다'고 말할 수 있었습니다."

성공적인 리더십에서 배려의 역할은 더 뒤에서 다루겠지만, 그 중요성의 토대는 리지웨이가 제시했으며, 그는 이를 독서를 통해 배웠다고 한다. "바로 여기서 불과 얼마 전에 누군가에게 했던 말 하나만 덧붙이고 싶습니다. 나의 병사들에 대한 배려에 관한 것입니다. 아울러 저는 제가 웨스트포인트 생도 시절 학업 외에 엄청난 독서를 했다는 이야기도 했었죠. 독일인이 쓴 책이 여러 권 있는데, 이들은 모두 18세기 말경에 쓰인 것입니다. 예컨대 『포병에 대한 편지』, 『보병에 대한 편지』, 『기병에 대한 편지』가 그것입니다. ……『보병에 대한 편지』는 여전히 기본적인 원칙과 함께 제 머리 속에 강하게 박혀 있습니다. 호엔로에Hohenlohe가 아마 저자의 성이었을 겁니다. 하지만 어쨌든 『보병에 대한 편지』는 의심의 여지없이 전쟁대학 도서관에 있을 겁니다. 이 저자는 독일의 한 귀족 집안 출신이지만, 병사에 대한 그의 고찰은 당대 어느 중대장보다 뛰어났습니다. 그는 부대장이 징집부대원의 가정 배경을 알아야 한다고 충고했으며(잘사는지, 구둣방을 하는지, 정육점을 하는지 등), …… 만약 특정 병사에게 집안 문제가 있다면 그 문제가 무엇인지 알아야 한다고 했습니다. 말 그대로 훌륭한 식견이었죠. 그리고 이건 일반적인 프러시아식 고급장교의 태도와는 정면으로 배치되는 것이었습니다."

리지웨이에게 이런 것이 프러시아 장교에 대한 고정관념과는 맞지 않는 것이냐고 물었다. "안 맞습니다. 하지만 그는 그렇게 행동했죠. 그 책들은 제가 3사단에 처음 신고를 했던 군 생활 초기부터 강한 영향을 끼쳤습니다. 훌륭한 책이었죠."

그는 자신의 독서 중점을 전기와 전쟁사에 두었다고 말했다. "제 부친께서는 이런 책을 자주 접하게 해주셨습니다. 아버지는 저의 독서 사랑을 어려서부터 키워주셨죠. 제가 아주 어렸던 시절부터 큰 소리로 아버지께 책을 읽게 하셨습니다. 『유럽의 지적 개발Intellectual development of Europe』, 『과학과 종교의 갈등Conflict between Science and Religion』 같은 것을 읽게 하셨죠. 저는 이런 책을 큰 소리로 읽어드렸고, 빅토르 위고의 책 같은 것도 읽었습니다. 그리고 당연히 당시에는 텔레비전이나 라디오가 없었으므로 계속 책을 읽었습니다. 특히 그때는 작은 군부대에서 지내던 시절인지라, 별달리 할 일이 많지도 않았기 때문에 어린 애들의 여가시간은 독서에 많이 투자될 수밖에 없었습니다. 좋은 일이었죠."

리지웨이는 한 사람의 전문성을 발전시키는 데 독서가 굉장히 중요하다고 강조했으며, 자신이 웨스트포인트에서 교관 생활을 했을 때의 일화를 말했다.

"저는 도서관에서 배울 만한 것은 모조리 공부하려고 노력했을 뿐만 아니라 학교수업 역시 매우 중요하다고 생각했습니다. 교관들에게서 많은 것을 배웠는데, 교관들은 사람을 다루는 개인적인 전투 경험을 가지고 있었습니다. 실패한 자에게서 교훈을 얻고, 이것들을 그동안 읽은 책과 합치면 결국 리더십의 중요한 원천이 되기 마련입니다. 한 사람은 오직 제한된 개인적 경험을 얻을 수 있을 뿐입니다. 따라서 독서를 하고, 동시에 전투들에서 위대한 리더십을 보여주며 이름을 남긴 이들과 대화를 하면서 다른 이들의 경험으로부터 교훈을 얻어야 합니다. 저는 오후에 이런 사람들을 만나 대화를 했습니다. 딱딱한 강의가 아니라 그저 집에 편하게 앉아 장황하게 이야기를 한 겁니다. 이런 것들은 값을 매길 수 없는 좋은 경험이죠."

그렇다면 비교적 최근의 군 최고 수뇌들이 리더십을 형성하는 데 독서는 어떤 역할을 했을까?

1997년 5월 16일, 런던 주재 미 대사관에서 전 합참의장인 윌리엄 크로 대장은 인터뷰에서 독서의 중요성에 관해 말했다. 크로 제독은 런던에서 주영 미국 대사로 근무하고 있었다. 더글러스 맥아더의 부친이 운명할 때에 4,000권에 달하는 장서를 보유하고 있었다는 사실에 대해 크로는 이렇게 말했다. "저도 제 서재에 그 정도의 책을 가지고 있습니다." 크로는 언제부터 독서에 대한 흥미를 가지기 시작했는지에 대한 질문에 다음과 같이 말했다. "분명히 저희 아버지 덕에 시작되었습니다. 저희 가족은 특이하게 역할이 분담되어 있었습니다. 저는 외아들이었고, 제 모친께서는 저의 성격을, 부친께서는 저의 지적인 호기심을 개발해 주셨습니다. 아버지는 변호사셨고 열렬한 독서가셨습니다. 영국 예찬론자시기도 하셨죠. 부친께서는 제가 1964년부터 1965년까지 이곳에서 근무하고 있을 때 한 번 찾아오시기도 했습니다. 그게 유일하게 제 아버지가 저를 찾아오신 일이었습니다. 저는 아버지를 밀랍인형 박물관에 모시고 갔는데, 거기서 왕실 인물의 모형이 서 있는 곳을 보시더니 인형에 쓰여 있는 이름을 보시지도 않고 누가 누군지 다 말씀하시는 겁니다! 오클라호마의 시골 변호사가 말이죠! 아버지께서는 영국사와 함께 사셨던 겁니다. 아버지에게는 커다란 서재가 있었고, 특히 소설류를 매우 좋아하셨습니다. 예를 들면 월터 스콧 경 이야기, 사비티니Sabitini, 오래된 고전 같은 것이었죠. 제가 아홉에서 열 살 사이였을 때, 아버지께서는 항상 저녁을 드신 후 제게 책을 읽어주셨습니다. 처음 읽어주셨던 책이 『아이반호』였던 것도 생각납니다. 우리는 함께 앉아서 다 읽었죠. 아버지께서는 책을 읽어주셨고, 저는 경청했습니다. 아버지께서는 잠자리에 드시기 전에 항상 책을 읽는 습관이 있으셨는데, 결국에는 저도 그 습관이 들었습니다. 당연히 수면 전문가들은 그것이 좋은 습관은 아니라고 합니다. 아버지는 매일 밤 읽으셨고, 저도 그것을 보고 똑같이 따라서 하기 시작했습니다."

크로 대장이 최근에 읽은 흥미로운 책으로는 어떤 것이 있었을까?

"영국에 (미 대사로) 온 이래로 아마 몇백 권 이상의 책을 읽었을 겁니다. 패트릭 오브라이언Patrick O'Brien 전집을 다 읽었고, 테일러 프레이저Taylor Frazier의 책을 비롯해 수많은 역사책을 읽었습니다. 최근에는 쿡 선장Captain Cook(16세기 영국 해적 ─ 옮긴이)의 새로운 전기가 나온 것을 읽었는데, 훌륭하다고 생각했습니다. 넬슨Horatio Nelson 제독에 관한 책도 3~4권 정도 읽었습니다. 지금은 칼훈John C. Calhoun, 클레이Henry Clay, 웹스터Webster에 관한 책을 읽고 있습니다. 책이 매우 두껍기는 합니다만, 다행히도 재미있죠. 또 얼마 전 『담용膽勇, Undaunted Change』이라는 책을 다 읽었습니다. 제 아버지는 또 웅변을 즐겨하셨습니다. 저한테도 웅변에 관한 책을 잔뜩 남겨주셨죠. 아버지는 지식 지향적이셨습니다. 제가 대학원에 갔던 것도 아버지 때문이었죠. 부친께서는 교육의 중요성을 항상 강조하셨습니다."

어떤 책이 직업을 선택하고, 이를 수행하는 데 가장 큰 영향을 끼쳤는지에 관해 다음과 같이 대답했다. "일단 앞서 물어보셨던 것에 답부터 해야겠습니다. 프린스턴 대학원의 수학 경험은 제 인생의 분수령이었습니다. 그 경험이 그 정도로 영향력이 있을지 미처 생각하지도 못했습니다. 직업적으로 그랬다는 게 아니라, 개인적으로 그랬다는 거죠. 세계는 완벽하지 못하고, 대부분의 해군 장교들이 배워왔듯이 세상은 흑과 백으로 나뉘는 것이 아니며, 정치는 어디에나 있다는 것을 가르쳐 주었습니다. 매우 좋은 조언이었죠. 아시다시피 논문의 가치는 당신이 얼마나 알고 있느냐에 달린 것이 아니라, 얼마만큼을 당신이 모르는가에 달려 있습니다."

자신의 서재에 있는 책들에 대해서는 다음과 같이 말했다. "저는 전기를 좋아합니다. 주로 그런 책을 읽죠. 저는 역사를 좋아합니다만, 대부분은 전기류를 읽습니다. 지금껏 살아오면서 꽤 오랫동안 남북전쟁에 대해 숭배하면서 살았습니다. 제 책상에는 남북전쟁 중 가장 위대한 장군인 리 장군의 작은 흉상이 있습니다. 하지만 남북전쟁에 관한 책을 읽을수록 제 생각이 달라졌습니다. 제 생각에 남북전쟁 중 가장 위대했던 장군은 셔먼이었습니다. 저는 리 장군에 관해 읽는 것을 좋아합니다만, 솔직히 셔먼 장군이 남북전쟁 중 가장 훌륭한 발상력을 가지고 있었다는 것을 인정합니다. 그는 남부로부터 미움을 받았지만, 그의 발상은 사람들을 쏴 죽이는 것이 아니라 재산을 파괴하는 쪽이었습니다. 조지아에서 버지니아까지 가로질러 행군하면서 그는 사람을 거의 죽이지 않았습니다. 그는 엄청난 수의 농장과 건물, 농작물을 파괴했지만 사람을 죽이지는 않았죠. 셔먼은 실로^{Shiloh} 전투를 거친 후 이렇게 말했습니다. '나는 이런 유의 전쟁이 정말 싫다.' 전기는 일생 동안의 투자를 보여줍니다. 저는 책을 거의 안 읽는 해군 장교들 때문에 걱정이 많습니다. 저는 제2차 세계대전에 관한 책도 많이 읽어왔습니다."

크로 제독은 이어서 말했다. "제2차 세계대전 발발 전에는 병과학교를 가거나 장교클럽을 가는 방법 외에는 혼자 개인적으로 책을 읽는 것이 유일한 학습의 기회였습니다. 전후에는 장래가 촉망되는 장교들을 미국의 명망 있는 명문 학교들의 풀타임 대학원 과정에 위탁을 보내주고 있죠. 프린스턴 대학교는 제가 더 분석적이고 포용력이 강한 사람으로 성장하도록 한계까지 밀어붙였습니다. 프린스턴은 저에게 깊게 배어든 보수적인 해군의 관점을 다시 평가하게 한 도전 과제를 주었습니다. 이것이 가끔은 저의 직업을 보잘 것 없는 것처럼 보이게 하거나 때로는 정신적으로 고양하기도 했고, 저와 학업 동료들 간의 차이를 만들어냈습니다. 저는 더 적극적으로 질문하게 되었고, 다시 문제를 살펴보게 되었으며, 대안을 놓고 주장하게 되었습니다."

데이비드 존스 장군은 닉슨, 포드, 카터, 레이건 등 네 명의 대통령을 보좌했다. 그는 대학교육이라고는 미노 주립대학교에서 한 해, 그리고 노스다코타 대학교에서 한 해씩 총 2년을 받은 것이 전부였다. 그렇다면 독서는 그의 군 생활에서 어떤 역할을 했을까?

"저는 정보에 대해서 만족할 줄 모르는 경향이 있습니다. 인생이란 꾸준한 배움이죠. 저는 군사학, 리더십을 비롯해 전문적인 서적을 많이 읽었지만, 동시에 세계가 어떻게 돌아가는지에 대해서도 항상 귀를 기울였습니다. 그저 밤에 30분간 텔레비전 뉴스를 시청하는 것으로는 부족하죠. 공군에서 인종문제가 심각하다는 것을 깨달았을 때, 저는 이 주제와 관련된 모든 책을 입수해 읽었습니다. 공군이 갖춘 엄청난 자원 덕에 저는 매주 리더십에 관한 서적을 꾸준하게 찾아 읽을 수 있었습니다. 독서를 한다는 것은 제게 두 가지를 얻을 수 있음을 의미합니다. 첫째, 그 책이 직접적으로 가르치는 내용을 배울 수 있습니다. 둘째, 이것도 첫 번째만큼 중요한데, 그 독서를 바탕으로 리더십 같은 다른 주제도 폭넓게 생각해볼 수 있게 됩니다. 특히 전기와 군 최고 수뇌부 인물의 회고록 등을 읽을 것을 권하고 싶습니다만, 수많은 책을 읽는데도 별로 배우는 것이 없는 사람이 종종 있기도 합니다. 독서 내용을 기반으로 해서 자기 자신을 지휘관의 상황에 한번 대입해보거나, 책을 통해 배운 것을 타인과 토의해보는 것은 큰 도움이 될 것입니다. 이런 것이 배움의 과정이죠. 독서와 토의는 지식의 가치를 빚어내는 데 도움을 줍니다."

1979년부터 1983년까지 미 육군참모총장을 지낸 에드워드 마이어 장군과 인터뷰하던 중, 그는 스스로를 군사학도軍史學徒였다고 보느냐 하는 질문에 이렇게 답했다. "저는 매년 한 질의 책을 읽었습니다. 군에 있던 내내『리 장군의 막료들Lee's Lieutenants』세 권을 매년 반복해서 읽었죠. 베트남에 갈 때도 그 책 전집만 가지고 갔었습니다. 사실 제가 가는 곳마다 가지고 다닌 유일한 책이었죠." 그 책만 가지고 다닌 이유에 대해서 다음과 같이 대답했다. "왜냐하면 그 전집을 다 읽으면 리더십에 필요한 요소들을 이해할 수 있게 되기 때문입니다. 실제로 리더십이라는 것은 각 개인 간의 관계인데, 이를 분석해보면 리더들이 어떤 식으로 누군가에게 특정 행동을 하도록 설득하는지 알 수 있습니다. 리 장군이 자신의 막료들을 접촉하던 방법은 리더들이 성공하는 본질적인 방법이라고 느껴졌습니다.

『리 장군의 막료들』은 제가 전장에 있든, 펜타곤에 있든, 혹은 어디 다른 데 있든, 저와 각 개인과의 관계가 저의 성공과 직결되어 있음을 환기해주곤 했습니다. 이는 리 장군과 남부연합이 7년간 승리할 수 있었던 핵심적 이유이지요. 그 막료들 중 일부가 사라지고 난 후에는 더 이상 옛날 같은 관계와 강력한 응집력이 없었습니다.

저는 리더였던 인물들, 특히 군사지도자들의 자서전은 하나도 빠짐없이 전부 읽었습니다. 이를테면 아이젠하워의『유럽으로의 성전Crusade in Europe』, 맥아더의『회상록』, 브래들리의『어느 군인의 이야기A Soldier's Story』나 포러스트 포그가 조지 마셜 장군에 관해 쓴 네 권짜리 전기 등이죠. 이런 책은 여전히 제 책장에서 수많은 군인과 성공한 민간 지도자들의 전기나 자서전 사이에 꽂혀 있습니다.

제가 군에 있던 시절에는 항상 3시 30분이나 4시 무렵에 일어나 개인적인 정보를 얻을 목적으로 독서를 했습니다. 그 시간은 제가 혼자 독서를 할 수 있는 소중한 시간이었고, 독서를 하고 싶었습니다. 그 시간을 제외하면 책을 읽을 시간이 없었죠. 저는 빈틈없이 그 시간만큼은 항상 확보했고, 그 시간만큼은 군에서 벌어지고 있는 일들을 잠시 잊었습니다. 만약 제가 그렇게라도 시간을 따로 내지 않았더라면 절대로 책을 읽을 수 없었을 겁니다. 요즘 같은 시절에 독서가가 되려면 그러기 위한 노력을 해야 합니다. 제2차 세계대전의 지도자들이 자기 개발을 하던 당시에는 텔레비전이라는 것이 없었습니다. 그때에는 독서, 폴로, 골프 정도를 빼놓곤 집중력을 흩뜨릴 것이 전혀 없었죠."

텔레비전이 집중력을 흩뜨린다거나 일과 시간이 길다는 것은 독서를 위해 시간을 내지 않는 자들이 대는 평계일 뿐이 아니냐는 질문에 마이어 장군은 이렇게 답했다. "독서와 사색을 위해 시간을 할애하는 것은 현재 우리가 처한 문제와 유사한 것들을 과거 사람들이 어떻게 대처했는지를 살펴보는 데 중요합니다. 저는 포그의 마셜 장군 전기에서 골라낸 동원動員과 관련한 한 구절을 육군참모총장실 주요 보직자들이 반드시 읽어야 할 구절로 꼽았습니다. 우리는 함께 앉아 마셜 장군 등이 당대(1939년)에 직면한 문제에 관해 토의했는데, 이는 현재 우리가 직면한 '속빈 군대' 문제와 크게 다를 바가 없다는 것을 깨달았습니다."

오늘날 상당수 장교들은 독서를 하지 않는 평계로 엄청난 업무량을 든다. 제2차 세계대전 당시, 참모총장이던 마셜 장군은 일주일 내내 일을 했다. 1939년부터 총장직에서 물러나던 1945년까지 그는 6년 동안 오직 19일만 휴가를 썼을 뿐이다. 그런데도 그는 항상 독서할 시간을 만들어냈다.

마셜 부인은 그녀의 자서전인 『함께』에서 마셜 장군이 카사블랑카Casablanca 회의를 준비하던 모습을 이렇게 회상했다. "그해 가을, 조지는 회의에서 토의된 계획을 발전시키기 위해 분주했다. 많은 사람이 지켜보는 만큼 이 계획은 복잡했고 또 민감했다. 이 계획은 이해와 비전, 그리고 끊임없는 인내를 요구했다. 밤에 그이가 귀가할 때면 대부분 대화조차 나누기 힘들 정도로 지쳐 있었다. 나는 서재로 책 더미를 올려 보내 그의 긴 의자 옆에 놔두었다. 남편은 언제나 끊임없이 책을 읽었는데, 그 속도에 맞춰 책을 확보하는 것이 어려울 정도였다. 그이는 마치 메뚜기 떼가 녹색 들판을 게걸스럽게 먹어 치워버리는 것과 같은 열정으로 책 더미들을 해치워 나갔다."

예비역 공군 대장인 윌버 크리치 장군 또한 독서로 자신을 훈육하고 틀을 잡는 것이 얼마나 중요한지 좋은 예를 보여주었다. 이 책 제6장에서 크리치 장군이 어떻게 순식간에 사성장군으로 올라섰는지, 그리고 그가 공군의 관리 스타일과 전투 능력에 얼마나 지대한 영향을 끼쳤는지 살펴볼 것이다. 지금까지 살펴본 대부분의 최고지도자들과 마찬가지로 윌버 크리치 장군은 그의 엄청난 책임 요구와 전투기 파일럿으로서의 놀라운 기록을 가지고 있을 뿐만 아니라 어린 시절부터 독서욕이 강했다. 그는 소위 시절 북한군과 싸우면서 103회 가까운 전투 임무를 소화했다. 6년 후 그는 선더버드Thunderbirds(미 공군 곡예비행단)와 스카이블레이저Skyblazers(미 공군의 유럽곡예비행단)에서 제트기 공중곡예의 어려운 임무를 수행했으며, 그중 4년은 팀 리더를 맡기도 했다. 이 기간에 크리치는 전 세계 각국에서 557회에 달하는 공식 공중곡예비행을 했다. 그런 엘리트 비행단의 일원이 된다는 것은 파일럿이 동료에게서 받을 수 있는 최고의 찬사다.

3년간 명망 높은 미 공군 전투기무장학교U.S. Air Force Fighter Weapons School 학장을 지낸 후 크리치는 전술공군사령관의 수석보좌관이 되었다. 국방연수원 National War College 교육과정을 거친 후 그는 2년간 국방부 장관 보좌관을 지냈으며, 대령으로 진급한 후에는 사이공의 미 7공군사령부에서 조지 브라운 George Brown 장군의 작전참모로 보직되기 전까지 동남아에서 177회에 달하는 전투 임무를 수행했다(총 156일간 전투비행단 작전참모를 지냈다). 이런 다양한 보직에 내재된 여러 가지 난관과 촉박한 시간에도, 크리치 장군은 항상 많은 양의 책을 읽을 시간을 여전히 따로 만들어내곤 했다.

리더로서의 자질을 개발하면서 독서가 어떤 역할을 했는지에 관해서는 다음과 같이 답했다.

"결과적으로 군의 고급지휘관 보직까지 올라가는 데 성공한 인물들을 보면서 느낀 것은 이들이 절대로 지적 성장을 멈추지 않는다는 것이었으며, 저 또한 제 인생을 살면서 그렇게 하고자 노력해왔습니다. 제가 가장 좋아하는 인용 구절은 UCLA 코치를 역임하면서 12년간 10회의 NCAA 선수권 우승을 지휘한 존 우든John Wooden의 말입니다. 그는 이렇게 말했습니다. '중요한 것은 당신이 모든 걸 다 알게 된 후 배운 것들이다.' 이에 어긋나는 사람들은 자신의 대학 교육이 더 넓은 지식을 얻기 위한 기본적인 도로임을 몰라 지식을 향한 탐구에 실패했기 때문입니다. 공군에서 군 생활을 하는 동안 지적 성장을 위한 탐구의 기회는 몇 가지 방법으로 나타납니다. 첫째는 책이나 문서의 형태로 배우는 것이고, 둘째는 현행 공군 작전을 배우거나 현재 직면한 문제점을 통해 배우는 것입니다. 이렇게 지식의 폭을 넓혀줄 정보를 얻고 생각해 보는 것이죠. 지금까지의 학업은 이런 것을 도와주는 역할을 합니다.

최고의 지적 성장은 분야를 막론하고 완벽하고도 왕성한 독서가가 되면서 이루어집니다. 당연히 긴 업무시간과 파견업무 속에서는 쉽지 않겠죠. 그럼에도 최소 한 주에 한 권, 아니면 두 주에 한 권 정도라도 책을 읽을 수 있는 자기만의 규율을 만들어야 합니다. 책의 선택은 감히 제가 따로 훈수하지 않겠습니다만, 제게는 인간 심리학에 관한 책이 가장 읽을 가치가 높은 책이었습니다. 정말 그 분야는 제가 골라 읽은 책 중에 75퍼센트는 차지하는 듯합니다. 저는 동기부여 분야에 집중했습니다. 무엇이 사람들로 하여금 무언가를 뛰어나게 잘하고 싶다는 동기를 부여하는지, 무엇이 사람들로 하여금 일하고 싶은 동기를 부여하는지, 무엇이 사람들로 하여금 아침에 일터로 나오게 하는 동기를 부여하는지 하는 것들이죠.

저는 또한 역사를 공부했습니다. 저는 전기를 읽을 때마다 내가 자서전을 읽기로 결심하고 또 본받기로 한 인물들이 어떤 식으로 그들의 지적 능력을 개발했는지 궁금했습니다. 이들은 열정적인 독서가였을까? 이들도 역사책을 열심히 읽었을까? 아이젠하워와 패튼은 위대한 리더로 정평이 나 있습니다. 분명 이는 일생 동안 지적인 성장 과정을 절대로 멈추지 않는 헌신 혹은 집착이 있었기 때문이라고 생각합니다. 이런 이들이야말로 대중을 이끄는 최고의 리더가 된다는 것을 제 경험을 통해서도 배웠습니다. 하지만 어린 병사들과 이야기하고 함께 돌아다니면서 그들의 공포, 희망, 불만, 필요한 것을 이해하는 것도 무엇보다 중요합니다.

저보다 책을 한 300권 이상은 더 많이 읽은 대단한 지식인이지만 간단한 관리업무도 못하는 사람들을 봤습니다. 이들은 무엇이 사람을 움직이게 하는지 이해하지 못하며, 사람을 어떻게 움직이는지 이해하지 못한다면 무엇이 조직을 움직이게 하는지도 이해할 수 없습니다. 저의 최종적인 분석에 따르면, 한 조직을 성공하게 하거나 실패하게 하는 것은 결국 그 안에 있는 사람들의 규모, 헌신성, 재능, 능력입니다. 그래서 저는 심리학을 공부했습니다."

지금처럼 책과 글이 과잉 공급되는 세상에서는 어떻게 해야 의미 있는 자료를 정리해낼 수 있을까? 1987년, 칼 부오노 대장은 육군참모총장으로 선임된 후 그 해답을 찾았다. 그는 소규모 육군 장교단과 민간인을 모아 육군이 당면한 주요 주제에 관한 그들의 의견을 반영하고자 했다. 그는 이 집단의 기본적인 권한을 인정하는 의미로 '평가 및 실행단Assessments and Initiatives'이라고 명명했으며, 이들은 주요 사안을 평가한 후 미국과 육군에 도움이 될 수 있는 방향으로 실행 가능한 옵션을 제시하는 일을 했다. 다른 육군 수장들이 제안했던 단체명인 '육군학습단Army Study Group'이나 '참모단Staff Group' 같은 이름은 그가 모두 받아들이지 않았는데, 학문적인 연구는 이 집단의 기본 활동 취지와 어긋나기 때문이었다. 그렇다고 이 집단이 공식적인 육군참모단이나 육군성 비서실의 역할을 대신하는 것도 아니었다. 이 집단은 결국 '육군참모총장을 위한 평가 및 실행단The Chief of Staff of the Army's Assessments and Initiatives Group: CAIG'이라 정식 명명되었다. 이 집단은 부오노 장군에게만 보고를 하며, 이들의 수행 업무는 최고로 엄격한 보안이 유지되었다. 그곳에서 다루는 분야는 국가안보 전략, 민·군 관계, 공공·미디어·의회·백악관·군 관계, 육군 훈련, 리더 개발, 군 현대화, 연구 및 개발, 군사 교리, 부대 설계 및 부대 구조 분야, 병사 선발에서부터 사회로 돌려보내기까지 전력 유지 등이다. CAIG는 특정 정부기관의 압력이나 편견에서 벗어나 민감한 사안에 대해 신선한 평가를 생산하며, 구조상의 이유나 기타 이유 때문에 정식 육군참모부 절차를 통해서는 생산될 수 없는 행동 선택지를 제공했다. 간단하게 줄여서 말하자면, CAIG는 정직한 중개인으로서, 오직 그 고객은 육군참모총장과 미국뿐이었다.

부오노 장군은 CAIG를 정책 실행 및 검토의 원천으로 활용했다. CAIG는 그가 직무상의 압박 때문에 눈여겨보지 못한 육군 너머의 연구 및 반영 분야에도 손을 뻗을 수 있도록 도와주었다. CAIG의 멤버는 육군 문제를 다루는 자기 본연의 책임 외에도 부오노가 미처 관심을 갖지 못한 짧은 주제별 논문, 책, 혹은 출판물을 연구하고 또 출판했다. 매주 이런 생산물은 하나로 묶여 '이슈 북Issue Book'이라는 제목으로 출간되었으며, 이는 부오노가 주말에 휴식을 취하러 떠날 때 가지고 갈 수 있도록 준비되었다. 이 책은 일반적으로 열다섯 개에서 스무 개 꼭지를 가지고 있었으며, 각각 약 1페이지에서 5페이지 분량이었다. 이런 주제는 세미나 주제문이나 책의 요약문을 포함했으며, 가끔은 CAIG 멤버들이 직접 출판하기 위해 쓴 글이 실리기도 했다.

부오노는 CAIG가 고유의 다면적인 책임 측면에서 임무 달성을 위해 어떤 가치를 발휘했는지 말해주었다. "이슈 북은 여러 아이디어를 짜내는 데 훌륭한 기폭제 역할을 했습니다. 저는 정기적으로 금요일 저녁에 그 책을 받은 후, 주말이나 여행하는 동안 다 훑어보았습니다. 그 책의 작업에는 폭넓은 분야에서 일하는 분들이 참여했기 때문에, 아이디어가 동이 나는 일은 절대 없었습니다. 이 책은 제게 시야를 넓힐 수 있는 훌륭한 경험을 하게 해주었습니다. 이 책은 제게 아이디어를 주었고, 세상사 전반에 걸친 넓은 아이디어를 아우르고 있었습니다. 어떤 글, 책 혹은 논문이 제가 특정 결심을 내릴 때 저의 선택을 촉발했다고 말하기는 어렵지만, 이런 연구와 배경 정보는 결심 수립 환경에 중요한 요소로 작용했습니다. 저 혼자라면 절대로 그런 정보를 얻을 수 없었을 겁니다. 제 빡빡한 스케줄과 매년 쏟아져 나오는 책의 양을 생각한다면, 절대 불가능이었죠. 가끔 이 '이슈 북'이 특정 책이나 글에 관심을 갖게 해서 CAIG에 따로 원문이나 원서를 제공해달라고 요청한 적도 있습니다. '이슈 북'이 제게 관심을 환기해주지 않았다면 저 혼자서는 절대로 선택하지 않았을 책도 많이 읽었고, 그렇게 아이디어도 많이 얻었습니다. 이 책은 제가 결심을 수립하는 데 매우 가치 있는 도구가 되었습니다."

부오노는 총장에 오르기 전까지 독서가 군 경력 개발에 어떤 도움을 주었는지에 관해 답했다. "독서는 제 군 생활 내내 중요한 역할을 했습니다. 군사학, 전기, 리더십 이야기는 모두 군인이라는 제 직업 전문성에 대해 생각해보고 이해할 수 있게 도와주었습니다. 그중 가장 감명 깊게 읽은 것은 윌리엄 슬림William J. Slim 원수가 버마 전쟁에 관해 쓴 『역사 속의 패배Defeat in History』였습니다."

부오노 장군은 이 책에서 배운 것이 무엇이냐는 질문에 한 단어로 대답했다. "고집이죠. …… 슬림 장군은 항상 집요했습니다. 그는 조건이나 불가능한 가능성, 고된 환경 그 자체에도 불구하고 절대로 패배를 받아들이지 않았으며, 이 자세를 견지했습니다. 이것은 제게 크나큰 울림을 주었습니다. (저에게 중요했던) 또 다른 책은 브래들리 장군의 자서전으로, 브래들리 장군 자신의 인간성과 병사들에 대한 진실한 배려를 잘 보여줍니다. 포러스트 포그가 쓴 조지 마셜 장군의 전기도 이에 못지않게 중요한 영향을 끼친 것 같습니다. 포그의 말을 통해 저는 20세기 리더 중 가장 복잡하면서도 훌륭한 재능을 타고난 인물을 알게 되었습니다. 한국에 관해 쓴 페렌바흐 T. R. Ferenbach의 책은 저에게 좌우명을 주었습니다. …… 페렌바흐는 미군 병사들이 제2차 세계대전 후 근시안적이고 재정적 관점에서 관리된 훈련체계와 전투대비 프로그램을 유지한 대가, 그리고 전쟁에 전혀 대비가 되어 있지 않아 야기된 인간적 비극을 가슴 아프게 서술했습니다. 말 그대로 페렌바흐는 제가 육군참모총장이 된 후 제가 모토로 삼았던 구절을 다듬어낸 바로 그 인물입니다. 모토는 '더는 스미스 특임대 Task Force Smith•를 만들지 말라'였죠. 이는 공산군의 진군을 저지하기 위해 한국에 준비가 안 된 상태로 던져진 후 오산을 내려다보는 언덕 위에서 전멸당한 어느 대대를 언급한 것입니다. 미국은 두 번 다시 조국의 젊은 남녀에게 준비되지 않았거나 장비가 부족한 상태로 적과 싸워 이기고 집으로 무사히 돌아올 것을 강요해서는 안 됩니다."

슈워츠코프는 다국적군을 이끌고 이라크군을 쿠웨이트에서 성공적으로 축출하면서 육군참모총장의 물망에 올랐다. 하지만 그는 총장이 될 기회를 거

• 1950년 6월 25일 북한이 남한으로 침공해오자, 미군은 즉각적으로 일본 규슈에 주둔 중이던 미 8군 예하 24사단을 급파하기로 결정했다. 당시 사령관인 월턴 워커(Walton Walker) 중장은 사안의 급박함 때문에 일단 특임대부터 구성하여 부산 쪽으로 공수시키고, 사단본대는 나중에 전개하는 방식을 취하기로 했다. 24사단장인 딘(William F. Dean) 소장은 21연대 1대대와 사단포병대 일부 등을 모아 특임대를 짜 찰스 스미스(Charles B. Smith) 중령을 대대장으로 임명하여 '스미스 특임대(Task Force Smith)'를 구성했으며, 스미스 부대는 곧장 오산 부근의 죽미령으로 전진하여 방어선을 구축했다. 하지만 제2차 세계대전 종전 후 주력 부대원들이 본토로 돌아가거나 전역하고, 훈련 상태도 미흡했던 스미스 특임대는 심지어 죽미령까지 이동하면서 지친 상태였고, 설상가상으로 무장까지 미흡한 상태였다. 이들은 제2차 세계대전 중 쌓은 미군의 명성 때문에 북한이 알아서 퇴각할 것이라고 판단했으나, 오히려 북의 전차 전력을 상대하기에 빈약한 대전차무기, 생각보다 신속한 북한군의 전술 때문에 사단 방어선이 무너지고 말았다. 심지어 포병대까지 무방비 상태로 북한군 선봉에 유린당하면서 총 440명 중 150명이 전사했으며, 중화기까지 전부 방기한 채 남쪽으로 퇴거했다.

부했다. 그는 말하길, "총장직은 고든 설리번Gordon R. Sullivan 장군에게 돌아갔습니다. 그는 강인함과 공정함을 절묘한 조합으로 갖춘 인물이죠."

설리번은 독서의 중요성에 대한 자신의 견해를 피력했다. "책은 미 육군의 리더가 전문적인 자질을 개발하는 데 가장 중요한 요소 중 하나입니다. 읽고 싶은 모든 책을 다 읽을 시간을 가질 수는 없겠습니다만, 저는 군 생활 초기에 독서를 위한 약간의 시간은 항상 만들 수 있다는 것을 배웠습니다. 그렇게 함으로써 힘든 임무를 부여받은 와중에 잠시 휴식을 취할 수 있었고, 그날 부여받은 난제를 해결하기 위한 준비를 할 수 있었으며, 미래에 마주하게 될 더 큰 문제에 대비해 저를 교육시킬 수 있었습니다.

군사학술지와 정기간행물은 우리 세상, 우리 사회, 우리 군에 대한 변화를 놓치지 않고 항상 관점을 유지할 수 있게 도와주었습니다. 짧은 학술지의 글들은 항상 제가 필요로 하는 적절한 정보를 주었고, 또 전문 연구 분야가 내 관심 분야와 맞아떨어지는 학자를 찾아낼 수 있는 중요한 수단이 되었습니다.

저는 늘 군사학軍史學을 즐겨 읽었습니다. 항상 사람들에게 역사가 저를 강하게 만들어줬다고 말했죠. 이런 독서는 제게 도움이 되었고, 모든 인간은 자신의 인생행로 역정을 헤쳐나갈 수 있으며 안정적인 의사결정과 변함없는 의지를 통해 자신의 상황을 바꿔나갈 수 있다는 점을 깨닫게 해주었습니다. …… 요컨대, 휴식과 배움 그리고 시선의 지평선을 넓히기 위해 독서를 하라는 것입니다. 계속 직업적이나 인간적으로 성장하면서 독서를 많이 하는 것이 유리해질 것입니다."

나는 슈워츠코프 장군에게 맥아더, 아이젠하워, 브래들리만큼 독서를 즐겼느냐고 물었다. "그렇습니다. 하지만 시간적인 제약 때문에 지금 열거하신 분들만큼은 아닐 겁니다. 저는 최근 제 개인 도서관을 없애버렸습니다(당시 막 전역했을 때였다). 저는 책들을 지역 학교에 기증했습니다만, 상당수의 책에는 여러 메모가 적혀 있었습니다. 모든 책에서 이런 메모가 적힌 페이지는 다 잘라내 버려야 했기 때문에 사실 좀 난감했습니다. 안 그러면 누가 도서관에서 그 책을 훔쳐갈지도 모르니까요. 저는 수천 권의 책을 손쉽게 기증해버렸습니다. 항상 이사할 때마다 책 때문에 과중요금을 더 물어야 해서 힘들었습니다. 많을 때는 거의 책 상자만 45개 이상이 되었거든요."

그가 리더십을 개발할 때 독서가 어떤 영향을 주었는지 물어보았다. "사람은 역사를 통해 배우거나 아니면 그런 실수를 다시 반복할 수밖에 없습니다. 저는 웨스트포인트에 다니던 시절에 군사학에 재미를 붙였습니다. 학교에는 '군사술軍事術의 역사'라는 수업이 있었죠. 이 수업을 참 좋아했습니다. 저는 그 '군사술의 역사' 교재를 오랫동안 가지고 다녔습니다. 베트남을 떠나면서 당시 막 장군이 된 응오꽝쯔엉 대령에게 이별 선물로 주려고 그 책을 웨스트포인트에 반납하고 대신 웨스트포인트에서 받은 지도 책자 여러 권을 응오꽝쯔엉 장군을 위해 남겨두고 왔습니다.

저는 리, 그랜트, 셔먼, 패튼, 그리고 물론 브래들리 같은 인물들의 리더십에 매혹되었었습니다. 저는 이들에 관한 책을 소위에서 대위 때까지 열심히 읽고 또 수집했습니다. 저희 아버지께서는 1920년대에 출판된 하버드 문학전집을 가지고 계셨는데, 아버지께서 돌아가신 후 제가 그 책을 갖고 싶다고 했고, 그 책들은 제 도서관의 일부가 되었습니다."

나는 그에게 하버드 문학전집을 다 읽은 적이 있느냐고 물었다. "물론 당연하죠. 제게는 그것 말고도 1920년대에 나온 '현대의 웅변법Modern Eloquences'이라는 전집이 있었습니다. 이 전집은 역사적으로 유명한 이들의 명연설을 모은 것이었죠. 저는 그저 역사책만 읽은 게 아닙니다. 솔직히 고백하건대, 저는 시문학도 좋아하기 때문입니다. 웨스트포인트에서 청년 시절을 보낼 때, 저는 몇 시간씩 시집을 읽기도 했습니다."

그렇다면 가장 좋아하는 시인은 누구냐고 물었다. "제가 좀 낭만적이었던 시절에는 왕당파 시인Cavalier Poets이라면 전부 좋아했습니다. 러브레이스

Richard Lovelace 같은 시인을 좋아했죠. 브라우닝Robert Browning이나 셰익스피어도 좋아했습니다. 특히 셰익스피어 작품 중 일부는 완벽할 정도로 훌륭합니다. 키츠John Keats, 셸리Percy B. Shelley, 워즈워스William Wordsworth 같은 이들도 좋아했죠.

한 사람의 성공은 감성과 타인을 위하는 마음에 달려 있습니다. 저는 어쩔 수 없는 낭만주의자입니다. 저는 드라마틱한 영화를 보고 나면, 그 내용이 지어낸 허구라는 것을 아는데도 눈물이 폭포처럼 얼굴 위로 넘쳐흐릅니다. 저는 느낄 줄 압니다. 열정도 느끼죠. 그리고 타인의 고통도 느낍니다. 결국 직관력과 타인의 감정을 어떻게 느끼는지에 관한 이야기로 돌아가게 됩니다."

독서에 대한 흥미라는 주제와 관련해서는 콜린 파월 장군도 언급한 바 있다. 그는 내게 이렇게 말했다. "저는 레번워스(지휘참모대학)와 국방연수원 과정을 마친 후에야 독서의 중요성을 겨우 이해했습니다. 저는 마셜과 아이젠하워에 관해 읽었습니다. 책에 몰두하게 된 건 제 인생에 중요한 영향을 미쳤습니다. 제가 처음 읽었던 책은 자노위츠Morris Janowitz 의 『직업군인The Professional Soldier』이라는 책이었고, 그다음은 네 권으로 포그가 쓴 조지 마셜 원수 전기, 그리고 마셜S. L. A. Marshall 의 『군대의 장교Armed Forces Officer』를 읽었습니다."

1993년부터 1997년까지 합참의장을 지낸 존 샬리캐슈빌리 대장은 폴란드에서 미국으로 왔을 당시 열여섯 살이었다. 나는 그가 존 웨인John Wayne이 나오는 서부영화를 보면서 영어를 배웠다는 이야기를 해서 한참 웃었다. 그는 이후 진지한 군사학도가 되었다. 그는 이렇게 회상했다. "저는 제가 군사軍事 문제에 처음 관심을 갖게 되었던 때를 기억합니다. 이후 저는 손을 댈 수 있는 모든 나폴레옹 관련 서적은 다 읽었죠. 제가 미국으로 오고 나서 얼마 후 미국은 남북전쟁 100주년을 준비하고 있었는데, 그때 저는 남북전쟁에 관한 글은 닥치는 대로 다 읽었습니다. 그다음에는 제2차 세계대전에 관해서 공부했죠. 또 아이젠하워 장군이 쓴 『유럽에서의 성전』도 여러 번 읽었습니다. 저는 또 맥아더 장군의 자서전인 『회상록』에도 푹 빠졌었습니다. 이 자서전은 맨체스터가 맥아더에 관해 쓴 『미국의 시저』와 비교해서 보면 흥미진진했습니다."

샐리캐슈빌리는 젊은 장교들에게 독서를 권장했다. "제가 대대장으로 복무하던 시절, 젊은 중위와 소위들 때문에 걱정이 무척 많았습니다. 이들에게 군사학軍史學 서적을 읽도록 권하는 것이 매우 어려웠기 때문입니다. 물론 책을 읽으라고 명령할 수야 있습니다만, 저는 이들이 군사학에 열정을 갖게 되기를 바랐습니다. 언젠가 어느 소위에게 『살인자 천사들Killer Angels』을 읽고 독후감을 쓰라고 한 적이 있습니다. 그랬더니 완전히 감동에 벅차서 왔더군요. 그날 이후부터는 젊은 장교들에게 책 읽기를 시작하도록 권할 때 항상 그 책을 이용했습니다. 그 책을 통해서 이들이 군사학 분야에 빠져들기를 바랐습니다."

아이젠하워의 역사서적 탐독은 앞서 언급되었던 많은 장군과 마찬가지로 그에게 롤 모델을 찾게 해주었으며, 특히 아이젠하워의 인품의 일부가 된 체력, 역경에 대한 인내, 불굴의 용기, 자기희생을 위한 한계와 대담성의 모델이 되어주었다. 이러한 특성은 모두 그가 전쟁 역사상 유례가 없는 최대 규모의 대부대를 지휘하는 엄청난 책임을 떠안은 리더로서 성공하는 데 중요한 일부가 되었다.

미래에 도전, 책임이 따르는 큰 자리를 바라는 사람이라면, 전기를 읽는 것은 거의 필수라고 할 수 있다. 인생은 짧은 반면, 그 인생 속에서 우리는 개인적인 경험을 통해 배우고 성장한다. 전기를 읽는다면 우리는 역사에 한 획을 그은 타인의 경험을 통해 더 빠르게 배우고 성장할 수 있는 기회를 얻는다.

지난 35년 동안, 나는 열정적인 독서가인 동시에 뛰어난 지식의 깊이와 개념을 가진 장군들을 관찰해왔다. 이들은 독서를 통해 인격과 리더십 자질을 개발했다. 이들의 가장 큰 관심사는 전기와 역사였지만, 상당수는 소크라테스, 플라톤, 아리스토텔레스, 셰익스피어의 작품 등에도 관심을 갖곤 했다. 젊은 시절 이들은 월터 스콧, 러디어드 키플링, 제임스 페니모어 쿠퍼의 문학작품을 읽었으며, 이러한 작품은 이들이 군 생활을 통해 경험할 모험심을 자극하는 기폭제 역할을 했다. 이들의 감수성은 시를 사랑한 이 '전사들'을 통해 나타났다. 이들이 갖고 있던 육감과 직관력은 다른 리더들을 통해 다듬어지고 향상되었다.

자유민주주의 사회에서는 모두가 책을 읽을 수 있는 무제한의 기회가 주어지기 마련이다. 1997년, 구 공산 불가리아 출신의 한 학생이 미국으로 유학을 왔다. 그가 훗날 상을 받게 된 에세이에서 이 크라시미라 주르코바Krassimira J. Zourkova라는 학생은 이렇게 썼다. "나는 아직도 공산주의 치하의 불가리아에서 자란 것이 후회할 일인지, 아니면 감사해야 할 일인지 알 수 없다. 내가 2학년 때 2학년 수료증에는 아이들을 위한 공산당 예하 조직에 자동 가입해야 한다는 의무조항이 따라붙었고, 나의 할아버지는 '정치적으로 신뢰할 수 없는 사람'이라 의대에서 쫓겨났다는 사실을 어떻게 미국인 친구들에게 설명해야 할지 잘 모르겠다. 그중 내가 가장 이해할 수 없었던 것은 긍정적인 부분이었다. 공산주의가 내게 가져다준 특수하면서도 형용할 수 없는 삶에 대한 감사, 평범한 것에 대한 경외 같은 것 말이다.

내가 교과서 한 권의 겉표지를 마치 어루만지듯 쓰다듬자 놀란 눈으로 그것을 바라보던 룸메이트의 얼굴이 기억난다. 그녀는 깔깔거리고 웃으며 내게 잠이 덜 깼느냐고 물었다. 사실 나는 그때 막 처음으로 그 책을 펼쳐들려고 했었기 때문에 책에 대해서만 생각하고 있었다. 매끄러운 표지를 만지는 첫 느낌부터 책 첫 장을 펼쳐들 때 꾸깃하는 풀로 제본된 부위의 소리, 그리고 책장을 누르기 위해 압력을 가할 때의 느낌 같은 책과의 첫 만남의 순간은 마치 어떤 의식을 치르는 듯한 기분을 주었다. 오래전에는 학교에서 돌아왔을 때 '운'이 좋다면, 며칠간 사냥 나갔던 아버지가 돌아오시면서 나를 놀라게 하려고 책 한 권을 가져오곤 하셨다. 당시에는 돈이 있더라도 책을 사는 것이 불가능했다. 대부분 줄에 서서 몇 시간씩 기다려야 했고, 가게가 열리고 나면 사람 무리가 가게로 몰려들었기 때문에 서가의 책이 불과 몇 분 만에 동나기 전에 나는 최대한 많은 책을 집어 들어야 했다(그리고 그렇게 마구 집어든 책 중에 내가 찾던 책도 끼어 있기를 바라야 했다).

책이 귀한 상품이고, 누릴 수 없는 사치이며, 작고 로맨틱한 일상적인 꿈이었던 시절에 자란 내게 어떤 책이든 그 고유의 독특한 느낌이 있었다. 그래서 내 친구들이 그 시절에 사는 건 어떤 기분이었냐고 물어보면, 나는 그들에게 대학 도서관으로 가 몇천 개의 책장에서 페이지가 접혀 있고, 종이에 얼룩이 져 있으며, 누가 실수로 적색 잉크를 페이지에 쏟아놓은 책 한 권을 찾아보라 한다. 만약 이 모든 것이 다 저질러진 책을 한 권 찾게 된다면 그들은 이상하다는 생각을 하고, 머리끝까지 화가 날 것이다. ― 그 시절에 사는 건 바로 그 느낌이었다."

앞서 인용한 리더들의 이야기에는 독서의 중요성과 전문적인 개인 서재를 꾸미는 것의 중요성이 젊은 장교들에게 어떤 가치가 있는지에 대한 메시지가 담겨 있다. 예일 대학교 교수로 40년 넘게 재직했고, 약 6,000권의 장서를 보유한 개인 도서관을 가진 윌리엄 펠프스$^{William\ L.\ Phelps}$ 씨는 1933년 4월 6일, 라디오 방송을 통해 독서의 중요성과 개인 도서관 구축의 중요성을 이렇게 설파했다. "독서 습관은 인류에게 가장 위대한 자원입니다. 우리는 자기 자신이 직접 소유한 책을 빌려온 책들보다 훨씬 재미있게 읽기 마련입니다. 빌려온 책은 마치 집에 온 손님과도 같습니다. 이 책들에 대해서는 격식을 차리듯이 특정한 형식 절차를 지켜야 합니다. 이 책에는 절대 상처가 가서는 안 되며, 당신 집 안에서 읽는 동안 어떤 문제도 발생해서는 안 됩니다. 이 책들은 아무렇게나 나둬서도 안 되며, 표시를 해서도 안 되고, 책장을 접어도 안 되며, 그책을 친숙하게 다뤄서도 안 됩니다. 그리고 언젠가 결국 이 책들은 반납해야 하죠.

하지만 당신의 책은 당신 것입니다. 이 책들은 불필요한 형식 절차를 타파하는 애정 어린 친숙함을 곁들여 다루게 됩니다. 책은 보려고 있는 것이지, 보여주려고 있는 것이 아닙니다. 표시하기가 겁나거나 테이블 위에 펼쳐놓거나 엎어놓은 채 놔두기도 겁나는 책은 가져서도 안 됩니다. 책 속에서 좋아하는 인용구절을 찾는 것은 이런 연습이 의미 있는 명언을 쉽게 기억하고, 이들을 빠르게 인용하기 위해서이며, 먼 훗날에는 이것이 마치 한 번 따라갔었던 숲 속 길을 다시 가보는 것처럼 되기 때문입니다. 독자는 옛날 방문했었던 곳을 다시 방문하는 듯한 느낌을 즐길 수 있고, 지적인 풍경과 당신의 옛 자신을 동시에 떠올릴 수 있게 됩니다.

누구든지 어려서부터 개인 서재를 가져야 합니다. 인간이라면 누구나 가진 개인 재산에 대한 본능은 이를 통해 좋은 장점과 함께 발전될 수 있으며, 이렇게 해서 해가 될 것은 하나도 없습니다. 누구나 자기 자신의 책장을 가져야 하며, 여기에는 문이나 창문, 열쇠 따위가 없어야 합니다. 이 책들은 자유롭게 읽을 수 있어야 하고, 눈과 손 모두 이에 쉽게 접근할 수 있어야 합니다. 물론 거실 벽을 장식하는 데 책만큼 훌륭한 것은 없습니다. 책들은 그 어떤 벽지보다도 다양한 색상을 자랑하고, 디자인 또한 훨씬 매력적이며, 무엇보다 각각의 책들은 제각기 다른 개성을 갖고 있다는 장점이 있으므로, 만약 방 안의 난롯가에 홀로 앉아 있으면 마치 매우 친한 친구들과 함께 있는 것과도 같습니다. 책들이 그곳에 있다는 사실 그 자체만으로도 자극이 되고 환기가 됩니다. 이를 모두 읽어야 할 필요는 없죠.

물론 살아서 숨쉬고, 형체를 가진 남과 여 같은 친구는 없습니다. 하지만 책에 대한 저의 열정이 저를 은둔자로 만들지도 않았습니다. 어떻게 책이 그렇게 하겠습니까? 책은 사람에 대한, 사람에 의한, 사람을 위한 것입니다. 문학은 불멸적인 역사의 일부입니다. 또한 인격의 최고이자 가장 영속적인 부분이기도 하죠. 하지만 책이라는 친구들은 살아 있는 친구들과 비교할 때 이런 장점이 있으니, 언제든 원하기만 한다면 세상에서 가장 우아한 사교계를 찾을 수 있습니다. 이미 죽은 위인들을 물리적으로 만날 방법이 없긴 하지만, 살아 있는 위대한 인물들도 접근이 쉽지 않은 것은 매한가지입니다. 개인적으로 친한 친구나 지인도 항상 만날 수는 없죠. 이들이 자고 있을 때도 있고, 여행을 갔을 수도 있으니까요. 하지만 개인 도서관에서라면, 언제 어느 때라도 소크라테스, 셰익스피어, 칼라일, 뒤마, 디킨스, 쇼, 베리, 글래스워시와 대화를 나눌 수 있습니다. 그리고 책 속에서라면 항상 이들의 최고 전성기일 때의 모습과 만날 수 있다는 것도 의심의 여지가 없습니다. 이들은 여러분을 위해서 글을 썼습니다. 이들은 자신들을 펼쳐놓았고, 여러분을 즐겁게 하여 좋은 인상을 남기려고 진정 최선을 다했습니다. 배우에게 관객이 그러한 만큼 여러분은 이들에게 중요한 사람이며, 오직 다른 점이 있다면 여러분은 무대 위에서 가면을 쓴 이들을 마주하는 것이 아니라 이들의 마음 한가운데를 들여다보고 있다는 것뿐입니다."

Chapter 6

Mentorship:
Guidance, Counseling, Advice, Teaching, and Door Opening

Chapter **6**

멘토십: 지도, 상담, 조언, 가르침, 그리고 앞길을 열어주기

Mentorship: Guidance, Counseling, Advice, Teaching, and Door Opening

어떻게 하면 의사결정자로 성장할 수 있는가? 중요한 결정을 내리는 사람들 주변에
항상 있어라. — 드와이트 아이젠하워
리더의 첫 임무는 더 많은 리더를 키워내는 것이다. — 윌버 크리치

어떻게 해야 한 사람의 의사결정자로서 자질을 개발할 수 있느냐는 필자의 의
문에 아이젠하워 장군은 이렇게 말했다. "중요한 결정을 내리는 사람들 주변
에 항상 있으십시오. 최고의 리더십을 달성한 장교들은 언제나 의사결정자 곁
에 있었으며, 이 의사결정자들은 젊은 장교의 멘토 역할을 했습니다."

몇 년 전 필자는 앨라배마 주 맥스웰Maxwell 공군기지 내에 있는 공군 비행
대대 장교학교Air Force Squadron Officer's School: SOS에 연사로 초청을 받아 갔다.
주로 소위에서 대위까지를 교육할 목적으로 설립된 이 학교는 공군 내 전 병
과를 망라한 모든 위관장교를 교육하는 곳이다. 반면 육군은 위관장교들을 위
한 교육기관을 다양한 병과별로 나누어 설치했는데, 보병학교나 기갑학교 등
이 대표적이다.

필자보다 앞서 연단에 올라선 연사는 전 공군 장성으로, 학생 장교들에게
남들보다 앞서 가려면 '후원자'가 있어야 하며, '높은 야망을 갖는 것'도 중요
하다고 말했다. 필자는 이 조언이 신경 쓰였다. 왜냐하면 그는 명백하게 500
명에 달하는 어린 장교들에게 지금 인생의 성공이 임무 수행이나 지식이 아니

라 '누구를 아느냐'에 달려 있다는 인상을 줄 수 있었기 때문이다. 학생 장교들도 이 말에 기분이 상했는지, 쉬는 시간이 되자 그 강연에 환멸을 느꼈다는 사실을 숨기지 않았다.

계속해서 뒤를 따라오고 있는 젊은 신세대에게는 어떻게 해야 군에서 남들보다 앞서 갈 수 있고 또 성공할 수 있는지에 대해 정확하게 답변해주는 것이 매우 중요하다. 이 장에서는 20세기에 가장 성공적인 경력을 쌓은 육군 및 공군 장성들을 살펴보면서 멘토십mentorship에 관해 알아보게 될 것이다. 필자는 100명이 넘는 사성급 장군을 인터뷰하면서 이들에게 자신의 성공이 '후원자'를 잘 둔 결과였다고 생각하는지 물어보았다. 사성까지 도달한 장성 중 자신의 진급이나 보직이 누구를 잘 알고 있던 덕택이라든가, 머리를 잘 자르거나 잘 빗고 다녔기 때문이라든가, 학교를 잘 나왔기 때문이라든가, 든든한 가족 배경이 있다든가, 혹은 골프를 잘 친 덕택으로 얻었다고 대답한 사람은 한 명도 없었다. 모두 자신의 성공은 조국을 위한 헌신이 낳은 결과였다고 믿었다. 하지만 결과적으로 이들의 성공적인 임무수행은 같은 직업에 종사한 다른 이들에게 감명을 주었으며, 그들은 이 젊은이들의 멘토가 되기도 했다.

'후원자' 문제와 관련해 가장 직관적인 통찰력을 보여준 인물은 에드워드 마이어 예비역 대장이었다. 그는 '후원자sponsor'라는 용어보다 '멘토mentor'라는 용어를 선호했다. 멘토십은 흔히 '스폰서'라는 단어에서 연상되는 정치적인 의미 대신, 능력우선주의라는 인식이 전제되어 있기 때문이다.

마이어 장군은 이렇게 논평했다. "우선 멘토십의 구성요소가 무엇인지부터 봐야 합니다. 멘토십을 구성하는 요소로는 지도guidance, 상담counseling, 가르침teaching을 들 수 있습니다. 그 사람에게서 어떻게 배웠는가? 그 사람은 왜 시간을 들여서 당신을 교육하려고 했을까? 어떤 지도, 상담, 조언을 받았는가? 이런 것이 멘토십의 한 측면이라고 할 수 있습니다. 두 번째 측면은 '앞길을 열어주기door opening'입니다. 이는 한 개인을 위한 기회를 열어줍니다. 멘토십을 현실적으로 바라보면 볼수록, 이 개념에는 교육과 '각성'이 포함되어 있다는 생각이 듭니다. 그리고 그것이 상관이나 지휘관과의 일반적인 관계와 다른 점이죠. 당신의 상관이나 지휘관은 당신을 능력 있는 개인으로 다루지만, 교육과 조언, 상담을 해주고자 시간을 할애하지 않습니다. 또한 이들은 당신을 위해 앞길을 열어주어야 한다는 부담 따위는 전혀 없이 일을 시킬 수 있죠."

마이어가 '앞길 열어주기'라고 말한 것은 직업적인 성장에 도움이 될 임무를 수행할 기회를 제공함을 말한다. 이 기회를 얻은 사람은 일반적으로 가장 힘들고 어려운 임무를 수행하고, 자신과 동급의 사람들보다 훨씬 긴 시간을 일하면서 성장하게 된다. 멘토는 자신의 시간을 일부러 할애하여 지도하고, 상담하고, 조언하고, 교육하여 그 개인이 더 많아진 책임을 감당할 수 있도록 준비시키고, 그렇게 함으로써 더 높은 계급으로 올라설 수 있도록 도와주는 사람을 말한다.

조지 마셜 장군의 군 생활은 대단히 훌륭한 멘토십의 일례를 보여준다. 그는 부관으로서 세 명의 장군을 모셨다. 그 세 명은 1906년부터 1910년까지 육군참모총장을 지낸 프랭클린 벨J. Franklin Bell 소장, 헌터 리겟Hunter Liggett 중장, 제1차 세계대전(1917~1918) 기간에 미 동맹원정군AEF 사령관을 지냈고 1920년부터 1924년까지 육군참모총장을 지낸 존 퍼싱John J. Pershing 대원수였다. 세 명 모두 마셜을 광범위하게 지도했고, 상담했으며, 조언해주고, 또 교육을 해주었다. 이들은 모두 고속 승진을 한 뛰어난 야전지휘관의 전형적인 모델이었고, 이 중 벨 장군은 필리핀에서, 퍼싱 장군은 미서전쟁에서 뛰어난 전공을 세운 바 있다.

마셜의 첫 번째 중요한 멘토는 벨 장군이었는데, 사실 벨 장군의 초반 군 생활은 장래성이 없어보였다. 1878년에 웨스트포인트를 졸업한 벨 장군은 군 생활 전반부인 20년 동안을 위관장교로 지냈으며, 그중 12년은 중위로 보냈다. 그의 미래는 전망이 전혀 없어 보였다. 하지만 벨은 1898년 전쟁이 터지고 필리핀 원정군 공병 소령으로 보직되면서 기회를 잡았다. 필리핀에서 보여준 그의 능력은 미국 역사상 가장 훌륭하게 용기를 보여준 전례 중 하나로 빛나고 있다. 그 공로로 벨은 명예대훈장Medal of Honor을 받았다.

1906년에 벨은 육군참모총장이 되었으며, 1910년까지 총장 직위를 유지했다. 그는 이때 50살이 채 안 된 나이였으며, 중위 계급장을 뗀 지 불과 8년 만의 일이었다. 벨 장군은 야전지휘관으로서도 훌륭한 전공을 남겼지만, 두고두고 빛날 가장 큰 업적을 세운 것은 포트 레번워스의 지휘참모대학 총장(1903~1906)을 지내던 시절이었다. 이곳에서 벨은 마셜과 처음 만났다. 벨은 지휘참모대학을 완벽한 능력을 갖춘 전문 장교를 양성하는 기관이자 육군의 지적智的 중심지로 만들 계획이었다.

벨 장군은 지휘참모대학 총장에 임명되자 연대장들로 하여금 오직 최고의 능력을 갖춘 장교들만을 뽑아 입교시키라고 했으며, 그 첫 수업은 1906년에 시작되었다. 마셜은 중위에 불과했지만 이 과정에 선발되어 입교했다. 지휘참모대학 과정에는 총 54명이 들어갔으며, 장교들은 대부분 마셜보다 나이도 많고 경험도 풍부했다.

마셜은 이 경험을 이렇게 기록했다. "지휘참모대학 과정은 내 평생 경험한 가장 힘든 과정이었다. …… 나는 거기 있으면서 잦은 난리법석과 흥분, 시간 압박 등을 경험하며 철저함을 배웠고, 이는 훗날 내가 쓸모 있는 사람이 되는 데 도움이 되었다." 그는 또 학교과정에 있던 시기를 가리켜 "지금까지 습관을 들이지 못했던 공부하는 버릇이 이제야 겨우 들었다"라고 술회했다. 마셜은 이 과정에서 놀라운 성과를 거두었고 결국 1등으로 졸업했다. 그가 레번워스에서 달성한 이 학업성적은 그의 남은 군 생활 내내 그의 뒤를 따라다녔다.

그 사이에 육군참모총장으로 영전한 벨 장군은 일부러 워싱턴 D.C.에서 날아와 졸업 축하 연설을 했다. 수석으로 졸업하게 된 마셜은 당연히 벨 장군의 시선을 끌었으며, 깊은 인상을 남겼다. 벨 장군은 탁월한 실전 전공을 쌓았을 뿐 아니라 지적이며, 훌륭한 식견을 갖춘 인물이었고, 마셜과 같은 젊은 장교들에게는 선망의 대상이었다.

1913년, 마셜은 헌터 리겟 장군의 전속부관으로 3년간 필리핀에 파견되었다. 마셜이 리겟 장군과 처음 만난 것은 두 사람이 포트 레번워스에 있던 시기로, 리겟은 당시 13보병연대장을 지내고 있었고, 마셜은 교관을 하고 있었다. 수업 후 리겟은 종종 마셜을 만나 마셜이 가르치던 교과목에 관해 토의하곤 했다. 그런 만남을 계속하면서 리겟은 마셜에게 좋은 인상을 받았다. 필리핀에서 리겟은 마셜과 몇 시간이고 함께 부대 검열을 다녔으며, 개선 사항을 마셜에게 받아 적게 했다. 그는 종종 마셜을 홀로 보내 야전 훈련 상황을 확인하게 하기도 했다.

벨 장군은 육군참모총장에서 물러난 후 전쟁부 필리핀 국장으로 보직되었다. 마셜은 운이 좋았는지 앞선 필리핀 근무 기간 중 벨 장군의 참모였던 존슨 헤이그우드Johnson Hagood 소령에게 좋은 인상을 남겼다. 언젠가 헤이그우드 장군은 마셜이 동료 장교들과 기초적인 군사 지식을 놓고 내기를 걸었다는 이야기를 들었다. 헤이그우드는 마셜을 불러 사실이냐고 물었고, 마셜은 사실이라고 인정했다. 헤이그우드는 이를 이렇게 회고했다. "이 사건은 나에게 교훈을 남겨주었다. 내가 이날 얻은 교훈이자 남은 군 생활 동안 항상 응용해야겠다고 마음먹은 것은 병사들을 훈련할 때 가장 좋은 방법이란 핵심에 도달하는 것이며, 무엇인가를 검토할 때에도 항상 핵심을 살펴봐야 한다는 것이었다."

1913년 마셜은 유타 주 포트 더글러스Fort Douglas에서 존슨 헤이그우드 중령 휘하의 부관장교로 보직되었다. 마셜에 대한 역량평가서에 "이 사람을 당신의 지휘권 아래에 두고 싶습니까"라는 질문에 헤이그우드 중령은 이렇게 적었다. "그렇습니다. 하지만 그보다는 제가 그의 지휘권 아래로 들어가고 싶습니다." 헤이그우드는 마셜을 '군사적인 천재'라고 불렀고, "그를 정규군 준장에 보직시켜야 하며, 보직이 지연되면 지연될수록 하루하루 육군과 조국은 큰 손실을 입을 것이다. …… 그는 훈련과 경험을 모두 갖추고 있으며, 야전에서 대규모 부대를 지휘할 능력을 갖추고 있다"라고 적었다. 1916년 12월 31일 자로 작성한 이 평가서는 헌터 리겟 장군이 다시 추인해서 올렸으며, 벨 소장이 검토했다. 헤이그우드는 훗날 제1차 세계대전을 치르면서 프랑스에서 조달병과장(현재의 군수병과장)을 지냈다. 아직 마셜이 대령이던 1934년에 헤이그우드는 군단장을 지내고 있었는데, 그는 조지 던^{George H. Dern} 전쟁부 장관에게 마셜을 준장으로 진급시키도록 강력히 권고하기도 했다.

오랜 기간 쌓아온 마셜의 전공은 벨 장군의 눈에 들었으며, 그가 미 서부사령관에 보직되면서 그 정점을 찍었다. 벨은 마셜을 그의 신임 전속부관으로 임명했고, 벨 장군의 뛰어난 능력 덕에 그 임무는 어렵지만 유익했다.

미 서부 육군사령관으로 임명된 벨은 1916년 미국과 멕시코 간에 발생한 국경분쟁에 대해 크게 우려했다. 멕시코 국경의 미군사령관을 맡고 있던 인물은 마셜 장군의 인생에 걸쳐 또 다른 중요한 멘토가 될 운명이던 존 퍼싱 당시 준장이었다.

마셜은 벨 장군의 부관으로 있을 때 퍼싱 장군을 처음 만났고, 곧 제1차 세계대전 중 퍼싱의 가장 중요한 참모 역할을 수행하게 된다. 1917년 기동훈련은 매우 좋지 않은 성과를 남겼으며, 이에 퍼싱은 혹평을 가했다. 그런데 이때 마셜이 직접 나서서 원래 기획에만 두 주가 걸리는 것인데도 하루 말미를 두고 통보를 받은 것이 이 기동훈련의 문제였다고 지적했다(이미 이 부분에 관해서는 이 책 제4장에서 다루었다). 퍼싱에게는 의외의 일이었다. 젊은 장교들이 감히 자신에게 말을 거는 것조차도 익숙하지 않았던 퍼싱은 "그래, 자네 말이 맞는 것 같군"이라 말하고는 자리를 떴다고 한다. 이후 얼마 지나지 않아 마셜은 헌터 리겟 휘하에서 퍼싱이 지휘하고 있던 미 1군사령부의 작전 및 기획 참모로 참가했다.

마셜은 모든 문제를 효율적으로 처리했고 곧 퍼싱 장군의 가장 신뢰받는 휘하 작전장교가 되었다. 1919년 5월, 마셜은 퍼싱 장군의 부관이 되었고, 퍼싱이 1921년 7월부터 1924년 9월까지 육군참모총장을 역임하는 동안에도 계속 따라다녔다.

퍼싱 자신 또한 군 생활을 하면서 멘토의 지도를 받았다. 그에게 강력한 영향을 남긴 사건은 1897년 1월 당시 뉴욕 시 경찰국장이던 시어도어 루스벨트와의 만남이었다. 이 만남은 훗날 쿠바에서 함께 복무하며 더욱 돈독하게 다져진 두 사람의 긴긴 우정 관계의 첫 시작이었으며, 루스벨트는 '러프 라이더Rough Rider' 부대를 이끌고 전장에서부터 백악관까지 승승장구하게 된다. 마셜이 퍼싱의 부관으로 지내면서 둘 사이에 긴밀한 유대 관계가 있었음은 말할 필요도 없다. 마셜은 퍼싱 장군에게 "장군님과 함께한 5년은 제 인생에서 가장 독특한 경험으로 남을 것입니다"라고 말했다. 마셜의 군 생활은 맥아더 장군이 1930년부터 1935년까지 육군참모총장으로 재직하면서 정체기를 맞았고, 이때 마셜은 준장으로 진급하지 못했다. 맥아더는 심지어 마셜을 야전지 휘관에서 일리노이 주 방위군 선임교관으로 보직했으며, 마셜은 이 보직을 끔찍하게 싫어했다. 그는 맥아더를 찾아가 평생 처음으로 결정을 재고해달라는 부탁까지 했지만, 그의 요청은 묵살되었다.

그런데도 퍼싱은 여전히 마셜을 지도하고 조언해주었다. 그는 심지어 마셜의 진급 문제를 대통령에게까지 찾아가 언급했을 정도였다. 그 결과는 마셜의 이후 경력을 보면 알 수 있다. 루스벨트의 회신은 다음과 같았다.

백악관

1935년 5월 24일

전쟁부 장관에게 보내는 제안서

퍼싱 장군은 조지 마셜 (보병) 대령을 준장으로 진급시키도록 강력하게 건

의해왔음.

　마셜을 다음 번 진급 대상자 명단에 올려놓을 수 있겠습니까? 올해 그는 54
세입니다.

　프랭클린 루스벨트.

　마셜은 1936년에 진급했다.

　멀린 크레이그 장군이 육군참모총장에서 퇴임하기 직전, 퍼싱은 루스벨트
를 찾아가 "대통령 각하, 방금 막 전쟁기획국에 보직된 장군(마셜)이 하나 있
습니다. 한번 그를 부르셔서 살펴보시는 것이 어떠시겠습니까? 제 생각에는
그 사람이 앞으로 크게 도움이 될 것입니다"라고 말했다. 이후 루스벨트 대통
령은 장군 서열의 거의 맨 아래에 위치해 있던 마셜 준장을 1939년에 육군참
모총장으로 임명했다.

　더글러스 맥아더 장군은 필자가 연구했던 그 어느 장군보다도 특이한 멘토
십을 받았다. 그는 군대에서 태어났으며, 부친인 아서 맥아더 장군이 그의 가
장 중요한 멘토가 되었다. '아버지' 맥아더 장군은 어떤 젊은이에게라도 영감
을 줄 수 있는 인물이었다. 그렇기에 아들인 더글러스 또한 평생의 직업으로
군인을 택한 것은 사실 그리 놀라운 일이 아니다. 부친의 사후 30년이 지났을
때 더글러스 맥아더는 이렇게 회상했다. "언제든 임무를 완수한 후 내 생각에
꽤 잘했다고 생각할 때면 마치 아버지 앞에 똑바로 서서 '어땠습니까, 총독
님'•이라고 말해야 할 것 같은 기분이었다." 웨스트포인트를 함께 다닌 동기
생 하나는 맥아더가 항상 자기 부친처럼 위대한 인물이 될 수 있을지를 고민
했다고 했다. 이 동기생은 "맥아더는 자신의 아버지에 관해 말할 때 항상 애

•　더글러스 맥아더 장군은 아서 맥아더 장군이 필리핀 총독으로 있던 시절에 부친의 부관
　을 지냈으므로 부친을 이렇게 불렀다.

272

정과 자랑스러움이 배어 있었으며, 위대한 부친의 뒤를 이을 자격이 있는 후계자가 되는 것이 자신의 사명이라고 믿었다"라고 말했다.

케네스 영은 아서 맥아더 장군의 전기인 『장군들의 장군General's General』에서 이렇게 적었다. "육군 지휘관으로서 더글러스 맥아더가 이룬 성공은 아버지의 영향을 받은 결과라고 볼 수 있다. 클레이턴 제임스D. Clayton James 는 다음과 같이 말했다. '아서 맥아더가 아들에게 남긴 가장 중요한 유산은 필리핀에 있을 당시에 데리고 있던 젊고 유능한 장교들이다. …… 이 장교들은 훗날 아서 맥아더 장군의 아들이 자신들 휘하에서 복무하게 되었을 때 옛일을 잊지 않았다. 아버지만큼 능력이 있었던 더글러스 맥아더가 급속도로 승진할 수 있었던 것은 그의 부친으로부터 받은 은혜를 잊지 않은 이 장교들의 특별한 관심 덕이라 할 수 있을 것이다.

맥아더라는 이름은 이 장교들에게 특별한 의미였다. 그래서 이 멘토들은 더글러스의 이름이 진급 대상자 명단에 올라올 때를 포함해 언제나 맥아더의 군 생활을 도왔다. 이들은 그의 아버지에게서 받은 은혜를 갚아야 한다는 의무감을 느꼈던 것이다.

퍼싱도 더글러스 맥아더의 멘토 역할을 했다. 맥아더는 제1차 세계대전 당시에 받은 계급이 다시 원래대로 환원되지 않은 몇 안 되는 장군 중 한 명이었다. 퍼싱이 육군참모총장직에서 물러나기 얼마 전, 맥아더의 모친은 퍼싱에게 직접 편지를 써 맥아더의 진급 문제를 심각하게 고려해줄 것을 부탁했다. 결국 퍼싱이 육군참모총장직을 마감하기 불과 열흘 전, 맥아더는 소장으로 승진했다. 이것이 편애주의나 능력주의였을까? ≪뉴욕타임스≫는 이 진급에 관해 이렇게 평했다. "그는 현역 대상자 중 최연소로 소장을 달게 되었다. 그는 정규군 중에서 가장 능력 있고 똑똑한 젊은 장교로 정평이 나 있으며, 건강만 계속 유지한다면 언젠가 육군의 최고 수장이 될 가능성이 높은 인물이다." 이 기사는 정확하게 예측했다. 1930년에 허버트 후버 대통령은 더글러스 맥아더를 육군참모총장으로 임명했다.

드와이트 아이젠하워 장군은 사관학교를 졸업할 당시 164명의 동기생 중 61등으로 졸업했다. 1915년에 임관한 이들은 총 164명 중 58명이 제2차 세계 대전 말까지 한 개 혹은 그 이상의 별을 달았기 때문에 '별이 쏟아진 기수'로 불렸다. 그렇다면 아이젠하워는 왜 이 동기생 중 가장 성공적인 인물이 되었 을까? 어째서 그가 제2차 세계대전 중 연합군 최고사령관으로 지명되었을 까? 멘토십은 그의 군 생활에 어떤 영향을 주었을까?

이 질문에 대한 답은 간단하지 않다. 하지만 의심의 여지없이 가장 중요했 던 사건은 1941년 12월에 그가 육군성 전쟁기획국으로 보직되었던 일일 것 이다. 아이젠하워가 웨스트포인트를 졸업하고 처음으로 배치된 임지는 텍사 스 주 샌안토니오에 위치한 포트 샘 휴스턴Fort Sam Houston 이었다. 이곳에서 그 는 짙은 갈색 머리와 보랏빛 눈동자, 아름다운 몸매를 갖춘 매력적인 여인을 만났다. 그녀의 이름은 메이미 제니바 다우드Mamie Geneva Doud 였으며, 훗날 그 와 결혼했다. 아이젠하워는 레너드 제로Leonard T. Gerow, 웨이드 헤이슬립, 월 턴 워커 세 명의 젊은 위관장교를 통해 그녀를 소개받았다. 이들은 평생의 친 구로 우정을 쌓았으며, 이 중 두 명은 아이젠하워의 군 생활에 중요한 역할을 할 운명이었다.

앞서 언급한 세 명 중 중요한 인물은 1911년 버지니아 군사학교를 졸업한 제로였다. 제로와 아이젠하워는 함께 캔자스 주 포트 레번워스의 지휘참모대 학 과정에 입교했으며, 아이젠하워는 1926년 졸업생 중 수석을 차지했다.

1940년 막 준장을 단 제로는 미 육군참모부에서 가장 중요한 부처인 전쟁 기획국의 국장으로 취임했다. 1940년 11월 18일, 제로는 당시 워싱턴 주 포 트 루이스Fort Lewis 에서 9군단 참모 보직을 수행하던 아이젠하워에게 짤막한 전신을 보내 그의 다음 보직이 전쟁기획국으로 결정되어 계류 중이라고 설명 한 후, 이 보직에 이의가 있는지 물었다.

아이젠하워는 이 보직에 심각하게 이의가 있었으며, 이의 내용을 편지에 적어 그의 오랜 친구인 제로에게 보냈다. 아이젠하워는 자신이 지휘관 경험이 부족하다고 말했으며, 자신의 전반적인 잠재력을 이끌어내려면 지휘 관련 경험이 더 필요하다고 하면서 이 프로젝트 자체를 다시 고려해볼 수는 없는지 물었다. 그의 호소는 통했으며, 제로는 아이젠하워를 워싱턴으로 전출시키려던 계획을 보류했다. 아이젠하워는 무엇보다 야전지휘관 보직을 가장 원했다. 아이젠하워의 대답은 그의 인생에서 가장 운명적인 답이 되었으며, 특히 그의 미래 군 경력에 중요한 영향을 끼쳤다. 만약 그가 제로의 제안을 받아들였다면, 그것으로 더는 지휘권을 가질 기회를 얻지 못했을 것이며, 두 번째 세계대전에서도 아마 본토에 근무하는 장교로 지냈을 것이다. 아이젠하워는 바로 다음 날 병사들과 계속 복무하겠다는 자신의 요청을 받아들여 준 제로에게 감사의 편지를 썼다.

아이젠하워 대령은 다른 명령을 받을 때까지 계속 포트 루이스에 남아 있었고, 1941년 6월 24일부로 텍사스 주 샌안토니오에 주둔 중이던 월터 크루거 장군의 미 3군단 사령부로 배속되었다. 하지만 아이젠하워는 그곳에서 매우 짧은 기간만을 근무했을 뿐이며, 얼마 후 마셜 장군으로부터 기획 관련 보직을 두 번째로 받아 이동하게 되었다. 이번에는 이 보직을 거절할 기회가 주어지지 않았다. 진주만 공습 이후 한 주가 지나고 나서 아이젠하워는 제로 장군의 차장으로 보직되어 워싱턴으로 갔다. 제로는 아이젠하워가 선발되는 데 일정한 역할을 했지만, 그의 품성도 거기에 한몫했다.

아이젠하워가 전쟁기획국으로 보직되는 데 큰 역할을 한 또 다른 사람은 그의 친한 친구인 마크 클라크 장군이었다. 1941년 루이지애나 기동훈련 후, 클라크는 마셜 장군이 자신의 참모진에 변화를 주고 싶어 한다는 이야기를 듣고 아이젠하워를 떠올렸다. 마셜은 클라크에게 이렇게 물었다. "자네가 잘 아는 사람으로 해서 한 열 명 정도 전쟁부의 육군성 작전국장으로 보직할 만한 후보자 명단을 줬으면 좋겠는데." 이에 클라크는 이렇게 답했다. "물론 그렇게 해드릴 수도 있습니다만, 한 사람의 이름만으로 충분할 것 같습니다. 굳이 열 명의 후보를 원하신다면, 아홉 명의 후보 자리에는 '위와 동일'이라고 반복해서 써드리게 될 겁니다." 마셜은 "그렇게 높게 평가하고 있는 사람이 누군가"라고 물었고, 클라크는 "아이젠하워입니다"라고 답했다. 마셜은 아이젠하워를 만나본 적이 없다고 말했으나, 곧 아이젠하워의 뛰어난 군 경력에 관해서는 읽어본 적이 있다고 덧붙였다. 그 후 오래지 않아 아이젠하워는 워싱턴으로 보직 명령을 받게 되었다.

아이젠하워의 보직에 영향을 끼친 또 다른 인물은 월터 크루거 장군이었다. "루이지애나 기동훈련이 끝날 무렵, 마셜 장군이 내게로 와 전쟁기획국의 국장으로 가장 적합한 인물을 물었다. 나는 아이젠하워라고 대답했지만, 속으로는 그를 뺏기기가 정말 싫었다."

물론 아이젠하워가 국장으로 선택된 것은 하나의 요인이 아니라 복합적인 요인의 결과였다. 하지만 그가 국장으로 취임한 이후에 더 높은 책임이 있는 자리로 올라선 것은 순전히 그 자신의 업무 능력에 따른 결과였다. 물론 아이젠하워가 대성공을 거두게 된 데에는 어느 정도 행운이 따랐음을 부정할 수는 없을 것이다.

아이젠하워를 인터뷰했을 당시, 필자는 아이젠하워에게 1941년에 어떤 이유로 그 보직을 받게 되었던 것 같은지 물었다. "제 생각에는 제로와 마크 클라크, 그리고 어쩌면 웨이드 헤이슬립이 저를 추천한 것 같습니다. 굉장히 어려운 과정인 지휘참모대학을 수석으로 졸업했다는 것을 강조하면서 말이죠. 아마 마셜 장군이 지휘참모대학의 교육과정을 굉장히 존중하셨던 것 같습니다." 아이젠하워가 지휘참모대학에서 이룬 업적에 대한 공훈은, 누구보다도 강인하고 헌신적이며 명석했던 군인인 폭스 코너 장군에게 돌아가야 한다고 봐야 한다. 이들의 관계는 이미 제5장에서 상세하게 다룬 바 있다.

아이젠하워는 이렇게 말했다. "코너 장군께서는 저에게 전술적 결심을 하는 기본 틀을 잡아주겠다고 결심하신 것 같았습니다. 일반적인 명령을 내리시는 대신 우리 사령부를 관리하기 위한 특별 명령을 주셨고, 저에게 야전명령서를 쓰게 하셨습니다. 저는 3년 동안 매일같이 우리가 한 모든 일에 대해 야전명령서를 썼습니다. 이렇게 하고 나니, 야전명령서를 쓰는 것이 마치 저의 이차적인 본능처럼 자연스럽게 되더군요."

야전명령서 작성은 지휘참모대학의 필수 과정 중 하나였을 뿐이며, 또 다른 중요 분야는 전쟁 관련 문제들이었다. 아이젠하워는 1919년 포트 미드에 있을 당시 패튼과 함께 전쟁 관련 문제들을 처음 접해보게 되었다. "조지 패튼과 저는 매우 친한 친구였습니다. 그는 지휘참모대학 입교를 준비하고 있었고, 여러 가지 난제를 해결하기 위해 도움을 청했습니다. 그는 제게 이렇게 말했죠. '우리 둘이서 함께 이 문제를 풀어버리자!' 그는 저보다 8살이 많았고, 제게 지휘참모대학은 아직도 머나먼 이야기였지만 함께 풀어보기로 했습니다. 우리는 문제를 풀기 시작했고, 문제를 풀어야 하는 압박만 받지 않는다면 그렇게 어려운 문제들은 아니라는 것을 깨달았습니다. 저는 이 문제들을 좋아했고, 푸는 동안 즐거웠습니다. 우리는 그의 집이나 저의 집으로 갔고, 부인들이 대화하며 시간을 보내는 동안 함께 앉아 문제를 풀었습니다. 그럼 저는 또 다른 소책자를 펼쳐들고 답을 찾은 후 서로 그 답을 채점했습니다. 이후에 제가 교관이 되고서 저도 이 문제들을 이용했습니다."

폭스 코너가 없었다면 아이젠하워는 지휘참모대학을 갈 기회를 얻지 못했을지도 모른다. 보병병과장과 탱크 활용 문제를 놓고 논쟁을 벌인 탓에 당시 소령이었던 아이젠하워는 지휘참모대학으로 진학할 기회를 박탈당하는 것이 분명해 보였다. 하지만 교육과정의 중요성을 잘 이해한 코너 장군은 여기에 개입하기로 결심했다. 그는 아이젠하워를 부관병과실로 보냈다. 부관병과실에는 지휘참모대학으로 입교할 수 있는 공석이 두 개 남아 있었는데, 코너 장군의 호의로 그중 한 자리가 아이젠하워에게 돌아가 1924년에 입교할 수 있었다.

아이젠하워가 육군성 작전국장으로 보직되어 간 지 얼마 안 되어 그의 좋은 상사이자 친구였던 레너드 제로가 전출되어 나갔다. 마셜 장군은 이에 대해 이렇게 설명했다. "진주만 공습 직후 아이젠하워를 작전과장으로 데려왔을 당시, 나는 그에게 이미 2년 동안이나 같은 보직을 계속 수행해온 제로를 대신하도록 명령했다. 내가 볼 때 그는 과중한 업무 때문에 생산성을 잃고 있었고, 나도 아이디어와 통찰력이 나보다 못해진 사람을 그 자리에 계속 붙잡아두고 싶지 않았다. 해당 장교가 생기를 잃으면, 더 이상 지식 축적에도 도움이 안 될뿐더러, 더 최악인 것은 전쟁 승리를 위한 아이디어나 기획력을 제공하는 데 아무 도움도 안 된다는 것이다. 아이젠하워 장군은 특정 문제에 대한 신선한 접근법을 가지고 있었다. 그는 굉장히 큰 도움이 되는 사람이었다."

어떤 직업이든지, 최고직위에 있는 사람은 아이디어와 상상력을 가진 사람들을 주변에 두고 싶어 하며, 그가 자신의 사고력을 고취하고 보충하는 역할을 해주기를 바란다. 아이젠하워는 바로 그 역할을 했던 것이다.

아이젠하워가 진급하는 데 그다음으로 중요했던 단계는 유럽에 있는 연합군의 작전 기획을 그려내는 보직에 임명된 일이었다. 그는 이 보직을 4월에 받았으며, 6월쯤에는 이 프로젝트에 대한 작업을 완료했다. 그는 「유럽 전역 사령관을 위한 지침」이라는 제목의 보고서를 들고 마셜 장군을 찾아갔으며, 자신이 직접 상세한 내역을 읽어 보이겠다고 했다. 마셜은 이렇게 답했다. "내가 직접 읽어보는 게 좋겠군. 자넨 이를 실행하는 역할을 해야 하네. 그렇게 하려면 언제 떠나는 게 좋겠나?"

한 주가 채 되지 않아 아이젠하워는 명령을 받고 런던으로 출발했으며, 유럽 전역 작전European Theater of Operations: ETO 지휘권을 인수했다. 아이젠하워가 ETO 직책에서 북아프리카 및 시칠리아 연합군을 지휘하고, 다시 프랑스 침공 총사령관을 맡은 것은 역사적인 사실이다.

아이젠하워의 군 경력은 이끄는 능력만으로는 충분하지 않다는 것을 잘 보여준다. 그 능력을 영향력 있는 상관에게 보여줄 수 있는 기회도 필요하다. 멘토십, 행운, 오랜 시간의 준비와 성실한 임무 수행의 조합은 아이젠하워에게 중요한 리더십 임무를 수행할 기회를 주었고, 그는 능숙하게 임무를 완수할 수 있었다.

조지 패튼은 젊은 육군 장교치고는 매우 빠른 성공 가도를 달리기 시작했는데, 여기에서도 멘토십은 중요한 열쇠가 되었다. 1909년 웨스트포인트를 졸업한 직후 그는 육군참모총장인 레너드 우드Leonard Wood 장군의 전속부관으로 1910년부터 1914년까지 근무했다. 이 임무는 우드 장군의 인품을 고려할 때 패튼에게는 매우 중요한 보직이었다.

우드 장군의 부관으로 복무한 경력은 분명 패튼에게 큰 영향을 끼쳤다. 하지만 그 영향은 간접적이었다고 할 수 있는데, 부관으로 지내던 이 시기에 그의 인생에 영향을 준 지인과 친구를 알게 되었기 때문이다. 당시 대통령은 윌리엄 태프트였으며, 전쟁부 장관은 헨리 스팀슨이었다. 스팀슨은 포트 마이어를 방문하면서 패튼을 자신의 경호원으로 선발하여 여러 공식적인 업무를 수행하게 했다. 이후 패튼은 스팀슨의 보좌관으로 선발되었다. 패튼은 스팀슨이 열렬한 승마인이라는 것을 잘 알고 있었고, 두 사람은 말을 타고 많은 곳을 함께 다녔다. 스팀슨은 전형적인 신사였고, 또한 자신과 마찬가지로 신사의 전형이었던 패튼에게 금세 애착을 갖게 되었다. 패튼은 사람을 다루는 소통 능력과 직업적인 전문지식을 갖추고 있었으며, 조국을 위한 봉사에 헌신적이었다. 그렇게 시작한 우정은 세월이 흐르면서 더욱더 강해졌고, 이후 패튼의 군 생활에 큰 영향을 미쳤다.

패튼은 당시 육군 장교가 참가할 수 있었던 중요한 평시 우발 상황에 모두 참전했다는 점에서 독특했다. 최초 우발 상황은 미국·멕시코 국경에서 멕시코의 산적인 판초 비야Pancho Villa가 촉발한 국경분쟁이었다. 판초 비야는 국경을 따라 이동하다가 뉴멕시코 주의 콜럼버스 시를 급습했으며, 윌슨 대통령은 이에 결정적인 행동을 취하기로 결정했다. 윌슨 대통령은 퍼싱 장군에게 파견부대를 지휘하여 판초 비야를 추격해 멕시코로 진입하여 그를 사로잡아 더는 산적 행위를 못하게 만들라고 명령했다.

당시 패튼은 텍사스 주 포트 블리스에 주둔 중이던 8기병연대에서 복무하고 있었다. 이 기지는 국경도시인 엘패소El Paso 부근에 있었으며, 패튼 자신은 퍼싱의 이웃집에 살고 있었다. 포트 블리스의 병력들은 작전에 참가해 판초 비야의 만행을 보복하고 싶어 했으나, 오직 소수의 병력만이 따로 차출되어 참가할 수 있었다. 8기병연대가 이 원정 작전에 참가할 부대로 선택되지 않았다는 소식을 들은 패튼은 크게 낙담했다. 그는 이 불가피한 운명을 받아들이기보다는 무엇이든 해보기로 결심했다. 그는 퍼싱의 사무실 밖에 의자를 하나 갖다 놓고 거의 40시간 가까이 꼼짝도 하지 않은 채 앉아 있었다. 결국 냉담하던 퍼싱도 그를 의식하지 않을 수 없었고 무엇 때문에 그러고 있는지 물었다. 패튼은 이렇게 대답했다.

"저는 줄곧 장군님과 대화할 기회를 갖기 위해 기다리고 있었습니다."

"그래? 지금 그 기회를 얻었네. 무엇을 원하는 건가?"

"장군님의 부관이 되어 멕시코 원정에 동행하고 싶습니다."

"나는 이미 부관을 두 명이나 선발했네."

"그렇다면 한 명 정도 더 쓰실 수 있지 않으시겠습니까? 만약 저를 선발해 주신다면, 절대로 후회하지 않으실 거라 장담할 수 있습니다."

"여기서 이렇게 이야기해봐야 소용없을 것 같군. 일단 숙소로 돌아가게. 내가 다시 연락하지."

며칠 후, 패튼은 퍼싱에게서 기별을 받았다. 동료들은 패튼이 자신의 우수성을 겸손하게 강조한 것과 자신의 결심을 위해 분연히 싸운 모습이 결국 퍼싱 장군에게 충분히 깊은 인상을 주어 패튼을 함께 데리고 가기로 결심했다고 했다. 패튼은 장군을 모시면서 자신의 탁월함과 용맹함을 보였고, 퍼싱은 자신의 결정을 후회하지 않았다.

미국은 1917년에 제1차 세계대전에 참전했다. 퍼싱 장군은 미 동맹원정군 AEF 사령관으로 선발되었다. 그는 멕시코에서 패튼이 보여준 활약을 기억하며 다시 한 번 합류해 본부중대를 지휘해줄 것을 부탁했다. 패튼은 프랑스로 가는 이 기회를 잡았고, 동시에 대위로 진급했다. 그리고 불과 1년 만에 그는 대령까지 달게 된다.

패튼은 샹 리외Champs-Lieu에 있는 프랑스군 기갑학교에 입교했으며, 나중에 직접 기갑학교를 창설해 미군 병사를 훈련시켰다. 그는 랑그르Langres에 있는 프랑스 일반참모대학에도 다닐 기회가 있었는데, 이곳에 예비군 육군 중령 자격으로 입교해 학교에 다니고 있던 헨리 스팀슨과도 만나 다시금 친분 관계를 쌓았다.

패튼은 전장에 뛰어들면서 다시 한 번 용맹을 과시했고, 전쟁 중 영웅적인 공로로 수훈십자훈장Distinguished Service Cross을 수상했다. 그는 또한 수훈훈장 Distinguished Service Medal도 수상했는데, 이는 '특별하고, 우수하며, 성공적으로' 기갑본부Tank Center를 조직하고 지휘했기 때문이다.

패튼은 멕시코 전쟁과 프랑스에서 퍼싱이 자신에게 기회를 주었던 사실을 잊지 않았다. 그는 1942년 북아프리카 전선으로 가기 전 퍼싱을 찾아가 이렇게 말했다. "제가 지금 어디로 가는지 말씀드릴 수는 없습니다만, 장군님의 축복 없이는 떠날 수 없어 찾아왔습니다." 노장은 이에 이렇게 답했다. "당연히 축복해주지. 한쪽 무릎을 굽히게." 축복을 받은 후 패튼은 차렷 자세로 서서 자신의 멘토에게 경례했다. 이야기에 따르면, 퍼싱은 이때 의자에서 일어났으며, "그는 자리에서 똑바로 일어서면서 이십 년간 짊어지고 있던 짐을 벗어 내리는 듯했고, 그렇게 패튼의 경례를 받았다."

제2차 세계대전이 발발하고 미국이 병력을 파견하기로 했을 때, 미국에서 기갑전을 경험한 몇 안 되는 전장지휘관인 패튼은 북아프리카 투입에 우선적으로 고려된 장성 중 한 명이었다. 패튼이 선택된 데에는 패튼과 아이젠하워 간의 길고도 친밀한 우정 관계뿐 아니라 헨리 스팀슨과의 관계도 작용했다. 훗날 패튼이 시칠리아 섬에서 '따귀 사건'•으로 일컬어지는 난감한 행동을 해 소동이 벌어졌을 때, 아이젠하워와 스팀슨은 패튼의 편을 들었다. 이들은 패튼이 조국과 군에 여전히 지휘관으로서 꼭 필요하다고 느꼈던 것이다.

좀 더 뒤에 제2차 세계대전 이후의 장군 중 총장이나 의장이 된 인물들에 얽힌 멘토십 이야기를 하겠지만, 미국의 공군력과 방어체계에 중요한 공헌을 한 커티스 르메이 같은 인물부터 우선 언급해야겠다. 르메이는 1948년부터 1957년까지 전략공군사령관을 역임했으며, 1957년부터 1961년까지는 공군 참모차장, 1961년부터 1965년까지는 공군참모총장을 지냈다.

르메이에게도 멘토가 있었다. 언젠가 매우 심도 깊게 진행된 인터뷰에서 군 생활에 중대한 영향을 끼친 인물이 있었는지를 물었을 때 르메이 장군은 이렇게 답했다. "35년 동안 군 생활을 하면서, 말 그대로 당대의 모든 공군 리더들과 접촉할 수 있었습니다. 다행스럽게도 공군에는 좋은 인물이 매우 많았습니다. 당연히 그 모든 분은 저뿐 아니라 당시 공군의 모든 이에게 큰 영향을 남겼습니다. 굳이 한 사람을 골라야 한다면, 로버트 올즈Robert Olds 장군을 꼽겠습니다. 제가 진정으로 군 생활을 시작할 수 있도록 영향을 준 분이시죠. 제

• 패튼이 야전병원을 순시하다가 전장증후군으로 입원해 있던 병사의 따귀를 때린 사건을 말한다.

가 올즈 장군과 처음으로 만난 건 1937년 2폭격단에 배치되었을 때입니다. 그때까지 저는 큰 지휘 책임을 맡아본 적 없는 비행대대 장교였고, 대부분의 대대 비행장교들이 그러하듯 일반적인 책임 정도가 있을 뿐이었습니다. 그의 아래에서 일하면서 저는 평생 처음으로 리더십이라는 것이 어떤 것인지에 대한 식견을 갖게 되었고, 당대의 위대한 리더들이 그려보고 만들고자 한 일류 공군을 위해 우리가 해야 할 일들에 대해 생각해보게 되었습니다. 그때 처음으로 개괄적인 그림, 즉 우리가 지금 무엇을 하려 하고 있으며, 그 목적을 위해 무엇을 해야 하는지, 얼마나 많은 일을 해야 하는지에 대해 처음으로 인식하게 되었습니다.

한번은 병가를 낸 작전장교 한 명을 대신해서 임시로 비행단 작전부서로 배치된 적이 있습니다. 그곳에 있던 두 주 동안에 저는 그때까지 공군에서 배운 것보다 훨씬 더 많은 것을 배운 것 같습니다. 아마도 일련의 환경 변화와 맞물린 결과였을 겁니다. 작전장교의 책상은 아래쪽 건물 출입구 근처에 배치되어 있습니다. 제가 처음 배운 것은 올즈 대령께서 사무실에 도착하시기 전에 제 책상에 앉아 있는 법이었습니다. 매일같이 그는 제 책상 앞에 잠시 들르신 후 약 두 주 분량의 일거리를 주셨기 때문에 그곳에 있던 기간 내내 저는 급격하게 뒤쳐지는 느낌을 받았습니다. 하지만 그곳에 있던 시기뿐 아니라 2폭격단에 있을 때에도 올즈 대령님께 많은 것을 배웠습니다. 정말 대단한 경험이었죠."

르메이는 유럽에서 제2차 세계대전을 치르는 동안 영국 왕립공군The Royal Air Force: RAF을 관찰하면서 멘토십의 중요함을 배웠다. "전쟁 초반, 저는 영국에서 트렌처드Hugh M. Trenchard라는 분을 만났습니다. 그는 제1차 세계대전 중 유럽에서 영국 원정 항공단을 지휘하고 계셨습니다. 그는 세계 최초의 독립 공군인 왕립공군을 창설할 책임을 지고 있었는데 아마 당시 거의 여든 살을 바라보고 계셨던 것 같습니다. 그러나 여전히 혈기왕성한 모습을 보이셨죠.

항상 전투복을 입고 미군 공군기지나 영국 공군기지를 직접 돌아다니시면서 무슨 일이 있나 살피시고, 또 간단하게나마 사람들과 이야기를 나누시곤 했습니다. 그는 사람들에게 이런저런 이야기를 해주셨고, 저도 이분과 몇 번 이야기를 하면서 포틸, 테더처럼 왕립공군을 실질적으로 움직이는 이들이 전부 한때 이분의 부관을 지냈다는 사실을 깨달았습니다. 저는 그 우연성에 주목했고 어떻게 된 일이냐고 물었죠. 장군께서는 이렇게 답하셨습니다. '글쎄, 일단 그건 모두 우연이 아닐세. 누군들 공군 대장의 뒤치다꺼리를 좋아서 오래하고 싶겠나. 내가 직접 다니면서 똑똑해 보이는 청년들을 골라낸 거고, 데리고 있는 동안에 내가 어떤 문제에 직면할 경우 그 문제들을 어떻게 해결하는지 보여준 걸세. 애초부터 똑똑한 친구들이니만큼 나를 보면서 뭔가를 배웠겠지. 그 친구들은 그 배움을 기초로 자신의 기량을 다시 닦았고, 더 중요한 임무를 부여받을 때마다 그런 경험을 통해 계속 잘 해결해나가게 된 거지.'

저도 그 이야기를 듣고 굉장히 좋은 아이디어라고 생각했습니다. 저에게는 트렌처드 장군처럼 마음대로 사람을 고르고 임무를 부여할 권한이 없었지만 비슷하게라도 시도해보려고 노력했습니다. 어떤 관점에서는 저도 비교적 잘 했다고 말할 수 있을 것 같습니다. 제가 고른 사람들 중에도 대장까지 올라간 사람들이 몇몇 있었으니까요. …… 그리고 다른 세 명은 소장까지 달았습니다. 제가 굉장히 뛰어나다고 봤던 어떤 젊은이 하나는 베트남전에서 전사했는데, 죽지만 않았다면 그도 저들의 반열에 함께 올라섰을 겁니다. 저도 정말 잘한 것 같습니다. 당연히 저도 애초부터 똑똑한 젊은이들을 골랐죠. 그리고 이들을 훈련시켰습니다. 나중에 마주하게 될 문제를 보여주고, 그것을 풀어보게 했습니다. 그렇게 그들은 답을 찾았고, 운이 좋으면 답이 맞기도 했습니다."

르메이 장군의 멘토십이 낳은 대표적인 인물은 데이비드 존스 장군이다. 존스 장군은 이렇게 말했다. "저는 오마하에서 작전기획과에 배치되어 있었고, 르메이 장군의 부관 후보 중 한 명으로 선택되었다는 통보를 받았습니다.

인터뷰는 르메이 장군의 관사에 후보 네 명이 모두 불려가 함께 저녁을 먹으면서 진행되었습니다. 저는 상대적으로 갓 중령을 단 풋내기였습니다. 저녁을 먹고서 다 같이 토의했고, 며칠 후 제가 르메이 장군의 신임 부관으로 선택되었다고 통지를 받았습니다.

르메이 장군에게 처음으로 신고하러 갔을 때, 장군께서 제게 하신 유일한 말씀은 '자네의 최우선 임무는 배우는 것이고, 두 번째가 나를 보좌하는 것일세. 절대 이 두 개를 뒤섞어 혼동하지 말게'였습니다. 그 말씀은 제가 보직을 인수하면서 받은 유일한 지시 사항인 동시에 핵심이었습니다. 그는 부관이 주변에서 어정대고 돌아다니면서 음료수나 가져다주는, 마치 '말을 돌보듯' 상관에게 매여 있기를 원치 않으셨습니다. 그는 부관이란 훨씬 더 거대한 문제에 노출될 가능성이 있다고 생각하셨죠. 이제 와서 돌이켜보자면, 장군께서는 제가 그저 평범하고 사교성 있는 부관이 되기보다는 훨씬 더 높은 위치의 직무를 수행할 수 있는 사람이 되도록 준비시켜주신 것 같습니다.

르메이 장군께서는 저를 딱 1년간만 부관으로 데리고 있을 거라고 말씀하셨습니다. 그러고는 거의 3년이 지나서 제가 여쭤봤습니다. '제 1년은 거의 다 돼가고 있습니까?' 그는 빙그레 웃기만 하시고 아무런 대꾸도 하지 않으셨습니다. 저는 1957년 르메이 장군이 공군참모차장으로 영전하시면서 워싱턴 D.C.로 가실 때 헤어졌습니다. 저는 다시 비행임무를 받게 되었는데, 르메이 장군께서는 '정비 쪽으로 가보게. 자네에겐 군수와 관련된 경험이 필요해'라고 말씀하셨습니다. 저는 B-52와 C-135를 다루는 캐슬Castle 공군기지로 가 정비부서의 장이 되었습니다. 그 경험이 군수 및 정비에 대해 훨씬 더 폭넓은 이해를 할 수 있는 계기가 되었죠. 당시 1,000명이 넘는 병사들이 저를 위해 일했습니다. 대부분 중앙집중화된 시스템에서 지휘관은 몇 명 안 되는 병사와 함께 일하는 것이 보통입니다. 따라서 제가 르메이 장군의 부관을 끝내고 난 후에도 배움은 계속되었던 거죠. 사실 그 직책은 리스크가 컸습니다. 계속 작전비행단에 있었다면 더 빠르게 비행단장으로 승진할 기회를 잡을 수 있었겠지만, 르메이 장군께서 조언해주신 대로 저는 그곳에 있으면서 정비에 관해 훨씬 더 많은 것을 배울 수 있었습니다.

저는 1959년에 국방연수원에 들어가 1960년에 졸업했고, 이후 B-70 폭격기의 지지자가 되었습니다. 이 항공기는 매우 논란이 많았죠. 일반적으로 소장, 중장들이 의회로 가 브리핑을 했습니다만, 르메이 장군은 갓 대령을 단 저를 선택하셔서 B-70을 위한 싸움을 지휘하게 하셨습니다. 저는 맥나마라 국방장관 및 해럴드 브라운(훗날 카터 대통령 때 국방장관), 그리고 의회의 눈에 띄게 되었습니다. 이 모든 것은 르메이 장군이 제가 경험하길 바라셨던 것이었으며, 그의 멘토 지도 중 하나였던 거죠. 저는 이 경험을 통해 실무자가 펜타곤에서 어떻게 행동해야 하는지를 배웠고, 이는 훗날 제가 총장이 된 후에도 큰 도움이 되었습니다.

저는 제가 말을 잘 듣는 소년이고, 누군가 항상 제 뒤를 봐줘야 하는 사람이라고 생각해본 적이 없습니다. 르메이 장군이 저를 편애하신 것도 아니라고 생각합니다. 그의 말을 따를지 말지는 언제나 저의 선택이었습니다. 저는 사람들이 제 위에 수호천사가 따라다닌다고 생각하길 바라지 않았습니다."

존스 장군에게는 월터 스위니Walter C. Sweeney 장군이라는 또 한 명의 멘토가 있었다. "스위니 장군이 전술공군사령관으로 계시던 시절, 저에게 전투비행단장 자리를 제안하셨습니다. 저는 한 번도 전투기를 타본 적이 없었죠. 저는 그때 B-52 폭격단장으로 보직되어 거의 사실상 진급을 보장받을 수 있는 상황이었습니다. 하지만 이 전투비행단은 막 재창설하는 부대였고, 제가 맡은 임무는 일반적인 전투비행단을 운영하는 것보다 어려운 것이었기 때문에, 제게는 리스크가 큰 보직이었습니다. 그리고 전투기 분야로 옮기는 것도 위험이 컸죠.

르메이 장군께서는 저에게 '누구든 내 사무실에 들어오면 자네도 항상 같이 들어오게. 그리고 내가 어디를 가든 항상 같이 가는 거야'라고 하셨습니다. 언젠가 하루는 르메이 장군과 함께 맥나마라 장관 집무실에 들어갔다가 저만 밖으로 쫓겨나다시피 나온 적이 있었습니다. 또 한 번은 제가 르메이 장군의 부관을 하고 있을 때 존 포스터 덜레스John F. Dulles 국무장관께서 저희 기지로 오신 적이 있었습니다. 당시에 우리 세 사람만 방 안에 있었는데, 저는 대화에 끼어들지 않았습니다. 저는 단지 배우기 위해 그 자리에 있었기 때문이죠.

존스에게 영향을 준 또 다른 인물은 제임스 슐레진저James R. Schlesinger 국방장관으로, 존스 장군이 주유럽 미군사령관을 역임할 당시에 만났다. 슐레진저 장관은 몇 시간 동안만 사령부를 짧게 방문할 계획이었지만, 스케줄을 바꿔 며칠간 오래 머물기로 했다. 그의 방문 기간 중 존스 장군은 직접 그에게 모든 공군 관련 브리핑을 했다. 슐레진저 장관은 훗날 말하길, 이것이 존스의 뛰어난 리더십 능력과 비전에 대한 자신의 첫 인상이었으며, 이후 그를 조지 브라운 공군 총장의 후임자로 지지하게 되었다고 말했다.

마이어 장군이 말하는 멘토십의 정의(지도, 상담, 조언, 교육, 개인적인 교류를 통한 배움, 시간을 들인 가르침, 직업적 성장을 위한 어려운 난제의 부여)는 1973년부터 1974년까지 공군참모총장을 역임하고 1974년부터 1975년까지 합참의장을 역임한 조지 브라운 장군의 일대기에 잘 나타나 있다.

브라운은 제2차 세계대전을 거치면서 놀랍도록 빠르게 승진을 거듭해 불과 2년 만에 소위에서 대령을 달았다. 물론 이렇게 급속도로 빠른 출발을 했기 때문에 그가 사성장군을 다는 것이 당연한 수순이었다고 말하는 사람도 있다. 하지만 당시에는 브라운 장군 외에도 제2차 세계대전을 거치면서 혜성처럼 빠른 승진을 거듭해 젊은 나이에 대령을 단 이들도 있었다. 그렇다 해도 브라운 장군만큼 성공을 거두지는 못했다.

제이컵 스마트Jacob E. Smart 장군은 브라운 장군의 성공 가도에 관해 어느 인터뷰에서 이렇게 말했다. "공군 고위 장교들 중에는 브라운의 능력 개발과 진급을 지원하려고 신중한 노력을 기울이는 사람들이 있었습니다. 그들 중 하나는 리더십의 좋은 점과 나쁜 점을 모두 갖추고 있었던 에니스 화이트헤드 Ennis C. Whitehead 입니다. 언젠가 그는 제게 조지 브라운이 비범한 능력을 갖고 있는 사람이고, 그가 더 성장하도록 격려하고 있다고 말했습니다. 그리고 조지 브라운을 더 큰 인물로 만들어줄 보직에 추천하기도 했습니다."

화이트헤드는 1950년 6월 9일 자 브라운의 전문성 평가 보고서에 이렇게 적었다. "15년 가까이 군에서 복무하면서 만난 모든 대령 중 브라운 대령을 단연 최고로 인정함. 소관의 판단에 따르면, 그는 비슷한 기간에 군 복무를 한 사람들 중에서 가장 능력 있는 장교임."

1957년 6월, 국방연수원 과정을 마치면서 브라운 대령은 공군참모총장인 토머스 화이트 장군에 의해 보좌관으로 선발되었다. 필자는 브라운 장군에게 어떤 연유로 보좌관으로 발탁된 것인지 물어보았다. "저는 그전에 화이트 장군님을 만난 기억은 없습니다만, 그의 참모 중 한 명이었던 제이컵 스마트 장군과는 오랫동안 친분을 쌓아왔습니다. 아마도 그게 제 진급 선발에 영향을 주었을 테지만, 스마트 장군은 제게 그런 이야기를 전혀 해주지 않으셨습니다. 제가 화이트 장군님과 함께 일하게 되기 전에 그분을 잠깐이라도 봤던 것은 화이트 장군께서 국방연수원에 특강하러 오셨던 때였습니다. 저는 수업을 듣던 학생 중 하나였습니다.

우리가 명령서를 받기 전, 저는 스마트 장군에게 앞으로 제가 어떻게 될 것 같은지 여쭤보았습니다. 그는 '왜 물어보는가'라고 하셨죠. 저는 '주변에 부동산을 좀 가지고 있기도 하고, 처분해야 할 집도 있습니다. 만약 이 동네로 다시 돌아올 일이 없다면 빨리 이 동네에서 나가려고 합니다'라고 말했습니다. 스마트 장군은 이렇게 답하셨습니다. '걱정 말게. 계속 여기에 있게 될 테니까.' 이 두 문제는 결과적으로 서로서로 잘 풀렸습니다.

이것이 화이트 장군께서 저를 이끌어주셨다고 할 수 있는 이유입니다. 저는 펜타곤 자체나 그 안에서 어떻게 일이 돌아가는지 전혀 아는 바가 없었습니다. 일반적으로 선배 장교들은 자신의 직계 참모들이 누구인지를 놓고 이기적인 경향이 강합니다. 그들은 참모들이 자신을 돕길 바라죠. 자신이 도와줄 수 있는 누군가를 주변에 두는 것은 매우 드문 일이었습니다. 제가 잘났다고 말하는 것으로 오해하지 않으셨으면 합니다만, 제 생각에 제가 총장의 보좌관으로 보직된다면 공군에 도움이 될 만한 많은 일을 밀어붙일 수 있다고 생각했기 때문에 그곳으로 데려가셨던 것 같습니다."

공군참모총장실에서 함께 근무한 동료 중 브라운 장군의 절친한 친구로는 로버트 딕슨Robert J. Dixon이 있었다. "화이트 장군이 브라운의 능력 개발에 도움을 주었다고 말할 수 있을 것 같습니까"라는 질문에 딕슨 장군은 이렇게 답했다. "의심의 여지가 없죠. 화이트 장군 주변에 있으면서 그에게 감동받지 않고, 무언가를 배우지 않을 수는 없습니다. 그 시기의 우리 같은 대령들은 스펀지와도 같죠. 어쩌면 스펀지보다는 오히려 진공청소기와 비슷했을 겁니다. 우리는 빨아들일 수 있는 거라면 뭐든지 다 빨아들였습니다. 하루에도 수백만 가지 경험을 얻지 않는 날이 없었고, 화이트 장군뿐 아니라 다른 모든 고급장교들로부터 많은 것을 얻었습니다. 아직도 저는 그 시기에 받은 감명이나 경험이 단연코 가장 생생한데, 그건 아마 그때가 우리의 모든 것이 한창 발달하는 시기였기 때문일 겁니다. 우리의 두뇌는 모두 깨어 있었죠. 워싱턴은 매우 흥미진진한 도시였고, 우리에게 주어진 일도 모두 흥미진진했습니다.

화이트 장군은 자신이 한 일과 하지 않은 일, 원하는 일과 원하지 않는 일이 확실했습니다. 그는 신사 같은 인물이었지만, 그 속에는 단단한 강철이 들어 있었죠. 저는 그의 외모밖에는 보지 못했습니다. 화이트 장군은 조지 브라운 장군과 '일단 일을 막다른 골목까지 몰아붙여보고, 그다음에 해결하자'는 공개적인 전쟁 방식은 일을 처리하는 올바른 방식이 아니라는 신념을 공유하고 있었습니다. 화이트 장군은 그런 점 때문에 더 직설적인 사람들에게서 어느 정도 비난을 받기도 했습니다. 하지만 그는 설득의 힘을 믿었습니다. 브라운 장군은 그것을 배웠죠. 사실 브라운 장군에게도 설득은 그의 천성이자 접근 방식이었습니다. 브라운 장군과 화이트 장군은 둘 다 성질이 급했고, 특히 브라운 장군은 종종 갑자기 타오르는 성격도 가지고 있었습니다. 하지만 선택할 수만 있다면 브라운 장군은 신사적인 방식으로 일을 해결하는 쪽을 선호했습니다. 그도 화이트 장군이 장기적인 안목을 갖도록 눈을 뜨게 해준 인물이라고 인정했으며, 단기적인 이익은 포기하는 자세를 취하고, 대신 장기적인 승리를 취하는 법을 배웠습니다. 미국 및 미 공군에 큰 영향을 미치는 우주 공간의 중요성을 인식한 것은 화이트 장군이 보여준 장기적인 안목의 대표적인 예였습니다. 오늘날에는 우주 공간의 중요성을 모두 다 이해하기 때문에 이 문제가 중요하지 않게 여겨집니다만, 당시에는 아무도 이 문제를 인식하지 못했습니다. 화이트 장군이 브라운 장군을 가르치고, 다시 브라운 장군이 저에게 가르친 것은 사물을 새롭게 보는 방법이었습니다."

브라운 장군의 경력 중 가장 어려웠던 보직은 1959년부터 1963년까지 국방부 장관 군사보좌관을 지낸 시기였으며, 특히 마지막 2년간 맥나마라 국방장관 밑에서 일했을 때였다. 맥나마라는 논란이 많던 인물로, 당대의 많은 장교들이 그를 싫어했다는 말조차도 많이 절제한 표현일 정도였다. 하지만 그의 밑에서 일한 것은 브라운 장군에게 훌륭한 경험이었으며, 맥나마라도 그의 헌신을 인정했다.

7공군사령관 겸 베트남 항공수송사령부Military Airlift Command Vietnam: MACV 부사령관 보직이 끝난 후, 1970년 9월부로 브라운 장군은 공군병기사령부Air Force Systems Command 사령관으로 보직되었다.

필자는 브라운 장군에게 어떻게 자신이 공군참모총장이 될 수 있었다고 생각하는지 물었다. "단 한 번도 총장이 될 거라고 생각해보지 않았습니다. 전혀 생각 못 했죠. 아마 단지 제 동시대 사람들 중에서 제가 최선의 선택이었는지도 모르겠습니다. 저는 폭격기 조종사로 군 생활을 시작해 군수사령부와 병기사령부만 빼놓고는 전부 다 거쳤습니다. 라이언John D. Ryan 장군이 저를 방문하셨을 때 저는 베트남에서 한 1년 정도 근무하고 있었던 것 같습니다. 당시 라이언 장군은 공군참모차장이었고, 총장 후보로 막 올라가셨을 때였죠. 그는 제가 자신의 뒤를 이어 총장이 될 거라고 말씀하셨습니다.

라이언 장군은 총장이 되시기 전 저에게 총장직 이야기를 하시면서, '잭, 아무 말도 하지 말게. 지금 당장 결정해야 하는 건 아니야. 그저 자네의 선택지를 열어두고 있게'라고 하셨습니다. 그러고는 다시 '아니, 자네가 실수만 하지 않고 그때까지 건강하다면 총장으로 선택되는 것은 명백하네. 하지만 지금 이 사실을 이야기해주는 건 지금부터 생각해보며 마음의 준비를 할 수 있도록 생각을 정리하라는 의미일세.'

제가 수행해온 업무와 세간의 관심을 볼 때, 분명 저는 총장직을 수행할 준비가 되어 있었습니다. 총장에 보직되기 전까지 한 번도 총장이 되는 생각은 해보지도 않았는데 말이죠. 총장 보좌관과 장관 보좌관을 4년간 했던 것이 도움이 되었던 것 같습니다. 그 이후에는 공군 공중수송사령부, 물자 공중수송사령부, 합동특임단, 그리고 합참의장 보좌관을 2년간 거친 후 베트남을 다녀왔습니다. 그래서인지 저는 이 바닥의 생리를 잘 알고 있었고, 합참의장실에 있던 경험 덕에 의회, 국방부, 국무부, 국가안보국에 대해서도 잘 알고 있었습니다. 저는 국무부 정책기획위원회에도 있었고, 그곳에서 오늘날 정부 고위급 직책에 앉아 있는 분을 많이 만났습니다. 브레진스키Zbigniew K. Brzezinski 국가안보보좌관 같은 분도 거기서 만났죠.

하지만 무엇 때문에 잭 라이언 장군이 저를 후임으로 생각하셨는지는 모르겠습니다. 어쨌든 저는 처음 그 말을 들었을 때 '그런 말씀은 하지 마십시오. 터무니없습니다'라고 말했습니다. 베트남에서 맡은 보직이 끝난 후에는 유럽으로 가려고 했죠. 왜냐하면 그즈음 데이비드 버치널David A. Burchinal 장군이 유럽을 떠나 보직이 비어 있었기 때문입니다. 저와 라이언 장군은 회의 참석 차 워싱턴에 있었는데, 라이언 장군께서 저를 구석으로 데려가시더니 '이제 본토로 돌아와 병기사령부로 가야 하네'라고 말씀하셨습니다. 그래서 '저는 병기 분야에 관해 전혀 아는 바가 없습니다'라고 대답했죠. 그러자 장군께서 는 '그래, 그러니까 거기로 가야 하는 거야'라고 하셨습니다."

필자는 브라운 장군의 병기사령부 보직에 대해 라이언 장군과 이야기할 기 회가 있었다. 라이언 장군은 이렇게 말했다.

"조지 브라운이 7공군에 있던 시절 나는 그를 꽤 자주 방문했고, 그가 일하 는 모습에 감명을 받았습니다. 그는 굉장히 철저했고, 현재 돌아가는 일을 잘 파악했을 뿐 아니라, 육군 소속인 자신의 상관을 능숙하게 다룰 줄 알았습니 다. 그가 맡고 있던 부대 운용에 대한 평가도 훌륭했죠. 브라운은 다낭Da Nang 과 캄란Cam Rahn 만에서 F-4 전투기 운용팀을 국외로 보낼 때에도 미 베트남 항공수송사령부MACV의 반발 없이 일을 진행시켰습니다. 브라운은 사람들을 적으로 돌리지 않으면서 자신의 신념을 위해 일어설 줄 알았죠.

그래서 그가 베트남 보직을 끝내자마자 그를 그곳에서 빼내 병기사령부 사 령관에 앉혔습니다. 왜냐하면 저는 브라운이 작전형 인물이라고 봤기 때문입 니다. 가끔은 부대에 새로운 피를, 그것도 최고직위에 수혈할 필요가 있다고 생각했습니다. 이는 또한 제가 후임자를 누구로 정할 것인지에 대한 고민의 결과이기도 했습니다. 브라운은 논리 정연한 인물이었고, 특히 무기 획득은 참모총장이 수행해야 하는 가장 큰 임무 중 하나였기 때문에 병기사령부 경험 도 훗날 그에게 큰 자산이 될 것이라고 생각했습니다. 그 일을 통해 브라운은 획득 분야의 경험을 얻을 것이었고, 계속 워싱턴 지역에 남게 될 것이었습니 다. 1972년 가을 즈음에 조지 브라운을 만나 그를 내 후임자로 추천할 것이라 고 알려줬습니다."

브라운이 총장으로 추천되었을 당시 공군성 차관은 존 맥루커스John L. McLucas였다. 그는 내게 이렇게 말했다. "우리 모두 브라운 장군이 차기 공군참모총장 감이라는 데에는 이견이 없었고, 공군병기사령부를 거치는 것이 직무 수행에 필요한 적절한 배경지식을 쌓는 데 도움을 줄 것이라고 보았습니다. 존 라이언 장군도 공군참모총장에 천거된 직후 조지 브라운 장군을 만나 그를 자신의 후임자로 선택할 것이라고 알렸습니다. 비록 이 일은 브라운 장군이 실제로 총장이 되기 4년 전의 이야기였습니다만, 브라운 장군은 이미 이때부터 충분한 훈련을 받고 있었던 셈입니다."

멘토십에 대한 더 최근의 예로 들 수 있는 인물은 에드워드 마이어 장군이다. 그는 특히 1979년 육군참모총장에 보직될 당시 57명에 달하는 선배 대장들을 건너뛰고 중장이 총장으로 임명된 사례였기 때문에 더욱 의미가 있다. 마이어 장군은 1951년 웨스트포인트 졸업생이다.

마이어 장군은 소령 시절 1961년부터 1963년까지 SHAPE에서 근무했었는데, 당시 경험을 필자에게 들려준 적이 있다.

개인적으로 저에게 가장 큰 영향을 주신 분은 SHAPE 참모장을 지내고 계셨던 짐 무어James E. Moore 장군이셨습니다. 저는 그의 부관과 보좌관을 지냈습니다. 제가 어떻게 그 보직들을 맡았는지가 중요한데 그 이야기는 사람들이 성공하는 데 영향을 미치는 어떤 특별한 관계와도 관련이 있죠. 제 사관학교 동기 중 하나인 루 마이클Lou Michael은 몇 년간 무어 장군의 부관을 하고 있었는데, 저는 마이클을 따라 프랑스로 가게 되었습니다. 저는 오를레앙Orleans에 살면서 통신지역대 인사처에 보직을 받았습니다. 집에 있으면 가끔 골프를 치러 갈 수도 있었기 때문에 우리 둘 다 그곳을 좋아했고, 또 그 지역에 친구도 여럿 만들었습니다.

그즈음 저는 "무어 장군이 여름부터 일할 부관을 찾고 계시네. 이 보직에 관심 있나"라는 연락을 받았습니다. 저는 "글쎄요, 제 부인과 이야기를 좀 해보고 다시 알려드리죠"라고 말했습니다. 저는 그때 독일 오버아머가우Ober-ammergau의 한 학교에 있었는데, 이 전화를 끊고 '됐어. 괜히 SHAPE에 가서 뼈 빠지게 일하느니, 차라리 여기 남아서 지금 보직을 즐기련다'라고 생각했죠. 당시 저의 상관이나 동료도 모두 좋은 사람이었습니다.

이번에는 루 마이클이 전화를 했습니다. "그래서, 결정했나"라고 묻더군요. 제가 "응, 부관으로 안 가려고"라고 대답하자마자 그는 "잠깐 기다려봐"라고 했습니다. 그다음에는 제가 101공정사단에 있을 때 전투단장이셨고 당시는 무어 장군의 직속 참모장이시던 퀸William W. Quinn 장군이 전화를 바꾸시더니, "당장 그 궁둥이를 자리에서 떼지 못할까! 즉시 이리로 오게. 자네에게 매우 중요한 보직이야"라고 하셨습니다. 저는 주저하는 목소리로 "알겠습니다, 장군님"이라고 대답했습니다.

이 사건은 인생이란 결코 단순할 수 없다는 사실을 잘 보여줍니다. 당신을 데리고 일했던 사람들 중에는 좋은 것이든 나쁜 것이든, 당신에 대한 어떤 견해를 가진 사람들이 있기 마련이고, 이들은 당신이 다른 자리로 계속 진출해나가기를 바라고 있다는 것입니다.

마이어는 무어 장군 밑에서 부관과 보좌관으로 몇 년간 복무했다. 이 시기는 그가 군에 있으면서 한 번도 경험해본 적이 없었던 참모 업무와 국제적 작전을 직접 경험할 수 있던 때였다. 그는 2년 동안 일반적으로 소령들에게는 허용되지 않는 참모 업무 분야의 난제에 참여하도록 허락받았기 때문에, 사실상 2년 동안의 모든 참모 업무에 직접적으로 관여했다. 마이어는 무어 장군과 함께 출장을 다니면서 그의 보스가 다른 나라의 국가수반이나 군 수뇌와 회견하는 자리에 함께하는 기회를 얻었다. 그뿐 아니라 SHAPE 사령관인 로리스 노스태드$^{Lauris\ Norstad}$ 장군과 개인적으로 독대할 수 있는 권한도 있었다. 마이어는 "무어 장군의 역할은 저에게 기회를 제공하고, 제가 일을 망치면(왜냐하면 실제로 망치기도 했습니다) 어떻게 할지 지침을 주시는 것이었습니다. 장군께서는 실례를 통해 저를 가르치고 계셨던 것입니다. 제가 무어 장군의 의견에 동의하지 못하는 주제가 있으면 우리는 함께 오랫동안 토의하곤 했습니다. 그는 광범위한 국제적 사안을 놓고, 저를 통해 제2차 세계대전에 참전하지 않은 새파랗게 젊은 놈의 관점을 배우려고 하셨습니다"라고 말했다.

SHAPE에서 일하면서, 마이어는 전역 전까지 중장을 달았던 또 다른 두 명을 알게 되었다. "찰리 코코란$^{Charlie\ Corcoran}$과 우디 우드워드$^{Woodie\ Woodward}$도 당시에 둘 다 SHAPE에서 근무했습니다. 코코란 장군은 핵무기 관련 업무를 하고 있었고, 우드워드 장군은 전력 개발 분야에 있었죠. 둘 다 훌륭한 실무자였고, 제가 미국으로 돌아왔을 때에는 둘 모두 해럴드 존슨 육군참모총장실에서 근무하고 있었습니다."

마이어 장군은 당시 자신에게 주어진 기회들에 대해 이렇게 회고했다. "멘토십에 대해 이야기를 하자면, 항상 일부러 나를 위해 시간을 쪼개 지도해주고, 시간을 들여 가르치고, 내가 상담이 필요할 때 일부러 상담을 해주는 사람들에 대해 생각해야 합니다. 이들은 당신에게 기회를 열어주는 데 중요한 역할을 합니다. 예를 들어, 제가 참모대학에 입교했다가 과정을 끝냈을 때, SHAPE의 무어 장군 휘하에서 일하던 두 장교는 저를 분석평가단 및 협조업무단장실로 갈 수 있게 해주었습니다."

그런 멘토십은 마이어 장군에게 소령에서 중령에 이르는 시기에 참모총장실에서 일할 기회를 부여했을 뿐 아니라, 에이브럼스$^{Creighton\ W.\ Abrams}$ 장군, 존슨 장군, 윌러$^{Earle\ G.\ Wheeler}$ 장군과 친밀해질 수 있는 기회를 주기도 했다. 분석평가단 및 협조업무단장실에서 그의 책임은 단장이 지시한 내용이 제대로 하달되었는지를 확인하고자 조직을 감시하는 일이었기 때문에 쓸데없는 서류 작성으로 시간을 허비할 일은 거의 없었다. 마이어는 더 큰 권한을 놓고 육군참모본부가 내부적으로 싸우는 모습도 볼 수 있었다. 이 모든 교육은 다 무어 장군의 멘토링을 통해 얻은 결과였다.

마이어는 자신은 한 번도 속해본 적이 없었던 참모 업무 영역의 사람들과 함께 일할 기회를 가졌다. 처음으로 그는 의회의 정치가들을 상대하고, 청문회에 대비해 고급장교들을 준비시키며, 오마 브래들리 예비역 원수가 급여 문제를 놓고 의회에서 청문회 보고를 준비하는 것도 도왔다. 이런 기회를 통해 마이어는 총장실이 어떤 식으로 작동하는지 관찰할 수 있었으며, 총장실의 주 업무도 배울 수 있었다.

마이어의 다음 보직은 1965년부터 1966년까지 베트남으로 파병된 공중기동부대인 1항공기병사단의 사단장 해리 키너드^{Harry Kinnard} 소장 휘하에서 전투 병력을 지휘하는 일이었다. 마이어는 다음과 같이 말했다. "키너드 장군은 사람들을 하나로 모을 줄 아셨으며, 모두가 아이디어를 떠올릴 기회를 주셨습니다. 키너드 장군의 가장 위대한 점은 아래 사람들에게 일을 맡길 줄 안다는 점이었습니다. 언젠가 우리가 베트남에 갔을 때, 저는 장군님께 이렇게 말했습니다. '저는 이 사단에 온 이래 사단 작전 명령서를 받아본 적이 없습니다.' 그러자 그는 이렇게 답하셨죠. '샤이, 만약 자네에게 내가 가진 사람들과 비슷한 예하 지휘관들이 있다면 사단 작전 명령을 위해 얼마나 시간을 소비하겠나?' 다들 그가 어떤 대답을 원하는지 잘 알고 있었습니다. 그는 큰 그림의 지침을 하달했고, 다들 정확히 무엇을 해야 하는지 알게 되었습니다. 그게 그의 지휘 방식이었죠. 제게는 놀라운 배움의 기회였습니다. 그는 부하들에게 항상 어떻게 일이 진행되고 있는지 확실하게 알게 하는 것의 중요성을 제게 가르쳐 주셨고, 그들이 해야 할 일에 대해서는 확실한 권한을 주는 것에 대해서도 알려주셨습니다. 그들에게 임무를 준 후, 혼자서 하도록 놔두신 거죠. 그런 방식은 전 사단에 배어들어 있었습니다."

마이어는 준장을 단 후 82공정사단에 부임했다. 준장 진급 예정자로 선정되었으나 아직 진급은 하지 않은 상태였다. 당시 부대에 같이 부임했던 동기들도 모두 대령이었다. 조지 블랜처드^{George S. Blanchard} 장군은 직접 전화해 부사단장으로 오지 않겠냐고 물어보았다.

마이어 장군은 막 베트남에서 돌아온 상태였으며, 브루킹스^{Brookings} 연구소에서 1년간 수학할 예정이었다. 하지만 이 부사단장직을 맡을 수 있도록 연구소에서 배려해주어 연구소에는 실제로 반 년 정도밖에 있지 않았다.

마이어는 여기에 덧붙여서 설명했다. "조지 블랜처드 장군이 주유럽 7군단장을 하고 계셨을 때, 저는 예하의 3사단에 있었으므로 그와 함께 일한 경험이 있었고, 그가 저를 알고 있다는 것도 잘 알고 있었습니다. 82사단에 있는 동안에도 유럽에서와 똑같이 일을 하셨고, 또 매우 잘하셨습니다."

82공정사단은 '전 미국인^{All-Americans: AA}' 사단●이었으며, 미국인의 자랑이자 영광이었다. 마이어가 도착하기 직전 이 부대는 요르단으로 파병되었다. 당시 요르단은 이스라엘을 비롯한 주변 여러 나라와 문제가 있었는데, 82사단은 오직 한 개 여단만 파병이 가능했으므로 사단 건제를 제대로 유지하는 문제 때문에 많은 이가 우려했다. 블랜처드는 동기를 부여하는 데 능숙한 인물이었고, 매일같이 새로운 아이디어로 사람들을 고무시키곤 했다. 그는 고급지휘관들을 불러들여 대대장들과 함께 일하게 했다. 블랜처드는 자신이 하는 모든 일에서 열정이 샘솟았다. 블랜처드는 마이어에게 병사들과 가깝게 지내는 것의 중요성을 가르쳤으며, 자신이 하는 모든 일에서 병사들을 배려하는 마음가짐도 가르쳤다. 이들은 부사관까지를 대상으로 하는 리더십 강의 프로그램을 시작했다. 82공정사단은 육군 내에서 인종문제에 대해 강의한 첫 부

● 82공정사단은 1917년 8월 25일 조지아에서 창설되었다. 당시 구성원이 전미(全美) 48개 주 출신들로 이루어져 '전 미국인'이라는 별칭이 붙었으며, 사단 마크인 'AA'도 여기에서 유래했다. 101공중강습사단과 더불어 미 18공정군단의 주요 예하 사단이다.

대가 되었으며, 사단 내 마약류 문제에 대해서도 처음으로 교육을 실시했다.

베트남에서 마이어는 실질적으로 군단장과 동급인 야전부대장으로 근무하고 있던 마이클 데이비슨^{Michael S. Davidson} 장군 휘하에 있었다. 데이비슨의 전임자들은 차트와 데이터를 다루면서 대부분의 시간을 보냈지만, 그는 모든 예하 기지들을 직접 방문하며 시간을 보냈고, 이들과 함께 작전을 점검하면서 매일매일 어떤 일이 벌어지는지 확인했다. 마이어 또한 1기병사단 참모장으로 있으면서 캄보디아 사태 때 어떻게 일이 돌아가는지를 지켜보았다.

이후 그는 다시 펜타곤으로 돌아왔다. "저는 별 셋을 단 후 작전처장에 보직되었습니다. 당시 육군참모차장은 커윈^{Walter T. Kerwin} 장군이셨는데, 육군참모부와 합참 간에 심각한 문제가 발생할 때마다 찾아가 도움과 지도를 요청했던 분입니다. 제가 필요로 할 때에는 항상 그 자리에 계셨죠.

누구나 항상 자신을 이끌어줄 멘토가 필요하기 마련입니다. 무어 장군과 다른 분들이 저를 이끌어주신 것이 제 인생에 가장 위대한 영향을 주었듯, 멘토의 역할은 매우 중요합니다. 커윈 장군도 그중 한 분이었죠. 어떤 고급지휘관들은 아무 때나 질문을 던지면 하급자들이 항상 모든 대답을 할 수 있을 것이라 기대하고 있습니다. 커윈 장군께서는 제가 그런 문제에 직면할 때마다 도와주셨죠. 대다수의 '보스'들은 가공이 끝난 완성품 같은 대답을 원합니다만, 가끔은 경험 많고 현명한 사람들과 함께 앉아 상세한 부분을 다시 검토하는 것이 나을 때도 있습니다. 커윈 장군은 항상 이런 도전에서 가장 힘든 첫 단추를 꿰셨죠."

어떻게 마이어 장군이 육군참모총장으로 선택되었을까? 어떤 이유로 그보다 앞서 있던 57명의 지휘관을 전부 제칠 수 있었을까? 마이어 장군은 다음과 같이 말했다.

저는 1979년 하이델베르크^{Heidelberg}로 가 주유럽 미 육군사령관에 부임하도록 명령을 받은 상태였습니다. 명령서는 이미 나와 있었죠. 우리 가족은 이미 살림살이를 배로 한 짐 보내놨고, 포장회사가 남은 이삿짐을 보내기로 되어 있었습니다. 저는 이미 차기 육군참모총장이 누구인지도 알고 있었죠.

그러던 중 금요일 오후에 해럴드 브라운 국방장관께서 저에게 전화를 걸어 "대통령께서 내일 오전에 자네와 면담을 하고 싶어 하시네"라고 하셨습니다. 저는 "세상에, 장관님, 정말 죄송합니다. 내일은 저희 아버님의 팔순 잔치에 가야 합니다"라고 대답했죠. 우리 가족은 제가 유럽으로 떠나기 전 펜실베이니아 주 세인트 메리스St. Marys에서 축하 잔치를 열 생각이었고, 제 형제와 누이들도 모두 모일 예정이었습니다. 장관께서는 "글쎄, 내 생각에는 그것보다 대통령 각하와 면담하는 게 더 중요할 것 같은데"라고 하셨죠. 저도 그 말을 듣고 이렇게 답했습니다. "네, 장관님 말씀은 언제나 옳으시니 이번에도 그렇겠죠." 그는 무슨 주제에 관한 면담인지 한마디도 하지 않으셨습니다.

그래서 저는 대통령 집무실로 가 각하와 면담하게 되었습니다. 저는 각하께서 저를 하이델베르크로 보내시기로 한 것이 얼마나 잘한 선택인지에 관해 이야기하실 줄 알았습니다. 그리고 그렇게 말씀하시면 앞으로 유럽으로 가 어떤 일들을 할 생각인지 말씀드리려고 했습니다. 대통령께서는 극동아시아, 한국 같은 여러 지역에 대해 이야기를 꺼내셨습니다. 그러시더니 "자넨 어떤 야망을 가지고 있나" 하시더군요. 저는 속으로 곧 사성 계급장을 달고 유럽으로 가 지휘관이 되는 것 말고 더 무엇이 있겠느냐는 생각을 했습니다. 저는 이렇게 대답했습니다. "각하, 제가 포트 베닝에서 소위를 달고 있던 시절, 항상 골프 클럽 건너편의 발첼 가Baltzel St.를 걸으면서 이런 생각을 했습니다. '나중에 발첼 가에 이런 큰 집을 한 채 산 후 보병학교에서 어린 보병들을 교육하며 살면 좋겠다'라고요. 대통령께서 그런 제 말을 듣고 응수하시더군요. "내가 물어보고자 하는 것은 그런 이야기가 아닐세, 장군. 자네의 야망이 뭔가? 하이델베르크에서 돌아오면 무엇을 하고 싶은가?" 저는 "거기까지는 생각해보지 않았습니다. 훈련 분야나 그 비슷한 분야로 가고 싶습니다"라고 대답했습니다. 그러자 대통령께서 말씀하셨습니다. "그래? 그렇다면 총장은 어떤가." 저는 절대로 총장직을 희망했던 적이 없다고 말했습니다. 그러자 대통령께서는 "그래? 그렇다면 지금 당장 총장이 되는 것은 어떨까"라고 하셨습니다. 그래서 저는 제가 총장이 되어서는 안 되는 이유를 늘어놓았습니다. 뭐, 나이가 어리다든가 하는 그런 이유들 말입니다. 각하께서는 다 들으시고 이렇게 말씀하셨습니다. "그래. 어쨌든 다음 주쯤 다시 한 번 전화하겠네."

저는 다시 차에 올라타 아버지의 생신 잔치 참석을 위해 세인트 매리스까지 운전해 갔고, 잔치가 끝난 후에는 칼라일Carlisle 기지로 돌아왔습니다. 제가 돌아온 건 일요일 밤이었고, '만약 그렇다면'이라는 주제를 놓고 정신적인 스트레스를 받았습니다. 저는 월요일에 워싱턴으로 돌아가기 전까지 작전처장으로서 이곳의 새로운 교육 프로그램 등을 살펴봐야 했기 때문에 반드시 돌아와야 했습니다. 해럴드 브라운 장관은 저에게 전화를 걸어 "대통령께선 자네가 차기 육군참모총장이 될 거라고 말씀하시네"라고 하시더군요. 육군참모총장이라는 보직은 저의 작은 어깨 위에 갑자기 올려놓기에는 엄청나게 무거운 짐이었고, 무엇을 어떻게 해야 할지도 몰랐습니다. 워싱턴과 칼라일 사이에는 시턴 수녀님의 에미츠버그Emmitsburg 공동체와 세인트메리 산이 있었습니다. 저는 그곳에 잠시 들러 작은 동굴에 들어가 안쪽에서 왔다 갔다 하며 생각을 정리했습니다. 어느 순간 이런 생각이 퍼뜩 들더군요. '그래, 잘 생각해보자. 어차피 꼭 나한테 하라고 하는 상황이라면, 그냥 하면 되지 뭐. 하지만 절대로 혼자서 이 일을 하지 않을 거야. 믿을 수 있는 여러 사람과 함께 일을 나누겠어. 모두가 각자의 몫을 잘해낸다면, 나도 잘하고 있는 것으로 보이겠지.' 이러한 생각은 리더십 문제에 제가 적용하기로 한 기본 철학이 되었습니다.

저는 집으로 돌아가야 했지만, 아내에게도 말하지 말라고 명령을 받았습니다. 다음 날, 아내에게 전화를 걸어 유럽으로 가지 않게 되었다고 말했을 때 이

삿짐 회사는 한창 짐을 싸던 중이었고, 아내는 포장을 그만 중단하라고 말해야 했습니다. 아직도 가족들 사이에서는 이 사건이 예민한 문제로 남아 있습니다.

마이어 장군이 육군참모총장에 임명되었다는 발표가 나왔을 당시, 그의 동료 장성 중 한 명은 이런 말을 했다. "그 친구는 언젠가는 총장을 할 팔자였다. 그는 대부분의 군인보다 더 완벽한 군 경력의 조합을 갖추고 있었기 때문이다. 그는 지휘관 및 참모직을 다 거쳤고, 유럽, 한국, 베트남을 모두 갔었으며, 펜타곤에서도 일을 했고, 의회 관계 업무에도 밝았다. 그는 완전하게 균형 잡힌 군 경력을 쌓아온 것이다."

어떻게 해야 의사결정자로서 자질을 개발할 수 있는가 하는 물음에 아이젠하워 장군은 "중요한 결정을 내리는 사람들 주변에 항상 있어라"라고 답했다. 마이어 장군의 군 경력은 그러한 최근의 사례가 아닐까 싶다. 마이어 장군의 군 경력을 검토해보면, 그가 보좌했던 그의 상급자들의 모습을 통해 '멘토십'의 중요성이 무엇인지 잘 알 수 있다.

심지어 마이어 장군은 육군참모총장이 된 후에도 계속 멘토를 두었다. 그는 이렇게 회고했다. "데이브 존스 장군께서는 제가 총장 및 차장으로 있던 동안 합동참모본부 의장을 하고 계셨습니다. 그러다 보니 존스 장군과 함께 7년을 보내게 되었죠."

그렇다면 존스 장군은 어떤 영향을 주었을까? "데이브 존스 장군은 완벽한 내부형 인물이었습니다. 그는 펜타곤이 어떤 식으로 운영되는지 잘 알고 있었고, 제가 지금껏 봐온 그 누구보다도 펜타곤과 의회의 작동 관계 등에 관해서 잘 알고 계셨습니다. 그가 일을 처리하는 것을 보는 것만으로도 정말 많은 것을 배울 수 있었습니다. 저 또한 의장이 필요로 하는 것들을 참모들이 적시에 빠르게 제시하지 못하는 문제로 불만이 많았습니다. 그렇기에 '특별기구 ad hocracy'라는 명칭으로 장군께서 임시 기구를 설치해 특정 주제를 다루게 하신 방식은 장려할 만했습니다. 저도 그 방식을 따라서 첨단기술 분과 및 기타 혁신적인 아이디어에 대한 분과를 만들었습니다. 펜타곤의 참모제도는 매우 조직적이며 쉽게 무너질 구조가 아니라는 것을 깨달았습니다. 그게 제가 존스 장군에게서 배운 최고의 교훈이었습니다. 그는 펜타곤에서 일을 처리하는 방법을 알고 계셨던 거죠."

마이어 장군은 성공적으로 육군참모총장직을 수행했고, 후임으로 존 위컴 John A. Wickham 장군이 보직되어 1983년부터 1987년까지 총장을 지냈다. 마이어는 위컴 장군의 멘토가 되었다. 위컴은 중령 때 베트남전에 참전하여 심각한 부상을 입었고, 마이어 장군이 합동참모본부에서 일하던 당시 월터 리드 Walter Reed● 육군병원에서 치료를 받았다. 마이어는 위컴을 자신의 상관에게 소개했으며, 그가 회복하는 동안 합동참모본부에서 일할 수 있게 조치해달라고 요청했다. 이 사건은 위컴에게 결정적인 전환점이 되었다.

위컴은 그의 군 생활 멘토십에 대해 이렇게 말했다. "제 과거를 돌아보자면, 저에게 멘토가 되어주신 분이 많지는 않았습니다. 더 많은 멘토를 만나고 싶었죠. 선배 장교들이 자주 저를 불러 지금 이런 것은 아주 잘하고 있고, 이런 점은 고쳐야 할 점이며, 이렇게 하면 더 크게 성장할 수 있다는 조언을 해줬으면 더 좋았을 것 같습니다.

● 월터 리드는 1909년에 설립된 육군병원이다. 이름은 파나마운하 건설 당시 말라리아 창궐 문제를 해결한 군의관인 월터 리드 소령의 이름에서 따왔다. 해군의 베데스다 병원과 함께 미군의 중추적인 병원 시설이었으나, 2007년 퇴원한 병사들이 치료 감독의 소홀함과 치료 후 환자의 병세가 악화된 사례 등을 고발하면서 스캔들이 발생해, 병원장인 조지 화이트먼(George Weightman) 소장과 육군성 장관인 프랜시스 하비(Francis J. Harvey) 박사가 사임하는 사건이 발생했다. 이후 치료 환자 수 감소 및 병원 유지의 적절성 문제가 제기되다가 2011년 8월 27일 자로 병원 시설을 해체하기로 결정했다. 해군의 베데스다 병원과 통합해 2011년 11월 10일 월터 리드 국립 군의료센터(WRNMMC)로 재탄생했다.

지난 10년 동안 육군에서는 사람들을 이끌 줄 알고, 멘토 역할에 대한 도덕적 책임감이 있으며, 따라오는 이들에게 조언을 해줄 줄 아는 지휘관 양성에 중점을 두고 혁신을 가하고 있었습니다. 저는 총장으로 재직하면서 문자 그대로 수천수만 명의 병사 및 장교와 대화했고, 육군 현역병과 예비군 모두에게 보여줄 비디오 여러 편을 촬영했습니다. 촬영한 비디오는 대부분 젊은 지도자들에 대한 멘토링이나 카운슬링을 주제로 했으며, 선배의 경험을 후배에게 물려주는 것은 의무이고 육군이 바라는 긍정적인 리더십은 과거 군의 모습과 관련된 부정적이며 독재적인 리더십(술을 많이 마시고, 욕설을 해대고, 부하를 막 대하는 불량한 지휘관의 모습을 말한다)을 말하는 게 아니라는 점을 강조했죠. 우리는 육군에서 이런 악습을 퇴출하고 긍정적이고, 고무적이며, 모범이 될 수 있는 리더십을 양성하려고 했습니다. 이는 멘토링과 밀접한 관련이 있죠.

육군참모총장으로서 저의 책임 중 (물론 각 군 총장이 다 마찬가지겠습니다만) 장군단을 관리하는 책임이 다른 어떤 책임보다도 막중했습니다. 쉽게 말하자면 제 밑에는 대대를 꾸릴 수 있는 412명이라는 수의 장군들이 있고, 총장은 이들 모두에게 각각 고유한 임무를 부여합니다. 총장은 능력이 있는 사람들을 더 위로 이동시키는 기회를 부여할 양성소를 만들어줘야 합니다. 제 생각에 제 시간의 20~25퍼센트 정도를 장군단의 틀을 유지하는 데 할애한 것 같습니다. 그리고 여기에 필요한 모든 도움을 받았죠. 저는 직접 현장에 나가 견해들을 묻고, 동료들끼리 평가하게 하고, 아래에서 볼 때는 어떤 식으로 보이는지 알아보기 위해 준장이나 소장의 의견을 묻기도 했습니다. 사실 매우 흥미로웠습니다. 이 모든 건 이들에게 어떤 임무를 부여할지 결심을 수립하는 데 반드시 참고해야 하는 요소들이었습니다. 왜냐하면 이들 중 누가 하급자를 다룰 때 무자비한지 알아야 했으니까요. 당연히 그런 사람에게 병사들과 젊은 지휘관들을 책임져야 하는 보직을 주는 것은 꺼려지기 때문입니다.

대령 중에서 준장을 선발하고, 준장 중에서 소장을 선발하는 진급위원회에 제가 내린 유일한 구두 지침이 있었습니다. 리더십에서 긍정적인 모범을 보일 사람, 자신의 지식을 잘 전수하고, 후배들에게 멘토링을 잘할 사람을 염두에 두고 선택하라는 것이었습니다.

　　앞으로 전쟁이 없다면 그동안의 모든 전투 경험을 소실하게 될 것임을 우리는 잘 인식하고 있습니다. 믿음직한 리더십 자질을 개발하고, 군 전체에 걸친 리더십 훈련을 실시하는 방법을 통해 수년간 어떤 식으로 문화가 변해왔는지 하나하나 이야기해야 합니다. 저 자신도 베트남에서 보병 대대를 지휘하기 전까지는 전투 경험이 전혀 없었습니다."

　　지금까지 언급한 리더 대부분은 한 명 이상의 상관을 통해 충분한 멘토링의 혜택을 보았다. 그리고 자신이 받아들인 것과 이를 받아들이고 비슷한 스타일로 부하들을 멘토링했다. 그러면서 이러한 멘토링이 잔물결을 일으키듯 계속 퍼져나간 것이다.

　　이런 원칙의 가장 유익한 모범 사례는 1978년 5월 1일부터 1984년 11월 1일까지 전술공군사령부 사령관을 6년 반 동안 지낸 윌버 크리치 대장일 것이다. 이미 제5장에서 크리치 장군은 '매우 빠른 속도로 사성장군이 된 사례'로 살펴본 바 있다. 사실 크리치 장군이 1978년 5월에 사성장군을 단 것은 1938년 이후 미 육군항공대와 미 공군에서 복무한 그 누구보다 빠르게 승진한 것이었다. 1930년대에 입대해 사성을 달았던 사람들은 진급 속도가 굉장히 빨랐는데, 이는 당연히 제2차 세계대전 발발이라는 독특한 전시 환경 때문이었다. 크리치 장군의 급속 승진은 그가 받은 성공적인 멘토십의 결과일 뿐 아니라, 높은 관심을 끌 수 있는 주요 보직을 여러 번 맡으면서 성공적으로 임무를 수행한 결과이기도 하다. 이어지는 이야기를 통해 확인할 수 있겠지만, 그가 전술공군사령관으로서 거둔 성과는 급속 승진을 거듭하여 사성장군의 반열에 오르게 된 것이 충분히 정당했음을 입증하고도 남는다.

크리치 장군이 개발한 뛰어난 멘토링 체계에 대해 언급하기 전에, 우선 그의 멘토링 체계가 매우 유익할 뿐만 아니라 그 영향이 장기간 지속되었음을 간략히 서술할까 한다. 예를 들어 '사막의 폭풍' 작전 당시 공군사령관을 지낸 척 호너Chuck A. Horner 장군도 전쟁에서 보여준 미 공군의 뛰어난 활약이 크리치 장군의 멘토링 체계에서 영향을 받았다고 말한다. "먼저 걸프전에서 우리의 항공작전이 승리로 끝날 수 있었던 데에는 크리치 장군의 엄청난 공헌이 있었다는 것을 알아주셨으면 합니다. 크리치 장군이 1970년대 말부터 1980년대 초에 걸쳐 어떤 식으로 부대를 조직하고 이끌어야 하는지에 대해 뛰어난 비전을 보여주셨을 무렵 저는 전술공군사령부에 있었습니다. 우리의 정신력과 능력에 대한 크리치 장군의 식견은 매우 분명한 변화를 일으켰습니다. 그는 언제나 지치지 않고 우리를 가르치셨고, 세 가지 중요한 점을 반복적으로 강조하셨습니다. 첫째는 유연성과 대응성, 소유감을 극대화하기 위한 조직 분화의 중요성, 둘째는 리더십 확보와 모두(말 그대로 전원 모두)의 헌신성 확보에 대한 절대적인 필요성, 셋째는 우리가 하는 모든 일에 '긍정의 힘을 가지기'였습니다.

전쟁이 끝나고 며칠 후, 저는 우리 기지 중 하나를 순시하고 있었습니다. 비행단장과 저는 뛰어난 성과를 보이며 우리의 승리를 빛나게 한 사람들을 방문했고, 이들이 참전한 주요 사건을 회상했습니다. 이 모든 일이 어떻게 한데 모여 이루어졌는지에 관해 이야기를 계속하다가, 비행단장이 저를 돌아보면서 이렇게 요약했습니다. '아시잖습니까, 호너 장군님. 크리치 장군께서 우리에게 가르쳐주신 것들대로만 잘하면, 우리는 실수할 수가 없었습니다.' 저 또한 그의 감상에 크게 공감합니다. 미 국민들은 우리에게 자랑스럽고도 확고한 지지를 보내주었고, 크리치 장군은 성전聖戰의 승리를 가능케 한 조직을 만들고 훈련했습니다. 그 점은 아무리 감사해도 모자랍니다."

그의 말 중 특히 "그는 언제나 지치지 않고 우리를 가르치셨고……"라는 부분을 눈여겨보기 바란다. 이 부분은 크리치 장군이 전술공군사령부 사령관에 취임하면서 강조한 멘토링 체계의 핵심이다.

이 멘토링 체계에 관해 크리치 장군과 인터뷰했을 때, 그는 지금까지 자신의 멘토가 되어준 분들에게 일단 공을 돌렸다. "저는 저 자신에게 제 자신만의 '멘토링' 개념을 정립한 공로를 칭찬하고 싶습니다. 35년간 공군 장교로 복무하면서 저는 25명의 상관을 모셨습니다. 그중 어떤 분은 훌륭하셨고, 어떤 분은 평범하셨으며, 또 어떤 분은 자질이 없는 리더였습니다. 당연히 후자에게도 배울 점은 있었습니다. 기본적으로 무엇을 하면 안 되는지를 배울 수 있었죠. 이들 중 오직 네 분만이 자신 휘하에서 일한 사람들을 대상으로 특별한 멘토링(혹은 리더십 훈련이라는 용어가 나을지도 모르겠습니다)을 해주셨습니다. 지금까지 이 네 분 중 최고는 제가 처음으로 모셨을 당시 주유럽 미 공군사령부USAFE 사령관으로 계셨던 데이브 존스 장군님입니다.

존스 장군께서는 지휘관회의를 하면서 전투비행단장들에게 힘들여 리더십 기술을 가르치셨습니다. 그리고 수년간 당신께서 겪으신 경험을 며칠이고 말씀해주셨습니다. 저는 특히 장군께서 예나 지금이나 공군의 가장 어려운 직면 과제 중 하나인 효과적인 항공기 정비 관리에 관한 견해를 말씀해주셨을 때 감명을 받았습니다. 장군께서는 특히 그 분야에 매우 해박하셨는데, 그 점은 르메이 장군께서 존스 장군을 정비 분야의 지휘관 보직으로 갈 수 있게 해주신 것에 크게 감사하셔야 할 겁니다. 데이브 존스 장군은 자신이 힘들게 얻은 지식을 우리에게 매우 효과적으로 전수해주셨습니다. 나중에 제가 주유럽 미 공군사령부에서 그의 정보작전참모로 근무했을 때에도 그가 해주신 일대일 멘토링은 당시뿐 아니라 그 후로 수년간 큰 도움이 되었습니다. 저는 당시 경험을 전술공군사령부의 멘토링 체계를 수립하면서 기본 틀로 삼았습니다.

전술공군사령부의 멘토링 체계는 선택, 멘토링, 다듬질의 세 부분으로 이루어져 있습니다. 각 단계가 모두 중요하죠. 사실 각 단계는 다음 단계로 올라가는 기반이 되며, 세 단계 중 하나라도 부실하게 거친다면 필요한 수준에서 한참을 못 미친 채로 굴러갈 수밖에 없게 됩니다."

척 호너 장군이 칭송한 이 멘토링 시스템은 정말 그렇게 효과적이었을까? 실증에 따르면 '그렇다'고 할 수 있다. 실제로 이 방식을 통해 21명의 사성장군이 배출되었을 뿐 아니라, 그중 일부는 공군참모총장과 합동참모본부 차장까지 올랐다. 일부에서 부르듯 '전술공군사령부 졸업생'은 동시에 혹은 각각 사성장군을 보직시키는 주요 미 공군사령부에서 지휘관을 역임했으며, 여기에는 전략공군사령부SAC, 공군교육교리사령부, 공군물자사령부, 공군이동사령부를 비롯해, 세 개의 '전술공군' 사령부인 전술공군사령부TAC, 주유럽 미 공군사령부와 태평양 공군PACAF도 포함되어 있었다. 그뿐 아니라 이 사령부들은 미 공군 전체 병력의 22퍼센트를 대표했다. 하지만 오해는 없기 바란다. 전술공군사령부는 거대할 뿐 아니라 105개 지역, 인력 18만 명(전술공군사령부 관리하의 경비 및 예비 병력 포함), 항공기 4,500대(전 미 민간항공사의 항공기 수를 더한 것의 약 2배)를 관리할 만큼 온 사방으로 뻗어 있는 조직이다.

크리치 장군의 가르침에 대한 호너 장군의 말을 되풀이해 인용하자면, "유연성과 대응성, 소유감을 극대화하기 위한 조직 분화의 중요성"은 전술공군사령부 사령관으로 부임하면서부터 크리치 장군이 시도했던 일이다. 그의 대규모 부대 재편은 질적으로도 대성공을 거두었을 뿐 아니라 생산성이 80퍼센트 향상되었고, 재입대 비율과 전투 능력 등 각 영역에서 고른 상승을 보였다. 하지만 이는 맥나마라 시절에 중점을 두고, 그 후의 세월 동안 적극 채택하고 유지해온 관리 스타일인 중앙화를 정면으로 위배했다. 그리고 여기서 다시 한 번 데이브 존스 장군이 중심적인 역할을 했다.

크리치 장군은 이렇게 설명했다. "존스 장군 자신이 전략공군사령부에서 성장했음에도, 그 또한 저처럼 고도로 중앙화된 관리 스타일에 반감을 품고 있었습니다. 장군께서 저를 1978년 5월 1일 자로 전술공군사령부 사령관에 보직하셨을 때, 저는 이 옛 형태의 중앙화 시스템을 철폐하고 새롭게 다시 시작할 것이라고 말씀드렸습니다. 장군의 대답은 그저 '그렇게 하게'였죠. 이후 공군 총장과 의장을 8년 가까이 하는 동안 존스 장군은 가끔 우리가 하는 일에 사사건건 겁을 먹는 워싱턴 관료들 앞에서 저의 방패 역할을 해주시며 중요한 진행 절차에 도움을 주셨습니다. 하지만 존스 장군의 가장 전형적인 스타일은 큰 싸움은 대부분 저 혼자 싸우게 놔두시는 것이었습니다. 그가 이전에 제공해주신 멘토링은 또한 제게 필요한 모든 무기와 용기가 되었습니다."

같은 맥락에서, 이러한 조직 변혁에 대한 교훈은 월터 보인Walter J. Boyne이 쓴 『거친 하늘을 넘어서: 미 공군의 역사 1947~1997Beyond the Wild Blue: A History of the US Air Force 1947~1997』에 잘 나타나 있다. 이 책은 우연하게도 독립 공군의 50주년에 맞춰 출간되었다(나중에 미국 히스토리 채널의 네 시간짜리 미니시리즈로도 제작되었다). 보인은 워싱턴에 있는 국립항공우주박물관 관장으로 여러 해 동안 재직했으며, 15권에 달하는 항공 관련 서적을 쓰기도 했다.

보인은 자신의 연구를 통해 밝혀낸 것들에 대해 할 말이 많았다. "공군의 융통성 없고 중앙화된 관료주의 통제를 뒤집는 것이 얼마나 어려운지 이해하려면 크게 경직되었던 전 세계의 관료주의 또한 살펴보아야 합니다. 반전은 매우 드물게 일어나기도 합니다. …… 종종 방향이 전환되면서 나타나는 인물들이 있기 마련인데 공군도 마찬가지였죠. 그 인물을 사성장군들을 심층 인터뷰하는 과정에서 찾을 수 있었습니다. 모두 다 정직했고, 공군에서 자신의 경력이 어떠했는지 말하려 했으며, 타인의 공헌에 대해서도 평가하길 주저하지 않았습니다. 각각의 인물 모두 제각각 독립적이고 다른 맥락으로 말하긴 했지만, 결과적으로는 그런 놀라운 숙달성과 효율성, 삶의 질 향상이 한 사나이의 공훈이라고 보고 있었습니다. 그는 바로 크리치 장군이었습니다. 존스 장군도 크리치와 르메이 장군을 자신의 기나긴 공군 생활 중 가장 영향력이 컸던 인물들로 꼽았습니다."

관리 분야의 대가로 꼽히는 토머스 피터스Thomas J. Peters는 'TAC의 반전TAC Turnaround'이라는 심도 깊은 연구를 한 후 이렇게 말했다. "크리치는 어쩌면 이번 세기에서 우리가 목격한 가장 인상적인 '기업 혁명'을 주도했는지도 모른다."

크리치 장군의 새로운 스타일은 '전술공군사령부 졸업생'들이 다른 곳에 적용하면서 공군 전체에 퍼져나갔으며, 옛 방법을 대체하는 효율적인 새로운 스타일임을 증명했다. 하지만 이것이 공군이 걸프전에서 승리할 수 있었던 변화의 시기의 척 호너 장군에 대한 찬사의 전부가 아니다. 같은 시기에 전술공군사령부에서는 여러 새로운 전술 개발이 이루어졌다. 정밀무기의 대규모 개발, A-10, F-15, F-16, F-117 스텔스, F-15E 다목적 전투기를 비롯한 다양한 신형 전투체계의 실전화, 지대공미사일SAM 포대 및 건물 안에 주기된 항공기를 공격하기 위한 신형 폭탄 개발, 그리고 정밀 레이더 플랫폼을 기반으로 한 공중전 지원용 공중조기경보 통제시스템AWACS 및 지상전 지원용 조인트 스타스Joint Stars● 등의 도입이 이루어졌다. 이러한 시스템은 전투 관리를 위한 상황 인지 능력을 비약적으로 향상시켰다.

이어지는 이야기는 전투 전술에서 크리치가 지휘한 중대한 변화를 잘 보여준다. "전술공군사령부의 가장 큰 변화는 관리 기술에 국한되지 않습니다. 크리치는 '저공비행주의' 같은 병 때문에 전술공군사령부의 전술이 지장을 받고 있다는 점을 발견했습니다. 이 개념은 적의 지대공미사일을 피하기 위해 최저고도로 날자는 거였죠. 크리치는 적의 고사포 전력이 증강되면서 낮게 나는

● 조인트 스타스는 미국 노드롭-그러먼(Northrop-Grumman)사에서 제작한 공중 전장 관리 및 지휘통제용 항공기로, 제식 번호는 E-8이다. 보잉사의 보잉707(B707) 항공기를 베이스로 하여 '합동정찰목표공격 레이더시스템(Joint Surveillance Target Attack Radar System: Joint STARS)'을 탑재했다. 주로 지상의 차량 및 항공기를 탐지하고, 시각정보를 수집하며, 전술 화상을 지상 및 공중 전역 지휘관에게 전달하는 역할을 한다.

접근법은 위험해졌으며, 새로운 방식이 필요하다고 지적했습니다. 그는 지대 공미사일부터 제거하는 것이 첫 번째 해야 할 일이라고 말했습니다. 일단 적의 방어를 무력화하고 뒤로 밀어내야 후속 항공기들이 적의 방어 형태에 맞춰 적 영공 안에서 고고도나 저고도로 비행할 수 있는 유연성을 확보할 수 있다는 것이었습니다."

새 전술은 넬리스Nellis 공군기지에서 크리치 장군이 고안한 보충 훈련 프로그램과 함께 공군 가상 적기 훈련에 적용되면서 전술공군사령부에 주입되었다. 이런 현실적인 훈련은 걸프전쟁의 성공으로 보상받았다. 미 공군은 이 전쟁에서 획기적으로 낮은 인명 손실을 보았던 것이다. 다국적군 파트너 중 '저공비행' 방침을 유지한 국가는 전술의 변화를 준비하지 않은 결과로 심각한 피해를 입을 수밖에 없었다.

척 호너 장군은 바로 그 방식을 이용해 걸프전에 임했다. 미 공군 전투부대는 총 43일 동안 주야로 펼쳐진 치열한 전투에서 오직 13대의 항공기만을 잃었으며, 조종사도 3명만이 전사했다. 전쟁 초반부에 저공비행 전략을 시도한 영국 왕립공군은 전쟁에 투입했던 토네이도Tornado 전투기 편대의 총 10%에 달하는 손실을 입었다고 크리치 장군은 지적했다. 만약 미 공군이 영국군과 비슷한 비율로 항공기 손실을 입었다고 한다면, 13대가 아니라 거의 160대에 달하는 항공기를 잃었을 것이었다.

크리치는 호너의 성공을 이렇게 해석했다. "대규모 무력 분쟁에서 한 편에는 엄청난 피해를 안기면서 다른 한편은 거의 피해를 입지 않았던 적은 일찍이 없었다. 명백히 우리는 '미래 전쟁'에 대해 준비되어 있었고, '과거의 전쟁'을 되풀이하지 않았다. 수년 동안 후자에 대해 많은 적대적 비평가들이 우리를 공격했다. 우리가 실전에 배치한 체계들은 '실전에서 써먹기에는 너무 복잡하다'고 말하기도 했다. 척 호너 및 '사막의 폭풍' 작전에 참가한 모든 용감한 남녀 장병들은 이들의 말이 완전히 틀렸다는 것을 증명해냈다."

하지만 만약 크리치가 그의 뒤를 따르는 후배들의 새로운 아이디어를 적극적으로 받아들이지 않았거나 그 아이디어를 영구화하는 것을 돕기 위한 멘토링 시스템을 개발하지 않았다면, 이 모든 것이 다 의미가 있었을까? 아마 그렇지 않았을 것이다. 그렇다면 크리치 장군이 개발한 멘토링 시스템의 가장 중요한 특성은 무엇이었을까?

크리치 장군은 필자에게 이렇게 설명했다. "앞서 말씀드린 것처럼 멘토링은 세 부분으로 나뉩니다. 선택, 멘토링, 다듬기가 그것이죠. 저는 수많은 공군 지휘관들과 마찬가지로 엄청난 시간을 '선택' 과정에 투입했습니다. 전투비행단 혹은 항공사단을 지휘하고 싶어 하는 인물의 경력을 조사하고 인터뷰하는 데 많은 시간을 할애했습니다. 저는 이 과정에 많은 시간을 할애하면 할수록 오히려 현장에서의 실수를 뒷정리하는 데 시간을 덜 들이게 된다는 사실을 알게 되었습니다.

멘토링에 대해서, 우리는 누구를 멘토링해야 할지 넓은 시각으로 바라보았습니다. 우리의 멘토링은 현직뿐 아니라 비행단장 혹은 그보다 높은 직책에 오르기를 희망하는 희망자들까지 포함했습니다. 우리는 1년에 네 번씩 만났고 제가 직접 3일짜리 특강을 진행했습니다. 강의 중 최근 시류에 관해서는 대화를 나누지 않았습니다. 우리는 리더십에 관해 이야기했고, 최고의 리더십과 지도교육이 필요한 다양한 분야에서 어떻게 하는 것이 최선의 리더십 제공이겠냐는 것에 관해서만 의견을 나누었습니다. 당연히 저는 제가 항상 강조하는 격언인 '리더의 우선적인 임무는 더 많은 리더를 만들어내는 것이다'를 항상 머릿속에 새기면서 이들에게 한 사람이 혼자서 다 해먹는 밴드가 되려 하지 말라고 말했습니다. 또한 우리는 이들에게 똑같은 멘토링 기술을 부하들에게 사용하라고 강조했습니다. 저는 제 상관들이 지휘관회의에 참석했다가 돌아와 무슨 일이 있었는지 한마디도 하지 않는 것을 보면 굉장히 안타까웠습니다. 이들은 지식을 자신들만이 쥐고 있는 특권처럼 다뤘습니다만, 사실 지식은 타인과 함께 공유했을 때에만 그 힘을 갖게 됩니다. 특히 군복을 입고 있다면 더욱 그런 법이며, 우리는 이를 유념했습니다.

이와 관련해서 우리는 한 주의 시간을 별도로 마련해 지금까지 교육을 받은 사람들이 아직 배우지 못한 것들을 가르쳤습니다. 공군이 수년간 실시해온 중앙화 제도는 오직 자기 직능 분야 안에서 매우 협소한 범위의 교육만을 제공했습니다. 예를 들어 '비행 및 전투' 조직에서 고급지휘관을 맡을 만한 자질과 가능성을 가진 사람들은 작전에 관해서는 많은 것을 알고 있었지만, 정비나 보급, 기지 지원 등 다른 중요한 분야는 거의 아는 것이 없었습니다. 특히 후자에 언급된 분야들은 기반시설 유지·관리에서 공군 헌병 관리, 식당 관리 및 예산 분야까지 전부 아우릅니다. 이 '다른 분야'에 대한 교육수업은 제가 직접 진행했습니다. 이는 오랫동안 다양한 분야를 공부하기 위해 제가 얼마나 노력해왔는지를 잘 보여주었고, 수업에 참석한 이들 또한 그에 준하는 노력을 기울여야 할 것임을 암시했습니다. 이 교육은 공군에 새로운 문화와 성공을 가져오는 데 큰 도움이 되었습니다. 어떤 사람들은 최고의 자리에 있는 사람들이 그런 일이나 하고 있을 만큼 한가하지 않다고 말합니다만, 난센스입니다. 만약 모든 분야에 통달하지 않는다면, 모든 것이 끝장날 것입니다."

대화를 이어가면서 필자는 크리치 장군에게 다듬기를 멘토링에서 분리를 한 것인지 물었다. 크리치 장군은 이렇게 답변했다. "저는 그 두 요소가 관련은 있지만 조직적으로 다른 활동이라고 보았기 때문에 제 생각과 행동에서 별도로 분리했습니다. 어떤 의미에서는 우리의 광범위하고 넓은 멘토링 또한 고급지휘관들을 '다듬었다'고 할 수 있겠습니다. 하지만 동시에 더 높은 계급에 걸맞은 능력과 적합성을 갖춘 사람들을 위한 별도의 다듬기가 필요했습니다. 이들이 실전에서 큰 책임을 안고 활동하는 것을 보면서 이런 판단이 들었죠.

다른 말로 하면, 거대한 조직(예를 들어 전술공군사령부는 운영기지 105개, 정비단 33개, 항공사단 10개를 보유하고 있습니다)에서는 멘토링이 소수가 아닌 더 많은 사람을 대상으로 진행되어야 하고, 특별한 다듬기 과정이 소수를 위해서 존재해야 합니다. 대령이나 그 이상을 달고 있는 사람 중 최고의 공군 직위에 맞는 자질을 갖춘 사람들은 다양한 보직, 가급적 여러 보직을 거치게 하는 방법을 통해 다듬어졌습니다. 리더십 업무에서 우리가 하는 일의 대부분은 무슨 로켓을 만드는 것처럼 대단한 일이 아닙니다. 물론 일부는 그런 복잡한 일이기는 합니다. 저희가 하는 일은 인간 과학으로, 어떤 사람은 여기에 능숙하고 어떤 사람은 그렇지 못합니다. 익숙하지 못한 다양한 업무를 잘 받아들일 수 있는 사람들은 금방 그 업무에 큰 기여를 하곤 합니다.

따라서 삼성장군이나 사성장군 후보로 '다듬기' 대상이 된 사람들은 제가 6년 반에 걸쳐 전술공군사령부를 지휘하는 동안 최소한 여러 다른 보직을 최소 네 개 이상 거치게 되며, 많이 거친 사람들은 여섯 개까지도 거쳤습니다. 이건 이렇게 생각하시면 됩니다. 누군가의 멘토가 된다는 건 자신이 경험으로 얻은 좋은 것들을 전해주는 것입니다. 만약 이 리더들을 여러 보직으로 이동시키면서 다듬는다면, 이들 자신의 경험을 풍부하게 할 뿐만 아니라 여러 다른 상황에서 리더십의 도전 과제를 직면해보는 이익을 얻게 됩니다.

무엇보다도, 이 단계를 거치면 얻게 되는 가장 큰 부수적인 이익이 있습니다. 이런 다듬기 과정을 거친 결과로 전술공군사령부 학생들이 나중에 공군의 주요 고급지휘관 보직을 지배하게 되는 것은 어쩌면 당연한 건지도 모르겠습니다. 이들이 거친 폭넓은 범위의 다듬기 과정은 주목할 만한 이점이 있으며, 그 결과는 진급자 명단에서 나타나게 됩니다."

메모를 하나 달자면, 크리치 장군은 공군에서 전역한 후 민간기업 분야에 투신했으며, 그때부터 내내 미국의 주요 기업체로부터 자문이 되어달라는 열화와 같은 요구를 받았다. 그는 『톰의 다섯 가지 원칙Five Pillars of TQM: 어떻게 해야 종합품질관리가 제대로 작동하는가』라는 베스트셀러를 저술했다. 이 책은 1991년 초 사막의 폭풍 작전이 개시되던 즈음에 나왔으며, 미 공군이 걸프전에서 어떻게 이처럼 극단적으로 훌륭한 성과를 남길 수 있었는지를 사업계의 성향과 비교분석했다. 이 책은 11쇄까지 나왔고, 총 7개 언어로 출판되었다. 사업계에서 크리치 장군이 받은 또 다른 찬사는 ≪INC≫라는 잡지에서 미국의 성공적인 비즈니스 리더들 중에서도 두각을 보인 6명을 선정했는데 이러한 '이 시대의 드림팀' 멤버로 크리치 장군을 뽑은 일이다. 이 잡지는 이렇게 뽑은 여섯 명의 사진 아래에 "1990년대부터 시작되어 계속 이어지고 있는 여러 난관에 가장 잘 대응할 수 있는 인물"이라고 소개하는 글을 넣었다.

이 글은 효과적인 멘토링이 여러 세대에 걸쳐 내려온 기술과 똑같은 수준의 유익한 파문을 일으킬 수 있다는 전제에서 출발했다. 크리치의 방식이 지니는 지속력을 테스트하기 위해 최근의 사례를 살펴보자. 핼 혼버그[Hal M. Homburg] 중장은 공군전투사령부(구 전술공군사령부) 예하 9공군사령관인 동시에, 미 중부사령부 공군구성군사령관을 겸임하고 있다. 혼버그는 걸프전 당시 척 호너 대장 휘하에서 비행단장으로 참전했다. 최근 혼버그는 이라크에 4일간 폭격을 가한 '사막의 여우 작전[Operation Desert Fox]'에 참가해 군을 지휘하기도 했다.•

작전이 끝난 후, 혼버그는 다음의 편지를 1998년 12월 24일 자로 작성해 크리치 장군에게 전달했다.

크리치 장군님

사막의 여우 작전이 끝난 후, 저는 호너 장군에게 "저희에게 싸우는 법을 가르쳐주셔서 감사합니다"라고 이메일을 보냈습니다. 호너 장군의 답신은, "별로 놀라운 일이 아닐세. 우리는 크리치의 특훈을 받은 사람들 아닌가"였습니

• '사막의 여우 작전'은 빌 클린턴이 대통령으로 있던 1998년에 미 중부사령부가 이라크를 공습한 작전을 일컫는다. 참고로 이 책의 초판이 2000년에 출판되었기 때문에 본문에 해당 작전이 '최근'이라고 소개되었다.

다. 아시다시피 모든 작전은 야간에 실시되었지만, 기체 손실은 한 대도 없었고, 결과도 훌륭했습니다. 이 또한 장군님께 감사드려야 할 부분 같습니다. 아쉬운 점이 있다면, 이런 방법을 더 많은 사람이 알았으면 좋았을 뻔했다는 것입니다. 장군님 덕택에 수많은 아내들은 집으로 돌아오는 남편을 반기게 될 것이고, 아이들은 귀향하는 아버지를 맞이할 것입니다. 이들 모두를 대신해서 감사를 드립니다.

존경을 담아

핼 혼버그 드림

크리치 장군은 이미 당시 공군참모총장이던 메릴 맥피크Merrill A. McPeak 대장에게서 편지를 한 통 받았다.

1991년 1월 16일

크리치 장군님

저는 방금 무無로부터 창설한 전역 공군Theater Air Force을 순시할 기회가 있어 중동에 갔다가 돌아왔습니다. 아마 보셨다면 우리 군의 젊은 남녀 장병들이 정말 자랑스러우셨을 것입니다.

저희는 장군님 이하 몇몇 훌륭한 공군인의 리더십과 수년간에 걸친 노력의 결과를 이제야 수확할 수 있었습니다. 분명히 앞으로도 잘해나갈 것입니다. 장군님께서 공군을 일으켜 세워주신 덕에 오늘날 우리는 이렇게 훌륭한 공군을 보유하게 되었습니다.

장군님께 큰 은혜를 입었다는 사실을 잊지 않을 것입니다.

뜨거운 존경을 담아

메릴 맥피크, 공군 대장

참모총장

이는 분명 크리치 장군만의 멘토링 접근 방식이 갖는 장기적인 영향력일 것이다. 하지만 이번 장 전체에 걸쳐 깔려 있는 전제조건인 '훌륭한 1등급 군사지도자를 양성하는 데에는 효과적인 멘토링이 가장 중요한 요소이며, 앞으로도 중요한 요소일 것이다'라는 점을 증명하는 데에도 도움이 된다. 여기에는 멘토링을 하기로 결심한 사람의 엄청난 추가적인 노력과 관심이 필요하지만, 대신 수년간 오래 지속되는 보상이 따르게 된다. 이번 장을 시작하면서 인용한 크리치 장군의 말로 멘토링 사업을 잘 요약할 수 있다. "리더의 최우선적인 임무는 더 많은 리더를 만들어내는 것이다."

크로 제독을 인터뷰하면서 언젠가 이렇게 물었다. "제독님이 군 생활에서 성공하는 데에 큰 역할을 한 인물로는 누가 있습니까?" 그는 이렇게 답했다. "제 군 생활에 가장 중요한 요소였던 학업을 계속하도록 독려한 멘토분들에게는 이해하기 힘든 일들이 일어났습니다. 제가 프린스턴 대학교에서 교육을 마치고 해군으로 돌아왔을 당시, 해군에는 지식인에 대한 강한 반감이 담긴 편견 같은 것이 있었습니다. 교육받은 이에 대한 편견이 워낙 강했기 때문에 제 생각에는 제가 제독으로 올라서는 데 제 박사학위가 그다지 도움이 되지 않았다고 생각합니다. 하지만 제가 제독이 된 후에는 해군이 계속 이 사실을 자랑했죠. 교육은 제게 새로운 앞날을 열어주었습니다. 다른 길을 택했다면 절대로 열리지 않았을 길입니다.

당연히 '박사' 소리도 중요했습니다만, 중요한 것은 교육 그 자체였습니다. 제가 받은 교육은 제독으로 올라선 후부터 빛을 발했습니다. 왜냐하면 프린스턴에서 교육받은 것은 제가 제독이 되고 난 다음에 더 적합한 내용들이었기 때문입니다.

정확하게 어떤 것을 배웠냐고요? 글쎄요. 이를테면 정치제도가 어떻게 돌아가는지, 특히 워싱턴 D.C.가 어떻게 돌아가는지를 배웠습니다. 정치의 많은 것은 처음으로 워싱턴에 가보는 해군 장교들을 놀라게 합니다만, 저는 이

미 다 배웠기 때문에 놀라지 않았습니다. 프린스턴을 졸업하고 대령을 단 후 제가 처음으로 받았던 보직은 해군참모총장실의 동아시아과 내 정치·군사와 관련된 일이었습니다. 저는 푸에블로호 송환 업무•를 담당했습니다. 당시 해군참모총장이시던 무어러Thomas H. Moorer 제독의 눈에 띄었죠. 한 1년 동안 저는 그의 사무실을 바쁘게 들락거렸고, 많은 일을 처리했으며, 그때부터 저는 계속 그의 레이더 감시 안에 있었습니다(물론 얼마나 중요한 탐지 대상이었는지는 잘 모르겠습니다). 같은 보직에 있을 때 '블래키Blackie'라는 별명을 가진 웨이넬John P. Weinel이라는 해군 소장 한 분이 전입을 오셨고, 곧 중장으로 진급하셨습니다. 그는 무어러 제독이 의장이 되셨을 때 특별보좌관으로 임명되셨습니다. 이후 곧 대장으로 진급하셨고, 나중에는 나토에 소속되어 군사위원회 미군 대표를 지내셨습니다. 그리고 전역하셨죠.

웨이넬 제독은 저의 강력한 후원자가 되었습니다. 그는 열렬한 지원자였죠. 그리고 푸에블로호 사건을 처리할 당시, 저는 버나드 클레어리Bernard A. Clarey라는 당시 해군참모차장과도 친해졌습니다. 이후 그는 저를 제독으로 진급시켜준 진급위원회에 소속되었습니다. 여기에는 사실 재미있는 이야기가 하나 있습니다. 저의 군 경력은 매우 이상했기 때문에, 설마 제가 대장까지 진급하리라고는 대부분 생각하지 못했을 겁니다. 저는 줌월트 제독의 명령으로 미크로네시아 협상단에 참가했었습니다. 귀국을 하니 저도 모르는 사이에 순

• 1968년 1월 23일, 북한 해안에서 40킬로미터 떨어진 원산 앞바다 공해상에서 정보 수집을 하던 미 해군 소속 푸에블로호가 북한 초계정에 나포되는 사건이 벌어졌다. 푸에블로호는 해역에서 탈출을 시도하다가 위협사격을 받아 승무원 1명이 사망하면서 납치되었고, 이에 미 함대가 전개되는 등 긴장상태가 촉발되었다. 승무원 82명은 사건 발생 11개월 후에 판문점을 통해 송환되었으나, 북한은 푸에블로호 반납을 거부하고 전자장비는 모두 제거한 채 대동강에 전시하고 있다. 포로 송환을 위해 미국은 해역을 침범한 것에 사과한다는 내용의 석방문서에 서명했는데, 이는 나중에 미국 내에서 정치적 문제로 비화했다.

양함 함장으로 보직되어 있더군요. 줌월트 제독은 그 보직을 취소한 후 저를 미크로네시아 지위협상단에 보냈습니다. 웨이넬은 매우 격분해서 줌월트 제독을 찾아가 격하게 항의했습니다. 줌월트 제독은 순전히 저 때문에 인사고과표를 따로 작성해야 했죠. 사실 이 고과표에는 '누구든 순양함장으로 갈 수 있지만, 이 사나이는 미크로네시아 지위협상에 참여할 수 있는 능력이 있는 만 명 중 한 명의 인재'라고 쓰여 있었습니다.

클레어리는 저의 강력한 후원자가 되었고, 이는 이후 굉장히 중요하게 작용했습니다. 제가 제독으로 올라서느냐를 놓고 진급심사에 들어갔을 당시, 클레어리는 심사위원회의 위원장을 맡고 있었습니다. 첫 심의에서 저는 대상자에 포함되지 못해 탈락했습니다. 그랬더니 클레어리 제독은 위원회를 다시 소집했고 제 이름을 끄집어내 저 대신 연설을 하셨습니다. '나는 여러분이 크로 대령을 다시 한 번 고려해줄 것을 부탁합니다. 그는 여러분 대부분이 원하는 해상 근무 경험을 해보지 못했을 수도 있습니다만, 지금까지 그가 한 일들을 보십시오. 이 친구는 의장이 될 잠재력을 충분히 갖추고 있습니다.' 그는 위원회 위원장이었고, 위원회는 결국 다시 검토했으며, 이번에는 제가 커트라인 안에 들어갔습니다.

바로 그해, 줌월트 제독은 해군에 인습을 타파할 만한 인물이 포함되어야 한다는 훈령을 내리셨고, 위원회로 하여금 평소의 패턴을 깨볼 것을 권고했습니다. 위원회로서는 쉬운 일이 아니었죠. 이들은 특이한 경력과 특이한 능력을 지닌 사람들을 찾아야 했고, 클레어리는 이를 이용했습니다. 위원회의 헌장은 특이한 사람을 찾는 것이므로, 이를 이용해 저를 다시 진급자 명단에 넣은 거죠. 위원회가 저를 다시 집어넣은 후, 위원회는 위원장에게 어느 정도 자유롭게 선택할 권리를 주었습니다. 당연히 제가 선택되었습니다. 위원회는 일반적으로 위원장에게 한두 명 정도 선택할 수 있는 권한을 줍니다. 어쨌든 클레어리는 저의 좋은 친구였습니다.

웨이넬 제독은 제 군 경력에 큰 도움이 된 분입니다. 저는 일종의 정치·군사형 장교로 분류되고 있었습니다. 따라서 지휘관 보직을 받는 데 애로가 많았죠. 도대체 어느 부대를 가야 지휘를 할 수 있을까요? 수상함이나 항공, 잠수함 쪽 사람들은 다 제가 함대에 속해 있는 것을 싫어했습니다. 헌데 페르시아 만은 작긴 해도 독특한 부대 지역이었고, 제 판단으로는 이곳이 정치적 사령부에 가깝다고 보았습니다. 저는 당시 총장실에서 근무 중이던 워스 배그비Worth Bagby라는 이름의 동기생을 만나러 갔습니다. 그리고 중동군Middle East Force 사령관을 하고 싶다고 말했죠. 중동군에 대해 그렇게 말하는 사람 자체가 거의 없었을 겁니다(제 생각에는 제가 그런 말을 한 유일한 사람이 아닐까 싶습니다). 그 친구는 왜 거기에 가고 싶은 거냐고 물었고, 저는 이국적이고 지구의 또 다른 장소이며 내 관심 분야와 맞는 지역이기 때문이라고 말했습니다. 그랬더니 무슨 뜻이냐고 되묻더군요. 저는 그곳에서는 수많은 정치적인 일들이 벌어지고 있고, 내가 주로 하는 일이 그런 것이라고 말했습니다. 저는 그 친구에게 만약 나를 그곳으로 보내준다면 아랍어도 배우겠다고 말했습니다. 그 친구는 그 말에 큰 흥미를 느낀 것 같았고, 곧장 해군참모총장(제임스 홀러웨이)을 찾아가 보고했습니다. 총장께서도 좋은 아이디어라고 동의하셨지만, 그를 확신시킬 수는 없었습니다. 이 문제가 다시 고려되었을 당시, 이대로라면 중동군 자체가 사라질 것이라는 판단이 나왔습니다. 저는 결국 중동에 갔고, 문제의 사령부를 인수받았죠.

제 앞에는 저보다 한두 해 앞서 있던 네다섯 명의 장교들이 있었고, 정치·군사 분야에서 중요한 인물들이었습니다. 그 사람들 모두가 해군성 정책기획부장 자리를 노리고 있었죠. 이때 저는 머나먼 바레인에 나가 있었습니다. 그곳에 있는 동안 서너 명의 경쟁자 중 한 명은 사망했고, 또 한 명은 해군참모차장의 감정을 상하게 한 사건을 일으켜 차장이 그를 별로 좋아하지 않았기 때문에 경쟁에서 밀려났습니다. 또 다른 한 사람은 총장 참모부에 있다가 스캔들에 휘말렸죠. 여기서 운은 매우 중요하게 작용했습니다. 뜬금없었습니다만, 해군성 정책기획부장 자리를 누군가 채워야 할 시기가 도래했을 때 저는 머나먼 바레인에서 뭔가 일을 해내고 있었습니다. 사령부를 지켜낸 것이죠. 바로 그해 정부가 방침을 바꿔 사령부를 계속 존속시키기로 결정했습니다. 나중에 시간이 더 지나면 증명되겠지만 매우 중요한 결정이었습니다. 해군이 정책기획참모를 골라야 할 순간이 도래했을 때, 제 경쟁자들은 모두 사라지고 없었습니다. 최소한 제가 볼 땐 그렇게 보였죠."

필자는 파월 장군에게도 어떤 이유로 자신이 합참의장에 올랐다고 생각하는지 물었다. 이 질문에 그는 즉각 이렇게 대답했다. "저도 모릅니다. 저는 항상 열심히 일했습니다. 저는 저를 선택해준 분들, 제 밑에서 일하는 부하들, 그리고 제 동료들을 위해 충실하고자 노력했습니다. 저는 오랜 시간에 걸쳐 신뢰할 수 있는 사람이라는 이미지를 구축했습니다. 저는 항상 최선의 최선을 다했죠. 항상 제가 옳다고 생각한 바대로 행동하고, 결과가 어찌되건 소신대로 행동했습니다. 또한 여러 사람에게 항상 '나의 자존심이나 자부심은 장군이 되건 말건 상관없다. 나는 그저 군에 있다는 사실을 사랑할 뿐이다'라고 말했고, 사람들은 대부분 이 말을 믿지 않았습니다. 저는 야망이 없었던 것은 아니었지만, 그렇다고 야망이 저의 동력원이지는 않았습니다."

1971년, 파월은 보병 소령으로 백악관 펠로십White House Fellowship에 선발되었다. 이 펠로십 프로그램의 목적은 젊은 유망주를 연방정부 최고위급 인사에게 소개하고, 미래의 미국 지도자들의 공공정책 수립에 관한 이해를 돕는 것이었다. 총 1,500명의 지원자가 몰렸는데, 인터뷰 단계까지 추리고 나니 130명만 남았다. 파월은 여기에 뽑혔고, 관리예산실Office of Management and Budget에 배치되었다. 당시 캐스퍼 와인버거가 실장을 맡고 있었으나, 그는 곧 건강교육복지부 장관으로 영전했다. 그의 차장은 프랭크 칼루치Frank C. Carlucci였다. 두 사람 모두 훗날 국방장관에 올랐기 때문에, 파월의 군 경력에 매우 중요한 사람들이 되었다. 파월이 백악관 펠로로 있던 동안 그의 펠로 동기들은 소련과 중공을 여행했다.

파월은 다시 현역으로 돌아왔으며, 켄터키 주 포트 캠벨에 위치한 101공정사단에 배치되었다. 당시 사단장은 존 위컴 장군이었다. "그곳에서 위컴 장군이 저를 알게 되셨습니다. 우리는 금방 무척 친해졌고, 저의 멘토가 되셨습니다. 위컴 장군께서는 캠벨 기지에 계시다가 곧 합동참모본부의 처장으로 가시게 되었는데, 당시 그는 합참 때문에 자신의 군 경력이 끝났다고 생각했었습니다. 위컴 장군은 은퇴하실 때까지 제가 장군이었던 내내 핵심 멘토 역할을 해주셨고, 이후에는 칼 부오노 장군이 1987년 총장이 되시면서 그 자리를 대신해주셨습니다."

1977년에 파월은 국방장관실에서 근무했으며, 국방차관 선임군사보좌관으로 3년을 보냈다. 1983년에 파월은 캐스퍼 와인버거 국방장관의 선임군사보좌관이 되었다. 그는 훗날 국가안보 부보좌관이 되어 부시 부통령의 옆 사무실을 썼으며, "우리는 같은 화장실을 공동으로 사용했다"고 농담을 했다. 레이건 행정부가 들어선 후 파월은 국가안보보좌관이 되었다.

그때까지 의장 중 국제관계에 이 정도로 광범위하게 노출되었던 인물은 일찍이 없었다. 파월은 장관급 장교로서 부시 부통령과 레이건 대통령, 그리고 와인버거와 칼루치라는 두 국방장관과 매우 긴밀한 업무 관계를 유지했다. "저는 이들 모두를 정치적인 관점에서 매우 잘 알고 지냈고, 이들 또한 저라는 장군 한 명이 함께하고 있으며, 자신들이 속한 정치세계를 이해하는 의장이라는 점을 숙지하고 있었습니다. 저는 속칭 정치적 군인으로 분류되었죠. 이에 관해 말씀드리자면, 모두 제 불찰입니다. 하지만 저는 사실 지난 20년간 보병으로서도 꽤 괜찮은 경력을 갖고 있었습니다."

하지만 멘토가 꼭 상급장교라는 법은 없다. 샬리캐슈빌리 장군의 멘토는 부사관이었다. "군 생활을 시작했을 때, 저는 근방 일대에서 최고의 소위가 되고 싶었습니다. 처음에는 대위든 소령이든 진급은 별로 걱정하지 않았습니다. 사실 저는 인생의 종국에 저 자신이 무엇이 될지에 대해 생각하지 않으려 의도적으로 많이 노력했습니다. 오히려 지금 현재 계급에서 최고가 되려고 했죠. 제가 처음 임관했을 때 저는 알래스카에 배치되었고, 당시 소대의 주임하사는 그라이스William Grice 하사였습니다. 그라이스 하사는 저를 그 일대에서 최고의 소대장으로 만들기 위해 헌신했습니다. 우리 부대는 9보병사단 1전투단 예하 박격포 포대였습니다. 그라이스 하사는 아침부터 찾아와 '소위님, 지시하신 대로 부대 검열 준비를 마쳤습니다'라고 했습니다. 저는 놀란 얼굴이 되었었는데, 그라이스 하사는 어떤 식으로 검열을 하는지 일부러 보여주었으며, 어떤 점을 살펴봐야 하는지 알려주었습니다. 그다음 날은 또 다른 것들로 저를 놀라게 했습니다. 매 사건은 모두 다 제가 더 나은 소대장이 될 수 있게 하기 위해 짜여 있었습니다. 그런 훌륭한 사람을 본 적이 없습니다. 모든 소위가 다 그라이스 하사 같은 인물을 곁에 둘 수 있으면 좋겠습니다. 그는 내 병사들을 보살핀다는 것이 어떤 의미를 수반하는지 가르쳐준 사람이었습니다. 그를 통해 군인이라는 직업의 굴곡을 배웠습니다. 총기 거치대를 따라 걷다가 병사들에게 질문을 던졌을 때, 만약 제가 병사들보다 그 답을 더 잘 알고 있지 않다면 제가 무슨 말을 하는지 모르면서 떠든다는 것을 그들은 다 간파할 것임을 그에게서 배웠습니다. 이건 소대장이나 소대주임 하사뿐 아니라 대장도 마찬가지더군요."

샬리캐슈빌리는 젊은 장교들에게 조언 한마디를 했다. "여러분 모두에게 바라는 것이 하나 있다면, 그라이스와 같은 하사에게서 병사에 관해, 리더에 관해, 그리고 병사와 함께 있는 책임과 즐거움에 관해 배우라는 것입니다. 모든 이가 다 저처럼 운이 좋은 건 아닙니다. 모든 이가 다 그라이스 하사를 찾아낼 수 있는 것도 아니며, 대다수는 찾아내지 못합니다. 그가 없기 때문이 아니라, 바보처럼 알지도 못하는 사이에 여러분이 곁에 있는 그를 밀쳐내 버리기 때문이죠. 그러지 마십시오. 각자의 그라이스 하사를 찾으십시오. 부사관들은 우리에게 수많은 것을 가르쳐줄 수 있습니다."

필자는 샐리캐슈빌리 장군에게도 어떻게 해서 의장이 될 수 있었다고 생각하는지 물어보았다. 그는 이렇게 답했다. "명백한 사실은 주변에 능력 있는 사람들이 많다는 것인데, 문제는 그들이 얼마나 많은지도 알 수 없다는 것입니다. 제 생각에 제가 선택된 것은 타이밍에 의한 사고 같습니다. 아마도 저는 걸프전이 끝나기 직전에 실시되었던 '프로바이드 컴포트 작전Operation Provide Comfort'•을 통해 대중, 그리고 어쩌면 워싱턴의 지도자들에게 각인된 것 같습니다. 이 작전은 북부 이라크의 쿠르드족을 도와 인도적 지원을 하는 것이 목적이었습니다. 이 작전의 인도적 취지는 언론의 상상력을 자극했고, 그 와중에 제 이름이 계속 언급되었습니다. 그 직후 저는 콜린 파월 장군의 보좌관으로 보직되었고, 국방부 밖 워싱턴에 있는 의사결정자들과 친분을 쌓을 수 있게 되었습니다. 나토 유럽 최고 동맹군사령관으로 임명할 미국인 장군을 인선하게 되었을 때 제 이름이 후보자 명단에 올랐고, 놀랍게도 제가 선택되었습니다. 그리고 제가 유럽에 도착하자마자 보스니아가 세계의 이목을 끌게 되었습니다. 결과적으로 제 이름은 워싱턴에서 계속 오르내렸고, 제가 유럽에 온 지 얼마 지나지 않아 파월 장군의 후임자를 선발해야 할 시기가 되어 다시 한 번 제 이름이 후보자 명단에 올랐습니다. 그러니 결국 제가 의장이 될 수 있었던 것은 한편으로는 타이밍의 결과였고, 다른 한편으로는 올바른 때에 올바른 장소에 있었기 때문이기도 하며, 어느 정도는 이런 결정을 내리는 사람들 곁에서 일했던 덕이기도 했다고 생각합니다."

• 프로바이드 컴포트 작전이란 1991년 4월, 걸프전의 영향으로 발생한 북부 이라크 지역의 쿠르드족 난민에 대해 보호 및 인도주의 지원을 실시한 작전이다. 전쟁이 일어나자 1988년에 벌어진 이라크의 쿠르드족 대학살이 재현될 것을 두려워한 쿠르드족이 대규모로 이주하면서 난민 사태가 발생했고, 이에 다국적군이 지원 작전에 나섰다.

아이젠하워 장군은 "어떻게 해야 의사결정자로 성장해나갈 수 있겠습니까"라는 질문에 "중요한 결정을 내리는 사람들 주변에 항상 있어라"라고 답했다. 최고의 책임을 수반하는 직위에 선택되었던 앞서 말한 장군들은 모두 의사결정을 내리는 중요한 이들 곁에서 함께했으며, 이들을 통해 지도와 상담, 조언, 교육을 받았고, 훌륭하게 임무를 수행할 기회를 잡을 수 있어 큰 도움이 되었다. 그리고 이 선택받은 장군들은 그 기회를 통해 인상을 남기고 성공할 수 있었다. 한 가지 강조하자면, 멘토십은 그냥 이루어지지 않는다. 이는 얻어야 하는 것이며, 그 대가는 가장 힘든 업무, 기나긴 야근, 개인적인 희생을 요구한다.

Chapter 7

/

Consideration

Chapter 7

배려

Consideration

어떤 지휘관 자리이든 간에, 당신의 부하들은 당신이 자신들에 대해 얼마나 아는지보다 당신이 자신들에게 얼마나 관심을 쏟는지를 훨씬 더 궁금해한다. — 존 캐넌

필자는 다음과 같은 질문을 100명도 넘는 사성장군들에게 던져보았다. "어떻게 해야 부하들이 전쟁 중에 당신을 위해 죽고, 하루에 20시간씩 일하며, 평시에 특정 사건이나 문제가 해결될 때까지 필요하다면 몇 주, 몇 개월씩 달라붙어 있도록 지휘합니까?" 장군들의 답변은 완전히 일치했다. 첫째, 리더는 우선 자신부터 모범이 되어 신과 조국을 위해 헌신하는 모습을 보여주어야 한다. 둘째, 리더는 함께 근무하는 사람들을 얼마나 신경 쓰고 있는지 보여주어야 한다는 것이었다.

윌리스 크라이튼버거Willis D. Crittenberger 중장은 조지 마셜 육군 원수의 리더십에 관해 설명하면서 마셜 장군의 이타 정신을 언급했다. "제가 제2차 세계대전 중 5군사령관을 역임하고 있던 당시, 마셜 장군께서 유럽주둔군을 순시하기 위해 오셨습니다. 미국으로 돌아가시기 하루 전날, 그의 참모 중 한 명이 샌안토니오에 있던 제 아내에게 전화를 했습니다. 전화가 연결되자 마셜 장군은 직접 수화기를 들고 이렇게 말씀하셨다고 합니다. '크라이튼버거 부인, 마셜 장군입니다. 어젯밤에 부군을 이탈리아에서 만났다고 말씀드리려 전

화했습니다. 크라이튼버거 장군은 매우 건강해 보이더군요. 그가 어떻게 지내는지 궁금해하실지 몰라 전화를 드렸습니다.' 마셜 장군은 자신의 지휘를 받는 수많은 지휘관 가족에게도 똑같이 했다고 합니다. 이런 부분이 근엄해 보이고 위엄 있어 보이던 그의 리더십 이미지와 대비되는 것이죠. 군인 가족들에게 최상급자가 직접 전화를 걸어 '잘 지낸다는 것을 알려드리려고 걸었다'라고 말하는 것만큼 안심되는 말은 없습니다. 그런 행동 하나하나가 병사와 그 가족의 사기를 높이는 데 큰 도움이 됩니다."

제2차 세계대전 기간 내내 마셜 장군은 해외 순시 출장 중에 만난 모든 고급지휘관의 부인, 모친, 가까운 친척과 연락하여 짤막하게 안부를 알렸다. 이 행동이 얼마나 많은 감사를 받았는지는 '마셜 문서Marshall Papers'에 남아 있는데, 여기에는 부인과 딸, 부모가 그의 전화 한 통을 얼마나 감사하게 생각했는지 적어 보낸 답신들이 모여 있다. 그는 오랜 세월 동안 전우였던 베델 스미스, 패튼, 마크 클라크, 아이젠하워의 부인과도 정기적으로 연락을 주고받았다. 마셜 장군은 이런 행동이 그들로 하여금 타지에서 생활하는 것을 좀 더 견딜 만하게 해준다고 믿었다.

제2차 세계대전 기간에 마셜은 군인 복지와 관련한 문제를 최우선으로 고려했다. 그는 전 세계로 군軍 대사를 파견했으며, 이들의 임무는 오로지 병사들의 불만을 듣고 어떻게 고충을 처리할지 그 해결책을 권고하는 것이었다. 마셜은 특히 전방에 배치된 병사들에게는 탄약 및 무기와 더불어 청량음료, 담배, 사탕 등도 필요한 양만큼 확실하게 공급받을 수 있게 하라고 강조했다.

마셜이 전투지역으로 직접 들어갈 때에는 지휘관 없이 운전병과 단 둘이서만 방문했고, 이곳저곳을 다니면서 병사들의 복지 상태를 점검했다. 마셜의 전화와 서신은 부대의 고급지휘관만을 대상으로 한정되어 있지 않았다. 1944년 6월 12일 노르망디 상륙 후 마셜이 첫 부대 사열을 했을 때 운전병으로 복무했던 한 병사는 인터뷰에서 마셜 장군이 귀국하기 전 운전병의 부모에게

"방금 아드님을 만났습니다. 아드님은 유럽에서 제 운전병이었는데, 건강하게 잘 있다고 알려드리려 전화했습니다"라고 전화를 걸었다고 밝혔다.

1943년 북아프리카를 방문 중이던 마셜은 안치오에서 군단장을 역임하고 있던 루시안 트러스콧 소장을 우연히 만났다. 두 사람은 오랫동안 대화를 나누었고, 마셜은 트러스콧 장군에게 아이젠하워가 그를 유럽 침공 작전에 참가시켜달라고 요청한 사실을 알고 있는지 물었다. 트러스콧은 그런 이야기를 들은 바 없다고 답했다. 유럽으로 가게 된다면 트러스콧은 군사령관으로 올라가게 될 것이었지만, 트러스콧은 이탈리아 전투로 매우 바쁜 상황이었다. 트러스콧은 훗날 이렇게 증언했다. "마셜 장군은 아이젠하워 장군이 저를 요청했다는 사실을 알려주어야겠다고 생각하신 것 같았습니다. 마셜 장군은 또한 안치오 전선에서 제가 하고 있는 일을 잘 이해하고 계실 뿐 아니라 감사하게까지 생각하고 있다는 것도 알리려 하신 것 같았습니다." 트러스콧은 '군인 중의 군인'이라는 평가를 받고 있던 인물이다. 그리고 그렇게 '터프'한 사나이였던 만큼 마셜의 감사에 대해 깊은 감명을 받았다. "저는 마셜 장군이 이 이야기를 전하시려고 저를 따로 호출하시지 않았다는 사실에 감동받았습니다. 그가 부하들을 다루면서 보여준 이런 자비와 사려 깊음은 그를 다른 이들과 차별하게 하는 요소였습니다."

바탄 죽음의 행군•에서 살아남은 한 제2차 세계대전 참전용사는 이런 기록을 남겼다. "나는 마셜 장군을 개인적으로 단 한 번밖에 만나보지 못했다. 일본군 포로수용소에서 오랜 투옥 생활을 끝내고 귀국했을 때, 사방으로 흩어진 내 직계가족과 재회할 수 있도록 내가 가고 싶다는 곳은 어디든 실어주겠다며 그의 개인 비행기를 샌프란시스코로 대절해 오셨을 때였다. 그 일이 끝난 후 나는 마셜 장군의 배려에 감사드리고자 펜타곤으로 가 신고를 했다. 마

• 죽음의 행군에 관해서는 제3장 각주 21을 참조할 것.

설 장군은 하시던 일을 모두 제쳐놓고, 매우 중요한 약속을 연기하시고 나서 나를 최대한 편안하게 해주신 후 나의 개인적인 상황에 대해 가장 인간적으로 접근하시고자 꽤나 긴 시간을 할애해주셨다."

헨리 아널드 원수 또한 제2차 세계대전 기간 중 워싱턴에서 함께 복무하던 부하 참모장교들의 복지에 많은 신경을 쏟았다. 아널드 장군은 부하들의 개인적인 삶의 만족과 전문적인 직업 만족 둘 모두를 중시했다. 조국이 전쟁 중일 때 아널드 장군은 휘하의 병사들을 전장으로 보내 전투에 참가하게 했다. 제1차 세계대전에서 아널드 장군의 실전 참가 기회는 아쉽게도 그의 곁을 스쳐갔다. "나의 야망은 조종복을 입고 프랑스로 가는 것이었습니다. 당시에는 몰랐습니다. 어떤 의미에서는 지금까지도 후회로 남아 있습니다. 제2차 세계대전 중 워싱턴에 있을 때 저는 의도적으로 훌륭한 총장님이나 최고의 비행 고문관들을 찾아가 헌신적으로 봉사하며 제가 갖지 못한 그들의 전쟁 경험을 놓치지 않고 얻으려 했습니다."

아널드는 계속 말을 이었다. "1941년 초, 유럽에서 벌어지는 전쟁에 대해 더 자세한 정보를 얻기 위해 우리는 공군 조직의 모든 부서에서 장교단을 구성해 파견했습니다. 전투부대, 참모부, 훈련센터 및 물자 사령부에서 차출했죠. 이들을 차출하는 것이 가능한지 불가능한지 여부는 상관없었습니다. 저 또한 이들을 워싱턴에 남겨 계속 업무나 보게 하는 것보다, 직접 전투작전에 참여할 기회를 주는 것이 훨씬 중요하다고 생각했기 때문에 같은 절차를 반복했습니다. 저 스스로가 제1차 세계대전 때 해외로 파병 나가려고 얼마나 힘겨운 노력을 했는지 기억하기 때문입니다.

스파츠, 이커, 하몬, 스트레이트마이어George E. Stratemeyer, 델로스 에먼스 Delos C. Emmons, 그리고 조지 케니와 고故 프랭크 앤드루스Frank Andrews 같은 보좌관들이 해외로 파병되어 각자 하나씩 거대한 사령부를 맡았습니다. 항공참모 대행과 차장이 자주 바뀌었는데, 얼마나 일을 잘하는지와 관계없이 안타깝게도 여러 훌륭한 사람들이 전쟁 중 자신의 기량을 보여줄 기회를 얻지 못했습니다."

언젠가 라이트 기지Wright Airfield에 있던 아널드 장군의 오래된 친구 한 명이 예하 부서장 대행 역할을 맡길 똑똑한 젊은 장교가 필요하다고 말했다. 아널드는 그 친구에게 말하길, "자네가 찾는 딱 맞는 인물을 하나 소개하지. 하지만 자네가 그를 얻는다면 나는 그를 잃는 것일세. …… 하지만 이 젊은이는 그저 비행대대에 갇혀 있기에는 너무 실력이 좋은 친구야. 만약 자네가 이 친구를 데려간다면 육군항공단 전체에 도움이 될 걸세. 하지만 그보다 우선 만약 자네가 이 친구를 데려간다면 반드시 그에게 기회를 주겠다고 약속해줘야겠네. 왜냐하면 이 친구는 그다지 외모가 호감 가는 사람은 아닐세." 그에게는 기회가 주어졌고, 훌륭하게 자신의 능력을 발휘했다.

제2차 세계대전 중 아널드는 부대순시의 일환으로 자주 병사식당에 들렀으며, 재급유를 위해 잠시 내렸을 때에도 식당만큼은 반드시 둘러보았다. 당시 그를 따라다니면서 취재하던 한 기자는 다음과 같이 회고했다. 어느 날 아널드가 급식 줄로 올라가더니, 스팀테이블 뒤에 선 사내에게 이렇게 말했다. "그거 맛 좀 보세." 그는 견본으로 음식을 시식한 후, "왜 병사들이 이렇게 이걸 안 먹고 있는지 궁금했네"라고 했다. 그러더니 그는 돌아서서 기지장을 바라봤다. 질이 확연하게 떨어지는 식사를 제공하는 병사식당을 개선하라는 의미가 담겨 있었다.

아널드는 감정적인 편안함뿐 아니라 신체적인 편안함도 신경 썼다. 그는 어느 날 참모 중에 한 명인 대령을 불러 "짐을 싸게. 지금 어디론가 떠날 걸세"라고 명령했다. 대령은 "갑자기 어디로 가는 것인지 여쭈어봐도 되겠습니까" 하고 물었다. 아널드의 대답은 간단했다. "안 돼."

이들의 목적지는 육군항공대 고등비행훈련학교였다. 이들은 졸업식이 한창 진행되는 와중에 도착했다. 비행기장飛行紀章을 얻게 되는 젊은이들은 하나씩 앞으로 나와 기장을 수여받고 있었다. 무리 중에 서 있던 젊은이 하나는 매우 들떠 있었으며, 계속해서 아널드와 동행한 대령을 바라봤다. 이 흥분한 젊은이가 단상으로 나오자, 아널드는 대령을 보고 이렇게 말했다. "좋아, 토머스. 가서 자네 아들에게 직접 항공대 기장을 달아주고 오게나."

양차 세계대전 사이 기간 중 스파츠 장군은 추적비행대 대대장을 맡고 있었다. 믿기 어렵겠지만, 1920년대까지 전투기 조종사들은 낙하산 없이 항공기를 몰았다. 6월 초, 엘링턴^{Ellington} 기지를 떠나기 직전 존 캐넌^{John K. Cannon} 중위는 공중에서 항공기 충돌 사태가 발생해 부상을 입었다. 그의 기체는 900미터 상공에서 추락했으며, 두개골을 비롯해 여러 곳에 골절상을 입었고, 심각한 쇼크가 일어났다. 만약 그가 사출할 수 있었다면 이런 사태를 피했겠지만, 당시 대대에는 탈출용 낙하산이 하나도 없었다. 스파츠는 이에 시정조치를 했다. 그는 셀프리지^{Selfridge}에 도착하면서 오하이오 주에 있는 매쿡^{McCook} 기지에 낙하산이 있다는 것을 알게 되었고, 매쿡 기지의 서먼 베인^{Thurman Bane} 소령에게 다음과 같은 내용의 편지를 썼다. "저는 국토횡단 비행을 실시 중인 조종사들을 지도하고 있는데, 이들과 데이턴^{Dayton}(오하이오 주의 도시) 근처에 잠시 착륙해 낙하산을 갖춰보게 할까 하고 있습니다. 제가 알기로 낙하산을 꽤 많이 갖추고 있으시다더군요. …… 저는 그곳에 가는 모든 조종사들이 해당 장비를 받게 되기를 희망합니다."

1922년 7월 19일, 스파츠는 공병과장인 베인으로부터 답신을 받았다. "자네 요청은 좀 비정상적인 것 같네. 알다시피 우리는 보급창이 아닐세. 하지만 지금 상황을 충분히 도와주고 싶고, 상급기관에서 하지 말라는 명령이 내려올 때까지는 최대한 많이 자네 조종사들을 받아 문제를 해결하겠네."

스파츠는 제1차 세계대전 당시 비행하던 경험에 관해서도 언급했던 적이 있다. "우리는 전쟁이 끝날 때까지 낙하산이라는 것이 없었기 때문에 보험회사 직원이 찾아와도 신경 쓰지 않았습니다." 그는 자신에게 국한된 문제라면 농담으로 흘려버렸지만, 그것이 부하와 관련된 문제일 때는 다른 관점에서 바라보았다.

캐넌의 사고는 더 나은 의료 지원 체계 문제도 환기했다. 한번은 이커 대위가 부상당한 조종사를 후송할 앰뷸런스를 요청했다. 그런데 그 요청을 받은 한 육군 장성은 폴로 선수가 부상당했을 때에는 말이 끄는 마차 정도가 적합할 것인데 이것이 육군항공단에도 적합할 것이라고 답했다. 하지만 스파츠는 캐넌의 부상 상태를 보고 민간 앰뷸런스를 불러 병원으로 후송하게 했다. 말이 끄는 마차는 후송 중에 그를 죽게 했을 것이다. 스파츠는 육군이 이 승인되지 않은 지출에 대해 예산을 집행하도록 만드느라 큰 어려움을 겪었다. 그의 사유서는 포트 샘 휴스턴에 있는 8군단 사령부에 전달되었으며, 내용은 "두개골 및 턱 골절상은 부상의 특성상 조심스러운 후송 방법을 필요로 합니다. 엘링턴 기지에서 캠프 로건Camp Logan(군 병원 소재지)까지 거리는 40킬로미터에 달하며, 우리는 캐넌 중위를 현재 기지에서 보유하고 있는 앰뷸런스로 후송할 경우, 후송 중 부상자를 흔들어 치명상으로 악화시킬 가능성을 우려했습니다." 캐넌은 무사히 회복했을 뿐 아니라, 훗날 사성장군까지 오르게 된다.

추후 일어날 사고를 예방하는 것 또한 지체할 수 없는 일이다. 스파츠는 1922년 6월 30일 자로 친구에게 쓴 편지에 다음과 같이 적었다. "자네에게 도움이 필요해 편지를 쓰게 되었네. 추격단의 업무 성격상 최고 기술을 가진 좋은 의사와 교육이 잘된 간호사가 필요하네." 이 접근 방법은 비행에 종사하는 인원들에게 필요한 비행단 군 의료시설을 설치하는 계기가 되었다. 자신의 행동이 부하 한 명 한 명에 대한 배려를 반영하기 때문에 스파츠는 자신부터 부하들을 존중하고자 했다.

스파츠는 자신의 부하들을 쉽게 포기하지도 않았다. 스파츠는 포트 샘 휴스턴에서 근무 중이던 친구 프랭크 래클랜드Frank D. Lackland에게 1922년 8월 22일 자로 쓴 편지에서 이렇게 말했다. "정식 지휘계통을 통해 애스피Asp에 관한 탄원서를 하나 올려볼까 생각하고 있네. 지금 보직에는 데리고 있기가 힘든 친구가 하나 있네. 하지만 이 친구는 공학이나 기술적인 문제에 대해서는 타고난 재능이 보여. 아마 신형 엔진이나 항공기에 관해 배우는 일이라면 하루 종일 일하고 다시 밤을 새우고도 거뜬할 걸세. 만약 그 친구가 자신의 타고난 성향과 맞는 자리로 가서 일한다면 아마 충분히 쓸 만한 장교가 될 걸세. 문제는 이런 성향을 가진 장교가 육군항공대에 필요한 존재인지 아닌지를 결정하는 일인데…… 이 상관관계에 관해 자네의 조언을 구하려 하네. 마지막 순간(탄원서를 올리는 순간)까지 희망을 버리는 것은 의미가 없다고 생각하네."

1920년대는 알다시피 금주령의 시대였다. 하지만 모두가 이를 묵살하고 살았다. 아이라 이커 장군은 다음과 같이 말했다. "패트릭 장군은 셀프리지 공군기지에 음주 관련 문제가 있다는 것을 인지하셨었습니다. 패트릭 장군은 스파츠 장군을 불러들여 이런 사례가 있었는지 물으셨고, 스파츠 장군은 이렇게 말했습니다. '없습니다. 셀프리지 공군기지에는 음주와 관련된 문제가 없습니다. 제 휘하 장교단은 근무시간에 정확하게 근무하고, 규정과 법규를 세심하게 잘 준수하고 있습니다.' 그는 계속 말을 이어가면서, 저녁에는 부대에서 아예 술을 제공하고 있다고 말했습니다. '매우 드문 경우입니다만, 가끔 저녁식사에 술이 나오면 저는 기지 내에서 음주를 완전히 금지하지 않습니다. 왜냐하면 비현실적이니까요. 그렇게 하지 않았다가는 기지 밖으로 나가서 술을 마시고 문제를 일으킬 겁니다. 저는 제 부하들을 모두 제 기지 안에 데리고 있습니다. 이들이 기분 좋을 정도로만 즐길 수 있도록 장교클럽에서 마시게 하고, 대신 기지 밖으로는 나가지 못하게 합니다.' 패트릭 장군께서는 스파츠 장군의 대답이 설득력이 있었다고 나중에 말씀하셨습니다. 스파츠 장군은 패트릭 장군에게 이견을 제시할 용기가 있었습니다. 스파츠 자신조차 그 회의가 잘 진행되었다는 것을 인지하지 못했을 정도였습니다. 스파츠 장군이 나중에 밖에 나온 후 '어쩌면 보직이 바뀔지도 모르겠어. 어디로 가게 될지 자네가 좀 미리 알려주면 고맙겠네. 아마 생각보다 일찍 여길 떠나게 될 거야'라고 제게 말씀하셨던 것이 기억납니다."

아이젠하워 장군은 휘하 지휘관들의 복지에 많은 관심을 쏟았다. 1942년 12월, 북아프리카 침공 작전 부사령관을 맡은 마크 클라크 장군은 알제리에서 열린 회의에 아이젠하워와 동행했다. 아이젠하워는 중간에 지브롤터로 서둘러 떠났다. 활주로에는 수많은 기자들이 기자회견을 기대하면서 모여 있었다. 시간이 촉박해 아이젠하워는 기자들의 질문에 하나도 답하지 못하고 떠나버렸다. 클라크 장군은 이 일을 이렇게 기억했다. "비록 급히 떠나시긴 했습니다만, 그의 전형적인 친근하면서도 사려 깊은 제스처를 하나 취해주고 떠나셨습니다. 기자들이 그에게 모여들자, 그는 딱 한 가지만 말할 시간이 있다고 말씀하셨습니다. 그러더니 주머니에서 별 한 개를 꺼내시고는, 앞에 서 있던 제 어깨 위에 다시면서 말씀하셨습니다. '저는 웨인(클라크)에게 이 세 번째 별을 달아줄 순간을 오랫동안 기다려왔습니다. …… 제가 네 번째 별도 달아줄 수 있으면 좋겠군요.'"

아이젠하워는 가끔 야전지휘관들에게 보고를 하게 했는데, 보고하려고 따로 시간을 내서 와야 하는 불편함을 덜어주고자 본인이 직접 방문하는 것을 선호했다. 그가 전방부대에 갈 때면 그는 자신의 임시본부를 전투지휘관의 본부에서 멀찌감치 떨어진 곳에 설치하게 했다. 이는 장교들이 실제 전투 외의 일로 바빠지는 이중고를 치르지 않게 하기 위함이었다.

이러한 최고지휘관들의 사려 깊은 배려가 담긴 행동들은 또한 여러 다른 사례에서 찾아볼 수 있다. 리처드 그루센도프Richard Grussendorf 소장은 이런 일화를 떠올렸다. "반덴버그Hoyt S. Vandenberg 장군께서 한국전쟁 기간 중 한국에 방문하신 적이 있는데, 그때 제가 보좌관으로 동행했었습니다. 맥아더 장군의 사령부에 들어갔더니, 부관이 콜린스와 반덴버그 장군 두 분에게 들어오시라고 알렸죠. 제 의자는 맥아더 장군님 집무실 밖에 있더군요. 제가 그 의자에 앉으려고 하자 반덴버그 장군께서 '자네도 따라 들어와'라고 하셔서 따라 들어갔습니다. 처음으로 맥아더 장군을 뵈었는데, 매우 정중하셨으며 방 안에 대령이 한 명 들어와 있다는 사실을 개의치 않으셨습니다. 하지만 반덴버그 장군은 이렇게 말씀하셨습니다. '자네도 (이 대화를) 잘 들어두게.' 반덴버그 장군께서 매우 깊은 배려를 보여주신 것이기도 하지만, 한편으로는 저를 훈련시킬 생각이 아니셨나 싶습니다. 사실 저는 이런 이야기를 전문이나 합참 서신으로 보는 것이 편했습니다. 반덴버그 장군께서는 그냥 '자네도 따라 들어와서 높은 분이나 한번 만나보게. 나중에 손자손녀에게 이야깃거리가 될 수 있도록'의 의미로 저를 함께 데리고 들어가신 것이 아니었습니다." 이는 멘토십을 보여주는 또 하나의 일례이기도 하다.

네이선 트와이닝 장군은 그의 군 생활 동안 장교와 병사 모두에게 배려와 관심을 기울였다. 교관으로서 트와이닝 장군의 모습을 가장 잘 보여준 일례는 엘우드 쾌사다Elwood R. Quesada 중장의 일화에서 잘 나타난다. 쾌사다 장군은 육군항공단 메릴랜드 주립대학교University of Maryland에서 모병되어 조종사 교육을 받게 되었지만, 기본적으로는 비행교육학교의 풋볼팀을 만드는 역할을 위해 모병된 것이나 다름없었다. 쾌사다 생도는 이 기회를 이용해 비행을 배우기로 결심했다. 트와이닝은 이때 그의 풋볼팀 멤버로 함께 있었다. 쾌사다는 이렇게 말했다. "트와이닝이 굉장히 풋볼 선수 같았던 것이 기억납니다. 트와이닝은 예의바르고 상냥한 친구였습니다. 당시 군에서 한 5년 정도를 보낸 중위였었죠. 우리는 풋볼팀에서 친해지게 되었습니다만, 그는 장교였고 저는 병사의 신분이었는데도 그는 저를 매우 친근하게 대해주었습니다. 매우 고맙게 생각했고 함께 있는 것이 즐거웠죠. 장교와 병사는 일반적으로 잘 섞이기 어렵습니다만, 그는 제가 잘 적응할 수 있게 도와주었습니다.

특히 제가 기억나는 것은 언젠가 제가 풋볼을 하다가 다리가 부러졌을 때입니다. 군은 제가 학업을 계속 따라가길 바랐기 때문에 다른 모두가 겨울방학과 크리스마스로 집에 간 동안 비행교육을 받을 수 있게 해주었습니다. 당연히 제가 교육을 받으려면 저와 마찬가지로 크리스마스를 포기하고 저를 가르칠 교관 조종사가 있어야 했죠. 이때 네이트 트와이닝이 나서서 자신이 제 교관 역할을 해주겠다고 했습니다. 그래서 겨울방학 두 주 동안 저는 특별 교육을 받았습니다. 그의 행동은 매우 사려 깊었고, 저는 평생 이를 잊은 적이 없습니다."

로리스 노스태드 장군은 소위를 달고 첫 임지로 부임했을 때를 기억했다. "제 첫 임지는 하와이에 있는 윌러Wheeler 기지였습니다. 저는 스코필드 배럭스Schofield Barracks에서 살게 되었고, 네이트 트와이닝은 이때 영관급 장교로 독신 장교 숙소BOQ에서 지내고 있었습니다. 제 숙소도 그 근처에 배정되었는데, 저를 매우 잘 대해주던 것이 생각납니다. 트와이닝은 같은 숙소에 있는 모든 이에게 저를 소개해주었고, 기지 내 사람들에게도 소개해주었습니다. 그는 사려 깊었고, 배려심이 많았으며, 멋있는 사람이었습니다. 저는 항상 그를 좋아했고, 그와 처음 만났던 순간을 잊어버린 적이 없습니다."

1950년 7월, 트와이닝은 워싱턴 D.C.로 가 공군성 인사참모부장이 되었다. 이 역할을 수행하면서 그는 특히 병사들에게 많은 관심을 기울였는데, 이는 공군이 고도의 기술을 요하는 만큼 이들에게 투입되는 교육 비용이 엄청나다는 사실을 알고 있었기 때문이다. 만약 이들이 입대 후 복무 기간을 마치고 군을 떠나버린다면, 이들에게 들인 훈련 비용은 돈 낭비가 되기 때문에 재입대율을 높이는 것이 중요했다. 그는 이에 대한 대응책이 바로 공군이라는 직업을 더욱 매력적으로 만들고, 뛰어난 복지, 높은 급여, 좋은 주거 조건을 제공하는 것이라고 생각했다. 또한 공군에 소속된 모든 군인이 자신의 입지가 안정적이며 민간인에게서 존경을 받고 있다는 느낌을 주는 것이 중요하다고 판단했다. 그의 자세는 거의 공군의 신조가 되었다. 고위 장교들은 "숫자란 우스갯거리에 불과하다"라는 간결한 말로 공군이 얼마나 더 커져야 하는가에 대한 질문을 묵살했다. 이들은 어떻게 해야 공군 장병들이 군을 평생 직업으로 생각하게 할 수 있을지에 대해 논의하는 것을 선호했다. 어느 장군 한 명은 심지어 "장병 하나하나가 모두 잘 훈련되고 전문적이며 안정된 인력이기만 하다면 몇백 개의 비행단이 되든 다 받아들이겠다"라고까지 했다.

트와이닝이 던컨Duncan 기지에서 맡은 임무 중에는 새로운 비행학교를 설립하는 일도 포함되어 있었다. 대니얼 훅스Daniel E. Hooks 소장은 이렇게 말했다. "소위 때 이런 비행학교 중 하나에 보직되었습니다. 당시에 네이선 트와이닝 소령이 우리 지역 감찰관을 하고 있었습니다. 우리는 그가 오는 날을 항상 기다렸는데, 그는 우리 부대 어디에 문제가 있는지를 말해줄 뿐 아니라 어떻게 문제를 해결해야 하는지까지 보여주었기 때문이었습니다. 그는 다른 비슷한 학교들도 겪는 유사 문제점을 가르쳐줬으며, 우리가 어떻게 해야 그런 문제를 피할 수 있는지 알려줬습니다. 그는 우리를 비평하기보다는 돕는 데 관심이 많았습니다. 그는 전문가였고, 개방적이었으며, 솔직하면서도 친근했고, 매우 정직했습니다. 우리는 항상 그의 도움에 감사했으며, 그를 만나는 것을 언제나 즐겁게 여겼습니다."

커티스 르메이 대장은 1948년 전략공군사령관을 역임하고 있었다. 당시 냉전이 막 시작되고 있었고, 르메이 장군은 소련의 위협을 경계하고 있었다. 그는 자신의 부하들에게 기대하는 바가 컸으며, 많은 폭격기 승무원들로 하여금 항시 대기 상태를 유지하도록 특별히 요구했다. 이들은 오랫동안 가족들로부터 떨어졌으며, 몇 달씩 기지 내 승무원 비상 대기지역이나 해외 전개지역에서 지내야 했다. 하지만 르메이가 자신의 휘하 공군 장병들을 얼마나 잘 배려했는지에 대해서는 그 누구도 의심하지 않는다. 르메이는 이렇게 말했다. "자기 휘하의 사람들에게는 항상 신경을 써야 합니다. 만약 나 자신이 그들을 신경 쓰지 않는다면, 아무도 그들을 신경 쓰지 않을 것이기 때문이죠. 참모총장이 휘하 부하들을 신경 쓰느냐 마느냐는 그의 선택이며, 사실 상당히 많은 시간을 잡아먹습니다. 감히 어느 보직이 다른 보직보다 더 힘들었는지를 놓고 우선순위를 가리려는 것이 아닙니다. 저는 조국을 최우선적으로 생각하고, 그 다음으로는 공군과 군, 그리고 휘하 장병들이라는 우선순위 기준을 만들었습니다. 부하들과는 많은 시간을 함께 보내야 합니다. 공군 지휘관은 전문적으로 뛰어나며, 공군에게 주어진 복잡한 임무를 수행할 수 있는 사람을 만드는 동시에 자신의 휘하로 오는 부하들을 선별하고, 계속 데리고 있을 사람들을 지속적으로 관찰해야 합니다. 그리고 이 자체가 엄청난 시간을 필요로 하는 분야입니다. 제가 느끼기에 저도 이 부분에 상당한 공을 들인 것 같은데, 그래도 많이 부족했습니다. 이 분야에 대해서는 아직도 해야 할 일이 많고, 제 후임으로 올 총장들은 더 많은 시간을 이 일에 투자해야 할 겁니다."

르메이가 전략공군사령부를 인수했을 때, 어느 장군이 필자에게 이런 말을 했었다. "저는 공군본부 시설국장을 했던 적이 있습니다. 르메이 장군은 전략공군사령부를 오늘날의 뛰어난 억지력을 가진 부대로 만들기 위해 쉬지 않고 일하셨죠. 그는 부대 내 많은 장교와 장병의 삶을 더 낫게 하기 위해 총공격에 가까운 노력으로 직접 지휘하셨습니다. 르메이 장군은 특히 생활관, 장교 숙소, 장교 관사를 개선하고자 많은 노력을 기울이셨습니다. 그는 공군본부에 갈 때마다 이 문제를 들고 저를 만나러 찾아오셨고, 끊임없이 개인적인 서신을 주고받았습니다. 그는 우리가 이룩한 성공에 헤아릴 수 없을 만큼 많은 공헌을 하셨습니다. 공군은 르메이 장군이 우리 모두의 삶의 질을 향상시키기 위해 힘겨운 노력을 기울이신 것을 인정하고 갈채를 보냈으며, 이는 그의 계급과 기록이 잘 말해주고 있습니다."

구식 B-36의 유도 승무원 한 명을 양성하는 데에는 300만 달러를 투자해야 한다. 하지만 돈을 얼마나 들었느냐가 바로 얼마나 효과적인지를 의미하지는 않는다. "돈을 대신할 수 있는 것은 얼마든지 많습니다." 르메이는 이렇게 말했다. "하지만 위기 상황에서 우리에게 이런 승무원을 대체할 충분한 시간이 주어질지는 의문입니다."

르메이가 전략공군사령관으로 재직하던 시절, 항공기 한 대가 비극적인 추락 사고를 당했고 승무원들이 추락 지역에서 얼마간 버티다 전원 사망한 사건이 있었다. 여기에서 얻어야 할 교훈은 그저 수수방관하는 자세로는 추위, 배고픔, 고립 상황을 이겨낼 수 없다는 것이다. 용감한 승무원들은 버틸 만큼 버텼지만, 이들의 용기와 지치지 않는 쾌활함만으로는 충분하지 못했다. 이들이 살아남으려면 무엇을 어떻게 해야 하는지를 가르쳤어야 했다. 르메이는 이렇게 말했다. "리더는 자기 자신부터 정신적·물리적으로 살아남을 각오가 되어 있어야 합니다. 그리고 행동해야 하죠."

르메이는 공군과 육군의 현역 및 예비역 명단을 샅샅이 뒤져 스키선수, 탐험가, 산악인, 사냥꾼, 벌목꾼을 모아 학교를 세우고, 여기에서 추락한 조종사를 위한 교육으로 맨땅, 툰드라 지대, 정글, 사막 혹은 산속에서 살아남는 법을 가르치기로 했다. 이 필수적인 교육에서의 훈련과 경험을 통해 수많은 인명을 살릴 수 있었다.

르메이는 계속해서 이렇게 덧붙였다. "아직도 소수의 속칭 '현실주의자'들은 이런 승무원들의 손실을 어느 공군이나 겪는 일반적인 소모 현상으로 과소평가합니다. 이건 완전히 틀린 생각입니다. 전략공군사령부의 그 어느 조종사, 폭격기 조종사, 기총수, 승무원도 소모성인 사람은 없습니다. 전략공군사령부의 임무는 적들에게 완전한 보복 조치를 가하는 대신 항구적인 균형을 대안으로 제시하여 평화를 유지하는 것입니다. 하지만 평화 시 우리의 억지력과 전쟁 시의 잠재적인 파괴력은 케이오 펀치와도 같은 '핵'주먹을 날릴 준비가 얼마나 잘되어 있느냐에 달려 있다는 점에서 똑같습니다. 1년 후, 한 달 후, 혹은 다음 주도 아닌 바로 지금 당장 한 방을 날릴 능력을 말하는 것입니다. 그런 승무원 없이도 훈련이야 가능하겠지만, 이 정교한 팀이 있다면 오늘 당장 모든 것을 우리 뜻대로 할 수 있습니다."

존 라이언 장군은 1969년부터 1973년까지 공군참모총장을 역임한 인물이다. 필자는 전쟁 중의 지휘관들이 어떻게 부하들이 위험하고도 복잡한 임무를 잘 수행할 수 있게 하는지 물었다. 그의 대답은 다음과 같았다. "잘 아시다시피, 많은 사람이 그 질문의 답을 찾아왔습니다. 하지만 중요한 것 중 하나는 자신의 자아를 감추는 것입니다. 당신의 성공은 부하들의 활동이 얼마나 잘 완수되었느냐에 달려 있습니다. 당신 혼자는 사실 무력하죠. 제 성공은 제 휘하에 있는 수많은 사람들이 노력을 들인 결과임을 깨달았고, 이들 각자가 팀 및 부대의 목표를 위해 기여하는 것을 항상 경애하고 있음을 보여주려 노력했습니다. 물론 이것이 저를 성장시키기도 했고요.

저는 부하들에게 많은 질문을 했었습니다. 이들이 무엇이 틀렸는지를 알고 있었죠. 또 저는 이들이 무엇을 하고 있는지도 궁금했습니다. 이런 방식으로 저는 엄청나게 많은 것을 배울 수 있었습니다. 부하들에게 질문할 때마다 이들의 대답도 더 좋아집니다. 아직까지 저는 자신이 하는 일에 흥미를 느끼는 사람이 호의적으로 반응하지 않는 경우를 본 적이 없습니다. 옛날 B-50이 날아다니던 시절, 도태되기 시작하던 엔진 기화기를 교체하기 위해 수많은 밤을 새우던 때, 저는 밤 열 시에서 열 시 반쯤 현장으로 나가 교체 작업 중인 인원들 뒤에 서서 여러 가지 질문을 던졌습니다. '지금 무엇을 하고 있나'라는 이 질문을 통해 무언가를 배울 수 있습니다. 이를테면 식당이 문을 닫아서 커피 한잔 타 먹기가 힘들다든가 하는 거죠. 그러면 그 문제를 해결해주려 노력합니다. 심지어 제가 직접 커피를 타서 가져가기도 했습니다. 저는 식당에 반드시 커피를 비치하고, 야간 시간 내내 식사를 제공하도록 조처했습니다. 저는 그들이 하는 일에 관심을 기울였고, 이들은 저를 위해 힘껏 노력했습니다."

필자는 라이언 장군에게 어떻게 하면 부하들에게 추가적인 노력을 이끌어낼 수 있겠느냐고 물었다. "그들과 소통해야 합니다. 저는 부하들과 대화를 했지, 고압적으로 지시를 내리지는 않았습니다. 그들이 하는 일이 어떤 일인지 관심이 많았기 때문입니다. 그리고 저는 그들에게 하는 질문을 통해 많은 것을 배웠죠. 예를 들어 준장을 달고 있던 시절, 제가 물자과장으로 있었던 오마하 기지에서 저는 사단장 역할부터 기지 참모 역할까지 수행했습니다. 매번 저는 직접 현장 순시를 하거나 기지에 대한 오리엔테이션을 받았고, 수많은 시간을 정비 활동에 투자했습니다. 항공병과 대화하고, 장교들과 대화했으며, 이들이 무엇을 하고 있고, 무엇이 문제인지를 들었습니다."

조지 브라운 장군의 군 생활은 타인을 위한 배려와 사려 깊은 행동, 세심함으로 가득 차 있었다. 어느 장교는 이렇게 그를 기억했다. "브라운 장군은 부하들에게 대단한 세심함을 보여주셨습니다. 그의 부하 중 한 명이던 몬태나 출신의 트레드웨이Treadway 병장이 심하게 우울증을 앓고 있을 때였습니다. 브라운 장군은 그를 면담했고, 트레드웨이는 면담 후 자신의 막사로 돌아갔습니다. 잠시 후, 병장은 카우보이 장화, 테 넓은 모자, 그리고 기타 몬태나 주 전통의 웨스턴 복장에 필요한 장신구를 갖춰 신고 밖으로 나왔습니다. 그러더니 기지 주변을 한 시간가량 돌면서 퍼레이드를 하더군요. 당연히 이는 복장 규정 위반이었습니다만, 그 친구는 퍼레이드를 마치고 나서 다시 텐트로 돌아가 전투복을 갖춰 입고 마치 새사람이 된 듯한 모습으로 나왔습니다. 브라운이 그에게 이렇게 하라고 시킨 것이었다는데, 결과적으로는 매우 효과적인 치료법이었던 것이죠."

브라운 장군은 매코드McChord 공군기지에서 1951년 7월부터 1952년 4월까지 근무했다. 포트Courtney L. Faught 장군은 이 시기를 이렇게 회고했다. "맥코드에 있던 당시, 부대원의 가족은 켈리 공군기지에 남아 있었습니다. 이는 심각한 사기 저하 문제를 일으켰죠. 브라운은 정비 쪽 사람들을 불러 우리가 매일 일본으로 병력을 수송하고 부상자를 후송해오는 데 필요한 항공기의 가용 숫자에 대한 설명을 들으셨습니다. 브라운은 우리가 만약 필요한 수만큼 가용 항공기를 유지할 수 있다면, 어쩌면 맥코드 기지와 켈리 기지 사이에도 정기 항공편을 놓을 수 있을 것이며, 이를 통해 가끔은 가족들이 오갈 수도 있지 않겠느냐고 말했습니다. 그는 당번표를 만들어 맨 아래의 이병부터 고급장교까지 모두 최소한 두 주 반에 한 번은 켈리 기지로 갈 수 있게 했습니다."

맥코드에서 브라운 장군은 당시 그의 선배 기수 대령이 지휘하던 비행단을 임시로 맡아 지휘하고 있었다. 포트 장군은 그에 대해 이렇게 말했다. "그 대령 이름이 뭐였는지 생각이 잘 안 납니다. 어쨌든 그 사람이 조지 브라운을 질투했었던 것 같아요. 브라운은 부여받은 임무를 매일매일 전부 소화하고 있었고, 선배였던 한 대령이 그렇게 방해했는데도 이를 무시하고 기대 이상의 성과를 냈습니다. 나중에는 그 대령도 결국 포기하는 것 같더군요. 그러더니 이 대령이라는 양반이 브라운의 부하들에게 대신 퍼부어대기 시작했습니다. 브라운은 우리 중 네 명을 진급 대상자로 추천해 놓았었는데, 문제의 대령은 우리 진급에 어떤 도움도 주려 하지 않았습니다. 그는 우리가 그저 수송기 정비사이기 때문에 진급할 자격이 없다고 생각하는 것 같더군요. 브라운은 상관인 스토웰 장군을 개인적으로 찾아가 이 문제를 이야기할 것이라고 대령에게 말했습니다. 하지만 그렇게 하기 전에 대령이 먼저 항복하고 진급 추천을 하기로 동의했죠. 우리 네 명은 이를 성사시키기 위해 조지 브라운이 들인 노력을 절대 잊지 않았습니다."

이 사건은 브라운 장군의 당시 평가관이던 리처드 브로밀리^{Richard F. Bromily} 대령에게도 알려졌고, "그는 자신의 부하들과 조직에 매우 충실하다"라고 평가했다.

브라운 장군의 배려심을 보여주는 또 다른 일화도 있다. 프랭크 로저스 ^{Frank Rogers}는 이렇게 말했다. "짐 존슨^{Jim Johnson}이라는 중령이 비행단의 군수참모^{A-4}인지 물자과장인지로 부임했었습니다. 짐에게는 우리 지역 내에 있는 두 개 사단 사령부 예하의 AC&W^{Aircraft Control & Warning}(항공기 통제 및 경보) 지점에 대한 군수지원 대책을 마련하는 문제가 주어졌습니다. 그래서 제가 조지 브라운과 이 문제를 놓고 토의해 실효성 보고서를 작성해서 짐에게 제출했던 기억이 납니다. 토의하면서 브라운이 이렇게 말하더군요. '내 생각에 짐에게는 이 문제에 대해 너무 많은 책임이 부여된 것 같아. 짐은 그 문제를 사실상 거의 아무 도움도 받지 못하며 풀어가고 있어.' 나는 그때 브라운이 모든 사람에게 타고난 한계라는 것이 있다는 것을 이해하고 있음을 깨달았습니다. 당시 우리가 갖추고 있던 시스템에서는 많은 사람이 박사학위를 따거나 전쟁터에서 나폴레옹처럼 될 수 없었습니다. 어떤 이들은 정말 처절하게 노력했는데도 원한 만큼 결과가 완벽하지 못한 경우가 있었기 때문에 이런 이들에게 동정심을 갖거나 최소한 이해라도 해줘야 했습니다. 이런 이들에게도 공군 내에는 자리가 있었고, 그에 맞게 대우해야 했죠. 나는 짐을 오랫동안 알아왔는데, 그가 매우 능력 있는 사람이었는데도 안타깝게 공군에는 능력이 더 출중한 물자과장이 많았다고 해야 할 것 같습니다. 그래도 그는 우리 사람이었고, 지휘관을 위해 최선을 다했습니다. 조지 브라운은 그의 노력을 인정했고, 그의 군 경력이 어떻게든 다시 꽃필 수 있게 되기를 바랐습니다. 그는 가능한 모든 방법을 다 찾으며 배려했고, 진정한 사나이임을 증명했습니다."

타인에 대한 브라운의 배려는 군인에게만 한정되지 않았다. 그는 특히 부사관과 병사를 비롯한 장병과도 친밀하게 지냈으며, 이는 그의 군 배경에서 나온 행동이었다. 그는 군무원과 군인을 막론하고 모든 사람이 다 중요하다는 사실에 대한 광범위한 인식을 품고 있었다. 셀프리지 공군기지에는 만든 지 몇 년 된 골프 코스가 있었다. 하지만 군무원들은 이 코스를 사용하는 것이 금지되어 있었다. 해당 시설은 특별히 군을 위해 보존되고 있던 것이었다. 브라운 장군은 지휘관이 되고 얼마 후 기지 내 이발사로부터 이 사실을 알게 되었다. 열렬한 골퍼이기도 했던 이발사는 "저도 가끔은 골프 코스에서 골프를 칠 기회가 있으면 좋겠습니다"라고 말했다. 브라운 장군은 당시에 아무 말도 하지 않더니, 곧 주 중에는 군무원도 골프장에서 골프를 칠 수 있게 하되, 군인들이 비번인 주말에만 골프장 이용을 피하도록 했다. 많은 수의 군무원들이 일과를 시작하기 전 아침에 골프장을 사용하기 시작했고, 오후 및 점심시간에도 3~4홀 정도씩 칠 수 있게 되었다. 이는 이들에게 자신이 '팀'의 일원으로 받아들여졌다는 사실을 느끼게 해준 매우 중요한 사건이었다. 브라운은 화이트 대령에게 자신의 결정에 대해 말했다. "같은 부대의 일원인 이들을 무시하고, 마치 불쌍한 노예처럼 다루면서 함께 지낼 수는 없네." 화이트는 이에 대해 다음과 같이 평했다. "그는 장교, 병사, 민간인을 막론하고 모두를 똑같이 대했다."

어떤 장교들은 병사들에 대한 인식 수준이 낮았지만, 조지 브라운 장군은 절대로 그렇지 않았다. 두 전투비행대대에는 벽돌로 지은 막사 두 채가 있었고, 그 안에는 각각 대형 식당이 들어가 있었다. 브라운은 이렇게 말했다. "왜 병사들이 일요일에 아침 일찍 일어나 PX까지 걸어가 신문을 받아오고, 다시 식당까지 돌아와야 하는지 이해할 수가 없다." 안타깝게도 기지는 주말에 닫혀 있고, 병사들은 그날 일을 하지 않는데도 식당들은 주중과 마찬가지로 식사 시간이 정해져 있었다. 무슨 뜻이냐면, 일요일에도 아침식사가 6시에서 8시까지만 제공된다는 뜻이었다. 브라운은 이렇게 말했다. "기지 내 숙소에서 거주하는 사람 중 일요일 6시에서 8시 사이에 아침을 먹으려고 일어나는 사람은 없다. 다들 한가하게 일요일 아침식사를 즐기고 신문을 읽는다. 그렇다면 왜 막사에 살고 있는 병사들은 그렇게 할 수 없는 건가?" 그래서 그는 막사 식당의 일요일 아침 시간을 8시에서부터 11시까지로 변경하게 했다.

화이트에게 다음과 같이 말했다. "병사들이 정말 좋아했습니다. 병사들은 8시에서 11시 사이라면 아무 때나 슬리퍼를 신고 식당으로 내려가 아침식사를 할 수 있었고, 전투복은 입지 않아도 되었습니다. 신문보급소에는 신문을 PX가 아닌 식당으로 배달하라고 지시했죠. 병사들은 다양한 신문을 집어 들고 배식 줄에 서서 주방장에게 '계란 몇 개를 한쪽만 익혀주고, 베이컨과 팬케이크를 주세요'라고 말하곤 식당 테이블에 가서 기다기만 하면 되었습니다. 어차피 미리 요리가 되어 있는 것이 아니었기 때문에, 음식이 나오기를 기다리는 동안 신문을 읽으면 되었죠."

공군참모총장을 지낸 데이비드 존스 대장은 로버트 톰슨^{Robert C. Thompson} 소장을 이성급 보직인 공병참모에 앉히려고 데려왔다. 그는 기지 내에서 공군과 관련된 모든 것을 연구할 수 있도록 토건 관리평가팀을 창설했다. 존스 장군은 숙소 사무소부터 기지 매점^{BX}, 상점 및 재고품이 쌓인 창고까지 모든 시설에 관심을 기울였다. 사람들은 모두 공손하게 대접받았는가? 서비스의 관점에서 공군은 제대로 서비스를 제공했는가? 이에 대해 '아니요'라는 대답이 속출했다. 평가팀은 그다지 고압적인 접근법을 사용할 필요도 없었다. 존스 장군은 이들의 두꺼운 보고서를 세심하게 살펴보았다. 이들의 보고서는 결점뿐 아니라 공군이 공공을 위한 서비스를 향상하기 위해 어떻게 개선해야 할지도 적혀 있었다. 이들은 다른 기지에서 관찰한 것을 토대로 많은 것을 배울 수 있었으며, 상호 교류도 수차례 실시했다. 존스 장군은 이렇게 얻은 정보를 전미 공군에 전파했다.

존스 장군의 군종참모였던 헨리 미드 소장은 이렇게 말했다. "1977년 말부터 1978년 초까지 존스 장군님과 일본에 출장을 갔던 적이 있습니다. 지금도 그렇지만 당시에도 장군께서는 조깅을 무척 즐기셨습니다. 하루라도 건너뛰는 일이 없으시더군요. 아무튼 언젠가 아침에 조깅을 하려고 체육복을 입고 계셨습니다. 우리는 당시 요코타^{橫田} 기지에 있었죠. 존스 장군께서는 우연히 기지 바로 바깥쪽에 미군 병사들이 거주하고 있는 미국인촌을 발견하셨습니다. 그때만큼 심하게 화를 내시는 모습을 다시 본 적이 없는 것 같군요. 장군께서는 굉장히 개탄스러운 장면을 보셨습니다. 병사들이 그런 쓰레기통 같은 곳에서 살아야 한다는 것에 구역질이 나신 겁니다. 그때부터 존스 장군께서는 그와 관련된 이야기만 했습니다. 가는 곳마다 그 이야기를 꺼냈고, 브리핑을 받게 된 히컴의 태평양 공군사령부에서도 그 이야기를 꺼내셨습니다. 요코타 기지 사령관은 큰 상처를 입고 떠났죠. 하지만 존스 장군은 계속 상황을 흔들어대며 어떻게든 나아지게 해보려고 했습니다. 훌륭한 분이시죠. 병사들은 계급이 낮아 조건이 안 맞더라도 가족을 불러들여 함께 살고 싶어 했습니다. 비허가된 사람들이 해외 시설 안에서 살고 있었고, 군인 가족의 특권을 전혀 누리지 못하고 있었습니다. 그것이 그의 불을 댕기게 된 것이죠. 그는 실제로 이 모든 걸 바꾸어 놓았습니다. 그는 병사들을 위한 사나이였습니다. 정말로요."

존스 장군은 언제나 사람을 중심으로 일을 했다. 역설적이게도 일부 고위급 인사들은 이런 점을 비판하며, 그의 행동이 모두 계산된 행동이라고 말했다. 군종감인 미드 신부는 "저는 그런 말을 모두 무시했습니다"라고 말했다. "저는 한 번도 존스 장군이 사기꾼이라고 생각해본 적이 없습니다. 존스 장군은 단 한 번도 사람과 관련된 주제를 자신의 이득을 위해 이용한 적이 없습니다. 그럴 까닭이 없었습니다. 그는 총장 아닙니까. 그는 특별히 소수자들에게 관심이 많았을 뿐입니다. 그는 공군에서 소수자들도 받아야 할 대접을 공정하게 받아야 한다고 믿었을 뿐입니다. 말로 고상을 떨려고 하신 적도 없어요. 그는 이런 인애주의적 프로그램을 펜타곤에 도입하고, 인종차별 문제를 지적하면서 부대원 모두에게 참석하라고 하셨습니다. 그러고 나서는 이 문제를 전 세계에 퍼져 있는 공군에 전파했습니다. 모든 장교는 소수인종 차별 문제를 다룬 회의에 1년에 몇 차례 의무적으로 참석해야 했습니다. 이것 때문에 미치려고 한 사람도 많았죠. 설교를 듣고 앉아 있는 것도 싫었고, 이들의 지적 수준에 대해서도 모욕감을 느꼈던 겁니다. 존스 장군은 소수인종에 대한 장벽이 당장 철폐되기를 희망했고, 이 프로그램들은 기적을 이루었습니다."

로버트 백스터 예비역 공군 대령은 필자에게 이렇게 말했다. "존스 장군이 추진하던 또 다른 인사 관련 프로그램은 전역한 공군 출신자들이 더 적극적인 역할을 하게 하는 것이었습니다. 그는 모든 지휘관에게 서신을 보내 우리가 모두 공군 가족의 일원임을 강조하며, 예비역들로 하여금 현지 상황에 맞는 형태로 한두 해에 한 번씩 전부 모일 수 있게 했습니다. 그는 예비역들이 다시 공군과 연락을 취하게 되길 바랐고, 우리가 그들에게 항상 관심을 가지고 있다는 것을 알려줌으로써 앞으로 계속해서 함께하기를 희망했습니다. 그리고 그들의 조언을 얻길 원했죠. 예를 들어 존스 장군은 자주 르메이 장군을 찾아가 조언을 구했습니다. 그는 르메이 장군의 말씀을 경청했고, 르메이 장군의 시절과 비교해 현재 공군이 많이 변했다는 것을 깨달았습니다. 존스 장군은 자신의 지휘관들에게 이 프로그램을 정책 사안으로 다루라고 권고했으며, 지휘관들로 하여금 예비역들의 도움이 얼마나 귀중하게 쓰일 수 있을지 알아내고, 어떻게 이들을 대우해야 할지도 연구하라고 했습니다. 그의 요지는 매우 간단했습니다.

'우리는 예비역들을 더 많이 초빙할 수 있도록 최선을 다해 그들이 기지 내 기능 분야에 참여할 수 있도록 유도한다.' 이 정책은 예비역 장교와 병사 모두에게 적용되었습니다. 그는 특히 사망한 병사의 미망인 주거 환경에 적극적인 관심을 보였습니다. 우리는 이미 일찍부터 샌안토니오 지역의 예비역 장교들을 열심히 지원해왔기 때문에, 이곳에서부터 좀 더 쉽게 일을 진행할 수 있었습니다."

톰슨 장군도 이에 관해 할 말이 있었다. "존스 장군께서는 기지장, 전비단장, 기타 주요 지휘관에게 예비역들을 다양한 기능에 포함시키도록 독려하셨습니다. 예를 들어 볼링 공군기지나 앤드루스 기지에 가보신다면, 예비역들이 매일 몇 시간씩 운영하는 사무실을 보실 수 있을 겁니다. 또 주변 80킬로미터 지역을 아우르는 간행물도 있었는데, 이것도 존스 장군께서 만드셨죠. 이 잡지의 핵심은 문제가 있거나 난관에 봉착한 예비역들이 각 부대들의 번호를 보고 해당 부대 지휘관에게 전화를 걸어 대화하고 방문하고 도움을 받고, 또 특정 위기 발생 시에는 금전적 지원을 받을 수 있게 하는 데 있었습니다."

로버트 톰슨 소장은 존스 장군을 이렇게 평했다. "그는 심지어 다른 군에 대해서도 배려심을 보여주셨습니다. 전 육군 군사령관 겸 육군참모총장을 지내신 크라이튼 에이브럼스Creighton W. Abrams 대장께서 돌아가셨을 때 부인 되시는 에이브럼스 부인을 위해 장례식 끝나고 일주일 뒤에 작은 행사를 여셨습니다. 존스 장군이 에이브럼스 장군과 직접적으로 친분이 있지는 않으셨지만, 브라운 장군과 에이브럼스 장군이 베트남에서 친밀한 관계를 유지하셨고, 이를 통해 육군과 공군 간의 협력관계가 증진되었다는 사실을 잘 알고 계셨습니다. 존스 장군은 에이브럼스 장군을 지휘조종사로 사후死後 임명했으며, 그의 묘비에 지휘조종사 휘장을 붙여 넣었습니다. 이것이 공군이 그에게 헌정할 수 있는 가장 상징적인 것이라고 느꼈죠. 그는 에이브럼스 부인과 자신의 집무실에서 조촐하게 기념식을 열었는데, 한 열 명 정도가 모여 비행기장을 에이브럼스 장군에게 헌정한다는 의미로 부인께 드렸습니다."

존스 장군의 가장 의미 깊은 배려심의 표상은 미드 신부가 기억했다. "언젠가 일본 출장 중에 데이비드 존스 장군께서는 위대한 인격자의 모습을 보이신 적이 있습니다. 1981년 주일 미군 방문 당시 미군 병사들이 현지 한국인 여성과 사이에서 낳은 아이들이 지속적으로 문제가 되고 있다는 보고를 받았습니다. 메리놀Maryknoll 외방전교회 소속이던 앨프리드 킨Alfred V. Keane 신부님이라는 분이 서울에 주재 중이셨는데, 한국에 주둔 중이던 주한 미군 소속 육군 및 공군과 매우 친밀한 관계를 유지하던 분이셨습니다. 그는 미군 병사들과 한국인 여성 사이에서 태어난 아이들을 돌보고 있던 몇 안 되는 분들 중 하나셨죠. 아이들의 아버지는 결혼하지 않은 상태로 아이의 엄마와 아이를 버리고 본국으로 가버린 경우가 대다수였습니다. 특히 당시 한국 사회가 이들을 배척하는 분위기였기 때문에, 이 아이들은 따돌림을 받고 있었을 뿐 아니라 한국 사회 속에서 쉽게 받아들여지지 않는 상태였습니다. 킨 신부님의 목적은 군과 의회에 이 문제의 심각성을 환기하는 것이었습니다. 신부님은 이 아이들의 보호시설을 만들려고 기부금을 모아 3~4개의 고아원을 설립하셨습니다. 그는 통합적인 입양 프로그램에 적극적으로 개입해 이 고아들이 미국의 가정으로 입양될 수 있게 노력하셨죠. 만약 이 아이들이 어린 나이에 입양이 되지 않는다면, 성장 후에 입양될 가능성은 거의 없었습니다. 우리는 존스 장군님께 이 내용을 보고했습니다. 존스 장군께서는 언제나처럼 저돌적으로 이 문제에 뛰어드시더군요. 존스 부인을 비롯해 주한 미군 지휘관 부인들은 미국계 고아원 몇 군데를 둘러보셨습니다. 실제로 그곳을 방문했을 때에는 정말 가슴이 찢어지는 것 같더군요. 존스 장군께서는 킨 신부님을 미국으로 잠시 초청하셨고, 어떤 식이든 의회와 접촉이 생길 때마다 이 프로그램이 알려지도록 최선을 다해 지원하겠다고 약속하셨습니다. 그리고 실제로 그리 하셨죠. 알프레드 킨 신부는 1982년 5월에 미국을 방문해서 그간 열성을 다해 법안 통과 노력을 기울이고 계셨던 '아메라시안Amerasian 법안'을 변론하셨습니다. 그의 증언이 진행된 후 찬반논쟁이 있을 예정이었죠. 그는 존스 장군님께 증언자로 나서주길 요청했고, 장군께서는 그러시겠다고 했습니다."

공군 내 일각에서는 존스 장군을 비난하면서 이렇게 말했다. "공군은 존스의 리더십 아래에서 붕괴해가고 있었다. 존스가 돈과 시간을 엉뚱한 '국민을 위한 프로그램, 국민의 필요, 국민의 양심'을 위해 들이고 있는 동안, 공군의 기본 목표는 약화되고 있었다. 내게 계속 들려오던 것은 그런 이야기뿐이었다. 일부는 만약 그가 시간과 에너지를 인도주의적 프로그램에 들이는 대신 의원들이 의회에서 더 많은 항공기와 방어체계를 구입하게끔 투표하라고 설득하고 다녔다면, 대통령이 B-1 폭격기를 폐기하자는 결정을 내렸을 때 그의 설득력은 훨씬 강했을 것이다."

하지만 이 비판이 존스가 모든 제대 단위의 병사들을 돌보겠다는 결심을 약화시키지 못했다. 그는 의회의 각 위원회를 영리하게 지켜보면서도, 인도주의적 리더로서의 기본적인 역할을 수행하는 '배려하는 지휘관'이었다.

리더십과 관련해 인간적인 따뜻함을 보여주는 또 다른 좋은 예는 슈워츠코프 대령이 포트 루이스에서 근무하던 당시, 그의 사단장이 보여준 생생한 배려심에서 찾을 수 있다. "카바조 장군의 보좌관이 제게 연락을 한 것은 제가 사령부 지휘소 연습에 참가했다가 돌아온 지 이틀도 안 되었을 때였습니다. '장군님께서 대령님을 만나기 위해 가고 계십니다. 장군님께서는 정비 프로그램에 관해 이야기를 나누고 싶다고 하십니다.' 우리의 정비 프로그램은 문제가 없었기 때문에, 뭔가 이상하다고 생각했습니다. 전화를 끊고 창가로 가서 보니, 몇 대의 지프차가 주차를 하고 있었습니다. 카바조 장군의 양 옆에는 부사단장과 주임원사가 동행하고 있었고, 몇 명의 장교가 뒤따라오고 있더군요. 그는 사무실로 박차고 들어오더니 큰 소리로 말씀하셨습니다. '노먼, 육군이 이번에는 정말로 일을 크게 망친 것 같네.' '무슨 말씀이십니까, 장군님?' 제가 물었습니다. '미 육군이 자네를 준장으로 선택했다는 게 믿어지나?' 그렇게 말씀하시더니 한참 껄껄대고 웃으셨고, 다음 날 발표 예정이던 공식 진급 대상자 리스트를 꺼내 보이신 후 악수를 청하셨습니다. 그 와중에 몇몇 장교들은 큰 빨간색 별이 박힌 축하 케이크를 가지고 왔습니다. 저는 그의 이런 축하에 감동했죠. 하지만 그 와중에도 계속 생각하고 있던 것은 어서 집으로 뛰어가 아내 브렌다에게 이야기해야 한다는 것뿐이었습니다."

그날 오후 카바조 장군은 슈워츠코프 대령의 집으로 찾아가 신임 준장과 그의 아내를 만났다. 슈워츠코프는 그에게 이렇게 말했다. "한 가지 부탁드리고 싶은 것이 있습니다. 내일 하루만 제 여단을 쉬게 하고 싶습니다." 카바조 장군은 "그렇게 하게"라고 답했다.

슈워츠코프는 계속해서 회상했다. "오전 6시 30분에 전 여단을 연병장에 집합시켰습니다. 저는 지휘관들이 주로 아침체조를 이끌 때 쓰는 높은 단상 위로 올라갔습니다. '오늘 오후 14시쯤 육군성은 본관의 준장 진급을 발표할 예정이다'라고 외쳤습니다. 전 여단원들이 환호성을 질러대기 시작했죠. 그런 반응까지는 기대하지 못했는데, 코끝이 찡해지더군요. 그리고 계속 말을 이었습니다. '월급 값을 할 줄 아는 지휘관이라면 누구나 자신에게 생긴 좋은 일은 자신이 지휘하는 부하들의 덕이라는 것을 안다. 나는 정말로 여러분이 자랑스럽다.'"

오늘날처럼 리더십과 관리에 관한 책들이 쏟아져 나오는 시대라면, 모든 지휘관들이 '배려'에 대해 익히 잘 알고 있을 것이라고 생각할 수 있다. 그러나 안타깝게도 실제로는 그렇지 못하다. 슈워츠코프 장군은 비교적 최근의 한 예를 들었다.

제 업무의 가장 힘든 부분은 공동체의 지휘관이 되는 것이었습니다. 독일에서 이웃에 사는 한 대위의 부인이 제 아내 브렌다에게 전화를 했던 건 우리가 마인츠Mainz에 온 지 한 달도 안 되었을 때였습니다. 대위의 아내는 히치하이킹으로 길에서 한 일병을 태웠는데, 이 사내가 계속 눈물을 흘리더랍니다. 왜 그러냐고 물었더니 그의 아내와 어린 딸이 프랑크푸르트 국제공항에 그날 밤 도착할 예정인데, 이들의 숙박비를 낼 돈도, 장소도 없다고 했답니다. 브렌다는 사무실에서 일하고 있던 제게 전화했고, 저는 곧장 1여단장에게 전화를 걸었습니다. 그는 "한번 알아보죠. 하지만 아마 이들 가족은 신원보증인이 없는 군속 가족일 가능성이 큽니다"라고 말하더군요.

"뭐가 다른데?" 제가 물었죠.

"우리 책임이 아니라는 의미입니다."

그의 말에 저는 이렇게 말했습니다. "대령, 지금 자네 병사 중에 한 명이 자기 아내와 아이를 돌볼 수가 없어서 길가에 서서 눈물을 흘리고 있는데, 지금 그게 자네 책임이 아니라는 소리가 나오나? 그 병사의 대대장과 중대장을 찾아 전화를 걸어서 문제를 해결해주게. 다 끝나고 나면 뭘 어떻게 조치해줬는지 내게 다시 전화해."

슈워츠코프가 뒤에서 지원하자 문제는 즉각 해결되었다. 부대는 병사에게 긴급 대출을 해주었고, 그의 가족이 지낼 호텔 방을 잡아주었으며, 그들이 아파트를 찾는 것을 도와주었다. 군 매점, 의료시설, 탁아소 등도 이 '신원보증인이 없는 군속 가족들'에게 개방되었다. 원래 일병과 상병은 가족들과 함께 거주할 수 없게 되어 있었지만, 어찌되었든 가족을 데리고 왔기 때문에 슈워츠코프는 이 가족도 돌봐야 한다고 생각한 것이다.

조지 부시 대통령• 또한 배려심의 중요성을 잘 알고 있던 인물이다. 슈워츠코프 장군은 1990년 12월, 사막의 방패 및 사막의 폭풍 작전을 지휘하던 무렵을 기억했다. "제 집무실로 돌아왔을 때였습니다. 아내인 브렌다가 작은 장식등이 달린 크리스마스트리를 보냈더군요. 불을 켜고, 카세트로 크리스마스 노래를 틀고 반쯤 졸고 있는데 갑자기 책상 위에 있는 긴급 전화가 울리는 것이었습니다. 부시 대통령이셨죠. '이런 날 여러 장병들에게 크리스마스 인사를 전하지 않고 지나가면 안 될 것 같아 전화했네. 자네도 가족과 멀리 떨어져 근무 중인 걸 알고 있네만, 항상 우리 모두의 기도와 염원이 자네들과 함께하고 있음을 기억해주게. 우리 마음을 잘 알고 있으리라 생각하네. 우리의 기도는 앞으로도 항상 자네들과 함께할 걸세.' 저도 전화해주셔서 얼마나 기쁜지 말씀드렸고, 모든 중부사령부 장병을 대신해 감사의 인사를 드렸습니다. 전화를 끊고 다시 크리스마스 노래를 튼 후 밤이 깊어질 때까지 그 노래를 들으며 잠들었죠."

슈워츠코프는 부하들에게 배려의 역할에 대해 가르치는 것이 얼마나 중요한지 깨달았다. 베트남에서 복무하던 당시, 그는 자신의 대대 예하 중대 하나를 방문했으나 중대장이 자리에 없었다. 중대 행정장교는 중대장이 병원에 있

• 제41대 미 대통령(1989~1993)을 지낸 조지 H. W. 부시를 말한다.

는 부상병을 돌아보기 위해 후방에 가 있다고 말했다. 슈워츠코프는 그가 돌아오면 병사들을 돌보고 있는 것에 대해 칭찬해주려고 기다리기로 했다. 하지만 대위가 돌아오지 않았고, 직접 후방으로 가 그를 찾기로 했다. 중대장은 식당에서 깨끗한 전투복을 갖춰 입고 그의 동료 장교들과 함께 크리스마스 저녁 식사를 함께 즐기고 있었다.

나는 대위가 병원의 부상병들을 방문한 것을 칭찬한 후 물었다.

"왜 곧장 중대로 돌아오지 않았나?"

"대대장님, 크리스마스 저녁식사를 즐기고 싶어서 그랬습니다."

"자네 병사들은 어쩌고? 그들이 크리스마스 저녁식사를 즐기고 있는지 확인하는 게 자네 책임이란 것을 모르나?"

그는 얼굴을 찌푸렸다.

"대대장님, 제 생각을 말씀드리자면……"이라고 말을 시작하다가 멈췄다.

"대대장님, 대대장님께서 병사들에게 크리스마스 저녁식사를 가지고 오셨다는 것을 알았기 때문에, 제가 잠시 이곳에 남아 샤워도 하고 깨끗한 전투복으로 갈아입은 후 저녁식사를 즐길 수 있겠다고 생각했습니다."

"대위, 자네가 병사들에게 무슨 말을 하고 왔는지 기억 못 하나? 자네 생각에는 병사들이 자기들은 크리스마스 날 전투화를 신고 밖에서 근무하는 동안 중대장은 후방에 가 있다는 걸 모를 거 같나? 만약 자네가 불편하게나마 병사들과 함께 야전에서 크리스마스를 보내지 않는다면, 저 친구들의 입장에선 전투에 돌입할 때 자네가 그들과 함께 있을 거라고 어떻게 확신하겠나?"

슈워츠코프는 베트남에 있는 동안 남베트남 병사들에게도 배려심을 보여주었다. 캄보디아 국경에서 불과 몇 킬로미터 거리에서 중화기가 동원된 접전이 벌어져 미군과 남베트남군 병사들 일부가 부상을 당했다. 곧 미군 헬기가 도착해 부상자를 후송하기 시작했다. 슈워츠코프는 그때를 이렇게 회상했다.

쁠래이꾸Pleiku까지 돌아가는 헬기에 남베트남군 병사들의 시신을 싣기로 결정했다. "시신은 안 돼!" 헬기 승무원이 외치더니, 조종사가 헬기 로터를 다시 돌리기 시작하면서 시신들을 헬기 밖으로 밀어내려고 했다. 나는 그리로 달려가 조종석 옆의 헬기 스키드를 밟고 올라섰다. 안을 보니 조종사는 대위였다. "무슨 일인가?"

"이 헬기에는 시신을 실으면 안 됩니다. 그러면 조종실 안이 피범벅이 될 겁니다."

"어이, 우리는 이 시신들을 여기서 다 실어 나가야 하네. 안 그러면 다 하나씩 짊어지고 나가야 할 걸세."

"제가 알 바 아닙니다. 하여튼 시신은 여기 싣지 않습니다." 만약 그 시신들이 죽은 미군 병사들이었다면, 그 조종사는 분명 생각을 바꿨을 것이다. 그 사실이 나를 분노케 했다.

"젊은 친구, 한마디 하지. 이 시신들을 뒤에 싣거나, 아니면 계속 땅에 붙어 있어야 할 거야. 왜냐하면 난 스키드에서 안 내려갈 거니까. 만약 이대로 이륙한다면, 난 여기서 떨어져 죽겠지 아마. 그 책임을 질 수 있겠나? 무엇보다 지금 여기서 그냥 이륙하려고 한다면 당장 네 엉덩이에다 총알을 박아주지!" 그는 내가 허풍을 치고 있다는 것을 몰랐거나, 아니면 내가 소령이라는 사실 때문에 내 말을 들었다. 그리고 곧 시신을 뒤에 실었다.

나도 모르는 사이, 나는 남베트남 병사들 사이에서 인기를 얻기 시작했다. 그들은 나를 헬기에 기어 올라가 조종사에게 자신들의 동료 시신을 억지로 싣게 만든 미군으로 보았다. 이 소문은 돌고 돌아 사이공●까지 올라갔고 공수부

● 남베트남의 수도, 현재의 호치민 시.

대 지휘관이던 두꾸옥동Du Kuoc Dong 준장 귀에까지 들어갔다. 사이공에 돌아오고 몇 주 후, 미군 고문관이 오더니 자신들도 이 사건을 남베트남 지휘관들에게서 들었다고 말했다.

최근 지휘관 중 한 명인 존 셀리캐슈빌리 장군은 이런 이야기를 했다. "인품과 배려심의 중요성은 아무리 강조해도 부족합니다. 사람들은 자신감이 있는 리더를 가장 잘 따르는데, 이는 리더 자신이 무엇을 하고 있는지 잘 알고 있고, 인품을 갖춘 인물이며, 자신이 이끌고 있는 사람들을 진심으로 배려하고 있음을 보여주기 때문입니다. 저는 최고의 리더들은 자기가 이끄는 사람들을 사랑한다고 확신합니다. 전에 제게 왜 사람들이 평시에도 리더들을 따르느냐고 물으셨죠? 그것은 전시와 조금 다른데, 평시에 병사들은 더 충분히 생각할 시간이 있기 때문입니다. 따라서 전시보다 평시에 더 의식적인 노력을 많이 기울여야 합니다. 사람들을 좋아해야 하죠. 저도 인정합니다만, 이게 매일매일 반복되는 일과 속에서 쉬운 일은 아닙니다. 예를 들어 어린 소위 하나가 자기 탱크 위에 올라앉아 전투식량을 까먹고 있는 모습을 봤다고 합시다. 그 곁에 다가가서 그의 눈을 직접 본다면, 그가 좋아서 그러는 건지 아닌지 알 수 있습니다. 이렇게 한다면 많은 사람의 이름과 출신지, 지금 무엇을 하고 있는지를 알 수 있게 되죠. 그리고 또 하나는 자기 스스로가 이들과 어울리는 것을 즐겨야 합니다. 야전에 장군을 모시고 순시를 나가면, 장군과 장교들이 잠시 앉아서 쉴 수 있는 텐트를 따로 설치해놓는 일이 흔하지 않습니까? 그러는 대신에 장군이 병사들 틈에 앉아 이들과 잠시 대화를 한다고 생각해보십시오. 이게 그런 훌륭한 장군들이 정말로 바라는 것이고, 병사들에게는 영원히 기억할 일이 됩니다."

그렇다면 어떻게 해야 함께 일하는 사람들이 모든 것을 쏟아놓을 수 있도록 영감을 줄 수 있을까? 첫째, 신과 조국을 위해 봉사하는 헌신적인 리더의 모습 자체가 영감이자 모범이 된다. 이것이야말로 '전염성' 리더십이다. 둘째, 리더의 특징은 사람들에 대한 존경과 경애심을 갖고 있는 인물이며, 부하들을 돌보고, 그들을 진심으로 배려함으로써 사랑받게 된다. 이런 행동은 자신감과 충성심을 심어주고, 사기를 북돋는다. 지휘관의 개인적인 인간성 안에 그의 가장 강력한 힘이 숨어 있는 것이다.

Chapter 8

/

Delegation

위임

/

Delegation

> 만약 부하가 당신의 일을 대신할 수 없다면, 그것은 부하를 제대로 조직하지 못했다는
> 뜻이다. — 조지 마셜
> 지휘관에게 사소한 결정을 넘겨서는 안 된다. …… 손에서 삽자루를 놓고, 구덩이에서
> 나와 지금 이 일에 참여 중인 일꾼들을 둘러보라. — 헨리 아널드

1943년 11월 카이로회담 당시, 아이젠하워 장군은 연합참모본부 회의에 참석하기 위해, 오늘날 유명해진 미나 하우스 호텔Mina House Hotel로 날아갔다. 그는 이 회의에 참석한 인물들 앞에서 미래작전에 관해 설명하고, 작전명 '오버로드Overlord'라 명명된 프랑스 침공 계획 초안을 브리핑했다.

마셜 장군은 지쳐 보이는 아이젠하워의 모습을 보고 걱정한 나머지, 며칠 동안 휴가를 다녀오라고 제안했다. 그러면서 마셜은 아이젠하워에게 이렇게 말했다. "만약 자네 부하가 자네의 일을 대신할 수 없다면, 그것은 부하를 제대로 조직하지 못했다는 뜻일세."

마셜 장군은 디데이 사령관으로서 아이젠하워와의 관계에서 훌륭한 위임자의 모습을 보였다. 아이젠하워가 1942년 유럽으로 출발하던 무렵, 마셜은 아이젠하워에게 이렇게 말했다. "만약 자네에게 자네가 완전하게 신뢰할 수 없는 지휘관이 있다면 그 지휘관을 꼭 데리고 있을 필요는 없네. 그러한 전제 조건에서 자네에게 지휘권을 받은 지휘관이라면 그 지휘관에 대해 자네가 불만이 없다는 증거로 보겠네. 수많은 사람의 목숨이 달린 위험한 상황이야. 따

라서 자네 권한이나 임무에 대해 자네가 오해를 안고 작전을 실행하지 않게 하겠네. 자네를 전적으로 만족시키지 못한 자라도 내가 임의로 해임하거나 이동시키지 않을 걸세." 마셜은 이 원칙을 단 한 번도 어기지 않았다.

제2차 세계대전 기간에 마셜은 (미군과 영국군 장교로 이루어진) 연합참모본부가 북아프리카, 시칠리아, 이탈리아, 프랑스, 독일에서 아이젠하워가 작전을 실행하는 것을 방해해서는 안 된다고 주장했다. 그는 연합참모단이 그 어느 야전지휘관에게라도 명령서를 보내거나 지시를 내리려는 시도에 격렬하게 반대했다.

1945년 1월, 얄타회담이 열리기 바로 직전에 연합군 최고지휘관들이 몰타 섬에서 만났다. 이 회의에서 가장 중요했던 의제는 독일과의 전쟁을 어떻게 종결짓느냐에 관한 것이었다. 영국 측이 한 가지 방안을 내놓았고, 아이젠하워 또한 다른 방안으로 반박했다. 마셜은 최고사령관으로서 아이젠하워의 권위에 대해 확고한 생각을 품고 있었기 때문에 아이젠하워의 계획이 채택되어야 한다고 주장했으며, 연합참모단의 영국군 장교들에게 통첩장을 보냈다. 그는 만약 영국 측 계획이 영국 총리와 루스벨트 대통령에게 제출되어 승인된다면 자신은 아이젠하워에게 연합군 총사령관직을 사임하라고 할 수밖에 없다고 말했다. 평소 절제심이 강하고 조용하던 마셜의 이러한 태도는 그날의 승리를 가져왔고, 결국 아이젠하워의 계획이 승인되었다.

아이젠하워가 유럽 지휘권을 넘겨받은 후, 마셜은 아이젠하워를 피곤하게 하거나 정신을 분산시킬 만한 모든 임무에서 해방시켜주려 했다. 그는 아이젠하워에게 정치에 연루되지 말라고 했으며, 무엇보다도 귀중한 시간과 에너지를 과거의 일들을 변호하느라 허비하지 말라고 했다. 그가 걱정해야 할 것들은 미래에 대한 것뿐이었다. 중요한 인사가 방문을 하면, 마셜은 아이젠하워에게 이들과 논쟁하거나 토론하는 것을 자제하라고 했으며, "그저 듣기만 하고, 필요하면 예의를 갖춰서 '네'라고 대답만 하되, 쓸데없이 머리 쓰려고 하지 마라"라고 지시했다.

1943년 12월, 아이젠하워가 연합군 유럽 침공 최고사령관으로 임명된 후, 그는 며칠간의 휴식을 위해 집에 가야 할지를 놓고 고민했다. 아이젠하워는 끔찍한 긴장에 시달린 탓에 어느 정도 정신적 휴식을 취할 수 있는 휴가가 필요했지만, 어떻게 그런 어마어마한 일들을 놔두고 휴가를 갈 수 있을지도 동시에 고민했다. 결국 이 문제도 마셜 장군이 대신 고민해주었다. 1943년 12월 30일, 마셜은 다음과 같은 메시지를 보냈다. "자, 이제 집으로 돌아와 부인도 만나고, 영국에 있는 동안에는 20분 만이라도 다른 이에게 일을 맡겨놓기 바람!"

마셜이 보여준 아이젠하워와의 관계는 그의 전형적인 리더십 방식이었다. 참모총장으로서 그는 자신의 예하에 있는 모든 장교에게도 비슷한 접근법을 썼다. 흔히 그는 이런 식으로 말했다. "육군 장교는 모두 똑똑하다. …… 아무것도 없는 나무를 그들에게 주고, 이파리는 알아서 조달하게 하라."

아이젠하워는 참모에 대해 세워둔 방침이 하나 있었다. 그는 부하들이 일에 몰입하는 것을 독려했지만, 업무 위임의 중요성도 강조했다. 1942년 6월 25일 그는 이렇게 적었다. "참모장교들은 필요를 느끼거나 중요한 사안에 대한 주의를 끌기 위해 자신의 참모장이나 지휘관을 어느 때고 만나도 좋다. 장교들은 어디든 가능한 곳에서 자신의 당면 과제를 해결할 자유가 있으며, 자신의 책임을 타인에게 떠넘기는 버릇이 들지 않게 해야 한다."

아이젠하워가 사령부를 구성했을 당시, 그는 참모를 선택함에 있어 신중에 신중을 기했다. 그는 참모들에게 이렇게 말했다. "여러분은 각자의 분야에서 선발되어 온 전문가다. 나는 여러분이 감독을 받지 않아도 알아서 자신의 일을 끝내리라 기대한다. 그렇지 못한다면 내가 잘못 선발한 것이다."

그는 참모들을 의지하며 자잘한 행정 업무에서 해방되고자 했다. 제2차 세계대전 중 그의 참모장이던 스미스 장군은 아이젠하워의 권한 위임 능력을

"아름답다"고 평했다. 임무는 위임되었지만, 아이젠하워가 '보스'라는 사실에는 전혀 의심의 여지가 있을 수 없었다. 인터뷰와 편지에서 아이젠하워의 모든 참모들은 그를 비슷하게 평했다. 아이젠하워는 모든 관점을 다 들은 후 문제를 분석해낼 줄 아는 능력이 있는 지휘관이며, 핵심을 찾아내 해결책을 마련한다는 것이다. 그의 주어진 상황에서 핵심을 정확하고도 빠르게 짚어낼 수 있는 능력은 천부적이었다.

맥아더 장군 또한 위임하는 방법을 잘 알던 인물이었으며, 가급적 최소한의 사람만 만나겠다는 방침을 고수했다. 그는 고급 참모들과는 언제고 시간을 내서 만났지만, 초급 참모들은 그의 참모장을 먼저 거쳐야 했다. 맥아더의 항공참모를 지낸 조지 케니George C. Kenney 장군은 "맥아더 장군 자신이 워낙 엄청나게 많은 일을 하시다 보니 피해 다니신 것 같다"라고 평했다. 그는 전투 기획과 관련된 고민에서 벗어남으로써 모든 신경을 장기적인 관점의 전쟁 구상에 쏟을 수 있었다. 또한 그는 즉각적으로 발생하는 기회를 최대한 활용할 수 있었다. 맥아더는 이렇게 말했다. "저는 사실 많은 생각을 하는 것, 야단 좀 치는 것, 이따금 칭찬 좀 해주는 것, 균형 잡힌 시각을 계속 유지하는 것 외에는 그다지 하는 일이 없습니다."

그의 전 참모장이던 스티븐 체임벌린Stephen J. Chamberlin 중장은 다음과 같이 말했다. "맥아더 장군께서는 책임을 부하들에게 준 후 간섭하지 않으셨기 때문에 위대한 리더이셨습니다. 가끔 저는 그의 참모로서 일을 잘하고 있는 것인지, 또 맥아더 장군께서 제가 일을 어떻게 하고 있는지 알고 계실까 하는 생각에 겁을 먹기도 했습니다. 제가 그의 참모장이 되고 나서 보니, 그는 제가 무슨 일을 하는지 항상 알고 계셨더군요. 하지만 저는 그가 알고 계셨다는 것을 전혀 몰랐습니다."

언젠가 조지 케니 장군이 맥아더를 찾아가 무능하다고 판단되는 사람을 해임하고, 일을 잘한 사람에게 표창할 수 있는 권한을 달라고 요청했다. 맥아더는 즉각적으로 그렇게 하라고 말했다. "그만큼 도움이 되는 것도 없을 겁니다." 케니 장군은 이렇게 회고했다. "만약 맥아더 장군이 누군가를 신뢰한다면, 그는 끝까지 그를 신뢰합니다. 누가 뒤에서 이 정도로 받쳐주고 있다면, 그를 위해 열심히 일하지 않을 수가 없죠."

맥아더는 결과에만 관심을 기울였으며, 그 결과를 도출할 수 있는 장교를 원했다. 케니 장군은 오스트레일리아에 도착하자마자 전 전투비행단을 단일 지휘체계로 통합하는 작업에 돌입했다. 그는 지휘관으로 젊은 대령을 선택했으며, 이 새 보직은 그를 준장으로 진급시키게 될 터였다. 맥아더는 케니의 요청을 받아들였다. 이 제안을 듣게 된 맥아더의 참모들 중 한 명은 이렇게 말했다. "완전 애송이를 갖다 앉혔군. 나이가 스물하나는 넘었으려나." 그러자 맥아더는 그 참모장교를 돌아보고 이렇게 말했다. "우리는 그의 능력을 보고 진급시킨 것이지, 나이를 보고 진급시킨 게 아닐세." 당시 진급된 문제의 준장은 불과 서른두 살이었다.

케니 장군은 맥아더 장군과 보낸 세월에 대해 많은 말을 했다. "나는 장군으로서의 그를 존경했고, 한 인간으로서도 좋아했으며, 그의 타고난 리더십 재능을 보고 영감을 받았습니다. 맥아더는 사람을 이끌었을 뿐, 몰고 가지 않았습니다. 그를 위해서 일하는 사람들이 그가 바라는 바대로 임무를 수행하고자 일을 몰고 갔을 뿐입니다. 우리 모두는 우리의 '영감님'을 실망시켜서는 안 된다고 생각했죠. 무엇을 하라고 그에게 직접 지시를 받은 적이 없었고, 긍정적으로 표현할 줄 아는 그의 리더십은 모든 일에 일말의 의구심도 들지 않게 해주었습니다. 제가 그를 위해 일하던 기간에 단 한 번도 직접 명령을 받은 기억이 없습니다만, 저는 항상 그가 무엇을 하고 싶어 하는지 알았고, 제가 그 일을 처리하기를 그가 바란다는 것도 알았습니다."

1930년부터 1935년까지 맥아더가 육군참모총장으로 재직할 당시, 남들에게 혹독한 비판을 받기 마련인 어렵고 더러운 일들을 남에게 위임하지 않았다는 점도 존경할 만하다. 세계 경제대공황 당시, 미국에서는 제대 군인들이 수도에서 가두행진을 하며 시위하는 일이 잦았다. 1930년대에도 제1차 세계대전 제대 군인의 행진이 있었는데, 이들의 요구는 의회가 250억 달러에 달하는 보너스를 지급하라는 것이었다.

이 집단의 크기가 커지면서 집단행동도 거칠어졌다. 이내 워싱턴 경찰은 이 '보너스' 군대의 일부 반대 세력을 통제할 수 없는 지경에 이르렀다. 또한 이들이 아나코스티아Anacostia 강 근처에 세운 판잣집들에서 질병이 퍼져 나올지도 모른다는 우려가 커지기 시작했다. 보너스 군대의 위생시설과 식량, 거주지는 열악했다.

결국 후버 대통령은 공권력을 동원하기로 했으며, 맥아더에게 다음과 같이 명했다. "귀관은 당장 군 병력을 이 혼란의 현장에 급파하기 바란다. 그리고 현장 지휘 책임을 지고 있는 콜롬비아 특별구District of Columbia 경찰과 협력하라. 현장 주변을 포위한 후, 주저하지 말고 정리하기 바란다. 체포된 모든 죄수는 민간 정부기관에 인계하라. 현장 지역에 있는 여성과 아이들에 대해서는 최대한의 배려심과 친절함으로 대해주기 바란다. 본 명령 수행에 지장이 없는 한도에서 최대한의 인도주의를 견지하라."

최루탄, 기병도의 칼등, 총검의 위협에 밀려 결국 보너스 군대는 700명의 육군 병력에 의해 도시 밖으로 밀려났다. 차를 가지고 있던 이들에게는 기름을 주어 이동할 수 있도록 조치했다. 이들이 도시 밖으로 나가자 이들의 판자촌은 깨끗하게 불태워 없앴다.

이 불행한 사건에서 맥아더의 역할은 본인이 직접 지휘권을 행사하는 것이었다. 그는 보너스 군대가 먼저 도발을 했을지언정 미국 국민은 참전용사들을 수도에서 공권력으로 몰아내는 것에 부정적일 것임을 알고 있었다. 비난을 피하기 위해서 예하 지휘관 중 한 명에게 임무를 부여해 책임을 회피할 수도 있었다. 하지만 자기 자신에게 내키지 않는 일은 타인에게도 명령하지 않는 것이 전형적인 맥아더의 스타일이었다. 그는 동료 장교에게 이렇게 말했다. "대통령이 직접 명령을 내렸기 때문에, 이렇게 불쾌하고 동의하기 힘든 명령을 미 육군의 다른 장교에게 떠넘기고 싶지 않다."

1938년부터 1946년까지 육군항공대 사령관을 역임한 헨리 아널드 원수는 지휘관이 모든 결정을 전부 내리려고 해서는 안 된다고 강조했다. 지나친 장악이라는 것이다. 지휘관은 가급적 많이, 소소한 작은 결심들을 위임해야 한다. 그는 부하 하나에게 이렇게 말했다. "지휘관이 현재 지휘 상황에 대해 알 수 있도록 계속 알리되, 지휘관에게 작은 결심들은 모두 넘기고, 경미한 세부 사항까지는 다 전달할 필요가 없다."

아널드 장군은 몰아붙이는 기세와 에너지가 넘치는 사나이였지만, 역시 그도 지휘관이 모든 것을 다 하려고 해서는 안 된다고 말했다. "참모들이 완전히 통달할 정도로 훈련되기 전까지는 직접 모든 일을 감독해야 합니다. 하지만 일이라는 것이 한 사람이 다 처리하기에는 대부분 벅차기 때문에, 현명한 지휘관이라면 일찌감치 그의 참모들에게 적합한 훈련을 시키고, 그다음에는 책임을 위임하여 감독권을 유지해야 합니다."

공군에서 어느 장교가 비행대대나 비행단장을 맡았다면 분명 그가 개인적으로 처리할 수 있는 수많은 작은 일들이 있을 테지만, 타인에게는 최소한의 위임을 한 채 본인이 직접 모든 일을 직접 하려 할 수도 있을 것이다. 하지만 어느 제대 단위의 지휘관이든 한 걸음 떨어진 관점에서 자신의 조직을 통제하는 법을 배워야 한다. 그가 진급하면 할수록 여러 세부 사항이나 직접 해야 할 일조차 전부 신경 쓸 수가 없게 된다. 아널드 장군은 이에 대해 이렇게 말한다. "삽자루의 손잡이를 내려놓고, 구덩이에서 나와야 합니다. 그래야 일에 참여하고 있는 모든 사람을 전체적으로 살펴볼 수 있게 됩니다."

아널드 장군의 리더십이 성공적이었던 이유 중 하나는 그가 좋은 사람을 선택하는 능력을 가지고 있었고, 개괄적인 지침만 주고 그들에게 완전한 권한을 위임할 줄 알았기 때문이었다. 클리어런스 케인^{Clearance P. Cain} 준장은 아널드 장군의 초창기 리더십을 이렇게 회상했다. "저는 1920년대 육군항공부가 미연방우체국의 항공우편을 배달하던 시기에 아널드 장군 밑에서 보급장교로 있었습니다. 아널드 장군은 중요한 보직에는 전문가를 데려와 앉히셨고, 그다음에는 알아서 일하게 놔두셨습니다. 그리고 그들을 뒤에서 최대한 받쳐주셨죠. 그는 항상 친절함을 잊지 않으셨습니다. 하지만 어느 한 명에게 비호감을 느끼게 되면 그 사람은 굉장히 피곤해졌죠."

러시 링컨^{Rush P. Lincoln} 소장 또한 특별한 사건 하나를 기억하고 있었다. "제가 오스트레일리아로 발령받았을 때, 아널드 장군은 단 한 가지 명령만 내리는 방법으로 저에 대한 신뢰를 보여주셨습니다. '러시, 가서 일본인들을 저지하게. 그곳에 뭔가 문제가 발생했으니, 가서 해결하고 와."

필자는 칼 스파츠 장군과 인터뷰하면서 아널드 장군이 어떤 식으로 자신의 권한을 위임할 사람을 찾았는지 물어보았다. "제1차 세계대전과 제2차 세계대전 사이에 국방 예산으로 나온 돈은 대부분 해군으로 갔고, 전부 진주만 공습 때 가라앉았습니다. 우리는 그저 항공단에 소속된 소수의 사람들에 불과했죠. 약 400~500명의 장교뿐이었고, 그중 일부는 그다지 뛰어난 사람도 아니었습니다. 그것이 전쟁이 시작되면서 200만~300만 명으로 팽창했던 공군에게 애초에 주어졌던 전부였습니다." 아널드가 자신의 참모들을 직접 선택했는지도 물어보았다. "그에게 주어진 사람들 중에서 매우 잘 선별해냈습니다. …… 그는 자신에게 주어진 자원을 최대한 활용하며 적재적소에 배치했죠."

하지만 아널드 장군에게 이런 비전이 있었으면서도 일부 뛰어난 젊은 장교들을 제2차 세계대전 초창기에 빠르게 승진시키지 않은 점은 다소 의외다. 항공대의 크기가 갑자기 커졌기 때문에 마셜 장군은 아널드 장군에게 적당한 초급장교들을 진급시켜 젊은이들이 리더십을 효과적으로 기를 수 있게 할 것을 권했다. 아널드는 이 장교들을 진급시킨다면 제1차 세계대전에서 조종사로 활약한 선배 대령들의 사기를 유지할 수 있을지 모르겠다고 대답했다. 그러한 대령의 상당수는 전시 진급을 했다가 1919년 원래 계급으로 환원되었으며, 심한 경우 위관장교로 17년 넘게 복무한 사람도 있었다. 그는 30대의 나이에 불과한 이 '젊은이들'을 급속 승진시키면 경험이 훨씬 많은 집단인 선배들의 사기를 뒤흔들까 염려한 것이었다. 이에 마셜 장군은 직접 36세의 로런스 큐터^{Laurence S. Kuter} 중령을 준장으로 승진시켰다. 큐터는 이 진급 명령이 내려지기 불과 3주 전에 중령으로 승진한 인물이었다. 그다음으로는 아널드에게 이 36세의 큐터를 그의 고급 참모 중 한 명으로 끼워 넣을 것이며, 선배들의 사기에 대해 그만 우려하고, 그보다 젊은이들에게 어떤 식으로 인센티브를 줄 것인지 고민하라고 지시했다.

제1, 2차 세계대전에서 모두 아널드 장군과 함께 참전한 웨스트포인트 동기 중 한 명인 헤이든^{H. B. Hayden} 장군은 다음과 같이 말했다. "그는 다른 이들이나 부하들에게 일을 넘길 줄 알았으며, 그들의 업무에 대해 그들을 간섭하지 않고 놔둘 줄 알았습니다. …… 만약 이들이 제시간에 일을 끝내지 못하면 다른 사람과 교체되었습니다. 그는 군기를 유지하는 방법과 자신의 부하를 돌보는 방법을 알고 있었습니다."

제2차 세계대전 중 아널드의 기획장교였던 오빌 앤더슨^{Orville A. Anderson} 또한 아널드 장군에 관해 이렇게 언급했다. "거의 완전한 자유를 주셨습니다. 아널드 장군의 집무실에 갈 일이 거의 없었죠. 가끔은 아널드 장군에게 가 이런 큰 일이 곧 일어날 것입니다'라고 말씀드리고, 그 큰 일이 무엇인지 브리핑해드리고 싶을 때도 있었을 정도입니다. 하지만 그의 기획관으로서 저는 아널드 장군이 '자네 너무 난폭한 거 아닌가'라고 하실 때까지는 아널드 장군이 저처럼 문제를 깊게 살펴보셨을 때 하셨을 만한 행동을 해야 했습니다. 바꿔 말해, 제 선택을 뒷받침할 확실한 논리와 근거만 있다면…… 저는 아널드 장군이든 누구든 두렵지 않았습니다."

아널드의 권한 위임에는 재미있는 일화도 있다. 제이컵 스마트는 다음과 같이 말했다. "제2차 세계대전 중 어느 날 몇 명의 장군을 포함한 참모장교단이 아널드 장군의 집무실에 앉아 뭔가 제대로 완료되지 못한 임무에 대해 야단을 맞고 있었습니다. 점심이 되자 여느 펜타곤의 시계가 다 그렇듯 벽시계가 귀가 먹을 정도로 시끄럽게 울려대기 시작했죠. 시계 소리의 방해에 짜증이 난 아널드 장군은 '누가 저 망할 시계 좀 어떻게 해봐'라고 소리치셨습니다. 그랬더니 그때까지 구석에 있던 젊은 대령 하나가 일어나 시계를 멈추더군요. 그는 아널드 장군 책상 위에 있던 빈 잉크병을 집어든 후, 뒤로 한 번 감는 동작을 하면서 조준을 하더니 잉크병을 집어던졌고 시계는 산산조각이 나 소리를 멈췄습니다. 그 대령의 이름은 오도넬Emmett O'Donnell 이었습니다. 아널드는 그가 충분히 권한을 위임할 만하며, 자신의 재능을 광범위하게 펼쳐 보일 인물이라고 파악했습니다. 그 친구는 거의 그 자리에서 준장으로 승진할 뻔했습니다. 나중에 사성장군이 되었죠. 아마 그날 그 행동을 하지 않았다면 계속 대령을 달고 그 자리에 있었을 겁니다."

토머스 화이트 장군도 이렇게 말했다. "결심 수립에서 가장 먼저 머릿속에 떠오르는 것은, 매우 중요한 일이 아니라면 그 세부 내용을 놓고 수렁에 빠지지 말라는 것입니다. …… 결심을 수립할 줄 모르는 대부분의 많은 사람은 나무는 보되 숲은 볼 줄 모르죠. 수렁에 빠지는 것을 피하려면, 리더는 위임을 하고 그 위임을 받은 부하가 실수하면 그 결과를 받아들일 준비를 해야 합니다. 리더는 부하의 뒤를 봐줄 수 있어야 합니다."

화이트 장군은 공군참모총장 임기 중인 1957년, 공군사관학교에서 생도들에게 한 연설 중 결심 수립 과정에서 위임이 얼마나 중요한지에 관해 부연 설명을 했다. "리더십이라고 하면 각자에게 여러 가지 다른 의미로 들릴 것입니다. 제가 여러분에게 어떻게 해야 좋은 리더가 되는지 가르쳐줄 수는 없습니다. 그건 여러분 자신이 각자 찾아야 하는 거죠. 세상에는 좋은 리더가 되기 위한 체크리스트가 존재하지 않습니다. 하지만 그렇게 되고 싶다는 갈망이 있어야 합니다." 그리고 그는 독일 국방장관과 육군 병무국장을 지낸 폰 함머슈타인Kurt Freiherr von Hammerstein-Equord 장군을 인용했다.

"'나는 내 휘하의 장교들을 다음과 같이 네 부류로 나누었다. 똑똑한 이들, 부지런한 이들, 게으른 이들, 멍청한 이들이 그것이다. 각 장교는 항상 이 중 두 가지 요소를 가지고 있다. 이들 중 똑똑하면서 부지런한 자들은 참모장교로 보직시킨다. 똑똑하고 게으른 이들은 고급지휘관을 시키는데, 이들이 어떤 상황에도 대처할 수 있는 뻔뻔함이 있기 때문이다. 특정 상황에서는 바보 같으면서도 게으른 이들이 쓸모가 있을 때도 있다. 하지만 멍청하면서 부지런한 자들은 당장 제거해야 한다.'

저는 항상 폰 함머슈타인 장군의 관찰을 흥미롭다고 여겼습니다. 특히 그가 말한 네 가지 부류의 사람들을 분석해보면 더욱더 흥미진진합니다.

폰 함머슈타인 장군이 어째서 똑똑하면서 부지런한 장교들을 그의 참모로 기용하고 싶어 했는지는 매우 명백합니다. 이런 사람은 특히 오늘날에 더욱 필요합니다. 상상력을 발휘하고, 문제와 상황의 가장 중요한 본질을 이해하는 힘이 있는 사람들은 일에 돌입하기를 두려워하지 않으며, 지휘관에게는 매우 값진 사람이 됩니다.

하지만 함머슈타인 장군이 똑똑하면서 게으른 사람들은 최고지휘관 보직에 어울린다고 한 것은 무슨 의미였을까요? 함머슈타인 장군이 말한 똑똑하다는 속성은 두뇌와 경험을 말한 것이며, 특히 일단 이 지위까지 올라온 사람이라면 분명 최고지휘관 자리에 맞는 어느 정도의 경험을 갖췄을 것임은 충분히 미뤄 짐작할 수 있을 것입니다.

하지만 장군이 '게으름'이라는 단어를 쓴 것은 문맥에 비춰볼 때 매우 이상하다고 할 수 있습니다. 장군은 문자 그대로의 게으름을 말한 것이 아닙니다. 그는 분명 가장 중요한 것과 덜 중요한 것을 구분할 줄 아는 능력을 말한 것일 겁니다. 즉, 가장 핵심적인 것을 파악하고, 중요하지도 않은 일로 발목 잡히는 것을 피할 줄 아는 능력을 말한 것입니다. 이런 능력이 있는 사람이 한 번 핵심 요소를 찾아 계획을 세우면, 나머지 과정은 부하에게 일임할 것입니다. 그 자신이 직접 선택한, 믿고 의지할 수 있는 바로 자신의 부하에게 말이죠. 이 사람들이 실제 '일'을 하게 되기 때문에 최고지휘관은 더 중요한 일을 할 수 있게 됩니다. 이 똑똑하고 '게으른' 지휘관은 자신의 행동에 대해 완전한 책임을 받아들일 것입니다. 중요한 결심은 자기 혼자 감당해야 할 몫이라 여기고, 능력 있는 부하들이 작업해 만들어내는 결과들을 받아들입니다. 이것이 바로 폰 함머슈타인 장군이 말한 '어떤 상황에도 대처할 수 있는 **뻔뻔함**'입니다."

칼 스파츠 장군은 독립 공군의 초대 총장을 지낸 인물이다. 필자는 어떻게 그가 성공적인 리더가 될 수 있었는지 본인의 견해를 물었다. "저는 항상 좋은 위스키를 즐기면서 남들이 제 일을 하게끔 시키죠." 이 말에는 그저 우스갯소리 이상의 의미가 담겨 있다. 바로 자신의 권한을 남에게 위임했다는 의미다. 그의 참모를 지낸 윌리엄 매키William F. McKee 소장은 인터뷰 중 스파츠가 결심 수립 과정을 위임하는 정책에 대해 이렇게 말했다.

스파츠 장군에게 얽힌 중요한 이야기를 하나 해드리죠. 이 이야기를 듣고 나면 왜 그가 성공한 인물이 되었는지 알게 될 것입니다. 스파츠 장군이 참모총장을 하고 있을 당시, 호이트 반덴버그Hoyt S. Vandenburg 장군이 참모차장을 하고 있었고, 저는 그 밑에서 참모를 맡고 있었습니다. 그때 저는 이미 스파츠 장군을 잘 알고 있었습니다. 어느 토요일 아침에 반덴버그 장군이 사라진 적이 있었습니다. 제게는 참모총장이 결재해야 하는, 아니 적어도 제 생각에 참모총장에게 결재를 받아야 한다고 생각하는 서류가 세 개나 있었습니다. 저는 이 서류를 11시 정각이 조금 지난 시각에 스파츠 장군께 가져갔습니다. 저는 장군께, "장군님, 공군참모총장의 서명이 필요한 서류를 세 개 가지고 왔습니다"라고 말했죠. 당시 저는 소장을 달고 있었는데, 스파츠 장군께서는 고개를 들어 저를 응시하시다가 "윌리엄, 최근에 진급하지 않았던가" 하고 물으셨습니다.

저는 대답했습니다. "네, 맞습니다."

"누가 진급시켰나?"

"장군님께서 진급시켜 주셨습니다."

"그렇다면 왜 내가 자네를 진급시켜줬다고 생각하나?"

"잘 모르겠습니다."

"그래, 가르쳐주지. 이런 서류는 직접 서명하라고 진급시켜준 거야. 이 서류 중에 당장 내일 전쟁이 터지는 것과 관련된 내용이 있나?"

"없습니다."

"그럼 자네가 서명하게. 만약 실수한다면, 한 번쯤은 용서해주지. 하지만 두 번 실수를 반복하면 그땐 여기서 쫓겨나는 거야. 나는 11시 45분에 지인을 만날 일이 있어서 지금 나가야 하네. 그러니까 그 서류는 자네가 서명해."

저는 제 책상으로 돌아와 그 문서들에 서명하기 전 만전을 기하느라 세 번씩 전부 다 다시 읽었습니다. 장군께서 그런 말씀을 하셨던 것도 그게 마지막이었습니다. 스파츠 장군께서 누군가에게 신뢰를 가진다는 것은 세상에서 가장 간단한 리더십의 기본 원칙을 동시에 믿으셨다는 것을 의미합니다. 부하에게 권한을 주신 거죠. 어떻게 하는 것인지 하나하나 설명해주고, 그대로 하라고 하신 겁니다.

이런 리더십 스타일은 특히나 잘난 체하지 않는 스파츠 같은 리더 자신이 공훈을 얻는 데 방해가 되었을 것이다. 커티스 르메이도 이렇게 말했다. "제가 볼 때, 스파츠 장군은 게으르셨습니다. 저는 항상 그의 성공이 그 자신보다는 주변 사람들 덕이 아닐까 하고 의심했었죠. 하지만 사실 이 '주변 사람들에게 일을 하게 만들라'는 원칙이 그를 좋은 리더가 되게 한 것 같습니다. 스파츠 장군은 자기 자신은 게을러서 주변의 다른 사람에게 일을 시킨다고 농담하시곤 했습니다. 스파츠 장군은 목표를 정해놓고 '이는 내가 직접 할 필요가 있다기보다는 우리 모두가 달성할 수 있는 목표다'라고 말씀하셨습니다.

스파츠는 언젠가 로버트 이튼Robert E. L. Eaton 소장에게 장난처럼 "내 성공은 두 가지 덕일세. 첫째는 부하들에게 일을 주는 거고, 둘째는 어떻게 해야 하는지 절대 가르쳐주지 않는 거지. 그 자신들이 어떻게 해내야 하는지 알아야 하는 거야"라고도 했다.

해럴드 바트런Harold Bartron 준장도 이렇게 말했다. "칼 스파츠 장군께서는 제가 만나본 그 누구보다도 휘하 지휘관들에게 신뢰감을 심어주는 능력이 뛰어나셨습니다. 그는 자신이 직접 그들을 신뢰하는 방법으로 그들에게 신뢰감을 불어넣으셨죠.

제2차 세계대전 중 지중해 전역 지휘권을 가지고 있던 장군 하나가 신경쇠약에 걸려 밤사이에 급박하게 교체되어야 했던 적이 있었습니다. 스파츠 장군은 저를 선택하셨죠. 스파츠 장군은 저를 한쪽으로 불러내시더니, '바트런, 덩컨이 몸이 좋지 않아서 집으로 보내야겠네. 자네가 그 자리를 채우게. 아마 이 전역에서 제일 힘든 보직일거야. 덩컨도 신경쇠약으로 쓰러질 정도니. 자네는 신경쇠약으로 쓰러지지 않기를 바라네. 자네가 생각할 때 가장 적합한 방법으로 부대를 운영하고, 필요한 곳이라면 언제 어느 때건 가보게. 필요하다고 생각되는 만큼 자주 휴식도 취해. 최소한 3~4일 이상 말일세. 자네가 집무실을 비울 때는 내게 먼저 말하게.'

1년이 좀 더 지난 후, 전쟁 중 스파츠 장군께서 저를 한 번 방문하셨습니다. 공식적이 아닌 사적인 방문이셨죠. 방문 후 떠나시면서 제게 이렇게 말씀하셨습니다. '바트런, 아마 내가 자네에게 일이 잘 돌아가고 있는지 별로 물어보지 않아서 웃긴다고 생각할 걸세. 그런 건 여기 오기 전에 보고서로도 다 알 수 있어. 내가 지휘관들을 검열할 때에는 단 한 가지만 본다네. 그의 생각의 틀이지.' 아마 제 생각에는 제가 정신적으로 무너질 조짐을 보이고 있지는 않은지 확인하려고 하신 것 같습니다."

하지만 스파츠 장군은 중요한 순간에는 항상 긴밀하게 연락을 유지했다고 로버트 윌리엄스Robert B. Williams 소장은 기억했다.

1944년 10월 13일 밤, 제가 지휘하고 있던 1항공사단은 북부 독일의 안클람 Anklam에 대한 총공세 실행과 관련해 브리핑했습니다. 10월 14일 새벽 3시쯤 저는 작전실에 앉아 기지 기상 상황을 확인하고 있었죠. 바람은 완전히 0-0을 가리키고 짙은 안개가 끼어 있었습니다. 작전장교 하나가 제게 와 스파츠 장군 께서 비상전화로 저와 통화하고 싶어 하신다고 하더군요.

저는 전화기를 들었고, 스파츠 장군께서는 "밥, 그 지역은 상황이 어떤가" 하고 물으셨습니다. 저는 안개가 완전히 기지를 뒤덮고 있고, 항공기로 택시 taxi(항공기가 엔진 추력만으로 서서히 움직이는 동작 — 옮긴이)를 하기도 힘들다고 답했습니다. 그러자 장군께서는 제게 "지금 몇 달 만에 처음으로 북부 독일에 폭격을 가할 수 있는 완벽한 날씨가 왔고, 이 정도로 좋은 날씨가 또 언제 도래할지 기약도 없네"라고 말씀하셨습니다. 당연히 저도 그 사실을 알고 있었습니다. 하지만 스파츠 장군은 계속 말을 이으시며 이렇게 말씀하셨습니다. "하지만 안개에 갇히고 도저히 이륙할 수 없겠다면, 그것도 어쩔 수 없는 문제일세. 전적으로 자네 결정에 맡기겠네."

저는 스파츠 장군에게 이륙 중에 추락하지 않은 항공기들을 모아 사단 공정 대를 동원해 안클람 지역을 폭격하겠다고 말씀드렸습니다. 우리 조종사들은 B-17 수백 대를 안개로 뒤덮인 활주로에서 단 한 건의 치명적인 사고 없이 이륙하는 데 성공했고, 놀라울 정도로 훌륭하게 임무를 완수했습니다. 안클람 작전은 대단한 성공으로 기록되었죠. 제가 이 일화를 이야기하는 것은 여기서 스파츠 장군이 주어진 상황을 훌륭하게 다루는 뛰어난 리더십을 보여주셨기 때문입니다. 만약 장군께서 우리에게 임무를 강행시키셨다면, 아마도 저는 불가능한 임무라고 설득하고자 최선을 다했을 겁니다. 하지만 장군께서 깔끔하게 제게 모든 것을 일임하셨으니, 제가 달리 할 수 있는 게 뭐가 있었겠습니까?

공군참모총장을 역임한 화이트 장군은 그의 보좌관이던 조지 브라운 당시 대령을 적절히 활용해 자신의 업무량을 견딜 만한 수위로 조정했다. 예를 들어, 어떤 서류가 들어왔을 때 브라운 대령은 자기가 판단하기에 그것이 총장에게 너무 많은 선택지를 강요하고 있다면 참모들에게 다시 작업하게 해서 더 나은 조건을 만들어오게 했다. 예를 들어, 총장이 다섯 개 중에 하나가 아니라 두 개 중에 하나를 고르면 되게 만드는 식이었다.

또한 브라운은 비서실로 들어온 서류들에 대해 필요 없는 서류를 선별하거나 요약해 오게 하기도 했다. 보통 때라면 총장은 30개에서 50개 사이의 참모 요약 보고서나 다른 군 혹은 외부로 발송되는 서신에 서명했다. 기본적으로 한 묶음의 서류가 참모 요약 보고서들이었지만, 그중 상당수는 양이 꽤 많았다. 브라운 대령은 각 보고서를 읽은 후 한두 줄짜리 문장으로 다시 요약해 "논쟁의 여지가 거의 없음", "참모 전원이 동의", "달리 숨어 있는 문제 없음" 등으로 짤막하게 적었다. 브라운의 도움 덕에 화이트 장군은 서류를 미결재함에 놔둔 채 퇴근하는 일이 절대 없었다.

언젠가 한번은 화이트 장군이 샌프란시스코에서 연설하는 일정이 잡혀 있었다. 연설문 초안을 받아든 화이트 장군이 티머시 애헌Timothy I. Ahern 대령에게 말했다. "보게, 이건 아무 내용이 없잖나. 자네랑 조지 브라운 둘이 앉아 뭔가 그럴 듯한 내용을 넣게." 당시 군인의 발언은 종종 언론에서 인용되는 일이 잦았기 때문에 이런 연설은 권위를 가질 필요가 있었다. 이 연설을 들을 청중은 나토 의원들이었다. 브라운과 애헌은 화이트 장군이 나토 회원국에 각국의 방어태세를 강화할 것을 촉구해야 한다고 생각했다. 이들은 이런 요지의 단어를 적어 넣고, 필요한 부분은 명확히 표시해서 연설문을 넘겼다. 이 연설문은 공군성 차관이던 도널드 퀼스Donald A. Quarles가 먼저 읽은 후 승인했다. 그다음 이 연설문은 국무부와 합동참모본부의 미로와 같은 관료 시스템 확인 절차를 따라 한 바퀴 돌았고, 마지막으로는 국방부 장관의 보안성 검토 과정을 통해 면밀히 검토되었다. 화이트는 이 연설문으로 연설했고, 그의 연설은 샌프란시스코, 워싱턴, 뉴욕의 주요 일간지에서 인용되었다.

다음은 애헌 장군의 회상이다. "우리는 연설문과 관련해 기분이 매우 좋았습니다. 다음 날 오전에 전화가 한 통 왔습니다. 총장님의 비서이던 이디스 맥카프리Edith McCaffrey가 '대통령 각하께서 연결을 원하십니다'라고 하더군요. 아이젠하워 대통령이셨죠. 당시 부보좌관 자리에는 총장님의 전화를 함께 들을 수 있는 마이크 시설이 있었습니다. 발로 작동해 통화 중에 누가 엿듣는 것처럼 수화기를 드는 소리가 안 나게 하는 장비였습니다. 저는 총장님의 전화를 함께 들었습니다. 아이젠하워 대통령께선 화가 나 있으셨습니다. 어찌나 화가 심하게 나셨는지, 사전 예고도 없이 갑자기 폭발하시면서 화이트 장군께 화를 내시더군요. 각하께서는 '도대체 지금 무슨 짓을 하고 있는 건가? 무슨 생각이야? 도대체 뭘 유도하려고 이런 짓을 하는 건가? 왜 사람들을 다 자극하는 건가'라고 말씀하시며 한참 더 화를 내셨습니다. 화이트 장군께서는 연설은 이미 보안성 검토 절차를 다 거쳤으며, 장군 자신 혼자 일방적으로 꺼낸 이야기도 아니고, 사전 준비 없이 즉흥적으로 한 말이 아니라고 하셨습니다. 화이트 장군은 원칙적인 부분을 전부 짚었습니다. 단순히 '죄송합니다. 드릴 말씀이 없습니다, 각하' 따위의 말을 꺼내려고 시도조차 하지 않았습니다. 화이트 장군은 단지 '저는 제가 해야 할 일을 했을 뿐입니다'라고만 하셨죠."

래리 웰치 장군이 1987년부터 1991년까지 공군참모총장을 역임하던 무렵, 필자는 그에게 "위임에 대해 어떻게 생각하십니까" 하고 물었다. 그는 이렇게 답했다. "참모총장으로서도 가끔은 제가 제 자신의 실무 장교 역할을 해야 할 때가 있습니다. 지금도 저는 필요에 따라 OER^{Officer Evaluating Report System,} 장교 평가보고 체계 실무 장교 역할을 하고 있습니다. 물론 다른 사람도 이 작업을 하고 있지만, 저도 직접 개인적으로 이 작업을 하고 있고, 다들 그 사실을 알고 있습니다. 이 작업은 제 인사참모와 함께 합니다. 그래야 그 친구에게도 피해가 가지 않으니까요. 인사참모에게는 그를 도와주는 선임 장교가 있고, 결국 세 사람이 함께 일하게 되는 것입니다. 참모진을 붕괴시키지 않으면서 일이 잘 돌아가게 하려면, 헌신할 분야를 제대로 정해야 합니다.

크리치 장군은 그렇게 하셨습니다. 딕슨 장군도 그렇게 하셨고요. 딕슨 장군은 레드 플래그^{Red Flag} 연습에 혼신을 다하셨습니다. 저는 사무실에 앉아 대위나 소령이 할 일들을 했죠. 크리치 장군은 우리가 어떻게 해야 필요한 만큼의 조종사를 양성할 수 있을지 고민하시면서 공군의 평가 과정에 완전히 투신하셨습니다. 크리치 장군은 실무자 역할을 하셨고, 직접 전투비행단장들을 가르치려고 하셨죠. 그는 '절대로 혼자만의 1인 부대가 되려고 하지 마라. 전비단을 혼자서 다 운영하려 하지 마라. 자신이 직접 실무자가 되어 투신할 분야를 찾아라'라고 말씀하셨습니다. 저도 항상 그 말씀을 설파하고 다닙니다. 저 자신도 충분하게 많이 위임을 하지 않던 시절이 있었지만, 점차 받아들이게 되었고, 이제 버려둬서는 안 될 재능을 버려두는 실수를 더는 하지 않게 되었습니다. 제가 전투비행단장 보직을 마치고 떠나고 나서 부대에 문제가 꽤 많이 발생했다고 들었습니다."

웰치 장군은 위임이야말로 의사결정의 질적 향상을 도모할 수 있는 가장 효과적인 방법이라고 믿었다. 그는 필자에게 이렇게 말했다. "우선 의사를 결정할 때, 최종적인 결정은 가장 높은 자리에 있는 사람들이 내리게끔 해야 합니다. 보통, 의사결정은 관료들이 하기보다는 하위 계급에서 하게 됩니다. 둘째, 의사결정이 올바르게 내려질 때까지 아래로 내리는 것은 의사결정자들이 올바른 결정을 하도록 훈련하는 데 큰 도움이 됩니다. 부정적인 면에 대해서는 별로 이야기하고 싶지 않습니다만, 의사결정이 중앙화되면 거대한 관료주의 조직에서는 '상위 단계에 있는 사람들이 이런 결정을 내릴 능력이 내재적으로 더 뛰어나다'라는 추정에 근거해서 의사결정이 계속 상위 단계에서만 이루어지게 됩니다. 윗사람들이 더 똑똑하다든지, 더 많은 것을 안다든지, 경험이 더 많다든지 하는 식으로 넘겨짚게 되는 거죠.

저는 그것이 올바른 판단이라고 생각하지 않습니다. 제 생각에 가장 현명한 결심은 언제나 그 결심을 시행해야 하는 가장 큰 책임을 가진 개개인에 의해서 내려집니다. 만약 결심이 그러한 올바른 단계에서 내려진다면, 아마 더 쉽게 더 나은 결정을 내릴 수 있을 것입니다. 우리는 의사결정을 할 이들을 그동안 꾸준히 훈련했고, 결국 각각의 단계에서 훌륭한 의사결정자들을 갖출 수 있게 되었습니다.

군 경력을 계속 관리하고 있는 장교라면, 적정한 단계에서 올바른 결정을 내리는 그런 경험을 해야 합니다. 모든 제대 단위에 있는 의사결정자라면 자신이 이런 결정을 해야 한다는 사실을 알고 있어야 합니다. 의사결정에 대한 책임을 지는 것만큼 일에 집중력을 갖게 하는 것은 없으며, 이렇게 집중된 주의력은 사람들의 의사결정 능력을 갈고닦아 줍니다.

언젠가 크리치 장군이 전술공군사령관을 맡고 계셨을 때 제가 그에게 이의를 제기했던 적이 있습니다. 권한 위임의 위험성과 관련한 주제였죠. 저는 그에게 '지금 통제권을 포기하시는 겁니까? 지금 전비단장, 비행대대장 및 비행선 감독관들에게 결정권을 넘기며 끔찍한 위험을 스스로 지고 계신 거 아닙니까'라고 말했습니다.

저는 그의 답이 정확하다고 생각했습니다. 크리치 장군은 이렇게 말씀하셨죠. '우선 이건 권한의 포기가 아닐세.' 그는 애초부터 절차를 통제하고 있지 않았다고 했습니다. 그 대신에 그는 기준과 목표를 통제하고 있었다고 했죠. 고급장교들에게 절차까지 통제할 이유는 없다고 했습니다. 단지 결과를 통제하고 싶을 뿐이죠. 그 결과라는 것은 해당 결과의 판단과 기준의 통제를 통해 관리할 수 있다고 했습니다. 둘째는 저도 적극적으로 동의하는 것으로, 결정 사항을 실제로 이행할 감독관에게까지 내려보냄으로써 올바르지 않은 결정에 따른 위험성을 줄일 수 있다고 강하게 주장하셨습니다. 실제로 크리치 장군의 주의력은 훨씬 더 집중되어 있었습니다. 다른 이들처럼 효과적이지 못한 심사숙고 때문에 산만해지지 않으셨죠. 크리치 장군은 결정된 내용이 제대로 이행되게 할 가능성이 훨씬 큰 분이셨습니다. 따라서 위험도도 줄어들 수 있었죠.

크리치 장군은 가치를 제공하고, 기준을 마련하며, 무엇이 목표인지 분명하게 해주고, 그다음에 부하들이 어떻게 일을 하는지에 대해서는 손을 떼고 뒤로 물러났습니다. 크리치 장군과 함께 있을 때면 테스트를 통과하느냐 탈락하느냐의 여부는 순전히 자기 자신에게 달려 있었습니다. 그는 기회와 지침을 주었고, 테스트가 무엇인지 보여주었습니다. 삼성장군의 보직은 가장 부지런해야 하는 자리였기 때문에 장성급 장교들은 매우 좁은 문을 통과해야 했습니다. 당연히 계급은 보직과 함께 가는 거죠. 누구로 삼성장군 자리를 채워야 하는지는 다른 사성장군이나 공군성 장관 등과 함께 결정해야 하는 문제로, 아마 총장실에서 내려야 하는 가장 어려운 결정일 겁니다."

브라운 장군이 매코드 공군기지에서 자신의 임무를 성공적으로 완수할 수 있었던 것은 부하들에게 상호 호혜적인 충성심을 불어넣은 결과로 그들에게 적극적인 지원을 받은 덕이 컸다. 포트 소장은 "우리는 항상 브라운 장군께서 참모회의를 짧게 해주시는 것에 감사드렸습니다"라고 말했다. "그는 자신이 무엇을 원하는지 잘 아셨고, 무엇이 필요한지 빠트리지 않고 말씀해 주셨습니다. 우리는 단순히 나가서 그대로 하기만 하면 되었습니다. 제가 특별히 장군께 감사드리는 점은 간간이 부하들에게서 들은 조언을 토대로 도박을 감행할 의지까지도 있으셨다는 점입니다. 물론 부하들의 조언이 언제나 옳았던 것은 아니지만, 브라운 장군은 간혹 이들이 난처한 상황에 처하게 되더라도 상관들에게 맞서 부하들을 보호하셨습니다. 제 생각에 브라운 장군의 리더십 중 가장 훌륭한 점은 그가 부하들에게 하길 바라는 일들을 부하들이 자발적으로 하고 싶어 하게 만들었다는 점입니다."

브라운 장군이 뉴멕시코 주 산디아Sandia 기지를 지휘하던 무렵, 휘하에 있던 앨버트 코크런Albert Cochrane은 이렇게 적었다. "우리의 참모회의는 브라운 장군의 단순하고 확고하며 명백한 리더십이 빛나는 자리였습니다. 초급장교 시절, 저는 그의 참모회의에 참석하는 것을 즐겼습니다. 모두가 이해할 수 있는 수준으로 회의를 진행해야 한다는 그의 원칙 때문이었죠. 그는 항상 가장 기본적인 문제부터 짚었습니다. 만약 참모 중 하나가 모두가 이해하지 못할 수준으로 브리핑하면 그는 끝까지 견디지 못했습니다. 산디아 기지의 기술자 몇 명은 그런 그의 성격을 어려운 방법으로 배웠죠."

부하들에게 권한을 위임할 줄 아는 브라운 장군의 능력은 산디아 기지에 큰 도움이 되었다. 예비역 공군 중장인 하워드 레인Howard M. Lane은 다음과 같이 말했다. "브라운 장군은 합동특임대-2JTF-2에서 선발할 사람들을 직접 세심하게 선별하셨습니다. 장군께서는 사람들을 모은 후, 어느 정도 세부적으로 본인이 개입해야 하고, 또 어느 선에서는 빠져야 하는지를 경험으로 아셨습니다. 자기 자신의 두뇌가 모든 것을 다 알지 못한다는 것과 부족한 부분은 부하들에게 의존해야 한다는 것을 잘 이해하고 계셨습니다. 동시에 부하들을 깊이 신뢰하셨죠. 브라운 장군은 보통 사람들이 잘 이해하기 어려운 광범위한 목표를 가지고 계셨습니다. 상급부대에서 어떤 명령을 받으셨는지 모르겠습니다만, 국방장관님과도 항상 일관성을 유지하셨습니다. 장군께서는 우리에게 광범위한 가이드라인을 제시하신 후, '이제 자네들의 상상력을 이용해보게'라고 하셨습니다. 그는 자신이 모든 세부 사항까지 직접 알고 싶어 하지 않으셨습니다. 그는 결과를 원했죠."

에드워드 맥거프 Edward A. McGough 대령도 다음과 같이 말했다. "제가 판단하기에, 그의 가장 중요한 성품 중의 하나는 타인을 깊이 신뢰할 줄 아는 능력이었습니다. 그는 각 사람들의 능력과 한계를 알았고, 적절한 때에 올바른 임무와 책임을 믿음과 함께 주었습니다. 그는 진행 사항이 어떻게 되어가는지를 놓고 괴롭히거나 확인하는 법도 없었습니다. 지금의 정치 군사 환경에서 이런 식의 행동을 하려면 용기가 필요합니다. 부하와 동료는 그의 신뢰를 존중했고, 그에 맞는 행동을 보여주었습니다. 그 누구도 그를 실망시키고 싶어 하지 않았죠."

총장으로서 라이언 장군은 브라운 장군보다 훨씬 기대치가 높았다. 예를 들어 그는 오전 상황보고에서 동남아 지역 전쟁에서의 근접항공지원 Close Air Support: CAS 분야만 다루었다. 매우 상세한 차트가 라이언 장군, 국방장관, 합참의장에게 매일 아침 제출되었다. 조지프 윌슨 Joseph G. Wilson 중장은 다음과 같이 회상했다. "브라운 장군께서 첫 참모회의를 하셨을 때, 저는 지금까지 하던 대로 브리핑했습니다. 한 절반쯤 했을 때 브라운 장군께서 이렇게 말씀하셨습니다. '됐어. 그만하게. 나도 지금까지 살면서 수차례 전쟁에 참가해왔어. 그리고 이곳에 오기 바로 직전에 1년 반에서 2년 가까이 동남아에서 7공군사령관을 하다가 왔다네. 이런 세부적인 건 다 필요 없어. 이런 것들은 작전참모 자네가 알아야 할 일일세. 일을 하다가 문제가 있으면, 그때 내게 알리라고.' 그는 일을 하기 쉽게 느슨하게 만들어주셨고, 세부적인 것은 원치 않으셨습니다. 그는 문제를 빠르게 찾아내셨죠."

윌리엄 에번스 William J. Evans 대장의 말에 따르면, "브라운 장군은 제게 수많은 세부 내용들로 자신의 뇌 컴퓨터를 폭주하게 만들고 싶지 않다고 하셨습니다. 언젠가 제가 매우 많은 양의 세부 사항들을 그에게 가지고 가자, 제게 핵심을 짚는 말씀을 한마디 하셨습니다. '이보게, 에번스. 이런 복잡한 세부 내용은 알고 싶지 않네. 나도 당면 과제가 뭔지는 알아. 세부 내역은 자네가 기억하고 있게. 나는 자네가 모든 것을 알고 있다는 사실과 자네를 어디서 찾아야 하는지를 기억하고 있다가 배경지식이 필요해지면 자넬 부르겠네."

1970년 9월부터 미 공군병기사령부 사령관으로 재직하면서 브라운 장군은 연구 분야에 대한 책임자를 선택해야 했는데, 이 선택이 확정되려면 공군성 장관의 최종 승인이 있어야 했다. 브라운은 이 일을 예하 장군 중 한 명에게 위임했다. 그는 당시 일을 이렇게 기억했다. "브라운 장군님은 패커드David Packard 장관님의 승인 요청을 준비하기 위해 프로그램 국장 후보자 명단을 요청하셨습니다. 그는 제게 이렇게 말씀하셨죠. '제리, 공군성 장관이신 시먼스Robert C. Seamans Jr. 박사님을 찾아가 만나보게. 나는 자네를 대공제압 프로그램 책임자로 선택했네. 시먼스 박사께서는 패커드 장관이 자네를 만나기 전에 먼저 자네와 이야기하고 싶어 하시네.' 브라운 장군님은 국방장관님과 처음 만나는 자리에서 어떻게 해야 하는지에 대해 별로 길지 않은 지시 사항을 주셨습니다. 저도 군 경력을 꽤나 잘 관리해온 편이었지만, 아직도 어떻게 그렇게 간단히 제가 그 보직에 임명되었는지 이해가 잘 가지 않습니다. 위협도, 승인도, 상세한 지시도 없었죠. 저는 이 프로그램에 대해서 엄청난 책임감을 느꼈고, 장관님을 만나러 가기 위해 강을 건너면서부터는 브라운 장군님에 대해서도 책임감을 느꼈습니다. 좌우간 장관께서는 만족하시는 것 같았고, 저는 패커드 장관님을 처음 만나는 자리에서 브라운 장군님에 의해 프로그램 책임자로 소개되었습니다."

브라운 장군은 베트남에 있던 장군 중 최선임자였지만, 키건George J. Keegan 장군의 말처럼 자신이 모든 것을 다 알고 있는 척하지 않았다. "브라운 장군 자신이 개인적으로 생소한 분야일 때는 조심스럽게 자신의 참모단을 이용하려고 최대한 노력했습니다. 제 생각에는 장기적으로는 올바른 지침을 달성하고, 복잡한 항공전을 수행하려면 그렇게 하는 것이 가장 신뢰할 만한 방법이었습니다. 브라운 장군은 다른 이들과는 조금 다른 이해 방법으로 평가하는 것 같았는데, 이는 그가 베트남에서의 경험이 적었기 때문입니다. 브라운 장군은 참모들에게 업무를 위임하는 스타일과 접근법이 좀 남달랐습니다. 그는 분업, 즉 한 사람이 모든 걸 다 할 수 없게 만드는 관리의 한계와 제약을 잘 이해했으며, 이는 결국 훨씬 더 건전한 작전 환경을 만들었습니다. 모미어^{William W. Momyer} 장군이 지휘하셨을 때보다 더 효율적이지는 않았는지도 모르겠습니다만, 제 생각에 근본적으로는 더 건전했습니다."

조지 브라운은 언제나 자신의 지휘권 휘하에 있는 사람들이야말로 성공의 열쇠라고 인식했다. 당시 대령이던 케니스 톨먼^{Kenneath L. Tallman}은 대령단 배치과장으로 근무하고 있었는데, 그는 전투비행단장들을 베트남으로 파병하는 업무를 하고 있었다. 톨먼은 이렇게 기억했다. "브라운 장군께서 워싱턴으로 가시기 전에 제게 구두로 요청을 하나 하셨습니다. 요점은 '계속 좋은 인력이 들어올 수 있게 해달라'는 거였죠. 그는 대중적인 사람이었고, 권한의 위임을 중요하게 여겼으며 항상 자신이 믿을 수 있는 사람들을 주변에 두길 원했습니다. 공군에는 인재가 많았지만, 전술공군사령부나 다른 곳의 지휘관을 하면서 사람들과 일일이 교류를 한 것은 아니므로 개인적으로 다 알지는 못했습니다. 전쟁의 성격상 전술공군사령부는 동남아로 파병을 보내는 수많은 대령단을 공급했기 때문에 제게 도움을 받을 수 있을 것이라 생각하신 것 같았습니다.

제가 브라운 장군께 베트남 파병 가능자로 추천한 인물 중 장군께서 받아들이시지 않은 대령은 그렇게 많지 않았습니다. 제 생각에는 제가 가용한 최고의 사람들을 선발할 것이며 최근에 전술공군사령부 근무 경험이 있는 사람으로 확실하게 뽑을 것으로 장군께서 믿으셨기 때문인 것 같습니다.

브라운 장군께서는 자신이 화이트 장군의 보좌관으로 근무하면서 얻은 가장 의미 있는 가르침은, 중요하지 않아 보이는 일들에서 매우 핵심적인 일을 선별해낼 수 있는 능력을 키우라는 화이트 장군의 말씀이었으며, 중요한 것을 포착하고 덜 중요한 것들에는 발을 묶이지 말고 부하들에게 위임하라는 것이었습니다. 부하들이 일을 해야 지휘관이 중요한 업무를 지도할 수 있다는 것이었죠. 부하들이 보낸 모든 보고서를 보자면, 브라운 장군은 특히 중요하지 않은 일과 중요한 일을 구별하는 데 뛰어난 능력을 발휘하셨습니다. 그는 좋은 사람을 골라내 그들이 할 수 있다고 생각하는 것보다 더 많은 것을 해내게 하는 능력이 있었죠."

무언가 추가적인 것을 창출해낼 수 있도록 인간을 고무하는 방법은 그에게 적정 직책을 주고 혼자서 하게 놔두는 것이다. 이것이 브라운 장군의 방법이었다. 그는 능력 있는 사람들을 작전 책임자로 앉히고, 직접 운영하게 했다. 그는 이 사람이 혼자서 일하게 내버려둔 후, 주기적으로 찾아가 일이 어떻게 돌아가고 있는지 확인했고, 항상 참모들이 그를 돕고 있는지 확실하게 확인했다. 그는 자신의 부하들에게 신뢰를 보냈으며, 그들 또한 그에 걸맞은 믿음과 신뢰로 보답했다. 그의 철학은 지휘관 자신이 세부적인 사항에 직접 관여할수록 부하들을 약화시킨다는 것이었다. 많은 사람은 브라운의 위임 태도를 이렇게 평했다. "부하들은 언제나 책임을 제대로 완수해야 한다는 엄청난 요구를 받는 느낌입니다. …… 그에게는 굳은 결의가 있었죠. 부하가 하기를 바라는 것에 대한 강한 의지 같은 것이 있었습니다. …… 그에게는 임무가 있었고, 부하들이 그 임무에 착수하기를 바랐습니다. 그는 본보기를 보이며 지휘했는데, 그렇다고 그가 일을 밀어붙이지 않았다는 의미는 아닙니다. 하지만 그는 매너가 있었고, 사람들에게 존경받는 방식으로 일을 밀어붙였습니다."

베트남에서도 마찬가지로 브라운 장군은 부하들에게 그의 위임 방식에 대해 비슷하게 설명하면서, 작전 실무자들에게는 이렇게 설명해주었다. "지금부터 여러분이 전쟁, 특히 항공전과 기획을 운영하게 될 겁니다. 하지만 상급 부대에서 하는 것과 차이가 있다면, 내가 여러분을 지원해줄 것이라는 점입니다." 그는 자신의 비행단장들에게도 이렇게 말했다. "만약 나와 이야기하고 싶다면 연락하라. 그러지 않으면 나를 지휘관회의 때나 보게 될 것이다." 브라운 장군은 속칭 '벽돌'이라고 부르던 양방향 무전기를 가지고 다니지 않았다. 그는 자신의 부하들에게 이렇게 말했다. "내게는 비행단장들이 있다. 그리고 보좌관들도 있다. 거기에는 지휘계통이라는 것이 있으며, 만약 이것이 제대로 작동하지 않는다면 우리에게 뭔가 문제가 있는 것이다." 위임이란 이런 것이다.

부하들이 브라운 장군의 결심을 필요로 할 때, 이들은 결심을 내려 받는 것에 대해 고민할 필요가 없었고, 결심은 곧 용의주도하게 내려졌다. 에번스 장군은 이렇게 회상했다. "하지만 다른 한편으로 그는 부하들에게 결심을 위임하기도 했습니다. 작은 결심 하나하나까지 다 그에게서 받을 필요가 없었던 것이죠." 하지만 브라운은 부하를 대하는 기본적인 룰이 있었다. 그는 부하들에게 이렇게 설명했다. "나를 놀라게 하지 마라. 만약 직접 다룰 수 없는 문제가 발생했다면, 내게 가지고 와라. 그러면 함께 해결해볼 것이다. 절대로 나를 놀라게 하지 마라. 왜냐하면 그것만큼은 참을 수 없기 때문이다."

부하에게 위임한다는 것은 부하들이 최선을 다하고 싶게 하는 열의를 고취한다. 부하들은 이런 상관을 실망시키고 싶지 않고, 자신에 대한 그의 신뢰 또한 망가뜨리고 싶어 하지 않는다. 리더는 부하들이 무엇을 하고 있는지 항상 인지하고 있으며, 항상 어떻게 일이 돌아가고 있는지 잘 지켜보고 있되 세부적인 것에 묶여 일이 교착되게 해서는 안 된다.

군에서 얼마나 위로 올라갈 수 있느냐는 얼마나 위임을 잘할 수 있는가에 달려 있다. 큰 부대로 올라갈수록 혼자서 모든 일을 전부 할 수 없다는 사실을 빨리 깨닫게 될 것이다. 물론 시도해볼 수는 있겠지만, 그런 시도를 하는 자는 실패할 수밖에 없다. 슈워츠코프 장군은 이렇게 말했다. "제가 베트남에서 대대장을 하던 것이 그렇게나 힘들었던 유일한 이유는, 제 휘하에 제 권한을 위임할 만한 부하가 매우 적었다는 것입니다. 그 시절에는 군이 능력 있는 사람을 모으지 못했어요. 부사관이나 장교 모두 마찬가지였습니다. 중대장들이나 대위들은 군에서 기껏해야 1년 있던 사람이었습니다. 말도 안 되는 거죠. 하지만 특히 그런 때일수록 부하들을 양성해야 하고, 그런 부하들에게 권한을 위임하고 그들을 믿어줘야 한다는 것을 배우게 됩니다. 저는 항상 제 참모들을 이용할 준비가 되어 있었습니다. 저는 대령을 달던 무렵부터 제가 맡았던 모든 지휘관 직위에서 참모장을 이용할 수 있게 되었습니다. 사단장을 할 때에는 부사단장이나 사단 참모장 또는 사단 참모들을 활용했죠. 저는 이들에게 명확하게 이들의 작전책임을 알려주고, 각자의 임무를 달성하기를 기대했습니다. 저는 이들에게 전반적인 개념을 확실히 알려주었고, 이들로 하여금 그대로 실행하게 했습니다. 왜냐하면 그렇게 하지 않는다면 실패할 수밖에 없는 운명이니까요."

권한 위임의 개념은 군 교리에도 포함되었으며, 전투 작전 명령에서 가장 중요한 요소 중 하나다. "지휘관 의도는 그가 바라는 종결 조건을 설명한다. 이는 작전 목적을 가장 간결하게 나타낸 것이며, 이 의도를 내려보낸 지휘관의 두 개 아래 제대까지는 반드시 숙지해야만 한다. 이 내용에서는 임무의 목적을 명확하게 설명해야 한다. 이는 모든 예하 부대를 위한 단일의 통합적 집중점이다. 이는 작전 개념의 요약 내용이 아니다. 지휘관 의도의 목적은 부하들로 하여금 원하는 종결 조건에 집중하게 하는 것이다. 이는 작전에 성공하려면 무엇을 완수해야 하는지에 대해 부하들이 집중하게 하는 데 사용되며, 작전계획과 개념이 더는 적용되지 않는 상황이라도 원하는 종결 방향을 향해 군기를 세우기 위함이다."

쉽게 설명하자면, 지휘관은 작전에 대한 자신의 비전을 효과적으로 소통하고, 작전의 종결 조건이나 작전의 성공을 위해 어떤 중요 임무를 달성해야 하는지 정의해준다. 지휘관은 예하 지휘관이 확실하게 작전에 성공할 수 있도록 각자의 자주성을 행사할 기회를 준다. 이미 완성된 원계획이 더는 유효하지 않더라도, 예하 부대 지휘관들은 이에 적응하고 수정해야 하며, 상급지휘관이 만들어놓은 큰 틀 안에서 여전히 유효하게 활동하고 있는지를 보면서 현재 상황에 근거한 새 계획을 시행해야 한다.

권한의 위임 — 절대로 책임의 위임이 아니다 — 은 분명 필요한 일이다. 책임이 많아질수록 모든 일을 혼자 하며 성공할 수는 없기 때문이다. 위임은 혹사당하는 리더에게 예비 에너지 이상의 역할을 하기 마련이다. 위임은 또한 부하들의 리더십 양성을 돕는 핵심적인 부분이기도 하다. 군에서 선배 장교들의 책임 중 하나는 미래에 상급사령부에서 일할 젊은 세대의 장교들을 기르는 일이다. 덧붙이자면, 리더의 행동 중 가장 많은 감사를 받는 것은 사람들에게 할 일을 맡겨주고, 그 일을 혼자서 하게 내버려두는 일이다. 부하들에게 이렇게 해준다면 이들에게 자신의 지휘관을 실망시키지 않고 자신에 대한 신뢰를 무너뜨리고 싶지 않을 뿐 아니라, 진정으로 일에 최선을 다하고 싶게 만드는 마음가짐을 불어넣기도 한다.

아이젠하워 장군은 이렇게 경고했다. "무엇인가를 부하에게 위임할 때, 그때 모든 것은 지휘관 자신의 책임이며, 부하도 그 사실을 반드시 이해해야 합니다. 지휘관은 부하들이 하는 일에 전적으로 책임을 져야 합니다." 이 말은 문제가 생기면 문제를 바로잡아야지 책임을 따져서는 안 된다는 점을 강조하는 다음 장으로 이어진다.

Chapter 9

Fix the Problem, Not the Blame

책망하기보다는 문제를 바로잡아라

/

Fix the Problem, Not the Blame

책망하기보다는 문제를 바로잡아라. ― 조지 마셜

아이젠하워 장군은 인터뷰를 하던 중 필자에게 이런 말을 했다. "리더십이란 잘못된 일에 대한 모든 책임은 자신이 지고, 잘된 일에 대한 공훈은 부하들에게 돌리는 것이 전부입니다." 실제로 장군 자신은 그 신조에 맞게 살았다.

아이젠하워 장군은 1944년 6월 6일, 프랑스의 '디데이 침공'을 놓고 훌륭한 책임 결단을 내린 적이 있다. 아이젠하워는 "작전을 결행한다"라고 말하고 나서 야전탁상에 앉아 작전이 실패할 때 사용할 언론 공보자료를 써 내려가기 시작했다. "상륙작전은 실패했습니다. …… 부대는 모두 철군시켰습니다. 이 장소로의 공격 명령을 내렸던 저의 판단은 가용한 모든 정보에 근거한 것이었습니다. 육해공 병사들은 임무를 수행하면서 자신이 할 수 있는 최고의 용맹성과 헌신성을 보여주었습니다. 만약 이번 시도에 대한 비난이나 비판을 받아야 한다면, 그것은 순전히 저 혼자만이 감내해야 할 몫입니다."

아이젠하워 장군은 남부연합군이 게티즈버그에서 패한 후 발표한 리 장군의 성명서를 상기하면서 공보자료를 썼다고 말했다. 당시 무엇이 패인이었는지를 놓고 여러 말이 있었으나, 리 장군은 모두 자기의 잘못이라고 했을 뿐,

그 누구의 탓도 하지 않았다. 리 장군은 제퍼슨 데이비스 남부연합 대통령에게 쓴 편지에서 이렇게 적었다. "군은 제가 예측했던 목표를 달성하지 못했지만, 국민의 불합리한 기대에 대한 비난이 군에 가해져서는 안 됩니다. 비난은 오직 저 혼자 받아야 마땅합니다." 그 후 1863년 8월 8일, 리 장군은 데이비스 대통령에게 사직서를 제출했다. "군사지휘관의 승리욕을 치료하는 가장 일반적인 방법은 그를 해임하는 것입니다. …… 성공이란 위험을 감수해야 보장됩니다. 저는 진심으로 각하께서 제 직책을 다른 이로 충원하시기를 요청합니다."

1862년 11월 5일, 링컨 대통령은 전투 지체와 전투 시 잇따른 패배에 불만을 느껴 매클렐런을 포토맥군사령관에서 해임했다. 매클렐런의 전투 회피 기질에 넌더리가 난 링컨과 링컨 내각은 포토맥군사령관을 앰브로스 번사이드Ambrose E. Burnside 장군으로 교체했다. 번사이드가 리 장군을 상대로 취한 첫 번째 행동은 12만 명의 병력을 버지니아 주 프레더릭스버그Fredericksburg로 이동시킨 것이었다. 전투는 1862년 12월 11일에 벌어졌으며, 12월 13일까지 계속되었다. 이 전투는 대학살로 막을 내렸는데 북군 측은 1만 2,600명의 사상자가 발생했지만, 남군은 오직 5,300명의 부상자가 발생했을 뿐이었다.

며칠 후 번사이드는 자신의 의지나 판단과는 반대로 링컨이 그를 전투에 몰아넣었다는 비난을 받고 있다는 것을 알았다. 이 소문을 잠재우고자 번사이드는 링컨에게 면담을 요청했다. 그는 링컨과 만난 자리에서 프레더릭스버그의 북군 패배에 대한 모든 비난을 자신이 받아들이겠다는 문서를 남기겠다고 했다. 링컨은 이를 매우 감사하게 생각했고, 또 안도하는 마음으로 그 제안을 받아들였다. 번사이드는 북군의 패배에 대한 책임에서 링컨을 해방시킬 의사를 보인 장군이었다.

리 장군이 애포매톡스Appomattox에서 그랜트 장군에게 항복하자, 그랜트 장군은 리 장군과 개인적으로 나눈 대화 내용을 자신의 자서전에 기록했다.

"우리는 대열에 도열한 채로 마상馬上에 앉아 편안한 대화를 30분가량 나누었다. 리 장군은 남부가 매우 거대한 나라이며, 전쟁이 완전히 끝나기까지 서너 번은 더 진격해야 할 것이지만, 이제 남부가 더는 저항하지 않을 것이므로 충분할 것이라고 말했다. 그는 남부연합군이 또다시 집결해 희생을 더 늘리지 말았으면 한다는 개인적인 바람을 피력했다. 그러나 결과가 어떻게 될지는 리 장군도 예상하지 못하고 있었다. 그래서 나는 남부연합군에서 리 장군만큼 병사와 국민들에게 큰 영향을 미칠 수 있는 사람이 없으므로, 만일 그가 전군에 항복을 권고한다면 분명 민첩하게 다들 그의 권고를 듣지 않겠냐고 제안했다. 하지만 리 장군은 먼저 데이비스 대통령과 상의하지 않고서는 그럴 수 없다고 말했다. 나는 그가 옳다고 생각하는 것에 반하는 일을 아무리 권해봐야 소용없다는 것을 알고 있었다." 마지막 순간까지 리 장군은 민간통제civilian control의 원칙을 존중했던 것이다.

남부연합군 장교 중 비난을 짊어질 줄 알았던 또 다른 예로는 앨버트 존스턴 장군이 있다. 그는 오직 5만 명의 병사로 동부 켄터키에서 미시시피와 미주리를 넘어 인디언 영토까지 아우르는 800킬로미터에 달하는 지역에서 연방군(북군)을 상대하라는 불가능한 명령을 받았다. 전투가 진행되면서 그는 병사의 절반을 잃었고, 테네시 주 대부분과 켄터키 주 전체를 상실했다. 이 패배와 함께 그는 멍청하고 무능하며 부패하고 심지어 반역의 기미가 있다는 등의 온갖 비난을 받았다. 그는 비난을 받아들였고, 자신의 지휘권을 포기하겠다고 제안했다. 그는 데이비스 대통령에게 다음과 같이 편지를 썼다. "제 직업에서 우수함을 증명하는 길은 승리하는 것뿐입니다. 매우 냉정한 규칙입니다만, 저도 그 규칙이 옳다고 생각합니다. …… 사람들이 원하는 것은 전투와 승리뿐입니다." 데이비스 대통령은 그의 사퇴를 수리하지 않았다.

1864년 3월, 그랜트는 정부로부터 역사적으로 오직 조지 워싱턴만 받은 적이 있는 중장 계급으로의 진급 명령을 받았다. 그랜트는 이럴 때면 언제나 공을 타인에게 돌렸는데, 이번에는 서면 장군에게 편지를 썼다. "다른 누구보다 자네와 맥퍼슨James B. McPherson에게 감사하며, 내가 이룬 모든 승리에 대해 항상 빚을 지고 있는 느낌일세. 자네의 조언과 제안이 항상 큰 도움이 되었다는 것은 자네도 잘 알고 있을 걸세. 자신에게 내려진 어떤 명령이든 항상 훌륭히 수행한 자네의 공로는 지금 내가 받는 상훈에 걸맞은 것이며, 이 점은 자네보다 내가 더 잘 알고 있을 것이네."

남북전쟁 중 서면 장군은 자신에 대한 칭송을 받을 자격이 있고 없고를 떠나 이런 평판을 받아들인 적이 없다. 1862년 4월 6~7일에 벌어진 실로 전투에서 남부연합군은 방심하고 있던 연방군을 공격했으며, 연방군은 거의 모욕적인 수준의 패배를 당할 뻔했다. 현재 상황이 어떻게 돌아가는지를 깨달은 서면은 곧장 전쟁터에 뛰어들어 병사들을 지휘하며 남군을 역공했다. 그는 이 승리를 자신의 공으로 돌리지 않았고, 오히려 그 대신에 그랜트 장군을 축하했을 뿐이다.

아이젠하워의 군대가 독일로 진입하기 시작했을 무렵인 1944년 12월 16일, 히틀러는 독일 장군단의 조언에도 불구하고 아르덴에서 연합군에 기습적인 역습작전을 가했다. 그는 25만 명의 병사를 돌격시켰으며, 연합군은 경계를 푼 상태에서 공격을 당했다. 하지만 패튼 장군이 이끄는 미 3군과 기타 병력이 구출을 위해 진격하면서 독일군은 결국 제자리에 정지할 수밖에 없었다.

영국군의 몽고메리 장군은 즉각 기자회견을 열어 아르덴에서 독일군을 역습하는 데 성공한 것은 자신의 공로라고 주장했다. 그의 성명은 다음과 같았다. "아이젠하워 장군께서는 본관을 전 북부전선의 사령관으로 임명하셨습니다. 저는 가용한 모든 영국군의 육군 전력을 운용했으며, 이 전력은 미군 보급선에 방해가 되지 않는 선에서 조금씩 힘을 발휘하기 시작했습니다. 종국적으론 이것이 엄청난 힘으로 몰아쳤고, 영국군 사단은 미 1군 측방에서 최선을 다해 싸웠습니다. 여러분께서는 미군의 양 측방에서 엄청난 공격을 견디며 싸운 영국 병사들의 분전하는 모습을 상상하시면 되겠습니다. 이 어찌 훌륭한 연합군의 모습이 아니겠습니까. 전투 자체도 매우 흥미진진했습니다. 제 생각에 제가 경험한 전투 중에서 가장 흥미로우면서도 위험한 작전이었습니다. 가장 먼저 해야 할 일은 아군의 급소 및 핵심 위치를 적의 공격으로부터 막아내는 일이었습니다. 이를 성공적으로 수행하고 나서 다음에 할 일은 그(히틀러)를 '보내버리는' 일이었습니다. …… 그가 원하는 장소로 갈 수 없도록 확실히 해야 했죠. 우리는 그렇게 그를 저지한 후 결국 '보내버렸습니다'. 그는 완전히 대패했습니다."

이 성명서는 옳은 내용이 아니었으며, 미군 장성들은 몽고메리에게 강하게 항의했다. 몽고메리는 우선 그가 말한 것처럼 미군들을 재난에서 구출하는 책임을 맡지 않았다. 미군은 7만 명의 부상자가 발생했지만, 영국군은 500명에 불과했다. 몽고메리는 오히려 독일군이 정지한 후 더 적극적으로 대응하지 않아 독일군이 전장에서 철수 및 이탈하도록 내버려둔 것에 대해 비난을 받아야 했다.

브래들리 장군은 몽고메리의 성명서에 격노했고, 이 성명서가 나온 직후 아이젠하워 장군에게 이렇게 말했다. "저는 더 이상 몽고메리 휘하에 있을 수 없습니다. 만약 그가 전 지상군의 지휘권을 계속 유지할 것이라면, 차라리 저를 집으로 보내주십시오." 패튼 장군도 브래들리와 마찬가지로 몽고메리 휘하에서 복무할 수 없다는 의사를 표시했다.

전에도 몽고메리에 대한 불평은 있었지만, 미군 장군들이 이렇게까지 분개했던 적은 없었다. 아이젠하워는 심지어 처칠에게 자신이 얼마나 화가 났는지 따로 알렸을 정도였다. 처칠은 아이젠하워를 이해했으며, 이를 바로잡기 위해 영국 하원에서의 연설을 통해 미군의 공을 치하했다.

제2차 세계대전 기간에 미 3군을 훌륭하게 지휘한 패튼은 책임을 받아들여야 하는 상황에서 단 한 번도 주저한 적이 없었다. 그는 불타는 전사의 이미지를 지닌 사나이였지만, 실제 인물과 이미지 간에는 격차가 있었다. 존 드바인John M. Devine 장군은 이렇게 말했다. "저는 패튼 장군이 군단장에 보직되셨을 때 참모장을 했었죠. …… 그전까지 저는 그의 명성 외에 그에 관해서는 전혀 몰랐습니다. 그리고 '그와 그렇게 잘 지내기는 힘들겠구나'라고 생각했었죠. 하지만 그를 만나보고 나서 그의 명성과 실제 인물 사이에 엄청난 차이가 있다는 것을 느꼈습니다. 저는 그에게 커다란 존경심을 갖게 되었고, 항상 그를 존중했습니다."

패튼 장군에 대한 이러한 태도 변화는 보기 드문 일이 아니었다. 대부분의 사람들이 생각하는 것과 달리, 그는 예하 지휘관들이 불필요한 실수를 했거나 불필요한 희생을 야기한 경우가 아니라면 그들을 전혀 가혹하게 다루지 않았다. 1944년 7월 말, 노르망디에서 룬스퍼드 올리버Lunsford E. Oliver 소장 휘하의 5기갑사단 장병들은 집결지에 모여 행군 준비를 하고 있었다. 이들은 3군 사령부로부터 생 로Saint-Lo 의 도로를 따라 돌파해 세Sees 강과 셀룬Selune 강 사이 지역에 도달하도록 명령받았다. 이 행군은 야간에 하도록 명령이 하달되었으며, 도로 자체는 이 부대들만이 단독으로 이용할 수 있도록 비워질 것이라고 통보되었다.

하지만 일은 그렇게 흘러가지 않았다. 도로는 다른 사단들이 진입해 뒤엉켰으며, 수많은 차량과 물자수송 호위 병력으로 가득 찼다. 올리버 장군은 당시 상황을 이렇게 적었다. "나는 곧 도로에서 사단을 빼내고 패튼 장군의 지휘소로 와 신고를 하라는 명령을 받았다. 어둠과 혼란 속에서 불길한 예감과 함께 어렵사리 사단을 빼냈다. 나는 이 어이없는 상황이 내 잘못이 아니라는 것을 알고 있었지만, 패튼 장군께서 그렇게 생각하지 않으실까 두려웠다. 만약 내가 실패했다는 것을 그가 알게 된다면, 그간의 우정 따위로는 내 목이 남아나지 않을 것이었다. 패튼 장군은 참모와 군단장, 사단장을 모두 집합시킨 후 회의를 열었다. 그는 회의를 시작하기에 앞서 이런 말을 꺼냈다. '난리 통이구먼. 다 내 잘못일세. 나는 계속 진격하고 싶어서 참모들에게 스케줄을 조율할 시간을 주지 않고 명령을 내렸는데, 결과는 보다시피 난장판일세. 그러니 이제라도 참모들은 일정을 정리하고, 질서를 회복할 때까지 차분히 앉아서 기다리세.'"

뛰어난 성과를 인정해야 할 때에도 패튼은 아이젠하워와 마찬가지로 "자신의 행위이든 아니든, 장성급 장교는 실패에 대한 책임을 떠안아야 한다"라고 믿었으며, 마찬가지로 일이 잘 풀렸다면, "승리의 공 또한 항상 타인에게 돌려야 한다"라고 말하면서 모든 비난을 대신 받고 남들에게 공훈을 돌린 장군은 부하들로부터 훨씬 더 많은 것을 얻는다는 논리를 폈다.

몇몇 장교를 저녁식사에 초대한 개인적인 자리에서 오마 브래들리 장군은 벌지 대전투Battle of the Bulge 중 패튼의 3군이 보여준 뛰어난 기동에 관해 언급하며 그를 칭찬했다. 패튼은 이 칭찬을 듣고 재빨리 답했다. "이 모든 공, 말 그대로 공훈의 100퍼센트는 3군 참모단의 것이며, 특히 게이Hobart R. Gay, 밀러Maud Miller, 닉슨Nixon과 부시Busch 덕입니다."

패튼의 이러한 칭찬의 언사는 3군의 승리에 중요한 역할을 한, 패튼의 리더십을 잘 알고 있는 작은 무리의 군인들끼리 있을 때에만 나온 것이 아니다. 벌지 대작전 직후 이루어진 어느 기자회견 중에서도 패튼은 비슷한 말을 했다. "우리의 최초 공격에 대해서는 간단하게 설명드릴 수 있습니다. 우리는 측방의 적들을 공격했고, 적들을 완전히 정지하도록 만들었습니다. 이렇게 말씀드리면 조지 패튼이라는 사람이 뛰어난 천재라고 생각하실지도 모르겠습니다. 사실 패튼이란 사람은 여기서 별로 한 일이 없습니다. 한 일이라곤 명령을 내린 게 전부죠. 실제로 모든 것을 한 이들은 3군사령부의 참모들과 전선위의 병사들이었으며, 이들이 바로 비견할 데 없는 큰 위업을 달성한 사람들입니다."

시어도어 밀턴^{Theodore R. Milton} 장군은 자신에게 인품에 관해 가르쳐준 한 장교에게 영원한 빚을 지고 있다고 생각했다. "저는 르메이 장군의 인품이 뛰어났다고 생각합니다. 그는 항상 해야 한다고 생각한 일은 옳고 그름을 떠나 반드시 해내셨습니다. 1943년, 한번은 이런 일이 있었습니다. 우리가 독일 브레멘 지역에 대한 폭격 임무를 수행하던 시절, 저는 8공군 소속으로 임무를 지휘하고 있었습니다. 독일군은 우리를 교란하려고 연기를 피워 시야를 막았는데, 그 때문에 임무를 제대로 달성하지 못했습니다. 항공기도 여러 대 잃었고, 좋지 못한 임무 성과와 항공기 손실 때문에 결국 런던에서 높은 분들이 오셨는데, 이들은 우리 임무를 비판하며, 터놓고 말해 희생양이 될 만한 사람을 찾았습니다. 사실 임무가 완전히 실패한 것이 아니었고, 단지 성과가 좀 안 좋았을 뿐이었습니다. 당시 작전은 우리가 독일 본토로 직접 들어가는 첫 번째 시도였습니다. 어쨌든 한두 사람이 불려나가 진술했고, 아무도 문제를 제기하지 않았습니다. 제가 불려나갔을 때 저는 임무를 지휘하는 입장에서 성과를 달성하지 못한 실수에 대해서 말했고, 초짜였기 때문에 제가 생각한 저의 실수에 대해서도 진술했습니다. 저는 어디서부터 문제가 시작된 것인지, 제가 어떤 실수를 했는지, 또 어떻게 했어야 했고, 어떻게 문제를 피해 갔어야 했는지 등에 대해 말했습니다. 무슨 소리를 했는지 정신을 차리기도 전에 검열관들이 엄청나게 공격을 해대더군요.

당시 비행대에는 대령을 달고 계시던 커티스 르메이 장군이 계셨습니다. 당시 검열관은 거의 대부분 그보다 선임 대령이었습니다만, 이들이 저에게 달라붙어 공격하는 모습을 보자 자리에서 일어나 외치셨습니다. '잠깐들 기다려보십시오.' 그러더니 저를 보시고는, '밀턴, 만약 지금 말한 정도가 자네가 지금껏 저지른 최악의 실수라면 앞으로는 괜찮을 걸세'라고 하셨습니다. 그는 검열관들이 희생자를 찾느라 객관적인 관점을 잃었다는 말을 그들에게 해주고 싶었던 겁니다. 르메이 대령의 한마디는 이들을 침묵하게 했고, 저에 대한 심문뿐 아니라 전 브리핑을 끝내버렸습니다. 르메이 대령의 행동에는 아무런 사심도 없었습니다. 저는 그의 비행대에 있지도 않았고요. 르메이 대령은 그저 자리에 앉아 그들의 행동을 지켜보시다가, 그 사람들이 틀린 행동을 한다고 생각하셨고, 제가 정직한 실수를 하고 있다고 판단하신 겁니다. 우리가 진입 지점을 잘못 잡았고, 연기 차폐막에 당한 것뿐이며…… 제 생각에 르메이 대령은 자신이 그때까지 살아오신 태도와 똑같은 전형적인 모습을 보였던 것 같습니다. 그도 실수를 저질렀고, 가끔 이런저런 잘못도 있었지만, 항상 옳다고 생각하는 믿음을 지킨 것입니다. 제가 알기로 그는 단 한 번도 자신의 태도나 자세를 당시 흐름에 맞게 억지로 고치려 노력하신 적이 없습니다. 그는 언제나 그 자신이었던 거죠."

하지만 가끔은 책임을 따져야 하는 순간이 있기 마련이다.

베트남전쟁이 한창이던 1969년 3월 29일, 전직 병사이던 론 리데나워Ron Ridenour는 뜻밖의 주장을 제기했다. 그는 몇몇 의원과 고위 관리에게 1968년 3월에 편지를 보내 베트남 미라이My Lai에서 전쟁범죄가 자행되었다고 주장했다. 그의 고발은 '아메리컬American' 사단 11보병여단 예하의 찰리 중대 대원들이 여성, 아이, 노인을 포함한 베트남 주민을 살해했다는 내용이었다.

육군참모총장이던 윌리엄 웨스트모얼랜드 대장은 이 일을 알게 되자 즉시 사건 수사에 착수할 것을 명령했다. 웨스트모얼랜드 장군은 이렇게 기록했다. "이런 사건이 고발되었다는 것만큼이나 부끄러웠던 사실은 11여단과 아메리컬 사단의 장교들이 사건 은폐에 가담했거나 종합적인 사건 수사에 실패했을 것이라는 가능성이었다. 범죄 조사가 진행되면서 증거가 나오고, 지휘관의 직무유기를 암시하는 징후가 나오면서 레소Stanley R. Resor 장관님과 나는 범죄 수사의 타당성에 대해 추가 조사를 했다. 닉슨 행정부의 일부 각료가 지휘체계상 과실 가능성을 덮고 싶어 한다는 사실을 알게 되자, 나는 백악관 관리를 통해 합동참모회의 일원의 특권으로 대통령을 개인적으로 만나 반대 의사를 밝히겠다고 말했다. 나는 이후에도 계속된 모든 은폐 압력을 물리쳐냈다."

웨스트모얼랜드는 피어스[William R. Peers] 중장을 조사위원장에 임명했다. 그를 선택한 이유는 무엇이었을까? "피어스 중장은 육군 내에서 객관성과 공정함으로 명성을 쌓아온 인물이기 때문이었다. 또한 그는 베트남에서 사단장을 역임했기 때문에 지금 이 상황에 관해 상세하게 잘 알고 있었다. 그에게는 꽝응아이[Quang Ngai] 주에서 실행한 작전에 대한 관할권이 있던 적도 없었고, 특히 UCLA의 ROTC 프로그램을 통해 군에 입대했기 때문에 아무도 그에게 웨스트포인트 출신들끼리 작용하는 동문 관계 같은 것이 있을 것이라고 보지도 않았다. 피어스위원회가 조사 및 증거 수집을 한 결과, 총 12명의 장교를 기소했으며, 이들에게는 정보 은닉을 통한 직무 유기와 법률 위반 혐의가 적용되었다. 이들 중에는 전 아메리컬 사단장이자 사건 조사 당시 웨스트포인트 생도대장을 역임하고 있던 코스터[Samuel W. Koster] 장군도 포함되었다. 그는 조사 중에 나오는 증거가 웨스트포인트에 부정적인 영향을 미칠까 직접 보직 해임을 요청했다. …… 책임 있는 고급장교가 미라이 사건에 관해 몰랐거나 의심조차 하지 않았다면, 미라이 대학살 같은 비도덕적이고 엄청난 사건은 분명 아메리컬 사단의 지휘계통상에 태만한 점이 있었다는 뜻이다."

웨스트모얼랜드 장군은 아메리컬 사단장이던 코스터 장군이 사건을 수사하라고 명령하기는 했지만, 사건 책임이 있는 부대의 지휘관에게 사건 수사를 할당하는 기본적인 실수를 범했다고 보았다. 조사가 진행되면서 코스터는 큰 비난을 받았다. 피어스는 코스터의 이런 행동은 정의를 우습게 본 결과이며, 육군이 이 과오를 씻는 데는 오랜 세월이 걸릴 것이고, 하나의 좋지 못한 선례를 남길 것이라고 보았다.

피어스는 이 사건이 적법한 절차에 따라 임명된 군사법원에서 판결이 이루어져야 하며, 이것이 코스터 장군, 육군 및 미국 전체에 가장 유익한 방향일 것이라고 여겼다. 영관급 장교들은 어째서 고급장교들이 전부 기소 중지가 되면서 풀려난 반면, 초급장교들만 군법 회부 대상이 되었는지 계속 해명을 요구했다.

수사 결과 총 4명의 장교와 9명의 병사가 기소되었으며, 결국에는 총 2명의 장교와 3명의 병사만 군법회의에 회부되었다. 범죄 재판이 진행되면서 소대장 1명을 제외하고는 대부분 무죄가 밝혀졌으나, 윌리엄 캘리William L. Calley 소위는 100명 이상의 민간인을 학살한 혐의로 고발당했다. 1971년 3월 29일, 그는 '최소한 22명 이상'에 대한 살인 혐의로 개별적으로 기소되었다. 그는 육군에서 전역 조치 및 종신형을 받고 구속 후 중노동형에 처해졌으나, 법률심사권에 의해 나중에 20년 형으로 감형되었다. 웨스트모얼랜드 장군이 전역한 후 육군성 장관은 다시 형기를 10년으로 줄였으며, 리처드 닉슨 대통령은 이 감형을 재가했다. 캘리 소위는 나중에 가석방 조치되었다.

그렇다면 아메리컬 사단 사단장이던 코스터 장군은 어떻게 되었을까? 웨스트모얼랜드 장군은 당시 사건이 발생했을 때 베트남 주둔 미군 중 최선임지휘관이었다. 그는 이 사건에 자신의 실수도 있다는 확신에서 도망치지 않았다. 그의 말을 그대로 옮기자면, "만약 캘리 소위가 유죄라면, 웨스트모얼랜드를 포함한 그의 상관도 그렇지 않겠는가?"

미국 국민도 정신적인 고통을 받았다. 밥 맥 크레이트Bob Mac Crate는 ≪뉴욕타임스≫에 기고한 글에서 코스터 장군에 대한 기소 중지에 관해 의견을 밝혔다. "필자는 미 1군사령관이 코스터 장군이 예전에 지휘한 장교들에 대한 기소 처분 결과에 앞서 코스터 소장에 대한 기소를 중지한 것에 충격을 받았다. …… 그는 육군의 명예를 심각하게 훼손했다. 여기서 문제는 육군이 대중에 대한 전반적인 책임을 인지하지 못했다는 것이며, 육군이 국제법, 전쟁법과 미국의 헌법 원칙에 맞춰 행동해야 하는 중요성을 보여주는 데 실패했다는 점이다."

하원 군 수사 소위원회의 새뮤얼 스트래튼^{Samuel S. Stratton} 의원은 육군의 이런 행위에 대해 더욱 소리 높여 비난했다. 1971년 1월 29일 자 신문에서 그는 "육군이 미라이 사건에 대해 코스터 장군의 기소를 중지하기로 한 것은 군사재판소의 심각한 오심이라고 생각한다. 이 상황에서 군 최고 책임자에 대한 기소를 중지하는 것은 육군이 눈가림을 하는 것이 아니냐는 의혹만 다시 제기할 뿐이다."

1971년 2월 4일, 스트래튼 의원은 육군의 코스터 사건 처리에 대해 하원 회의장에서 길고도 포괄적인 성명문 형태로 강력한 비난 성명을 발표했다. 이하 내용은 그의 성명문에 나와 있던 내용 일부다. "미라이 사건에 연루된 고위급장교에 대한 기소 중지가 공개 재판이나 사건에 대한 논의조차 한 적 없이 그것도 같은 사건에 연루된 그의 휘하 초급장교(캘리 소위)에 대한 심각한 재판 절차가 진행 중인 가운데 이루어졌다는 것은 미 육군, 미연방합중국, 그리고 군법 절차와 효력에 대한 심각한 손상을 의미한다.

이번 기소 중지의 문제는 단순히 '안 좋다'라는 것이 아니라, 최고 군사지도자들과 펜타곤의 민간인 최고직위자들 모두가 스스로 책임이 없다고 주장하는 형태로 진행되었다는 점이다.

피어스 장군의 자체 결론은 다음과 같다. '시먼^{Jonathan O. Seaman} 장군이 펜타곤과 아무 관계없이 혼자만의 판단으로 코스터 장군을 기소했다고 생각하기는 어렵다. 엄밀히 말하자면 그 반대였다고 보는 것이 맞을 것이다. 펜타곤은 분명 코스터 장군의 부하들이 심각한 기소를 당하고 있는 와중에 그 책임을 면하게 해주었을 것이며, 아마 코스터 장군에 대한 기소 내용이 발표되는 것을 두려워했을 것이다. 그가 자신의 부대를 말도 안 되게 엉터리로 운영했다는 것이 밝혀진다면, 육군이 매우, 매우 안 좋게 보이게 될 것을 우려했을

것이기 때문이다.'

이 수사는 웨스트모얼랜드 장군이 유죄인지의 여부와 그에게 책임이 있는지 여부도 세밀하게 조사했다. 조사 결과, 웨스트모얼랜드에게 "책임 회피가 없었다"라고 결론을 내렸다. 그가 진실을 추구했고 육군참모총장에게 편파적인 조언을 하지 않았다는 사실에 대해서는 피어스의 보고서를 읽어보면 된다. 캘리 사건에서 책임을 따져야 하는 중요한 이유는 이런 부류의 사건이 절대로 두 번 다시 일어나지 않게 하기 위함이다."

장교의 품성과 관련해 언론을 다루는 것보다 더 어려운 문제는 없을 것이다. 1987년 봄, 미국은 이란 문제로 어려움을 겪고 있었다. 당시 이란인들은 페르시아 만에 기뢰를 설치하겠다고 협박했으며 실제로 설치했다. 미국은 이곳을 지나는 외국 배들에 미국 국기를 걸게 하여 해당 선박에 대한 공격은 미국에 대한 공격으로 간주하겠다는 의지를 보이며 맞대응했다.

윌리엄 크로 제독은 이렇게 말했다. "쿠웨이트 국적의 유조선인 알 레카브 Al Rekkab는 브리지턴Bridgeton이라는 이름으로 함명을 바꿨습니다. 안타깝게도 계류접촉기뢰를 건드렸죠. 이 말뜻은 이란 정부가 미국의 분노를 감당하는 모험을 하기로 했다는 의미였습니다. 다행스럽게도 폭발에서 다친 사람은 없었고 유조선도 계속 항해가 가능했습니다. 하지만 만약 그 배가 미 해군의 호위 구축함이었다면 함정이 침몰했을 가능성이 높을 뿐 아니라 인명 손실도 컸을 것입니다. 언론은 '브리지턴' 문제로 미 해군을 계속해서 질책했습니다. 왜냐하면 문제의 유조선을 호위하기 전 그곳에 소해함도 배치하지 않았기 때문이었습니다. 호위에 앞선 순찰도 충분하지 않았죠. 저는 언론에 대해 반박할 수 있는 입장이 아니었습니다. 이 사건에 대한 언론의 관심은 그칠 기미가 보이지 않았습니다. 저는 와인버거 장관을 찾아가, 만약 장관께서 허락하신다면 직접 기자회견을 열어 이 이야기를 종결짓겠다고 했습니다. 와인버거 장관은 제게 어떤 식으로 하려는 것인지 물었습니다. 이에 저는 '브리지턴이 기뢰 공격을 받았을 때 우리가 실수를 했는데, 제가 바로 그 실수를 한 책임자라고 하겠습니다. 해군은 더 많은 소해 자산을 해역에 전개해야 했고, 수집된 정보 데이터를 더 분석적으로 들여다봐야 했다고 하겠습니다'라고 말씀드렸습니다. 그러자 와인버거 장관의 얼굴이 상기되었습니다. 그러지 말라고 하시면서, '절대, 절대, 절대, 절대로 실수했다는 것을 인정하지 말게. 그렇게 하면 저들은 자네가 영원히 이 사건을 잊어버릴 수 없게 만들 걸세'라고 하셨습니다. 저는 알겠다고 했습니다. 그리고 기자회견을 열지 않았습니다."

하지만 3주 후, 크로 제독은 샌디에이고에서 연설을 하게 되었는데, 이때 공격적인 성향의 지역 일간지 기자가 연설 끝에 일어나 브리지턴 기뢰 사건에 관해 긴 질문을 던졌고, 크로 제독은 그 질문을 듣고 당황했다. 그는 장관의 조언을 잊고 책임을 지는 발언을 하며, '보십시오. 지금 이 자리에서 논란을 잠재워드리죠. 우리는 이 자리에 처음 보직된 사람들이고, 아직 배울 게 많습니다. 브리지턴 기뢰 사건은 제가 개인적으로 실수한 것입니다'라고 했다.

크로 제독은 필자와 인터뷰하던 중 이렇게 말했다. "기자(≪샌디에이고 트리뷴≫ 기자였다)는 저를 이상하다는 듯이 바라보더군요. 아마 그런 식의 반응을 들어본 적이 없었겠죠. 그러더니 자리에 앉았습니다. 그 후 일간지에 제가 한 말을 기사로 냈고, 그 후로 '브리지턴' 사건과 관련한 말을 한마디도 들은 적이 없습니다. 정직함은 사실 실제로 가장 좋은 방침일 때가 많습니다. 저는 항상 조지프 스틸웰 장군이 미얀마에서 패한 후 남기신 말을 기억하고 있습니다. 그는 정글을 어렵사리 빠져나와 인도에 도착했는데, 사실 그것만으로도 엄청난 업적이었습니다. 도착 후 그는 기자회견을 했습니다. 기자 하나가 '무슨 일이 있었던 겁니까' 하고 묻자, 스틸웰 장군은 '지옥에서 된통 당했습니다'•라고 대답하셨습니다. 언론은 그 대답을 좋아했죠. 그냥 간단하게 '내가 틀렸습니다'라고 말하는 것에는 충분한 이유가 있는 법입니다.

물론 그렇게 말했다면 그 책임 또한 자기 어깨에 질 수 있어야 하죠. 그런 말을 했다면 '대통령께서도 실수를 하셨습니다'라고 하면 안 되는 겁니다. 그렇게 다른 이들을 끌고 들어와 비난을 함께 받으려 하면 안 되는 거죠. '우리'라는 단어도 써서는 안 됩니다. 그저 '나 이외에는 그 누구도 책임이 없다'라고 해야 합니다. 그 말이 실수 인정에 대한 절차의 시작이자 끝이지만, 그 말은 조심히 써야 합니다. 그렇지 않는다면 그 말을 뱉고 나서 곧장 사람들이 이렇게 생각하겠죠. 저 작자는 할 줄 아는 게 실수밖에 없다면서 왜 계속 저 자리에 앉아 있냐고요."

최근의 고위 장성 중 공개적으로 비난을 받아들인 예는 제1차 이라크전쟁 때 발생한 사고와 관련해서 책임을 진 슈워츠코프 장군이 있다. 그는 펜타곤 언론 책임자로부터 국방장관과 동행하고 있는 기자들에게 브리핑해달라는 부탁을 받았다. 그는 이 요청에 대해 "미쳤군, 난 체니^{Richard B. Cheney} 장관님이나 파월 합참의장님을 상대하느라 정신없네"라고 일축했다. 절충안으로 그는 '권위가 있는 누군가'를 자신의 대타로 보내기로 약속했다. 그는 걸프 전역에 온 지 한 달밖에 안 된 월러^{Calvin A. H. Waller} 중장을 대신 보낼 사람으로 선택했다. 이 기자회견은 아직 준비가 안 되어 있던 월러 장군에게는 큰일이었다. 기자들이 미 중부사령부의 전투준비태세와 관련해 질문하자, 그는 아마도 2월 중순까지는 지상군이 공격을 실행할 준비가 완료되지 않을 것 같다고 말해버렸다. 불행하게도 이는 유엔의 마감 시한 전에 이라크에 압력을 넣겠다는 대통령의 의지와 상충되는 대답이었다.

슈워츠코프는 월러에게 무슨 일이 일어날까 매우 우려했다. "월러도 자신

● 원래 상대방을 때려눕힌다는 의미의 'beat the hell out of'라는 표현을 뒤집어 'We got the hell beat out of us'라고 말했다.

이 회견을 망쳤다는 것을 알았으며, 내게 아침 일찍 찾아와 그 이야기를 꺼냈다. 나는 내가 그를 이런 난관에 밀어 넣은 것 같아 책임을 느끼기도 했거니와, 그가 처벌을 받게 될까 우려스럽기도 했다. 사막의 방패 작전 초기에 체니 장관은 공군참모총장이던 마이크 듀건Mike J. Dugan 대장을 기자들에게 기밀 사항을 누설했다는 이유로 해임한 적이 있었기 때문이다. 한 시간 뒤 체니 장관과 파월 합참의장이 도착하자 나는 그들을 내 집무실로 안내했다.

나는 이들에게 '월러 장군은 자신이 일으킨 소란에 대해 굉장히 속상해하고 있습니다. 하지만 정작 책임져야 할 사람은 접니다. 제가 아직 전역에 도착한 지 얼마 되지도 않은 그를 기자회견장에 던져 넣었거든요'라고 말했다. 놀랍게도, 체니 장관과 파월 의장은 월러의 발언에 그다지 신경 쓰지 않는다는 반응을 보였다. 체니는 심지어 '적에게 혼선된 신호를 보내는 것은 사실 그다지 나쁜 일은 아니거든'이라고 재담을 했다."

책임을 받아들이는 것은 제1차 이라크전쟁 당시 합동참모본부 의장을 지낸 콜린 파월 대장의 성품이기도 했다. 디데이가 다가오면서 다국적군이 이라크군을 쿠웨이트에서 몰아내기 위해 이동을 시작하던 무렵, 이라크의 생화학무기 시설을 폭격하느냐 여부를 놓고 중대한 결정을 내려야 했다. 영국 측 합참의장인 데이비드 크레이그David B. Craig 경은 이 문제에 대해 우려하면서, 결정을 미처 내리지 못한 파월에게 말했다. "위험이 좀 크군요. 그렇지 않습니까?" 이에 파월은 이렇게 말했다. "물론 그렇죠. 폭격을 하면 아마 현존하는 병원균을 파괴하겠죠. 하지만 치명적인 균이 대기 중에 방출될 수도 있을 겁니다." 파월은 폭격을 실행하면 민간인뿐 아니라 군 병력도 위험해질 수 있을 것이라는 점을 우려했다. 다국적군 맹방국들은 그렇게 될 경우 두려운 상황이 될 수 있다는 점을 잘 이해했으며, 다국적군에 참가한 국가들은 생물학무기 금지조약에 서명했으므로 똑같은 방식으로 보복해서는 안 된다는 데 동의했다. 파월은 폭격을 하도록 명령을 내렸으며 다음과 같이 말했다. "생물학무기 저장고에 폭격을 가한 결과로 재앙을 막기보다 오히려 재앙을 풀어놓게 되어 생화학균이 남쪽 방향으로 퍼지게 된다면 데이비드 크레이그 경께 '그땐 모든 걸 제 탓으로 돌리시라'고 전해주십시오."

필자가 인터뷰한 모든 총장과 의장은 아이젠하워 장군의 명언인 "잘못된 일에 대한 모든 책임은 자신이 지고, 잘된 일에 대한 공훈은 부하들에게 돌려라"라는 말에 동의했다. 데이비드 존스 장군은 필자와의 어느 인터뷰에서 "누가 공을 차지하게 되느냐에 신경만 쓰지 않는다면, 아마 해내지 못할 일은 없을 겁니다. 저는 제가 부르지도 않았는데 찾아와 제 비위나 맞추려 하는 이들을 고마워해본 적이 없습니다. 저는 누가 저에게 감언이설을 하려 할 때 알아챌 수 있었고, 그런 부류의 인간은 절대 신뢰할 수 없었습니다."

샬리캐슈빌리 장군 또한 어느 인터뷰에서 이렇게 말했다. "훌륭한 자질을 갖추고 있고, 공을 얻을 궁리만 하지 않는다면 원하는 것은 무엇이든 될 수 있는 사람을 보는 게 가장 슬픈 일인 것 같습니다."

특별히 이 주제와 관련해 공군참모총장을 지낸 로널드 포글먼Ronald R. Fogleman 장군에게 경의를 표해야 할 것 같다. 1996년, 19명의 미 공군 장병들이 사우디아라비아에 있던 미군 기지에서 폭격으로 사망한 사건이 있었다. 당시 국방장관이던 윌리엄 코언William S. Cohen 은 해당 사건을 막지 못한 책임을 물어 준장 한 명을 처벌해야 한다고 주장했다. 포글먼 장군은 해당 준장을 희생양으로 삼는 데 반대했으며, 결국 자신의 4년 임기를 채우지 못하고 전역했다. 리처드 뉴먼Richard J. Newman 은 ≪U.S. 뉴스 앤드 월드 리포트U.S. News and World Report≫에 다음과 같은 글을 기고했다. "하지만 포글먼 장군이 떠난 것은 단지 한 사람이 자신의 믿음을 지키고자 일어선 것 이상의 훨씬 더 폭넓고도 애국적인 원칙을 보여준다. 자신의 민간인 상관을 존중하는 자세가 그것이다. 그는 미국 내에서 군의 영향이 계속 커져가는 것이 군의 권위가 지닌 제약성을 넘어서려 할지 모른다는 우려가 피어오르던 시점에 이런 원칙을 확고하게 보여주었다. 최근 군인들은 예산을 따내고, 안보전략을 관철하고, 다른 주장을 관철하기 위해 '정치적인 게임을 할 준비가 되었다'고 역사가인 리처드 콘Richard Kohn 박사가 평한 바 있다."

비판을 받아들이는 것의 중요성에 대해 마지막으로 강조할 것이 하나 더 있다. 아이젠하워 장군이 자신의 직책을 정치적 관점으로 바라보는 철학은 그가 군 생활을 성공적으로 할 수 있었던 중요한 요소였다. 그는 1943년 12월 카사블랑카에서 루스벨트 대통령과 프랑수아 다를랑 원수를 어떻게 다룰지 논의하면서 이런 이야기를 했다. "저는 본국 정부에 재검토를 요청하고, 그 요청이 승인될 때까지 기다리지 않고도 일을 처리할 수 있는 전역사령관들을 신뢰합니다. 일개 장군이 실수를 한다면, 그는 버림을 받고 불명예 속에서 그 자리에서 쫓겨날 수도 있겠죠. 하지만 정부는 버림을 받을 수도 없거니와, 자기 자신을 불명예 속에서 쫓아낼 수도 없습니다. 특히나 전쟁 중에는 절대로 그럴 수 없죠." 바꿔 말한다면, 문제의 장군은 실수가 나올 경우 희생양이 될 뿐이며, 그 자체도 그의 임무 중 하나라는 것이다.

그랜트 장군도 비슷한 견해를 보였다. "전쟁 중에는 육군과 해군의 헌법상 최고 통수권자인 대통령에게 지휘관을 선별할 책임이 있다. 대통령은 그런 선택을 할 때 난처해하면 안 된다. 대통령에게 일단 선택을 받았다면, 나의 책임은 내가 알고 있는 최선의 방법으로 일을 하는 것으로 완수된다. 만약 내가 그 직위를 얻으려고 쫓아다녔거나 개인적 혹은 정치적 영향으로 그 직위를 얻었다면, 아마도 나는 나 자신만의 계획을 수행하는 것이 두려울 것이며, 멀리 떨어져 있는 상관이 직접 내릴 명령만을 기다리게 될 것이다. 지원이나 정치적 영향으로 중요 지휘관 보직을 얻은 자들은 만약 닥쳐올 최악의 상황에 대비한 불만 사항이나 패배에 대한 예측을 문서화해 보관하기를 꺼리는 경향이 있다. 누군가는 그들의 실패에 대한 책임을 져야 한다.

링컨 대통령과 할렉Henry W. Halleck 장군은 자신들의 어깨를 짓누르는 압박에도 불구하고 전쟁이 끝날 때까지 항상 내 편에 서주었다. 나는 개인적으로 링컨 대통령을 만나본 적이 없지만, 그의 지원은 처음부터 끝까지 항상 똑같았다."

비난을 받아들일 자세 또한 리더가 가져야 할 품성이다. 비난을 받아들이는 행동의 중요성은 올리버 소장이 이야기한 패튼 장군의 말보다 잘 보여주는 것은 없을 것 같다. "난리 통이구먼. 다 내 잘못일세." 그리고 이에 대해 드바인 장군은 "나는 그에 대해 큰 경외심과 존경심을 갖게 되었다"고 말했다. 이 말은 리더의 품성 중 이런 태도가 지닌 영향력을 잘 보여주는 듯하다.

Chapter 10

Reflective Descriptions of Character

Chapter 10

인품의 일부를 보여주는 품격

Reflective Descriptions of Character

남북전쟁 전 그랜트 장군의 일화

남북전쟁이 일어나기 전, 그랜트는 하는 일마다 모두 실패했다. 샌프란시스코 인근 포트 훔볼트Port Humboldt 에 주둔하던 시절, 그는 부대에 대한 수입을 보충하기 위해 여러 방법을 강구했다. 이를테면 얼음을 판다든지, 물소나 수퇘지, 말 등을 사서 이민자들에게 팔고, 감자 농사를 짓거나 가게에 개업 자금을 대출해주고 당구장도 운영했다. 이 모든 '벤처사업'은 모두 실패했다.

그랜트는 가족과 떨어져 지내고 있었던 탓에 매우 외로워했으며, 지나친 음주에 빠지기 시작했다. 다음의 슬픈 일화는 그의 전기 작가 중 한 명이 서술한 내용이다. "그랜트는 우울했고, 과묵했으며, 침울했고, 주변에 신경을 쓰지 않았다. 그는 주당으로 명성을 쌓았다. 그에게 주어졌던 마지막 사업 기획인 프리스코Frisco의 당구장 사업은 어쩌면 그에게 용기를 주었는지는 모르겠다. 하지만 일은 그리 잘 풀리지 않았다. 그는 술을 더 마셨다. 뷰캐넌Robert C. Buchanan 중령이 그랜트 장군과 같은 상황이었더라면, 그는 아마 다른 방법으로 이 문제에 접근했을 것이다. 그런데 그랜트가 술에 취한 채로 출납장교 임무를 수행하러 나가자, 뷰캐넌 중령은 그랜트에게 전역신청서를 서명 없이 써서 오라고 명령했다. 뷰캐넌은 만약 또 폭음을 하고 나타난다면 그 신청서에 서명을 하게 될 것이라고 그랜트에게 말했다.

한동안 그랜트는 술을 입에 대지 않았다. 그러던 중 어느 날 파티에서 한 장교의 부인이 그랜트에게 펀치 음료(사교파티에서 내놓는, 술과 설탕 등을 섞어 만든 가벼운 알코올음료 ─ 옮긴이)를 조금만 마셔보라고 권했다. 그는 약간의 펀치를 들이켰다. 그다음 날, 그가 결국 술을 마셨다는 사실은 전 부대에 퍼졌고, 그랜트 자신도 어떤 일이 닥칠지를 예감한 듯, 마치 전역 기념 행진을 하듯 터덜터덜 걸어 뷰캐넌의 집무실에 들어섰다. 뷰캐넌은 서명이 안 된 전역신청서를 꺼낸 후, 그랜트에게 지금 어떻게 하는 것이 맞겠냐고 물었다. 그랜트는 서명했다. 그날은 1854년 4월 11일이었다. 지난 15년간 그는 회색 정복과 푸른 정모를 쓰고 살아왔으나, 이제 민간인이 되었다.

군을 떠난 그랜트는 농사를 시작했으나 그것마저 잘되지 않았다. 그는 심지어 길에서 땔감을 팔아보기까지 했다. 1858년에서 1859년으로 넘어가던 겨울, 그는 가족과 함께 세인트루이스로 옮겨 아내의 사촌 중 하나이던 해리 보그스Harry Boggs와 함께 임대업을 하기로 했다. 하지만 임대업은 그에게 맞지 않는 궂은 업종이었다. 그와 보그스는 곧잘 다투었다.

37세가 되던 해, 그랜트는 여전히 자기 인생이 실패작임을 인정해야 했다. 말 한 마리 제대로 못 팔던 소년은 장성해서도 감자 한 포대를 수확하지도, 임대료를 걷지도 못하는 어른이 되어 있었다. 이 사실은 매우 치욕적이었다."

그렇다면, 그러한 수많은 실패에도 어떻게 그랜트는 군사지도자로 성공할 수 있었을까? 그 해답은 그의 인격에 있다. 나는 이 질문을 슈워츠코프 장군에게도 했었는데, 그의 대답을 듣고 한참을 웃을 수밖에 없었다. "저도 장작을 팔고, 농사를 짓고, 가게 점원 일을 하고, 임대료를 걷고 다녔다면 다 실패했을 겁니다."

셔먼 장군과 그랜트 장군: 인품과 전문성의 밀접한 관계

브루스 캐턴Bruce Catton은 미 연방군(북군)에 관한 연구 가운데 고전으로 꼽히는 『포토맥군The Army of Potomac』에서 이렇게 말했다. "북군의 장군들은 좋은 장군과 나쁜 장군이 별로 다를 바가 없었으며, 모두 명성과 대표성을 몹시 원했다." 그는 인품의 결여가 북군 장군들의 문제였고, 그것이 그들의 능력을 저하했다는 점을 지적한 것이다. 이 책에는 이러한 상황을 잘 보여주는 여러 구절로 가득하다. "매클렐런에게 (존 포프John Pope 장군이 포토맥군에 소홀했고 군을 부주의한 방법으로 지휘했다는 혐의는) 명확해 보였다. 그는 포프 장군을 한 명의 인간으로, 혹은 한 명의 군인으로도 전혀 존중하지 않았다." "새뮤얼 스터기스Samuel D. Sturgis 소장은 허먼 헙트Herman Haupt 대령과 철도 소유권 및 일정 관리 논란에 관해 이야기하고자 만난 자리에서 '나는 존 포프에 대해서는 새똥만큼도 상관 안 하네'라고 말했다." 연합군의 사기에 관해서는 이렇게 말했다. "논쟁과 어리석은 실수들은 (포토맥군을) 차츰 무너뜨렸다." 후커Joseph Hooker 소장에 관해서는 "끝까지 상관들과 잘 지내지 못했다"고 평하기도 했다. 그 밖에 몇몇 장군들에 관해서는 다음과 같이 적었다. "필립 커니Philip Kearny 소장은 매클렐런 장군을 혐오했으며, 포프 장군도 마찬가지로 싫어했다." "피츠 존 포터Fitz John Porter에게는 포프에 대한 경멸밖에 없었고, 그는 포프에 대한 이런 경멸을 말로도 표현하고 글로도 적었는데, 이는 결국 비극적인 결과를 낳았다." "존 허치John Hutch 소장은 경멸하던 포프 장군에게 갚아야 할 원한이 있었다. …… 포프가 허치에게 분노하여 그를 질책하며 지휘권을 박탈한 적이 있었고, 강등 조치를 했던 적이 있기 때문이다. 허치는 불공평한 대접을 받았다고 생각했다. 그리고 이제 이를 갚을 때가 온 것이었다."

그 책에서는 북군 장군들 간의 질투심이 드러나는 수많은 글을 찾아볼 수 있다. 물론 상대적으로 남군의 북버지니아군 장군들에게 이런 문제가 없었다는 이야기를 하려는 것이 아니라, 북군과 달리 리 장군은 문제가 부상할 때마다 그의 인품과 리더십으로 이를 다 극복했다는 점을 말하려는 것이다.

북군 장군 중 그랜트와 셔먼은 크게 대비되는 인물이다. 이 둘은 특히나 친밀한 관계를 보였다. 필자가 생각하기에 이 친밀함은 두 장군의 인품에 기반을 두고 있지 않았나 싶다. 그랜트가 버지니아에서 리 장군에게 발이 묶여 있는 동안, 셔먼은 조지아 주를 가로질러 압박을 가하고 있는 것에 대해 대중으로부터 엄청난 찬사를 받았다. 그가 애틀랜타를 점령한 사건은 링컨이 1864년 선거에서 패배를 면하게 한 중요 요소 중에 하나였다. 이 시기 그랜트에게는 공세 기질이 없었고 셔먼은 승승장구했으므로, 워싱턴에 있는 정치가들은 셔먼을 중장으로 진급시키는 방안을 논의하기 시작했다. 하지만 그는 그 일에 관여하고 싶어 하지 않았다. 그는 공훈을 좇지도, 지위를 높이고 싶어 하지도 않았다. 셔먼이 직접 그 진급안을 취소하도록 행동한 사실보다 그의 인품을 더 잘 설명하는 증거는 없으리라 본다.

1865년 1월 22일, 셔먼은 그의 동생인 존 셔먼John Sherman 오하이오 주 상원의원에게 이런 내용의 편지를 썼다. "내가 너에게 이 편지를 보내는 것은 지금 중장을 또 한 명 임명하거나 대장 계급을 만들어내는 것이 현명한 처사가 아니라고 생각한다는 것을 알리기 위해서다. 법이 현재 그대로의 상태를 유지하게 놔둬라. 나는 그랜트 장군과 라이벌 관계를 형성하게 하려는 성격의 그러한 진급은 절대 받아들이지 않을 것이다. 나는 그랜트가 지금껏 쌓아온 그대로를 계속해서 누리게 하고 싶다." 셔먼의 사심 없는 태도는 다음 말에서 드러난다. "나는 내가 달고 싶은 계급까지 다 달았다. …… 내게는 소장 계급이든 원수 계급이든 아무런 차이가 없다. 나는 10만 명의 병사들을 전쟁터에서 지휘했고, 이들을 혼란 없이 진격시켜 승리했으며, 내 명성은 이미 그걸로 충분하다. 이제 내게 필요한 것은 평안과 안정뿐이다."

서먼은 또한 그랜트 장군에게 보내는 서신을 통해 이 문제를 정면으로 제기했다. "저는 의회가 저를 위해 또 하나의 중장 계급을 신설하는 법안 통과를 추진하고 있다는 이야기를 들었습니다. 저는 동생 존 서먼 의원에게 서신을 보내 이를 중단하라고 촉구했습니다. 이는 해만 될 뿐이며, 아직도 세상에는 그랜트 장군님과 저 사이에 말썽의 씨를 만들려는 악당이 꽤 많은데도, 우리 둘은 서로를 충분히 이해하는 사이라고 생각합니다. 저는 우리 사이에 라이벌 관계를 형성하려는 계산이 깔린 진급은 단호히 거절할 것입니다. …… 의회에 있는 사람 중 장군님과 제가 이 야망이 클 수밖에 없는 직업을 갖고도 얼마나 진실한지를 알아주는 이는 아마 하나도 없을 겁니다. 저에게는 이런 감정이 전혀 없으며, 저는 오늘이라도 기쁘게 제 직책과 영향력을 저보다 더 권력을 잘 포기할 수 있는 이에게 넘길 수 있습니다. 한차례 몰아쳤을 뿐인 최근 저의 승리는 곧 사그라질 것이며, 곧 새로운 국면을 맞아 밀려나게 될 것입니다."

워싱턴의 관료들이 어떤지를 잘 알고 있는 서먼은 그랜트 장군이 워싱턴으로 불려 가 링컨 대통령이 직접 중장 계급장과 미연방군사령관 직위를 받는다는 소식에 불길한 예감을 느꼈다. 서먼은 동생 존 의원에게 이렇게 편지를 썼다. "할 수 있는 한 최선을 다해 네가 그랜트 장군을 지원해주었으면 한다. 그는 거기서 사람을 떠받드는 역겹고도 위험한 의전 절차로 고통을 받을 것이기 때문이다. 그랜트 장군은 우리 모두가 인정하듯 훌륭한 리더다. 그는 정직하고, 단순하며, 목표 지향적이고, 민력民力을 찬탈할 의사 따위는 조금도 없다. 그의 천재성보다도 그의 성격이 군대를 조화롭게 할 것이며, 사람들을 하나로 모을 것이다."

두 사람의 놀라운 친밀 관계에 대한 증거는 1865년 2월 7일 그랜트 장군이 서먼 장군에게 보낸 편지에서도 나타난다. "장군님의 진급에 대해 저보다 기쁘게 생각하는 사람은 없을 것입니다. 만약 장군께서 제 자리를 대신하게 되어 제가 장군님의 부하가 되더라도 우리 사이의 개인적인 관계는 전혀 변하지 않을 것입니다. 저 또한 우리의 대의가 항상 승리할 수 있도록 저의 모든 권한을 이용해 최선의 노력을 다할 것입니다."

질투에 찬 할렉 장군은 비열한 행동을 자행했다. 남북전쟁 당시 선임 장군이었던 그는 빅스버그Vicksburg 전투 후 그랜트 장군을 자신의 '부사령관'에 임명했는데, 이 자리는 말 그대로 아무것도 아닌 보직이었다. 즉, 그랜트에게는 아무 책임도 없는 혼자 고립된 자리가 주어졌다는 의미였다. 할렉은 그랜트를 무시했으며, 아무 일도 주지 않았다. 할렉의 심복 노릇을 하던 장군들은 그에게 겁을 먹어 그랜트를 업신여겼을 뿐 아니라, 그랜트에 대해 좋지 않은 이야기와 헛소문을 퍼뜨려 언론에 흘러들어가게 했고, 이는 결국 병사들 사이에도 알려졌다. 그랜트는 이 때문에 엄청난 고통을 받았지만 아무런 말도 하지 않았다. 이들 장군 중 예외는 서먼이었는데, 당시 그는 그랜트 장군이 추락하는 것만큼 빠른 속도로 승진을 계속하고 있었다. 그런데도 그랜트에 대한 서먼의 의리와 헌신성은 특별했다. 만약 서먼이 자신의 안위만을 돌보는 사람이었다면 이 상황을 기회로 삼았겠지만, 그는 그렇게 하지 않았다.

그랜트가 결국 크게 낙담했기 때문에 할렉은 자신이 바라던 바를 달성했는지도 모른다. 즉, 질투하던 사내를 제거한 것이다. 그랜트는 사실상 사임의 의미와 마찬가지인 귀향 요청을 할 생각까지 했다. 서먼은 이 소식을 듣자마자 그랜트의 막사로 찾아가 사실이냐고 물었고, 그랜트는 이렇게 답했다. "서먼 장군, 장군께서는 제가 어떻게 여기까지 왔는지 아실 겁니다. 저는 할 수 있을 만큼 최대한 노력했습니다만, 이제 정말 더는 버틸 수가 없습니다." 서먼은 그에게 사업을 할 계획이라도 있느냐고 물었다. 그랜트는 "전혀 없습니다"고 답했다. 이 두 사람은 이 문제를 놓고 꽤 긴 이야기를 나눴으며, 서먼은 그랜트가 다시 한 번 생각해보겠다는 대답이 나오도록 설득해냈다. 그랜트는 결국 마음을 돌렸고, 나머지 그의 군 생활이 얼마나 성공적이었는지는 알려진 바와 같다. 두 위대한 리더 사이에는 특별한 관계가 존재했고, 이 관계는 순전히 서면의 인품에 기반을 두고 있었다.

리 장군과 잭슨 장군: 인품과 전문성의 밀접한 관계

리 장군의 인품을 가장 잘 보여주는 일화는 그가 1861년 남부연합군(남군)을 조직하고 있던 초창기 시절에 나타난다. 버지니아위원회가 열렸을 때 리 장군은 자신이 남군으로 오기 전에 이미 남군에서 임관한 장군들에 섞여 진급 예정자 명단 끝에 이름을 올렸다. 당시 남부연합 부통령이던 스티븐스^{Alexander H. Stephens}는 리 장군이 먼저 온 장군들보다 아래 보직에 임명되어 무시당했다는 느낌을 받고 기분이 상할까 우려했다. 그는 리 장군을 직접 찾아가 설명을 했는데, 리의 인품이 어땠는지는 그의 대답에서 잘 나타난다. "그는 즉석에서 일말이라도 자신의 개인적인 이익이 조국의 이익을 가로막아서는 안 된다면서, 이등병일지라도 상관하지 않고 집단 모두의 명분을 위해 자신이 가장 잘 어울리는 보직이라면 다 받아들이겠다고 대답했다. 아울러 자신의 계급 문제가 (남군에 가장 훌륭한 군 조직을 만드는 데) 방해가 되어서는 안 된다고 말했다. …… 그는 직접적이든 간접적이든, 자신의 자리를 찾아다니는 그런 부류의 사람이 아니었다."

리 장군은 뛰어난 담력을 가지고 있었으며, 전쟁 기간 내내 낙관적인 마음과 결합된 평정심을 항상 유지했다. 그는 쉽게 흥분하지 않았다. 예를 들어, 남북전쟁 기간 내내 리 장군과 잭슨 장군 사이에는 단 한 번도 문제나 마찰이 있던 적이 없었다. 잭슨 장군의 계곡작전^{Valley Campaign}과 승리는 군사학^{軍史學}

분야에서 가장 빈번하게 연구된 업적 중 하나다. 잭슨은 자신의 부대보다 큰 규모의 부대로 작전을 수행하는 것에 늘 반대했다. 그의 승리는 항상 남부가 위기에 처했을 때에 터져주었다. 그들은 이 승리에 열광했고, 전율했으며, 남부연합과 남부 국민의 마음을 얻었다. 치카호미니Chikahominy에서 잭슨이 매클렐런의 우 측방을 친 것은 그다음으로 성공적이었던 전투였다. 그는 북방 진격을 이끌었으며, 북군을 시더 산Cidar Mountain에서 격파했고, 다시 남부연합군을 이끌고 머내서스Manassas로 진격 중이던 포프 소장의 후미를 쳐 리 장군이 전장에 도착할 때까지 북군을 고착시켰다. 리 장군이 도착한 후 잭슨은 전투에서 중요한 역할을 맡았다. 리 장군이 메릴랜드로 이동한 후, 잭슨은 하퍼스 페리Harper's Ferry(웨스트버지니아 주에 위치 ― 옮긴이)의 조병창을 급습해 점거했다. 잭슨은 다시 샤프스버그Sharpsburg(메릴랜드 주에 위치 ― 옮긴이)로 가 리 장군과 합류하여 남군이 패배보다는 조금 나은 무승부로 전투를 끝내는 데 일조했다. 그 후 잭슨은 챈슬러스빌Chancellorsville(버지니아 주에 위치 ― 옮긴이)로 이동해 위대한 승리를 이끌어냈다.

전쟁 기간 중 잭슨이 받은 찬사, 남부 국민의 존경, 북군 장군들조차 그에게 보낸 경애심에 대해 리 장군이 질투심을 느낀 징후는 단 한 번도 없었다. 리 장군은 항상 진정으로 잭슨이 받는 칭송을 기쁘게 생각했다. 심지어 이런 찬사가 챈슬러스빌 전투 후처럼 리 장군 자신에게 돌아왔어도, 그는 승리의 공적과 공로를 항상 잭슨에게 가장 먼저 돌렸다.

잭슨이 리 장군에게 느낀 감정 역시 사랑과 존경이 혼합된 것이었다. 리 장군의 기질 중 어떤 면이 이런 감정을 끌어낸 것일까? 잭슨이라는 사나이의 성품을 생각해본다면, 리 장군은 군인일 뿐 아니라 뛰어난 군사 전략가이자 전술가였고, 동시에 신실한 종교관과 신에 대한 경건함을 갖춘 사람이었다. 남북전쟁 초반, 리 장군은 이런저런 혹평을 듣기도 했다. 만약 누군가가 리 장군을 잭슨 장군이 보는 앞에서 비난했다면, 그는 그 자리에서 잭슨의 즉각적이고도 분노에 찬 반응을 들어야 했다. 언젠가 동료 하나가 리 장군을 가리켜 '느린 사람'이라고 말하자, 잭슨이 대신 나서서 다음과 같이 말했다. "리 장군은 느린 분이 아니야. 아무도 그분이 마음속으로 받는 부담이나 엄청난 책임의 무게를 몰라. 그분은 총사령관이시고, 만약 부대가 패한다면 이를 되돌릴 방법이 없다는 걸 아시지. 나에 대해 호감을 가진 분들이 편견을 갖게 되어 리 장군님에 대해 안 좋은 이야기를 하는 것을 듣게 된다면, 제발 부탁인데 그에 대해 반박해주길 바라네. 나는 리 장군님을 25년 이상 알아왔네. 조심스러운 분이시지. 당연히 그래야 하기도 하고 말이야. 하지만 절대로 '느린' 분이 아닐세. 그는 놀라운 분이셔. 내가 유일하게 눈을 가리고서도 믿고 따라갈 수 있는 분이거든!"

잭슨은 리 장군의 리더십을 평가할 수 있을 만큼 유능한 사람이었다. 리 장군이 그에게 조언을 한 것은 그저 그 상황에서 할 수 있는 최선의 권유나 행동에 관한 것들이었다. 잭슨은 리 장군의 의견을 거리낌 없이 기꺼이 받아들였다. 그는 리 장군을 숭배하고 존경했으며, 챈슬러스빌 점령 후 리 장군이 자신에게 공훈을 돌리며 축하 편지를 보냈던 일을 제외하고는 그에게 실수가 있었다고 생각하거나 반박한 적도 없었다. 자신에게 공훈을 돌린 일에 대해서만큼은 잭슨이 반박하며, "리 장군은 지나치게 친절하시다. 하지만 그 승리의 영광만큼은 신께 먼저 돌렸어야 마땅하다"라고 말했다.

리 장군 또한 잭슨의 이런 애정과 존경에 보답했으며, 항상 그를 곁에 두고 조언을 구하며 속내를 털어놓곤 했다. 이들 둘 사이에 누가 상관이고 누가 부하인지에 대한 논쟁은 전혀 없었다.

리 장군은 잭슨을 신뢰했고, 이는 특히 프레더릭스버그 전투 중에 잘 나타났다. 리 장군은 자신의 명령을 전달하는 장교에게 이렇게 소리쳤다. "잭슨 장군에게 전하라! 당신은 적을 어떻게 처리해야 하는지를 이미 나만큼 충분히 잘 알고 있다고!" 자신에게 할 일을 부여한 후 알아서 하도록 놔두는 것만큼 지휘관에게 고마운 행동은 군인에게 없을 것이다.

챈슬러스빌 전투 중 후커 소장의 군단은 북버지니아군을 격멸하기 위해 위협을 가했다. 위협이 뚜렷해지면서 북버지니아군 내부에서 퇴각하는 것이 어떻겠냐는 의견이 나왔다. 이 의견이 잭슨의 귀에 들어가자 잭슨은 날카롭게 반응했다. "안 됩니다, 장군님! 절대로 퇴각해서는 안 됩니다! 지금은 오히려 공격할 때입니다!!"

잭슨은 자신의 참모와 병사를 믿었으나, 이들의 열정까지 신뢰하지는 않았다. 잭슨은 군사교육의 중요성을 믿었지만, 장군이 되려면 '판단력과 용기, 인품의 힘'이라는 자질이 필수적이라고 생각했다. 잭슨의 이러한 리더십에 대한 견해는 잭슨 군단의 어느 낙오병을 통해서 잘 나타난다. 북군은 거의 무한대의 물자를 쌓아놓고 있었으며, 모든 남군 병사도 이 사실을 잘 알고 있었다. 전쟁에 이골이 난 한 낙오병은 북군이 접근해 오자 자진해서 투항했다. 그는 자신을 체포하기 위해서 온 북군 병사들을 두려운 마음으로 바라보며 이렇게 말했다. "너희들은 마치 당나귀 떼 같군 그래. 우리는 경주마 무리 같았는데 말이야. 잭슨 장군은 우리에게 총 한 자루와 탄약 100발, 군용 모포 한 벌을 줬을 뿐이지만 우릴 미친 듯이 몰아댔지."

드와이트 아이젠하워 장군: 연합군 지휘부의 도전 과제

어쩌면 아이젠하워 장군의 인격을 시험에 들게 한 가장 큰 난관은 제2차 세계대전 당시 영국의 뛰어난 지휘관이었던 엘 알라메인El Alamein의 몽고메리 원수를 포용해야 했던 일일 것이다. 다른 사람들의 눈에 몽고메리는 이기적이고 오만하며 매스컴의 관심을 좇는 사람으로, 스스로를 모든 영국인과 미국인을 막론하고 최고의 리더이자 전략가, 전술가라고 자평하는 인물이었다. 그는 연합군사령관을 선임하기 전에도 사람들을 까다롭게 대했는데, 연합군의 상륙작전을 지휘할 총사령관으로 미군 지휘관이 오자 특히나 모든 이를 더 힘들게 했다.

　최초 연합군 최고사령관으로 내정되어 있었던 영국군의 앨런 브룩 원수는 1944년 5월 15일 자 일기에 이렇게 적었다. "아이젠하워에 대해 내가 받은 인상은 그가 사고, 기획, 에너지나 노력의 방향을 이끌 진정한 책임자 감이 아니라는 것이었다. 단지 그는 조정자이자 사람을 잘 섞는 재주가 있고, 연합군 내부의 협력을 잘 이끌어낼 수 있을 만한 사람일 뿐이다. 그런 관점에서 본다면 그만 한 사람이 잘 없기는 하다." 하지만 브룩 원수는 훗날 이렇게 말했다. "만약 그날 저녁 아이젠하워를 만났을 당시 내 의견을 번복하겠냐고 누가 물어본다면, 그날 이후 겪은 바를 토대로 내가 했던 말 모두를 번복하겠다. 그는 연합군을 다루는 데 명수이고, 완벽히 공명정대하며 결과적으로 모두에게 신뢰를 받았다. 매력적인 성격을 갖췄으며 뛰어난 조정자라고 할 수 있겠다. 게다가 그는 지휘관으로 군림하지도 않았다."

　아이젠하워의 훌륭한 성격의 장점은 제2차 세계대전을 치르면서 몽고메리가 보여준 모욕적 행위나 언사와 대비되어 더욱 부각되는데, 아이젠하워는 연합군의 단결을 유지하고자 모든 것을 참아내며 일을 잘 처리했다. 미국과 영국은 끊임없이 전략적인 견해의 차이를 보였는데, 그중 한 가지 일화는 아이젠하워의 성격을 특히 잘 보여준다. 몽고메리는 1944년 6월 6일 노르망디 상륙작전 이후부터는 집중된 공세를 유지할 것이라고 생각했으며, 이를 '몽고메리 혼자서 추진한 아이디어'라고 불렀다. 하지만 아이젠하워는 이에 동의하지 않았다. 결과적으로 연합군 전력을 통제하는 일에서 몽고메리를 배제했는데, 이는 아이젠하워가 사령관 보직 중 겪은 많은 사건이 없었다면 불가능했을지도 모른다.

　전략에 대한 아이젠하워의 결정은 항상 마셜 장군의 강력한 지지를 동반했으며, 몽고메리는 그것에 불만을 품었고, 전략을 짤 때에는 언제나 자신과 일대일로 대면할 것을 요구했다. 아이젠하워는 자신의 사령부에서 만나는 조건으로 동의했으나, 몽고메리는 자신이 '매우' 바쁠 뿐 아니라 처리할 일이 항상 많기 때문에 아이젠하워가 자신에게 오도록 요구했다. 이는 매우 오만하고 모욕적인 행동이었다. 아이젠하워는 무릎을 심하게 다쳐 통증에 시달리고 있었는데도 연합군의 결속을 유지하기 위해 1944년 9월 10일 브뤼셀까지 날아가 몽고메리와 만났다. 그의 부상이 매우 심해 비행기에서 내리기도 힘들었기 때문에 이들은 비행기 안에서 회의를 해야 했다.

더 모욕적이었던 이야기를 하나 더 덧붙이자면, 몽고메리는 이 회의에 아이젠하워의 참모장인 스미스 장군을 동석시키지 말라고 했고, 자신의 참모는 동석시키겠다고 했다는 것이다. 연합군의 화합을 위해 아이젠하워는 이마저도 수용했으나, 몽고메리는 아이젠하워의 전술을 비판하고 조롱했다. 몽고메리의 정보참모이던 빌 윌코스^Bill Wilkows 준장은 이렇게 평했다. "아이젠하워의 인내력과 관용은 몽고메리로 하여금 도를 넘게 했다." 심지어 아이젠하워조차도 몽고메리에게 "침착하게, 몬티(몽고메리의 애칭 – 옮긴이)! 나한테 그런 식으로 말하면 안 되지. 내가 자네 상관 아닌가" 하고 말하기도 했다.

몽고메리는 암호명 '마켓가든^Market Garden'이라 명명된 작전을 제안했다. 이 작전은 영국 1공수사단이 미 82공정사단 및 101공정사단과 함께 라인 강에 걸친 교두보를 점령한 후, 네덜란드 아른헴^Arnham 으로 진격해 '독일의 심장부로 가는 문을 열어젖히는 발판을 마련'하는 내용이었다. 아이젠하워는 유보적인 태도를 보였지만, 이 아이디어는 어느 정도 가능성이 있었기 때문에 아이젠하워도 결국 작전 실행을 승인했다.

이 작전은 끔찍한 재앙이 되었다. 이 작전 중 영국군 공정사단은 거의 괴멸되었고, 두 개의 미 공정사단은 엄청난 피해를 입었다. 아이젠하워는 이 작전을 허가했다는 사실에 속상해하며 "이 작전이 증명한 것은 베를린을 향한 '전력질주'가 바보 같은 생각이었다는 점일 뿐이다"라고 말했다. 하지만 몽고메리의 오만은 자신의 잘못을 인정하지 않게 했다. 그는 오히려 작전의 실패가 부족한 항공지원, 병력지원 및 기타 보급을 비롯한 아이젠하워의 충분치 못한 후원 때문이었다고 주장했다.

이 상황에 관해서는 전기 작가인 노먼 겔브Norman Gelb가 가장 잘 요약한 것 같다. "마켓가든은 실패한 작전이다. 이 작전은 연합군 지휘관들로 하여금 현실에 눈을 뜨게 했다. 히틀러에 대항해 재빠르게 승리하고자 했던 연합군은 호기를 놓쳤다는 생각에 부딪혔으며, 적군이 노르망디의 패배로부터 회복해 더는 혼란 상태가 아니라는 것을 깨달았다. 브룩 장군은 몽고메리가 제안한 대로 병력을 집중해 전쟁을 빠르게 끝낼 기회를 아이젠하워가 날렸다고 생각하여 가혹하게 비평했다. 하지만 몽고메리는 이미 그때 또 다른 기념비적인 실수를 저질러 전쟁을 불가피하게 더 길어지게 하고 있었다.

1944년 9월 20일, 아른헴 작전이 실패한 후 아이젠하워는 SHAEF 사령부에서 고급지휘관들을 소집해 회의를 열었으며, 독일을 격파하는 데 최고의 전략이 무엇인지에 집중했다. 브래들리, 패튼, 하지스Courtney H. Hodges 등이 참석했으나, 몽고메리는 일부러 참석하지 않아 아이젠하워의 위신을 떨어뜨렸다. 그 대신에 그는 자신의 참모장인 프랜시스 드 귄건드Francis De Guingand 준장을 자신을 대신해 참석하게 했다. 아이젠하워는 회의 후 몽고메리에게 이렇게 적어 보냈다. "저는 몽고메리 장군의 오늘의 불참이 서로 긴밀한 연락을 유지할 수 없게 만들었다는 점에서 매우 애석하게 생각합니다. 왜냐하면 우리 모두가 한자리에 모여야 우리가 당면한 다양한 양상의 문제들을 정면으로 직시할 수 있고, 그렇게 해야 그 해답이 뚜렷해지기 때문입니다."

아직도 제멋대로 '전력질주' 전략에 집중하고 있던 몽고메리는 아이젠하워가 "작금의 현실을 전혀 모르고, 독일과 싸우는 방법에 대해서도 실제로 아는 게 없다"라고 말했다. 1944년 10월 8일, 몽고메리는 마셜이 자신의 사령부에 찾아오자 이렇게 말했다. "현재 연합군에는 확실한 통제력과 작전적 방향성 등이 부족합니다. 심지어 우군의 작전은 들쑥날쑥하고 일치되지 못하며, 이젠 심지어 완전히 엉망이 된 상태나 마찬가지입니다."

이는 명백한 실수였다. 마셜은 몽고메리가 북아프리카뿐 아니라 노르망디 상륙 중 부대를 지휘하는 모습을 보고 그의 리더십을 그다지 신뢰를 하지 않았다. 오히려 아이젠하워가 몽고메리에게 지휘권을 지나치게 많이 넘겨줬다고 생각하던 마셜은 이 말을 듣고 한 걸음 물러섰으며, 나중에 이렇게 당시 상황을 평했다. "그가 하는 말은 논리가 하나도 맞지 않았을 뿐 아니라 지나치게 이기적이기만 했기 때문에, 그의 말을 듣고 내 자신을 억제하기가 매우 힘들었다."

하지만 몽고메리는 전혀 누그러들지 않았다. 그는 아이젠하워의 참모장인 베델 스미스 장군에게 거만하게 편지를 써 아이젠하워에게 전하라고 했다. 편지에서 그는 "현재 서유럽 지역 연합군 내의 사령부 조직은 만족스럽지 못하며, 아이젠하워 장군은 전쟁에 적합한 인물이 아니라고 생각한다"라고 적었다. 몽고메리가 원하는 바는 전체 작전을 통솔할 단일의 지상군 지휘관이었으며, 당연히 그 자리에 자기 자신을 염두에 두고 있었다.

몽고메리는 지나치게 아이젠하워를 몰아붙였다. 아이젠하워는 처음으로 몽고메리를 힐책했고, 심지어 프랑스에서 몽고메리의 작전 성과도 문제 삼았다. 아이젠하워는 루르Rhur 지방을 점령하는 임무를 몽고메리에게서 뺏어 브래들리에게 줄 것이며 이제부터 몽고메리의 역할은 브래들리를 지원하는 것이라고 말했다. 아이젠하워는 "만약 이번 작전 성과가 만족스럽지 못하다면, 훗날의 효율성을 위해 분명히 정리하고 넘어가야 할 주제에 대해서는 반드시 짚고 넘어가야 할 것"이라고 말했다. 또한 아이젠하워는 "만약 나의 이런 접근 방식이 작전 성공에 위협이 된다고 생각되면, 그땐 상급자에게 이 문제에 대해 판단을 맡기고, 아무리 극단적이더라도 그들에게 처분을 맡기는 것이 우리의 임무"라고 말했다.

아이젠하워의 말은 당장 몽고메리의 귀에 들어갔다. 몽고메리는 연합참모본부에서 한판 붙을 경우 자신이 질 것이 뻔하다는 것을 알고 있었다. 그는 아이젠하워의 비난에 이렇게 답했다. "앞으로는 더 이상 저로부터 지휘권과 관련된 이야기를 듣지 않게 되실 겁니다." 그는 편지로 아이젠하워에게 더 상세하게 말했다. "저는 제 의견을 제시해드렸고, 장군께서는 그것에 대해 답을 주셨습니다. 그것으로 이 문제는 종료된 것이며, 저와 저희 모두(21집단군사령부)는 장군께서 원하시는 바를 위해 100퍼센트 진력할 것이고, 함께 이 문제들을 잘 헤쳐나갈 것이라 믿어 의심치 않습니다." 그는 편지 말미에 서명과 함께 "당신의 헌신적이고도 충성스러운 부하, 몬티"라고 적었다.

훗날 몽고메리의 행보는 그의 위선을 보여준다. 11월경 그는 영국군 참모총장인 브룩 장군에게 현재의 지휘체계가 전쟁을 지연시키고 있으며, 아이젠하워의 명령이 "전투에 현실적으로 필요한 것들과 관련이 없다"라고 말했고, "아이젠하워가 대규모 작전을 지휘하기 위해 선발되었으나, 그는 대규모 작전을 지휘할 줄 모른다"라고 했다. 마지막으로 그는 "제 생각에는 우리가 위험 속으로 스스로 빠져들고 있는 것 같습니다"라고 적었다.

영국의 일간지들은 몽고메리가 한 행동과 본인이 일부러 흘린 내용 때문에 아이젠하워가 최고사령관으로서의 자질이 부족하다는 내용의 기사를 내보냈다. 브룩은 심지어 이 문제를 처칠에게 가져갔고, 처칠은 다시 아이젠하워에 관해 루스벨트 대통령에게 항의했다. 하지만 루스벨트 대통령은 아이젠하워를 완전히 신뢰한다고 처칠에게 답했다. 그러자 처칠은 브룩에게 겸손한 어조로 이렇게 적어 보냈다. "아이젠하워는 자신이 야전에서 위대한 장군처럼 보일 수 있다는 자신감이 있는 것 같습니다. 그가 그렇게 하도록 내버려두고, 우리가 최선을 다해 그를 도와 끌고 가야 할 것 같습니다."

몽고메리는 12월 첫 주에 각 참모장을 포함해 회의를 하자고 아이젠하워에게 제안했으나, "참모장들은 말을 해선 안 된다"라는 조건을 더했다. 아이젠하워는 회의를 열자는 데에는 동의했으나, 스미스 장군이 이야기를 하면 안 된다는 조건은 거부하면서, 자신의 참모장에게 말하지 말고 침묵하라는 모욕을 해서는 안 된다고 몽고메리에게 통보했다.

1944년 12월 7일에 결국 테더, 브래들리, 스미스가 참석한 가운데 회동이 열렸다. 몽고메리는 프랑스를 거쳐 중부 독일로 진출 중인 패튼과 남부 프랑스에서 북상 중인 데버스 두 사람에게는 군수 공급을 끊고 가용한 모든 자원을 몽고메리 자신의 부대의 공세에 집중시키자고 제안했다.

몽고메리는 이 회의에서 다른 그 누구의 아이디어도 인정하지 않았다. 아이젠하워는 몽고메리의 북방 루트에 추진력을 더해주고자 미 9군을 그에게 예속시키는 데에는 동의했으나, 패튼과 데버스에 대한 군수 공급을 끊자는 의견은 거부했다. 이 결정은 몽고메리도, 브래들리도 반기지 않았다.

브래들리는 심지어 아이젠하워의 그날 결정을 "전형적인 아이젠하워식 타협으로, 정말로 기분 나쁜 결정이었다. 이 결정은 교묘하게 나의 12집단군이 실시한 공세가 실패작이었다는 것을 암시했다"라고 훗날 말했다. 이 회의 후, 몽고메리는 브룩 원수에게 "만약 전쟁이 적당한 시기에 종결될 것을 원하신다면, 아이젠하워가 지상전에서 손을 떼게 하셔야 할 겁니다. 이런 말을 하게 돼서 유감이지만, 제 생각에 아이젠하워는 지금 자신이 무슨 짓을 하고 있는지 전혀 모르고 있습니다"라고 했다.

1944년 12월 12일, 상황이 최악으로 치달았고 처칠이 아이젠하워와 브룩에게 연합군의 단결을 회복하기 위해 런던에서 만나자고 요청했다. 이 만남에서 브룩은 아이젠하워가 서투른 외교적 수완으로 몽고메리가 희망하는 방향으로 연합군을 집중시키는 데 실패했다고 비판했다. 처칠은 아이젠하워의 편을 들었는데, 브룩은 이에 매우 분개해 사임을 고려할 정도였다.

벌지 대전투는 이 문제를 위기 국면에 빠뜨렸다. 히틀러는 자신의 독일군 장군들의 조언에 힘입어 1944년 12월 16일 아르덴에서 미군에 강공을 가하며 연합군을 기습했다. 초반 전투는 연합군에 불리하게 돌아갔다. 몽고메리는 아이젠하워를 비난하면서 만일 자신이 지상군사령관을 하고 있었다면 이런 일은 일어나지 않았을 것이라고 주장했다.

몽고메리는 1944년 12월 25일 브래들리를 자신의 사령부로 불러 전술에 관해 논의했는데, 마치 브래들리를 학생처럼 앉혀놓고 강의를 하거나 꾸짖듯 이야기했다. 몽고메리는 무능한 지휘관이 아르덴 전투의 책임을 져야 한다고 말했고, 이는 당연히 아이젠하워를 겨냥한 말이었다. 몽고메리의 자만심과 이기심은 뻔뻔할 정도로 대단해서 그날 브래들리가 자신의 말에 모두 동의했다고 브룩에게 적어 보냈을 정도였다.

하지만 사실은 전혀 그렇지 않았다. 훌륭한 인품을 갖춘 인물인 브래들리는 단지 신사적으로 행동하면서 상대방의 말에 귀 기울였을 뿐이며, 연합군의 단결을 유지하려고 했을 뿐이었다. 그는 이날 일에 관해 이렇게 적었다. "몬티는 지금껏 내가 본 그의 모습 중 가장 오만하면서도 이기적이었다. …… 내 평생 그렇게 짜증이 났던 적은 없었다. 그 자리에서 버티면서 욕설이 터져 나올 듯한 것을 참는 데 내 몸 안의 모든 힘이 필요했을 정도였다."

그렇다면 브래들리는 왜 그렇게 침착했던 것일까? 그는 나중에 그날 사건에 관해서 이렇게 말했다. "어쨌든 연합군사령부가 무너져 내리는 것을 피하기 위해서 내가 해주고 싶은 충고를 말하지 않고 꾹 참았다."

패튼은 눈부신 기동을 펼치면서 48시간 만에 바스토뉴^{Bastogne}로 진격해 연합군을 구출해내고, 독일군의 공세를 저지했다. 하지만 몽고메리는 브룩의 말을 듣지 않았다. 몽고메리는 1944년 12월 29일에 아이젠하워에게 편지를 보내 (그의 생각에) 지금까지 아이젠하워가 저지른 실수를 나열하며 자신이 제안한 조직구조로 당장 재편하지 않는다면 "또다시 패할 수도 있다"고 경고했다. 그는 아울러 "한 명의 지휘관이 작전에 대해 지침을 주고 통제할 수 있어야 합니다. 장군께서는 지금 그러실 능력이 없으므로, 누군가 다른 사람을 내세워야 합니다"라고 덧붙였다.

아이젠하워는 할 만큼 했다고 여겼고, 몽고메리의 오만과 독선, 이기주의를 끝내기로 결심했다. 그는 드 귄건드 장군을 불러 자신이 마셜 원수에게 발송하려 하는 전문을 보여주었다. 그 내용은 몽고메리의 해임을 건의하는 내용이었다. 전문의 요지는 몽고메리가 즉각 해임되지 않는다면, 아이젠하워 자신이 사퇴하겠다는 것이었다. 드 귄건드 역시 실제로 이 일이 일어날 수 있음을 알았고, 만약 그리되면 아이젠하워는 불명예를 안고 집으로 돌아갈 것이라 생각했다. 하지만 그는 결국에는 아이젠하워가 이 제안에서 이길 것이라고 보았는데, 이는 루스벨트 대통령과 마셜 장군이 아이젠하워를 깊이 신뢰한다는 것을 분명히 확인해보인 바 있었기 때문이다.

드 귄건드는 아이젠하워에게 전문 발송을 24시간만 보류해달라고 부탁했다. 드 귄건드는 몽고메리의 반응을 이렇게 기록했다. "몽고메리가 그 정도로 심난하고 불안해하는 모습을 그때까지 거의 보지 못했다. 몽고메리는 완전히 허를 찔렸으며, 처음에는 내가 전하는 것을 제대로 이해하지 못했다. 그가 그 정도로 기가 꺾인 모습은 처음 본 것 같았다. 그 상황은 마치 외로움이라는 망토가 그의 머리 위에 갑자기 씌워진 듯한 느낌이었다."

드 귄건드는 몽고메리에게 지금 당장 아이젠하워에게 사과하지 않는다면, 몽고메리의 군 경력은 이대로 끝날 것이라고 분명히 말했다. 몽고메리는 아이젠하워에게 전문을 보내 자신의 행동을 후회하고 있다고 밝혔다. "최근 힘겨운 나날을 보내면서 많은 고민으로 걱정하고 계시리라 생각합니다. 저는 장군님께 저의 솔직한 의견을 전해왔는데, 장군께서 그런 의견을 좋아하시리라 생각했기 때문이었습니다. 그중에는 제가 미처 인지하지 못한 태도가 수반된 많은 요소가 있었으리라 생각합니다. 장군님의 결정이 무엇이든지 이를 달성하시기 위해 저를 100퍼센트 신뢰하셔도 좋으며, 브래들리도 마찬가지일 것이라 믿습니다."

비록 몽고메리는 전에도 같은 약속을 한 적이 있었지만, 연합군의 단결 때문에 아이젠하워는 이번에도 그의 약속을 받아들였다. 몽고메리는 또한 진격 방향을 바꿔 북쪽을 향해 공세를 돌리겠으며, 간간이 발생해오던 지연과 연기를 종식하겠다고 말했다.

하지만 그것으로 끝이 아니었다. 연합군의 균열을 봉합할 목적으로 열었던 기자회견에서 몽고메리는 독일군이 아르덴 공세에서 승리를 쟁취한 것은 자신의 리더십과 영국군의 덕택이라는 인상의 발언을 했다. 이 발언은 터무니없을 뿐 아니라 사실관계도 맞지 않았다.

아이젠하워는 몽고메리, 영국 언론매체, 그리고 모든 사람에게 정확한 정보를 전달하기 위해 무엇인가를 해야 한다고 처칠에게 말했다. 처칠 또한 이 말에 동의한 후 영국 하원에서의 연설을 통해 몽고메리의 잘못된 발언을 부인했다.

두말할 여지없이 몽고메리의 이기심, 오만함과 경솔함은 연합군의 단결을 박살냈을 수도 있었으며, 이는 오직 아이젠하워의 뛰어난 인품과 리더십, 인내 덕에 무사할 수 있었다. 자신을 통제하는 능력은 비범한 사람에게만 있는 재능이지만, 아이젠하워는 이를 충족할 수 있는 인품을 갖추었던 것이다.

이 모든 사건 속에서 아이젠하워는 항상 엄청난 인내력을 보여주었다. 그가 궁극적으로 성공했음은 1945년 7월 7일, 몽고메리가 아이젠하워에게 보낸 편지에 가장 잘 나타나 있다.

친애하는 아이크,

이제 우리는 베를린에서 조약에 서명을 완료했고, 조만간 다들 돌아가 각자의 일에 전념해야 할 것입니다. 그전에 저는 무엇보다 당신의 밑에서 일할 수 있었던 것이 얼마나 큰 영광이자 특권이었는지 말씀드리고 싶습니다. 당신의 현명한 지시와 인정 넘치는 배려에 큰 빚을 졌다고 생각합니다. 저는 제 자신이 어떤 실수를 저질렀는지도 충분히 잘 알고 있고, 제가 아마 다루기 쉬운 부하도 아니었을 것이라 생각합니다. 저는 제 방식대로 일하기를 즐기니까요.

하지만 힘든 순간에도 장군께서는 저를 계속 올바른 길 위에 있게 해주셨고, 많은 것을 가르쳐 주셨습니다.

이 모든 것에 진심으로 감사드립니다.

아울러 그간 저를 위해 해주신 모든 것에도 감사드립니다.

당신의 열성적인 친구,

몬티.

윈스턴 처칠의 말을 인용하는 것이 몽고메리의 일화를 마치는 데 가장 좋은 방법일 것 같다. 처칠 수상은 몽고메리가 "패배 앞에서는 담담했으며, 승리 앞에서는 참을성이 없었다"라고 말했다.

조지 마셜: 군과 국무부 간의 간극을 연결하라

명백히 미군은 조지 마셜 원수의 리더십과 인품을 숭배하고 있다. 그에 대한 이런 존경은 그저 군에 한정된 것이 아니다. 20세기 들어서부터는 군과 국무부 직원들 간에 친밀성이 떨어졌고, 의심과 불신 그리고 어느 정도의 멸시가 서로 간에 있었다. 『역사의 증인Witness to History』을 쓴 찰스 볼런 대사는 조지 케넌 대사와 더불어 대소對蘇 정책의 전문가이자 백악관 최고보좌관이었는데, 1947년 1월 마셜 장군이 국무장관에 임명되었다는 소식에 관해 훗날 이렇게 기록했다. "군인을 국무장관으로 임명하는 것에 대해 당시 외교부처에서는 심히 불안해하는 움직임이 있었다. 마셜 장군의 명성은 이미 견줄 데가 없었지만, 번스 James F. Byrnes가 국무부를 무시하는 경향이 있었기 때문에 부처의 사기가 매우 떨어져 있었다. 특히 장군께서 매우 융통성이 없는 군기와 절차를 강조해 자신들의 의견이 상부까지 올라가지 못할 것이라는 우려가 깔려 있었다.

마셜 장군이 국무부의 모든 중요한 인물들의 지지를 받게 되는 데에는 그다지 오랜 시간이 걸리지 않았다. 그는 목적과 방향이라는 개념을 주었다. 그의 인격은 전 외교부처에 퍼져나갔다. 그의 밑에서 일할 때는 훗날 허터 Christian A. Herter 밑에서 일했을 때와 마찬가지로 40년간 외교부서에서만 일한 나조차도 느낄 수 있을 정도로 모든 기능이 효율적으로 움직였다. 사실 마셜은 뛰어난 차관들을 두고 있었다. 우선 딘 애치슨이 있었고, 제2차 세계대전 당시 헨리 스팀슨 전쟁부 장관 밑에서 차관보를 지낸 로버트 러벳이 있었다. 또한 마셜은 뒤따르기 매우 쉬운 단순 명료한 행동을 했는데, 이는 그간 번스가 국무부 운영에 별로 신경을 쓰지 않은 탓도 있었다. 마셜 밑에서 모든 고급 관리는 상담을 받았으며, 어떤 정책이 결정되면 그것에 더는 이의를 제기하지 않았다. 당시 국무부가 운영되던 방식은 지금껏 내가 봐온 그 어떤 방식보다도 가장 뚜렷한 명확성이 있었다."

조지 케넌 역시 자서전에 이렇게 적었다. "여기가 바로 마셜 장군에 대한 기록을 남기기에 가장 좋은 곳이 아닐까 싶다. 나는 내 인생 말엽, 그가 조국에 대한 오랜 봉사의 마지막 여정에 들어섰을 무렵에 그를 처음 만났다. 나는 그와 개인적으로 그다지 친하진 않았지만(내가 알기로 소수의 사람들만 그와 친했다), 1947년부터 1948년 말까지 1년 8개월간 그와 함께 국무부에서 일하면서 유일하게 그와 인접한 사무실을 사용했고, 그 덕에 공용 출입구를 이용해 그의 사무실로 직접 들어갈 수 있는 특권을 누렸다(물론 이 특권을 남용하려 한 적은 없다). 공식적으로는 당시 우리의 제휴 관계는 매우 긴밀했으며, 그가 국무장관으로 일하는 모습을 곁에서 지켜볼 기회를 자주 가졌다.

내 기억에 남은 사람 중 조지 마셜처럼 찬사를 억지로 떠올리려 할 필요가 없는 사람은 없을 것이다. 다른 사람들처럼 나 역시 그를 존경했고, 그의 내부에 있는 자질과 능력 때문에 어떤 면에서는 그를 사랑했는지도 모르겠다. 어떤 자질은 사람들에게 널리 알려졌고, 어떤 것은 그렇지 않았다. 이를테면 확고부동한 청렴결백함, 한결같은 공손함, 신사다운 품행, 엄격한 의무감, 그리고 괴롭힘과 압력, 비난 앞에서 보여준 (특히 올바른 양심이 함께하는) 냉정함, 신중함, 양심적인 결단력, 결과가 어떻든 (특히 결심이 일단 내려진 후) 이에 따를 줄 아는 조용한 준비태세, 헛된 자만심이나 야망 없는 태도, 미디어에 자주 노출되는 사람임에도 변덕, 분위기, 여론에 동요하지 않는 무관심, 부하를 다룰 때 흠잡을 데 없는 공정함과 비편애주의가 그런 것이다."

1947년 1월, 딘 러스크(존 F. 케네디 대통령 시절인 1961년부터 국무장관 역임)는 전쟁부 장관이던 로버트 패터슨Robert Patterson으로부터 로스쿨 졸업 직후 국제법에 대한 육군 최고전문가 자문단에 참여하겠느냐는 제의를 받았다. 하지만 마셜은 1947년 국무장관에 오른 직후 러스크에게 국무부 특별정치국 국장이 되어달라고 부탁했다.

러스크는 이 일을 이렇게 회고했다. "나는 넓은 의미에서 볼 때 조지 마셜 장군 때문에 국무부를 선택했다. 그는 내가 지금껏 만나본 사람 중 가장 비범한 인물이었다. 윈스턴 처칠은 그를 제2차 세계대전 승리의 '가장 핵심적인 설계자'라고 불렀으며, 해리 트루먼 대통령은 마셜을 전후에 살아 있는 미국인 중 '가장 위대한 미국인'으로 꼽았다. 두 사람의 의견이 다 옳았다.

마셜은 자신과 함께 근무한 모든 이에게 강한 영향력을 발휘했다. 그는 자신이 직접 모범을 보이는 방법과 간단히 훈계를 하는 방법으로 우리 모두에게 공직자가 되는 방법을 가르쳤다. 예를 들자면, '여러분, 그저 앉아서 내가 여러분에게 일거리를 줄 때까지 기다리고 있지 마십시오. 주도권을 가지고 일하세요. 자신이 지금 해야 한다고 생각되는 일이 무엇인지를 내게 알려주십시오'라고 말하는 식이었다. 그는 모든 이가 어떤 문제에 직면했든 자신의 업무라면 다 잘해낼 것을 기대했다. 예를 들어, 그 자신이 국무장관으로 지명된 직후 마셜은 우리 참모들 15명 정도와 함께 아침 참모회의를 한 적이 있다. 그때 누군가 국무부 자체의 사기가 매우 낮다고 불평했다. 장군은 자세를 똑바로 고치시더니, 탁자에 둘러앉은 이들을 돌아보고 이렇게 선언하셨다. '여러분, 병사라면 사기 문제를 토로할 자격이 있습니다만, 장교는 아닙니다. 나는 우리 국무부에 있는 모든 장교급이 다 각자의 사기를 알아서 통제할 수 있으리라 기대합니다.' 국무부에는 기대서 울 어깨를 빌려줄 이가 더는 없다는 말이 내부에서 돌고 난 후, 내가 그때까지 있던 중 국무부의 사기는 갑자기 최고로 치솟았다. 마셜 장군의 자세는 동료들에게 자신감을 불어넣어 주었다. 이 노장군은 우리에게 '용기를 내라', '절망하지 마라', '문제와 씨름하지 말고, 문제를 상대하라'고 말씀하셨다."

하지만 최고의 탁견으로 국무부에 개성을 불어넣어준 이는 마셜 휘하에서 차관을 지낸 후 1948년 그의 후계자가 된 딘 애치슨이었다. "마셜 장군이 처음 집무실에 들어섰을 때, 방 안에 있던 사람들은 모두 그의 존재감을 느꼈습니다. 강력하면서도 우리와 통하고 있는 듯한 힘이었죠. 그의 모습은 낮고, 짧게 끊기고, 날카로우면서도 힘이 실린 목소리에 의해 강렬하게 느껴졌습니다. 존경심이 우러나오더군요. 그의 목소리는 권위와 침착한 분위기를 자아냈습니다. 그는 군인으로서 화려함이나 엄격함 같은 것이 없었습니다. 하지만 우리 모두에게 그는 항상 '마셜 장군님'이셨죠. 마치 그 호칭이 세례명쯤이나 되는 것처럼 그에게 딱 들어맞았습니다. 그는 항상 전화를 받으면 '마셜 장군입니다'라고 말씀하셨습니다. 그게 올바른 모습 같았습니다. 제가 그를 '장관님'이라고 부르는 것은 꿈에도 생각할 수 없는 일이었고, 마셜 장군님의 부인을 제외하고는 그를 '조지'라고 부르는 것도 들어본 적이 없습니다. 장군께서는 자신을 존중해주기를 기대하셨고, 마찬가지로 타인에게도 존중을 담아 대하

섰습니다. 이것이 다른 사람들과의 관계에서 기본이었죠. 트루먼 대통령은 그의 인품의 또 다른 중요한 면을 짚어내셨습니다. 대통령께서는 언젠가 이렇게 쓰셨습니다. "마셜 장군은 절대로 자신의 일신을 돌보지 않는다. 마셜 장군의 자아는 한 번도 그 자신과 그의 직무 사이에서 방해가 되지 않았다."

충실함의 중요성

성공적인 리더의 가장 중요한 기본 중 하나는 부하에 대한 충실함이며, 이는 절대로 쉽게 갖출 수 있는 것이 아니다. 이 또한 마셜 장군이 갖춘 인품의 또 다른 한 면을 조명한다. 미국이 제2차 세계대전에 참전하기 전이던 1941년 여름, 미국은 필요 생산 물량, 필요 병력 수, 국가정책의 목표를 포함한 전쟁 기획을 짜기 시작했다. 비록 루스벨트 대통령은 개인적으로 미국이 전쟁에 말려들지 않기를 바랐지만, 그는 히틀러가 유럽을 휩쓰는 가운데 단연코 영국을 지지했다.

이 계획에 대한 참모들의 준비는 참모총장 비서실에서 근무하던 앨버트 웨드마이어 당시 소령에게 할당되었다. 그는 보고서에서 다음과 같이 주장했다. "우리는 직접적으로 독일과 싸우고 그들을 격파할 준비를 해야 한다." 웨드마이어는 결론으로 육군과 육군항공단이 900만 명의 병력을 갖춰야 하며, 해군은 150만 명을 보유해야 한다고 말했다. 이 보고서는 1급 기밀로 분류되었다. 하지만 1941년 12월 5일 자 ≪워싱턴타임스 헤럴드Washington Times Herald≫에 이 보고서가 'FDR(프랭클린 루스벨트 대통령)의 전쟁 계획!'이라는 제목으로 한 글자도 틀리지 않고 그대로 지면에 실려 대통령과 육군 관료, 웨드마이어 소령은 충격에 휩싸였다. 당시 미국은 아직 독일과 전쟁 중이 아니었고, 이 때문에 그 내용은 워싱턴에 당혹스러운 대소동을 일으켰다.

웨드마이어는 당장 의심을 받게 되었다. 그는 심지어 이름도 독일게 성을 썼고, 1930년대에 독일 고등군사학교 과정을 다닌 적이 있어 독일군의 고급 장교들을 많이 알고 있었을 뿐 아니라 나치당의 고위급 인사들과 친분 관계도 있었다. 이 보고서가 새어나가기 한 주 전, 그는 루스벨트 대통령에게 "미국 청년 네 명당 한 명은 땅 속에 묻을 각오를 하라"고 주장하던 광기어린 고립 주의자인 버튼 윌러Burton K. Wheeler 상원의원의 아들인 변호사도 만났었다. 웨드마이어의 은행 계좌에는 최근 거금이 갑자기 입금된 적도 있었다. 심지어 "웨드마이어는 히틀러가 구원자라고 믿고 있다"라는 내용이 적힌 작성자 미상의 편지가 전쟁부 장관에게 발송되기까지 했다.

이런 정황적인 증거는 웨드마이어를 압박하기 시작했다. 그는 연방수사국 FBI 의 조사를 받았으나, 연방수사국은 누가 보고서를 유출했는지 끝내 밝혀내지 못했다. 웨드마이어의 상관이라면 그냥 "이 친구와 더는 얼굴을 맞대기 싫습니다"라는 입장을 밝히고 그를 보직 해임해 사실상 추방하는 것이 훨씬 마음 편했을지도 모른다. 하지만 마셜 장군은 그렇게 하지 않았다. 그는 웨드마이어의 능력을 높이 샀다. 웨드마이어 장군의 말을 그대로 옮기자면, "마셜 장군은 한 번도 저를 의심하지 않으셨습니다." 실제로 몇 주 후 마셜은 그를 중령으로 진급시켰을 뿐 아니라 신설 합동참모본부의 일부인 합동참모기획단에 참가시켰다.

1942년 4월 1일, 마셜 장군은 극도의 비밀 임무를 위해 워싱턴을 떠났으며, 웨드마이어를 동행했다. 이 사건은 마셜의 의리를 잘 보여주기도 하지만, 무엇보다 그의 인품을 잘 보여주는 일화라고 하겠다. 그는 웨드마이어를 결코 버리지 않았으며, 정황 증거나 공개적인 고립주의자들과 미디어의 비난에 개의치 않았다. 웨드마이어는 이 은혜를 결코 잊지 않았다. 그는 훗날 사성장군이 되었으며, "나는 그 시기 이후 마셜 장군을 위해서라면 죽을 수도 있었다"라고 말했다.

콜린 파월 장군과 관련해 충실함을 보여주는 비교적 최근의 일화가 있다. 1991년 5월, 이라크와의 걸프전쟁이 종료된 후 파월이 '주저하는 전사reluctant warrior'라는 혹평(1991년 5월 13일 자 ≪뉴스위크Newsweek≫와 그보다 앞서 ≪워싱턴포스트Washington Post≫에서 보도)이 심각하게 돌기 시작했다. 이는 그가 걸프전에 대한 대통령의 결정에 개인적으로 반대했었음을 암시했다.

그는 자서전에서 이렇게 말했다.

내가 미디어로부터 맹공을 받기 시작하면서, 나의 전화는 이상하리만큼 울리지 않기 시작했다.

그 보도가 신문에 나갔던 날, 백악관 전화교환수가 전화를 걸어 와 대통령께서 직접 통화를 원하신다고 알렸다. 나는 거북하게 통화를 기다렸다. 각하께서는 이렇게 말씀하셨다. "콜린, 그런 말도 안 되는 보도에 신경 쓰지 말게. 걱정하지 마. 그런 것 때문에 괴로워하지 말게."

"감사합니다, 대통령 각하."

"바버라(부시 대통령의 영부인 — 옮긴이)도 안부를 전해달라는군. 나중에 보세." 그리고 전화는 끊겼다.

그날 오후, 농업정책에 관한 모임에서 사방의 기자들이 동시에 대통령께 나에 대한 질문을 던져댔다. 우드워드가 자서전에 썼듯이, 대통령께서는 "그 누구도 나와 파월 장군 사이를 이간질할 수 없을 겁니다"라고 하셨다. "그들이 무슨 책을 입수했는지, 어떤 무기명 정보를 손에 넣었는지, 그 자리에 있지도 않았던 사람들을 얼마나 많이 인용했든 나는 상관하지 않습니다."

나는 내가 친구를 필요로 했을 때 대통령 각하께서 보여주신 부하에 대한 그 의리를 절대 잊지 않을 것이다.

하지만 이런 '의리'에 편애주의가 작용해도 된다는 의미는 아니다. 당연히 이러한 인물의 인품은 편애주의를 단연코 거부한다. 그랜트 장군을 갑자기 유명하게 만들어버린 테네시 주의 포트 도널슨Fort Donaldson의 이야기를 보자. 적에게 항복하고 요새를 넘겨준 이는 전쟁 전까지 그랜트 장군의 가장 절친했던 친구 중 한 명인 사이먼 버크너Simon B. Buckner 장군이었다. 그랜트가 강제로 전역당하고 캘리포니아에서 불명예스럽게 지내던 시절, 집으로 돌아올 돈조차 없어 고생하고 있을 때 버크너는 그랜트에게 호텔 숙박비를 우선 내주었고, 따로 50달러를 빌려주었다. 버크너는 포트 도널슨이 항복하는 조건으로 연방군(북군)이 어떤 대우를 해줄 것인지 물었는데, 그는 예전에 자신이 그랜트에게 보여준 배려를 그가 기억하기를 바라며 기대를 걸고 물어본 것이었다. 하지만 그랜트는 완강했다. 버크너에 대한 그의 대답은 다음과 같았다. "조건 따위는 없으며, 당장 항복하는 것만 받아들이겠다."

마셜 장군은 제2차 세계대전 중 보여준 그의 뛰어난 리더십 덕에 셀 수 없이 많은 포상을 받았지만, 그의 부하들에 대한 처우와 관련해서는 최소한 한 번 이상 이의를 받은 적이 있었다. 그의 휘하 고급 장성 중 한 명의 아내는 "참모총장(마셜)께서는 우리 아이들의 대부代父이셨을 뿐 아니라, 우리 아이가 태어났을 때 병원 복도를 함께 왔다 갔다 하시면서 함께 밤을 지새우셨습니다. 저는 그가 매우 훌륭한 분이라고 생각했지만, 그의 리더십은 그렇게 좋게 평가하기 어려웠습니다. 그는 나중에 제 남편을 가혹하고도 관용 없이 다루셨습니다. …… 그는 그의 믿을 만하고도 진정한 친구들을 실망시켰습니다. 그는 내 남편의 군 경력을 망가뜨렸고, 마음에 상처를 입혔으며, 소장 계급을 그이에게서 뺏어 갔습니다."

사실 이 장교의 부인은 마셜에게 감사를 해도 모자랐을 것이다. 그녀의 남편은 제2차 세계대전 중 용서받기 어려운 치명적인 판단 실수를 저질렀다. 그는 마셜 장군의 가장 친한 친구 중 하나였지만, 마셜은 절대로 편애하는 모습을 보이지 않았다. 이 장교는 대령으로 강등되었다.

"나는 감상적인 사치에 빠질 여유가 없다." 마셜 장군은 어느 날 저녁 부인과 함께 산책하던 중 이렇게 말했다. "나에게 허락된 것은 냉정한 논리뿐이고, 감상주의는 다른 이들의 몫이지." 하지만 마셜이 멘토 역할을 했던 장교들은 절대로 그를 잊지 않았다. 스팀슨 장관도 그 점에 대해 "그들은 모두 마치 자신들이 마셜 장관과 국방부 청사 안에 함께 있는 것처럼 리더로서의 마셜에게 충성했다."

아이젠하워 장군이 노르망디 상륙작전 지휘관을 역임하던 당시 유사한 사건이 있었다. 9공군 병참참모를 하고 있던 헨리 저비스 밀러Henry J. F. Miller 소장은 아이젠하워 장군과 웨스트포인트를 1915년에 함께 졸업한 동기생이었다. 1944년 4월, 클라리지 호텔Claridge Hotel에서 당시 유럽 전역 방첩관을 맡고 있던 에드윈 시버트Edwin L. Sibert 소장은 밀러 장군이 술을 마시면서 군수물자가 미 본토로부터 노르망디 상륙이 끝난 후 6월 중순까지 도착하지 않을 것이라고 투덜대는 것을 우연히 들었다. 시버트는 이 사건을 브래들리 장군에게 보고했고, 브래들리는 다시 이 사건을 아이젠하워에게 보고했다. 밀러는 그간의 우정을 봐 자신을 현재 계급으로 본토로 귀국시킨 후 '저지른 일에 상응하는 운명을' 기다리게 해달라고 부탁했다. 아이젠하워는 밀러에게 답을 보내 자신이 친구를 앞에 놓고 '군 판사'의 역할을 해야 하는 것이 유감스럽지만, 밀러가 심각한 기밀 유출을 저질러 그럴 수는 없다고 답했다. 아이젠하워는 그를 대령으로 강등하고 미국 본토로 돌려보냈다.

군을 떠나고 싶은 유혹에 대한 안내

어쩌면 인격이 더 필요한 시기는 전시보다는 평시일지도 모른다. 이 비교 연구에 등장하는 장군들은 헌신적인 사람들이지만, 동시에 그들도 인간이었다.

이들도 느린 진급, 낮은 급여, 잦은 임지 이동, 부족한 훈련 장비를 비롯한 여러 고통 때문에 군을 떠나고 싶은 유혹을 느낀 적이 있었다.

조지 마셜 장군은 육군참모총장, 국무장관 및 국방장관직을 마치고 은퇴하게 되었을 때 인생을 살아오면서 가장 흥분된 순간은 언제였느냐는 질문을 받았다. 그의 대답은 "중위로 진급했을 때였죠"였다. 그는 5년 동안 중위를 달았다. 그는 다양한 임무와 교육과정을 우수하게 마쳤는데도 버지니아 군사학교 졸업 후 14년이 지난 1915년, 서른다섯의 나이에도 여전히 중위를 달고 있었다.

그해 실의에 빠진 그는 버지니아 군사학교 교장이던 에드워드 니컬스 Edward W. Nichols 장군에게 이렇게 편지를 썼다. "보병병과의 절대적인 진급 적체 현상 때문에 경제가 좀 나아지면 곧 잠정적으로 전역할 계획을 세우게 되었습니다. 내년 겨울 법안이 통과되어 진급 공석이 늘어난다 하더라도, 육군에서 진급할 가망성은 법에 의한 제한과 거의 비슷한 연령대 장교들이 같은 계급에 다수 몰려 있는 심각한 적체 현상 때문에 희박한바, 저 또한 이렇게 대처할 방법조차 없는 문제 때문에 저의 가장 중요한 시기를 허망하게 허비하고 싶지 않아졌습니다."

마셜은 1915년에 군을 떠나지 않았으며, 1916년 필리핀에서 귀국하면서 그가 개인적으로 존경하던 인물인 프랭클린 벨J. Franklin Bell 장군의 전속부관으로 두 번째 보직된 것에 크게 기뻐했다. 이 새로운 보직과 미군의 제1차 세계대전 참전으로 마셜은 계속 군에 남기로 결심했다.

제1차 세계대전 중 그의 눈부신 활약에 힘입어 마셜은 퍼싱 장군의 참모로 근무하고 있던 몇몇 중요하고도 부유한 사업가들의 관심을 받기 시작했다. 그 중 한 명은 마셜에게 초봉 2만 달러를 제시하며 군을 떠나 금융회사인 제이피모건JP Morgan에 들어올 것을 권유했다. 마셜은 곧 전시에 부여된 가假진급 대령 계급장을 잃게 될 것임을 알고 있었는데도 이 제안을 거절했다. 1920년에 그는 소령으로 다시 계급이 환원되었으며, 연봉은 3,000달러로 줄었다. 하지만 그는 여전히 군에 남았다.

1947년, 아이젠하워 장군은 육군참모총장직을 끝으로 전역하고 콜롬비아 대학교Columbia University의 총장이 되었을 때 평생 처음으로 새 차를 구입했다. 새 차는 두 부부의 집으로 배달되었으며, 아이젠하워는 차량을 둘러본 후 거의 모든 개인저축을 털어 차량 구매비용을 수표로 끊어주었다. 그는 아내인 메이미의 손을 잡아 차에 타도록 이끈 후 이렇게 말했다. "여보, 내가 자청해서 애빌린(버지니아 주의 군郡 - 옮긴이)을 떠난 덕에, 37년간 열심히 일해서 번 모든 것의 결과물이 이게 되었구려."

남자는 돈을 보고 군에 남아 있지 않는다. 개인적인 인터뷰를 하면서 나는 아이젠하워 장군에게 군을 떠나고 싶은 유혹을 느꼈던 적이 있는지 물었다. "말씀하신 '군을 떠날 기회'에 해당하는 제안을 세 번 받은 적이 있었죠. 첫 번째 기회는 제1차 세계대전 직후였습니다. 저는 그때 바로 이곳(게티즈버그)에 있었습니다. 이상한 우연의 일치이지만 패튼이라는 이름의 사내를 알게 되었는데, 중서부의 오하이오인지 인디애나에서 무슨 제조업을 하고 있던 사람이었습니다. 그는 당시 제가 중령으로 받고 있던 급여의 두 배를 줄 테니 자기 회사로 오라고 제안했습니다. 한동안 미군 급여가 심하게 낮게 느껴지던 때가 있었습니다. 저는 그때까지 전투에 참전해본 적이 없었고, 그 때문에 제 군 경력은 엉망이 되었다고 느끼고 있었습니다. 지긋지긋했었죠. 그렇게 열심히 공부하고 열심히 일했는데, 전쟁에 참전시켜주지를 않았으니……. 하지만 메이미는 저를 달래주었고, 우리는 그냥 군에 계속 남기로 결정했습니다."

두 번째 제안은 여러 사람이 모여 석유회사를 창립하던 1927년에 들어왔다. 사업비용의 대부분을 모아오고 있던 인물은 아이젠하워를 몇 번 만나봤을 뿐이었으나, 투자가들은 아이젠하워가 이 기업에 사장까지는 아니더라도 임원으로 참여하지 않으면 투자하지 않겠다고 했다. 후원자들은 아이젠하워가 정직하기 때문에 자신들의 돈을 잘 지켜볼 것이라고 생각해 그를 원했다. 하지만 아이젠하워는 또 한 번 큰돈의 유혹을 뿌리쳤다.

필리핀에서도 몇몇 사람이 아이젠하워에게 사업에 참여할 것을 권했다. 이들은 아이젠하워가 사업에 참여한다면 3만 달러를 조건부로 은행에 예치하겠다고 제안했다. 이 돈은 만약 사업이 잘되지 않을 경우 아이젠하워가 가져가라는 명목이었다.

이 제안이 들어오자 아이젠하워는 언제나 그랬듯 아내와 이 문제를 상의했다. "우리는 군에 있으면서 여기까지 왔으니 이대로 끝까지 있어보자고 말했습니다. 솔직히 이 세 제안 중 정말 진지하게 고려했던 것은 맨 처음 제안이었는데, 그것은 참전하지 못한 실망이 매우 컸기 때문이었죠."

아이젠하워는 자서전에서 그의 아들인 존 John S. D. Eisenhower 또한 웨스트포인트로 진학하게 된 이야기를 적었다. "존은 내가 왜 군에 남았는지 궁금해하는 것 같았다. 아들에게 조금이라도 밝은 면의 이야기를 들려주고자 나는 그간 군에서 얻은 경험이 아주 흥미로운 것이었으며, 이 경험을 통해 능력과 신의, 그리고 조국에 대한 높은 헌신성을 갖춘 사람들을 만날 수 있었다고 말했다. 나는 존에게 필리핀에서 있었던 일들을 말해주었다. 당시 어떤 사람들이나에게 연봉으로 6만 달러를 제안하며 군을 떠나 자신들에게 합류할 것을 제안했다. 하지만 그 제안은 그다지 매력적이지 않았다. 나는 내 일에 만족했고, 암울한 진급 가능성에 대해서는 이미 후회하지 않고 받아들이기로 했었기 때문이다. 나는 이미 오래전에 진급 문제를 놓고 고민하지 않기로 결심했었다. 우리 세 사람이 집에 있다가 이 이야기가 나오면 나는 진정한 만족이란 자신의 일에 최선을 다한 사람에게만 돌아오는 것이라고 말했다. 내가 군에 있으면서 달성하기로 한 목표는, 내가 보직을 마치고 다른 곳으로 가게 되면 내가 모셨던 상관들이 모두 안타까워하게 만들겠다는 것이었다.

존 또한 웨스트포인트에 진학하겠다고 결심했다. 나는 그렇게 결심한 이유가 무엇이냐고 물었다. 그의 말의 취지는 다음과 같았다. '언젠가 저녁때 제게 말씀해주신 이야기가 생각났습니다. 아버지께서 군 생활을 통해 얻은 만족감에 대해 말씀해주셨고, 또 훌륭한 인품을 갖춘 사람들과 만날 수 있었던 것에 대한 자부심을 말씀하셨을 때 바로 결심이 섰습니다. 만약 제 군 생활이 끝났을 때 아버지의 말씀과 같은 말을 할 수 있게 된다면, 저도 아버지만큼이나 진급에 대해서 신경 쓰지 않을 자신이 있습니다.'"

맥아더 장군은 딱 한 번 군을 떠날까 하고 고민했던 적이 있었다. 그는 준장을 달고 42세가 되던 해까지 결혼을 하지 못했다. 그의 아내는 두 아이가 있는 부유한 이혼녀였다. 뉴욕과 워싱턴의 화려한 사교 생활에 익숙해 있던 맥아더 부인은 결혼식을 올린 후 지루해하기 시작했다. 그녀는 남편이 매우 똑똑한 남자라고 생각했으며, 군 생활이나 계속하는 것은 시간 낭비라고 여겼다. 그녀는 남편이 군을 떠나 사업을 시작하기를 바랐다. 하지만 맥아더는 군에 계속 남기로 했으며, 결혼 생활은 결국 파경으로 끝났다.

조지 패튼은 단 한 번도 군을 떠나는 것에 대해 유혹을 느껴본 적이 없었다. 그는 독립적인 재력이 있었으며, 부인도 재산이 제법 많은 편이었다. 이 정도로 부유한 사나이가 처음부터 고통과 불만이 많은 직업인 군인을 평생의 업으로 삼았다는 사실부터가 매우 놀라운 일이다. 하지만 군인의 길이야말로 패튼이 원하던 것이었으며, 그렇게 그는 군인의 삶을 살았다.

제2차 세계대전 이전의 군 생활은 끊임없는 희생을 요구했는데, 미국으로서는 다행스럽게도 1941년 12월 7일 진주만에 폭격이 가해졌을 당시 뛰어난 군사지도자들은 이미 모든 준비가 되어 있었다. 그렇다면 이들은 왜 계속 군에 남았을까?

이 질문을 오마 브래들리 원수에게 던지자 그는 이렇게 답했다. "글쎄요.

일단 제가 군과 관련된 일을 좋아한 것은 사실입니다. 사람들과 함께 일하는 것을 좋아했죠. 또 저는 가르치는 것도 좋아하는데, 군 생활의 대부분은 병사들을 가르치고, 군 학교기관에서 교관 일을 하게 되는 것으로 채워졌습니다. 또 밖에서 활동하는 것도 좋아합니다. 아시다시피 육군에서는 꽤 많은 시간을 야외에서 지내게 되죠. 사실 다른 관점에서의 장점도 있지만, 지금보다는 옛날에만 적용되었던 것 같습니다. 옛날에는 미군이 작은 군대였고, 말 그대로 군 내 모든 장교가 서로를 잘 알고 지냈습니다. 개인적으로 알든 아니면 명성을 통해 이름만 듣든지 간에요. 또 대부분 부대 안에서 거주했기 때문에, 모두가 사실상 거대한 한 가족이 되어 편안한 느낌이 있었습니다. 함께 일하기 좋은 집단인 거죠. 함께 근무하는 사람들은 같은 용어를 썼고, 군에 있으면 조국을 위해 무엇인가를 하고 있다는 느낌을 얻을 수도 있었습니다. 군에는 항상 무엇인가 할 일이 있었고, 항상 무엇인가 배울 것이 있었습니다.”

16년간 대위를 달고 있던 마크 클라크 장군도 비슷한 느낌을 가지고 있었다. “저는 사람들과 함께 일하는 걸 좋아하고, 젊은이들을 훈련시키는 것이 좋았습니다. 그 때문에 전역을 하고서도 다시 이런 일을 하고 있는 거죠(이 인터뷰를 하던 당시, 클라크 장군은 사우스캐롤라이나 주에 있는 시타델Citadel이라는 군사학교 교장을 하고 있었다). 저는 야외 활동을 좋아합니다. 하이킹, 자전거뿐 아니라 밖에서 하는 야외 활동은 뭐든 좋아했죠. 저는 군부대에서 자랐기 때문에 장교의 삶을 좋아했고, 그들의 친절한 가족들을 좋아했으며, 그들의 아이들과도 잘 지냈습니다. 이들은 대부분 기독교계 가정에서 자라왔고, 항상 군기가 잡혀 있었기 때문인 것 같습니다.”

로턴 콜린스 장군 역시 위관장교로 여러 해를 보냈다. 그는 1919년 법을 공부하고자 군을 거의 떠나려고 했다. 당시 좋은 변호사는 월 250달러를 받고 고용되던 시절이었다. 콜린스가 법 공부를 하려고 군을 떠나는 것은 ‘미친 짓’

이라고 조언했던 한 친구는 편지로 콜린스에게 이렇게 말했다. "자네는 천성적으로 군인의 소질을 타고났네. 그 길을 포기하는 건 미친 짓이야."

콜린스는 당시 유럽에서 근무 중이었기 때문에 전역을 1년만 미루기로 했다. 그는 그해 말에 자신의 입장을 이렇게 밝혔다. "저는 제 자신의 상황을 굉장히 신중하게 평가해 보았습니다. 결국 결정을 내리는 데 도움을 준 부분은 군에는 다른 어느 곳에서도 얻을 수 없는 세 가지가 있다는 점이었습니다. 첫째, 돈 때문에 저의 동료 장교들과 경쟁하는 관계가 아니라는 점입니다. 오히려 저는 일반적으로 상급자들이 보직되는 직위를 견뎌내고 있습니다. 비록 지금 제가 겨우 대위 계급에 맞는 봉급을 받고 있지만, 제게는 계급과 나이를 무시하고 더 많은 일을 할 수 있는 기회가 주어지고 있습니다. 두 번째로 저와 함께 일하는 동료들이 모두 마음에 든다는 점입니다. 이들은 모두 수완가들이며, 동시에 청렴한 사람들입니다. 아울러 지난 3년간 근무하면서 그 누구도 저의 행동 기준에 반하는 일을 강요한 적이 없었습니다."

그는 계속 말을 이었다. "동시에 이곳에서 저는 나중에 결혼까지 하게 된 한 여성을 만났고, 그녀는 제 인생에 매우 지대한 영향을 끼쳤습니다. 그때 저는 앞으로 일이 잘 풀리든 안 풀리든 계속 군에 남기로 결심했고, 전역 여부를 놓고 하던 고민을 떨쳐냈습니다."

거의 비슷한 시기에 스파츠와 아널드 장군 또한 육군항공단을 떠나 사업 초기 단계이던 팬암PanAm: Pan-American Airways사로 갈 뻔했으나 둘 다 군에 남았다. 스파츠는 군 생활, 군 동료, 비행을 사랑하는 마음에 군에 남기로 했다. "지금도 마찬가지이지만, 제1차 세계대전 후와 제2차 세계대전 발발 전까지 기간에는 군에 더 남는다고 해도 달리 특별한 인센티브가 주어지는 것이 없었습니다. 그 시기에는 별달리 뚜렷한 전쟁 위협이나 징후가 없었죠. 하지만 옛 항공반으로 불리던 육군항공단에 소속되어 있던 동료들 사이에서는 조만간 군사항공 분야가 팽창하게 될 것이라는 예감이 있었습니다. 우리는 조만간 항공 분야가 확고한 위치를 잡게 될 것이라는 믿음이 있었기 때문에 군에 계속 남기로 했습니다."

인내는 분명 아널드, 스파츠, 트와이닝, 화이트처럼 제1, 2차 세계대전 사이의 느린 진급 기간 중에도 군에 남은 훗날의 공군 장성들이 공통적으로 가지고 있던 성품 중 하나였다. 항공사의 초창기 무렵, 열기구에서 사망 사고가 터졌던 즈음(1908년, 포병 출신인 토머스 셀프리지Thomas Selfridge 중위) 아널드는 곧 진급하게 될지 모른다는 생각을 하고 있었다. 그는 이렇게 설명했다. "아마 육군이 처음 창설된 이래 모든 위관장교가 공통적으로 가지고 있는 생각이었을 겁니다. 저는 당시에 중위가 되려고 부단히 노력하고 있었습니다. 당시 미 정규군에서 소위로 6~7년 정도를 지내는 사례는 매우 흔했습니다." 아널드는 1907년 6월 14일에 소위를 달았는데, 1913년 4월 10일까지 중위로 진급하지 못했다.

아널드는 3년 후에 대위가 되었으며, 다시 1년 후에 소령을 달았다. 그러더니 1917년 8월 5일에는 가진급이기는 했지만 중령을 건너뛰고 대령으로 진급했다. 아널드가 자기 입으로 직접 밝힌 이 진급의 이유는 그의 인품의 한 면을 잘 보여준다. 제1장에서 인용했듯, 그는 자서전에서 "전시에는 진급이 매우 빠릅니다. 특히 상대적으로 소수의 초급장교들만 비행을 할 줄 알았던 공군에서는 더욱 그랬죠. …… 제 아내와 저는 제 어깨에 박힌 독수리 계급장(미군 대령 계급장 ― 옮긴이)을 바라보며 흐뭇하게 생각했고, 뭔가 현실 같지 않다는 느낌이 들어 어색하기까지 했습니다. 당시 젊은이들은 대령이 되는 경우가 없었으니까요." 전쟁 후 그의 계급은 다시 평시 계급으로 환원되어 대위가 되었다.

스파츠는 1914년 6월 12일에 보병 소위로 임관했다. 그의 조기 진급은 아널드보다 조금 나았는데, 그것은 제1차 세계대전에 미국이 참가하기 전 전쟁에 참가할 기회를 얻었기 때문이다. 1916년 6월, 그는 뉴멕시코 주 콜럼버스로 파견되어 퍼싱 장군의 지휘하에 이루어진 멕시코에 대한 보복성 원정작전에 1항공대대 소속으로 참가했다. 1916년 7월 1일, 이 작전의 성과로 그는 중위로 진급했다. 1917년 5월, 그는 텍사스 주 샌안토니오에 위치한 3항공대대로 전입했으며, 같은 달에 대위로 진급했다.

1917년 11월 15일, 스파츠는 다시 한 번 전투에 참가했다. 그는 프랑스 원정에 오른 31항공대대에 소속되었으며, 1918년 8월 30일까지 계속 이수동Issoudon에 위치한 미군 항공학교에서 복무했다. 이 기간에 그는 전시 가진급으로 소령을 달았다. 전쟁이 끝난 후 다시 대위로 환원되었으나, 그는 다시 1920년 7월 1일에 소령으로 진급했다. 그 이후에는 15년 동안 소령으로 지냈으며, 중령 계급은 1935년에나 가서야 달게 된다.

반덴버그 장군은 총 12년 동안 위관장교로 지냈으며, 1923년 6월 12일에 소위로 임관한 후 1935년 8월 1일에 가서야 대위로 승진했다. 그리고 그가 가진급으로 소령을 달기까지는 다시 5년을 보내야 했다.

토머스 화이트 장군의 시작은 훌륭했다. 그는 1920년 7월 2일 사관학교를 졸업했으며, 보병 소위로 임관해 같은 날 중위를 달았다. 전쟁 기간 중 진급이 심하게 적체되어 있던 것을 생각하면 매우 대조되는 사건이었지만, 이에 다소 자아도취 했더라도 그다지 오래 하지는 못했을 것이다. 그는 1922년 12월 22일 다시 소위를 달게 되었다. 그리고 1925년 8월 24일까지 중위를 달지 못했다. 대위로 진급하기까지는 10년이 걸려 1935년 8월 1일에 진급했는데, 이는 위관장교로 총 15년 이상 복무한 후의 일이었다.

어쩌면 가장 좋은 예는 네이선 트와이닝 장군일지도 모르겠다. 그는 1917년 6월 웨스트포인트 사관학교에 입학했다. 제1차 세계대전 덕에 그의 동기들은 진급 속도가 빨랐다. 그는 졸업 후 1918년 11월에 보병 소위로 임관했다. 다시 1920년 1월 1일 자로 중위가 되었으나, 1935년 4월 20일까지 대위를 달지 못했기 때문에 총 17년을 위관장교로 보냈다.

보다시피 미국의 초대 공군참모총장조차 엄청나게 느린 진급 과정을 거쳤다. 이들은 이 정도로 진급이 느린 시기를 거치면서도 민간항공 분야의 돈이 될 만한 사업에 뛰어들지 않고 군에 계속 남기로 했을 정도로 인내와 사명감이 뛰어났다.

앞서 말했듯이 아널드 장군은 당시 신설된 팬암 항공에 가기 위해 육군항공단을 떠나는 것을 고려했던 적이 있었다. 심지어 그는 사장 자리를 제안받았다. 하지만 윌리엄 미첼을 돕다가 포트 라일리로 추방당했을 때 그는 이렇게 결심했다. "거기서 군을 떠나 신생 항공사인 팬암의 사장이 되는 계획을 완전히 접었다. 나는 이렇게 맹포화 속에 있는 군을 놔두고 속 편히 떠날 수가 없었다."

스파츠 또한 팬암사의 초기 단계에서 부사장 자리를 제의받았다. 필자는 그에게 어째서 그 유혹을 무시했는지를 물어보았다. 그는 이렇게 답했다. "글쎄요. 그냥 군이 좋았다는 말밖에는 다른 이유를 대기가 힘듭니다. 당시 공군을 발전시키는 데에는 여러 난관이 있었습니다. 초창기 항공 부서였던 육군항공반 시절부터 있었던 사람들 대부분은 곧 군사항공 분야가 성장할 것이라고 믿었고, 이것이 국토방위에서 가장 지배적인 군軍이 될 것임을 의심치 않았기 때문에 계속 남기로 했죠. 지금은 완전히 다른 상황이 되었습니다. 엄청난 군사 소요가 예상되는 시점이고, 누구나 다 알 정도가 되었죠."

필자는 르메이 장군에게도 왜 군에 계속 남았는지 물었다. "저는 육군에서 정규군으로 임관했습니다. 그리고 계속 군에 남을 것인지, 아니면 민간항공사로 나갈 것인지를 결정해야 했죠. 이 문제를 놓고 심각하게 고민을 거듭했고, 결국은 군에 남기로 했습니다. 가장 주된 이유는 군이 좋아서였던 것 같습니다. 저는 군에서 함께 일하는 사람들이 좋았습니다. 이 사람들은 제가 지금껏 만나온 모든 사람 중 가장 훌륭한 집단이었습니다. 이들 모두 의욕이 넘쳤죠. 이들은 모든 의미에서 신사들이었습니다.

제 생각에 저 혼자 은행으로 걸어가 통장에 서명하고, 저금하고, 공동인 서명 없이 혼자 내 급여에 맞는 액수의 돈을 언제고 꺼낼 수 있다는 점에 매료된 것 같습니다. 물론 이런 것은 저보다 앞서 근무하신 선배님들의 청렴함과 정직함이 낳은 결과겠죠. 이런 점에 저는 매료되었고, 비록 초창기의 금전적 보상은 매우 적을 것이 명백한데도 저도 이런 신뢰의 일부가 되고 싶다는 생각을 했습니다. 저는 한 번도 이때의 결심을 후회한 적이 없습니다. 분명 제가 처음 예상했던 것보다 더 먼 길을 걸어왔지만, 그 먼 길을 가면서 매 순간을 즐겼습니다. 항상 조국을 위해 봉사하고 있다는 느낌이 들었고, 이는 저에게 매우 만족스러운 경험이었습니다. 저는 단 한 번도 제 결정을 후회한 적이 없습니다.”

제2차 세계대전 이후 고급장교들의 상당수는 전쟁을 거치면서 빠른 속도로 진급했지만, 그렇다 하더라도 이것이 1920~1930년대의 느린 진급을 보상하지는 못했다. 그렇다고 느린 진급이 제1, 2차 세계대전에 참전한 이들이 군을 떠나게 하는 원인으로 작용하지는 못했다. 최고위급 지휘관들이 조기 전역이나 사임을 하게 된 데에는 다른 요인이 있었다. 로턴 콜린스 장군은 이에 관해 자서전에서 회고했다. “만약 총장이 대통령이나 국방장관의 정책 또는 예산을 뒷받침할 수 없게 된다면, 솔직히 그때 총장은 무엇을 해야 하는지에 대한 의문이 주기적으로 떠올랐다. 그럴 때 총장은 필요하다면 장관을 넘어서 대통령에게 직접 읍소할 권리가 법적으로 있었다. 총사령관으로서의 대통령에 대한 충성을 고려한다면, 총장은 조국의 안보가 위기에 처했다는 확실한 근거가 있는 것이 아닌 이상에는 이런 경우 사임해야 했다. 나 역시 한국전쟁이 발발하기 직전, 육군의 상설사단 숫자를 더 줄이는 것에 동의할 수 없다는 의사를 루이스 존슨Louis A. Johnson 국방장관과의 회의 때 제기하면서 사임해야 한다는 압박을 느꼈다. 만약 한국전쟁이 발생하지 않았다면, 어쩌면 나 역시 해임되거나 전역을 강요당했을지도 모른다.”

에드워드 마이어 장군 역시 육군참모총장직을 수행하던 경험을 이렇게 소회했다. "나는 자리에 앉아 어렸을 때부터 배워오고, 학교에서도 배운 나의 믿음에 대한 지침을 목록으로 만들었다. 사명감, 명예, 애국을 지침으로 삼으며, 절대로 그 선 뒤로는 물러서지 않겠다는 것이었다. 나는 자리에 앉아 미리 그 경우들을 생각해봤고, 어떤 경우에 사임을 할 것인지 적어보았다. 분명 두 가지뿐이었다. 하나는 행정부나 나의 상관이 원하는 바를 이행해줄 수 없는 기본 원칙에 대한 나의 군은 신념이 충돌할 때였고, 또 하나는 내가 이행할 수 없는 도덕적 혹은 윤리적 난제를 이행하도록 강요받는 상황이었다. 그때는 사임해야 한다."

많은 젊은 장교는 군에 복무하며 다양한 도전을 할 수 있는 기회를 기대하며 군에 입대하지만, 무능한 선배 장교들 때문에 환상이 깨지고, 결국 사기가 꺾여 군을 떠나게 된다. 슈워츠코프 장군도 같은 경험을 했는데, 그와 관련해 강인한 기질이 이런 실망감을 어떻게 극복할 수 있게 도움을 줄 수 있는지를 잘 보여주는 일화가 있다.

소위 시절 그의 첫 임지는 101공정사단이었다. 그는 육군 최고의 엘리트 부대와 함께하게 되었다고 생각했으나, 크게 실망하는 데에는 그리 오래 걸리지 않았다. 그는 대부분의 선배 중위와 대위가 제2차 세계대전과 한국전쟁을 거치면서 남은 '술고래 떨거지'들이었다고 표현했다. "제 인생 처음으로 전혀 존경하지 않는 인간들의 명령에 복종해야 하는 상황이었습니다. 이런 딜레마에는 전혀 준비가 되어 있지 않았습니다." 그는 당시 자신의 중대장을 "키 작고 뚱뚱하고 게으른 나이 마흔의 중위"로, "사회생활에 적응하지 못해 군으로 다시 돌아온 사람"이었다고 말했다. "101사단은 공정부대였지만, 중대장은 공수낙하를 두려워했습니다. 그는 몸살이 났다는 등의 핑계를 병사들에게 대고는 먼저 낙하지점에 도착해 땅 위에서 기다리고 있었습니다."

문제의 중위는 곧 사회에 부적응하여 군대로 돌아온 또 다른 대위로 교체되었다. 그는 심각한 알코올중독자라 항상 바에서 술에 절어 뻗어버렸기 때문에 슈워츠코프가 종종 집까지 운전해서 데려다주곤 했다. 문제의 대위는 슈워츠코프에게 자신은 웨스트포인트 출신을 혐오한다고 하면서, 자신의 일을 남들이 대신 하게 한 후 공훈은 자신이 먼저 나서 챙기려고 했다. 이런 부대가 비상경보에 문제를 일으킨 것은 전혀 무리가 아니었다. 대위는 전 중대원을 불러놓고 질책했다. "이 망할 놈들 같으니, 네놈들이 날 엿 먹이려고 일부러 며칠 전 비상 걸렸을 때 문제를 일으킨 거지?" 몇몇 병사들은 중대장의 술버릇 문제를 상부에 보고했으나, 수사장교는 이 병사들의 이름을 중대장에게 알려줘 이런 헌신적이고 악의 없는 병사들을 곤경에 처하게 했다.

　　슈워츠코프 소위는 정나미가 떨어졌고, 문제의 대위의 상관에게 찾아가 그의 무능함을 알리려 했지만 대위에게 '무슨 일이 있어도' 덤비지 말고 충성하라는 경고를 들었다. 슈워츠코프는 이렇게 답했다. "그렇다면 저도 이제 아무 말도 하지 않겠습니다." 그는 그렇게 방을 나왔고, 혼자 속으로 이런 공정부대 따위는 지옥에나 떨어지라고 욕을 퍼부었다. 하지만 그는 정나미가 떨어졌는데도 계속 부대에 남았고, 5개월 후에는 전투단 참모로 불려 올라갔다. "어느 날 저는 제가 느낀 환멸감에 대해 (대위의) 상관이던 휠런에게 이야기했는데, 그는 제가 계속 군에 남아 있을 수 있게 한 그 한마디를 해주었습니다. '그런 문제에 접근하는 두 가지 방법이 있지. 첫째는 관두고 나가는 것이고, 둘째는 계속 머무르는 것이야. 언젠가 자네 계급이 더 올라가게 되면, 그때 그 문제를 고치게. 하지만 잊어선 안 될 게 있네. 자네가 여기서 관두고 나가버린다면 결국 악당이 승리할 것이라는 사실이지.' 저는 악당들이 승리하는 꼴을 보고 싶지 않았습니다."

　　슈워츠코프는 군 생활 후반에 들어서도 무익한 사람들 때문에 맥 빠지는 일들을 자주 겪었다. 그가 자서전에 서술한 바에 따르면, 자신이 맡은 모든 임무를 항상 성공적으로 수행했기 때문에 진급 시기에 들어가기 2년 전 혹시 대령으로 진급할 가능성이 있다는 기대를 하게 되었다. "가을 내내 주변 사람들은 당연히 제가 진급할 것이라고 이야기했습니다. 심지어 여러 부대에서 같은 느낌을 받은 사람들은 저에게 해당 부대 대령 보직으로 오라고까지 말했죠. 그러다 보니 저 자신도 사실 남몰래 큰 기대를 품게 되었습니다." 하지만 진급은 되지 않았다. "완전히 쇼크였습니다. 사무실에 계속 앉아 충격에 빠진 채 진급자 명단을 읽고 또 읽고를 반복해도 도저히 믿을 수 없었습니다." 하지만 그는 군에 계속 남았고, 결국에는 대령으로 진급할 수 있었다.

베트남에서 슈워츠코프는 남베트남군 부대에서 선임고문관으로 복무했는데, 어느 날 몇 대의 헬리콥터가 베트남 부대에 도착해 순시를 하려 했다. 그는 이 사건을 자서전에 담았다.

…… 잠시 후 장군과 대령이 나타났다. 대령은 장군에게 "장군님, 이 사람이 현재 야전에서 최선임 고문관인 슈워츠코프 소령입니다"라고 소개했다. 장군은 내게로 다가왔으나, 내가 몇 주째 전투복을 갈아입지 못해 더러워진 몰골과 냄새에 잠시 움찔했다. 그러는 사이, 사진사와 기자가 마이크를 들고 장군에게 다가오고 있었다. 장군이 말했다. "잠깐, 잠깐. 마이크를 잠시 치워주시오. 여기 이 사람과 이야기할 거니까."

그가 내게 어떤 말을 할 것이라 기대했는지는 잘 모르겠다. 어쩌면 "병사들은 모두 잘 지내고 있는가, 부하를 몇 명이나 잃었는가," 혹은 "수고하는군. 우리 모두 자네들이 자랑스럽네" 이런 말을 기대했는지 모르겠다. 하지만 그런 말 대신 잠시 어색한 침묵이 흘렀고, 결국 그는 내게 이런 질문을 했다. "부대 식당은 어떤가?"

부대 식당? 맙소사, 우리는 계속 쌀과 소금, 그리고 헝Hung 병장이 목숨을 걸고 정글에서 캐온 순무 정도로 살아오고 있었다! 나는 하도 어이가 없어서

"어, 괜찮습니다, 장군님"이라고 간신히 대답했다.

"본국에서 편지는 제때 정기적으로 받고 있나?"

나에게로 오는 편지는 전부 사이공에 있는 사령부로 가고 있었기 때문에 아마 잘 가고 있을 것이라고 생각했다. 그래서 "네, 잘 받고 있습니다"라고 대답했다.

"좋아, 좋아. 잘하고 있군, 젊은 친구." 젊은 친구? 그렇게 말하더니 그는 가버렸다. 그냥 봐도 뻔한 PR용 연기였다. 그 순간 그때까지 가지고 있던 그 장군에 대한 존경심이 싹 사라졌다. 다음 날 밤, 뉴저지의 한 지역 방송국은 우리 어머니께 전화를 걸어 아드님이 저녁 뉴스에 나올 것이라고 알렸다. 어머니께서는 그 방송을 보셨고, 돌아가실 때까지 항상 베트남에 간 아들과 대화를 해주며 사기를 북돋워준 훌륭한 장군에 대해 극찬하셨다.

그렇다면 왜 군에 계속 남았느냐는 질문에 슈워츠코프 장군은 이렇게 말했다. "군사개념을 작성하고, 그 개념이 실행되도록 책임을 지며, 그 개념의 결과가 실현되는 것을 보고, 자신이 지휘한 조직이 승리의 기쁨을 맛보는 것을 둘러보는 것은 큰 보상입니다. 승자들을 이끌고, 내 손안에서 직접 조직의 승리를 통해 자신들을 승리자로 인식하며 자랑스러워하는 집단을 보는 것만 한 일이 없죠. 이들은 제가 그들을 지휘했다는 사실을 자랑스러워해주고, 자신들이 해낸 일을 자랑스러워합니다. 굉장히 흥분되는 일이죠. 그리고 '내가 이 모든 것을 가능하게 했고, 우리 부대가 이 모든 것을 가능하게 했지만 나는 그저 이런 결과가 나올 수 있도록 촉진제 역할을 했을 뿐이다'라고 말할 수 있는 것도 훌륭한 점입니다."

제2차 세계대전에서 활약한 다른 장성들의 대답도 모두 같았다. 그들은 군에서의 인생을 사랑했고, 야외에서 사람들과 일하는 것을 좋아했으며, 사람들을 가르치고 청렴한 사람들과 함께 일하며, 그리고 무엇인가 중요한 것을 위해 헌신하는 마음으로 근무할 수 있다는 점을 큰 보상으로 꼽았다. 당연히 전쟁이 없던 평시에도 군에 남았던 사람들이 있었다. 평시의 삶은 평화로웠지만 군의 최고가 된 인물들에게는 절대로 한가하거나 게으른 삶이 아니었다. 다른 사람들이 노는 동안 그들은 일하고, 공부하고, 준비했다. 왜 이들이 군에 남았느냐는 질문의 진정한 답은 그들 모두 인품을 갖추고 있었고, 자신보다 거대한 무엇에 소속되어 있는 느낌을 가지고 있었으며, '의무, 명예, 애국'이라는 원칙을 믿었기 때문이라는 것이다.

인품의 한 가지 요소는 "그가 그 자리에 있었는가"라는 질문의 답과 일맥상통한다. 만약 마셜, 맥아더, 아이젠하워, 패튼에게 조국에 대한 의무라는 개념이 없었다면, 이들은 제2차 세계대전 중 최고의 책임을 감수해야 하는 직위를 받아들이지 않았을 것이다. 미국으로서는 다행스럽게도 이들은 느린 진급, 낮은 보수, 부족한 관사, 부족한 훈련비용, 잦은 이동에 따른 고통, 항상 친구들과 떨어져야 하는 자녀들의 불만 등 수많은 난관을 감수하고 인내력을 발휘해주었다. 오직 헌신적이고 사심 없는 사람들만이 이런 희생적인 행동을 할 수 있는 것이다.

군은 항상 의무를 요구해왔다. 게시판에 붙어 있는 근무표, 근무명령, 그리고 항상 장비를 잘 관리해야 할 의무 등이 그것이다. 의무라는 개념은 군 생활 전체에 걸쳐 꾸준히 단계마다 등장한다.

하지만 의무는 그저 근무표에 붙어 있는 내용 따위가 아니다. 이 책에서 사나이들을 통해 다룬 의무는 언제 어디서든 자신의 능력껏 최선을 다해 무엇을 해야 하는지에 대한 필수 사항을 말하고 있다. 여기서 다룬 의무란 모두를 위해 자신이 맡은 바를 잘해내는 것이다. 이는 성서의 한 구절이 가장 훌륭하게 요약해준다. "무릇 네 손이 일을 당하는 대로 힘을 다하여 할지어다. 네가 장차 들어갈 음부에는 일도 없고 계획도 없고 지식도 없고 지혜도 없음이니라"

(전도서 9장 10절).

당연히 군에도 그다지 빛이 나지 않는 일이 있지만, 매일 주어진 업무를 최선을 다해 잘해내야 한다는 것이다. 얼마나 자신의 일을 사랑하느냐 하는 것과는 별개로, 군에는 쉽지 않거나 기분 좋지 않은 일도 있기 마련이다.

의무란 자신을 중심으로 하지 않는 삶을 뜻한다. 이 사나이들은 자신의 의무를 알았고, 개인적인 안락함, 돈, 건강, 가끔은 생명까지 희생을 요구하는 이 일들을 해냈다. 가끔 이들은 자신보다 더 큰 대의를 위해 목숨을 내던지기도 했다.

하지만 이 희생이라는 개념을 내포한 의무에는 보상도 있기 마련이다. 이들의 인생은 '가치'로 차 있었고, 이는 헤아릴 수 없는 희생을 필요로 했다. 이들은 군 복무의 기회를 통해 자신의 목숨을 가장 훌륭하게 사용할 수 있는 가능성을 얻었다.

이 사나이들에게는 삶의 목표와 목적이 있었다. 이들이 야심이 커서 그랬을까? 야심이란 무엇을 하고 싶거나 더 나은 무엇이 되고 싶다는 것을 말한다. 어쩌면 그 한계가 없을지도 모른다. 야심은 자신의 안에서부터 나온다. 여러 다른 목표에는 여러 다른 야심이 있기 마련이다. 그중에는 권력을 향한 야심도 있고, 인기와 돈, 명성에 대한 야심도 있다. 야심은 좋을 수도, 나쁠 수도 있다. 야심은 사람으로 하여금 장애물을 극복하도록 도와주지만, 여기에는 방향과 통제력이 필요하다. 만약 여기에 방향성이라는 것이 있다면 좋은 야심이다. 유사 이래 성취를 하기 위한 가장 위대한 동기부여는 항상 야심이었다. 하지만 특정한 야심을 따르도록 사람들을 유도한 동기는 늘 최선도 아니었거니와, 숭고하지 않았던 경우도 많다. 더 강력해지고 싶거나 돈을 많이 벌고 싶거나 크나큰 명예를 얻고 싶은 야심은 이 사나이들의 목표가 아니었다. 이들의 목표는 복무신조를 따르는 것이었다.

이들은 사심이 없었다. 사심 없는 사람들은 희생정신을 가지고 있으며, 더 큰 대의를 위해 무엇이든 희생할 자세가 되어 있다. 이기적인 자들은 우선적으로 자기 자신을 생각하지만, 이기적이지 않은 사람들은 타인의 행복부터 생각하는 법이다. 이들은 자기 자신, 시간, 건강, 부, 정력 모두를 가치가 있는 목표를 달성하기 위해 희생했다. 이들에게는 희생 자체가 삶의 방식이었던 것이다.

이들의 희생은 개인적이며, 가족으로부터 떨어져 오랜 시간 근무하고, 여가를 무시하며, 가끔은 건강까지 잊어버리면서 이루어졌다. 이들은 부를 축적하는 것에는 관심을 기울이지 않았다. 조국을 위한 복무로 충분했던 것이다. 그리고 당연히 그들의 의무가 요구한다면 항상 목숨까지도 버릴 각오를 하고 있었다.

군인이라는 직업은 결코 돈을 잘 주는 직업이 아닐 뿐만 아니라, 편안하거나 쉬운 직종도 아니다. 사실 어쩌면 가장 위험한 직업 중 하나일 것이다. 무엇이 군 복무 의지를 독려하며 희생할 수 있는 동기부여가 될까? 자신의 집과 가족, 공동체를 사랑하는 마음이다. 이 동기 때문에 많은 사내는 많은 것을 포기한다. 하지만 군에서 복무하는 이들의 매일매일 반복되는 희생을 독려하는 가장 큰 동기부여는 신과 조국에 대한 사랑일 것이다.

Chapter 11

The Pattern

Chapter **11**

패턴

/

The Pattern

리더십에 관한 책은 수천수만 권이 있으며, 어떻게 해야 성공적으로 지휘를 할 수 있는가에 대해서도 여러 가지 이론이 존재한다. 이러한 이론 중 하나는 질 혹은 특성 이론적 접근 방법quality or trait approach이라 불리며, 이 방식은 전문적 지식, 결심, 가치관, 인간성, 충성심, 용기, 배려심, 청렴함, 사심 없는 태도, 인품을 리스트로 나열해보는 방식이다. 하지만 이런 특성을 목록화하는 것은 리더십에 대한 성공적인 접근 방법을 설명하기에는 부족하다. 이 특성들은 모든 시험 중 최고의 시험인 전쟁에서 성공적인 리더임을 증명한 사람들의 군 경력을 설명하는 방법으로 생명력과 의미를 부여해야 한다. 필자는 이런 특성을 앞서 출판한 『19개의 별』과 『창공의 별들Stars in Flight: A Study in Air Force Character and Leadership』, 『조지 브라운 장군: 별을 향한 운명George S. Brown, General, U.S. Air Force: Destined for Stars』에서 설명한 바 있다. 성공적인 리더십에 관한 이러한 연구와 더불어, 필자는 비교적 최근의 장군들을 더 추가해 지난 35년간의 연구를 망라했고, 이를 위해 사성장군을 상대로 100건 이상의 일대일 인터뷰를 실시했다. 덧붙이자면, 이 연구를 위해 준장 이상 고급장교 1,000명

이상과 여러 차례 서신을 주고받았다. 나는 수백 권의 자서전, 회고록 및 군사 리더십과 관련된 책을 열람했다. 그 목적은 어째서 이 장군들이 성공적인 리더로 평가받을 수 있었는지를 찾아내는 것이었다. 내가 내린 결론은, 성공적인 리더십에는 분명한 '패턴'이 있다는 것이다. 이 책은 성공적인 리더십이란 무엇인지에 대해 이들 모두가 공감한 바를 풀어본다.

이러한 특성 중 가장 중요한 것은 인품이다. 제2차 세계대전이 끝나고 독일이 항복한 뒤, 처칠은 마셜 장군의 리더십을 칭송하는 편지를 보냈으며, 특히 "장군의 인품에 대한 존경과 경애를 보낸다"고 적었다. 이 책에는 인품의 중요성을 강조하는 수많은 예가 담겨 있다. 우드로 윌슨 대통령은 노스캐롤라이나 주에서 행한 연설에서 로버트 리 장군의 '인품에서 나온 업적'에 대해 언급했다. 또한 평시에 리 장군의 목사는 "그가 갖춘 인품의 아름다운 특성은 그를 전시보다 평시에 더욱더 위대해 보이게 했다"라고 했다.

전쟁 후에 나타난 리 장군의 인품을 잘 보여주는 또 다른 일화는 그가 버지니아 주 렉싱턴의 워싱턴 대학교Washington College의 총장직보다 훨씬 높은 연봉을 받는 자리를 제안받았을 때 거절 의사를 밝힌 편지에 나타나 있다. "진심으로 감사드립니다만, 저에게는 스스로 완수해야만 한다고 결심한 일이 있습니다. 저는 남부의 젊은이들을 전쟁터로 이끌었으며, 많은 젊은이들이 전쟁터에서 죽어가는 모습을 지켜봤습니다. 저는 제 남은 힘을 젊은이들이 일생의 사명을 다할 수 있도록 교육하는 일에 진력할까 합니다."

남북전쟁 중 북부의 정치가들은 셔먼 장군을 그가 원치도 않는 중장으로 진급시키려고 했다. 그는 상원의원이던 동생 존 셔먼 의원에게 이 계획을 중단시켜달라고 했으며, 대신 그랜트 장군에 대해 말했다. "그의 천재성보다도 그의 인품이 우리 군을 조화롭게 할 것이며, 적들을 괴롭힐 것이다." 맥아더 장군은 회고록에서 "퍼싱 장군의 명성은 그의 개인적인 인품에 기반을 둔 바가 크다"라고 말했다. 아이젠하워 장군의 아들인 존 아이젠하워는 대학 진학과 평생 진로를 놓고 고심하던 중 웨스트포인트 육군사관학교를 선택했으며, 왜 그렇게 했느냐는 부친의 질문에 그는 부친에게서 들은 군 생활의 만족감, 그리고 "인격을 갖춘 인물들과 함께 일하는 자부심" 때문이었다고 답했다.

이 장군들이 갖춘 리더십의 윤곽은 그들이 공통적으로 가지고 있었고, 이들을 위대하게 만든 특성을 보여준다. 이것이 '패턴'이다. 여기에는 봉사하기 위한 희생적인 욕구, 아이젠하워가 '리더십의 핵심'이라 일컬은 결심 수립을 내포한 책임의 수락, 결심 수립 과정에서 '감'과 '육감' 갖기, 상관을 모시면서 '예스맨'이 되지 않기, 폭넓은 독서, 자신을 선택해주고 멘토가 되어주는 상관을 모시기, 긴 근무시간과 더 힘든 난관을 더 큰 보상의 의미로 받아들이기, 자신과 가족에 대한 큰 희생, 부하들에 대한 사려와 배려, 부하에 대한 위임이 그들로 하여금 얼마나 더 멀리 갈 수 있게 하는지 결정한다는 점을 이해하기, 문제가 발생했을 때에는 책망하기보다는 문제를 바로잡는 것 등이 포함되어 있다. 이런 특성의 조합을 통해 이들은 지휘를 위한 필수 조건을 위대한 승리와 함께 충족할 수 있었다.

하지만 앞서 언급한 모든 특성에 녹아 있는 가장 중요한 특성은 이들이 모두 인품을 갖춘 인물들이었다는 점이다. 인품은 정확하게 정의를 내릴 수 없으며, 설명할 수만 있다. 인품에 대한 서술과 성공적인 리더십에서 인품의 역할은 이 연구를 하게 된 전반적인 목적이었다고 할 수 있겠다.

이 책에는 미국사 속의 위대한 군사지도자들의 사심 없는 자세가 내용 전체에 걸쳐 깔려 있다. 아마 가장 자주 인용되는 대통령 취임 연설문은 존 F. 케네디John F. Kennedy 대통령의 취임사일 것이다. "그러므로, 친애하는 미 국민 여러분, 조국이 당신에게 무엇을 해줄 수 있는지를 묻지 말고, 당신이 조국을 위해 무엇을 할 수 있는지를 물어보십시오." 미군은 이런 사심 없는 태도의 개념을 케네디 대통령이 취임 연설을 하기 전부터 이미 잘 이해하고 있었다. 헨리 스팀슨 전쟁부 장관은 이 개념을 눈여겨보고 이렇게 평했다. "나는 지금껏 살아오면서 모든 공무원을 두 부류로 분류하는 것에 매우 익숙해졌다. 한 부류는 자신의 일을 위해 무엇을 할 수 있을까 고민하는 부류이고, 또 다른 하나는 자신의 일이 자신을 위해 무엇을 해줄 수 있을까 고민하는 부류다.” 그는 마셜 장군에 관해서도 언급하면서 “내가 지금까지 알아온 그 어느 공직자보다 더 사심이 없던 사람이었다”라고 평했다.

군에서 사심 없는 자세의 전통은 조지 워싱턴 시대부터 시작되었으며, 이는 미국 전통의 가장 중요한 일부분이 되었다. 1944년 6월 12일, 마셜 장군이 디데이 침공 사열을 나갔을 때, 아이젠하워는 마셜 장군이 어떤 기준으로 예하 지휘관을 선택했느냐는 질문에 이렇게 답했다. “나는 그 질문에 생각할 시간 따위나 필요도 없이 즉각적으로 ‘사심 없는 태도’라고 답했다.”

마셜의 사심 없는 태도는 이미 제1장에서 자세히 살펴보았으며, 미첼, 아널드, 스파츠가 공군의 발전을 위해 자신의 군 경력을 걸었던 사건이나, 존스 장군이 B-1 개발을 위해 싸운 사건, 육군의 마이어 장군이 공개적으로 미군이 ‘속빈 군대’를 가지고 있다고 선언했던 일 모두 같은 맥락이다.

아이젠하워는 이렇게 말했다. “결심 수립은 리더십의 정수다.” 결심을 빠르고 정확하게 내리는 능력이 없다면 리더로서 성공하는 것은 불가능하다. 위대한 사령관을 구분하는 특징은 결심 수립에서의 안정적인 판단과 ‘감’ 혹은 ‘육감’의 차이다. 이들의 결심은 그들의 학습, 경험, 준비의 결과이며, 이를 통해 상황에 대한 ‘감’을 키우고, 이는 결심 수립에서 직관적인 요소가 된다. 이런 중요한 책임을 받아들이고 또 살아남기 위해서는 최상의 형태의 인품을 갖추는 것이 필수다.

군사지도자는 전시와 평시를 막론하고 자주 외로운 사람이 되며, 특히 그의 결정이 삶과 죽음을 가르는 순간이 될수록 더욱 그렇다. 이는 오직 소수의 사람들만이 바라고, 상대적으로 더 적은 수의 사람만이 자질을 갖춘, 결코 감당하기 쉽지 않은 책임이다. 의사결정자들은 많은 중압감과 스트레스를 다루는 책임을 받아들일 인품을 갖춰야 한다. 그는 자신의 참모와 예하 지휘관을 강건하고 헌신적인 전문가로 직접 선택해야 하며, 이 선택은 순전히 능력과 오랜 경험에 의거해야 한다. 또한 그는 참모와 부하의 조언을 받아들일 줄 알되, 필요한 상황에서는 이들의 의견을 기각할 줄도 알아야 한다. 아이젠하워가 노르망디 상륙을 놓고 내린 결심은 결심 수립 과정에서의 그의 진정한 기질을 보여준다. 그는 참모와 다른 지휘관의 의견을 들은 후, 상륙작전에 영향을 미칠 1944년 6월 5일 기상상태와 그 밖의 조건들을 살펴보았다. 이는 그에게 외로우면서도 절망적인 시간이었다. 결국 6월 6일에 상륙작전을 감행한 후 그가 할 수 있는 것은 "절박한 심정으로 기도하는 것뿐"이었다. 그의 참모장이던 월터 스미스 장군은 당시 상황을 이렇게 설명했다. "작전의 성패가 순전히 자기 자신의 판단에 달린 상황에서, 자신의 지식을 총동원해 빠른 결심을 내려야 하는 지휘관의 외로움과 고립감이 이 정도라는 것을 처음 알았다." 또한 총사령관의 직책에 대해 해리 트루먼 대통령은 이렇게 평했다. "그 누구도 결정을 대신 내려줄 수 없다. …… 미연방합중국의 대통령은 외로우며, 특히 중대한 결심을 내려야 할 순간에는 더더욱 외롭다."

한 번 결정을 내린 뒤에는 사령관은 모든 비판을 감수해야 하고, 결정이 실행되기 전에 이를 바꾸려는 사람들의 압력을 견뎌야 한다. 조지 케넌이 언론의 비판 때문에 무너지고 있을 때 조지 마셜 장군은 이런 조언을 해주었다. "자네가 말하는 그 결정은 내가 승인했고, 내각이 토의했으며, 다시 대통령께서 재가하셨네. 자네의 유일한 문제는 칼럼니스트 같은 지혜와 시각이 없다는 것일세." 아이젠하워는 '전지전능한 언론'의 비판을 어떻게 다루어야 하냐는 질문을 받자, 자신의 일기에 "무시하라"고 적었다.

맥아더는 육해공 3군 총장들이 인천상륙작전을 반대하는 조언을 했을 때에 내린 결심으로 그의 기질을 보여주었다. 그는 총장들에게 만일 작전에 문제가 발생한다면 즉각 전군을 퇴각시키겠다고 말한 후 이렇게 덧붙였다. "그렇게 하면 우리가 당할 유일한 피해는 나의 전문성에 대한 명성뿐일 걸세."

해리 트루먼 대통령이 3개의 전쟁에서 영웅이 된 맥아더를 해임했을 때에도 분명 용기가 필요했다. 특히 이 결심에 대해 언론과 상하 양원의원들로부터 심각한 비판이 돌아올 것이었고, 실제로 비판이 돌아와 심지어 탄핵 이야기까지 나왔었다. 총사령관으로서 트루먼은 중국과 소련으로 전쟁이 확전되는 것을 막을 책임이 있었다. 그에게는 자신이 받게 될, 그리고 실제로 받은 비판보다 제3차 세계대전을 막는 것이 더 중요했다. 그는 대통령의 역할에 관해서 곧잘 자신의 좌우명을 통해 말하곤 했다. "최종 책임은 나에게 머무른다 The buck stops here."

슈워츠코프 장군은 사막의 방패 작전 및 사막의 폭풍 작전 동안 사령관으로 있으면서 외로울 수밖에 없었다. "걸프 만에 있으면서 잠을 잘 자지 못했습니다. 계획이 확실하게 결정되고 난 후에도 매일 밤마다 저는 침대에 누워 '뭐 잊어버린 건 없나? 우리가 놓친 건 없었을까? 뭔가 우리가 더 할 수 있는 건 없을까'를 놓고 자문했습니다. 만약 부하들을 진정 위한다면, 지휘관은 자기 자신을 그렇게 몰아붙이게 되는 것 같습니다."

합참의장을 지낸 콜린 파월 대장은 파나마 침공 전날 밤의 일을 이렇게 회상했다. "지휘관은 외롭습니다. …… 침공 전날 밤, 저는 어두운 제 차 뒷좌석에 홀로 앉아 있었습니다. 불길한 예감만 계속 들었습니다. 옳은 선택이었을까? 나의 조언은 안전했을까? 이럴 만한 가치가 있는 일일까? 그리고 나서는 자기회의에 빠진 채 잠자리에 들었습니다."

결심 수립에 중요한 것은 '감' 혹은 '육감'으로, 이는 최고의 군지휘관들이 갖추고 있는 능력이다. 이 능력은 아이젠하워의 견해를 통해 요약된다. "지휘관은 자신의 병사들과의 직접적인 느낌을 절대로 잃어서는 안 됩니다. 지휘관이 자신의 전술적 책임을 위임하고, 자신이 고른 부하의 권한에 참견하는 것을 피할 수도 있겠지만, 무엇보다 지휘관은 부하들과 사실적이고도 정신적으로 가장 긴밀한 접촉 관계를 유지해야 하며, 그렇지 못하면 실패할 수밖에 없습니다. 그런 접촉은 부하들을 자주 만나야 이루어질 수 있습니다." 그는 부대가 제대로 지휘되고 있다면 지휘관이 자리를 비운 상황에서도 문제없이 제 기능을 해야 한다고 믿었다. 그는 만약 병사들이 부대의 최고지휘관과 대화할 수 있게 된다면, 자신의 부사관, 위관장교, 중대장과도 어려워하지 않고 대화하게 될 수 있을 것이라고 생각했다. 이런 개방적인 분위기는 중요한 아이디어나 독창성, 주도성을 갖는 분위기를 만들어낼 것이며, 이는 부대의 전투준비태세나 성과도 향상시킬 것으로 보았다. 아이젠하워는 육군의 주된 업무는 전쟁에서 승리하는 것이며, "개개인에 대한 관심은 승리의 열쇠"라고 믿었다.

필자는 '감'과 '육감'이라는 주제에 관해 전 육군참모총장을 지낸 존 위컴 예비역 대장과 토의했던 적이 있다. 그는 이렇게 말했다. "직접 살펴보고 다니는 것을 대신할 수 있는 건 아무것도 없습니다. 부대에서 어떤 일이 돌아가고 있는지 감을 잡는 것은 올바른 결정을 내리는 데 중요합니다. 총장 시절뿐 아니라 여단장을 할 때에도 저는 항상 부하들이 저를 만날 수 있다는 것을 보여주었습니다. 제가 101공정사단 사단장을 하고 있을 당시, 사단이 독일에 전개된 적이 있습니다. 저는 지프차 보닛 위에 올라가 군용 확성기를 이용해 병사들에게 우리가 왜 이곳에 왔는지, 우리의 목적은 무엇이며, 지금 우리 조국을 바라보고 있을 모든 동맹국에 좋은 선례를 남기는 것이 왜 중요한지에 관해 설명했습니다. 무엇보다 우리가 헬기를 이용해 공중강습 능력을 보여주는 것은 전장 위의 최첨단 기술을 보여준다는 중요한 의미가 있었습니다. 만약 우리가 제대로 하지 못한다면, 공중강습사단으로서 101사단은 끝난 거나 마찬가지였죠. 사단을 다시 본국으로 귀환시킨 후에도 저는 분기별로 같은 절차를 거치면서 사단의 미래에 대한 저의 비전이 무엇인지 말해주었습니다. 그다음에는 병사들이 가장 중요하게 생각하는 것은 무엇인지, 그리고 무엇을 이야기하고 싶은지 귀를 기울였습니다.

그 자리에서 저는 질문을 받았습니다. 참모들도 배석해 이 질문에 즉각적으로 답했죠. 저는 포트 캠벨^{Fort Campbell}(101공중강습사단 주둔지 — 옮긴이)에 '전화정보 시스템'을 도입해 어느 병사든지 자동응답 장치를 통해 저와 대화할 수 있게 했습니다. 이 시스템을 통한 우리의 약속은 어떤 질문이나 의견이 들어오면 24시간 이내에 답이나 반응을 주겠다는 것이었습니다. 주당 약 500통의 전화가 오더군요. 저는 전화 질의 내용과 참모들의 답변을 일일이 검토했습니다. 이 작업은 병사들이 무슨 생각을 하는지 이해하는 데 큰 도움이 되었습니다. 또한 참모들이 충분히 책임을 다하고 있는지도 알아볼 수 있었죠. 만약 참모들이 책임을 다하지 않고 있다면, 저는 그들을 쫓아 보냈습니다. 아마 이제는 다른 부대에서도 비슷한 시스템을 사용하고 있을 겁니다. 저는 심지어 선임 부사관들로부터도 전화를 받았습니다. 그들은 전화로 이런 말을 하더군요. '전화정보 시스템에 감사합니다. 저 혼자서는 해결하기 힘들었던 이런 문제들을 공론화할 수 있게 도와줘서 고맙습니다.' 그렇게 우리는 이 시스템을 이용해서 지휘체계를 돕고 있었던 겁니다."

베트남전쟁 당시 연합군을 지휘했고 전 육군참모총장을 지낸 윌리엄 웨스트모얼랜드 장군도 인터뷰 중 위컴 장군과 같은 의견을 표시한 바 있다. "해당 장교가 군의 어느 제대에 속해 있는 사람이든, 계속해서 자신의 부대원들을 둘러봐야 합니다. 계급이 무엇이든 간에 야전의 병사들과 접촉을 잃는다면 승리할 수 없는 법입니다."

마셜 장군은 부대 시찰을 다니면서 해당 부대의 지휘관 없이 운전병과 단둘이서만 부대를 둘러보았다. 브래들리 장군은 또한 마셜 장군이 인간적인 감성을 가지고 있었다고 설명했다. 그는 도열한 병사들 사이를 다니다가 즉각적으로 문제가 있는 병사를 골라낼 수 있었으며, 그 문제를 해결할 수 있는 조치를 즉각적으로 취했다. 르메이 장군은 사전 비행 검열을 하면서 어느 조종사가 격추당할 것인지 감지할 수 있었다.

이 '감' 혹은 '육감'은 신이 주신 능력일까? 아니면 개발해나갈 수 있는 것일까? 필자가 인터뷰한 모든 장군은 개발할 수 있는 능력이라고 답했으나, 특정한 능력은 일부 태어날 때부터 주어지기도 한다고 했다. 브래들리 장군은 감이란 정보를 수집하면서 얻어지는 것이라고 했다. '정보의 일부'는 뇌로 가서 쌓이며, 이는 지식으로 축적된다. "갑자기 판단이 필요한 상황을 전투 중에 직면하게 되면, 즉각적으로 결심을 내릴 수 있게 되는 겁니다. 사람들이 제게 전화를 걸어 현 상황을 설명하면, 뇌 속에서 버튼을 눌러 곧장 답이 나오게 되는 거죠."

패튼은 이를 '군사적 반응력'이라고 불렀다. 이에 대해서 그는 다음과 같이 설명했다. "내가 이룩한 승리는 모두 나의 군사적 반응력이 옳았다는 확고함의 결과였다. 그 누구도 태어날 때부터 기생충을 타고나는 경우는 없듯, 이런 능력도 처음부터 타고나는 것은 아니다. 올바른 군사적 반응을 느낄 수 있는 영혼을 가지고 태어나든지, 아니면 거대한 근육을 타고날 수도 있다. 하지만 어느 쪽이든 엄청나게 노력해야만 개발될 수 있다."

로턴 콜린스 대장은 감이란 "젊은 시절 열심히 일하고, 열심히 학습함으로써 개발할 수 있는 것"이라고 했다. 윌리엄 심슨 장군은 "주어진 상황을 이해하는 데" 도움이 된 것은 관련 배경학습과 훈련이었으며, 이를 통해 "앞으로 일어날 수 있는 일"에 대비하는 능력을 가질 수 있게 되었고, 그리하여 안정적인 결심을 내릴 수 있었다고 했다.

교육, 훈련, 경험, 관찰을 중시하는 다른 의견도 있었다. 멘토로서 최고 의사결정자 주변에 있는 것은 '감'을 개발하는 데 핵심적인데, 그것은 리더란 자기 자신뿐 아니라 멘토의 경험을 통해 관찰하고 배우기 때문이다.

매슈 리지웨이 대장은 "문제가 되는 지역을 직접 방문해보지 않고 중요한 결정을 내려본 적이 없다"라고 술회했다. 한국에 있으면서 그는 일과 시간 내내 부대들을 방문했고, 일과를 일찍 끝낸 후에는 다음 날 일찍 일과를 시작했다. 슈워츠코프 장군은 남베트남군의 명장이던 응오꽝쯔엉 대령을 언급하면서, 그에게는 적의 위치를 느낌으로 짚어내는 능력이 있었으며, 어디로 포를 쏴야 할지, 언제 공격해야 할지를 알고 있었다고 기억했다.

쇼맨십 또한 성공적인 리더에게는 필수적인 요소다. 이는 '감'의 일부로서, 특히 병력에 대해 긍정적인 영향을 준다. 패튼은 항상 상아 손잡이가 달린 권총을 차고, 빛나는 방탄모에 큼직하게 제작한 장군 계급장을 달았으며, 목 부분 칼라에도 별을 달았고, 어깨에도 달았으며, 몸에 딱 맞는 재킷에 놋쇠 버튼을 달았다. 또 승마용 장화를 신고, 직물로 만든 승마 바지를 입었으며, 승마용 채찍을 들고 다녔다. 아이젠하워는 '아이크 재킷Ike Jacket'이라고 이름 붙인 재킷을 입고 다녔으며, 그 또한 승마 바지와 장화에 채찍을 들고는, 브래들리가 "몇 개 사단과 맞먹는다"라고 한 특유의 미소를 짓고 다녔다. 맥아더 장군은 옥수숫대로 만든 담배 파이프, 담뱃대, 비스듬하게 쓴 장식모, 칼라를 잠그지 않은 카키색 셔츠, 넥타이나 약장을 달지 않은 차림, 둥그렇게 모여 있는 다섯 개의 원수 계급장을 달고 다녔다.

남북전쟁 당시 장군들의 군복도, 이등병의 전투복을 입고 다니던 그랜트 장군부터 깔끔한 예복을 입고 있되 장군인데도 대령 계급장을 달고 다니던 리 장군까지 다양했다. 쇼맨십의 다른 예로는 아무렇게나 전투복을 입고 다니던 셔먼, 닳고 닳았지만 소중히 아끼던 VMI버지니아 군사학교 모자를 쓰고 다닌 잭슨 장군, 매클렐런이 보여준 '위대한 검은 군마軍馬' 돌격대 대열을 따르는 질주, 맥도웰Irvin McDowell의 밀짚모자, 커스터George A. Custer의 황금색으로 구불구불하고 항상 시나몬향이 밴 머릿기름을 바른 헤어스타일 등이 있다. 쇼맨십은 다양했으나, 그 목적은 언제나 가장 아래 제대에 있는 병사들에게까지 닿아보려는 의도였다.

고급장교가 하급장교의 군복을 입고 있는 영향도 매우 흥미롭다. 그랜트 장군은 회고록에 이렇게 적었다. "사관학교에서 첫해를 보내던 중, 스콧

Winfield Scott 장군(당시 미 육군사령관)이 웨스트포인트를 방문해 생도들을 검열한 적이 있었다. 그의 위엄 있는 모습, 거대한 체격과 화려한 제복 때문에 나는 그가 지금껏 만난 사나이 중 단연코 가장 훌륭한 표본이자, 가장 부러운 사람이라고 생각했다. 나의 외모가 그의 모습을 닮게 되는 것은 불가능했지만, 내 생각에는 그와 마주친 순간 우리를 검열하고 있던 그의 자리를 언젠가 내가 차지하게 될 것 같다는 예감이 스쳤다. 당시에는 계속 군에 남을 의사가 전혀 없었는데도 말이다."

젊은 위관장교 시절 콜린스 장군은 뉴올리언스에서 1917년 존 퍼싱 장군과 두 번째로 만난 후 이렇게 적었다. "쇼몽Chaumont 에 있으면서, 제임스와 나는 퍼싱 장군이 임시숙소로 쓰고 있는 고성古城의 거실에 모인 총참모부에 합류해 장군이 나타나시기만을 기다렸다. 전에 퍼싱 장군이 뉴올리언스로 와 뵈었을 때는 사복을 입고 계셨다. 물론 그는 사복 차림으로도 잘생긴 분이셨지만, 그가 나오신다고 당번병이 알린 후 장군이 숙실에서 나와 계단 위쪽 끝에서 잠시 아래를 바라보았을 때 나는 그가 그렇게 극적인 모습으로 나타나리라고는 생각지도 못했다. 그가 훈장이 달린 군복을 입고 있는 모습은 굉장히 멋있고 위엄이 넘쳤다. 그는 꼿꼿한 자세로 서 계셨으며, 철회색의 머리끝부터 진주 장식이 달린 부츠까지 잘 손질되어 있었다. 왠지 키도 더 커지신 느낌이었고, 그의 명성 또한 2년 전 뉴올리언스에서 만나 뵈었을 때보다 훨씬 높아져 있었다. 장군께서는 나를 매우 친절하게 환대해주셨으며, 그 덕에 금세 긴장이 풀어졌다. 하지만 그날 밤 나는 그 위엄 있는 분과 함께하면서 경외감 같은 것을 느낀 모양이다. 왜냐하면 그날 저녁식사를 하면서 나눈 대화를 하나도 기억하지 못하니까 말이다."

마셜 장군의 아내는 자서전에서 장군이 단순하게 옷을 입는 것이 얼마나 효과가 컸는지를 보여주는 재미있는 일례를 소개했다. "육군 및 해군 연회는 매년 백악관이 주최하는 마지막 공식 행사였으며, 가장 화려한 행사였다. 그

해에는 루스벨트 대통령의 두 번째 임기 중 가장 화려하게 행사를 열었을 뿐 아니라, 조지는 총장이 된 후 처음 행사에 가보았다. 크레이그 장군은 자신이 총장이던 시절에 채택한 정장예복을 입고 가라고 권했다. 나는 금색 술이 달린 넓은 띠가 지나치게 노랗다는 생각이 들어 약간 오래된 금빛이 나도록 톤이 다른 색으로 직접 염색했다.

2월 2일 행사 당일, 제복을 꺼내놓았고 남편이 집에 도착했을 때에는 모두 다 준비가 끝나 있었다. 나도 내 방에서 옷을 입고 있었는데, 문이 갑자기 세차게 열리더니 온갖 휘장과 장식으로 휘감은 조지가 들어왔다. '내 꼴 좀 봐!' 남편이 소리쳤다. '무슨 뮤지컬에 나오는 코미디 배우 같구먼! 절대로 이 꼴로는 오늘 행사뿐 아니라 어느 행사도 가지 않겠어!'

할 수 없이 나는, 그렇게 했다간 크레이그 장군이 불쾌하게 여기실 수 있다고 말했으나 아무 소용도 없었다. 그가 행사장에 도착했을 때는 진한 군청색 군복을 입고 있었다. 당시에는 미처 깨닫지 못했지만, 그 화려했던 밤 분위기에 대비되던 파란 군복은 달라진 세상을 예고했다.

아침 신문을 보니 전날 밤 행사에 온 사람 중 복장이 언급된 것은 마셜 장군뿐이었다. 신문은 진한 군청색 육군 정복 차림으로 온 그의 소박하면서도 있는 척하지 않는 검소한 외모에 대해서 말하고 있었다.”

모범이 되는 가장 명백한 자질 중의 하나는 최고직위에 있는 리더들에게 예스맨이 되길 거부하는 기질일 것이다. 성공하고 싶어 하는 최고책임자치고 주변에 아첨꾼을 데리고 있기를 원하는 사람은 없다. 예스맨이기를 거부하는 자세는 마셜이 1917년 처음으로 퍼싱 장군과 만났을 때 분연히 일어선 사건을 계기로 그의 군 경력을 바꿔놓았다. 그 사건 이후부터 퍼싱은 조언을 얻기 위해 마셜을 찾았으며, 얼마 후에는 작전참모로 직접 선발했다. 마셜 장군이 루스벨트 대통령과의 첫 각료회의에서 대통령에게 도전했을 때에도 헨리 모겐소 재무장관과 배석자들은 마셜이 워싱턴에서 대통령과 근무하는 생활이 끝났다고 믿었다. 모겐소는 심지어 마셜에게 "그동안 수고 많으셨습니다"라고 인사까지 건넸으나, 마셜의 군 생활은 거기서 끝나지 않았다. 루스벨트는 오히려 에스맨인 총장을 받아들이지 못했을 것이다. 제2차 세계대전 기간에 총장직을 수행한 마셜은 장교는 비록 듣기 좋지 않은 소식이더라도 진실을 상관에게 감추기보다는 직접 보고할 용기가 있어야 한다고 새로 임명된 사단장들에게 교육했다.

1939년 루스벨트 대통령이 마셜 장군을 육군참모총장에 임명했을 당시, 마셜은 이렇게 말했다. "나는 대통령께 내가 생각하는 대로 말할 권한을 보장해달라고 했고, 그 말은 듣기 좋지 않은 말일 수도 있다고 했습니다. 괜찮으시겠습니까 하고 물었죠." 루스벨트는 이를 받아들였고, 두 사람은 그 약속대로 살았다.

마셜은 강인했으며, 도전을 받아낼 줄 알았다. 국무장관 시절 마셜은 딘 애치슨에게 이렇게 말했다. "나는 자네가 완전히 솔직할 것을 기대하고 있고, 특히 나에게만큼은 꼭 그래야만 하네. 나는 내 아내를 대할 때를 제외하곤 사사로운 감정을 갖지 않네."

경제대공황 당시 루스벨트 대통령이 군 병력을 감축하고 급여를 줄이려고 하자, 참모총장이던 맥아더 장군은 대통령의 면전에서 반항적인 언사를 내뱉었다. 루스벨트도 그의 말에 "대통령에게 무례한 언사 아닌가" 하고 꾸짖었을 정도였다. 하지만 그 자리에는 전쟁부 장관 던이 동석했는데, 그는 백악관을 나오면서 맥아더에게 "자네가 육군을 살렸네"라고 말했다.

공군 출신으로는 처음으로 합참의장을 지낸 네이선 트와이닝 장군은 이런 이야기를 했다. "리더십의 요소 중 하나는 자신이 생각하는 바를 말할 줄 알아야 한다는 것입니다. 있는 그대로 말할 수 있되, 자신의 자존심도 버릴 수 있어야 하죠." 의사결정자라면 강인해야 하고, 얼굴이 두꺼워야 한다. 또 다른 합참의장인 크로 제독은 자신에게 예스맨에 대한 반감이 있었으며, 결심 수립 과정에서 도전을 받아야 한다고 주장했다. "저는 인간일 뿐입니다. 가끔은 '아니오'라고 말하는 사람들 때문에 화가 나기도 해요. 지금 뭔가 하고 싶은 게 있는데, 웬 똑똑한 망할 놈 하나가 와서는 제 아이디어가 틀렸다고 말한다면, 당연히 신경이 거슬리죠. 하지만 그런 말을 할 줄 아는 사람들이야말로 중요한 사람들입니다. 그리고 의견에 동의하지 못하는 상황에서는 들고 일어설 줄 알아야 합니다. 그런 기질은 자연스레 몸에 배는 기질이 아니죠. 노력해야 합니다. 의도적으로 용기를 갖고 말하는 법을 연습해야 합니다."

래리 웰치 장군은 이 모든 것을 간단하게 요약했다. "공군 총장이라면 절대로 '예스맨'을 용납해서는 안 됩니다."

동맹군을 상대하면서도 예스맨이 아니라면 어려움이 꽤 많을 수 있다. 독재자에게 종말의 시작은 그가 예스맨에게 둘러싸이기 시작할 때다. 스틸웰 장군은 제2차 세계대전 당시 장제스 총통에게 맞섰다. 어느 때인가 스틸웰은 이렇게 적었다. "방금 그 양반(장제스)에게 보내는 보고서를 작성했다. 나는 그에게 모든 진실을 말했고, 그건 마치 늙은 여인의 배를 발로 차는 기분이었다." 종국적으로 스틸웰은 장제스에게 해임당했으나, 전후 장제스 자신도 그렇게 길게 가지는 못했다. 제4장은 예스맨이 아니었으며 또 자신의 휘하에도 예스맨을 용납할 수 없었던 장군들의 리더십과 삶으로 채워져 있다.

로턴 콜린스 장군의 경력에서 가장 중요했던 시기는 제2차 세계대전 후 미군의 독일 주둔과 관련한 문제를 불공평하게 보도한 적대적 언론사와 충돌했던 사건이다. 콜린스는 당시의 충돌이 "기자들뿐 아니라 우리 장교단에도 유익한 영향을 주었던 것 같다"라고 회고했다. 콜린스 장군이 아이젠하워를 이어 참모총장이 되었을 때, 그는 웨이드 헤이슬립 대장에게 참모차장직을 제의했다. 헤이슬립은 "왜 저를 원하시죠? 저와는 지난 30년간 단 한 번도 의견을 같이한 적이 없으시잖습니까"라고 물었다. 콜린스는 이에 대해 "바로 그 점 때문에 자네를 원하는 걸세"라고 답했다.

하지만 예스맨이 되지 않기 위한 입지를 다지고자 무작정 반대해서는 안 된다는 것도 분명하다. 제임스 둘리틀은 아이젠하워에게 그런 식으로 대답했다가 해임되었다. 그는 인터뷰에서 이렇게 말했다. "저는 '예스맨'이 옳다고 생각하지 않습니다. 눈치껏 생각을 전달하는 게 중요하죠." 찰스 게이브리얼 대장도 이렇게 말했다. "자기 참모로 '예스맨'을 원하는 사람은 없습니다. 하지만 누군가와 의견이 달라 '아니오'라고 말할 때는 매우 조심해야 합니다."

예스맨이기를 거부한 가장 훌륭한 일화는 데이비드 존스 대장이 「골드워터-니컬스 법안」을 통해 합동참모본부를 재조직하면서 펜타곤과 다른 군 내 '패거리'와 충돌했고, 이 때문에 다른 군의 심기를 건드렸던 사건이다. 이 법안은 의장이 통수권자에게 직접 보고하는 유일한 최고직위자가 되고, 각 군 총장들의 일치된 권고안은 없어도 되는 쪽으로 개정하는 내용을 담고 있었다(가끔 총장들의 의견 일치를 이끌기 위해 권고안이 심하게 물타기가 되어 내용이 약해지는 일이 잦았다). 이런 변화에 대해 전 국방장관인 애스핀은 "미국 역사상 가장 중요한 지표 중 하나"라고 격찬했으며, 다른 누군가는 "제2차 세계대전 이후 가장 중요한 국방법안"이었다는 평가를 내렸다.

그렇다면 어떻게 해야 성공적으로 사람들을 이끌 수 있을까? 만약 아이젠하워 장군의 말처럼 리더십의 정수가 결심이라면, 의사결정자가 되기 위해 개발할 수 있는 무엇인가가 있을까? 전기나 역사서를 즐겨 읽는 것은 리더십 개발의 중요한 패턴이자 이 장군들의 인품의 일부였다. 아이젠하워는 독서를 사랑한 나머지 일과 학업도 잊곤 했다. "어린 시절 이후 모든 종류의 역사책, 특히 정치와 군사에 관련된 것은 내게 강한 호기심을 불러왔다"라고 했다. 그는 이들 위대한 리더들의 능력이 존경심을 자극했으며, 특히 "워싱턴 장군의 정력과 역경에 대한 인내를 먼저 존경했으며, 나중에는 그의 불굴의 용기, 대담함, 자기희생 정신을 존경했다"라고 했다. 아이젠하워는 또한 로마의 명장인 마르쿠스 아우렐리우스Marcus Aurelius의 유명한 명언에도 감화를 받았다고 했다. "고귀하게 견뎌낸 불운은 행운이다." 아이젠하워가 파나마에서 근무하던 시절 그의 상관인 폭스 코너 소장은 그에게 읽을 책을 지정해주었으며, 이들은 함께 책에 관해 토의했고, 이를 통해 추후 전쟁에서 연합군 리더로서 필요한 자질을 키웠다.

조지 워싱턴은 15살로 학업이 사실상 끝났지만, 그가 타계할 당시 개인 도서관에는 900여 권의 장서가 차 있었다. 그는 런던에서부터 책들을 '한 짐으로' 실어 주문해 오곤 했다. 미 헌법 제정 회의에는 24명의 대학 졸업생들이 있었으나, 열렬한 독서가이자 독학자였던 워싱턴이 이 회의를 주도했다.

벤저민 프랭클린은 10살까지만 학교교육을 받았으며, 그나마도 1년간 받은 것이 전부였다. 그는 자서전에서 이렇게 회고했다. "어릴 적부터 나는 독서에 대해 열정이 있었고, 수중에 들어오는 모든 돈은 책을 사는 데 써버렸다. 독서는 나 자신에게 허용한 유일한 즐거움이었다. 나는 술집에서 놀이나 유흥에 시간을 허비하지 않았다."

오마 브래들리 원수는 아버지가 책을 읽어주시던 것을 기억했으며, 그의 아버지는 그에게 책에 대한 사랑을 심어주셨다. 브래들리 장군은 필자에게 이렇게 말했다. "전쟁사를 공부하는 것과 위대한 리더들의 행적을 공부하는 것은 젊은 장교들이 성공적인 리더십을 위한 '감'과 '육감'이라는 능력을 개발하는 데 매우, 매우 중요한 것 같습니다."

1930년대 초반에 육군보병학교 교장을 하고 있었던 마셜 장군은 휘하의 젊은 위관장교들에게 독서를 권했으며, 자신의 관사로 이들을 초대해 책에 관해 토론하도록 유도했다.

독립된 공군의 첫 병사 출신 총장을 지낸 토머스 화이트 장군은 존 파머 장군의 전속부관을 지낸 적이 있었는데, 파머 장군은 육군 내에서 이름난 학자이기도 했다. 그는 화이트에게 읽어야 할 책들을 지정해주었다. 화이트는 개인 시간을 내 조지타운 외교학 대학원 Georgetown School of Foreign Service 에 다니면서 국제관계학과 러시아어를 공부했다. 이때 받은 교육 덕에 그는 1933년에 미국이 소련을 처음으로 승인했을 당시 초대 공군 무관으로 선발되었다.

크로 제독은 신세대 젊은 장교들에게 줄 수 있는 교훈이 매우 많은 인물이어서 본 연구에 포함했다. 그의 개인 도서관의 크기를 물어보자 그는 4,000권 이상의 장서들을 보유하고 있다고 답했다. 그는 이렇게 덧붙였다. "저는 전기와 위인전을 매우 좋아합니다. 제가 주로 읽는 것들이 그런 책이죠. 역사도 좋아합니다만, 대부분은 전기를 읽는 편입니다. 전기는 평생에 걸친 인간들의 노력을 보여주거든요."

데이비드 존스 장군은 대학을 2년밖에 다니지 않았으나, 군에서 최고위 자리인 합동참모본부 의장에까지 도달한 인물이다. 그는 독학가였다. 그는 필자에게 이렇게 말했다. "저는 정보에 대해서 만족할 줄 모르는 경향이 있습니다. 인생이란 꾸준한 배움이죠. 저는 군사학, 리더십을 비롯해 전문적인 서적을 많이 읽었지만, 동시에 세계가 어떻게 돌아가는지에 대해서도 항상 귀를 기울였습니다."

리지웨이 장군은 웨스트포인트 육군사관학교에 다니던 시절 자신이 '굉장한' 독서가였으며, 전투지휘관이 되면서 그동안 읽은 것들이 '생생하게 떠올랐고', 그것들은 도움이 되었다고 했다. 그는 자신의 군 생활에 걸쳐 독서가 매우 큰 영향을 주었다고 말했다.

뛰어난 전투조종사 출신인 크리치 장군은 열렬한 독서가이기도 했다. 그는 최소한 한 주에 한 권의 책을 읽는 습관을 들일 것을 권했으며, 심리학을 공부해 무엇이 인간에게 동기를 부여하는지 배우는 것이 중요하다고 강조했다. 그가 젊은 장교들에게 주는 조언은 "독서는 평생에 걸친 의무이며, 집착이 되어도 좋다"였다.

오늘날 장교의 자질에서도 새로운 요구와 도전이 존재한다. 넘쳐나는 책들을 통제하기 위해 육군참모총장 시절 칼 부오노 대장은 자신의 평가 및 추진단에게 현존하는 책 중에서 적절한 책과 전문적인 글을 검토하는 작업을 맡겼다. 이들의 임무는 짧은 문구로 해당 글을 요약하며, 현존하는 출판물에 대한 판단을 정리해 제공하는 것이었다. 가끔은 이 짧은 요약들만 읽어봐도 매우 의미가 깊어 원문이 실린 책 전체를 찾아 읽게 되기도 했다. 그는 따로 시간을 내어 사색을 하고, 업무 외의 독서도 하며, 여행할 시간을 잡았다. 그는 내게 말하길, 독서는 항상 "많은 아이디어를 떠오르게 하는 훌륭한 기폭제" 역할을 했으며, "결심을 수립하는 데 매우 유용하고 가치 있는 도구였다"라고 했다.

필자는 부오노 장군의 후임자인 고든 설리번 장군에게도 독서에 관해 물었다. 그 또한 부오노처럼 한 무리의 장교들을 모아 순전히 "세상에 무슨 일이 벌어지고 있고, 무슨 일이 벌어지지 않고 있으며, 우리가 어떤 식으로 행동에 영향을 줄 수 있는지"만을 전적으로 연구하도록 계속 시켰다고 했다. 그는 이렇게 말했다. "만약 제가 어떤 문제를 놓고 씨름하고 있고, 그 문제를 잘 정리할 수 없을 때, 저는 역사를 살펴보는 경향이 있습니다. 저는 독서를 하면서 자랐습니다. 독서는 제 인생의 큰 부분을 차지하죠. 대학에 다니던 시절에도 역사를 전공했고, 학교에서 수많은 책을 읽었습니다."

슈워츠코프 대장 또한 독서의 중요성에 관해 말했다. "사람은 역사를 통해 배우거나, 아니면 똑같은 실수를 반복할 운명에 빠집니다. 저는 리 장군, 그랜트 장군, 셔먼 장군, 패튼 장군, 그리고 당연히 브래들리 장군 같은 분들의 리더십에 매료되었죠."

오늘날 젊은 장교의 상당수는 하루 일과가 매우 빡빡하기 때문에 독서를 할 별도의 시간과 에너지를 따로 마련하기가 어렵고, TV 같은 것들이 집중을 방해하기도 한다고 말한다. 필자가 볼 때 이런 말은 핑계에 불과하며, 변명일 뿐이다. 57명의 선임 장군들을 뛰어넘어 총장이 된 마이어 대장은 이렇게 말했다. "군에 있으면서 저는 매일 아침 3시 반에서 4시 반 사이에 일어나 저 혼자 정보 획득을 위해 이런저런 것들을 읽었습니다. 그게 제가 가질 수 있던 소중한 독서 시간이었죠. 저는 그 시간만큼은 빈틈없이 지켰습니다. 만약 제가 혼자 독서할 수 있는 시간을 따로 확보하지 않는다면 절대로 독서를 할 수 없다는 것을 깨달았죠. 오늘날 독서가가 되려면 일부러 노력해야 합니다."

제2차 세계대전 중 마셜 부인의 회고에 따르면, 마셜 장군은 매일 저녁 매우 지쳐 집에 돌아와 대화할 기력도 없었다고 한다. 그녀는 그의 서재로 책을 한 묶음 골라 보냈고, 그는 서재에 앉아 마치 "'녹색 들판을 휩쓰는 메뚜기 떼처럼' 책을 훑어 읽었다"라고 했다.

아이젠하워는 "리더십이란 잘못된 일에 대한 모든 책임은 자신이 지고, 잘된 일에 대한 공훈은 부하들에게 돌리는 것이 전부"라고 했다. 필자는 윌리엄 심슨 9군사령관, 코트니 하지스 1군사령관, 제이컵 데버스 6집단군사령관, 루시안 트러스콧 3사단장 및 6군단장, 마크 클라크 5군사령관 등 유럽 침공에 참가한 여러 장군과 인터뷰했다. 각 장군들에게 자신의 리더십 철학에 대해 물어보았고, 다른 장군들의 리더십에 대해서도 질문을 던졌다. 인품의 역할에 대한 이들의 견해는 매우 의미가 깊었다.

다소 의외였지만, 클라크 장군 휘하에 있었던 고급지휘관들은 그에 대해서 별로 이야기하고 싶어 하지 않았다. 결국 그의 예하 군단장을 지낸 윌리스 크라이튼버거 중장이 클라크 장군에 대해 우려하던 바를 말했다. 뭔가가 잘못되면 그는 아이젠하워 장군에게 우선 보고하기보다는 누가 그 '실수'를 야기했는지부터 찾아낸 후 해당 인원을 해임하는 일부터 했다는 것이다. 이는 곧잘 해당 인물의 군 생활이 끝났음을 의미했다. 크라이튼버거는 나중에 덧붙이기를 그런 점이 클라크가 갖고 있던 성격의 오점이었으며, 상급장교로서 책임을 자신이 받아들이기보다는 실패의 원인을 타인에게 전가하는 경향이 있었다고 말했다.

마셜 장군은 그의 군 생활 내내 부하 장교들에게 "책망하기보다는 문제를 바로잡아야 한다"고 말했다. 아이젠하워 장군은 1944년 6월 6일 디데이 공격이 실패할 경우 기자들에게 읽을 내용을 포켓 수첩에 적어 가지고 다녔다. 그 내용은 "아군의 상륙작전은 실패했습니다. 만약 이번 시도에 대해 어떤 비난이나 책임이 따른다면, 이는 순전히 저 한 사람의 몫입니다." 그와 인터뷰하는 동안, 그는 게티즈버그 전투에서 남부연합군이 패한 후 리 장군이 제퍼슨 데이비스Jefferson Davis 대통령에게 보낸 편지를 항상 염두에 두고 있었다고 말했다. 그 편지에는 "그 어떤 비난도 우리 군에게 돌아가서는 안 됩니다. 그 책임은 저 한 사람의 몫입니다"라고 쓰여 있었다.

조지 매클렐런 소장은 적극적으로 싸우지 않았고, 어쩌다 싸웠을 때에는 그다지 성공적이지 못했다는 이유로 링컨 대통령에 의해 두 번이나 포토맥군 사령관에서 해임당한 인물이다. 그는 계속해서 링컨 대통령이나 전쟁부 장관, 내각 각료, 혹은 예하 지휘관들을 비난했으며, 잘못된 일에 대해 절대로 직접 책임을 받아들이지 않았다.

그랜트 장군이 중장으로 승진했을 당시, 그는 셔먼 장군에게 "지금까지 내가 이뤄온 모든 승리에 대해 장군께 빚을 져온 느낌입니다. 장군에게 하달한 모든 명령을 잘 수행해주신 결과를 지금 제가 포상받고 있는 것 같습니다"라고 말했다.

1944년 7월 말, 룬스퍼드 올리버 소장 휘하의 5기갑사단은 부대를 이동시키라는 패튼 장군의 명령을 받아 움직이기 시작했다. 하지만 그는 곧 이동 중 난관에 봉착했고, 이는 그의 잘못이 전혀 아니었다. 그는 패튼 장군의 지휘소로 소환되었고, 이곳에서 호되게 꾸짖음을 당할 것이라고 예상했다. 그 회의에는 그의 참모, 예하 군단장, 사단장이 동석하고 있었다. 패튼은 회의를 시작하면서 이렇게 말했다. "난리 통이구먼. 다 내 잘못일세." 패튼은 곧잘 타인에게 공을 돌릴 줄 알았다. 타인에게 공훈을 돌리고 책임을 대신 지는 태도는 아이젠하워의 자세와 비슷했다. 패튼은 자신의 저서인 『내가 예상했던 전쟁Wars I knew it 』에서 "실제로 자신이 한 일이든 아니든, 장성급 지휘관은 실패에 대해 책임을 질 줄 알아야 한다"라고 했으며, 만약 일이 성공적으로 풀렸다면 마찬가지로 "자신이 한 일이든 아니든, 장성급 지휘관은 변함없이 승리에 대한 공훈을 타인에게 돌려야 한다"라고 했다.

책임과 관련해 아이젠하워가 짚은 핵심도 기억해둘 만큼 중요하다. "만약 그저 장군 하나가 실수를 했다면, 그를 버리든지 보직에서 불명예스럽게 해임할 수 있다. 하지만 정부는 자기 자신을 버릴 수도, 불명예스럽게 해임할 수도 없다. 특히 전쟁 중이라면 더욱 그렇다." 알 레카브 유조선이 페르시아 만에서 기뢰로 격침되었을 당시, 소해함이 해당 유조선을 보호하면서 가지 않았던 탓에 언론은 군을 잔인할 정도로 비난했다. 당시 해당 지역 사령관을 역임하고 있던 크로 제독은 우리가 실수를 했다고 언론에 말하려고 했으나, 국방장관이던 와인버거는 "절대, 절대, 절대, 절대로 실수했다고 인정하지 말게"라고 했다. 하지만 그런데도 언론의 비난은 계속되었다. 결국 크로는 장관의 조언을 무시하고 언론에 "브리지턴 기뢰 사건은 제가 개인적으로 실수한 것입니다"라고 인정했다. 그리고 그것이 모든 문제를 종결지었다.

실수는 언제나 일어나게 마련이다. 오늘날에도 리 장군의 리더십 철학은 여전히 유효한 것 같다. "누군가 실수를 하면, 나는 그를 나의 막사로 불러서 나의 직위에 준하는 모든 권한을 이용해 그가 다음부터는 같은 실수를 하지 못하게 만든다." 설리번 장군은 내게 이렇게 말했다. "사람들은 어제 지나간 일을 완벽하게 만들려고 지나치게 많이들 노력합니다. 책임을 따지려는 행동은 완벽함을 이루려는 노력에 아무런 도움도 되지 않습니다. 실수를 했을 때에는 그 실수를 돌아보면서 '방금 저지른 일에서 무엇을 배울 수 있을까' 하고 성찰할 줄 알아야 합니다."

쿠웨이트에 침공한 이라크군을 격퇴하기 위해 벌어진 걸프전쟁에서, 슈워츠코프 장군은 그의 육군 부사령관인 월러 장군에게 기자회견장에 자기 대신 나서달라고 부탁했다. 월러는 무의식적으로 부시 대통령의 말과 반대되는 성명을 냈는데, 슈워츠코프 장군은 그 일로 윌러가 해임될까 봐 크게 우려했다. 하지만 그는 슈워츠코프가 체니 국방장관에게 "전부 저의 책임입니다"라고 말한 덕에 해임되지 않았다.

콜린 파월 장군은 자신이 치명적인 세균을 퍼뜨릴지 모르는 이라크 내의 목표물에 대한 폭격을 승인했을 때, 그는 "만약 일이 잘못된다면, 나에게 비난을 돌려라"라고 하면서 위험을 감수했다.

아이젠하워 장군은 "의사결정자로서의 자질은 어떻게 하면 개발할 수 있습니까"라는 질문을 받았을 때, "결심을 수립하는 사람들과 함께하라"고 대답했다. 이 말은 멘토십의 중요성으로 연결되는데, 가장 힘든 결정을 내리는 최고위의 인물들과 아랫사람들을 연결하는 것도 멘토십의 일부이기 때문이다. 마이어 장군의 정의를 빌리자면, 멘토는 '지도하고, 상담하고, 조언하고, 교육하는' 사람이며, 이를 통해 기회를 열어준다는 의미의 '앞길 열어주기'를 가능하게 해준다고 말했다. '앞길 열어주기'와 멘토십의 결과는 계급이 높아지면서 더 힘든 보직을 받게 되고, 더 오래 일하게 되고, 가정에 대해 더 많은 희생을 요구받게 된다는 점이다.

퍼싱 장군을 비롯해 영향력이 크고 능력이 출중한 여러 장교들은 마셜 장군의 멘토가 되어주었다. 맥아더 장군의 첫 멘토는 바로 그의 부친이었다. 아이젠하워는 폭스 코너 장군의 지도를 받았으며, 육군참모총장이던 맥아더 장군과는 1932년부터 1935년까지 3년간, 그리고 필리핀에서 1935년부터 1938년까지 함께 근무했다. 그는 또한 1939년부터 1942년까지 마셜이 참모총장을 역임하던 동안 그의 휘하에서 복무했다. 패튼 장군은 1909년부터 1911년까지 스팀슨 전쟁부 장관의 보좌관을 지냈으며, 레너드 우드 장군 휘하에서 근무했을 뿐 아니라 1916년 제1차 세계대전 중에는 퍼싱 장군 밑에서도 있었다. 이 책에서 소개된 여러 장군의 멘토십 예는 이미 제6장에서 잘 설명한 바 있다.

가장 의미 깊은 멘토십은 크리치 장군이 전술공군사령관으로 6년 반 동안 재직하면서 자신의 임기 중에 설치한 교육 프로그램이었다. 그는 "리더의 임무는 리더를 만들어내는 것이다"라는 자신의 지휘철학을 발전시키기 위해 멘토십을 구축하기 위한 선택과 양성 과정을 추가했다. 그의 멘토십 프로그램은 전군이 도입해야 할 프로그램이라고 생각한다. 이 프로그램의 가치는 해당 프로그램을 거친 21명의 대령이 훗날 사성장군이 되었다는 점으로 증명된다.

리더의 개발은 개인적인 멘토링에 국한되어서는 안 된다. 파나마 침공 및 사막의 방패 작전 중 육군참모총장을 지낸 칼 부오노 대장은 신세대 장교와 부사관을 아울러 '리더'를 키워내는 것은 베트남전의 폐허에서 육군을 다시 살려낼 수 있는 가장 중요한 요소라고 보았다.

부오노 장군과 인터뷰할 때, 그는 이렇게 말했다. "거의 20년 동안 육군은 전 단계에 걸쳐서 공을 들여 군이라는 직업에서 유능하고, 자신과 부하들에 대해 책임감을 지니며, 조국을 수호하는 데 헌신할 리더를 양성해왔습니다. 육군의 리더 개발 프로그램은 포트 레번워스의 지휘참모대학 과정이나 칼라일 배럭스의 국방연수원 과정 같은 자체 교육 기관을 포함합니다. 하지만 프로그램은 이 과정들을 넘어서도 실시됩니다. 리더 개발 프로그램은 실제 작전 보직까지 연결됩니다. 우리 리더들은 자신이 보직된 지휘관과 참모 보직에서 제1차 세계대전 후 마셜 장군이 개발한 모델을 따라 스스로 능력을 개발하게 됩니다. 이 프로그램은 고급장교가 된다고 멈추지 않습니다. 우리는 소위가 위관장교가 될 수 있도록 교육받듯이 장군도 제대로 된 '장군의 도'를 배워야 한다는 점을 발견했기 때문입니다."

부오노 장군에 따르면, 이 리더 개발 프로그램의 결과는 불과 100시간 만에 이라크군을 격파한 사막의 폭풍 작전을 통해 전 세계에 가장 명확히 드러났다고 한다.

리더십의 성공을 분석하기 시작한 초기 단계부터 계속 던져진 질문은 "어떻게 사람들을 지휘해야 이들이 전쟁 중 전투를 하면서는 리더를 위해 목숨을 내던지고, 평시에는 위기가 해소될 때까지 하루에 24시간씩 몇 주, 몇 개월을 일하게 할 수 있을까” 하는 것이었다. 내가 인터뷰한 장군들은 모두 한결같이 대답했다. 첫째, 리더는 조국을 위한 봉사에 전념하고 있고, 열성적이라는 것을 보여줄 수 있어야 한다. 둘째, 리더는 자신의 부하를 항상 배려하고 신경 써야 한다.

중요한 것은 사람에 대한 기본적인 사랑과 배려다. 장군은 공포를 주어 부하들이 명령을 이행하게 할 수 있겠지만, 대신 이 병사들은 이런 지휘관을 위해서라면 절대로 자신이 가진 모든 것을 내놓으려 하지 않을 것이다. 진정한 리더는 병사들로부터 사랑받기 마련이며, 그것은 그들도 리더가 자신들을 사랑하고 있음을 느끼기 때문이다. 이는 참모, 예하 지휘관, 병사에 대한 배려를 통해 가장 잘 나타난다. 이러한 특성은 이 책에 등장한 장군들의 가장 명백한 공통점일 것이다.

마셜 장군은 어느 장교도 거만하게 대하지 않았으며, 그들이 병사들을 거만하게 대하지도 못하게 했다. 참모총장으로서 마셜 장군은 병사들의 가족도 세심하게 배려했으며, 그러기 위해 규정을 확대해석하기도 했다. 그가 병사의 부인에게 건 전화나 자신의 참모들이 퍼싱 장군과 만나도록 주선한 것 등은 부하를 배려하는 마음에서 나온 그의 수많은 행동 중 일부일 뿐이다.

더글러스 맥아더가 부하들에게 보여준 배려는 거의 전설로 남아 있다. 그의 지휘하에 있던 병사 중 전사한 이들의 가족에게 보낸 편지는 그의 훌륭한 인품을 보여주었다. 맥아더가 정글에서 빠져나오기를 수 주 동안 기다린 예하 군사령관 아이첼버거 장군을 위해 초콜릿 소다 음료를 준비해놓고 있던 것도 작은 일이지만 감동적이고도 놀라웠다.

아이젠하워 장군은 자신의 부하들을 위해 매우 깊은 배려심을 보여준 인물이다. 그중 좋은 예가 공항에서 마크 클라크 장군의 세 번째 별을 달아준 행사였다. 그는 자신의 당번병 결혼식에 직접 참석했고, 스미스 장군을 영국 국왕에게 직접 소개했으며, 자신의 추천서가 접수되지 않자 리-맬러리 장군을 직접 보호하기도 했다. 이런 행동과 그가 병사들을 직접 순시한 일들은 그의 수많은 인정 넘치는 행동 중 일부일 뿐이다.

거칠고 '거침없이 전진하는' 패튼은 내심으로는 매우 섬세한 사람이었으며, 특히 휘하의 부하들과 관련되었을 때에는 더더욱 그런 인물이었다. 자신과 가까이 있던 사람들이 전사했을 때나 병원에 있는 부상당한 병사들을 방문하면 왈칵 눈물을 쏟곤 했다. 그의 '거침없이 전진하는' 전투 방식은 어디까지나 미국인의 생명을 구하기 위한 것이었으며, 병사를 키워내는 데에는 18년 이상이 걸리지만 총알은 몇 개월이면 찍어낼 수 있다는 것이 전형적인 그의 마음가짐이었다. 조리병, 트럭 운전병, 전선 가설병 같은 비전투 인원에 대해서도 항상 감사의 마음을 보여준 것이 그가 이끈 '승리하는 팀'을 키워낸 비결이었다.

르메이 장군이 이 모든 것을 요약하는 말을 필자에게 했었다. "항상 자기 부하들을 신경 써야 합니다. 만약 내가 그들을 신경 쓰지 않는다면, 그들을 신경 쓰는 이는 아무도 없을 테니까요." 제7장에는 이에 대해 훨씬 많은 예들이 있었다. 제1차 세계대전 중 아널드 장군은 자신의 엄청나게 바쁜 스케줄을 희생해 자신의 참모들 중 능력 있는 중요한 사람들이 정작 장군 자신은 거부당했던 전투 보직에 갈 수 있게 했다. 반덴버그는 전설적인 맥아더 장군과 회의하면서 대령 한 명을 동석하게끔 회의실 안으로 불러들였다. 트와이닝 장군은 퀘사다가 뒤처진 비행훈련을 따라잡을 수 있도록 돕고자 자신의 크리스마스 휴가를 포기했다. 존 라이언 장군은 늦은 밤까지 일하는 수리병들을 위해 직접 커피를 타다 주었다. 브라운 장군은 불만을 가진 부하가 스트레스를 풀도록 그의 카우보이모자와 신발을 신게 해주었다. 그는 또한 임시 보직 기간 중 부하 장교와 병사를 위해 비행 편을 대절했으며, 막사에 사는 병사들이 여유로운 일요일 아침식사를 할 수 있도록 배려해주었다. 총장으로 재직하던 당시 존스 장군 또한 전 세계에 팀을 파견해 기지 BX, 매점, 학교, 해외 파견 병사의 군속 가족 등을 둘러보게 했고, 전역한 공군 예비역이 할 수 있는 일을 확인해 이들의 경험을 극대화하여 활용할 방안을 찾았다.

리더십과 관련한 서적이 넘쳐나는 가운데, 사람들은 모든 리더가 자신의 부하들을 돌보는 것의 중요성을 인식하고 이들에게 감사할 것이라 생각하지만, 항상 그렇지는 않다. 슈워츠코프 장군은 독일 근무 당시 한 병사의 군속 등록이 안 된 가족의 고통을 신경 쓰지 않고 무시하는 어느 대령의 이야기를 통해 이 점을 잘 보여주었다. 배려와 염려는 기본이다. 필자는 이 책을 읽는 독자들이 이 부분에 대해 충분히 잘 이해했기를 바란다.

마셜은 아이젠하워 장군에게 이렇게 말했다. "만약 부하들이 (부여한 일을) 못해내면, 그것은 당신이 부하들을 제대로 조직하지 못했다는 뜻입니다." 군에서, 물론 군뿐 아니라 기업이라 하더라도, 한 사람의 능력이 얼마나 제대로 발휘될 수 있는지는 리더가 부하에게 권한을 얼마나 잘 일임할 수 있는지에 달렸다. 부대가 크면 클수록 위임의 중요성 또한 커진다. 리더가 보여줄 수 있는 가장 큰 애정은 부하에게 임무를 준 후 혼자서 하도록 놔두는 것이며, 그가 필요로 할 때만 뒤를 받쳐주는 것이다. 아이젠하워 자신도 참모들에 대해 '문호개방정책'을 고수했으나, 참모들에게는 항상 가능할 때마다 자신의 문제를 홀로 풀어도 좋다고 독려했으며, 절대로 자신에게 돌아온 책임을 타인에게 넘기지 말라고 강조했다.

사령관에게는 권한을 위임할 수 있는 팀을 꾸려내는 데 시간이 필요한 법이다. 아널드 장군은 이에 관해 이렇게 언급했다. "내 예하의 참모들이 완전하게 훈련되기까지는 사령관 자신이 직접 모든 업무를 감독해야 하지만, 한 사람이 다룰 수 있는 일에는 항상 한계가 있으므로 자신의 부하들에게 적절한 훈련 기회를 일찍 부여해 이들에게 책임을 위임하고, 자신은 감독 권한만 유지하는 것이 현명한 방법이다." 공군참모총장을 지낸 래리 웰치 장군은 결심 수립에서 위임의 중요성을 잘 알고 있었다. 그는 "결심이란 그 결심을 내릴 수 있는 최선의 위치에 있는 사람들이 내려야만 한다. 결심을 합당하게 내릴 수 있는 단계까지 계속 내려보내는 것이 올바른 단계의 의사결정자들을 훈련하는 최고의 이점을 갖는다"라고 강조했다.

아이젠하워는 1942년 12월 10일 자 일기를 통해 이 주제를 마무리 지어 보여주었다. 그는 "밤낮으로 부하들이 안고 있는 실망과 의심을 내가 대신 흡수함으로써 이들이 성과를 낼 수 있게 해주었다. 다소 이상한 것은 이들이 자신의 짐을 옆에 있는 상관에게 쏟아부어서는 안 된다는 것을 인지조차 못 하고 있다는 것이다. 하지만 이들은 결국 무엇인가 하라는 명령을 받았을 때에는 엄청난 짐을 안고 있는 자신들의 지휘관의 짐을 덜어주었다."

다시 한 번 말하지만, 위임에 대한 아이젠하워의 경고는 강조할 점이 있다. "리더로서 당신은 부하들이 하는 일에 전적으로 책임을 져야 한다." 1991년부터 1995년까지 육군참모총장을 지낸 고든 설리번 장군 또한 1995년 4월 14일에 예하 장군들에게 하달한 총장 서한에서 이 점을 강조했다. "우리가 존중하는 가치가 조국과 육군을 이어주고 있지만, 부하들이 쉽게 행동을 하기보다는 자신의 행동에 대해 개인적인 책임을 질 것이고, 책임감 있게 행동할 것이라는 기대하에 고급지휘관들로 하여금 권한을 위임하게 하고 있습니다. 고급지휘관으로서 우리의 임무는 부하들이 그저 쉽게 행동을 하기보다는 책임감 있는 행동을 할 수 있길 바라는 이들의 요구에 부응하는 제도적 환경을 마련하는 것입니다."

제2차 세계대전 중 육군 최고지휘관을 지낸 이들과 한 인터뷰 중에서 가장 인상 깊었던 것은 클래런스 휴브너^{Clarence R. Huebner} 중장과 했던 인터뷰였다. 그는 미군 내에서 미국의 민주주의와 기회를 통해 부여되는 멘토링의 예를 보여주었다. 네브래스카 주 부시턴^{Bushton}의 한 학급짜리 학교 건물에서 교육받은 그는 고등학교를 2년밖에 못 다녔을 뿐 아니라, 그 후에는 오직 비즈니스 스쿨 교육만 받았을 뿐이다. 1910년에 육군 병사로 입대하여 1916년까지 병사 계급을 달고 있었으며, 이 기간 중 뛰어난 리더십을 보여주었기 때문에 그는 보병 소위로 임관하게 되었다. 앞서 얼마나 다양한 멘토들이 그를 훈련시키고 영감을 주어 훌륭하게 키웠는지 설명한 바 있었다. 전역하기 전 그가 부여받았던 마지막 보직은 주유럽 미군사령관이었다.

필자는 휴브너 장군에게 웨스트포인트 출신들이 그곳에서 어땠는지, 그리고 본인이 가장 영향을 많이 받고 본받게 된 인물은 누가 있었는지 물었다. 그는 이렇게 답했다. "많은 이 중 특히 웨스트포인트의 모토인 의무, 명예, 애국의 개념을 품고 있는 사람들의 인품이 훌륭했습니다."

이는 웨스트포인트 및 각 군 사관학교 졸업생들의 책임감을 잘 보여주며, 이들이 오랜 세월 동료 장교들과 병사들의 모델이 되었음을 말해준다. 더글러스 맥아더는 자서전에서 이렇게 적었다. "웨스트포인트가 생산해내는 최종 산물을 평가하자면, 인품이 아마 그중 가장 중요한 요소일 것이다." 인터뷰한 장군 중 제2차 세계대전 전후에 복무했거나 제1, 2차 세계대전 중 현역으로 복무한 모든 웨스트포인트 출신 장군들은 모두 '생도의 기도Cadet Prayer'의 영향에 관해 언급했으며, 이것이 생도 생활 내내 매일같이 낭송되며 인격 개발에 어떻게 영향을 주었는지 말했다. 특히 그중 "우리들로 하여금 쉽고 그릇된 길보다 힘들고 올바른 길을 택할 수 있게 해주소서"라는 기도 구절의 영향이 컸다고 했다.

수많은 군 최고 인사들을 인터뷰하면서 무엇인가 특별한 점을 발견했다. 몇몇 장군과 인터뷰하면서 자신의 리더십과 동시대 다른 장군의 리더십에 대해 대화하던 중 자신과 다른 위대한 장군들이 어떻게 하여 성공적인 리더가 될 수 있었는지 물어볼 기회가 있었다. 필자는 이들이 가진 힘, 그들의 청렴함, 웨스트포인트 구호인 '의무, 명예, 애국'에 따라 살아온 삶이 따스하면서도 경이롭다는 느낌을 받았다. 하지만 이들 중 공군 장성이자 웨스트포인트 출신인 스트로더Dean C. Strother 장군은 이렇게 말했다. "우리는 다 각자 자기 집에서 인성교육을 받았을 뿐입니다." 어쩌면 이것은 다이아몬드 중 하나냐 아니냐의 문제처럼, 이들의 훈련과 높은 인품을 가진 다른 인물과의 교류가 이 인격 형성을 두드러져 보이게 하고 있는지도 모른다.

이들은 희생적이었고, 조국을 사랑했으며, 경제적으로 훨씬 더 풍족한 환경에서 일할 수 있는 기회를 포기했다. 이들은 자신의 직업을 사랑했을 뿐 아니라 자랑스러워했고, 무엇보다 군 생활과 병사들을 사랑했다. 육군이든 공군이든 '군인'이라 불리는 것은 직업 군 장교에게 최고의 찬사로 들리게 된다. 브래들리 장군의 자서전 제목은 『군인Soldier』이었고, 리지웨이 장군의 자서전 제목은 『어느 병사의 이야기A Soldier's Story』였으며, 웨스트모얼랜드 장군의 자서전은 『어느 병사의 보고서A Soldier's Reports』였다. 이런 제목은 이 세 명의 위대한 군사지도자들이 군인에 대해 어떤 감정을 품고 있었는지 잘 반영한다.

이 책에서 다룬 장군들은 모두 진심으로 자신의 직업을 사랑했으며, 부하들 또한 사랑했다. 아이젠하워는 참모 보직으로 오랜 세월을 보낸 뒤 제2차 세계대전 직전에 텍사스 주 포트 후드의 3군사령관에 보직된 것을 매우 기쁘게 여겼다. 1940년 7월 1일, 그는 자신과 마찬가지로 제1차 세계대전에 참전하지 못했던 동기생인 브래들리에게 이렇게 적어 보냈다. "나는 지금 인생 최고의 시기를 보내고 있네. 군에 있는 다른 모든 사람처럼 우리는 일이 목까지 차 있고 크고 작은 수많은 문제를 마주하고 있지. 하지만 일하는 게 즐겁네! 이것보다 재미있는 직업은 생각할 수도 없을 정도야."

1941년 12월, 아이젠하워는 전쟁기획국으로 가도록 명령받았다. 그의 첫 반응은 이랬다. "그 메시지는 한 방 세게 얻어맞은 것 같은 기분을 주었다. 제1차 세계대전 당시 전투 현장에 가보려던 나의 모든 광적인 노력은 전부 허사가 되었다. 이후 나는 어떤 새로운 전쟁이 일어나든 병사들과 함께 있기를 원했다. 이미 8년이나 복무했던 대도시에서 근무하라는 명령은 말 그대로 제1차 세계대전을 반복하는 느낌이었다. 무거운 마음으로 아내에게 전화를 걸어 짐을 싸라고 말했고, 한 시간 만에 나는 전쟁부로 향하고 있었다."

아이젠하워의 심정과 병사들에 대한 사랑은 그가 워싱턴에 도착한 후 몇 주 동안 적은 일기에 잘 나타나 있다. 1942년 1월 4일 자 일기에 그는 이렇게 적었다. "성질이 난다. 이 자리에는 수많은 아마추어 전략가가 넘쳐나고, 프리마돈나들만 사방에 있다. 다시 야전으로 돌아갈 수만 있다면 뭐든 하겠다."

비교적 최근의 장군들도 야전 보직을 떠나게 되어 애석해한 일이 있었다. 샬리캐슈빌리 장군은 연합군 유럽 최고사령관에 보직될 것이라고 통보를 받았었는데, 이에 대해 내게 이렇게 말했었다. "별로 그 자리를 원하지 않았습니다. 저는 병사들과 더 있고 싶었습니다." 이와 유사하게 에드워드 마이어 장군과 칼 부오노 장군도 육군 최고의 보직인 참모총장에 임명되면서 비슷한 심경을 토로했었다. 이들은 "즐겁다"고 표현했었던 병사들과 함께하는 보직에서 멀어졌음을 슬퍼했다.

군에 있다 보면, 종종 전역하는 날을 세고 있는 장교들을 발견할 수 있을 것이다. 명백히 이들은 자신의 직업을 즐기고 있지 않을 뿐 아니라, 전문가들이 하는 것과 같은 공헌을 전혀 하고 있지 못하다. 이들은 즐겁지 못한 것이다. 조지 브라운 공군 대장은 전역에 앞서 ROTC 학생들 앞에서 연설하면서 이렇게 말했다. "지금 여러분을 지켜보고, 또 군과 함께할 여러분 앞에 놓인 미래를 보고 있자니 저도 다시 처음부터 다시 군 생활을 할 수 있으면 얼마나 좋을까 하는 생각이 듭니다."

인품이란 이 책에 소개된 장군들의 리더십 모든 부분에 녹아 있다. 하지만 인품은 그저 전쟁의 열기나 위기의 상황으로 개발할 수 있는 것이 아니다. 이는 군 생활 전체를 통해 도덕적 가치와 윤리적 태도를 꾸준히 유지하면서 개발되는 것이다. 인품의 중요성은 아리스토텔레스 같은 고대의 철학자들조차

주창했는데, 이들은 인품이란 습관이며, 매일같이 틀린 것 중에서 올바른 것을 고르는 선택이라고 말했다. 인품은 평시에 개발되며, 그것은 평시와 전시 모든 상황에서 장군의 기질의 일부를 이루는 것이 된다.

이 책에 소개된 장군들의 삶은 모든 장교에게 열려 있는 성공 가능성의 패턴을 보여준다. 사실 꼭 모든 장교뿐 아니라 다른 모든 사람에게도 적용될 것이다. 한 사람의 태생적인 능력의 한계에 기반을 둔 성공은 자신의 직업에 헌신하는 이들에게 모두 주어지며, 남들보다 많이, 그리고 열심히 일하고, 항상 준비되어 있으며, 리더십에 필요한 고결한 인품을 인지하고 개발하며, 동료를 사랑하고 이들의 행복을 염려하며, 의무에 대해 신뢰와 헌신성을 불어넣을 수 있는 방법으로 타인과 소통할 수 있는 자가 누릴 수 있을 것이다.

부록

인물 소개

인물 소개
(가나다순)

개빈, 제임스 James Maurice Gavin, 1907~1990, 육군 중장 | 제2차 세계대전 중 가장 핵심적인 역할을 했던 지휘관 중 하나이며, 82공정사단을 직접 이끌고 강하해 '점프(낙하)하는 장군'이라는 별명을 얻었다. 이미 30대 중반에 준장을 달면서 제2차 세계대전 중 최연소로 사단을 이끈 지휘관으로 기록되었다. 특히 장군들에게 지급되던 리볼버 권총 대신 병사들이 들고 다니던 M1 개런드 소총을 가지고 다녔으며, 항상 병사들과 함께 생활해 병사들로부터 큰 신뢰를 받았다. 본명은 제임스 낼리 라이언(James Nally Ryan)이며, 뉴욕 브루클린 출신의 고아였으나, 학교에서 남북전쟁에 관심을 갖게 되면서 군에 대한 동경을 품었다. 17세의 나이로 미군 모병관을 찾아갔지만, 양부모가 동의하지 않을 것인 데다 징집 연령에 미달되었으므로 부모가 없다고 속이고 이름을 가명으로 적어 입대했다. 입대 후 파나마에서 근무하던 중 한 상사의 조언으로 1925년부터 코로잘(Corozal)에 있던 학교에서 학업을 마친 후 웨스트포인트에 합격했다. 여기서 고등교육이 부족했던 그가 학업을 따라가기 위해 기숙사에서 유일하게 새벽까지 점등이 되어 있는 화장실에 가 숙제를 따라잡곤 했다는 일화가 있다. 훗날 다양한 보직과 교육과정을 거친 후 웨스트포인트 교관으로 돌아왔는데, 이 때 독일군이 1940년 벨기에에 대해 공정부대를 운용하는 것을 보면서 공정부대에 큰 관심을 기울이고 연구하게 되었다. 그 덕에 제2차 세계대전이 발발하자 시험적으로 운용 중이던 공정부대를 맡아 505낙하산보병연대를 지휘했으며, 이후 시칠리아 및 이탈리아 전선에서 활약하며 82공정사단장에 임명되어 노르망디 상륙 등 수많은 전투를 거치면서 사단을 전 미군의 핵심 부대로 성장시켰다. 아른헴 전투(마켓가든 작전)에서 사단 최대의 위기를 맞기도 했으나, 분투 끝에 탈출에 성공하기도 했다. 전후 1958년에 중장으로 전역했으며, 전역 후 아서 리틀(Arthur D. Little) 컨설팅사에서 부사장으로 일하다가 케네디 대통령이 프랑스 대사로 지명했으며, 그가 70세이던 1977년에 카터 대통령은 그를 CIA 국장으로 고려하기도 했다. 1990년에 사망해 웨스트포인트 묘지에 안치되었다.

게이, 호바트 Hobart Raymond Gay, 1894~1983, 육군 중장 | 일리노이 태생이며, '햅(Hap)'이라는 별명으로 불렸다. 1917년 녹스 대학교(Knox College)를 졸업하고 육군 예비군으로 입대

했다가 정규군 소위로 전환되었다. 1934년 병참병과로 전과했으며, 미국이 제2차 세계대전에 참전하던 1941년 12월에 대령을 달았다. 1942년 카사블랑카 전투에 1기갑군단 참모장으로 참전해 은성훈장을 받았으며, 1943년 준장을 달고 시칠리아에서 작전 중이던 미 7군 참모장에 보직되었다. 1944년에는 패튼이 지휘하던 3군 참모장이 되었으며, 패튼이 15군사령관으로 옮기자 함께 이동했다. 전쟁 직후인 1945년 9월에 패튼과 둘이 꿩 사냥을 나갔다가 교통사고가 나 패튼은 척추 부상으로 투병 후 사망했으나, 그는 다치지 않았다. 1946년 본토로 돌아와 1기갑사단장을 지냈으며, 1949년 9월에는 오사카에 주둔 중이던 1기병사단장에 보직되었다. 1950년에 한국전쟁이 발발하자 1기병사단을 이끌고 참전했으며, 1951년에는 4군 부사령관에 임명되었다. 이후 6군단과 3군단 군단장을 거쳐 1954년에 5군사령관을 지냈으며, 1955년 방공 유도미사일사령부 사령관을 끝으로 전역했다. 전역 후에는 뉴멕시코 군사학교 이사장을 역임했다.

게이브리얼, 찰스 Charles Alvin Gabriel, 1928~2003, 공군 대장 ┃ 제11대 공군참모총장을 역임했다. 노스캐롤라이나 주 태생으로, 웨스트포인트를 1950년에 졸업한 후 공군 소위로 임관했다 (콜로라도 공군사관학교는 1954년에 설립되었다). 임관 후 조종사 자격을 취득하자마자 첫 임지로 1951년 한국전쟁에 투입되었으며, 여기서 F-51 무스탕과 F-86 세이버를 타고 100회 이상 출격해 전공을 쌓았다. 1952년 말에는 독일로 이동하여 86전투비행단에서 근무했으며, 공사 교관 생활을 하기도 했다. 1967년에는 유럽으로 돌아가 벨기에 몽스 (Mons)에 있는 SHAPE 사령관 보좌관을 지냈으며, 1970년부터는 태국으로 이동해 베트남전에 참가하면서 F-4 팬텀으로 기종을 전환한 후 152회 전투에 출격했다. 여기서 비행단장을 수행하고 있을 때 존 라벨(John D. Lavelle) 소장이 그에게 비밀 작전보고서를 위조하도록 명령했는데, 이 사건으로 라벨 장군은 나중에 강제 전역을 당하기도 했다. 1972년에 미국으로 돌아왔으며, 1975년부터는 공군전술사령부 작전처장에 보직되었다가 대한민국의 유엔사령부 부사령관 및 주한 미군사령부 부사령관을 역임했다. 이후 독일 근무를 거친 후 1980년에 대장을 달았으며, 1982년부터 공군참모총장을 역임한 후 1986년에 전역했다.

게이츠, 호레이쇼 Horatio Gates, 1727~1806, 육군 소장 ┃ 영국 태생으로 1745년 영국 육군 소위로 임관한 후 오스트리아 왕위 계승 전쟁에 참전해 대위를 달았다. 미국에서 프렌치·인디언 전쟁이 발발하자 에드워드 브래독(Edward Braddock) 장군 휘하에서 복무했으며, 이 전쟁을 통해 훗날 미 독립전쟁의 지휘관들을 만났다. 1754년에 결혼했으나 이후 계속 진급에 문제를 겪자 아예 1769년에 소령으로 예편한 뒤 미국으로 이주했다. 독립전쟁이 발발하자 워싱턴에게 자청하여 미군에 입대해 준장으로 임관한 후 최초의 부관병과장에 취임했다. 이후 새러토가(Saratoga) 전투 승리에 크게 기여했으나, 대신 캠든(Camden) 전투의 패인을 제공해 '미국 역사상 가장 논란이 많은 지휘관'의 하나로 꼽힌다.

그랜트, 율리시스 Ulysses Simpson Grant, 1822~1885, 육군 원수 ┃ 웨스트포인트 졸업 후 1843년에 임관했으며, 멕시코 전쟁에도 참전했다. 1854년에 잠시 전역하기도 했으나 남북전쟁 발발 후 1861년에 다시 입대하여 신병연대 교관 등을 지냈고, 실로 전투에서 명성을 얻으며 주요 지휘관으로 부상했다. 1864년부터 연방군사령관으로 임명되어 로버트 리 장군의 남부 연합군과 대결했다. 1865년 연승 끝에 남부연합의 수도인 버지니아 주 리치먼드를 함락했으며, 리 장군의 항복 후 전쟁이 종결되었다. 이후 전후 재건 시까지 연방군사령관을 지내고 정계에도 입문해 제18대 미국 대통령으로 당선되기도 했다. 하지만 정치가로서는 딱히 두각을 나타내지 못했을 뿐 아니라, 퇴임 후에도 몇몇 사업을 시도하다 실패해 불우한 만년을 보냈다. 참고로 그에게 부여된 '원수' 계급은 미군이 계급체계를 정렬하기 전에 수여한 것이었기 때문에, 1942년 이후 부여된 동명의 계급보다는 오히려 오늘날의 대장 계급에 가까웠다.

그레이브스, 하워드 Howard Dwayne Graves, 1939~2003, 육군 중장 ┃ 텍사스 태생으로, 1961년 웨스트포인트를 졸업하고 공병 소위로 임관했다. 82공정사단에서 공병중대장을 지내면서 1965년 도미니카공화국 개입에 참가했고, 1968년에는 베트남전쟁에 참전해 공병대대 작전장교와 1기병사단 사단공병대 부대장을 지냈다. 1974년에는 제임스 슐레진저 국방장관의 군사보좌관을 지냈고, 20공병여단장, 1기병사단 부사단장, 육군전력사령부 부참모장을 거쳐 합동참모부 부국장이 되었으며, 육군대학 총장과 합참의장 보좌관을 역임한 후 1996년 전역할 때까지 웨스트포인트 육군사관학교 교장을 지냈다. 전역 후 1999~2003년에 텍사스 A&M 대학교 총장을 역임하다가 암으로 사망했다.

그루센도프, 리처드 Richard A. Grussendorf, 1906~1999, 공군 소장 ┃ 미네소타 태생으로, 1924년 캘리포니아 주립대학교를 졸업했다. 1924년 조종후보생 과정에 들어가 고등비행과정을 수료하고 육군항공단으로 임관했다. 1930년 18추격단으로 전출되었다가 33추격단을 지휘했으며, 이후 제1차 세계대전 중에 양성된 민간 예비항공대를 이끌었다. 1940년 필리핀으로 이동한 그는 4혼성비행단 작전장교로 임명되었으며, 1941년에는 충칭에 있는 주중 미국 대사관 무관으로 파견되었으나 일본군의 홍콩 침공 때 포로가 되어 구금되기도 했다. 이듬해 풀려난 그는 본부의 참모 보직을 거치다가 1943년 응용전술학교 과정을 마쳤으며, 1945년 태평양 지역 공군 인사참모로 발령되었다. 전쟁 말엽에는 7전투비행단 참모장을 지낸 후 1946년 해당 비행단의 단장을 역임했다. 1949년까지 국방연수원 과정을 마친 후 반덴버그 장군의 보좌관으로 임명되었으며, 1953년에는 10공군사령관으로 임명되었다가 1955년에는 터키에 있는 연합군 6전술공군사령관(연합군 남부 유럽 공군구성군)에 보직되어 터키 이즈미르에서 근무했다. 1957년 미 공군성으로 돌아와 동원국장을 맡았으며, 공군성 인사위원회 위원장을 거쳐 1960년에 전역했다.

길렘, 앨번 Alvan Cullom Gillem Jr., 1888~1973, 육군 중장 ┃ 1910년 17사단에서 이등병으로 복무하

며 군 생활을 시작했다. 이곳에서 소위로 임관한 후 필리핀으로 파견되었으며, 존 퍼싱 장군 휘하에서 복무하면서 멕시코 원정에도 동행했고, 제1차 세계대전 당시에는 시베리아 파견군 미 해외원정군에서 8개월간 복무했다. 1941년 준장으로 진급했으며, 1942년 소장이 되어 3기갑사단장을 맡고 있을 때 제2차 세계대전이 발발했다. 전쟁 기간 대부분은 본토에서 2기갑군단(훗날 18공정군단으로 재편)을 지휘했으나, 1944년부터 미 8군단, 9군등을 지휘하며 중장을 달았다. 전후 본토로 귀국한 미 3군의 사령관을 역임했으며, 마셜 장군의 명에 따라 중화민국으로 파견되어 난징에서 근무하기도 했다. 1950년에 중장으로 예편했다.

노스태드, 로리스 Lauris Norstad, 1907~1988, 공군 대장 ┃ 미네소타 주 미니애폴리스 태생으로, 1930년 웨스트포인트를 졸업하고 기병 소위로 임관했다. 같은 해 가을에 초급비행학교, 고등비행과정을 마치고 이듬해 육군항공단으로 옮겼다. 1932년 하와이 스코필드 배럭스로 이동해 18추격단에 배속되었다가 항공단 전술학교 과정을 마쳤으며, 9폭격단 항법학교운영을 맡았다. 제2차 세계대전이 발발한 후인 1942년 8월에는 12공군 작전참모로 보직되었으며, 북아프리카로 가 알제리에서 벌어진 연합군 작전을 지원했다. 1943년 2월에는 준장으로 진급해 서북아프리카 공군 참모장이 되었으며, 1943년에는 지중해 연합공군 작전국장이 되어 알제리, 카세르타, 이탈리아 작전 등에 참가했다. 1944년에는 본부로 잠시 돌아와 근무하다가 소장으로 진급했으며, 20공군 참모장을 거쳐 전쟁부 작전기획국장에 보직되었다. 1947년 공군이 독립한 후에는 공군본부 작전참모가 되었으며, 이듬해 5월에는 공군참모차장이 되면서 대장으로 진급했다. 1950년 유럽으로 이동해 독일에서 주유럽 미 공군사령관을 지낸 후, 연이어 SHAPE 예하 중부 유럽 연합공군사령관을 지냈다. 1956년에는 아이젠하워 대통령에 의해 연합군 유럽 최고사령관 및 미 유럽사령부 사령관을 겸직했다. 1963년에 전역했다.

니미츠, 체스터 Chester William Nimitz, 1885~1966, 해군 원수 ┃ 진주만 공습 직후 허즈번드 킴멜 (Husband E. Kimmel) 대장 후임으로 태평양함대의 지휘권을 넘겨받았으며, 태평양 전역 사령관을 겸임했다. 원래 미 육군사관학교를 지망했으나, 그의 추천서를 써줄 권한을 가진 제임스 슬레이든 의원이 이미 해당 연도 육군사관학교 추천서를 다 써버리는 바람에(1년에 2명만 써줄 수 있었다) 그 대신 애나폴리스 해군사관학교 입교를 권유했다. 사관학교 재학 시절 우등생이었으며, 졸업 당시 114명 중 7등으로 졸업했다. 일본군이 진주만에 기습을 가한 후 불과 10일 만에 태평양함대 사령관에 보직되면서 대장으로 진급했다. 이후 산호해 해전, 미드웨이 해전, 솔로몬 해전 등을 거치며 일본 연합함대를 상대했으며, 진주만 공습으로 상실한 전력을 서서히 회복한 후 일본에 대한 역습에 성공해 미주리 함상에서 맥아더와 함께 일본의 항복을 받았다. 전쟁 후인 1945년부터 1947년까지 해군참모총장을 역임했으며, 1947년에 전역해 독일의 마지막 총통인 칼 되니츠(Karl Dönitz) 원수를 만나고 일본 재건사업을 지원하는 등 전쟁의 상흔을 보듬고자 노력했다. 1972년에 진수한 슈퍼캐리어(Supercarrier)급 항모인 CVN-68에 그의 이름이 헌정되었다.

다그, 허버트 Herbert Dargue, 1886~1941, 육군 소장 ┃ 육군항공단 소속 소장으로 재직했다. 선구자적인 군 조종사 중 한 명이며, 공군 수훈십자훈장(Distinguished Flying Cross)을 처음으로 받은 열 명 중 한 명이다. 웨스트포인트를 졸업하고 1911년 해안포병 소위로 임관했으며, 필리핀에서 복무할 때 통신병과로 전과해 1914년 비행 중 무선통신을 실시하는 첫 프로그램에 참여하기도 했다. 1916년 멕시코 판초 비야 원정 때에는 1비행대대 소속으로 참전했다. 1926년에는 육군항공단 창설 법안을 기초했으며, 1926~1927년에는 공보 임무의 일환으로 범아메리카 일주 비행을 시도해 총 3만 5,200킬로미터를 비행하며 59일간 72개 도시를 방문했다. 진주만 기습 후 태평양함대의 미흡했던 전투준비태세를 조사하기 위한 조사단의 단장으로 보직되었으나, 임지인 호놀룰루로 가던 중 그가 탄 B-18이 캘리포니아 주 외곽 시에라네바다 산맥에 충돌하면서 사망했다.

다를랑, 프랑수아 Jean Louis Xavier François Darlan, 1881~1942, 프랑스 해군 원수 ┃ 프랑스의 제독이자 정치가로 활동했다. 1902년 프랑스 해군사관학교를 졸업했으며, 제1차 세계대전에는 육군으로 참전하여 포병중대를 이끌었다. 1936년에 대장으로 진급해 이듬해 참모총장이 되었다. 1939년에는 그를 위해 신설된 해군 원수(Amiral de la flotte)로 진급했으며, 1940년 파리를 나치 독일군이 점령하자 괴뢰정권의 수반으로 내세워진 앙리 필리프 페텡(Henri Philippe Pétain) 원수를 지지하여 해군 장관직을 유지했다. 이후 피에르-에티앙 플랑댕(Pierre-Étienne Flandin)의 후임으로 부총리가 되었으며, 내무·국방·외무 장관을 겸직하며 사실상 비시(Vichy) 프랑스 정부의 실권자가 되었다. 1942년 연합군이 북아프리카에 상륙하자 한동안 처절하게 저항했으나 연합군의 협박과 회유로 휴전협정을 맺었고, 북아프리카 병력과 함께 연합군에 협력했다. 하지만 불과 한 달 뒤 프랑스 왕정주의자인 20세의 페르낭 라 샤펠(Fernand Bonnier de La Chapell)에게 알제의 사령부 내에서 암살당했다. 그의 북아프리카 지휘권은 자유프랑스군의 앙리 지로(Henri H. Giraud) 대장이 승계했다.

던, 조지 George Henry Dern, 1872~1936, 전쟁부 장관 ┃ 정치가이자 광산기사이며 사업가다. 홀트던(Holt-Dern) 광석 배소법을 만든 것으로 유명하며, 1933년부터 1936년 사망할 때까지 전쟁부 장관을 역임한 것도 잘 알려져 있다. 1925년부터 1933년까지 제6대 유타 주 주지사를 지냈으며, 세금개혁, 공공교육, 사회복지 분야에 두루 관심을 기울인 진보적 정치가였다. 아울러 청중의 정치 성향을 떠나 모두를 휘어잡을 줄 안 훌륭한 연설가이기도 했다.

덜레스, 존 포스터 John Foster Dulles, 1888~1959, 국무장관 ┃ 1953년부터 1959년까지 아이젠하워 대통령 임기 동안 국무장관을 역임했다. 냉전 초기에 특히 중요한 역할을 수행한 인물로서, 전 세계적으로 공산주의에 공세적 입장을 취하게끔 자유진영을 독려했다. 프랑스가 인도차이나에서 베트남과 싸울 때에도 지원했으며, 1954년 제네바 회담 중에는 중국의 저우언라이와 악수하기를 거부했던 일화 등이 유명하다. 1953년 CIA가 이란의 모사데크를 축출하기 위한 공작과 1959년 과테말라의 구스만 정권을 축출하기 위한 공작을 펴는 데에도 중요한 역할을 했다. 워싱턴 D.C.에 있는 덜레스 국제공항(Dulles International Airport)의 이름은 그의 이름에서 따온 것이며, 케네디 행정부에서 CIA 국장을 지낸 앨런 덜레스(Allen Dulles)는 그의 동생이다.

데버스, 제이컵 "Jake" Jacob Louke Devers, 1887~1979, 육군 대장 ┃ 포병 출신이며, 조지 패튼, 윌리엄 심슨 대장 등과 웨스트포인트 동기로서 1909년에 임관했다. 제2차 세계대전 발발 후 1943년부터 1944년까지 미 유럽사령관을 역임했으며(후임은 아이젠하워), 1944년 초부터는 북아프리카로 이동하여 미 지상군 북아프리카 전역사령관 겸 연합군 최고사령부 지중해 전역 부사령관을 지냈다. 이후 6집단군을 이끌고 이탈리아 방면을 거쳐 북상해 미군 중 최초로 라인 강을 건넜으며, 1945년 5월에는 오스트리아에 진입해 독일군의 항복을 받았다.

데이비스, 제퍼슨 Jefferson Finis Davis, 1808~1889, 남부연합 대통령 ┃ 켄터키 태생으로, 트란실바니아 대학교를 졸업한 후 웨스트포인트에 입학했으며, 이때 1826년 에그녹(Eggnog) 반란을 주도한 혐의로 가택 연금되기도 했다. 하지만 1828년에 졸업하여 위스콘신 주에서 복무했으며, 1832년 블랙호크(Black Hawk) 인디언과의 전쟁이 터지자 미시시피 주로 이동해 참전했다. 전후 재커리 테일러(Zachary Taylor, 미국의 제12대 대통령) 대령에 의해 블랙호크 추장을 감옥으로 이송하는 역할을 맡았다. 이후 군인 사위를 원하지 않은 재커리 테일러의 반대에도 불구하고 그의 딸인 새라 녹스 테일러(Sarah Knox Taylor)와 결혼했으며, 공군을 떠나 농장을 운영하기로 결심했다. 이후 정계에 발을 들여놓아 미시시피 주 하원의원에 당선되었으나, 1846년 미국·멕시코 전쟁 발발로 의원직을 사임하고 미시시피 라이플 연대를 결성하여 연대장으로 참전했다. 여기서 몬테레이(Monterey) 전투 및 부에나비스타(Buena Vista) 전투에서 활약하다가 부상을 입자, 사령관이던 재커리 테일러 장군은 "어쩌면 내 딸이 나보다 사람 보는 눈이 더 나았는지도 모르겠다"라고 말했다고 한다. 전후 정계로 돌아온 그는 1847년 미시시피 주 상원의원을 역임했고, 4년 동안 전쟁부 장관을 역임했다. 하지만 결국 남부연합이 미연방에서 탈퇴하기로 결정이 되자 1861년 상원의원직을 포기하고 남부연합 임시 대통령으로 추대되었으며, 투표 없이 6년 임기의 남부연합 대통령이 되어 지루한 남북전쟁을 이끌었지만, 전쟁 지휘관으로서의 자질은 링컨에 비해 떨어지는 인물이었기 때문에 결국에는 북군에게 패했다. 결국 1865년 반역죄로 체포되어 공직을 맡을 수 있는 권리를 모두 박탈당했다. 2년간 수감 후 10만 달러의 보석금을 내고 출소했으며, 1880년 이후부터는 남부인들로 하여금 미연방에 충성할 것을 호소했다. 하지만 패배를 받아들이지 않고, 남부재건사업에 저항한 모습 때문에 두고두고 남부인들의 자존심이자 영웅으로 자리 잡았다.

데이비슨, 마이클 Michael Shannon Davidson, 1917~2006, 육군 대장 ┃ 샌프란시스코 태생으로, 1939
년에 웨스트포인트를 졸업했다. 기병 소위로 임관한 후 텍사스 주의 12기병연대 소대장으
로 군 생활을 시작했다. 제2차 세계대전 중에는 북아프리카 전선의 45보병사단 정보참모
로 참전했으며, 시칠리아와 이탈리아 본토를 거쳐 안치오 격전까지 종군했다. 불과 스물여
섯의 나이로 179연대 1대대장에 임명되었으며, 중령을 달고 남부 프랑스 공세 때까지 계
속 대대를 이끌었다. 전쟁 말에는 6군단 정작참모로 있었다. 전후인 1951년에는 하버드 대
학교 공공정책대학원에서 석사학위를 받았으며, 국방연수원 과정을 거쳐 1960년에 준장
을 달고 6군단 참모장에 취임했다. 1961년에는 웨스트포인트로 돌아가 제51대 생도대장
을 지냈다. 지휘참모대학 총장을 거쳐 1968년에 중장을 달았으며, 미 태평양 육군사령관
및 미 태평양사령관으로 영전했다. 이후 베트남으로 가 2군사령관을 맡아 캄보디아 작전
을 지휘했다. 1971년에 대장으로 승진해 미 육군 유럽사령관 및 나토 중부집단군사령관을
역임했다. 이 기간 중 유색인종에 대한 차별 철폐 및 평등권을 강조해 그 공로로 NAACP
(전미유색인종촉진동맹)에서 공로상을 받았다. 전역 후 USO(United Service Organi-
zations) 회장, 조지프 로링(Joseph R. Loring) 건축법인 부사장을 역임하는 등 주로 민간
분야에서 일했다.

데이비슨, 하워드 Howard Calhoun Davidson, 1890~1984, 육군 소장 ┃ 웨스트포인트를 1913년에 졸
업하고 보병 소위로 임관했으며, 1915년까지 필리핀에서 복무했다. 이후 통신병과로 전과
한 후 항공학교에서 비행교육을 받았으며, 비행대대에 배속된 후에는 제1차 세계대전까지
주로 정찰비행 임무를 수행했다. 제2차 세계대전 때에는 주로 태평양 전선에서 활약했으
며, 하와이 요격 비행단장을 거쳐 7공군사령관 등을 역임했다. 1943년까지 10공군사령관
을 지낸 후 전역했다.

델라필드, 리처드 Richard Delafield, 1798~1873, 육군 소장 ┃ 웨스트포인트 출신으로 1818년에 수
석으로 졸업했다. 공병 소위로 임관했으며, 겐트 조약(Treaty of Ghent)에 의거해 미 북부
국경선을 확정하는 미합중국 측 위원회에 지형엔지니어로 참여했다. 각종 국책 건설사업
에 참여한 후 1838년 웨스트포인트 교장에 임명되었으며, 이때 새로운 학교 건물과 교복
을 제정했다. 이후 뉴욕 만의 해안방어선 구축을 지휘했다. 육군참모총장에 의해 크림반도
로 파견되어 유럽 각 군을 살펴보았으며, 세바스토폴 포위전을 관찰했다. 이후 1856년부
터 1861년까지 다시 웨스트포인트 교장을 지냈으며, 뉴욕 만 방어사령관을 역임한 후
1864년에 공병 병과장으로 취임했다가 1866년에 전역했다.

돌빈, 웰본 Welborn Griffin Dolvin, 1916~1991, 육군 중장 ┃ 1939년 웨스트포인트를 졸업하고 소위
로 임관했다. 제2차 세계대전 중에는 기갑장교로 활약했으며, 주요 참모직을 두루 거친 후
대대장으로 근무했다. 1968년부터는 주월 미 군사지원단 특별 보좌관과 참모장 및 파월

24군단장을 지냈다. 이후 주일 미군 9군단장을 역임한 후 1975년에 전역했다. 전역 후 1975년부터 1982년까지 파나마운하 협상대표단의 국방부 대표로 참가했으며, 1980년에는 상호 균형 군사감축회담(Mutual and Balanced Force Reduction Talks) 의장으로 활동했다.

둘리틀, 제임스 James Harold Doolittle, 1896~1993, 공군 대장 ┃ 미국 항공 분야의 선구자 중 한 명으로 꼽힌다. UC버클리 대학교에 재학하던 중 휴학하고 1917년에 육군 통신병과 비행학교에 입교했으며, 1918년에 조종사 자격을 취득하고 소위로 임관했다. 제1차 세계대전 당시에는 주로 후방에서 비행교관으로 근무했으며, 전후 1922년에 학사과정을 마저 마치고 학위를 취득했다. 이후 항공기 개발 및 테스트 비행 분야에 매진했으며, 하늘에서 작전적 자유를 달성하기 위해서는 조종사의 기술 및 비행 능력을 향상해야 한다고 역설했다. 잠시 군을 떠나 항공 곡예 및 레이스에 매진하기도 했으나, 1941년 진주만 공습이 터지자 현역으로 돌아와 중령을 달았다. 1942년 1월에 일본 본토에 대한 첫 '보복공격'을 기획해, 16대의 B-25 폭격기를 호넷(Hornet) 항모에서 출발시켜 일본에 폭격을 가한 후 그대로 중국에 착륙하는 계획을 세웠다(실제로 단 한 대만 연료 문제로 러시아에 착륙했고, 나머지는 중국에 착륙했다). 둘리틀 자신도 공습 후 일본군에게 체포당할 뻔한 상황에서 간신히 중국군에게 구출되었고, 이 공습으로 명예대훈장을 받았다. 이 공습은 적에게 실질적인 타격을 가했다기보다는 도쿄 방공망이 뚫렸다는 심리적 타격을 안겨준 것으로 평가된다. 공습 후 대령을 건너뛰고 준장을 달았으며, 북아프리카와 지중해에서 8, 12공군을 지휘하다가 종전을 맞았다. 전후 공군 중장으로 전역해 셸(Shell) 정유사 부사장과 초대 공군협회장을 지냈으며, 1985년 의회 결정을 통해 대장으로 명예진급을 했다.

듀건, 마이클 Michael J. Dugan, 1937~ , 공군 대장 ┃ 뉴욕 올버니 태생으로, 1958년에 웨스트포인트를 졸업했으며, 임관 초부터 베트남전에 참전해 F-100과 A-1 항공기를 몰았다. 1967년에는 태국에 주둔했으며, 본토로 돌아온 후에는 공군사관학교에서 교관을 지냈다. 355전술전투비행단장, 23전술전투비행단장, 832항공사단장 등을 지냈으며, 1982년에는 전술공군사령부(TAC) 작전처장 및 감찰참모를 역임했다. 1987년에는 공군성 프로그램 및 자원 부장으로 근무했으며, 1987년 공군성 기획작전부장을 거쳐 1989년에 대장으로 진급한 동시에 공군참모총장에 보직되었다. 하지만 보직된 지 불과 79일 만에 기자회견 중 미군이 이라크의 사담 후세인과 그의 가족, 심지어 후세인의 정부(情婦)까지 목표로 삼아 공격할 예정이라는 말을 하면서 체니 국방장관에게 해임되었다. 이는 1951년 더글러스 맥아더 장군 이래 첫 최고지휘관의 보직 해임 사건이었다. 통산 4,500시간의 비행 기록을 가지고 있으며, 총 300회의 출격 기록을 가지고 있는 지휘조종사이기도 하다.

드 귄건드, 프랜시스 Sir Francis Wilfred De Guingand, 1900~1979, 영국 육군 소장 ┃ 이스트 런던의 옥션(Auction) 태생으로, 영국 육군 소장을 지냈다. 몽고메리 원수 휘하에 있으면서 엘 알라

메인 전투부터 독일군이 항복할 때까지 함께했다. 색약 때문에 해군 입대에 실패한 후 육
군에 지원했으며, 1918년 샌드허스트 사관학교를 졸업하고 소위로 임관해 미들섹스
(Middlesex) 연대와 왕립 아프리카 라이플 연대 등에서 1931년까지 근무했다. 제2차 세계
대전이 발발한 후인 1940년에는 하이파(Haifa: 현재의 이스라엘)에 있던 참모대학 교관으
로 파견되었으며, 신설된 연합작전학교 교장을 지낸 후 중동의 연합군사령부로 파견되었
다. 1942년에는 공석으로 있던 중동 정보국장으로 이동했으며, 이곳에서 성공적으로 임무
를 수행한 덕에 제1차 엘 알라메인 전투 직후 영국군 8군 작전참모로 보직되어 준장을 달
았다. 이곳에서부터 몽고메리와 함께하며 미군 장군들과의 관계를 조정하는 역할도 겸했
다. 외교적인 능력이 있던 데다 미군의 월터 스미스 장군과 친분이 있어 아이젠하워와 몽
고메리 간에 발생한 문제를 중간에서 조정하는 역할을 했다. 1944년 소장을 달았으나, 건
강이 좋지 않아 이때부터 병가를 자주 냈다. 몽고메리가 앨런 브룩 장군의 후임이 될 참모
총장 감으로 추천했으나, 계속 건강이 좋지 않아 결국 총장 자리는 잇지 못했다. 1946년 전
역해 남로디지아(South Rhodesia: 지금의 남아프리카공화국)로 가 사업을 시작해 성공했
고, 다수의 저작을 남기기도 했다. 훗날 자서전에 몽고메리의 좋지 않았던 점에 관해서도
썼는데, 이 때문에 둘의 관계가 틀어지기도 했다고 한다.

드럼, 휴 Hugh Aloysius Drum, 1879~1951, 육군 중장 ㅣ 보스턴 대학교(Boston College) 출신으로,
군 내의 복잡한 정치 역학에도 불구하고 빠르게 진급을 거듭해 제1차 세계대전 개전 시 존
퍼싱 장군의 참모를 지냈으며, 1918년 대령으로 진급하여 미 동맹원정군(AEF) 산하 미 1
군 참모장이 되었다. 이후 전쟁부에 근무하면서 빌리 미첼 대령과 육군항공부(Army Air
Service)의 분리 문제로 충돌했지만, 의회를 설득하는 데 성공해 항공부의 분리를 막았다.
이후 1기병사단장과 미 육군감찰감 등을 역임했다. 제2차 세계대전이 발발할 당시 동부방
어사령부(East Defense Command) 사령관으로 보직되어 있었으며 계속 그 보직을 유지
했다. 스팀슨의 중국 파병 제의에 매우 실망했다고 하며, 제의 거절 후 보직 대기 상태로
있다가 1943년에 중장으로 전역했다. 1943~1945년에는 뉴욕 주 방위군사령관을 역임했
고, 1944년부터 1951년 사망 시까지 엠파이어스테이트빌딩 주식회사 사장으로 재직했다.

딕슨, 로버트 Robert James Dixon, 1920~2003, 공군 대장 ㅣ 뉴욕 시 태생으로, 다트머스 대학교를
졸업한 후 1941년 캐나다 왕립공군 조종학교에 입교했다. 이후 캐나다군 소위로 임관해 항
법학교 과정을 다시 이수했다. 스핏파이어(Spitfire)기 조종훈련을 받은 후 사진 촬영 정찰
대대인 541왕립비행대대에 배속되었다. 1943년 미 육군항공대로 옮겨 미 8공군 예하 7촬
영단에 소속되었으며, 1944년에는 14영상정찰대의 대대장이 되었다. 그는 통산 235회
의 출격을 하여 65건의 임무를 수행했으며, 독일 본토에서 한 차례 피격당해 1945년 5월
미군에 의해 구출될 때까지 포로 생활을 했다. 전쟁 후 웨스트포인트 준비학교 교관을 역
임했으며, 한국전쟁이 터지자 4전투비행단 감찰참모 및 335전투비행 대대장으로 11개월

을 한국에서 보냈으며 휴전 성립까지 총 28회의 임무를 수행했다. 본토로 돌아온 후에는 공군과 합참에서 실무 장교 및 참모 보직을 두루 거쳤으며, 1959년에는 공군 국방연수원 과정을 거친 후 SHAPE에서 미사일 기획관으로 복무했다. 1965년에는 45비행사단장을 역임했고, 1969년에는 베트남으로 파견되어 7공군 부사령관으로 참전했다. 이곳에서도 36회 출격을 소화했으며, 중장으로 승진하게 되어 본토로 돌아온 후 공군성 인사참모로 보직되었다. 1973년에는 대장으로 승진했으며, 전술공군사령관을 끝으로 1978년에 전역했다.

라이언, 존 John Dale Ryan, 1915~1983, 공군 대장 Ⅰ 미 공군 제7대 참모총장. 아이오와 주 체로키 태생이며, 1938년 웨스트포인트 미 육군사관학교를 졸업했다. 이후 비행학교 과정을 거쳐 1939년에 조종사 자격증을 취득했다. 제2차 세계대전이 발발한 후에도 비행교관으로 본토에 있었으며, 이후 고급 폭격기 학교를 창설하는 데 중요한 역할을 했다. 1944년까지는 콜로라도 주의 2공군 작전장교를 했으며, 이후 이탈리아로 이동하여 초반에는 2폭격단을 지휘했고, 5공군 예하 5폭격단 작전장교를 지냈다. 2폭격단장을 맡던 당시 적 대공포에 맞아 손가락을 일부 잃어 훗날 '세 손가락의 잭(three-fingered Jack)'이라는 별명이 붙었다. 전후 본토로 돌아와 공군훈련사령부에서 근무하다가 58폭격비행단으로 이동 후 비키니 제도 핵실험에도 참여했다. 이후 다양한 지휘관 보직을 거쳐 1956년에 전략공군사령부 물자처장을 지낸 후 스페인의 16공군사령관, 2공군사령관을 연이어 역임했다. 1963년에는 국방부로 옮겨 공군감찰감을 지냈으며, 1967년에는 태평양 공군사령관으로 임명되었다. 1968년에는 공군참모차장, 1969년에는 공군참모총장을 역임한 후 은퇴했다.

래클랜드, 프랭크 Frank Dorwin Lackland, 1884~1943, 육군 준장 Ⅰ 버지니아 주 출신으로, 워싱턴 D.C.의 연방 예비군에 입대해 6년간 복무한 후 소위로 임관했다. 제1차 세계대전이 발발하자 통신병과로 전과해 비행교육을 받았다. 이후 육군항공단 전술비행 교육과정 및 지휘참모대학 과정을 이수했고, 1931년에는 포트 샘 휴스턴에서 12관측비행단장을 역임했다. 1934년에는 육군성 항공참모부에서 기획과장으로 근무했다. 1938년에는 육군항공단 고급비행학교장을 지냈으며, 전쟁 발발 후인 1940년 준장으로 진급하면서 캘리포니아 주의 1전투비행단장으로 보직되었다. 1942년에 전역했으나 건강악화로 월터 리드 병원에 입원했으며, 1943년 병원에서 사망했다.

램지, 버트럼 Sir Bertram Home Ramsey, 1883~1945, 영국 해군 대장 Ⅰ 제2차 세계대전 당시 영국 왕립해군 제독. 상륙작전 분야에 한 획을 그은 인물로서, 양차 대전에서 활약한 인물이다. 제2차 세계대전 개전과 함께 중장으로 진급하여 도버 해역의 방어를 맡았고, 1942년 4월 29일 연합군의 유럽 본토 진격이 계획되면서 연합군 해군을 지휘하도록 선임되었다. 하지만 작전이 취소되면서 북아프리카로 이동했다. 이후 '허스키' 작전에서는 동부특임단 해군을 지휘하여 상륙전을 실시했고, 지중해 해안의 '넵튠' 작전 등에도 참가했다. 1945년 1월, 버나드 몽고메리 장군과 회의를 하기 위해 프랑스에서 브뤼셀로 향하던 중 항공기 추락으로 사망했다.

러벳, 로버트 Robert Abercrombie Lovett, 1895~1986, 국방장관 ┃ 유니언 퍼시픽(Union Pacific) 철도의 이사장이던 로버트 러벳(Robert S. Lovett)의 아들이다. 예일 대학교를 졸업했으며, 하버드 대학교에서 법학과 경영학을 공부했다. 트루먼 내각에서 제4대 국방부 장관을 지냈으며, 1951년부터 1953년까지 장관으로서 한국전쟁을 지휘했다. '냉전의 설계자'라는 평가를 받았던 인물이다.

레이히, 윌리엄 William Daniel Leahy, 1875~1959, 해군 원수 ┃ 위스콘신 주 태생으로, 1897년에 애나폴리스 해군사관학교를 졸업했다. 주로 참모 업무로 명성을 쌓았으며, 해군참모총장을 역임하고 전역한 뒤 푸에르토리코 총독을 거쳐 프랑스(1941년 독일에 점령당한 '비시 프랑스'를 가리킨다) 대사를 지냈다. 일본의 진주만 공습 후 미국이 추축국과 전쟁에 돌입하자 현역으로 복귀해 미 총사령관 참모장(Chief of Staff to the Commander-in-Chief: 후임인 오마 브래들리 장군 때부터 '합동참모본부 의장'으로 개칭)에 임명되었다. 1944년 최초로 해군 원수를 달았으며, 전쟁 말 트루먼의 원자폭탄 투하 계획에 반대했던 것으로 알려진다. 1949년 참모장 보직에서 물러났으며, 1959년 베데스다 해군병원에서 사망했다.

레인, 하워드 Howard M. Lane, 1924~ , 공군 중장 ┃ 1942년 미 육군항공단에 조종후보생으로 자원입대했으며, 1944년 2월에 소위로 임관했다. 1944년 P-40 워호크(Warhawk) 및 P-51 무스탕(Mustang) 교관을 하다가 1945년 21전투비행단에 소속되면서 유황도(이오지마)에 대한 폭격 임무에 참가해 폭격기를 호위하여 일본군 전투기들을 격추했다. 전후 본토로 돌아와 고급비행과정 등을 마친 그는 1950년 한국전쟁이 발발하자 4전투비행단 소속으로 한국에 파견되어 F-86 세이버를 타고 임무를 수행해 두 대 반의 미그기 격추 기록을 세웠다. 1951년 본토로 귀환해 동부방공전력군에 소속되어 있다가, 1955년에는 시험비행 조종사 교육학교 과정을 거쳤다. 이후 시험비행 조종사로 첫 초음속 전투기 테스트 과정에 참여하기도 했다. 1969년에는 베트남에 파견되었고, 비엔 호아(Bien Hoa) 공항에 주둔 중이던 3전술전투비행단에 소속되어 F-100 슈퍼세이버(Super Sabre)를 타고 256회의 임무를 소화했다. 1970년에는 독일로 이동해 26전술정찰비행단장에 임명되었으며, 1971년에는 나토의 4연합전술공군 작전참모를 역임했다. 1974년에는 전술공중전센터 사령관을 거친 후 무장개발 테스트센터 사령관을 역임했고, 1978년 중장을 달면서 공군감찰감을 끝으로 1980년에 전역했다.

레인하트, 스탠리 Stanley Eric Reinhart, 1893~1975, 육군 소장 ┃ 오하이오 주 태생으로, 웨스트포인트를 1916년에 졸업하고 포병 소위로 임관했다. 제1차 세계대전에는 페이튼 마치 장군의 부관으로 참전했으며, 미 동맹원정군 2사단 17야전포병대 A포대장을 역임했다. 제2차 세계대전이 발발할 당시에는 준장으로 25사단포병대를 지휘하여 오아후 섬의 방어를 맡았으며, 1942년에는 과달카날 전투에도 참전했다. 1944년에는 65사단장에 임명되어 사단을 훈련시켰으며, 이듬해 이를 이끌고 유럽으로 이동해 패튼 장군이 이끄는 미 3군에 합류하여 독일 및 오스트리아에서 싸웠다. 전쟁 말에는 독일 내부로 진출하며 베를린에서 불과 160킬로미터 떨어진 곳까지 진출했을 때 종전을 맞이했다. 이후 오스트리아로 이동한 그는 소련군과 접촉했으며, 그대로 북부 오스트리아의 군정사령관에 임명되었다. 계속 오스트리아 린츠에서 주둔 중이던 그는 갑작스러운 건강 악화로 1945년 10월에 입원한 후 11월에 본토로 이송되었다. 결국 1946년 9월에 신체장애로 전역했다가 1975년에 사망했다.

롤링스, 에드윈 Edwin William Rawlings, 1904~1997, 공군 대장 ǀ 미네소타 주 출신이며, 대학 졸업 후 조종후보생 과정을 거쳐 임관했다. 25년의 군 생활 동안 불과 49세의 나이로 대장이 되어 최연소 공군 장성 중 한 명이 되었다(최연소 대장은 44세에 대장이 된 공군의 커티스 르메이 장군이다). 제2차 세계대전 참전 후 공군 항공통제관이 되었으며, 매우 성공적으로 보직을 수행하여 공군뿐 아니라 이를 보고 삼군이 모두 항공통제관을 설치하기로 했을 정도였다. 1951년에는 공군물자사령부 사령관에 보직되어 7년간 공군의 획득 업무 및 군수지원을 담당했다. 전투기, 관측기 및 공중통제기를 모두 조종해본 경력이 있으며, 1930년대에는 태평양에 추락한 우군 조종사를 구출하여 육군 수훈십자훈장(Distinguished Service Medal, 서훈 순위 2위)을 받았다.

롱, 로버트 Robert Lyman John Long, 1920~2002, 해군 대장 ǀ 미주리 주 캔자스시티 태생으로, 미주리 주 세인트루이스에 있는 워싱턴 대학교(Washington University in St. Louis)에 다녔으나 재학 중 애나폴리스 해군사관학교로 진학했다. 1943년 임관 후 콜로라도함(USS Colorado)에 승선했으며, 제2차 세계대전 후부터는 잠수함에 탑승했다. 베트남전에도 잠수함 함장으로 참전해 패트릭헨리함 등을 지휘했으며, 후반에는 핵잠수함도 지휘했다. 이후 대서양함대 잠수함전단장 등을 역임하고 해군성 장관 보좌관을 지냈으며, 중장 때에는 해군참모차장을 역임했다. 최종 보직인 미 태평양사령관을 끝으로 1983년에 전역했으며, 전후에도 여러 행정부에 걸쳐 중책을 맡았다. 1991년부터 1994년까지 해군사관학교 총동창회장을 지냈고, 노드롭이나 GTE 같은 방위산업체의 이사로도 재직했다. 2002년 베데스다 해군병원에서 사망했다.

롱스트리트, 제임스 James Longstreet, 1821~1904, 남부연합군 육군 소장 ǀ 남부연합군의 주요 지휘관 중 한 명이었으며, 로버트 리 장군의 주요 예하 지휘관이기도 했다. '늙은 전마(戰馬)'라는 별명이 있었다. 리 장군 휘하에서 동부 전역의 버지니아군 소속 군단장으로 활약했으며, 서부 전역에서는 브랙스턴 브래그(Braxton Bragg) 장군 휘하에서도 활동했다. 역사가의 평가에 따르면 군단장으로서 그의 자질은 남군과 북군을 통틀어 가장 뛰어났다고 한다. 두 번째 불런 전투, 프레더릭스버그 전투, 치카무아가 전투 등에서 남군이 승리하는 데 결정적인 공훈을 세웠으며, 황무지 전투에서 부상을 입기 전까지 7일 전투 등에서도 활약했다. 하지만 녹스빌 전투 지휘 중 패배의 빌미를 제공했고, 게티즈버그 전투에서는 리 장군의 명령에 불복하면서 결정적인 패인을 만든 사실 때문에 논란이 많다. 전후 연방에 곧장 협력해 대통령이 된 그랜트 장군 휘하에서 외교관, 공무원, 행정가를 역임했다. 특히 옛 친구인 그랜트 때문에 공화당에 가입한 일로 남부에서 배신자로 낙인찍혔으며, 이 때문에 결국 고향을 떠나 조지아 주로 이주해야 했다. 그의 명예는 수세기 동안 실추된 상태였으나, 최근 들어서면서 다소간 재평가가 이루어지고 있다.

루스벨트, 시어도어 Theodore Roosevelt, 1858~1919, 대통령 | 제26대 미국 대통령(1901~1909)이다. 유복한 가정에서 태어나 자란 그는 어려서부터 천식 증세가 심해 집에서 자연사를 공부했다. 하지만 타고난 연약함을 극복하고자 부단히 노력했으며, 장성한 후에는 권투, 사냥 등 거친 스포츠를 즐겼다. 하버드 대학교를 졸업한 후인 1881년에 뉴욕 시의회 최연소 의원으로 당선되었으며, 주로 경찰 부패 문제를 처리하면서 인기를 얻었다. 미 해군성 차관으로 재직하던 중 미서전쟁이 발발하자 즉각적으로 사임하고 군의관이던 레너드 우드 대령과 함께 자원부대를 창설해 '러프 라이더(Rough Riders)'라 명명하고 참전했다. 산후안(San Juan) 전투의 공로로 명예대훈장에 상신되기도 했으며, 이는 사후인 2001년에 수여되었다. 전후 뉴욕으로 돌아와 뉴욕 주지사에 당선되었고, 정열적인 정치 활동을 펼치면서 인기를 구가하자 공화당 측에서 그를 윌리엄 매킨리 대통령 후보의 러닝메이트로 선택해 1900년에 제25대 부통령으로 당선되었다. 하지만 그가 불과 42세이던 1901년에 매킨리 대통령이 암살당하자 대통령직을 승계했으며, 미국 역사상 최연소 대통령(선거로 뽑힌 최연소 대통령은 케네디)으로 기록되었다. 파나마운하를 건설하고, 미 해군의 위상을 강화했으며, 러일전쟁을 중재한 공로를 인정받아 미국인으로서는 최초로 노벨 평화상을 수상하기도 했다. 임기가 끝나자 1908년에 재선에 도전하지 않겠다고 선언하고 한동안 아프리카와 유럽 등을 탐험하며 다녔으나, 귀국 후 후임이던 태프트 대통령이 자신의 뜻과 반하는 정책을 밀고 있음을 알고는 제3당을 창당해 선거에 뛰어들었다. 결국 태프트를 제치는 데에는 성공했지만, 민주당의 우드로 윌슨(Thomas Woodrow Wilson) 후보에게 패배해 정계에서 완전히 물러난 후 남아공 등지로 여행을 떠났다. 하지만 여행 중 말라리아에 감염되었으며, 이 증세로 건강에 무리가 오면서 60세를 일기로 사망했다. 제32대 대통령인 프랭클린 루스벨트는 그의 조카다. 역사가들에게 종종 '역사상 가장 위대했던 대통령'으로 손꼽히기도 한다.

루스벨트, 시어도어 Theodore Roosevelt, Jr., 1887~1944, 육군 준장 | 제26대 미국 대통령인 시어도어 루스벨트의 4남 2녀 중 장남이다. 특히 그중 부친의 기대가 높아 유년 시절에 부담이 많았다고 하며, 한때 신경쇠약까지 걸릴 지경이었다고 한다. 아버지 모교인 그로턴(Groton) 고등학교를 졸업한 후 1909년에 하버드 대학교로 진학했다. 졸업 직후 철강업계에서 일했고, 나중에는 투자은행의 지점장을 지냈으며, 1920년부터 제1차 세계대전 직전까지 여러 사업을 통해 많은 재산을 축적했다. 당시 미 육군은 육군항공단을 발족하면서 1915년에 비

행학교를 설립했는데, 이때 루스벨트 대통령의 세 아들이 모두 학교에 입교해 비행과정을 마쳤다. 제1차 세계대전이 발발하자 루스벨트 전 대통령은 미 원정군사령관에 보직된 퍼싱 장군에게 전신을 보내 자기 아들 셋을 참전시킬 수 있겠냐고 문의했고, 퍼싱 장군이 이를 받아들여 시어도어 주니어를 소령으로, 둘째 아치볼드(Archibald Bulloch Roosevelt)는 소위로 임관시켰다. 시어도어 주니어는 처음 대대장으로 보직되었으며, 부하들의 복지에 신경을 쓴 나머지 직접 사비를 털어 전 부대원의 전투화를 보급하기도 했다. 전쟁 말까지 26연대를 이끌며 중령을 달았으며, 귀국 후에는 정치계에 투신했다. 1919년 뉴욕 주의회 의원에 당선되었으며, 1921년 하딩 대통령이 당선되자 해군성 차관에 임명되었다. 1924년에는 공화당 뉴욕 주지사 후보에 선출되었으나 오촌 관계이던 민주당의 프랭클린 루스벨트(Franklin Roosevelt) 전 뉴욕 지사의 정치적 강공으로 결국 패했다. 1929년에는 후버 대통령이 그를 푸에르토리코 총독으로 임명했으며, 1932년에는 필리핀 총독에 임명되어 1933년까지 재직했다. 1932년 대통령 선거에서는 프랭클린 루스벨트의 낙선을 위해 노력했으나 실패했고, 선거 후 기자들이 두 사람의 관계를 묻자 농담조로 "곧 족보에서 지워질 오촌"이라고 대답했다. 1940년 예비역 보수교육과정을 밟은 후 예비역 대령을 달았으며 1941년 미국이 제2차 세계대전에 참전하게 되자 현역으로 전환되어 1보병사단 예하 26연대장에 보직되었다. 1941년 말에는 준장으로 진급한 후 북아프리카 전선에 투입되었다. 하지만 성향이 크게 다른 상급지휘관이던 앨런(Terry De La Messa Allen) 소장과 충돌이 잦아 패튼이 두 사람을 순차적으로 보직 해임했으며, 그는 다시 레이먼드 바턴(Raymond Barton) 소장이 이끄는 4사단 부사단장으로 보직되었다. 이후 4사단은 노르망디 상륙작전에 투입되어 유타 해안에 대한 공격을 실시했다. 당시 부사단장이던 그는 전장에서 직접 병사들을 지휘하겠다고 자원했으며, 4사단이 상륙지점을 잘못 잡아 하선했으나 원 지점의 포화가 심한 것을 보자 후속 부대를 자신의 사단 뒤로 상륙하도록 유도해 아군의 피해를 막았다. 이날의 공훈으로 명예대훈장 수여가 결정되었으나, 심장이 약했던 그는 이날 밤 진중에서 심장마비로 급사했다. 아울러 원래 아이젠하워 장군에 의해 같은 날 소장 계급 진급 상신과 90사단장 보직 명령이 내려졌지만 사망하는 바람에 취소되었다. 유해는 알링턴 국립묘지에 묻힌 막내 동생 퀜틴 루스벨트 중위의 묘비 옆에 묻혔다.

루스벨트, 프랭클린 Franklin Delano Roosevelt, 1882~1945, 대통령 | 미국의 제32대 대통령이자 미국 역사상 유일한 4선 대통령이다. 제26대 대통령을 역임한 시어도어 루스벨트 대통령의 조카이자, 노르망디 작전 후 사망한 시어도어 루스벨트(Theodore Roosevelt Jr.) 준장과는 오촌 관계. 경륜과 리더십을 겸비한 인물로, 12년간 대통령직을 수행하며 미국의 존망을 위협한 세계 경제대공황과 제2차 세계대전이라는 두 위기를 잘 수습했다. 해군성 차관으로 중앙 정계에 진출해 뉴욕 주지사를 지냈으며, 경제공황으로 인기를 잃은 허버트 후버 대통령을 꺾고 대통령에 당선되었다. 이후 뉴딜정책 등을 제시하며 미국의 경기회복의

기반을 마련했고, 연이어 터진 제2차 세계대전의 승리를 통해 미국을 초강대국 반열에 올려놓았다. 4선 당선 후 얼마 안 있어 사망했기 때문에 부통령이던 해리 트루먼이 대통령직을 승계했다. 소아마비를 앓아 걷지 못했다.

르메이, 커티스 Curtis Emerson LeMay, 1906~1990, 공군 대장 ┃ 공군참모총장을 역임했으며, 1968년 미국 독립당(American Independence Party) 대선 후보이던 조지 월리스(George Wallace)의 부통령 러닝메이트였다. 태평양전쟁을 거치면서 체계적인 전략폭격 개념을 설계했으며, 우군 피해가 확대됨에도 불구하고 초저공비행을 실시해 도쿄 대공습을 강행했을 정도로 호전적인 인물이었다. 훈련이 생존의 필수 요소라는 믿음 때문에 부하들을 강하게 훈련시켰으며 제2차 세계대전을 거치며 능력을 발휘, 불과 44세의 나이로 공군 대장을 달아 '그랜트 장군 이래' 최연소 대장으로 기록되었다[최연소 장군은 30대 초반에 준장을 단 제임스 개빈 육군 중장이다]. 1957년 공군참모총장에 임명되었으나 로버트 맥나마라 국방장관 및 맥스웰 테일러 합참의장 등과 계속 충돌했고, 1963년 쿠바 미사일 사태가 벌어졌을 때에는 쿠바에 대한 핵공격을 주장했으며, 사태가 진정된 후에도 쿠바 침공을 주장해 케네디 대통령 등과도 갈등을 빚었다. 베트남전쟁이 발발하면서 전투기를 이용한 소규모 공격 대신 폭격기 동원을 주장하다가 존슨 대통령과도 충돌해, 결국 1965년 총장을 사임하고 예편했다. 예편 후 정계 진출을 시도했으며, 월리스의 러닝메이트로 뛰면서 '필요에 의한 핵무기 사용'을 모토로 내걸었으나 결국 패배한 뒤 모든 공직에서 물러났다. 버크셔 헤서웨이(Berkshire Hathaway)의 전신인 이그제큐티브 제트(Executive Jets)에 공동 설립자로 참여했다.

르준, 존 John Lejeune, 1867~1942, 해병 중장 ┃ 루이지애나 주 출신으로, 배턴루지(Baton Rouge)에 위치한 루이지애나 주립대학교를 졸업하고 1884년에 애나폴리스 미 해군사관학교 입학시험을 다시 준비했다. 사관학교 진학에 성공한 후 1888년에 32명 중 2등으로 졸업했다. 당시 해군 규정 때문에 졸업 후 견습생도 생활을 2년 했는데, 수습기간이 끝난 후 해군에 남기보다는 해병대에서 임관하기로 마음을 먹었다. 결국 1890년 7월에 해병 소위로 임관했다. 베닝턴함(USS Bennington)에서 근무하던 중 1893년에 중위로 진급했으며, 1897년에는 신시내티함(USS Cincinnati)의 해병경비대장이 되어 미서전쟁 내내 계속 근무했다. 전후 다양한 함선에서 해병 경비대장으로 근무하던 그는 제1차 세계대전이 발발하던 무렵 버지니아 주 콴티코(Quantico)에 신설한 해병기지 기지장으로 근무하고 있었다. 1918년 6월에 프랑스로 파견, 브레스트 반도로 이동해 소장으로 가진급했으며, 미 원정군(AEF) 휘하의 32사단 예하 여단을 지휘하다가 수아상(Soissons) 전투 직후 2사단 예하 4해병여단장으로 취임했다. 1918년 7월에는 2사단장으로 보직되어 1919년까지 사단을 이끌었으며, 전쟁 종전과 동시에 사단이 임시로 해체되었다. 당시 해병대 장성이던 그가 미 육군 부대를 지휘한 것은 찰스 도엔(Charles Doyen) 장군이 육군 사단을 지휘했던 일 이래 두 번째였다. 1920년 7월에는 제13대 해병대 사령관에 보직되었으며, 임기 중 아이티, 산토도밍고, 쿠바, 푸에르토리코, 미 서부해안 등 다양한 해병대 해외주둔지를 순시하고 다녔다. 그 자신은 계속 해병대 사령관직을 수행할 의사를 표명했으나 1929년 3월에 해병대 사령관에서 해임되었다. 1929년 11월 해병대에서도 전역했으며, 전역 직후 버지니아 사관학교 교장직을 수락해 1937년까지 8년간 학교장으로 재직했다. 1942년 2월 제2차 세계대전 중 예비역 소장에서 중장으로 진급했으며, 같은 해 11월 메릴랜드 주에서 사망했다. 노스캐롤라이나 주에 위치한 캠프 르준이 그의 이름을 따 명명되었고, 제2차 세계대전 당시 활약한 수송함인 AP-74 USS 르준함도 그를 기려 함명이 부여되었다. 이외에도 미 해군사관학교, 버지니아 사관학교, 루이지애나 주립대학교 등에 그의 이름을 딴 건물이 헌정되었다.

리, 로버트 Robert Edward Lee, 1807~1870, 남부연합군 육군 대장 | 미국의 남북전쟁 당시 북부 버지니아군·남부연합군(CSA) 총사령관을 지냈다. 미국 독립전쟁 영웅이던 헨리 리 소장 (Henry Lee III: 버지니아 주지사 역임)의 아들이며, 웨스트포인트를 수석으로 졸업한 수재였다. 남부 13개 주의 독립이 명백해지자 링컨 대통령은 그를 미연방군사령관으로 지명했지만, 그는 고향인 버지니아가 남부연합에 가입했으므로 이를 거절하고 남부연합군에 합류했다. 뛰어난 인품과 전략, 리더십으로 전쟁 내내 북군을 괴롭혔으나, 어쩔 수 없는 물량의 열세와 전쟁 말기에 등장한 율리시스 그랜트 같은 우수한 북군 장군들로 말미암아 결국 패배했다. 남북전쟁 후 앤드루 존슨 대통령에 의해 사면되어 사망할 때까지 워싱턴 대학교(Washington College, 현재 워싱턴앤드리 대학교) 총장을 지냈다. 태평양전쟁부터 미군의 참전 시기까지 중국에서 '미 의용단[American Volunteer Group: AVG, 비호전대 (飛虎戰隊)라는 이름으로 알려짐]'을 이끈 클레어 리 셔놀트 대령(공군 소장 예편)은 그의 부계 쪽 친척이다.

리겟, 헌터 Hunter Liggett, 1857~1935, 육군 중장 | 펜실베이니아 주 레딩 태생. 1879년에 웨스트포인트를 졸업하고 임관했으며, 1884년 중위를 달 때까지 몬태나, 다코타, 텍사스, 플로리다 등지에서 복무했다. 미서전쟁뿐 아니라 필리핀전쟁에도 참전해 다수의 전공을 세웠으며, 1907년부터는 국방연수원에서 학생, 교관, 원장으로 지내기도 했다. 1914년에 조지 마셜을 부관으로 대동하고 필리핀으로 다시 파견되었으며, 필리핀의 방어 상태를 점검하는 임무를 수행했다. 1917년에는 41사단장으로 임명되어 프랑스로 파견되었으며, 사단이 해체된 후에는 가진급으로 중장을 달고 1군단을 지휘했다. 리겟 장군은 1군단을 이끌고 마른 전투, 생 미엘(Saint-Mihiel) 전투 등에 참전했다. 1918년 10월부터는 1군을 이끌고 뫼즈·아르곤(Meuse-Argonne) 공세를 지휘했으며, 독일군이 항복할 때까지 공세를 유지했다. 전후에는 라인 교두보 점령군사령관을 지냈으며, 1921년에 전역했다. 1930년에 정식 중장으로 승인되었다.

리-맬러리, 트래퍼드 Sir Trafford Leigh-Mallory, 1892~1944, 영국 공군 대장 | 영국 왕립공군 대장.

제1차 세계대전에도 파일럿 겸 비행대대장으로 참전했으며, 제2차 세계대전이 본격화하기 직전에는 12항공단을 지휘했고, 영국 본토 항공전(Battle of Britain) 때에는 11항공단을 지휘하며 런던 진입을 시도한 독일 공군 '루프트바페'를 격퇴했다. 1943년에는 연합원정공군(Allied Expeditionary Air Force) 사령관에 선임되어 노르망디 상륙작전 당시 연합군의 공군력을 지휘했다. 상륙작전 직후 연합군 동남아사령부(SEAC) 공군사령관으로 임명되어 미얀마로 향하던 중, 악천후에 비행을 강행하다 스위스 알프스 산맥에서 항공기가 추락해 순직했다. 제2차 세계대전 기간에 영국이 배출한 가장 위대한 장군 중 한 명으로 손꼽힌다.

리어, 벤 Benjamin Lear, 1879~1966, 육군 대장 ┃ 캐나다 온타리오 태생으로, 1898년 콜로라도 1보병사단(예비)에 입대해 군 생활을 시작했으며, 미서전쟁 때 일등상사로 참전했다. 필리핀 전쟁 중에 소위로 임관했고, 미 정규군으로 전환되어 다시 제1차 세계대전에도 참전했다. 1912년 올림픽에는 승마선수로 참가해 동메달을 땄다. 1936년에 준장으로 승진했으며, 1938년 소장으로 진급하면서 1기병사단장을 역임했다. 주로 제2차 세계대전 중에는 신병을 대상으로 훈련을 한 후 전쟁 지역으로 이들을 전개하는 임무를 수행했다. 1941년 6월, 35사단 소속 병사들이 테네시 주에서 트럭으로 이동하다가 민간인 여성들에게 휘파람을 불며 추파를 던지자 즉시 이들을 정지시킨 후, 품행에 문제가 있다 하여 36도의 더위에 부대까지 남은 24킬로미터의 거리를 행군하게 하여 일부 병사들이 쓰러진 사건이 발생했다. 35사단장이던 랄프 트루먼(Ralph E. Truman) 소장은 친척이던 해리 트루먼 상원의원 등에게 탄원했고, 정치권에서는 리어 대장의 전역을 요구했으나 그의 행위에 문제가 없었다고 판단한 육군은 아무런 조치도 내리지 않았다. 1943년에 전역했으나 곧장 현역으로 다시 전환되어 전쟁부 인사위원회에 소속되면서 중장이 되었고, 1944년 노르망디 상륙 중 레슬리 맥네어(Leslie McNair) 중장이 미 육군항공대의 우군 폭격으로 전사하자 대신 육군 지상군사령관으로 보직되었다가 아르덴 전투를 기점으로 미 육군 유럽 전역 부사령관 겸 병무담당관으로 임명되었다. 1945년 7월에 군을 완전히 떠났으나, 1954년 의회 특별법을 통해 대장을 달았다.

리지웨이, 매슈 Matthew Bunker Ridgway, 1895~1993, 육군 대장 ┃ 제2차 세계대전 중에는 82공정사단장, 한국전쟁 중에는 맥아더의 후임 유엔군사령관을 지냈다. 부친도 웨스트포인트를 나온 포병 대령 출신이었다. 1939년 제2차 세계대전이 발발하자 마셜 장군의 명으로 전쟁부 전쟁기획국에서 근무했으며, 1942년 소장으로 진급하면서 브래들리 장군이 이임하고 나간 82공정사단장에 보직되어 1943년 시칠리아 섬 전투, 1944년 노르망디 상륙작전 등에 참가한 후 33일간 셰르부르에서 격전을 치렀다. 1944년 9월에는 18공정군단장으로 임명되어 마켓가든 작전에 투입되었다가 벌지 대전투에도 참가했고, 1945년 3월에는 독일 국내로 진공하던 중 독일군 수류탄에 부상을 입기도 했다. 1950년 한국전쟁 발발 후 8군사령관이던 월턴 워커 중장이 사고로 아차산 고개에서 사망하자 급하게 8군의 지휘권을 인수하기 위해 한국으로 왔다. 특히 8군의 사기가 엉망인 것을 보고 작은 교전도 피하지 말라는 지침을 내리고 소극적인 작전을 제안하는 작전참모를 해임하기도 하여 후퇴 일색이던 전장 분위기를 돌려놓았다. 맥아더가 유엔군사령관에서 해임되자 대장으로 진급해 유엔 및 일본 군정사령부를 인수했으며, 나머지 전쟁 기간 동안 유엔군을 지휘하다가 밴 플리트 장군과 교대했다. 일부 역사가들은 그가 불리하던 전황을 유엔 측에 유리하도록 돌려놓은 결정적인 수훈이 있다고 평가하기도 한다. 이후 연합군 유럽 최고사령관 및 육군참모총장을 역임했으나, 아이젠하워 대통령과의 의견 마찰로 1955년에 총장을 일찍 사임하고 전역했다. 전역 후에도 오랜 기간 군의 원로로서 여러 역대 대통령들이 자문을 구하기도 했다.

리코버, 하이먼 Hyman George Rickover, 1900~1986, 해군 대장 | '원자력 해군의 아버지'로 불린다. 러시아 통치하 폴란드의 유대인 가정에서 태어났다. 1905년 미국으로 이주했으며, 처음에는 맨해튼에 정착했다가 곧 시카고 인근 론데일(Lawndale)로 옮겼다. 부친은 양복점을 경영했고, 리코버 본인은 과일가게 배달 등을 하며 자랐다. 14세에 초등학교를 마친 후 최우수 성적으로 고등학교를 졸업했으며, 웨스턴 유니언 텔레그램사에 정직원으로 채용되었다가 아돌프 새바스(Adolph Sabath) 의원을 알게 되었다. 그는 리코버를 미 해군사관학교에 추천했으며, 어렵사리 입학하게 되어 1922년 7월에 졸업했다. 총 540명의 동기 중 107등으로 졸업한 그는 소위로 임관한 후 구축함인 라 발레트함(USS La Vallette, DD-315)에 승선했으며, 소함대에서 최연소 기관장교로 보직되었다. 네바다함 승선 후에는 해군대학원에서 전자공학 석사를 취득했으며, 같은 전공으로 콜롬비아 대학교에 진학했다. 여기서 당시 국제법을 전공하고 있던 훗날의 아내 루스 매스터스(Ruth D. Masters)를 만나 1931년에 결혼했으며, 결혼 후 부모에게 성공회로 개종한다고 알린 후 남은 생을 사실상 성공회 신자로 살았다. 이후 당시 상승세를 타고 있던 잠수함 분야에 관심을 기울이면서 잠수함 보직을 자원했지만, 당시 29세에 불과하다는 이유로 해군은 그의 요청을 거부했다. 하지만 거부당하고 본부 건물을 나서던 중 네바다함 승선 당시 함장과 마주쳐 그에게 다시 부탁했고, 그가 리코버를 추천해 S-9 및 S-48 잠수함에 승선할 수 있었다. 1933년에는 해군 군수감찰실에서 근무하게 되었는데, 이곳에 있는 동안 제1차 세계대전 당시 독일 제국군 해군제독을 지낸 헤르만 바우어(Hermann Bauer)의 『잠수함(Das Unterseeboot)』을 번역했고, 이 책은 사실상 미 해군 잠수함 선원 교육의 교재가 되었다. 1942년 4월, 미국이 제2차 세계대전에 참전한 후 진주만으로 급파되어 캘리포니아함(USS California)의 발전 시설을 수리하는 작업을 했으며, 이를 통해 경험과 노하우를 축적하게 된다. 1946년 맨해튼 프로젝트가 시작되면서 1명의 고급 해군 장교와 4명의 위관장교를 접수받았는데, 리코버도 여기에 지원했다가 처음에는 떨어졌으나 얼 밀스(Earle Mills) 제독의 추천으로 전 프로젝트의 부책임자로 임명되었다. 이 프로젝트를 진행하던 중 원자력 동력에 관심을 갖게

되었으며, 한때 잠수함에 승선한 경험이 있는 체스터 니미츠 원수와 존 설리번 해군 장관의 도움으로 세계 최초의 원자력잠수함인 노틸러스함(USS Nautilus, SSN-571)을 건조하게 되었다. 이후 신설된 원자력과 과장이 된 그는 가압수형(加壓水型) 원자로를 설계했다. 1973년에 해군 대장이 되었으며, 미국 정부는 그에게 계급 정년을 적용하지 않았기 때문에 이 계급을 9년이나 유지했다. 1980년 초 로스앤젤레스급 잠수함 건조 비용 문제로 건조사인 제너럴 다이내믹스(General Dynamics)사 및 해군성과 마찰을 빚자 레먼 해군성 장관은 그의 사임을 압박했고, 결국 레이건 대통령까지 나서서 최대한 그를 예우하는 모양새로 전역하게 했다. 그와 카터 대통령 사이에 재미있는 일화가 있다. 1952년 미 해군사관학교를 졸업하고 수상함 및 디젤식 잠수함 근무를 거친 카터 중위는 신형 원자력잠수함 시제품 개발 프로그램에 참여하기 위해 리코버 대령과 면접을 본 적이 있었다. 여기서 카터는 질문을 받던 중 리코버 제독이 해군사관학교 졸업 성적을 묻자 "820명 중 59등으로 졸업했습니다"라고 자신 있게 대답했는데, 리코버 제독이 다음 순간 "그렇다면 그건 최선을 다한 것이었나" 하고 질문하자 "예"라고 대답하려다 문득 생도 시절 여러 과목에서 조금 더 공부했으면 싶었던 것들이 머릿속을 스치고 지나가 "항상 최선을 다했던 것은 아닌 것 같습니다"라고 대답했다. 그러자 리코버 제독은 "왜 최선을 다하지 않았나(Why not the best)"라고 물었는데, 카터는 이 질문에 제대로 대답하지 못했지만 이 질문을 평생의 좌우명으로 삼았다고 한다.

린드버그, 찰스 Charles Lindbergh, 1902~1974 | 미국의 민간 비행사. 원래 항공우편 조종사였으나 장거리 비행에 심취하여 뉴욕 롱아일랜드에서부터 프랑스 파리까지 약 5,800킬로미터를 '스피릿 오브 세인트루이스(Spirit of St. Louis)'라는 이름의 애기(愛機)로 최초 횡단하는 데 성공했다. 이 성공으로 명예대훈장(Medal of Honor)을 수상했으며, 육군 예비항공대에 편입되기도 했다. 반전주의자로 미국의 세계대전 개입을 반대했으나, 태평양전쟁이 발발하자 육군 상담역 자격으로 몇몇 임무에 투입되기도 했다. 하지만 루스벨트 대통령은 그의 예비역 육군 대령 계급을 현역으로 전환하는 데 반대하여 서명하지 않았다. 1932년 갓 태어난 아들이 납치되어 살해당한 사건은 풀리지 않은 미스터리로 남아 있다.

마그랭-베르느레, 라울 Raoul Magrin-Vernerey, 1892~1964, 프랑스 육군 중장 | "랄프 몽클라르(Ralph Monclar)"라는 이름으로도 알려져 있다. 16세의 나이로 프랑스 외인부대에 지원했으나 거절당해 상시르(St. Cyr) 준군사학교로 진학했다. 제1차 세계대전에는 60보병연대 소대장으로 참전, 전쟁이 끝났을 무렵에는 대위를 달며 프랑스 최고의 훈장인 레지옹 도뇌르(Légion d'honneur)를 수상했다. 제1차 세계대전 후에는 프랑스 외인부대와 함께 시리아와 모로코에서 복무했으며, 1938년에는 중령으로 진급하며 4외인보병연대와 함께 인도차이나에서 싸우기도 했다. 제2차 세계대전이 발발한 후인 1940년 2월에는 13외인반(半)여단(Demi-Brigade)을 통솔해 나르빅(Narvik) 전투에 참전했다. 외인부대가 노르웨이에서

탈출 한 후에는 외인부대원 500여 명과 함께 런던으로 가서 드골이 이끄는 자유프랑스군에 합류했으며 소장을 달았다. 제2차 세계대전이 끝난 후에는 중장(Général de corps d'armée) 계급으로 59세에 은퇴했지만, 한국전쟁이 발발하자 지팡이를 짚는 불편한 몸인데도 참전을 자원했다. 하지만 대대 병력만 파견할 예정이던 프랑스 정부가 소장급 장성이 합류할 자리가 없다고 통보하자 스스로 중령 계급으로 강등하여 합류했으며, 미 2사단 23연대 예하의 프랑스군 대대[정식 명칭은 '한국대대(bataillon de Corée)']를 이끌고 지평리 전투에서 중국 인민해방군 3개 사단을 격파해 서울 재탈환의 결정적인 전기를 만들었다. 프랑스군 대대는 이외에도 강원도 단장의 능선전투 등에서도 전과를 올리는 등 유엔군 전력에 지대한 보탬이 되었다.

마셜, 조지 George Catlet Marshall, 1880~1959, 육군 원수 ㅣ 미 육군참모총장과 국무장관을 역임했다. 버지니아 군사학교를 1901년에 졸업하고 임관했으며, 필리핀 등지에서 활동하다가 제1차 세계대전 때 미 동맹원정군(AEF) 일원으로 프랑스에 파견되었다. 제2차 세계대전이 발발하자 육군참모총장으로 발탁되었고, 전쟁 기간 내내 루스벨트 대통령이 곁에 늘 두고 조언을 구했을 정도로 신임이 두터웠던 인물이며, 수많은 명장을 발굴해냈다. 보기 드문 인격자로서, 윈스턴 처칠은 그를 '(제2차 세계대전) 승리의 조직자(organizer of victory)'라고 칭하기도 했다. 전후 유럽 재건을 위한 경제 지원 계획인 '마셜플랜'도 그의 이름을 따서 붙여졌다. 1953년 노벨평화상을 수상했다.

마운트배튼, 루이스 Louis Francis Albert Victor Nicholas George Mountbatten, 1st Earl, 1900~1979, 영국 해군 원수 ㅣ 영국 왕립해군 제독이자 왕실 정치가. 백작 작위를 갖고 있었으며, 엘리자베스 2세 여왕의 부군인 에든버러 공의 삼촌이다. 영국 해군사관학교를 졸업한 후 상트페테르부르크의 러시아 왕실에도 방문했는데, 이 때 훗날 비운의 운명을 맞이한 로마노프 왕가와도 친교를 맺었던 적이 있다. 제1차 세계대전에도 해군 장교로 참전했으며, 전후에도 계속 해군 장교 생활을 하다가 1939년 제2차 세계대전이 발발하자 5구축함대 사령관이 되어 켈리(HMS Kelly)를 기함으로 삼아 참전했다. 1940년에는 남소스(Namsos) 작전에 참가 중이던 연합군의 퇴거를 지원했고, 1941년에는 크레타 섬 전투에 참전하여 기함을 소실하기도 했다. 1941년 8월에는 미국 노포크(Norfolk, VA) 조병창에 맡겨져 있던 일러스트리어스함(HMS Illustrious)을 인수하기 위해 미국을 방문했으며, 이 시기에 진주만도 방문하여 미국의 전투준비태세도 직접 돌아보았다. 다시 전선에 투입된 그는 대서양 해전 등 다양한 전투에서 활약했으나, 디에프(Dieppe) 공습작전에서는 우군에 대한 폭격이 이루어져 캐나다군이 큰 피해를 입어 비난을 사기도 했다. 1943년에는 연합군 동남아사령부 사령관에 보직되었으며, 1946년까지 미군의 웨드마이어 장군 등과 함께 연합군의 동남아 작전을 지휘하다가 사령부를 해체시켰다. 동남아 사령관으로 지내면서 일본군에 빼앗긴 미얀마를 탈환하고, 장제스와 스틸웰 장군의 불화를 조정하며, 종국에는 싱가포르를 탈환하면서 1945년 9월 자로 일본군의 이타가키 세이시로(板垣 征四郎) 대장의 항복을 받아 초반 영국군의 치욕을 씻었다. 1947년에는 인도 총독을 지냈고, 1947~1948년에는 독립 인도연방의 초대 총독을 역임했다. 1954년부터 1959년까지는 그의 부친이 40년 전 역임한 바 있는 영국 해군참모총장을 지냈다. 이후 합참의장을 역임, 1965년까지 의장직을 수행하며 아직까지도 영국군 역사에서 최장수 의장으로 남아 있다. 1979년 아일랜드에서 휴가를 보내던 중 낚싯배에 폭탄을 설치한 아일랜드공화국군(IRA)의 테러로 암살당했다. 어떤 의미에서는 영국 왕실의 '노블레스 오블리제'를 보여준 대표적인 인물이기도 하지만, 그의 사망과 함께 '대영제국'의 빛이 바랬다는 점에서 제국의 퇴색을 상징하는 인물로 받아들여지기도 한다.

마이어, 에드워드 Edward Charles "Shy" Meyer, 1928~ , 육군 대장 ┃ 1979년부터 1983년까지 미 육군참모총장을 역임. 펜실베이니아 주 태생으로, 1951년 웨스트포인트 졸업 후 보병 소위로 임관했다. 첫 보직으로 1951년부터 한국전쟁에 소대장으로 참전했으며, 1952년에 중위로 진급해 장갑보병 중대장과 미 2사단 24연대 예하 대대 참모로 1953년까지 한국에 있었다. 소령 때는 유럽 연합군 최고사령관 전속부관을 지냈으며, 중령을 단 후 1965~1966년에 1기병사단 3여단장 대리와 5기갑수색연대 2대대장으로 베트남전쟁에 참전했다. 잠시 본토로 귀국했던 그는 다시 1968년 1기병사단 2여단장을 맡기 위해 베트남으로 돌아갔으며, 1970년까지 사단 참모장으로 보직되었다. 1970~1971년에는 브루킹스 연구소에서 수학했으며, 장성이 된 후부터 82공정사단 부사단장, 3보병사단장, 육군참모차장 등을 역임하고 1979년에 육군참모총장으로 영전했다. 총장을 역임하며 '양보다 질'을 중시한 군의 현대화 작업에 박차를 가했으며, 지상군 물자체계에 대한 장기적인 투자를 시행했다. 1983년 육군참모총장을 끝으로 전역했다.

마치, 페이튼 Peyton Conway March, 1864~1955, 육군 대장 ┃ 앵글로색슨 언어에서 현대 비교언어학의 창시자로 불리는 프랜시스 앤드루 마치(Francis Andrew March)의 아들이다. 부친이 영문학과 및 비교철학과 학과장으로 재직하던 라파에트 대학교(Lafayette College)를 졸업한 후 웨스트포인트로 다시 진학했다. 포병 출신이며, 미서전쟁 중에는 필리핀 전선에 참전했다. 1899년에는 필리핀 총독이던 아서 맥아더의 전속부관을 지내기도 했으며, 1904년에는 러일전쟁 중이던 일본에 무관으로 파견되어 일본의 전쟁 수행 역량을 관찰하기도 했다. 제1차 세계대전이 발발하자 1보병사단 예하 1야전포병여단장으로 참전했고, 전쟁 중 소장으로 진급하면서 미 1군사령부 포병대 사령관을 지냈다. 1918년에 워싱턴 D.C.로 돌아가 정년으로 퇴임한 태스커 블리스(Tasker Bliss) 장군 대신 육군참모총장 대행으로 임명되었다가 두 달 후 정식으로 육군참모총장에 보직되었다. 러시아 내전 때 윌슨 대통령을 설득하여 시베리아에 미군을 파병했으며, 재임 중 육군 구조개혁을 단행하고, 전시에는 정규군, 예비군, 주 방위군의 구분을 없애기로 결정했다. 또한 육군항공단, 육군화학전단,

육군수송단 및 기갑병과를 창설했고, 군수보급을 중앙집중화하는 데에도 기여했다. 전후 동원부대의 해체 작업을 완료한 후 1921년에 소장으로 전역했다. 1930년 예비역 상태에서 대장으로 진급했다.

매콜리프, 앤서니 Anthony Clement MacAuliffe, 1898~1975, 육군 대장 ∣ 워싱턴 D.C. 태생으로, 처음에는 웨스트버지니아 대학교에 진학했다가 1917년에 웨스트포인트로 진학했다. 제2차 세계대전 당시 101공정사단[현재 101공중강습사단]의 포병 여단장(준장)을 역임했으며, 벌지 대전투 당시에는 회의 참석차 미국 본토로 잠시 귀국해 있던 맥스웰 테일러 소장을 대신해 사단을 이끌었다. 당시 101사단을 포위하고 있던 독일군이 항복을 종용하자 종이에 '미쳤냐'라는 말을 적어 보내 응수한 것으로 유명하다. 벌지 대전투 이후에는 103보병사단장을 지냈으며, 나중에는 미 유럽사령관 겸 7군사령관을 역임했다. 전후에는 육군 화학병과장을 지냈고, 육군성 인사부장(G-1)을 역임하기도 했다. 전역 후에는 뉴욕 주 민방위위원회 위원장을 지냈다.

매클렐런, 조지 George Brinton McClellan, 1826~1885, 육군 소장 ∣ 남북전쟁 당시 포토맥군을 조직한 것으로 유명하며, 잠깐 동안(1861~1862) 북군 총사령관을 역임했다. 전쟁 초창기에는 북군을 위한 훈련병을 양성해 공급하는 데 중요한 역할을 했다. 치밀하게 준비하고 계획하는 성격이었지만, 이것이 오히려 빠르게 변화하는 전장 환경에서 공격적인 적을 상대하는 데에는 방해가 되었다. 그는 항상 적을 과대평가하는 경향이 있었고, 병력을 집중하는 데 주저하여 부대의 상당 부분을 주요 지점에 배치하지 않고 비(非)교전 상태로 방치하곤 했다. 1862년 반도작전이 리 장군의 공격 때문에 실패로 끝나 적의 수도 리치먼드를 점령하지 못했고, 앤티덤 전투에서 보여준 리더십 문제 때문에 결국 링컨 대통령에 의해 해임되었다. 하지만 링컨은 그를 평가하며 "그 자신은 잘 싸우지 못할지 모르나, 그는 타인들을 싸우게끔 준비시키는 데 탁월하다"고 했으며, 병사들로부터도 인기 있는 지휘관이었다고 한다. 1864년 민주당 후보로 출마해 링컨의 재선을 방해했으나 선거에서 패했고, 훗날 1878~1881년 뉴저지 주지사를 역임했다. 역사가들의 평가가 크게 엇갈리는 인물 중 하나인데, 혹자는 그가 야전지휘에 무능했던 장군이라고 평하지만, 일부에서는 그가 훌륭한 지휘관이었음에도 북군의 패퇴에 대한 희생양으로 링컨 지지자들에게 이용당했다고도 평가한다. 전후 율리시스 그랜트 장군에게 장군으로서의 매클렐런을 평가해달라고 하자, "전쟁 기간 중 그는 종잡을 수 없는 사람이었다"라고 말했다는 일화가 있다.

매키, 윌리엄 William Fulton McKee, 1906~1987, 공군 대장 ∣ 버지니아 태생으로, 웨스트포인트를 졸업하고 1929년에 해안포병(Coastal Artillery: 1942년에 병과 폐지) 소위로 임관했다. 플로리다와 파나마운하지대 및 캘리포니아에서 소대장과 포대장을 지낸 후 1935년에 해안포병학교 과정을 이수했다. 1941년 10월에는 71해안포병대 포병대대장으로 근무했으며, 1942년 1월에는 육군항공대사령부로 배치되어 방공포병 병과장 및 공항 방어과 및 대공포병처장을 지냈다. 1943년에는 항공작전차장으로 보직되어 군소요 등에 대한 작업을 했으며, 1946년에는 공군수송사령부 참모장, 이듬해에는 주유럽 공군사령관에 임명되었다. 1953년에는 공군물자사령부 부사령관이 되었으며, 1961년에 해당 사령부가 공군 군수사령부로 재편한 후 초대 사령관에 임명되면서 대장을 달았다. 1962년 공군참모차장을 끝으로 1964년에 전역했으며, 전역 후에는 미국항공우주국(NASA) 관리개발 부국장을 지내다가 존슨 대통령에 의해 미연방항공국(FAA) 국장을 역임했다.

맥거프, 에드워드 Edward A. McGough III, 1918~ , 공군 소장 ┃ 펜실베이니아 주 태생으로, 1936년에 미 해군에 입대해 1939년까지 복무했다. 이후 웨스트포인트에 진학해 1943년에 소위로 임관했고, 육군항공단으로 배속되어 조종훈련을 받았다. 1944년 474비행전투단에 소속되어 P-38 전투기를 타고 태평양 전역에서 활약했다. 이후 전쟁 말까지 9공군 작전장교로 복무하다가 본토로 귀국했다. 1947년부터 1949년까지는 스탠퍼드 대학교에서 경영학 석사를 받았으며, 공군성 인사참모부 장교보직과에서 근무했다. 1953년에는 50전투비행단 예하 81전술비행대대장에 임명되었으며, 이후 독일로 파견되어 미 공군 부대 중 최초로 F-86에서 F-100으로 기종 전환을 받았다. 1957년에는 전술공군사령부 소요처 전투기과장을 지냈으며, 1958년에는 소요처 차장에 임명되었다. 1961년 4510전투승무원 훈련단장을 거쳐 1963년에는 355전술전투비행단(F-105) 단장에 임명되었다. 1966년에는 7공군 전술통제센터 차장이 되었으며, 1970년에는 스페인에 주둔 중인 16공군사령관을 지냈다. 1972년에는 공군산업대학 학장에 보직된 것을 끝으로 1975년에 전역했다.

맥나니, 조지프 Joseph Taggart McNarney, 1893~1972, 공군 대장 ┃ 장군을 특히 많이 배출한 1915년 웨스트포인트 졸업 기수 출신이다. 보병으로 임관했으나 1916년 소위 중에서 처음으로 비행 과정에 입교했다. 제1차 세계대전 때는 육군항공부 사령부에 참가해 1항공대대에서 활약했고, 이후에는 1군단 정찰대, 3군단 항공참모, 1군 항공참모 등을 역임했다. 제1차 세계대전에 참가하면서 항공 정찰 매뉴얼을 작성하기도 했다. 진주만 공습 후에는 전쟁부의 재편성(reorganization) 위원회에 소속되어 있다가 육군참모차장이 되었다. 이 과정에서 대잠전(對潛戰) 계획을 세우고, 아널드 장군에게 육군항공대 대잠전 사령부를 창설하자고 요청했다. 태평양전쟁이 진행되면서 아널드 장군은 더글러스 맥아더, 조지프 맥나니 혹은 레슬리 맥네어 장군 중 하나를 연합군 태평양 최고사령관에 임명하기를 제청했으나, 육군 항공 출신이 되어야 한다는 의견과 해군이 되어야 한다는 의견 등이 충돌하다가 무산되었다. 맥나니 장군 자신은 대장으로 진급한 후 유럽에서 연합군 최고사령부 지중해 전역군 부사령관 및 지중해 전역 미 육군사령관을 역임했으며, 1945년 11월부터는 주독 미군 최고사령관을 역임했다. 전쟁 후 공군물자사령관 및 국방부 관리위원장을 지냈고, 1952년에 전역해 제너럴 다이내믹스(General Dynamics) 임원을 역임했다.

맥나마라, 로버트 Robert Strange McNamara, 1916~2009, 국방장관 ┃ 제8대 국방장관으로, 케네디

와 존슨 내각에 참여했다. UC버클리 대학교에서 학사학위를 받고, 1939년에 하버드 대학교 비즈니스스쿨에서 MBA 학위를 받았다. 이후 프라이스워터하우스(Price-Waterhouse, 현재는 Pricewaterhouse Coopers: PwC) 회계 법인에서 일했으며, 하버드에서 잠시 교편을 잡았다가 1943년 미 육군항공대 대위로 임관해 통계통제실에서 근무했다. 이 시기에 주로 커티스 르메이 장군이 이끌던 B-29 폭격기 편대의 효율성과 효과를 측정하는 업무를 맡았으며, 1946년에 중령으로 예편했다. 전역 후에는 포드 자동차에 입사했으며, 1960년에는 최초로 헨리 포드(Henry Ford) 가문 외에서 선출된 사장이 되었다. 1961년부터 1968년까지 국방장관을 역임하며 쿠바 미사일 사태, 소련과의 군축 협상, 베트남전쟁 등의 주요 사건을 지휘했으며, 1968년 장관 퇴임 직후 세계은행(World Bank) 총재로 선출되어 1981년까지 13년간 총재직을 역임했다. 2009년 93세를 일기로 워싱턴 D.C.의 자택에서 사망했다.

맥네어, 레슬리 Leslie McNair, 1883~1944, 육군 대장 ㅣ 제1, 2차 세계대전에 모두 참전했지만, 노르망디 상륙작전 중 생로 부근 참호에서 미 육군항공대 8공군의 우군 폭격으로 전사했다. 중장급으로 사망한 세 명의 미군 지휘관(프랭크 맥스웰 앤드루스, 사이먼 버크너) 중 한 명으로, 이 중 맥네어와 버크너 중장은 사후 대장으로 추서되었다. 웨스트포인트를 졸업한 후 포병으로 임관했으며, 대위 때에는 퍼싱 장군을 따라 판초 비야 원정에도 참가했다. 1보병사단 소속으로 제1차 세계대전에 참가해 우수방위훈장과 레지옹 도뇌르 훈장을 받았으며, 제2차 세계대전 개전과 동시에 육군 지상군사령관으로 북아프리카 전선에 참가해 부상을 입고 전상장(퍼플하트)을 받았다. 노르망디에서 전사한 후 77사단 참모장을 하고 있던 아들인 더글러스 맥네어 대령도 불과 2주 후에 괌에서 저격을 당해 전사했다. 이후 의회 결정으로 1954년에 대장으로 사후 추서되었는데, 내내 묘지에 중장으로 표기되어 있다가 2010년에야 바로잡았다.

맥루커스, 존 John Luther McLucas, 1920~2002, 국가정찰국(NRO) 국장 ㅣ 1973년부터 1975년까지 미 공군성 장관을 역임했다. 대학 졸업 후인 1943년부터 1946년까지 제2차 세계대전 중 미 해군에서 장교 생활을 했으며, 전역 후인 1950년에는 펜실베이니아 주립대학교(Pennsylvania State University)에서 물리학 박사학위를 받았다. 나토 과학 분야 사무부총장을 지냈으며, 1969년부터 공군성 차관, 1973년부터는 공군성 장관 대행을 지냈다. 공군성 차관 지명전까지는 버지니아 주에 위치한 비영리단체인 '미터(MITRE)'의 CEO를 역임했다. 1969년부터 1973년까지 국방장관 직속의 국가정찰국(National Reconnaissance Office) 국장을 겸임했으며, 공군성을 떠난 후인 1975년에는 미연방항공기구(FAA) 국장으로 임명되었다. 공직 활동과는 별개로 다수의 항공 관련 기구에서도 활동했다.

맥브라이드, 윌리엄 William Vincent McBride, 1922~ , 공군 대장 ㅣ 펜실베이니아 주 출신으로, 1942년 미 육군항공단에 입대해 군 생활을 시작했다. 팬암 항법학교에서 항법사 교육을 받았으며, 임관 후 폭격기 항법사가 되어 유럽 전역의 387폭격단 항법사로 활약하면서 노르망디 상륙작전 등 다양한 작전에 참여했다. 전후 랜돌프 공군기지에서 고급 파일럿 교육과정을 이수했으며, 그 이후부터는 공수작전, 기상정찰, 공중구조 등의 임무를 주로 수행했다. 한국전쟁 때는 2항공구조단장으로 참전했다. 1964년에는 공군성 장관 군사보좌관을 지냈고, 이후 437공수비행단장, 공군교육사령관, 공군 군수사령관을 역임한 후 1975년에 공군참모차장이 되었다. 1978년에 대장으로 전역했다.

맥아더, 더글러스 Douglas MacArthur, 1880~1964, 육군 원수 ┃ 스코틀랜드계 이민가정 출신으로 할아버지는 제4대 위스콘신 주지사(대행)를 역임했고, 부친은 육군 중장으로 필리핀 총독을 지냈으며, 큰 형(아서 맥아더 3세)은 해군 대령으로 미서전쟁에 참전했다. 1899년에 웨스트포인트를 졸업했으며, 제1차 세계대전 당시에는 42사단 참모장을 지냈고, 전후에는 필리핀으로 파견되어 필리핀 민란 진압을 지휘했다. 1925년 육군 역사상 최연소로 소장에 진급했으며, 1930년 육군참모총장에 임명되었다. 1937년에는 잠시 은퇴하여 필리핀 군사고문관으로 있다가 제2차 세계대전이 발발하자 미 육군 극동군사령관에 임명되었다. 1942년 일본군이 필리핀을 함락하자 PT보트를 타고 코레히도르 섬을 탈출, 오스트레일리아로 이동해 연합군 남태평양 방면 사령관에 임명되어 2년에 걸친 전투 끝에 필리핀을 다시 탈환하고 1945년 미주리호 함상에서 일본의 항복을 받았다. 일본 본토 진공 직전에 지휘권 일원화를 위해 대원수(General of the Armies) 진급 상신이 들어갔으나, 일본이 조기에 항복하는 바람에 진급안이 미 의회에서 계류되어 있다가 자동 파기되기도 했다. 일본 군정사령관과 극동군사령관을 지냈으며, 한국전쟁 때에는 유엔군사령관으로 인천상륙작전 등을 지휘했으나, 해리 트루먼 대통령과 확전 문제를 놓고 이견을 보이다가 해임되었다. 공화당 전당대회에서 오하이오 상원의원 로버트 태프트(Robert A. Taft)의 지지연설자로 잠시 나서기도 했으나 정치에 직접 참여하지는 않았다. 말년에는 군수업체인 레밍턴 랜드(Remington Rand)의 이사장을 지내면서 경제적으로 풍족했던 것으로 알려진다.

맥아더, 아서 Arthur MacArthur Jr., 1845~1912, 육군 중장 ┃ 더글러스 맥아더 원수와 아서 맥아더 3세 대령의 부친이다. 또한 부자(아서 맥아더 장군과 더글러스 맥아더 원수) 모두 명예대훈장을 받은 첫 케이스로도 유명하다. 남북전쟁이 발발하자 곧장 24위스콘신자원보병연대에 입대했으며, 특히 미셔너리 언덕 전투의 중대한 기로에서 열여덟 살의 나이로 연대기를 언덕에 꽂으며 부대 사기를 북돋아 명예대훈장을 받기도 했다. 열아홉의 나이로는 대령을 달면서 '소년 대령(Boy Colonel)'이라는 별명으로 불리기도 했다. 전쟁 후 전역하여 잠시 법을 공부하기도 했으나, 자신의 적성이 아니라는 결론을 내리고 다시 군에 입대해 프렌치·인디언전쟁에도 참가했다. 이후 정규군으로 전환되면서 대위가 되었으며, 평시에 승진 기회가 적어지면서 20년간 같은 계급을 유지했다. 하지만 미서전쟁이 터지면서 임시 준장으로 승진해 필리핀으로 진공했으며, 마닐라 전투를 거치면서 소장까지 승진했다. 이후 윌리엄 매킨리(William McKinley) 대통령에 의해 필리핀 군사총독이 되었으나, 민간 총독으로 온 태프트와 계속 충돌하다가 결국 해임되었고, 태평양 국장으로 이임하면서 중장을 달았다. 이후 전역 전에 육군참모총장에 보직될 기회가 있었으나, 하필 그때 전쟁부 장관으로 온 태프트가 거부하면서 전군의 수장이 될 기회를 잃었다. 전역 후인 1912년 9월, 남북전쟁 당시 자신이 이끌던 밀워키 부대에서 기념연설을 하던 중 갑자기 심장마비로 쓰러져 사망했다.

맥퍼슨, 제임스 James Birdseye McPherson, 1828~1864, 육군 소장 | 오하이오 주 클라이드 태생으로, 1853년에 동기인 필립 셰리던, 존 스코필드, 존 벨 후드 같은 쟁쟁한 동기들을 제치고 웨스트포인트를 수석으로 졸업했다. 공병으로 임관한 그는 허드슨 강 치수사업과 델라웨어 요새 건설 등에 참여했다. 1857년부터 1861년까지는 샌프란시스코 앞의 앨커트래즈(Alcatraz) 요새 건축에도 참여했다. 남북전쟁 발발 당시 서부에 있었으나, 동부로 이동하는 것이 군 경력에 도움이 될 것이라고 생각해 전출을 요청했다. 이후 포트 헨리와 도넬슨 점령에 참전했고, 실로 전투에도 참전하면서 준장으로 승진했다. 1862년 8월에는 소장으로 진급하면서 그랜트의 테네시군 소속 17군단을 인계받았다. 1864년 봄에는 셔먼 장군을 대신해 전 서부지역 사령관에 임명되었으나, 조지프 존스턴(Joseph Johnston)의 치고 빠지는 유격전에 말려 연패했다. 같은 해 7월, 남부지역으로 행군하던 중 남부연합군의 기습에 말려든 그는 탈출을 시도했으나 남부연합군의 집중 사격을 받고 전사했으며, 전쟁 기간 중 전사한 북군의 두 번째 고위급 지휘관으로 기록되었다.

맥피크, 메릴 Merrill Anthony McPeak, 1936~ , 공군 대장 | 제14대 미 공군참모총장을 역임했다. 캘리포니아 주 산타 로사(Santa Rosa) 출신으로, 1957년에 샌디에이고 주립대학(San Diego State College)을 졸업하고 공군 ROTC 프로그램을 거쳐 소위로 임관했다. 임관 후 F-100 세이버(Sabre) 및 F-104 스타파이터(Starfighter) 조종사가 되었으며, 교관 생활도 잠시 했다. 1968년에는 공군 곡예비행단인 선더버드(Thunderbirds)에 리드 솔로(lead solo) 조종사로 참가했으며, 200회에 가까운 곡예비행을 소화했다. 1968년 말에 보직이 끝나자 베트남으로 이동해 F-100 조종사로 37전술전투비행단에 소속되었으며, 1969년에는 특수임무부대인 '미스티(Misty)' 전방항공통제단에 포함되어 호찌민 트레일(Ho Chi-Minh Trail)의 베트남군을 저지하는 임무를 수행했다. 이후 37전술전투비행단이 F-4 팬텀 II로 기종을 전환하자 31전술전투비행단으로 옮겼다. 베트남에 있는 동안 총 269회의 전투 임무를 소화했으며, 이곳에 1970년까지 주둔했다. 이후 합동참모대학 과정을 거친 후 주로 유럽에서 근무했으며, 1987년에는 12공군사령관과 미 남부사령부 공군구성군사령관을 겸임했다. 연이어 태평양 공군사령관을 지낸 뒤 1990년 조지 H. W. 부시 대통령에 의해 공군참모총장에 임명되었다. 총장 임기 중 '사막의 방패' 및 '사막의 폭풍' 작전 전략 수립에 참여하며 전쟁 승리에 기여했다. 1994년까지 총장을 역임한 후 전역했으며, 전역 후에는 TWA,

ECC 인터내셔널 등의 이사장을 지냈다. 이후 정치에도 일부 참여해 부시 대통령의 2003년 이라크 침공에 강하게 반대했고, 2008년 미국 대선에서는 오바마 대선캠프의 공동선거위원장으로 활약했다.

메이컨, 로버트 Robert Chauncey Macon, 1890~1980, 육군 소장 | ROTC 출신으로, 버지니아 공과대학교(Virginia Polytechnic Institute)를 졸업한 후 보병 소위로 임관했다. 1920~1922년 중국에 주둔 중이던 15보병연대에서 복무했으며, 1924~1928년에는 모교로 돌아와 군사학 교관을 지냈다. 제2차 세계대전이 발발하던 당시에는 3보병사단 7연대장을 역임하고 있었으나, 북아프리카에 대한 '햇불(Torch) 작전'에 참가한 후 프랑스령 모로코로 진격했다. 1943년에는 준장으로 진급하면서 83사단 부사단장에 임명되었으며, 1944년에는 사단장이던 프랭크 밀번(Frank Milburn) 소장을 대신해 사단장이 되면서 소장을 달았다. 그는 83사단을 이끌고 노르망디 상륙작전에도 참가, '코브라' 작전 및 생말로(Saint Malo) 공격에도 참가했다. 83사단은 루아르 계곡을 따라 진격해 보장시(Beaugency)에서 2만 명의 독일군으로부터 항복을 받았으며, 로렌과 룩셈부르크를 거쳐 벌지 대전투에도 참전했고, 엘베 강을 건너 소련군과 연결에 성공한 뒤 종전을 맞았다. 그는 1946년까지 83사단장을 역임한 후 주소련 미국 무관에 임명되었으며, 1949년에 귀국해 근무하다가 1952년에 전역했다.

모데카이, 알프레드 Alfred Mordecai, 1804~1887, 육군 소령 | 노스캐롤라이나 태생. 유대인 가정에서 태어났으며, 집안이 담배사업 실패 후 기숙학교를 열어 그곳에서 교육을 받았고, 15세의 나이로 웨스트포인트에 입학했다. 1823년 동기생 중 1등으로 졸업했으며, 웨스트포인트 교관 및 대서양 해안방어선 건설사업 등에 참여하다가 공병 병과 부병과장으로 보직되었다. 멕시코 전쟁 중에는 워싱턴 D.C.의 방어 책임을 맡았으며, 이후 전쟁부 차관을 역임한 후 병기 병과로 전과하여 병기 병과 부병과장을 맡았다. 하지만 남북전쟁 발발과 동시에 웨스트포인트를 졸업한 그의 아들은 북군에서 임관했고, 그의 친인척은 대부분 남부연합군에 가담하면서 난처한 입장이 되었다. 결국 그는 전장에서 멀리 떨어지기 위해 북군 캘리포니아 요새로 전출해줄 것을 요청했지만, 이 요청이 거부되자 어쩔 수 없이 전역했다. 이후 남부연합군의 임관 권유도 있었으나 이를 거절한 후 한 사립학교의 수학 교사로 재직했으며, 전쟁 후에도 군에 돌아가기를 거부하고 왕립 멕시코 철도회사에서 엔지니어로 일했다. 1866년에는 필라델피아로 이주해 운하주식회사의 재무이사로 재직하며 사망할 때까지 20년 가까이 일했다.

모미어, 윌리엄 William Wallace Momyer, 1916~ , 공군 대장 | 오클라호마 태생으로, 1937년 워싱턴 주립대학교(University of Washington)를 졸업했으며, 1938년에 군에 입대했다. 기본 비행과정을 마친 후 1941년부터 조종사로 근무했으며, 카이로 대사관 무관실에서 근무 후 영국 왕립공군 기술고문관이 되어 영국군의 P-40 커티스(Curtiss) 항공기 도입을 지원했

다. 1942년 제2차 세계대전에 참가하면서 북아프리카 튀니지 및 시칠리아 등지에서 활약했으며, 북아프리카에서는 혼자 18대의 독일-이탈리아군 융커스(Junkers) JU87기와 조우해 4대를 격추했다. 전쟁 기간 중 200회가 넘는 출격을 했으며, 총 8대를 공중전으로 격추해 에이스 반열에 올랐다. 하지만 상관이던 둘리틀 장군이 만류했는데도 독일군이 제공권을 장악한 원거리 지역에서 소부대 전투를 감행해 불과 한 달 만에 휘하 33전투단의 전투력이 소진되어 전투력 복원을 위해 후방으로 빠졌다. 동시에 예하 99전투비행대가 비겁하게 전투를 회피했다고 직접 혐의를 제기해 하원 군사위원회 청문회까지 갔으나 부대는 해체되지 않았다. 1944년 본토로 돌아온 후에는 육군항공대 합동작전과장에 임명되었으며, 이후 국방연수원 과정 등을 마치자마자 한국전쟁에 투입되어 8전투폭격단장에 임명되었다. 이후 부대가 일본으로 이동하면서 이타즈케 기지로 함께 이동했으나, 1955년 다시 한국으로 돌아가 314항공사단을 창설하면서 한반도 전역의 전 공군을 지휘했다. 1964년 공군훈련사령부 사령관을 역임한 후 1966년에 베트남에 파병되었으며, 7공군사령관이 되어 1968년까지 베트남의 항공작전을 지휘했다. 이때 휘하에 있던 찰스 예거 대령과 심각한 충돌이 있었으나, 예거가 진급하면서 일단의 충돌은 피해 갔다는 일화도 있다. 모미어 장군은 전술공군사령관을 끝으로 1973년에 전역했으며, 통산 4,000시간 비행의 기록을 보유하고 있다.

몽고메리, 버나드 Sir Bernard Law Montgomery, 1st Viscount, 1887~1976, 영국 육군 원수 | 영국 육군 원수이며 자작이다. 1908년 샌드허스트 왕립군사학교를 졸업하고 임관했으며, 인도에서 복무 후 프랑스로 이동하여 제1차 세계대전에 참전했다. 첫 도착부터 소속연대가 격파당해 몽스(Mons)로 철수했으며, 연합군의 역습에 참가했으나 메테렌(Meteren)에서 독일군 저격수에게 저격당해 오른쪽 폐에 중상을 입었다. 이때 부사관 한 명이 그를 도우러 다가가다 저격당해 누워 있는 몽고메리 위로 쓰러져 죽었는데, 독일군 저격병이 해가 떨어질 때까지 총격을 계속했음에도 죽은 부사관의 시신 덕에 몽고메리는 목숨을 건졌다고 한다. 제2차 세계대전이 발발하자 1942년부터 8군을 지휘했으며, 튀니지에서 종전을 맞을 때까지 이들을 이끌었다. 특히 서북아프리카에서 용맹을 떨쳤으며, 독일군의 맹장인 에르빈 롬멜(Erwin J. E. Rommel)을 뒤쫓아 이집트의 엘 알라메인에서 격파하며 전쟁의 주도권을 빼앗아왔다. 노르망디 작전 기획에 참여했고, 작전 실행 중에는 연합군 지상군을 지휘했으며, 전쟁 말기에는 21집단군을 지휘하여 서유럽에서 활약했다. 하지만 아이젠하워에 대한 경쟁심 때문에 무리하게 네덜란드 아른헴(Arnhem)을 통한 독일 진입작전(마켓가든 작전)을 실시하다가 실패한 책임이 있기도 하다. 독일군이 항복을 선언하자 북부 독일의 뤼네부르거 하이데(Lüneburger Heide)에서 독일군의 항복을 받았다. 전후 영국 육군 라인 지역 사령관(British Army of the Rhine: BAOR) 및 대영제국군 참모총장을 역임했으며, 1948년에는 서유럽연합(WEU) 총사령관위원회 의장을 역임했다. 나토 창설에도 참여했으며,

1958년에 71세로 군에서 은퇴했다.

무어, 제임스 James Edward Moore, 1902~1986, 육군 대장 | 제2차 세계대전 직후 류큐제도(琉球諸島: 남서제도) 고등 판무관을 지냈다. 1924년 웨스트포인트를 졸업했으며, 제2차 세계대전 기간 동안 35사단 참모장, 30사단 참모장, 12군단 참모장, 4·9·2군 참모장을 지냈다. 전후 1946년에는 남부 방면 사령관 및 미 태평양 육군사령관을 역임하고 1948년부터 1950년까지는 육군성 비서실장으로 있었다. 이후 국방연수원 총장(1951~1953), 류큐제도 고등판무관(1953~1955), 9군단장(1955~1958)을 지냈다. 1958년에는 나토로 보직되어 육군 작전처장 및 참모장으로 근무한 후 전역했다.

무어러, 토머스 Thomas Himnan Moorer, 1912~2004, 해군 대장 | 해군항공대 조종사 출신으로 해군 참모총장과 합동참모본부 의장을 역임했다. 앨라배마 주 태생으로, 부친은 치과의사였다. 애나폴리스 해군사관학교에 진학하여 1933년에 임관했으며, 1936년까지 펜서콜라 해군기지에서 해군항공대 교육과정을 이수하고 랭글리, 렉싱턴, 엔터프라이즈 항모 비행대대에서 근무했다. 해상초계기도 몰 줄 알았기 때문에 정찰대대에서 복무했는데, 이 와중에 진주만 공습을 겪기도 했다. 전쟁 중 태평양 서남부의 동인도(East Indies) 전역에 참전했으며, 1942년 오스트레일리아 해안에서 격추당해 부상을 입은 채 포로가 되었으나 구출되어 전상장(Purple Heart)을 수상하기도 했다. 석 달 후에는 티모르 섬에서 부상병을 철수시키는 작전에 참가해 일본군이 제공권을 장악한 하늘을 뚫고 물자를 조달하여 해군 수훈십자훈장을 탔다. 이후 태평양함대와 대서양함대 사령관을 모두 역임했으며, 1967년부터 1970년까지 해군참모총장, 1970년부터 1974년까지 합동참모본부 의장을 역임했다. 1967년 제3차 중동전 중 발생한 리버티호(USS Liberty) 격침 사건(이스라엘 해군에 격침됨)이 의도적이었으며, 린든 존슨 대통령이 이스라엘과의 관계 때문에 의도적으로 사건을 덮었다고 주장하기도 했다. 1974년에 전역했으며, 2004년 베데스다 해군병원에서 사망했다.

미드, 헨리 Henry J. Meade, 1925~2006, 공군 소장 | 천주교 사제이자 군종장교였다. 1951년 매사추세츠 주의 세인트 존 세미너리(St. John's Seminary)를 졸업하고 학사학위를 받았다. 1951년 리처드 쿠싱(Richard Cushing) 대주교로부터 사제서품을 받았으며, 1951년부터 1957년까지 보스턴 교구에서 사목 활동을 했다. 1957년 군종신부로 공군에 입대했으며, 이후 12년간 여러 공군기지에서 군종참모로 재직했다. 1969년에는 공군 군종감실에 보직되어 근무했으며, 1971년에는 초대 군종감실 교회공보업무국장이 되었다. 이듬해인 1972년에는 공군 부군종감에 임명되면서 준장으로 진급했으며, 1974년에는 군종감이 되면서 소장으로 진급했다. 이후 국방부 차관에게 조언을 하는 연방군 군종위원회(육해공 군종감의 통합기구) 의장을 지냈으며, 1978년 8월에 전역했다. 조종사 자격을 보유했으며, '행크(Hank) 신부님'이라는 이름으로 더 많이 불렸다. 2006년 6월에 80세를 일기로 선종했다.

미첼, 빌리 William "Billy" Mitchell, 1879~1936, 공군 소장 | '미 공군의 아버지'로 일컬어지는 인물

이다. 프랑스 니스 태생이며, 위스콘신 주 상원의원을 역임한 존 미첼(John L. Mitchell) 의원의 아들이다. 조지워싱턴 대학교를 졸업하고 미서전쟁 당시 이병으로 입대했으나, 아버지의 영향력에 힘입어 장교로 임관하면서 미 육군통신단에 합류했다. 제1차 세계대전 당시 프랑스 전선에 참전했으며, 미 동맹원정군의 전 항공 전력을 지휘했다. 전후 육군항공대 부단장으로 임명되어 공군력을 증강하고자 노력했으나, 이 문제로 육군 장성들과 대립해 명령불복종 등으로 군법재판에 회부되었다. 재판 후 대령으로 전역했고, 1936년에 사망했다. 1942년에 루스벨트 대통령이 소장 계급을 사후 추서했다. B-25 폭격기에 그의 이름이 붙었는데, 이는 항공기에 개인 이름이 붙은 유일무이한 사례다.

밀러, 헨리 Henry Jervis Friese Miller, 1890~1949, 공군 준장 ┃ 병참병과(Quartermaster) 출신 장성으로, 미국의 제2차 세계대전 참전 무렵인 1939~1941년에는 샌안토니오 공군보급소 소장, 1941년 공군정비사령부 사령관, 공군근무사령부 사령관 등을 역임했다. 1942년에는 8공군근무사령부 사령관으로 임명되었으며, 1943년에는 9공군근무사령부 사령관에 보직되어 있었으나, 본문(제10장)에 나온 바와 같이 런던의 호텔에서 술에 취해 보안사항을 떠든 것이 문제가 되어 직위 해제되고 소장에서 대령으로 강등되었다. 이후 본토로 귀국해 있다가 1944년 직무 수행 불가를 이유로 준장 계급으로 전역했다.

밀턴, 시어도어 Theodore Ross Milton, 1915~2010, 공군 대장 ┃ 하와이 주 스코필드 배럭스 태생이다. 1934년 미군 병사로 입대했다가 웨스트포인트로 진학해 1940년에 졸업했다. 임관과 동시에 육군항공단에 지원해 조종사 과정을 거쳐 1941년 조종사가 되었다. 1943년 유럽 전선에 투입되어 미 8공군 소속으로 B-17 폭격기를 조종했으며, 전쟁 후인 1945년 본토로 귀국해 3년간 연합공수특임단(Combined Airlift Task Force) 참모장이 되어 베를린 공수작전에 참여했다. 공군성 장관 보좌관을 거쳐 1957년에 준장을 달았으며, 일본에 주둔 중이던 전술폭격기 부대인 5공군 41항공사단장에 보직되었다. 1961년에는 소장으로 진급하면서 필리핀 주둔 13공군사령관을 지냈으며, 1963년에는 태평양사령부 작전기획참모로 근무했다. 중장 진급 후에는 공군감찰감을 역임했고, 1969년에는 유럽으로 돌아가 나토 군사위원회 부위원장을 지냈다. 1971년에는 대장으로 진급해 나토 군사위원회 미국 대표가 되었다가 1974년에 전역했다.

바이츠만, 하임 Chaim Azriel Weizmann, 1874~1952, 이스라엘 대통령 ┃ 벨라루스 태생으로 독일과 스위스에서 수학했으며, 시온주의 지도자이자 이스라엘의 초대 대통령을 지냈다. 건국 직후인 1949년 2월에 대통령에 당선되어 1952년 사망할 때까지 이스라엘 대통령직을 유지했다. 원래 화학자로서, 아세톤의 화학적인 대량생산 방법을 개발한 것으로도 잘 알려져 있다. 영국 정계의 로이드 조지(David Lloyd George) 수상이나 제임스 밸푸어(Arthur James Balfour) 등과 친교를 맺어 1917년 밸푸어선언을 이끌어냈다. 1948년 구 영국령 팔레스타인에서 이스라엘 임시정부를 발족했으며, 1949년 정식으로 이스라엘이 건국하자 초대 대통령으로 선출되었다. 장남은 영국 왕립공군 502비행대대 파일럿으로 복무하던 중 비스케이 만에서 전사했으며, 조카인 에제르 바이츠만(Ezer Weizmann)은 1993년부터 2000년까지 이스라엘 대통령을 지냈다.

바트런, 해럴드 Harold Arthur Barton, 1896~1975, 공군 준장 │ 1912년에 해병대 이병으로 입대해 4년 복무 후 전역했다. 1917년 다시 제1차 세계대전이 발발하자 인디애나 주 장교 교육반에 소집되어 교육을 받았으며, 다시 오하이오 주 콜럼버스로 이동해 기초비행교육을 받은 후 통신병과로 전과하여 비행교육을 이수했다. 1917년 9월 프랑스에서 보충교육을 받은 후 2추격비행단 13비행대대에 배속되었으며, 전후 본토로 귀국해 1919년에 정규군 소위로 전환되었다. 제2차 세계대전이 발발한 후인 1942년, 미국이 북아프리카 침공에 나서자 이곳에 배속되어 서북아프리카 육군항공대 1지역사령관을 맡았다가 다시 튀니지로 이동해 서북아프리카 전역 육군항공대 사령관에 보직되었다. 이후 남부 이탈리아 작전 등에 참전한 후 1944년에 본토로 귀환했다. 귀국 후 공군기술지원사령부 사령관을 역임했다가 1947년 8월에는 공군물자사령부 사령관을 끝으로 전역했다. 캘리포니아 주 리버사이드에서 78세를 일기로 사망했다.

반덴버그, 호이트 Hoyt Sanford Vandenberg, 1899~1954, 공군 대장 │ 미 공군 제2대 참모총장이자, 2대 CIA 국장을 지냈다. 위스콘신 주 밀워키 태생으로, 1923년에 웨스트포인트를 졸업하고 육군항공단 소속으로 임관했다. 최초 90공격비행대대에 소속되었으며, 1927년에는 육군항공단 기본 비행학교 교관을 역임했다. 1933년에는 전술비행학교 과정을 마치고 지휘참모대학 및 국방연수원 과정을 밟으며 필리핀 방어에 대한 전문성을 쌓았다. 이후 제2차 세계대전이 발발했을 때에도 계속 항공참모부 기획과에서 근무하면서 필리핀 방어계획을 작성했으나 채택되지는 못했다. 1941년 미국이 제2차 세계대전에 참전하게 되면서 항공참모부 훈련장교로 이동했으며, 다시 영국으로 가서 12공군 참모장으로 북아프리카 공습을 지원하는 임무를 수행했다. 1943년 둘리틀 중령 휘하의 아프리카 북서전략공군(NASAF) 참모장에 보직되었으며, 튀니지 및 이탈리아 전역에서 활약하면서 공로훈장(Legion of Merit)을 비롯한 다수의 훈장을 받았다. 1943년에는 해리먼 대사와 함께 러시아에 공군 대표로 파견되었었다가 이듬해 귀국하기도 했다. 1944년 8월에는 9공군사령관에 보직되었으며, 1945년 7월에는 육군항공대 항공참모로 활약하던 중 1946년에 전쟁부 정보국장을 거쳐 1946년 CIA 국장이 되어 1년간 정보활동을 지휘했다. 1947년 공군으로 돌아온 그는 공군참모차장이 되면서 대장을 단 후 1948년 공군참모총장으로 영전했다. 1952년 3월에 트루먼 대통령은 그의 총장 임기를 한 번 더 연장했으나, 반덴버그는 찰스 윌슨 국방장관과 공군 예산 삭감을 놓고 대립하다가 결국 1953년에 총장직에서 물러났으며, 문제의 예산 세출안은 이듬해 통과되어 공군 예산은 삭감되었다. 전역 직후 전립선암으로 투병하다가 이듬해 사망했다.

밴 플리트, 제임스 James Alward Van Fleet, 1892~1992 육군 대장 | 뉴저지 주 태생이지만 플로리다에서 유년 시절을 보냈다. 1915년 웨스트포인트 졸업 기수로서, 드와이트 아이젠하워나 오마 브래들리처럼 유명한 명장과 함께 수학했다. 제1차 세계대전이 발발한 후 존 퍼싱 장군 휘하에서 미 원정군에 소속되었으며 대대장까지 되면서 활약했다. 제2차 세계대전 발발 후에는 8보병연대장으로 참전해 3년간 지휘했으며, 노르망디 상륙작전 등에 참전하여 혁혁한 공을 세웠다. 하지만 이후 한동안 제대로 진급을 하지 못하고 밀렸는데, 이유인즉 당시 참모총장이던 조지 마셜 장군이 그를 주사 문제가 있던 이름이 비슷한 다른 장교와 헛갈려 진급에서 누락시켰기 때문이라고 한다. 아이젠하워 덕택에 이 오해가 풀리면서 급속도로 진급하기 시작해 5개월 만에 대령에서 소장을 달고, 9개월 만에 다시 군단장이 되었다. 이후 조지 패튼 장군의 3군에 소속되어 3군단[유령군단(Phantom Corps)] 군단장이 되어 명성을 떨쳤다. 전후 중장을 단 그는 그리스 정부군을 훈련시켜 공산반군을 진압했으며, 1950년부터 1951년까지는 미 2군을 지휘했다. 1951년 매슈 리지웨이 장군의 후임으로 미 8군사령관이 되어 계속 미군과 유엔군을 이끌고 중공군과 북한군을 상대했으며, 그러던 와중에 그의 외아들이던 제임스 밴 플리트 주니어 대위가 B-26 폭격기 파일럿으로 참전했다가 전사하는 비극을 겪기도 했다. 1953년 대장으로 전역했으며, 이후 뉴욕의 코리아 소사이어티를 후원하고, 육군사관학교 설립에 도움을 주는 등 한국군을 재건하는 데 많은 기여를 했다.

버치널, 데이비드 David Arthur Burchinal, 1915~1990, 공군 대장 | 펜실베이니아 태생으로, 1938년 브라운 대학교를 졸업하고 1939년에 비행학교에 입교했으며, 1940년에 육군항공대 소위로 임관했다. 이후 제2차 세계대전 기간 동안 본토의 육군항공대 부대나 교관 임무를 수행했으며, 1943년에는 주캐나다 공군 무관으로 발령받아 오타와에 있었다. 제2차 세계대전 말엽에는 티니언(Tinian) 제도로 파견되어 313폭격단에 배속되었으며, 1943년 초에는 21폭격사령부 작전참모, 9월에는 20공군 작전참모로 근무했다. 전후에는 도쿄에 위치한 미 전략폭격조사원에 배치되어 군사분석가로 일했으며, 공군 국방연수원을 거쳐 1953년에 40폭격단장으로 보직되었다. 1955년에는 8공군 참모장, 1958년에는 합참 작전부본부장을 지냈으며, 공군본부참모 보직을 거쳐 다양한 합동참모부 보직을 맡았다. 1966년에 미 유럽사령부 부사령관에 임명되었으며, 1973년 전역할 때까지 이 직책을 유지했다.

버크, 알레이 Arleigh Albert Burke, 1901~1996, 해군 대장 | 제2차 세계대전 중 23구축함전대를 이끌었으며, 원래는 함대를 최고 속도인 34노트로 이끌고 다녔으나 세인트 조지만 전투 후 고장 난 함선 때문에 31노트로 귀환한 일로 '31노트'라는 별명이 붙었다. 콜로라도 주 볼더(Boulder) 태생이며, 1923년에 애나폴리스를 졸업했다. 제2차 세계대전이 시작할 무렵 워싱턴 D.C.에 위치한 해군 함포 공장에 있었으나, 전쟁에 참가하고 싶다는 탄원을 끈질기게 넣은 끝에 참전의 기회를 얻었다. 전쟁 말기에는 미처 제독의 참모장을 지냈으며, 일본의

항복을 받을 시점까지 벙커힐함과 엔터프라이즈함 등에서 근무했다. 1940년대 말에는 소위 '제독의 반란' 사건에 휘말렸는데, 장거리 폭격기의 개발 때문에 "항모는 더 이상 필요 없다"고 주장하는 존슨 국방장관과 정면으로 대립해 거의 항명 사태로까지 확대되었으나 트루먼 대통령의 중재로 넘어갔다. 한국전쟁이 발발하자 극동군 해군사령관 휘하 참모로 참전했으며, 5순양함대를 지휘하는 동시에 1951년부터 정전협상 대표로 공산군 대표들과 회담을 했다. 1955년에는 로버트 카니(Robert Carney) 제독의 후임으로 해군참모총장에 취임했는데, 당시 그는 소장 계급이었으므로 중장계급을 건너뛰고 수많은 선배들을 제치면서 임명되었다. 냉전이 한창 심화되던 시기에 해군참모총장을 맡았으나, 젊은 나이에도 풍부한 경험과 리더십으로 여러 위기를 잘 극복해냈다. 1996년에 그가 사망하자 빌 클린턴 대통령은 당일 "미국에 등록된 함선 중 '알레이버크'라는 이름이 들어간 모든 배와 23구축함전대는 조기를 걸고 정오를 기해 3분간 31노트로 전진 항해할 것'을 명령함으로써 그의 죽음을 애도했다. 최초의 이지스함인 DDG-51 알레이버크함이 그의 이름을 따 명명되었는데, 그의 생전(1991)에 진수했기 때문에 최초로 생존 인물의 이름이 함명으로 된 사례가 되었다.

버크너, 사이먼 Simon Bolivar Buckner, 1823~1914, 남부연합군 중장 | 켄터키 주 태생이며, 당시 남미의 최고 권력가이던 시몬 볼리바르(Simón Bolívar)를 따라 이름이 붙여졌다. 1840년 웨스트포인트에 입학했으며, 1844년에 보병 소위로 임관해 온타리오 호수 주변에서 복무하다가 웨스트포인트로 돌아와 잠시 교관 생활을 했다. 하지만 미국·멕시코 전쟁에 참전하기 위해 교관 보직을 버리고 멕시코로 갔다. 1855년 부친이 운영하던 부동산을 관리하기 위해 전역했으나, 켄터키 주로 돌아가 베리아 매거핀(Beriah Maggofin) 주지사의 군무국장을 지냈다. 이 보직에 있으면서 중립을 표방하던 켄터키의 남북전쟁 참가 방침을 유도했던 것으로 보인다. 남북전쟁이 발발하자 남군과 북군 양측에서 임관 제의가 있었으나 남군을 택했다. 하지만 1862년 도널슨 요새 전투에서 그랜트에게 패하면서 항복했고, 남군 지휘관 중 최초로 항복한 고급장교가 되었지만 북군의 조지 매콜(George McCall) 장군과 포로교환이 되어 남군에 귀환했다. 전쟁 말엽에는 브랙스턴 브래그 장군의 켄터키 침공에 참전했으나 실패했다. 전후 정치가로 변신, 1887년에 켄터키 주지사가 되었으며, 1891년 임기가 끝난 후 1895년에 상원 진출을 시도했으나 실패했다. 1896년에는 전국민주당(National Democratic Party)에 가입해 같은 해 대선에 존 파머(John Palmer) 후보의 부통령 후보로 나섰으나, 전국에서 약 1%의 득표밖에 얻지 못했다. 1914년에 요독증으로 사망했다.

번사이드, 앰브로스 Ambrose Everett Burnside, 1824~1881, 육군 소장 | 인디애나 출신으로, 스코틀랜드 이민가정에서 태어났다. 1847년에 웨스트포인트를 졸업했으며, 포병으로 임관했다. 미국·멕시코 전쟁에 참전해 베라크루스 전투에 투입되었으나 전쟁이 종결된 후에 도착하여 멕시코시티에서 수비 임무만 수행했다. 결혼 후 1853년에 전역하여 라이플 제작에 몰두

했는데, 그의 이름을 딴 '번사이드 카빈(Burnside Carbine)'을 제작해 미 전쟁부와 공급 계약을 맺기도 했다. 1858년에는 로드아일랜드 주 상원의원 선거에 출마했으나 패했다. 이후 파산해 서부로 이주했고, 일리노이 중앙 철도사에 입사하여 회계사로 일했다. 남북전쟁이 발발하자 로드아일랜드 주 민병대 준장으로 복귀한 그는 제1차 불런(Bull Run) 전투에 참전해 노스캐롤라이나와 앤티덤 전투 등에서 승리를 거두었으나, 매클렐런을 대신해 총 사령관이 된 후 치른 프레더릭스버그 전투에서 대패하면서 명성에 빛이 바랬다. 이후 동테네시 전투 등에서 승리했지만 크레이터 전투에서 엄청난 피해를 입자 그랜트 장군이 그를 해임한 후 다시는 현역으로 복귀시키지 않았다. 1865년 4월 전역한 그는 주로 철도사업에 투신하여 성공적인 경영인이 되었으며, 1866년에는 3년 임기로 로드아일랜드 주지사를 지냈다. 1871년에는 전미총기협회(NRA) 초대 회장을 지냈고, 다시 1874년에는 로드아일랜드 주 상원의원을 지내는 등 오히려 군을 떠난 후에 성공적인 삶을 살았다. 흔히 구레나룻을 의미하는 '사이드번(sideburns)'은 그의 독특한 스타일에서 유래한 것으로, 그의 이름 철자만 바뀌어 용어가 정착되었다.

벨, 프랭클린 James Franklin Bell, 1856~1919, 육군 소장 ❙ 켄터키 태생이며, 그의 가족은 남북전쟁 당시 남부연합군에 가담했었다. 1874년 웨스트포인트에 입대했으며, 졸업 후에는 남북전쟁 후 최초로 창설한 흑인 중심의 부대인 9기병연대에 배속되었다. 그러자 휴가를 내 고향으로 돌아가며 임관을 거부하려 했는데, 당시 전쟁부에서는 그의 입장을 고려해 다시 백인들로 편성된 7기병연대로 배속시켰다. 잠시 남부 일리노이 대학교에서 교편을 잡기도 했던 그는 소속 연대가 인디언 전쟁에 참가하자 다시 귀대하여 파인 리지(Pine Ridge) 전투에서 활약했다. 전후 제임스 포사이스(James Forsyth) 장군의 전속부관을 지냈으며, 미서전쟁이 발발하자 자원군 대령으로 임명되어 연대를 창설하도록 명령받았다. 그의 연대는 필리핀으로 파견되어 참전했으며, 벨 대령은 포락 전투 등에 참전하면서 그 공로로 명예대훈장을 받았고 상급자들을 여럿 제치고 정규군 준장을 달았다. 1903년 그는 본토로 귀환하여 지휘참모대학 총장에 임명되었으며, 소장으로 승진한 후에는 육군참모총장이 되어 4년간 시어도어 루스벨트 및 윌리엄 태프트 두 대통령을 모셨다. 이후 필리핀으로 잠시 귀환했으나, 멕시코 전선의 전황이 치열해지자 4사단을 이끌고 텍사스로 가 예비부대로 잠시 대기했다. 1917년부터는 그의 선임자인 레너드 우드 장군이 시작한 학군장교단 프로그램(ROTC)의 창설과 정착을 감독했으며, 이후 77사단의 창설임무를 부여받아 사단을 편성했다. 이후 제1차 세계대전 발발과 동시에 프랑스로 건너가기를 희망했으나, 해외 파병을 위한 건강검진에서 부적합 판정을 받아 귀국했다. 이후 1919년 사망할 때까지 거버너 섬에서 동부사령관을 지냈다.

부스, 도널드 Donald Prentice Booth, 1902~1993, 육군 중장 ❙ 캘리포니아 주 산타바버라에서 태어났다. 부친도 육군 대령이었으며 미서전쟁과 제1차 세계대전에 참전했다. 1926년 웨스트포인트를 졸업했으며, 공병 소위로 임관했다. 이후 코넬 대학교에서 대학원을 다녔고, 1935년에는 웨스트포인트에서 교편을 잡기도 했다. 제2차 세계대전 발발 후 최연소 전역사령관에 임명되어 페르시아 만 사령부를 관할했으며, 소련으로 보내는 전쟁 물자를 관리·감독했다. 전후에는 9사단장, 28사단장, 육군성 인사참모부장을 지냈으며, 1958년에는 류쿠제도 고등판무관으로 재직했다. 1962년 4군사령관을 끝으로 전역했다.

부시, 조지 George Herbert Walker Bush, 1924~ , 대통령 ┃ 공화당 소속 미 제41대 대통령(1989~1993)이다. 제43대 부통령을 역임했으며, 1976~1977년 CIA 국장을 역임했다. 1941년 진주만 공습이 터지자 필립스 엑세터 아카데미(Phillips Exeter Academy) 졸업 후인 1942년 초 미 해군항공대에 입대했으며, 58회 출격 기록을 세우고 1회 격추도 당했으나 살아남았다. 이후 예일 대학교를 졸업한 후 석유사업으로 성공했으며, 정계로 진출한 후 텍사스 주 하원의원(1967~1971), 유엔 주재 미국 대사(1971~1973), 주중 연락사무소장(1974~1975) 등 정계 요직을 두루 거쳤다. 1991년 이른바 '제1차 이라크전쟁'이라고 불리는 걸프전을 지휘했다. 장남인 조지 H. W. 부시도 43대 대통령을 역임해 '테러와의 전쟁'을 지휘했다.

부오노, 칼 Carl Edward Vuono, 1934~ , 육군 대장 ┃ 펜실베이니아 주 태생으로, 1957년 웨스트포인트 졸업 후 야전포병으로 임관했다. 소위를 달자마자 베트남으로 파병을 가 1보병사단 예하 포병대대 행정장교 및 1기병사단 사단포병대 행정장교 등으로 복무했다. 1970년에는 77포병연대 1대대장을 역임했으며, 이후에는 육군교육교리사령부(TRADOC)에서 여러 차례 참모로 근무했다. 1983년부터 1985년까지는 육군 지휘참모대학 학장을 거쳐 1986년에는 교육교리사령관을 역임했으며, 1987년에는 육군참모총장으로 임명되어 1991년까지 미 육군을 이끌었다. 전역 후에는 MPRI(Military Professional Resource, Inc.)라는 민간 군사기업으로 자리를 옮겼으며, 1999년부터는 그곳의 CEO를 맡기도 했다. 이후 2000년에 군수기업인 L3 커뮤니케이션이 MPRI를 합병하면서 현재는 그곳의 중역으로 재직하고 있다.

부처, 해리 Harry C. Butcher, 1901~1985, 해군 대령 ┃ 원래 방송인이다. 아이오와 주 스프링필드 태생으로, 1929년 아이오와 주립대학(Iowa State College) 졸업 후 라디오 방송계에 투신했다. 1932년까지 워싱턴 D.C.의 CBS방송 지국장을 지냈으며, 1942년까지 WJSV 방송국장과 부사장을 역임했다. 방송국 재직 중인 1939년 9월 해군 소령으로 임관하여 1942년 중령으로 진급했으며, 아이젠하워 장군의 해군 보좌관을 지냈다. 1944년 대령으로 진급한 후 아이젠하워의 명령으로 자신의 일기와 아이젠하워의 행적을 기록하는 임무를 맡았다. 1946년에 전역하여 방송계로 돌아왔으며, 일기를 토대로 "아이젠하워와의 3년간(My Three Years with Eisenhower)"이라는 전쟁회고록을 출판했다. 이후 캘리포니아 주 산타바버라에 케이블 TV 방송국 사장을 지내다 1985년에 사망했다.

불, 해럴드 Harold R. Bull, 1893~1976, 육군 중장 | 매사추세츠 주 스프링필드 태생이다. 1914년 웨스트포인트를 졸업했고, 소장 시절이던 1943년부터 1945년까지 SHAEF의 작전참모(G-3)를 지내며 노르망디 상륙을 비롯한 대부분의 유럽 전역 작전을 입안했다. 1949년에 중장으로 진급했으며, 1952년에 전역했다.

뷰캐넌, 로버트 Robert Christie Buchanan, 1811~1878, 육군 대령 | 볼티모어 태생. 1830년 웨스트포인트 졸업 후 4사단에서 소위로 임관했으며 세미뇰 인디언과의 블랙호크 전쟁, 체로키 인디언 강제 추방 등에 참여했다. 멕시코 전쟁에도 참전해 멕시코시티 점령전 등에서 활약했다. 1853년 서부 해안에 훔볼트 요새를 건설하는 임무를 맡았으며, 이때 휘하에 있던 그랜트 대위를 음주 문제로 전역시키기도 했다. 남북전쟁 때에는 수도 워싱턴 방어를 하다가 포토맥 여단장에 취임했으며, 7일 전투, 글렌데일 전투, 2차 불런 전투 등에서 활약했다. 1862년 준장으로 가진급했지만 상원에서 승인하지 않아 대령으로 환원되었다. 하지만 다시 프레더릭스버그 전투의 공훈을 인정받아 1866년 6월부로 다시 임시 소장이 되었다. 전후 대령으로 환원된 후 재건사업에서 활약했으며, 1868년 다시 정규군 준장 추천이 있었으나 승인되지 않았다. 1870년 전역했으며 1878년 워싱턴 D.C.에서 사망했다.

브라운, 라이틀 Lytle Brown, 1872~1951, 육군 소장 | 웨스트포인트를 1889년에 졸업했으며, 미 육군 공병대 병과장 및 육군성 공병부장을 역임했다. 미서전쟁 당시 산후안 언덕의 전투에도 참전했고, 산티아고(Santiago) 포위전에도 참전했다. 참모총장을 역임하던 맥아더가 그를 파나마운하 책임자로 파견하기도 했다. 퍼싱의 멕시코 원정에도 참여해 2공병대대를 이끌기도 했으며, 준장을 단 후에는 전쟁부 참모가 되어 제1차 세계대전에 참전했다.

브라운, 조지 George Scratchly Brown, 1918~1978, 공군 대장 | 공군참모총장, 합참의장 역임. 1941년 웨스트포인트를 졸업했으며, 제2차 세계대전 중에는 주로 8공군에 소속되어 유럽 지역에서 폭격 임무를 수행했다. 한국전쟁 초에는 주로 미 서부해안과 일본 사이를 비행한 제62병력수송단 단장으로 복무했으며, 1951~1952년 사이에는 미시간 주에 있던 56전투비행단장을 역임하고, 한국전쟁 말인 1953년에는 서울에 주둔 중이던 5공군 작전국장을 지냈다. 1968년에는 베트남에 주둔 중이던 7공군사령관 겸 미 베트남 군사지원단(US Military Assistance Group Vietnam) 부사령관을 역임했고, 1970년에는 공군 병기사령관을 지낸 후 닉슨 대통령에 의해 1973년 공군참모총장, 1974년 합참의장으로 지명되었다. 1978년 6월에 전역했으며, 같은 해 12월에 사망했다.

브라운, 해럴드 Harold Brown, 1927~ , 국방장관 | 원자력 전문가로, 린든 존슨 대통령 시절에는 국방 연구공학국장 및 공군성 장관을 세 차례 역임했고, 지미 카터 정권 때에는 국방장관을 역임했다. 유대인 가정에서 태어나 콜롬비아 대학교에서 학사와 석·박사학위를 받았으며, 학위 취득 후 강사 생활을 하다가 UC버클리 대학교 방사능연구소에서 연구원으로 근무했다. 1952년부터는 로런스 방사능연구소(Lawrence Radiation Laboratory)에서 일했으며,

1960년에는 연구소 소장이 되었다. 이후 원자력과 관련된 정부 자문단체 위원으로 활동하다가 공직에 몸담았다. 1969~1977년에 캘리포니아 공과대학교(CALTECH) 총장을 지냈으며, 1969년에는 전략무기제한협정(SALT) 미국 대표를 맡기도 했다. 1978년부터 1981년까지 국방장관을 역임하며 캠프 데이비드 평화조약(Camp David Accord)의 기본 틀을 마련했다. 장관 퇴임 후에는 존스홉킨스 대학교 외교정책연구원 초빙교수로 활동했으며 연구원장도 역임했다.

브래들리, 오마 Omar Nelson Bradley, 1893~1981, 육군 원수 ┃ 미국의 초대 합동참모본부 의장이다. 중령 때 조지 마셜 장군의 비서실장 보좌관을 지냈다. 대령 계급을 건너뛰고 유난히 장군을 많이 배출한 웨스트포인트 1915년 졸업 동기생 가운데 가장 먼저 장군이 되었으나, 개전 직후 동기생인 조지 패튼이 2군단장으로 보직되면서 그의 부군단장으로 임명되었다. 이후 12집단군사령관을 역임하는 등 연합 전력에서 핵심적인 역할을 수행했다. 병사들과 곧잘 터놓고 대화할 정도의 소탈한 성격으로 알려져 있으며, 육군참모총장을 거쳐 한국전쟁 시기에 합참의장을 역임했다. 1950년에 원수로 진급했다.

브랜트, 제럴드 Gerald Clark Brant, 1888~1958, 공군 소장 ┃ 아이오와 주 태생으로 1904년에 웨스트포인트를 졸업하고 기병 소위로 임관했다. 기병장교로 워싱턴 주의 포트 왈라왈라(Fort Walla Walla) 요새의 9기병연대를 시작으로 필리핀, 텍사스 등지에서 근무했으며, 1917년에 통신병과 항공반으로 배속되어 부관과장 겸 행정과장을 지냈다. 1918년에는 켈리 기지 사령관을 지낸 후 육군성 항공부국장에 취임했으며, 지휘참모대 과정을 거쳐 1929년에는 9군단 항공기 착륙공항 사령관이 되었다. 1918년에는 18혼성항공단장을 지냈고, 같은 해 10월에는 오하이오 주 데이턴에서 열린 국제비행경주대회 운영을 맡기도 했다. 이후 제2차 세계대전 발발 전까지 3전투비행단장, 2전투비행단장, 항공기술학교 교장, 멕시코 만 비행단 교육본부장을 역임한 후 1941년 10월에 뉴펀들랜드 기지 사령관에 취임했다. 태평양전쟁 발발 후인 1943년에는 다시 멕시코 만 육군항공단 훈련본부장에 보직되었으며, 1943년 7월에 해당 사령부가 육군항공단 중앙 비행훈련사령부로 개편한 후 1944년에 전역했다.

브레진스키, 즈비그뉴 Zbigniew Kazimierz Brzezinski, 1928~ , 국가안보보좌관 ┃ 폴란드계 미국인 정치학자이자 정치가이며, 지미 카터 대통령 행정부에서 1977년부터 1981년까지 국가안보보좌관을 역임했다. 폴란드 바르샤바 태생으로 나치 독일이 폴란드를 침공하기 직전 가족이 캐나다로 이주했다. 이후 맥길 대학교에서 학위를 따고 하버드에서 교수 생활을 했으며, 1959년에 미국 시민권을 취득했다. 보좌관 재직 당시 중화인민공화국과 수교하고, 두 번째 전략무기제한협정(SALT II)을 조인했으며, 이스라엘과 이집트 간의 캠프 데이비드 평화조약을 주선했다. 물론 이 시기에 이란이 반서방국가로 돌아서고, 소련 침공에 맞서고 있던 무자헤딘에 자금 지원을 하고 무기를 공급했던 것은 훗날 부메랑으로 돌아오기도 했다. 또한 이 시기에 파나마운하를 1999년까지 반환한다는 반환협정도 조인했다. 현재는 존스홉킨스 대학교 고급국제관계학대학의 미국외교정책학 교수로 재직하고 있으며, 시사 관련 텔레비전 프로그램에도 꾸준히 출연하고 있다.

브룩, 앨런 Sir Alan Brooke, 1st Viscount, 1883~1963, 영국 육군 원수 | 영국 육군 원수이자 자작. 제2차 세계대전 당시 대영제국군 참모총장(Chief of the Imperial General Staff)이었으며, 1944년 원수로 진급했다. 논리 정연한 인물로서 윈스턴 처칠 총리와 곧잘 충돌을 일으켰으나, 처칠도 그의 우수한 군사적 혜안을 인정하여 그의 의견을 중요하게 받아들였다. 노르망디 작전에 참가하여 작전 일부를 수정·보완하기도 했다. 1946년에 전역했으며, 전쟁 기간 내내 기록한 일기를 훗날 역사가 아서 브라이언트가 책으로 냈다. 1953년 엘리자베스 2세 여왕의 즉위식에서 영국군 대원수(Lord High Constable of England) 자격으로 제병사령관 임무를 맡기도 했으며, 1963년 사망할 때까지 북아일랜드 벨파스트의 퀸즈 대학(Queens University of Belfast) 명예총장을 지냈다.

블렌처드, 조지 George Samuel Blanchard, 1920~2006, 육군 대장 | 워싱턴 D.C.에서 태어났다. 아메리칸 대학교(American University)에 진학했으나 자퇴하고 주 방위군에 입대해 해안포병으로 군 생활을 시작했다. 여기서 웨스트포인트 진학 추천을 받아 1944년 6월 6일, 노르망디 상륙작전 날에 졸업하고 임관했다. 곧장 유럽으로 파견된 그는 70 및 78보병사단에서 복무했다. 전후 미국으로 돌아와서는 주로 공공정책과 관련하여 학위 공부를 했으며, 1950년에는 합참의장이던 오마 브래들리 원수의 보좌관을 지냈다. 1955년부터 1957년까지 대만에서 군사고문관으로 있었으며, 1959년에 대령을 단 후에는 82공정사단 예하 2공정전투단장을 맡았고, 1959년에는 한국에 주둔 중이던 미 1군단 작전참모를 지냈다. 1966년에는 베트남전에 참전해 1기병사단의 부사단장 및 1군 참모장으로 복무했다. 워싱턴으로 돌아와 참모 업무를 한 후 소장으로 진급해 82공정사단장으로 부임했으며, 1970년에는 유럽으로 돌아가 7군단 군단장을 지냈다. 이후 자원병으로 전환 중이던 유럽 주둔 미 육군을 맡아 감독했다. 사령관으로 근무하던 시절 부대 내의 음주문화 개선을 위해 노력했으며, 병영 내 클럽에서 해피아워 때 술값을 반값으로 내리는 것까지 금지하는 등 강경한 조치를 취했다. 전역 후에는 방산 관련 컨설팅 업체를 창업했으며, 미군의 해외주둔정책에 대해 다양한 조언을 제공했다.

빈슨, 칼 Carl Vinson, 1883~1981, 하원의원 | 조지아 주 출신 민주당 하원의원이며, 미 의회 역사상 50년 이상(1914~1965) 의원을 역임한 첫 인물이다. 사실상 미 해군을 대양해군으로 탈바꿈한 주역으로 꼽히며, 해병대 발전에도 크게 기여했다. 해군 팽창을 위한 법안을 잇달아 통과시켰고, 냉전이 시작된 후에는 전군의 현대화에 중점을 두어 원자력 항공모함의 건조 계획 등을 통과시켰다. 1964년 선거에 출마하지 않고 은퇴해, 1981년 고향에서 사망했다. 그를 기려 1982년에 세 번째로 취역한 원자력 항공모함(USS Carl Vinson, CVN-70)에 그

의 이름이 헌정되었다.

샬리캐슈빌리, 존 John Malchase David Shalikashvili, 1936~2011, 육군 대장 ┃ 1993년부터 1997년까지 합참의장을 역임했다. 조지아(그루지야) 난민 가정 출신으로, 폴란드 바르샤바에서 태어났다. 해외에서 출생해 합참의장까지 오른 첫 장군이다. 원래 조지아의 유서 깊은 귀족 집안 출신으로, 부친인 디미트리 샬리캐슈빌리(1896~1978)는 제정 러시아 육군에서 복무했으나 볼셰비키혁명 후 조지아 민주공화국 중령이 되었다. 1921년 조지아가 소련에 점령당하자 마침 터키에 외교차 나가 있던 디미트리는 폴란드로 망명했으며, 아들 존도 이곳에서 낳았다. 그의 부친은 독일군이 소련에 대항해 조직한 조지아 부대에서 활동하다 연합군 포로가 되었으며, 전후 풀려나자 미국으로 이민했다. 존 샬리캐슈빌리는 1958년 대학 졸업 후 트럭회사에 취직하려 했으나 영장을 받았고, 병사로서 군이 적성에 맞자 장교후보학교에 지원해 입교했다. 이후 포대장, 방공포대장 등을 거쳐 베트남에 참전했으며, 고급 교육과정을 거친 후 1977년 1기갑사단 사단포병대장과 부사단장을 연이어 역임했다. 걸프전 이후 북부 이라크에 대한 평화유지 활동을 성공적으로 지휘했으며, 1993년 클린턴 대통령에 의해 합참의장으로 지명되어 1997년까지 의장직을 수행했다. 전역 후 스탠퍼드 대학교 방문교수 및 러셀 투자사, 방위산업체 L3 등에서 근무하다가 2011년 7월 23일에 심장마비로 사망했다. 미군 내 동성연애자 정책이던 '묻지도, 말하지도 말라(Don't Ask, Don't Tell)' 정책(동성애자임을 공개적으로 밝히지 말라는 미군의 정책)의 철회를 제창했으며, 이 정책은 그의 사망 하루 전날인 2011년 7월 22일에 철폐가 결정되었다.

서덜랜드, 리처드 Richard Karens Sutherland, 1893~1966, 육군 중장 ┃ 제2차 세계대전 중 남서태평양 방면군을 지휘하던 더글러스 맥아더 원수의 참모장을 지냈다. 부친은 웨스트버지니아 주지사였으며, 1남 7녀 중 여섯째로 태어났다. 명문인 필립스 아카데미(Philips Academy) 고등학교와 예일 대학교를 졸업한 후 ROTC 프로그램을 통해 주 방위군으로 임관했다. 멕시코 원정이 시작되자 포병 소위로 참전했으며, 곧 정규군으로 전환되면서 보병이 되었다. 제1차 세계대전 때는 서부전선의 미 2사단에서 복무했으며, 전후에는 필리핀과 중국에서 복무했다. 중국에서 복무하던 당시에는 갈은 고기와 남아 있던 음식을 모두 섞은 후 굽는 '미트로프(meatloaf) 버거'를 개발하기도 했으며, 이는 미국인의 가정식으로 자리 잡았다. 제2차 세계대전이 발발하면서 급속하게 승진해 소장을 달았으며, 제2차 세계대전 동안 내내 맥아더를 따라 종군하며 참모장 역할을 수행했다. 1943년에 아이젠하워가 자신의 참모장인 월터 베델 스미스 장군을 중장으로 승진시키자 맥아더도 곧장 그를 중장으로 진급시켰다. 종전 후 곧 전역했으며, 부인과 평온한 만년을 보내다 1966년에 사망했다.

서머벨, 브레헌 Brehon Burke Somervell, 1892~1955, 육군 대장 ┃ 아칸소 주 리틀록에서 물리학자인 부친과 교사인 모친 사이에서 태어났다. 1910년 웨스트포인트에 들어가 1914년에 106명 중 6등으로 졸업했다. 졸업 후 개인적으로 파리에 여행을 갔다가 제1차 세계대전이 발발하자 현지 미국 대사관으로 가 자원하여 무관 보좌관이 되었다. 공병으로 임관한 그는 판초 비야 원정에도 참전했고, 주로 군수 업무에서 경험을 쌓았다. 전후 세계대공황 재건 사업에 참여해 뉴욕 라가디아 공항 건설 등을 감독하기도 했다. 1941년부터 병참병과를 이끌었으며, 전쟁 중에는 주로 군수 업무를 관장했다. 마셜이 유럽으로 갈 경우 후임 총장이 될 것이라는 소문이 있었으나 낭설이었다고 한다. 사후 ≪워싱턴포스트≫는 그를 '미국이 낳은 가장 유능한 장교'라고 평가하기도 했다.

서먼, 맥스웰 Maxwell Reid Thurman, 1931~1995, 육군 대장 | 미 육군참모차장, 남부사령관 및 교육 교리사령관(TRADOC)을 역임했다. 1953년 노스캐롤라이나 주립대학교(NCSU) ROTC 출신으로 포병 소위로 임관했으며, 레바논과 베트남 등지에서 초·중급 지휘관을 두루 거쳤다. 육군참모차장 역임 후 남부사령관에 임명되어 1989년 파나마 침공을 지휘했으나, 전쟁 직후 백혈병이 발견되어 1991년에 전역했다. 이후 월터 리드 육군병원에서 투병하던 중 1995년에 사망했다.

설리번, 고든 Gordon Russell Sullivan, 1937~ , 육군 대장 | 보스턴 태생으로 노리치(Norwich) 대학교에서 ROTC 교육을 받고 1959년 기갑병과 소위로 임관했다. 제32대 미 육군참모총장을 역임했으며(1991~1995), 육군참모차장, 육군성 작전기획부장, 1기병사단장, 지휘참모대학 총장, 육군기갑학교 부교장 등을 거쳤다. 4회에 걸쳐 유럽에서 근무하고, 베트남에서 2회, 한국에서 1회 근무했다. 총장 재직 당시, 냉전 시대 구조에 맞춰져 있던 육군을 개편했다. 1993년에는 빌 클린턴 대통령에 의해 잠시 육군성 장관 대리를 겸직하기도 했다.

셔먼, 윌리엄 테쿰세 William Tecumseh Sherman, 1820~1891, 육군 원수 | 남북전쟁 당시 북군 지휘관. 성격이 매우 거칠었으며, 한때 우울증까지 앓은 적이 있으나 직관력이 매우 뛰어났다고 한다. 전쟁 당시 남군의 역량을 꺾으려면 산업기반과 사기 자체를 꺾어야 한다는 점을 뚫어보고 남부 주요 도시에 대해 전면전을 실시했으며, 의도적으로 점령지의 철도 등 산업기반과 도시를 파괴해 '파괴자'라는 별명을 얻었다. 전후에는 주로 서부 개척과 인디언 토벌에 주력했으며, 율리시스 그랜트 장군의 후임으로 연방군사령관이 되어 원수 계급을 받았다. 20세기의 전쟁사학자인 리델 하트는 그를 '최초의 현대적 장군'이라 부르기도 했다. '테쿰세'라는 이름은 그의 아버지가 쇼니(Shawnee)족 인디언 추장의 이름에서 따온 것이다. 1879년 미시건 사관학교(Michigan Military Academy) 졸업 기념사 연설에서 "오늘날 많은 이들이 전쟁을 영광스러운 것으로 생각하지만…… 하지만 여러분, 전쟁은 완전한 지옥일 뿐입니다"라는 내용의 연설을 한 것으로 유명하다.

셔먼, 포러스트 Forrest Percival Sherman, 1896~1951, 해군 대장 | 미 해군 제독으로, 1970년에 엘모 줌월트 대장이 해군참모총장이 되기 전까지는 최연소 총장이었다. 1918년에 애나폴리스 해군사관학교에 입교했으나 미국이 제1차 세계대전에 참전함에 따라 1919년에 전시 임관했다. 제1차 세계대전에는 구축함에 승선하여 참전했으며, 전후에는 전함 유타호(USS

Utah), 구축함 리드호(USS Reid) 등의 함장을 역임했다. 1922년 해군항공대 파일럿으로 지명되어 비행훈련을 받았으며, 제2차 세계대전 개전 직전에는 항공모함 레인저함(USS Ranger)의 항해사로 근무했다. 1942년에는 와스프함(USS Wasp) 함장이 되어 솔로몬제도 작전에 참가했으며, 해당 항모를 일본 잠수함에 잃었으나 이 과정까지의 영웅적인 행적으로 해군십자장을 받았다. 그 후 종전까지 태평양함대 사령관이던 체스터 니미츠 제독의 참모를 지냈으며, 미주리호에서 일본이 항복할 때에도 동석했다. 이후 지중해 작전사령관을 거쳐 1949년에 해군참모총장에 보직되었으며, 총장을 지낸 6개월 동안 '제독의 반란' 사건으로 인한 해군의 상처를 치유하는 데 온 힘을 기울였다. 1951년 외교적인 공무로 출장 가던 중 이탈리아 나폴리에서 심장마비로 숨졌다. 구축함 두 척과 해군사관학교 내 비행장을 포함한 비행장 두 곳에 그의 이름이 붙었으며, 남극에 있는 셔먼 섬도 그의 이름에서 따온 것이다.

셰놀트, 클레어 리 Claire Lee Chennault, 1893~1958, 공군 중장 | 중국에서 활약한 미 의용단 (American Volunteer Group: AVG) '비호전대'의 사령관. 원래 부친이 프랑스계 이민자로 성을 '셰나우'라고 발음했으나, 미국으로 이민 오면서 '셰놀트'라고 읽게 되었다. 모친 쪽은 텍사스의 영웅 샘 휴스턴(Sam Houston) 장군의 친인척이고, 부친 쪽은 남북전쟁 당시 남군 지휘관을 역임한 로버트 리(Robert E. Lee) 장군의 친인척이라고 한다. 텍사스 주 태생으로, 1909년 루이지애나 주립대학교(Louisiana State University)에 입학한 후, ROTC 과정에 지원했다가 제1차 세계대전 발발로 인해 조기에 임관했다. 이후 기초장교반 과정을 마치고 비행과정에 들어갔으며, 과정을 마친 후 통신병과 육군 항공반으로 전과했다. 1930년대에는 육군항공단의 첫 곡예비행단인 '삼총사(Three Musketeers)' 리더로 활약했으나, 건강 문제와 상사와의 불화로 1937년에 전역했다. 하지만 이때 중화민국(지금의 타이완)의 장제스 총통의 부인인 쑹메이링(宋美齡, 1899~2003) 여사의 초빙을 받아 중국공군의 건립을 돕기 위한 자문역으로 채용되어 중국에 갔다. 당시 중국은 중일전쟁이 한창이었는데, 사실상 공군력이라는 것이 전무하던 중국은 일본에 일방적으로 당하던 처지인지라 장제스 부부는 그에게 전권을 일임하여 공군창설을 부탁했다. 특히 쑹 여사의 친오빠이던 쑹쯔원(宋子文)이 미국에서 루스벨트에게 로비를 하여 비합법적인 방법으로 100대의 P-40B '토마호크[커티스 P-40 '워호크'의 수출형]'와 미국인 '자원' 항공단의 지원을 허가받았다. 이에 미국은 육군·해군항공단 출신 조종사 중 중일전쟁 참전을 원하는 이들의 자원을 받아 전역 처리한 후 미 의용단에 입대시켰다.

1941년 진주만 공습이 터진 직후에도 계속 중국 쿤밍에 주둔하며 일본군을 괴롭혔으며, 쿤밍으로 향하던 일본군 기체 10대를 요격하여 4대를 격추한 뉴스가 미국 본토에 알려지면서 일본군에 맞서고 있는 공군 지휘관으로 알려지게 되었다. 특히 본토로부터 보급이 원활하지 않아 항공기 가동률이 계속 떨어지자, 항공기 숫자가 많은 것처럼 일본군에 보이기 위해 출격 시마다 부대마크와 항공기 번호를 바꿔 그려 항공기가 여러 대인 것처럼 위장한 것으로 유명하다. 이런 이들의 활약에 고무된 장제스는 미 의용단에 '비호전대'라는 부대명을 직접 하사하기도 했다.

하지만 태평양전쟁이 개전하고, 비호전대의 보급 상황이 좋지 않게 되자 1942년에 미 육군항공대로 부대를 귀대시키기로 결정했으며, 셰놀트 역시 육군 대령으로 복귀했다. 그는 순조롭게 준장, 소장까지 진급했으며, 전쟁 후에는 미 14공군사령관을 역임했다. 장제스와 평소 사이가 좋았던 그는 전후 넘쳐나는 항공기 일부를 구입하여 중국으로 돌아갔으며, '에어아메리카'라는 민간항공사를 설립해 운영했다. 1951년에 전역한 뒤 뉴올리언스에서 중국인 아내와 살았으며, 1958년 암으로 사망하기 직전 공군으로부터 예비역 중장 계급을 받았다. 중국 후난성에는 아직도 '플라잉 타이거즈'가 사용하던 활주로와 셰놀트 장군의 동상 등이 항일 유적지로 지정되어 2005년에 카터 전 대통령 등이 개막 기념식에 참석하기도 했다.

소사보프스키, 스타니스와프 Stanisław Sosabowski, 1892~1967, 폴란드 육군 소장 ┃ 폴란드의 스타니스와부프(Stanisławów) 태생. 1910년에 크라코프 대학교에 들어가 경제학을 공부했으나, 부친의 사망과 경제적인 문제로 학업을 관두고 고향으로 돌아왔다. 여기서 폴란드의 비밀 애국결사운동에 참여했고, 지역지부장으로 승진했다. 1913년에 제1차 세계대전이 발발하자 오스트리아-헝가리군에 징집당해 참전했으며, 58연대에서 상병을 달고 대(對) 러시아전에 투입되었다. 전선에서의 활약으로 곧 소위로 진급했지만 심각한 부상을 입어 후방으로 후송되었다. 1918년에 폴란드가 독립하게 되자 자원입대하여 장교로 임관했으나, 여전히 부상 후유증이 남아 있었기 때문에 야전지휘관이 아닌 폴란드 국방부 참모장교로 보직되었다. 폴란드·소련 전쟁 후 소령으로 진급하고 최고사령부 참모장교가 되었다가, 1937년경에 영관장교로 올라서면서 처음으로 야전지휘관에 보직되었다. 1939년에는 폴란드 정예군이던 제21 '폴란드의 아이들' 연대의 연대장이 되었으나, 이 직후 히틀러의 단치히 침공으로 제2차 세계대전이 발발하게 된다. 개전과 동시에 그의 부대는 테오도르 푸르갈스키 대령이 지휘하던 8보병사단에 예속되어 바르샤바 수비를 지휘했지만 결국은 바르샤바가 함락되면서 폴란드는 점령당하고 말았다. 폴란드 함락 이틀 전, 폴란드군 총사령관이던 율리우스 롬멜(Juliusz Rommel: 독일군의 에르빈 롬멜 장군과 먼 친척이기도 함) 장군은 소사보프스키 장군과 21연대에 영웅적인 분투의 공로로 훈장을 수여하기도 했다.

폴란드 항복 후 소사보프스키 중령 역시 전쟁포로가 되어 포로수용소에 들어가 있었으나, 곧 탈출하여 가명을 쓰면서 폴란드 레지스탕스에 합류했다. 그는 프랑스에 폴란드 점령 사실을 알리라는 명령을 받고 헝가리 등지를 거쳐 파리에 도착했으며, 여기서 망명자들로 이루어진 폴란드 4보병사단의 보병 지휘관으로 취임했다. 하지만 사단장이던 루돌프 드레셔(Rudolf Dreszer) 장군은 장비의 열세를 보고 전 부대를 전선에서 빼기로 결정했으며, 소사보프스키 역시 부하들을 이끌고 영국으로 철수했다.

영국에서 이들은 폴란드계 캐나다인으로 이루어진 4라이플여단을 창설하려 했으나, 젊은 이 숫자가 모자라 계획을 변경했으며, 대신 부대를 공수여단으로 전환시켰다. 준장으로 진급한 소사보프스키 장군은 1944년 8월에 폴란드 국내에서 대규모 소요사태가 벌어졌다는 사실을 알고 공수부대 급파를 시도했으나, 수송 간의 문제 등으로 결정이 내려지지 못하다가 결국 기회를 놓쳤다.

실제로 이 폴란드 공수여단이 투입된 첫 전투는 마켓가든 작전으로, 폴란드 여단은 영국군의 1공수사단 및 미 101, 82공정사단 등과 더불어 네덜란드 아른헴에 투입되기로 결정되었다. 하지만 처음부터 무리한 작전을 밀어붙인 몽고메리의 공명심과 어설픈 정찰 등에 의해 공수부대는 독일군의 SS 친위대 전력과 격돌하게 되었으며, 폴란드 여단 역시 브라우닝의 결정 때문에 아른헴 다리에서 7킬로미터 밖에 낙하했다가 엄청난 피해를 입어 작전은 큰 실패로 끝났다. 작전 후 몽고메리 원수는 작전의 실패가 소사보프스키의 탓이라고 패배의 책임을 돌리면서 그를 여단장에서 해임했으며, 결국 1944년 말에 그는 경비대 대장으로 이임되었다가 종전을 맞았다.

전후 그는 가족을 폴란드에서 영국으로 빼오는 데에는 성공했으나, 폴란드가 소련 치하로 들어가면서 소련정부에 의해 그는 폴란드 시민권을 박탈당했다. 결국 계속 망명생활을 이어가기로 하면서 런던에 완전히 정착했고, CAV 전자라는 회사에서 공장 직공 일을 찾아 여생을 공장 노동자로 살다가 사망했다. 유해는 1969년에 폴란드로 이장되었으며, 2006년에는 네덜란드의 베아트릭스 여왕이 그에게 청동사자훈장을 사후 추서했다. 이는 같은 해 네덜란드 국영방송에서 폴란드 독립여단의 아른헴 분투를 그린 다큐멘터리가 방송되면서 이들의 영웅적인 행동이 부각되어 이루어진 일이었다고 한다.

슈워츠코프, 노먼 Herbert Norman Schwarzkopf, Jr., 1934~ , 육군 대장 | 1991년 미 중부사령관(US CENTCOM)을 역임하던 중 걸프전쟁을 지휘한 것으로 유명하다. 1956년 웨스트포인트를 졸업하고 소위로 임관했으며, 1965년 웨스트포인트 교관을 하던 중 베트남 군사고문단에 합류, 남베트남군 공수부대 훈련교관을 맡았다. 중령 시절 지뢰밭에서 부상을 당한 부하들을 구하려고 직접 지뢰밭으로 기어들어 가 구출한 일로 동성훈장을 받았으며, 이때부터 부하들의 큰 신뢰를 받았다. 장군이 된 후에는 24사단장과 1군단장을 역임했으며, 1988년 대장으로 진급하며 중부사령관에 임명되었다. 1990년 이라크군이 쿠웨이트를 침공하자 사막의 방패 작전과 사막의 폭풍 작전을 연달아 성공시켰으며, 최소한의 우군 피해로 쿠웨이트를 해방시키는 데 성공했다. 이후 육군참모총장 보직을 제의받았으나 거절하고 1991년 8월에 은퇴했다. 2004년 조지 W. 부시 대통령의 공화당 지지연설자로 나서기도 했다.

슈토이벤, 프리드리히 빌헬름 폰 Friedrich Wilhelm von Steuben, 1730~1794, 육군 소장 | 흔히 '슈토이벤 남작'이라고 불렸다. 프러시아 태생으로 예수회 교육기관에서 교육받았으며, 프러시

아군에서 임관하여 제2차 슐레지엔전쟁 및 칠년전쟁에 대위로 참전했으나, 전후 프러시아
군이 감축에 들어가면서 보직이 애매해졌다. 그러던 중 1777년 미국 독립혁명이 발생하자
포츠머스를 통해 미국으로 입국해 미 대륙군에 참가했다. 당시에는 그가 '프리드리히 대왕
의 장군'이었다는 과장된 소문이 돌았는데, 실제로는 참모장교에 불과했으나 앞서 두 차례
전쟁에서 그가 쌓은 경험은 미 독립군의 중요한 자산이 되었다. 그는 대륙회의를 찾아가
급여 없이 봉사하겠다고 밝혔으며, 결국 입대가 허락되어 벨리 포지에서 조지 워싱턴 휘하
로 편입되었다. 특히 미 대륙군이 정규군을 양성하기로 하면서 훈련 과정을 책임졌으며,
사실상의 반농(半農)군을 근대식 군대로 탈바꿈하는 데 큰 역할을 했다. 이후 실전에도 참
전해 너대니얼 그린(Nathaniel Greene) 장군을 지원하여 남부 지역의 원정작전을 도왔으
며, 육군 소장 겸 감찰감에 임명되었다. 전쟁 말기에는 워싱턴 휘하 3개 사단 중 한 개를 맡
아 직접 지휘하여 요크타운에서 전공을 세웠다. 전후 명예전역을 하여 맨해튼에 정착했으
며, 1786년 뉴욕에서 시민권을 얻어 풍족한 연금과 함께 노년을 보냈다.

슐레진저, 제임스 James Schlesinger, 1929~ , 국방장관 ㅣ 뉴욕 태생으로 하버드 대학교에서 학사
와 석·박사학위를 취득했다. 닉슨과 포드 대통령 재임 당시 국방장관을 지냈으며, 지미 카
터 행정부에서 최초의 산자부 장관을 지냈다. 박사학위를 받고 나서는 버지니아 대학교에
서 교편을 잡았으며, 1971년부터 미국 원자력위원회 위원장, 1973년부터는 리처드 헬름스
(Richard Helms)의 후임으로 CIA 국장을 역임했다. 비록 6개월밖에 국장을 역임하지 않
았으나 불필요한 조직 및 인사 개편을 단행하는 바람에 직원들의 반발이 심해졌고, 복도에
걸린 그의 초상화를 훼손하려는 직원들이 생겨 맞은편에 카메라까지 설치했었다고 한다.
같은 해 국방장관으로 옮겨 닉슨 행정부 아래에서 '십분성(Sufficiency)' 전략을 발전시켰
다. 이후 제4차 중동전쟁 같은 굵직한 사건들 앞에서 미국의 국방정책을 지휘했으나, 1975
년 국방 예산 감축 문제로 행정부와 맞서다 해임되었다. 1977년부터 1979년까지 카터 행
정부에서 다시 한 번 초대 산자부 장관으로 기용되었으며, 1979년 제럴드 포드 행정부가
들어서면서 공직에서 완전히 물러났다.

스마트, 제이컵 Jacob Edward Smart, 1909~2006, 공군 대장 ㅣ 사우스캐롤라이나 태생으로 열차 승
무원이던 부친 아래에서 태어났다. 1931년 웨스트포인트를 졸업했으며, 임관 후 육군항공
단에서 훈련을 마치고 비행교관이 되었다. 제2차 세계대전이 발발하자 대령으로서 비행학
교 참모장을 맡고 있다가 1942년부터 육군항공단 자문회의 위원으로 들어갔으며, 이 직책
에 있으면서 그는 연합군의 유럽 침공 계획을 짰고, 루스벨트 대통령 및 처칠 수상 등이 참
석한 카사블랑카 회의에도 동석했다. 1943년 중동의 9폭격사령부에 배속되어 9공군과 함
께 북부 아프리카 리비아 지역에 대한 폭격 임무 등을 수행했으며, 이후 육·해군 참모대학
에 진학하여 1944년까지 과정을 밟았다. 다시 지중해의 15공군으로 배속된 그는 오스트리
아 지역에 대해 폭격 임무를 수행했는데, 대공포에 피격되는 바람에 폭발하는 항공기에서

뛰어내렸고, 다행히 낙하산이 퍼진 덕에 목숨을 건졌으나 독일군의 포로가 되었다. 이후 1945년 4월 조지 패튼 장군의 미 3군이 포로수용소를 해방할 때까지 계속 포로 생활을 했다. 1947년 공군이 창설되면서 아널드 장군의 선임보좌관에 임명되었으며, 1950년에는 뉴욕 주의 32항공사단장을 지냈다. 한국전쟁 중에는 극동군사령부 작전차장을 지냈으며, 1955년 미국으로 돌아와 12공군사령관, 전술공군사령관, 주일 미군 사령관 등을 잇달아 거친 후 1963년에 태평양 공군사령관으로 보직되었다. 1964년 미 유럽사령부(EUCOM) 부사령관을 끝으로 전역했다. 전역 후 미 항공우주국(NASA)에서도 몇 년간 일했으며, 이후 평안한 말년을 보내다가 97세를 일기로 사망했다.

스미스, 월터 베델 Walter Bedell Smith, 1895~1961, 육군 대장 | 제2차 세계대전 중 연합원정군 최고사령부(SHAEF) 참모장을 지냈다. 1913년 인디애나 주 방위군 이등병으로 입대해 군 생활을 시작했으며, 제1차 세계대전 중인 1917년 소위로 임관해 활약하던 중 마른(Marne) 전투에서 부상을 당해 귀국한 후에는 주로 참모 업무에 종사했다. 특히 루스벨트 대통령에게 직접 보고를 하는 등 신뢰를 받아 제2차 세계대전이 발발하자 아이젠하워의 참모로 발탁되었다. 정치적 수완이 필요한 임무에서 능력을 발휘했으며, 이탈리아와 휴전협정을 조인할 때 아이젠하워의 대리로 출석하여 서명하기도 했다. 전후 1946년부터 1948년까지는 주소련 대사를 지냈고, 1950년부터 1953년까지 미 중앙정보국(CIA) 국장으로 재직하며 대대적인 조직 개편을 단행해 중앙정보국을 비밀공작을 주 임무로 하는 첩보기관으로 탈바꿈시켰다. 아이젠하워 행정부에서 국무부 부장관 등을 역임한 후 은퇴했다.

스미스, 조지프 Joseph Smith, 1901~1993, 공군 중장 | 펜실베이니아 태생으로, 1923년에 웨스트포인트를 졸업한 후 기병장교로 임관했다. 1927년 기초비행학교에 입교했고, 같은 해 7월 고급비행학교에서 교육을 받은 후 40비행학교 비행교육대대에 배속되었다. 이후 필리핀을 비롯해 다양한 보직을 거친 후 육군항공단 전술학교 과정에 들어갔으며, 다시 항법학교 과정을 밟은 후 1937년부터 폭격단에서 참모장교를 역임했다. 제2차 세계대전 기간에는 육군항공대사령부와 합동참모본부 등 주요 지휘부의 참모를 지냈다. 1945년 1월에는 인도에 주둔 중인 20폭격사령부 참모장이 되었으며, 8월에는 오키나와에 주둔 중인 8공군 부사령관이 되었다. 10월에는 육군항공대사령부 기획처장을 지낸 후, 11월에는 공군대학 참모장, 이듬해 8월에는 공군 전술학교 교장으로 부임했다. 이후 주유럽 미 공군사령관, 미 공군본부 작전참모, 합동전략기획위원회 공군위원 등을 역임하고, 1951년에 미 군사항공수송본부 본부장을 지냈다. 1958년에 전역했다.

스위니, 월터 Walter Campbell Sweeney, Jr., 1909~1965, 공군 대장 | 웨스트버지니아 주 윌링(Wheeling) 태생으로, 1930년에 웨스트포인트를 졸업하고 소위를 달았다. 1934년 랜돌프 기지에서 비행학교 과정에 입교했으며, 1935년에는 고급비행학교 과정을 마치고 루이지애나 주의 3공격단 산하 8공격대대에 배속되었다. 1939년에는 하와이에 있는 5폭격단 및 11폭격

단으로 이동해 431폭격대대장으로 보직되었다. 1942년에는 육군항공대 특임단을 지휘,
미드웨이 해전에 참전했으며, 그 이후에는 전쟁부 산하 작전국 전역단 실무 장교로 이동했
다. 1944년에는 73폭격단으로 보직되어 이 부대의 참모장과 단장을 역임했으며, 마리아나
에 투입되어 일본군을 상대로 최초로 B-29를 이용한 저공폭격을 실시했다. 이 와중에 일본
군에 격추되면서 항공기를 잃기도 했으나, 구명보트에 의지해 기지까지 돌아오기도 했다.
전후에는 국방연수원 교관 및 전략공군사령부 작전부장을 역임했고, 1953년에는 15공군
사령관에 보직되었으며, 이 기간 중 처음으로 제트폭격기를 이용해 태평양을 횡단하는 기
록을 세우기도 했다. 1955년부터 1961년까지는 8공군사령관을 역임했고, 1961년에는 대
장으로 진급하면서 전술공군사령관에 보직되었다. 1965년 8월에 전역했으나 같은 해 12
월에 암으로 사망했다.

스코크로프트, 브렌트 Brent Scowcroft, 1925~ , 국가안보보좌관 ┃ 제럴드 포드와 조지 부시 대통령
재임 중 국가안보보좌관을 역임했다. 공군 소장 출신이다. 1947년 웨스트포인트 미 육군사
관학교를 졸업했으며, 육군항공대 소속으로 활동하다 공군으로 전군했다. 닉슨 재임 중에
는 군사보좌관을 지냈으며, 2001년부터 2005년까지는 조지 부시(아들) 대통령 임기 동안
대통령 해외정보자문위원회 위원장을 지냈다.

스콧, 윈필드 Winfield Scott, 1786~1866, 육군 중장 ┃ 버지니아 주 태생. 부친이 버지니아 주 피터스
버그(Petersburg)근처 딘위디(Dinwiddie) 카운티에 대농장을 운영하고 있었다. 윌리엄
앤드 매리 대학교(College of William and Mary)를 졸업한 후 변호사 사무실에서 일했으
며, 동시에 민병대 조직인 버지니아 민병 기병대에서 상병으로 1807년까지 복무했다.
1808년 군으로부터 정규군 포병 대위 임관을 받았으나, 이듬해 상관이던 제임스 윌킨슨
(James Wilkinson) 장군의 비겁함과 부패를 비판하다가 군사재판에 상관 모독 및 명령 불
복종으로 회부되어 1년간 정직 처분을 당했다. 1811년 복직되어 웨이드 햄프턴(Wade
Hampton) 장군의 참모로 보직되었다.

1812년 육군에 의해 중령으로 진급되었으며, 1812년 전쟁에 투입되어 나이아가라 작전에
참가했다. 1812년 10월 캐나다 온타리오 주 퀸스턴 하이츠(Queenston Heights)에 대한
상륙작전을 지휘했으나, 대부분의 뉴욕 주 민병대가 캐나다 국경을 넘기를 거부하여 고립
되자 영국군이 윌리엄 워즈워스(William Wardsworth) 장군과 스콧 중령에게 항복을 종
용해 결국 영국군의 포로가 되었다. 이때 함께 항복한 13명의 아일랜드계 미국인 장교를
'배신자'로 간주하여 처형했으나, 스콧 중령은 포로 교환을 통해 미국으로 돌아왔다. 그는
1813년에 대령으로 진급했으며, 온타리오 주 포트 조지(Fort George) 점령 수훈을 세웠
다. 1814년에는 준장으로 진급하여 룬디스 레인(Lundy's Lane) 전투에 참전해 부상을 입
었다. 이 공훈으로 소장 진급이 예정되었었으나, 부상이 심해 전쟁이 끝날 때까지 현역으
로 복귀하지 못해 준장으로 종전을 맞았다.

전후 1815~1816년 프랑스를 방문해 나폴레옹 전술을 연구했으며, 나폴레옹의 저서 몇 권을 번역했다. 현역으로 복귀하고 나서는 인디언 전쟁에 참전해 2차 세미놀(Seminole) 전쟁 및 크리크(Creek) 전쟁을 지휘했다. 이 전쟁의 승리로 1841년 소장으로 진급했으며, 미육군 최고사령관(Commanding General of the United States Army)에 올랐다.

미국·멕시코 전쟁이 발발하자 남부에 배치되어 있던 두 개의 군(軍)을 통솔하여 참전했으며, 베라크루스(Vera Cruz) 상륙을 지휘하여 멕시코시티를 점령하고 군정사령관을 지냈다. 1852년에는 과달루페 조약을 체결하고 전쟁을 종결했으며, 본토로 귀국하여 휘그(Whig)당을 통해 대통령 후보로 나섰으나, 민주당의 프랭클린 피어스(Franklin Pierce) 후보에게 패했다.

1861년 남북전쟁이 발발했을 당시 이미 고령이던 스콧 장군은 건강이 좋지 않았기 때문에 연방군사령관으로 로버트 리 장군을 추천했다. 하지만 같은 날 리 장군의 고향인 버지니아 주가 연방을 탈퇴하여 남부연합에 가입해 리 장군이 직책을 모두 사임하고 남부로 가버렸다. 스콧 또한 버지니아 주 출신이었으나 연방에 남았다. 이후 전쟁 말기까지 링컨 대통령 자문 역할을 하다가 1866년 웨스트포인트에서 사망했다.

스태그, 제임스 Sir James Martin Stagg, 1900~1975, 영국 공군 대령 | 영국 왕립공군의 기상장교로 활약했다. 1924년부터 영국 국방부 산하 기상청에서 일했으며, 1939년에는 큐 가든(Kew Garden Observatory) 왕실식물원장에 임명되었다. 1943년 왕립공군 자원예비군대(Royal Air Force Volunteer Reserves)에 입대해, 대령으로 임관한 후 오버로드 작전 기상책임관에 임명되었으며, 이 기간에 영국 기상청, 영국해군 및 미 육군항공대의 기상정보를 취합하여 분석하는 일을 수행했다. 전쟁 후 전역했고, 1954년에 기사 작위를 받았다. 1959년에는 왕립기상학회장에 선출되었고, 1960년에는 기상청장이 되었다.

스터기스, 새뮤얼 Samuel Davis Sturgis, 1822~1889, 육군 소장 | 펜실베이니아 주 쉬펜스버그 태생으로, 스무 살에 웨스트포인트에 진학했으며, 매클렐런, 스톤월 잭슨과 함께 1846년에 졸업했다. 미국·멕시코 전쟁이 발발하자 1용기병대(소총을 장비한 기병대)에 배치되어 싸우다 전쟁포로가 되기도 했다. 전후 주로 서부에서 활동하다 남북전쟁에 참전했으며, 워싱턴 D.C. 방어 임무 수행 후 존 포프 장군의 버지니아군을 지원하기 위해 파견되었다. 이때 다른 부대가 먼저 포프에 대한 물자수송을 완료한 후 차례가 올 때까지 기다리라는 명령을 받았으나, 자기 병력을 보호하고자 이 명령을 무시한 것으로 논란이 되었다. 이후 앤티텀과 프레더릭스버그 전투에서 2사단을 지휘했으나, 1864년 미시시피에서 남군의 네이선 포러스트(Nathan B. Forrest) 장군에게 격파당했다. 전후 평시계급으로 환원되어 준장에서 중령이 되었으며, 1869년에는 대령을 달고 조지 커스터(George Custer) 중령과 함께 서부 인디언 전쟁에 투입되어 싸우던 중 빅혼(Big Horn) 전투에 참전한 아들인 제임스 스터기스 소위를 잃기도 했다. 1886년에 은퇴했으며, 그의 아들인 새뮤얼 스터기스 주니어 소

장은 제1차 세계대전에 사단장으로 참전했고, 손자인 스터기스 3세 중장은 1953년부터 1956년까지 미 육군 공병감을 지냈다.

스테니스, 존 John Cornelius Stennis, 1901~1995, 상원의원 ┃ 미시시피 주 출신의 민주당 상원의원으로, 41년간 의원을 역임했다. 1928년 버지니아 대학교(University of Virginia) 로스쿨을 다니는 와중에 정계에 입문해 1932년까지 하원의원을 지냈으며, 1947년 시어도어 빌바오(Theodore Bilbao) 의원이 사망하면서 치러진 보궐선거에서 승리해 상원의원이 되었다. 「상원윤리법」을 입안하고 본인이 직접 상원 윤리위원장이 되었으며, 1987년에는 만장일치로 상원의장 대리(Senate Pro Tempore)로 선출되어 군사분과 및 세출위원회 위원장 등을 역임했다. 칼 빈슨과 마찬가지로 해군 발전에 크게 기여했으며, 니미츠급 항모인 CVN-74함이 진수되자 그의 이름을 따 명명되기도 했다. 매카시 열풍이 불었을 당시 조지프 매카시를 공개적으로 비판한 첫 민주당 의원이기도 했다. 1989년에 정계에서 은퇴한 후 모교인 미시시피 대학교에서 93세의 나이로 교편을 잡다가 1995년에 사망했다. 1973년에는 괴한에게 총격을 당해 총상을 입은 적도 있고, 한쪽 다리는 암으로 절단한 전력이 있으며, 난청이 심했다고 한다.

스튜어트, 제임스 James "Jimmy" Maitland Stuart, 1908~1997, 공군 소장 ┃ 미국의 대표적인 영화배우 중 한 명으로, 아카데미상 후보에만 다섯 번 올랐으며 1940년 〈필라델피아 스토리〉로 아카데미 남우주연상을 수상했다. 펜실베이니아 주 인디애나 태생으로, 펜실베이니아 주의 사립고등학교인 멀서스버그 아카데미(Mercersburg Academy)에 재학하며 첫 무대에 올랐다. 이후 본인은 해군사관학교에 진학하고 싶어 했지만, 부친의 반대로 프린스턴 대학교로 진학했다. 원래 건축을 전공하여 졸업논문이 논문상을 수상하기까지 할 정도였지만, 계속 연극과 연기에 관심을 가져 학교를 통해 연기를 하다 MGM사에 소속되어 직업배우가 되었으며, 전쟁 전까지 프랜시스 포드 코폴라 감독 등과 최고의 호흡을 보이며 미국의 대표적인 명배우가 되었다. 제2차 세계대전이 발발하자 군인 집안의 가풍(조부는 남북전쟁에 참전했고, 부친은 미서전쟁 참전)의 영향을 받아 공군에 입대했으며, 비행학교에 지원해 조종사 자격증을 취득하여 진주만 공습 이전에 이미 400시간 비행 기록을 채웠다. 1941년 우여곡절 끝에 육군항공단에 소속되었으며, 1942년에 정식으로 임관하여 소위를 달았다. 대중의 눈 때문에 육군항공대는 초반에 그의 실전 투입을 꺼려 라디오 진행이나 홍보 영화에만 출연시켰으나, 그는 '후방'에서 복무하는 것에 불만을 느끼고 전출을 요청했고, 결국 육군이 이를 받아들여 폭격기 조종사로 보수교육을 시킨 후 1943년에 대위 계급으로 703폭격대대장에 보직시켰다. 공식적으로는 독일 본토에 대해 20회 이상 공습 임무를 수행했지만, 실제로는 '비밀' 폭격 임무까지 있었으므로 훨씬 더 많은 임무를 수행했다고 한다. 1944년에는 8공군 2전투폭격단 참모장에 보직되었으며, 대령을 단 후에도 계속 비행임무를 수행했다. 전후에는 군을 떠나 배우로 돌아왔지만, 공군 예비대에 소속되었다가 공군이 창설된 후인 1959년에는 준장으로 진급했고, 계속 1969년까지 27년간 공군과 관계된 일을 했다. 하지만 그는 '특별한 인물'로 대접받기보다는 '그저 할 일을 한 한 사람의 국민'으로 보이고 싶어 했기 때문에 공군에서의 활약에 대해 거의 이야기하지 않았다고 한다. 1980년대에 가서 로널드 레이건 대통령이 그를 명예진급시켜 공군 소장이 되었으며, 1990년대까지도 배우 및 성우로 활약하다 1997년에 향년 90세를 일기로 사망했다.

스트로더, 딘 Dean Coldwell Strother, 1908~2000, 공군 대장 ┃ 캔자스 주 태생으로, 1927년에 의원 추천을 받아 웨스트포인트에 입학했다. 1931년에 졸업하면서 기본비행교육과 고급비행교육을 받았으며, 육군항공단으로 옮겼다. 1942년 남태평양 지역으로 옮겨 전투기 참모장교로 근무했으며, 13공군이 창설되자 준장으로 승진해 전투사령부 사령관이 되었다. 이후 미 육군, 해군, 해병대, 뉴질랜드군을 지휘하면서 오스트레일리아에 진입하던 일본군을 격퇴하는 임무를 수행했다. 1944년에는 이탈리아로 옮겨 15공군 예하 306전투비행단장에 임명되었으며, 1944년 10월에는 15전투사령부 사령관이 되었다. 이 기간 중 직접 전투기들을 이끌고 독일과 소련 간 전투가 벌어지던 동부전선으로 이동하여 독일군에 대해 공세를 취하던 소련군을 지원하기도 했다. 전후 본토로 돌아와 공군교육사령부 서부해안 비행단장을 맡았다가, 1951년에 독일 주둔 12공군사령관에 보직되었다. 1953년에는 공군대학장, 1962년에는 나토 군사위원회 미국 대표로 나갔으며, 1965년에는 최종적으로 북미방공사령부(NORAD: 현 북부사령부) 사령관에 임명되었다가 1966년에 전역했다.

스틸웰, 조지프 Joseph Warren Stilwell, 1883~1946, 육군 대장 ┃ 제2차 세계대전 중 중국, 미얀마, 인도 방면에서 활약했다. 1904년에 웨스트포인트를 124명 중 32등으로 졸업했다. 이때부터 이미 외국어에 소질을 보여 프랑스어 등에 능숙했다. 제2차 세계대전이 발발한 직후 마셜은 그를 북아프리카 상륙작전을 지휘하게 할 생각이었으나, 중국 국민당 정부의 요청으로 미군 고급 장성을 파병하게 되자 그를 선택했다. 중국에 도착해 장제스 총통의 참모장을 맡은 그는 직접 중국군(국민당군)을 지휘해 일본군과 싸워 중국과 미얀마, 인도 전역에서 활약했다. 1944년에는 대장으로 진급했으나 계속된 장제스 총통과의 불화 때문에 결국 웨더마이어 장군과 교체되어 오키나와로 이동했으며, 이곳에서 10군과 6군을 지휘했다. 이후 본토로 귀국해 전쟁부 장비위원회 위원장이 되었으나, 위암이 발생해 1946년 10월에 63세를 일기로 샌프란시스코에서 사망했다.

스팀슨, 헨리 Henry Lewis Stimson, 1867~1950, 전쟁부 장관 ┃ 두 차례 전쟁부 장관을 지냈고, 미국이 제2차 세계대전에 참전하는 모습을 보았으며, 통칭 '맨해튼 프로젝트(Manhattan Project)'의 총책임자로 유명하다. 제1차 세계대전 중에는 시어도어 루스벨트 전임 대통령과 자원군을 편성해 직접 참전을 시도했으나, 윌슨 대통령이 이를 저지했고, 결국 혼자서만 정규군으로 참전해 포병 대령으로 복무했다. 파리평화조약에 위배되는 방식으로 체결된 조약이나 협정은 일체 인정하지 않는다는 '스팀슨 독트린'으로도 유명하다.

스파츠, 칼 Carl Andrew Spaatz, 1891~1974, 공군 대장 ┃ 펜실베이니아 태생으로, 1914년 웨스트포인트를 졸업했다. 육군통신단의 항공반에 배치된 후 비행을 배워 사실상 미 육군항공대와 공군의 초석을 다진 인물이다. 제1차 세계대전에서도 31비행대대를 이끌었으며, 제2차 세계대전 개전과 동시에 육군항공대 전투사령관에 임명되어 8공군, 12공군, 15공군 등을 이끌면서 유럽 및 북아프리카 전선에서 활약했다. 전후 1947년에 공군이 정식으로 창설되면서 초대 공군참모총장을 역임했다. 독일군이 미군, 소련군에 항복하는 순간에도 참석했고, 일본이 미주리 함상에서 항복할 때에도 참석해 추축국의 모든 항복을 지켜본 유일한 장성으로 알려져 있다. 원래 이름 철자를 'Spatz'라고 쓰는데, 다들 '스패츠'라고 발음해 이를 막기 위해 이름 철자에 'a'를 하나 더 집어넣었다는 일화가 있다. 흔히 그를 부르던 별명인 '투이(Tooey)'는 웨스트포인트 재학 당시에 붙은 별명으로, 붉은 머리를 갖고 있던 F. J. 투헤이(F. J. Toohey)라는 동기생과 비슷하게 생겼다고 한 것이 유래가 되었다고 한다.

스프루언스, 레이먼드 Raymond Spruance, 1886~1969, 해군 대장 ┃ 일찍이 미 해군에서 가장 유능한 항모지휘관으로 명성을 날리던 인물이며, 미드웨이 해전의 기적 같은 승리를 일궈낸 명장이다. 상관이던 할시 제독과는 정반대의 성격을 가진 인물로, 침착하면서도 조직적인 성격이었다고 한다. 주로 할시 제독 휘하에서 참모로 활약했으나, 미드웨이 해전 직전에 할시가 피부병에 걸려 군의관이 닥터스톱을 거는 바람에 그와 교대하면서 인생의 전기를 맞았다. 불우한 유년기를 보냈지만 자수성가한 입지전적인 인물로, 미드웨이에서의 승리 후에는 5함대 사령관을 맡았고, 다시 니미츠의 참모장이 되어 1년간 그와 찰떡궁합을 과시했다. 주도면밀하면서도 치밀한 인물이었기 때문에 태평양 전선의 거의 모든 해전에 참가했으며, 전후에도 은퇴한 뒤 필리핀 대사를 역임하면서 막사이사이 정권 수립에 크나큰 영향을 미쳤다. 사후에는 니미츠 원수의 곁에 묻혔다. 원수 진급이 상신되었으나, 의회에서 그 대신 할시 제독을 원수로 선택해 진급하지는 못했다.

슬림, 윌리엄 Sir William Joseph Slim, 1st Viscount,1891~1970, 영국 육군 원수 ┃ 브리스틀 태생이며, 천주교 집안에서 태어났다. 1912년에 버밍엄 대학교 장교 교육반에 들어갔으며, 임관 후 왕립 워릭셔 연대(Royal Warwickshire Regiment)에 임시 소위 계급을 달고 배속되었다. 제1차 세계대전에 참전했다가 갈리폴리 전투에서 큰 부상을 입어 영국으로 귀환했지만 정식 소위를 달았고, 이후 서인도(West India) 연대에 배속되었다가 중동 부근에서 줄곧 근무했다. 1918년에는 구르카 라이플 연대에 배속되면서 소령으로 진급했으며, 이후 인도 참모대학 이수를 비롯해 교육과정을 마치고 참모 업무를 수행했다. 제2차 세계대전이 발발하자 인도 5보병사단 10여단장으로 임명되었으며, 동아프리카 전선에 투입되어 이탈리아에 점령된 에티오피아 해방작전에 참가했다. 이후 주로 동남아·미얀마 전선에서 활약하며 여러 사단장을 거쳐 영국 육군 14군사령관이 되었고, 속칭 이 '잊혀진 군대'를 이끌고 미얀마 전역을 지휘했다. 전후 귀국해 왕립국방대학교 총장을 역임했으며 1947년에는 영국 여왕 비서실장을 지냈다. 몽고메리 원수가 한때 그를 육군참모총장으로 추천했으나 애틀리 수상이 반대해 무산되었다. 1949년에 영국 육군 원수로 전역했다. 이후 1953년부터 7년간 오스트레일리아 총독을 지냈으며, 1970년에 79세를 일기로 사망했다.

시버트, 에드윈 Edwin Luther Sibert, 1897~1977, 육군 소장 | 1918년에 웨스트포인트를 졸업했으며, 부친인 윌리엄 시버트(William Luther Sibert, 1860~1935)와 형인 프랭클린 시버트 (Franklin Cummings Sibert, 1891~1980)까지 모두 미 육군 소장으로 전역했다. 아이젠하워 휘하에서 방첩 업무를 담당했다.

시버트, 윌리엄 William Luther Sibert, 1860~1935, 육군 소장 | 원래 앨라배마 주립대학교를 다니고 있었으나 재수하여 1880년 웨스트포인트에 입학한 후 1884년에 공병소위(건설공병)로 임관했다. 당시에는 졸업자 중 상위 10퍼센트만을 끊어 공병병과를 주었다고 한다. 필리핀 반란 때에는 마닐라에서 철도공사를 감독했고, 귀국 후에는 루이스빌과 피츠버그에서 치수공사 등을 맡았다. 1907년부터 1914년까지는 파나마건설위원회에 참여해 일부 구간의 건설을 맡았으며, 1915년에는 준장으로 진급한 후 제1차 세계대전에 참전할 동맹원정군 (AEF)에 포함되었다. 최초에는 동맹군 병력을 훈련하는 역할을 맡았으나, 훈련 성과에 만족하지 못한 퍼싱 장군이 프랑스로 출발 직전에 그를 해임하고 로버트 리 불러드(Robert Lee Bullard) 장군과 교체했다. 시버트는 이에 미국으로 귀국해 공병 병과장에 취임했다. 이후 화학전단(Chemical Warfare Service: CWS)이 창설되자 퍼싱이 그를 지휘관으로 추천했으며, 소장으로 진급해 미군의 첫 화생방 무기 및 방호장비를 개발했다. 1920년에 퇴역한 후에는 고향으로 돌아가 수로 정비 및 관개사업 등을 진행했다.

심슨, 윌리엄 William Hood Simpson, 1880~1980, 육군 대장 | 1909년에 보병으로 임관했으며, 미군의 멕시코 원정(1916년, 일명 '판초 비야 원정') 및 제1차 세계대전에도 참전했다. 미군이 제2차 세계대전에 참전하자 브래들리 장군이 지휘하게 된 12집단군 예하 9군의 창설 임무를 부여받았으며, 그가 지휘했던 9군은 아르덴 전투(벌지 대전투)를 거쳐 및 지크프리트 라인까지 돌파한 후 미군 부대로는 최초로 엘베 강을 건너기도 했다. 1946년에 중장으로 전역했으나, 1954년 의회 결정으로 예편 상태에서 대장으로 진급했다.

싱글로브, 존 John Kirk Singlaub, 1921~ , 육군 소장 | 전 OSS(Office of Strategic Service: 이후 CIA로 개편) 소속 장교였으며, CIA의 창설 멤버 중 한 명이다. 캘리포니아 주 인디펜던스 태생이며, UCLA를 졸업하고 1943년 1월에 보병소위로 임관했다. 1944년 독일 점령 상태의 프랑스에 공수되어 프랑스 레지스탕스에 합류해 연합군의 노르망디 상륙 지원에 대한 조율 임무를 맡았다. 전후에는 만주에서 공산혁명 중인 중국에 대한 CIA 작전에 참가했으며, 한국전쟁 때에는 다시 보병 지휘관으로 활약했고, 베트남과 니카라과 등지에서는 비밀 전쟁을 이끌기도 했다. 1977년에는 주한 미군사령부(United States Forces-Korea: USFK) 참모장을 지냈으나, 카터 대통령이 주한 미군 철군을 결정한 것을 공개적으로 비난하다가

카터로부터 직권면직을 당했다. 웨스트모얼랜드 장군은 그를 일컬어 '정직함과 애국적인 신념, 용기를 갖춘 인물'이라고 평했으며, 헨리 하이드(Henry J. Hyde) 의원은 '용감하고, 철저한 애국자이며, 날카로운 관찰력의 소유자'라고 평했다.

아널드, 헨리 Henry Harley Arnold, 1886~1950, 공군 원수 ┃ 펜실베이니아 주 태생이다. 원래 군인이 될 생각이 없었던 그는 버크넬 대학교에 진학해 침례교 목사가 되려고 했다. 하지만 그의 형인 토머스가 사관학교 진학을 원하는 아버지에게 반발하자 대신 시험을 치고 대기자로 붙었다가 앞서 합격한 학생 하나가 결혼을 한 사실을 밝혀 교칙 위반으로 입교가 취소되면서 웨스트포인트에 들어가 1907년에 졸업했다. 1938년부터 1941년까지 육군항공단 단장이었으며, 제2차 세계대전 중에는 육군항공대 사령관을 지냈다. 보병으로 임관했으나 항공기 교육을 받기 위해 신생 통신병과로 전과했으며, 오하이오 주에서 라이트 형제가 운영하는 비행학교에서 항공기 교육을 받았다. 사상 첫 군 조종사 중 한 명이며, 종전 직전에 육군 원수로 진급했으나 1949년에 공군이 창설되면서 전군(轉軍)하여 공군 원수 계급을 다시 받아 미 역사상 두 개의 다른 군에서 원수 계급을 단 유일한 인물이 되었다. 별칭인 'Hap'은 'happy'에서 따왔다고 한다.

아이젠하워, 드와이트 David Dwight Eisenhower, 1890~1969, 육군 원수 ┃ 펜실베이니아 주 요크 태생. 1915년에 웨스트포인트를 졸업하고 소위로 임관했다. 제1차 세계대전이 발발했을 때 처음 창설된 전차부대의 훈련을 맡았으며, 이때 조지 패튼과 함께 기갑 전력의 가능성을 내다보았으나 상관들의 반대로 뜻을 펼치지는 못했다. 1924년까지 파나마에 배치되었고, 이후에는 포트 베닝에서 대대장을 지냈다. 이후 10년 이상 보직 문제와 진급 문제가 풀리지 않아 '정체기'를 겪으며 16년 이상 소령을 달았다. 하지만 이 시기에 파일럿 자격을 취득했으며, 1937년에는 단독으로 필리핀까지 비행하기도 했다. 1939년에는 월터 크루거 장군 휘하의 3군 참모장을 지냈으며, 진주만 공습이 이루어지자 전쟁기획국(추후 작전처로 개명)장에 보직되었다. 이후 조지 마셜의 눈에 들어 연합군의 주요 보직을 두루 거쳤으며, 노르망디 상륙작전 때에는 연합원정군 최고사령관에 임명되어 노르망디 상륙작전을 성공적으로 이끌었다. 전쟁 후 조지 마셜의 후임으로 육군참모총장을 역임했으며, 콜롬비아 대학교 총장을 거쳐 나토군사령관을 역임했다. 전역 후 정계에 입문해 제34대 미국 대통령(공화당)에 당선되었다.

아이젠하워, 존 John Sheldon Doud Eisenhower, 1922~ , 육군 준장 ┃ 아이젠하워 원수의 아들이다. 콜로라도 주 덴버에서 둘째 아들로 태어났으나, 장남이 3세에 사망해 사실상 외아들이 되었다. 웨스트포인트에 진학한 후 부친이 노르망디 상륙작전을 실행하던 날인 1944년 6월 6일에 졸업했다. 이후 제2차 세계대전 및 한국전쟁에 참전했으며, 1963년에 육군 준장으로 전역했다. 제2차 세계대전에 투입되었을 당시, 그가 전사하거나 포로가 될 경우 연합군 최고사령관인 그의 부친에 영향이 있을 것을 우려한 연합군 수뇌부가 그를 후방으로 뺐으며, 1952년 한국전쟁 때에도 대선 후보로 뛰고 있던 부친 때문에 똑같은 일이 벌어져 전방 대대에 있다가 안전한 사단사령부로 이동했다. 이 때문에 그는 군 경력이 망가졌다고 판단한 것으로 보인다. 아이젠하워 대통령 임기 중에는 육군성에서 파견한 백악관 부참모 보좌관으로 일했으며, 나중에는 백악관에 나와 있던 앤드루 굿패스터(Andrew Goodpaster) 장군의 보좌관을 지냈다. 부친의 부통령이던 닉슨이 대통령이 되자 1969년 벨기에 대사로 임명되었으며, 귀국 후에는 계속 행정부 내 위원장직을 맡아 포드 대통령 때까지 근무했다. 군사학자로도 명성을 날려 벌지 대전투 등에 관해 여러 권의 저서를 남겼으며, ≪뉴욕타임스≫에도 여러 차례 군사 관련 글을 기고해 호평을 받았다. 2008년에는 "대통령의 자식들은 전투에 참여할 수도 없다"라는 글을 쓰기도 했다.

아이첼버거, 로버트 Robert Lawrence Eichelberger, 1886~1961, 육군 대장 | 태평양 전역에서 최초로 일본과 격돌한 지휘관이다. 1909년 웨스트포인트를 졸업했으며, 조지 패튼, 제이컵 데버스, 윌리엄 심슨 장군 등과 동기다. 임관 후 파나마와 시베리아 파병 미 원정군에서 복무했으며, 소령 시절 일본이 시베리아로 진출하는 것을 보며 일본군의 군사전술을 연구했다. 태평양전쟁이 발발하자 일본으로부터 훈장을 받았던 적이 있던 장교는 이를 육군항공단 폭탄에 달아 '반송'하는 것이 유행이었는데, 그는 일본으로부터 받은 세 개의 훈장을 폭탄에 달아 '반송'하기를 거부하며 "내가 직접 가서 돌려줄 거야"라고 말한 것으로 유명하다. 1942년 개전 초에는 미 1군단을 지휘했으며, 주로 부나(Buna) 방면에서 일본군을 상대해 승리했다. 미 8군이 신설되자 이를 이끌고 민도로, 세부를 비롯한 필리핀 남부 섬을 회복했으며, 일본군이 항복한 후에는 일본에 주둔하며 요코하마에서 B, C급 전범 재판을 감독했다. 1948년 중장으로 전역했으나, 1954년 미 의회 특별법으로 예비역 대장으로 진급했다. 대담한 성격의 인물로서, 장성들이 저격 위협에서 벗어나고자 전장에서 계급장을 달지 않곤 하던 때에도 그는 번쩍이는 중장 계급장을 달고 다녔는데, 이는 병사들이 지휘관과 함께 있다는 것을 알게 하기 위해서였다고 한다.

알렉산더, 해럴드 Sir Harold Rupert Leofric George Alexander, 1st Earl, 1891~1969, 영국 육군 원수 | 앵글로-아일랜드계 후손으로, 백작이자 제17대 캐나다 총독을 지냈다. 샌드허스트 육군사관학교를 졸업했으며, 제1차 세계대전에도 참전하여 활약했다. 제2차 세계대전 땐 시칠리아에서 15집단군을 이끌었고, 연합군 지중해 사령관을 역임했다. 1946년부터 1952년까지 캐나다 총독을 지냈으며, 캐나다 태생이 아닌 마지막 총독이 되었다. 1952년부터 1954년까지 국방부 장관을 역임했고, 1959년에 공로훈장(Order of Merit)을 수상했다. 1969년 대동맥 파열로 사망했다.

애스핀, 레슬리 Leslie Aspin, 1938~1995, 국방장관 | 1960년 예일 대학교를 졸업했으며, 로드 장학생으로 옥스퍼드 대학교를 졸업한 후 MIT에서 박사학위를 취득했다. 1966년부터 1968년까지 미군에서 시스템 분석가로 장교 복무를 했으며, 마켓(Marquette) 대학교에서 잠시

교편을 잡기도 했다. 1971년부터 1993년까지 민주당 소속으로 정계에 입문해 밀워키 주 하원의원을 지냈으며, 1985년부터 1993년까지는 하원 군사위원회 의장을 지냈다. 빌 클린턴 행정부가 들어선 후 1993년부터 약 1년간 국방부 장관을 역임했다.

애치슨, 딘 Dean Acheson, 1893~1971, 국무장관 **|** 미국의 정치가이자 법률가. 1949년부터 1953년까지 트루먼 행정부에서 국무장관을 지냈으며, 냉전 초 미국의 대외정책을 결정하는 데 중요한 역할을 했다. 다소간 소련에 대해 유화적인 정책을 펼쳤다는 비판을 받기도 했으나, 마셜플랜을 구상하고, 트루먼 독트린과 나토 창설에 가장 핵심적인 역할을 한 인물이다. 비록 그가 선포한 '애치슨라인'이 소련과 북한의 오판을 낳아 한국전쟁을 야기했다는 평도 있으나, 그 자신은 한국전쟁 발발 후 트루먼 대통령에게 적극적인 개입을 권고했다. 인도차이나 전쟁에도 군사지원을 권고했으며, 훗날 케네디 행정부 때 쿠바 미사일 사태가 벌어지자 케네디의 요청으로 전략 조언 그룹인 '최고위원회(ExComm)'에 참여하기도 했다. 1970년 국무장관 시절을 회고한 자서전으로 퓰리처상을 수상했다.

애헌, 티머시 Timothy I. Ahern, 1924~2003, 공군 소장 **|** 코네티컷 주 뉴헤이븐에서 태어나 15세의 나이로 뉴헤이븐 주립 사범대학을 다니던 중 1943년에 조종후보생으로 군에 입대해 1944년에 조종사 교육과정을 이수하고 소위로 임관했다. 이후 B-17 폭격기 조종과정을 이수해 같은 해 7월부터 8공군 731폭격대대에 소속되었으며, 1944년 8월 북독일에서 폭격 임무를 수행하던 중 대공포에 맞아 추락해 독일군의 포로가 되었다. 슈탈라크 루프트 III(Stalag Luft III) 공군포로수용소에 수용되어 있다가 인근 슈탈라크 VII A 수용소로 이감되었으며, 패튼의 미3군이 이 지역을 해방하면서 1945년 4월에 풀려났다. 이후 귀국하여 공보장교로 활동했으며, 1947년까지 공군훈련사령부에 배치되어 P-51과 B-26 항공기로 기종 전환 훈련을 시행했다. 1950년에는 공군계기비행학교에서 B-25와 T-33 항공기 교관을 역임했다. 1954년 공군성으로 옮겨 토머스 화이트 공군참모차장실에 배치되었다가, 화이트 장군이 총장으로 영전하자 1960년까지 전속부관으로 근무했다. 1961년에는 최초의 요격 조종사 교육과정에 입교해 F-102 델타대거(Delta Dagger) 조종훈련을 받았으며, 325전투요격비행대대장을 맡아 1963년 쿠바 미사일 위기 때 쿠바 해역에 전개되기도 했다. 1957년에는 57전비단장을 지냈으며, 그 직후에는 미 방공 현대화 프로그램 추진단장을 맡아 군의 현대화 작업을 진행했다. 1973년에는 항공우주 방공사령부 부참모장, 1974년에는 북미방공사령부 기획개발참모 등을 역임한 후 1977년에 전역했다.

앤드루스, 프랭크 Frank Maxwell Andrews, 1884~1943, 육군 중장 **|** 미 육군항공대를 창설한 주역 중 한 명이다. 테네시 주 내시빌 출신으로, 1906년 웨스트포인트를 졸업하고 기병 소위로 임관했다. 제1차 세계대전이 터지자 그의 기병부대 상관이 반대했는데도 통신병과로 옮겼으며, 항공반에 소속되어 비행교육을 받았다. 하지만 제1차 세계대전에 직접적으로 참전하지는 못하고 본토에서 훈련부대를 운용했다. 1938년 오스카 웨스트오버 소장이 사망하

면서 육군항공단장을 맡았으며, 이를 통합된 항공조직으로 확장하는 데 주력했다. 1940년에는 파나마 공군사령부, 1941년에는 카리브 사령부(현재 남부사령부) 사령관을 역임했다. 1943년 1월에는 아이젠하위 대신에 전 유럽공군사령관에 보직되었으나, 5월 영국에서 아이슬란드로 출장 가던 중 항공기 추락으로 사망했다. 전쟁 개시 후 당시까지 사망한 최고 계급자였다. 독일의 앤드루스 배럭스(Andrews Barracks), 산토도밍고 앤드루스 공항, 필리핀에 위치한 앤드루스 공군기지가 모두 그의 이름을 기려 명명되었다.

에번스, 윌리엄 William J. Evans, 1924~2000, 공군 대장 **┃** 코네티컷 주 노르위치 태생으로, 고등학교 졸업 후 예일 대학교에서 장학생 제의를 받고 입학했으나, 한 학기 재학 중 웨스트포인트 입학 허가가 떨어지자 1943년에 입학해 1946년 여름에 육군항공단 소속으로 임관했다. 졸업 직후 전투기 조종사 전환 훈련을 받고 20전투비행단에 배속되었다. 1948년에는 일본의 475전술전투비행단으로 이동했다가, 1950년에 한국전쟁이 발발하자 35전투요격단에 배속되어 일본 후쿠오카의 츠이키(築城) 기지와 대구기지에 주둔하면서 P-51 무스탕을 몰고 전투에 참가했다. 1950년 말에는 대구에 위치한 5공군으로 이동해 비행 정보 수집 임무를 수행하다가 1951년에 본국으로 돌아갔으며, 전쟁 기간에 P-51, P-80 슈팅스타, T-6 텍산(Texan), L-5 센티널(Sentinel) 등을 몰며 총 130회의 전투 임무를 수행했다. 1954년에는 극동군사령관 보좌관이 되었으며, 1956년에는 F-100 슈퍼세이버를 타는 436주간전투비행대대 대대장이 되었다가 1958년에는 F-104 스타파이터(Starfighter)로 기종을 전환했다. 이후 학교과정 등을 마치고 1964년에 리비아에 있는 미 공군 무장훈련센터 예하 비행훈련단 부단장으로 있다가 1966년에 베트남 파병을 자원했으며, 31전술비행단 부단장 및 단장을 역임하면서 총 278회의 출격 임무를 소화했다. 1970년에는 공군성에 신규로 설치된 센서개발부 특별보좌관을 역임했으며, 1973년에는 미 공군병기사령부 사령관에 보직되었다가 주유럽 미 공군사령관을 끝으로 전역했다. 통산 6,200시간의 비행 기록을 가지고 있었다.

에이브럼스, 크레이턴 Creighton Williams Abrams Jr., 1914~1974, 육군 대장 **┃** 매사추세츠 주 스프링필드 태생으로, 1936년에 웨스트포인트를 졸업했으며, 1940년에 가진급으로 대위를 달았다. 당시 막 창설된 기갑병과에 소속되었으며, 1940년에는 1기갑사단 기갑중대장으로 보직되었다. 제2차 세계대전이 터지자 4기갑사단 기갑대대장으로 참전했고, 신규 창설된 37기갑대대장을 맡아 전쟁이 끝나던 1945년까지 지휘했다. 제2차 세계대전 중 그는 미 3군 및 4사단의 선봉 역할을 맡았으며, 공세 기질의 기갑 지휘관으로 명성을 떨쳤다. 특히 벌지 대전투 당시 적을 제대로 찾지 못해 부대가 헤매다가 어느 순간 완전 포위를 당해 부하들이 당황하게 되었는데, 이때 부하들을 향해 "제군들, 그간 우리가 적들을 찾아 얼마나 헤맸는가. 이제 사방이 적이니 마음껏 공격하라"고 연설하여 용기백배한 병사들이 열세의 병력으로 적을 돌파한 일화는 유명하다. 전쟁 직후에는 육군참모본부에서 근무하며, 1945

년에 대령으로 승진했으나, 제2차 세계대전이 끝나면서 평시로 전환되어 중령 계급으로 환원되었다. 유럽에서 잠시 근무한 후 1953년부터 한국전쟁에 참전하여 1군단과 10군단, 9군단 참모장을 각각 지냈다. 귀국 후 준장, 소장을 달면서 3기갑사단장을 역임했으며, 중장으로 진급한 후에는 유럽으로 돌아가 5군단 군단장을 맡았다. 1964년에 대장으로 진급하면서 육군참모차장에 보직되었으나, 베트남 항공수송사령부(MACV)의 윌리엄 웨스트모얼랜드 장군의 부사령관으로 선택되어 베트남으로 떠났다. 1968년부터는 웨스트모얼랜드 장군의 후임으로 베트남전을 지휘했으며, 닉슨 대통령이 당선되자 서서히 미군을 철군시키는 임무를 수행하여 1972년까지 전체 병력을 4만 2,000명까지 줄인 후 보직에서 해제되었다. 1972년 6월 본토로 돌아온 그는 육군참모총장에 임명되었지만, 미 상원이 인준하지 않아 10월까지 정식으로 임명되지 못했다. 총장 임기 중 그는 동원령을 해제하고 군대를 다시 자원병제로 전환했으며, 세계 어디에든 신속하게 급파할 수 있는 75 '레인저' 연대의 창설을 명령하기도 했다. 1974년 기관지암 수술에 따른 후유증으로 사망할 때까지 직책을 유지했다. 현재 미 육군의 주력 전차인 M1A1/M1A2 에이브럼스 전차는 그의 이름을 기려 명명되었다.

예거, 척 Charles Elwood Yeager, 1923~ , 공군 소장 | 1947년 세계 최초로 초음속 돌파를 한 조종사다. 제2차 세계대전 중 육군항공대에 정비병으로 입대하여 병사로 근무하던 중 병사 조종사 교육 프로그램을 이수하여 준위로 임관, P-51 무스탕 조종사가 되었다. 시험비행 조종사가 된 후에도 수많은 시험기를 몰았으며, 1947년 10월에는 벨(Bell)사의 X-1으로 고도 1만 3,700m에서 마하 1을 돌파했다. 이후 마하 2는 해군 소속 시험비행사인 스콧 크로스필드(Scott Crossfield)가 돌파했으나, 얼마 후 다시 예거가 마하 2.44를 돌파하면서 기록을 깼다. 독일 및 베트남에서 전투비행단 단장을 역임했으며, 베트남 근무 후 준장으로 승진했다. 1953년 북한의 이금석 소위가 미그 15BIS기를 몰고 귀순하자 이때 입수된 미그 15기의 테스트를 위해 당시 소령이던 그가 조종사로 선발되어 테스트를 실시했다. 전역 후에도 다양한 항공기를 조종하면서 명 조종사로 명성을 날렸으며, 2005년에는 의회 결정으로 예비역 진급이 승인되어 예비역 소장을 달았다. 캘리포니아 주에 거주 중이며, 1983년 소설 『필사의 도전(Right Stuff)』 및 동명의 소설을 바탕으로 한 영화에서도 그의 삶을 다루었다.

오도넬, 에멧 Emmett "Rosie" O'Donnell, 1901~1971, 공군 대장 | 뉴욕 브루클린 태생으로, 1929년 웨스트포인트를 졸업했으며, 보병으로 임관했으나 곧 비행학교에 입교해 1930년에 조종사 자격을 취득했다. 한동안 항공우편 조종사로 활동하다가 18정찰단에서 4년을 보냈으며, 이후 육군항공단 전술학교를 거쳐 11폭격단 비행대대장을 지냈다. 1941년 일본과 충돌할 조짐이 보이자 맥아더 장군의 병력을 강화할 목적으로 필리핀 클라크 공군기지에 14폭격대대와 함께 배치되었으며, 미국과 일본 간 전쟁이 개전하자 바탄반도에서 철수하라

는 명령이 떨어지기 전까지 일본군과 싸웠다. 이후 인도로 철수해 신설 10공군의 작전참모가 되었다. 1943년 본국으로 돌아와 아널드 장군의 고문단에 소속되었다가 73폭격단장으로 임명되었으며, 준장으로 진급하면서 사이판으로 이동해 B-29 편대를 지휘하여 일본 본토에 폭격을 가했다. 1947년 공군이 창설되자 공군 공보관이 되었으며, 1948년에는 미국·캐나다 합동위원회 위원으로 파견되었다. 1948년 15공군사령관에 임명되었으며, 1950년 한국전쟁이 발발하자 참모부 일부를 이끌고 극동군으로 파견되었다. 일본에 극동군 폭격사령부를 설치하고 B-29 편대가 도착하자 북한군에 대한 폭격 임무를 지휘했다. 특히 월턴 워커 장군이 낙동강 방어선을 설치하고 방어에 돌입하자 왜관 일대에 대한 B-29 폭격을 주도했다. 1951년 귀국 후에는 중장을 달고 공군성 인사참모에 보직되었으며, 1959년에는 태평양 공군사령관으로 임명되면서 대장으로 진급했다. 1963년에 전역했으며, 전역할 당시 케네디 대통령에게서 수훈훈장을 받았다.

올리버, 룬스퍼드 Lunsford Erett Oliver, 1889~1978, 육군 소장 ┃ 제2차 세계대전 당시 3군 휘하의 5기갑사단장을 역임했다. 공병 출신으로 제2차 세계대전 개전 무렵인 1938년에는 지휘참모대학 교관을 역임하고 있었으며, 미군이 참전을 시작한 이후인 1942년에는 북아프리카의 1기갑사단 B전투사령부 사령관을 역임했다. 1943년 5기갑사단장을 역임하면서 유럽 서북 지역에서 활약했으며, 전쟁 후인 1945년에는 미 육군 지상군 군수참모를 지냈다. 1946년에는 원자력위원회에 군사연락관으로 근무했으며, 1947년에는 터키 군사관찰단장을 거쳐 전쟁부 정보국에서 근무하다가 1948년에 전역했다.

올즈, 로버트 Robert Olds, 1896~1943, 육군 소장 ┃ 육군항공대 소속 장성이자 전략공군력의 이론가였으며, 독립 공군 창설의 열렬한 지지자였다. 제2차 세계대전부터 베트남전까지 참전하며 '트리플 에이스(생애 통산 16대 격추)'를 달성한 로빈 올즈(Robin Olds) 공군 준장의 부친이기도 하다. 1928년부터 1931년까지 육군항공단 전술학교 교관을 지냈으며, 공군의 초창기 폭격기 이론을 정립하고 제2차 세계대전 중 실시된 주간 정밀폭격의 기본 틀을 마련했다. 1930년대부터 독립 공군 창설을 위해 부단히 노력했으며, 1937년부터 1940년까지 2폭격단을 지휘했고, 최초로 B-17 플라잉 포트리스(Flying Fortress)를 운용하는 등 폭격기 분야 개척에 많은 족적을 남겼다. 하지만 정작 미군이 제2차 세계대전에 참전한 후에는 폭격단을 지휘하는 대신 육군항공단 수송사령부(Ferrying Command)를 이끌면서 신규로 제작한 항공기를 전 세계로 수송하는 임무를 실시했다. 이 사령부는 훗날 공군 수송사령부로 개편되었다. 건강 문제로 훈련사령부로 옮겼으나, 심막질환을 앓아 1943년 2월에 일시 전역했다. 하지만 결국 회복하지 못했고, 사관학교 생도이던 두 아들이 지켜보는 가운데 사망했다.

올즈, 로빈 Robin Olds, 1922~2007, 공군 준장 ┃ 하와이 주 호놀룰루 태생. 제2차 세계대전, 한국전쟁 및 베트남전에 참전하면서 '트리플 에이스(Triple Ace)'를 달성한 전투기 조종사 출신

공군 장성이다. 제2차 세계대전 중에는 P-38 라이트닝(Lightning), P-51 머스탱(Mustang)을, 이후 P-80 슈팅스타(Shooting Star), F-86A 세이버(Sabre) 및 F-4 팬텀(Phantom) 등을 몰아 총 256회의 전투 출격 기록 및 16대의 격추 기록을 세웠다. 장성 출신 부친(로버트 올즈 육군 소장) 밑에서 웨스트포인트로 진학했고, 졸업 후 육군항공대에 지원해 군 생활의 초창기를 제2차 세계대전 전투기 조종사로 장식했다. 육군항공대가 미 공군으로 전환된 후 같이 전군하여 공군이 되었으며, 초창기 미 공군 제트기 분야의 개척자가 되었다. 특히 전투기 조종사로 명성을 날리면서 베트남전에서는 '울프팩(Wolf Pack)'으로 유명한 8전투비행단을 비롯한 두 개의 전투비행단을 지휘해 동료들로부터 최고의 전투지휘관이라는 평을 들었다. 베트남에서 귀국하면서 준장을 달았지만, 이후 전역할 때까지 공군사관학교 생도대장, 공군감찰감실 참모 등 지휘관과는 관계없는 보직에 있었다. 더 고급지휘관으로 진급하지 못한 것은 그의 야생마 같은 개성과 좋지 못한 술버릇 때문인 것으로 보인다. 하지만 고등학교 때 전미 풋볼 라인맨으로 명성을 날리고, 할리우드 여배우인 엘라 레인즈(Ella Raines)와 결혼하는 등 화려한 삶을 살았다. "세상에는 파일럿들이 넘쳐나지만, 좋은 파일럿은 타고난다. 그건 가르친다고 되는 게 아니다. 만약 전투기 파일럿이라면 위험을 감수할 각오를 항상 갖고 있어야 한다"라는 말을 남겼다.

와인버거, 캐스퍼 Casper Willard Weinberger, 1917~2006, 국방장관 | 1981년부터 1987년까지 국방장관을 역임했다. 임기 중 미 전략방위구상(Strategic Defense Initiative: SDI) 및 이란-콘트라(Iran-Contra) 사건 등을 겪었다. 1952년 캘리포니아 주 정부를 통해 정계에 입문했으며, 1967년 주지사를 지낸 로널드 레이건이 그를 캘리포니아 주 정부 조직 및 경제위원회 위원장으로 앉히며 첫 인연을 맺었다. 1970년에는 연방통상위원회(Federal Trade Commission: FTC) 의장으로 자리를 옮겼으며, 닉슨 행정부에서는 건강교육복지부 장관을 역임했다. 비록 국방이나 군사 분야에 조예는 깊지 못했지만, 행정가로 명성을 쌓으면서 레이건 행정부에서는 국방장관에 임명되었으며, 이란-콘트라 사건 이후 국방 예산에 제약이 커지자 아내의 건강을 사유로 사임했다. 맥나마라, 럼즈펠드에 이어 세 번째로 장수한 국방장관으로 기록되었다.

왓슨, 에드윈 Edwin Martin "Pa" Watson, 1883~1945, 육군 소장 | 프랭클린 루스벨트 대통령의 개인적인 친구이자 군사보좌관 및 지명비서(훗날 '대통령 비서실장'으로 개칭)를 지냈다. 웨스트포인트에서 세 번이나 퇴교당했으나 간신히 졸업하여 1908년에 보병 소위로 임관했다. 제1차 세계대전이 터지자 프랑스 전선에 자원해 미 동맹원정군과 함께 활약했으며, 미 은성훈장과 프랑스 무공십자장(Croix de Guerre)을 수상했다. 제2차 세계대전을 전후해서는 백악관에 들어가 루스벨트의 참모로 활동했으며, 소아마비가 있던 루스벨트가 '걷는' 모습을 보여야 할 때에는 루스벨트의 장남인 제임스 루스벨트와 함께 대통령을 양옆에서 팔짱을 끼고 부축해 걸었다. 루스벨트 대통령의 서거 불과 2개월 전인 1945년 2월에 사망했

다. '파(Pa: 아빠)'라는 별명은 다소 조숙한 그의 태도 때문에 사관학교 동기들이 붙여준 것이다.

우드, 레너드 Leonard Wood, 1860~1927, 육군 소장 | 뉴햄프셔 주 윈체스터 태생으로, 매사추세츠 주 미들보로에 위치한 피어스 아카데미(Pierce Academy)를 졸업한 후 하버드 의과대학(Harvard Medical School)을 나왔으며, 1884년 보스턴 시립병원에서 인턴으로 재직하던 중 의학박사학위를 받았다. 이듬해 군무원 신분의 육군 군의관이 되었고, 1886년 제로니모(Geronimo) 추장과 전투 중 지휘관을 잃은 보병부대를 지휘하여 적진 한가운데를 뚫고 160킬로미터를 행군해 빠져나온 공로로 명예대훈장을 받았다. 이후 조지아 공과대학에서 대학원 과정을 밟기 위해 1893년에 군을 떠났으며, 졸업 후 그로버 클리블랜드(Grover Cleveland), 윌리엄 매킨리(William McKinley) 대통령의 주치의가 되어 1898년까지 백악관에서 근무했다. 이 시기에 처음 친분 관계를 맺게 된 시어도어 루스벨트 해군성 차관은 미서전쟁이 발발하자 자원병 부대를 창설하기로 하면서 우드 박사를 영입해 통칭 '러프라이더'라 알려진 1자원기병연대를 창설하고 우드 박사가 연대장을, 루스벨트 중령이 부연대장을 맡았다. 산후안 전투의 공로로 준장을 달게 된 우드 장군은 이후 전쟁 말까지 2기병여단을 지휘했으며, 전후 쿠바에 남아 산티아고와 쿠바 군정사령관을 지냈다. 1902년에는 필리핀으로 이동해 필리핀 사단을 인수했으며, 이후 미 동부사령관으로 보직되면서 소장으로 승진했다. 1910년 윌리엄 태프트 대통령은 우드 장군을 육군참모총장으로 임명했고, 이로써 우드 장군은 미군 역사상 유일무이한 군의장교 출신 총장이 되었다. 총장이 된 후에는 ROTC 프로그램을 입안하고, 기동군(Mobile Army)을 창설해 훗날 제1차 세계대전 승리의 밑거름을 만들기도 했다. 제1차 세계대전이 발발하면서 윌리엄 워더스푼(William Wotherspoon) 장군과 교체되었으며, 공화당에 의해 미 동맹원정군(AEF) 사령관으로 추천되었으나, 전쟁부 장관이던 뉴턴 베이커(Newton Baker)는 우드 장군 대신 존 퍼싱 장군을 선택했다. 전쟁 기간 중 그는 10사단과 89사단의 훈련을 맡았으며, 1920년에는 공화당 대선 후보로 전당대회에 출마했으나 선출되지는 못했다. 이듬해인 1921년에 전역해 1927년까지 필리핀 총독을 지냈다. 1927년에 뇌종양으로 보스턴에서 사망했다.

워싱턴, 조지 George Washington, 1732~1799, 대통령 | 미국의 초대 대통령(1789~ 1797). 비교적 부유한 가정 출신이지만, 아버지를 일찍 여의고 불우한 유년기를 보냈다. 1752년 영국군에 입대하여 프랑스와의 전쟁에 참전했으나, 식민지 출신이라 정규군 전환을 시켜주지 않아 전역했다. 전역 후 정치에 입문, 1759년 하원의원에 당선되었으며, 이때부터 영국 통치에 대한 반대 분위기를 조성해 1744년 제2차 대륙회의 때에는 신생 대륙군의 총사령관에 선임되었다. 이윽고 영국과 신생 미국이 독립전쟁에 들어가자 최강의 영국군을 상대로 싸웠으며, 정규군의 필요성을 깨닫고 상설 군대를 창설해 오늘날 미군의 기틀을 세웠다. 1781년 요크타운에서 영국 총독 윌리엄 콘월리스가 항복하면서 사실상 미연방합중국이

건국되었으며, 그를 왕좌에 앉히려는 일련의 시도를 거부한 후 선출 및 임기제인 대통령에 취임했다. 이후 한 차례 재선에 성공했지만, 계속 자신이 연임을 하면 좋지 않은 선례를 남길 것을 우려해 3선에는 도전하지 않고 은퇴했다. 이후 프랑스와 전쟁 위기가 고조되자 임시로 미연방군 총사령관(중장)에 다시 임명되었으나 전쟁은 발발하지 않았다. 은퇴 후 고향인 마운트 버넌으로 돌아가 여생을 즐겼으며 68세를 일기로 사망했다. 포드 대통령 임기 중인 1976년 공법 476조에 의거해 대원수 계급이 사후 추서되었다.

워커, 월턴 Walton Harris Walker, 1889~1950, 육군 대장 ┃ 텍사스 주 벨튼(Belton) 태생으로, 1912년에 웨스트포인트를 졸업한 후 멕시코 원정으로 파견되어 베라크루스 전투에 참전했다. 1916년에는 멕시코·미국 국경 경비 임무를 수행하면서 아이젠하워와 친분을 쌓기도 했으며, 제1차 세계대전 때에는 5사단 소속으로 참전해 프랑스에서 싸워 은성훈장을 받기도 했다. 이후 중국 파견 등을 포함한 다양한 임무를 수행하다가 제2차 세계대전이 발발했을 때 전쟁기획국에서 참모 업무를 보고 있었다. 하지만 패튼의 유럽 파견이 확정되자 한때 상관이던 마셜 장군에게 읍소하여 패튼의 예하 부대장(준장)으로 참전이 결정되었다. 1942년에는 소장으로 승진해 3기갑사단과 20군단을 지휘했으며, 패튼의 3군 휘하에 들어가 노르망디부터 유럽 전역을 누볐다. 그의 20군단은 패튼과 함께 프랑스를 가로지르는 속도전의 선봉이 되어 '유령군단'이라는 별명이 붙었으며, 벌지 대전투나 독일 본토 진공 등 주요 전투에서 활약했다. 종전까지 오스트리아의 린츠(Lintz)에 도달했으며, 이 공로로 중장으로 승진했다. 한국전쟁이 발발하자 경무장밖에 안 된 부대를 이끌고 반격에 나섰지만, 최초 '스미스' 중령이 이끌던 예하 24사단이 격파당하면서 38선을 수복하라는 명령은 불가능하다고 보고 수세로 전환했다. 결국 1기병사단과 25사단이 증원되고, 연파를 당하던 한국군까지 전열을 가다듬으면서 낙동강을 축으로 '부산 방어선(Pusan Perimeter: 한국에서는 낙동강 방어선으로 부름)'을 펼쳤다. 여기서 상대적으로 짧아지면서 원활해진 보급선과 다른 지역에 비해 비교적 잘 짜인 도로망을 활용하고, 북한군의 통신암호를 깨는 데 성공하면서 북한의 증원 시도를 사전에 차단했다. 맥아더의 인천상륙작전이 성공하자 함께 북상을 개시해 한때 중국 국경까지 진출했으나 8군의 정비를 위해 다시 38선 아래로 퇴거했다. 1950년 12월 23일, 아들 샘 워커(Sam S. Walker, 1925~ , 훗날 대장 전역) 대위의 은성훈장 수여식에 참석하려고 트럭을 타고 서울에서 출발하던 중 아차산 고개에서 마주오던 민간 트럭과 충돌해 사망했다. 그의 유해는 아들 샘 워커 대위가 인수해 본국으로 돌아갔다. 1963년 박정희 대통령은 그를 기려 사고가 난 아차산 고개를 '워커힐'이라고 명명했으며, 대구의 '캠프 워커(Camp Walker)'도 그의 이름을 딴 것이다.

월러, 캘빈 Calvin Augustine Hoffman Waller, 1937~1996, 육군 중장 ┃ 루이지애나 주 배턴루지 태생이다. 흑인 장군으로, 텍사스 A&M 대학교를 졸업하고 1959년에 임관했다. 32년간 군 생활을 하며 베트남전쟁에도 참전했으며, 24사단 참모장, 8기계화사단장을 역임하고 1991

년 사막의 폭풍 작전 때에는 미 중부사령부 작전참모로 참전했다. 워싱턴 주 포트 루이스에 있는 미 1군단 군단장을 마지막으로 1991년 11월 30일에 전역했다. 1993년에는 동성애자의 군 복무 허용 여부에 대해 상원에서 청문회를 실시하자 격렬히 반대하기도 했었다. 1996년 워싱턴 D.C.에서 심장마비로 사망했다.

웨드마이어, 앨버트 Albert Coady Wedemeyer, 1897~1989, 육군 대장 ∣ 네브래스카 주 태생으로, 웨스트포인트를 졸업한 후 1936~1938년에 독일 국방연수원에서 연수하면서 독일군의 전술을 익혔다. 이 덕에 독일군 전술의 일인자로 인정받아 마셜 장군 등이 중용했다. 제2차 세계대전 중기이던 1943년에는 연합군 동남아사령부(SEAC) 사령관이던 영국 왕립해군 원수 루이스 마운트배튼 공(Lord Louis Mountbatten)의 참모장을 지냈으며, 1944년부터는 조지프 스틸웰 장군의 후임이 되어 주중 미군(US Forces in China) 사령관 겸 장제스의 참모장으로 임명되었다. 전쟁 기간 중 주로 중국 및 동남아 전역에서 활약했다.

웨스트모얼랜드, 윌리엄 William Childs Westmoreland, 1914~2005, 육군 대장 ∣ 베트남전쟁이 정점에 달했던 1964~1968년에 베트남 주둔 미군을 지휘했다. 웨스트포인트 졸업 후 포병소위로 임관했으며, 제2차 세계대전에 참전하여 튀니지, 이탈리아, 프랑스와 독일에서 활약했다. 전쟁 중 82공정사단 지원 포병대대장을 지냈으며, 전후에는 82사단장이던 제임스 개빈(James M. Gavin) 장군의 제의로 휘하 연대장을 역임했다. 한국전쟁 중에는 187연대전투단(Regimental Combat Team: RCT)을 이끌었으며 이때 준장으로 진급했다. 이후 101공정사단장, 웨스트포인트 생도대장 및 18공정군단장을 역임한 후 1964년부터 베트남전쟁을 지휘했다. 하지만 전쟁 내내 "(정부는) 나를 그곳(베트남)에 보내놓고 잊어버렸다"라고 나중에 불만을 표시했을 정도로 정부의 열악한 지원과 언론의 공격에 시달렸다. 귀국 직후 육군참모총장을 역임했으며, 전역 후에는 사우스캐롤라이나 주지사 공화당 경선에 나섰으나 패했다.

웨이넬, 존 John Philip Weinel, 1916~2004, 해군 대장 ∣ 캘리포니아 주 펄브룩 태생으로, 1939년 애나폴리스를 졸업했다. 1974년부터 3년간 나토 군사위원회 미국 대표를 역임했다. 해군성 전략기획차장, 정치군사국장 등 주로 행정 및 정치 관련 부서에서 오래 근무했다. 제2차 세계대전 중에는 주로 함재기 조종사로 활약했고, 22전투비행대대장, 14전투비행대대장, 98전투폭격대대장을 역임했다. 1963년에는 미 항모 타이콘데로가(CVA-14, Ticonderoga) 함장을 지냈다.

웨인라이트, 조나단 Jonathan Mayhew Wainwright, 1883~1953, 육군 대장 ∣ 부친도 미 육군에서 복무하면서 미서전쟁 때 산티아고에서 전공을 세웠으나 필리핀에서 전사했다. 1906년 기병병과 소위로 임관했으며, 제1차 세계대전에는 가진급으로 중령을 달고 82사단에 소속되어 프랑스에서 싸웠다. 1940년 제2차 세계대전이 발발하자 소장을 달았으며, 맥아더 장군 휘하에서 미국·필리핀 연합군사령관을 맡았다. 1941년부터 그는 일본군의 필리핀 진공을 막는 임무를 부여받았으나, 중과부적의 전력 때문에 휘하 부대를 바탄반도로 전부 퇴각시킨 후 수세에 들어갔다. 1941년 3월 서남태평양 사령관에 보직된 맥아더가 잠수함을 통해 필리핀을 탈출하자 중장을 달았지만, 사실상 더 손쓸 방법이 없는 상황에서 에드워드 킹(Edward King) 소장을 앞세워 일본군에 항복했다. 이후 그는 루존, 타이완, 만주 등에서 포로 생활을 하다가 1945년 8월에 풀려났다. 미주리에서 일본군의 항복문서 조인식에 참석한 후에는 필리핀으로 돌아가 일본군 지역사령관인 야마시타 도모유키(山下奉文) 중장의 항복을 받았다. 1945년 9월에는 대장으로 진급했으며, 텍사스의 미 5군사령관을 역임하다 1947년에 전역했다.

웰치, 래리 Larry D. Welch, 1934~ , 공군 대장 ▎오클라호마 주 태생으로 제12대 공군참모총장을 역임했으며, 국방부와 국가안보회의 및 대통령 자문위원으로 활동했다. 메릴랜드 주립대학교를 졸업했으며, 1951년에 캔자스 주 방위군에 입대하면서 군 생활을 시작했다. 처음에는 기갑 야전포병으로 배치되었으나, 1953년에 조종후보생 과정에 입교해 소위를 달았다. 유럽, 미 본토, 알래스카, 베트남 등에서 F-4 팬텀 II 파일럿으로 활약했으며, 1972년에는 전술공군사령부 예하 비행단장을 역임했다. 1981년 9공군사령관 겸 긴급전개 특임대 공군구성군사령관을 역임했다. 공군참모차장을 거친 후 전략공군사령관을 지냈고, 1986년에는 공군참모총장에 보직되었다. 지휘조종사로 6,500시간의 비행 기록이 있으며, 1990년에 전역했다. 1998년에는 럼즈펠드위원회에 들어가 미 본토에 대한 탄도미사일 위협에 관해 의회에 보고하기도 했다. 현재도 군 및 정부와 관련된 다양한 업무를 수행하고 있다.

위컴, 존 John Adams Wickham, 1928~ , 육군 대장 ▎뉴욕 주 돕스 페리(Dobbs Ferry) 출신으로, 1950년에 웨스트포인트를 졸업하고 임관했으며, 곧장 독일의 18보병연대 및 6보병연대에서 복무했다. 37사단 및 10사단 사단장 전속부관으로 있었으며, 하버드에서 경제학 및 행정학 석사를 취득했다. 한국에 복무하면서 5기병연대 예하 1전투단 작전장교를 역임했고, 해럴드 존슨 육군참모총장의 보좌관 임무도 수행했다. 베트남전쟁에도 참전하여 1기병사단 예하 7기병연대 5대대를 지휘했으나 전투 중 심각한 부상을 입기도 했다. 이후에는 독일의 3사단 1여단을 지휘했다가, 베트남으로 돌아가 미 항공수송사령부(MACV) 부참모장으로 보직을 받고 전쟁포로 교환 교섭을 이끌었다. 전쟁 직후 한국으로 이동하여 101공중강습사단 사단장을 지냈으며, 합동참모본부의 참모 보직 등을 거친 후에는 대장으로 승진해 다시 한국으로 부임했고, 유엔군사령관, 주한 미군 사령관, 미 8군 사령관을 겸임했다. 1979년 한국의 박정희 대통령이 김재규 당시 중앙정보부장에게 암살당한 후 정국이 어수선해지자 정치적인 긴장 관계를 안정시키려고 노력하기도 했다. 1983년에 로널드 레이건(Ronald Reagan) 대통령은 위컴을 육군참모총장에 지명했으며, 4년 후인 1987년에 37년의 군 생활을 뒤로하고 전역했다. 육군지인 ≪아미타임스(Army Times)≫는 그를 '미군을 바꿔놓은 10명의 지휘관' 중 한 명으로 선정하기도 했다. 이후 럼즈펠드 등 국방장관의 선임군사고문관으로도 일했다. 현재도 애리조나 주 선시티(Sun City) 도시위원장으로 일하는 등 활발하게 활동하고 있다.

윌슨, 조지프 Joseph G. Wilson, 1921~2004, 공군 중장 | 버지니아 주 리치먼드 태생으로, 버지니아 공과대학교를 졸업한 후 1943년에 조종후보생으로 입대, 1944년에 소위로 임관했다. 제2차 세계대전 중에는 영국에 주둔 중이던 8공군에 소속되어 300회의 출격 임무를 수행했으며, 1945년에는 본토로 돌아와 X-80 시험기 프로그램에 참여한 후 1946년에는 오키나와에 주둔 중이던 1항공사단 P-80 비행대대에서 근무했다. 1948년에는 공군성 작전훈련부에서 근무했으며, 이후 방공사령부 전투기 계획작전과로 이동했었다. 공군 지휘참모대학을 비롯한 다수의 교육과정을 거친 후 1960년에는 일본 요코타 기지로 이동해 41항공사단 작전참모를 역임했으며, 1965년에는 베트남으로 파견되어 공군 지휘통제 평가단장을 맡기도 했다. 1965년에는 F-4 팬텀으로 구성된 8전술전투비행단 단장이 되어 베트남에서 활약했으며, 1966년에는 본토로 돌아와 전술공군사령부 인사참모를 역임했다. 1969년에는 공군특수전사령부 사령관을 거쳐 1970년에는 19공군사령부를 지휘했다. 같은 해 말 베트남의 7공군사령부 참모장을 지냈고, 1972년에는 태평양 공군(PACAF) 계획처장을 거쳐 공군성 기획작전참모를 역임했다. 1973년 스페인의 16공군사령관 주유럽 미 공군 겸 연합공군사령관을 끝으로 1977년에 전역했다.

응오꽝쯔엉 Ngo Quang Truong, 1929~2007, 베트남공화국 육군 중장 | 베트남공화국(남베트남) 육군 중장으로서, 남베트남 최고의 명장이자 개인적으로도 청렴결백한 삶을 산 것으로 평가받는다. 1954년 베트남 국군 소위로 임관했으며, 대부분 공정여단에서 군 생활을 했다. 승려들의 난을 진압한 후 1966년에 처음 베트남군 1사단장을 맡았으며, 사단을 사실상 재창설하여 구정공세(테트 공세) 때 북베트남 공산군을 꺾고 고도(古都)인 후에(Hue, 順化)를 점령했다. 1970년에는 메콩 강 주변에 주둔 중이던 베트남군 9군단의 군단장으로 보직되었으며, 호앙쑤언람(Hoàng Xuân Lãm) 장군이 부활절 공세 때 북베트남군의 대규모 공세에 1군단을 잃자 군단의 지휘권을 대신 인수했다. 하지만 1975년, 응우옌반티에우(Nguyễn Văn Thiệu) 대통령이 위에를 포기하고 다낭(Da Nang)으로 군단을 이동시켜 재편하라고 했다가, 다시 후에를 포기하지 말라는 혼선된 명령을 내리는 바람에 군단이 큰 혼란에 빠져 북베트남군에게 격파당했다. 북베트남군은 그대로 기세를 유지해 2개월 만에 남베트남 수도 사이공을 함락했으며, 응오꽝쯔엉 중장은 미국으로 탈출했다. 미국 버지니아에 정착해 1983년에 미국 시민권을 취득했고, 노던 버지니아 커뮤니티 칼리지에서 컴퓨터 프로그래밍을 전공한 후 미국 철도협회의 프로그램 분석가로 변신해 1994년까지 재직했다. 2007년 암으로 사망했다.

이커, 아이라 Ira Clearance Eaker, 1896~1987, 공군 대장 | 텍사스 주 태생이며, 1917년에 웨스트포인트를 졸업하고 임관했다. 제2차 세계대전 당시 육군항공대 지휘관 중 한 명으로, 미 8폭

격기 사령부 부지휘관에 보직되었다가 1942년에는 8폭격기 사령부가 증편되면서 8공군사령관에 임명되었다. 1943년에는 제임스 둘리틀 소장에게 8공군을 넘겨주고 자신은 지중해 전역 지휘관이 되었으며, 전쟁이 끝날 무렵에는 육군항공대 부사령관을 역임했다. 독일군의 전쟁 역량을 꺾고 민간인 피해를 줄이기 위해 주간 정밀폭격의 중요성을 강하게 제창했다. 1947년에 소장으로 전역했으나, 1948년 신생 공군의 예비역 중장으로 진급했고, 전역 후 40년이 지난 1985년에는 로널드 레이건 대통령에 의해 예비역 대장으로 진급한 뒤 2년 후에 사망했다. 전역 후 1947~1957년 휴스(Hughes) 항공사 부사장, 1957~1961년에는 더글러스 항공사(맥도넬-더글러스가 되었다가 보잉에 합병) 부사장을 지냈다. 1978년에는 지미 카터 대통령에 의해 공군 창설에 기여한 공로로 특별 의회 황금 훈장이 수여되었다.

잭슨, 토머스 스톤월 Thomas Jonathan "Stonewall" Jackson, 1824~1863, 남부연합군 육군 소장 | 남군에서 로버트 리 장군 다음가는 명성을 떨친 장군. 버지니아 주(현재의 웨스트버지니아)의 변호사 집안에서 태어났으며, 1842년에 웨스트포인트로 진학했다. 사관학교 진학 전까지 충분히 교육을 받지 못해 학업에 지장이 컸으나 꾸준한 노력 덕에 졸업할 때에는 59명 중 17등으로 졸업했고, 그의 동기들은 "만약 1년 더 있었다면 (잭슨이) 1등으로 졸업했을 것"이라고 말했다고 한다. 임관 직후인 1848년 미국·멕시코 전쟁에 투입되어 베라크루스 포위전과 멕시코시티 전투 등에 참전했으며, 여기서 로버트 리 장군과 처음으로 만났다. 이후 버지니아 주에 신설된 버지니아 군사학교에서 교관을 역임했으나, 교관으로서는 자질이 떨어진다는 평을 받았다. 1861년 남북전쟁이 발발하자 신생 남부연합군의 훈련소장을 맡았지만 1861년 버지니아 주지사의 명령으로 야전지휘관으로 이동했다. 이후 첫 불런 전투에서 '석벽(stone wall)'이라는 별명을 얻었으며, 계곡 작전, 7일 전투, 북부 버지니아 작전 등 중요 전투에 전부 참여해 북군을 괴롭혔다. 그런데 챈슬러스빌 전투에서 기습을 실시하고 돌아오는 그의 부대를 18 노스캐롤라이나 연대가 북군으로 착각해 공격하는 바람에 그도 우군으로부터 세 발의 총격을 당했다. 그는 긴급 후송되었으나 수술로 왼팔을 절단했고, 페어필드로 이송되어 요양에 들어갔다. 하지만 전형적인 폐렴 증세가 발생했는데도 의사들이 총상에 의한 합병 증세로 오진하는 바람에 8일 만에 사망했다. 그의 사망 후 리 장군은 "그는 왼팔을 잃었지만 나는 오른팔을 잃었다"며 침통해했다고 한다.

제로, 레너드 Leonard Townsend Gerow, 1888~1972, 육군 대장 | 버지니아 주 피터스버그 태생으로, 고등학교 졸업 후 버지니아 사관학교로 진학했으며, 이곳에서 학생회장을 세 차례 지낸 후 1911년에 소위로 임관했다. 군 생활 초기에는 멕시코 전쟁에 참전, 베라크루스 전투에서 활약했으며, 이곳에서 연이어 진급하여 대위까지 달았다. 제1차 세계대전이 발발했을 때에는 통신병과로 전과해 참전했으며, 임시 진급으로 대령을 달고 미 동맹원정군 통신장비 구매를 담당했다. 본토로 돌아가 소령을 단 그는 보병학교에 입교해 수석(당시 차석은 오마 브래들리)으로 졸업했다. 1932년에는 중령을 달고 중국으로 파견되었으며, 1940년 9월

에는 대령, 10월에는 가진급 준장을 달았다. 제2차 세계대전이 발발하자 소장으로 승진해 29사단을 지휘했으며, 1943년에는 5군단장으로 취임하여 유럽 전선에 참전했다. 노르망디 상륙에도 참여해 처음으로 유럽 본토에 발을 디딘 연합군 군단장이 되었으며, 아이젠하워와 브래들리가 모두 높게 기량을 평가한 야전지휘관 중 하나였다. 1945년 초에 중장으로 승진하면서 미 15군사령관이 되었으며, 전쟁이 끝나고 본토로 귀환한 후에는 지휘참모대학 총장으로 임명되었다. 1948년에는 그의 마지막 보직인 미 2군사령관에 취임했으며, 1950년에 전역했다. 전역 후인 1954년에 의회 특별법으로 예비역 대장을 달았으며, 그의 동생인 리 제로(Lee S. Gerow) 또한 준장까지 진급했다.

존스, 데이비드 David Charles Jones, 1921~ , 공군 대장 ┃ 사우스다코타 주 태생으로, 로즈웰 비행학교 과정을 이수하고 1943년에 육군항공부 소위로 임관했으며, 한국전쟁 때는 일본 가데나(嘉手納) 기지의 19폭격기대대 대대장을 역임했다. 전략공군사령부에서 폭격기 관련 업무를 맡다가 커티스 르메이 대장의 전속부관으로 근무했으며, 베트남전쟁 때에는 원정군 작전 부사령관을 역임했고, 이후 7공군 부사령관, 주유럽 미 공군사령관 및 4연합전략공군사령관 등을 역임했다. 1971년에 대장으로 진급, 1974년부터 1978년까지 공군참모총장, 1978년부터 1982년까지 합동참모본부 의장을 역임한 후 전역했다.

존스턴, 앨버트 Albert Sydney Johnston, 1803~1862, 남부연합군 육군 대장 ┃ 미연방군 준장대우(1826~1834, 1846~1861), 텍사스 공화국군 준장(1836~1840), 남부연합군 대장(1861~1862)을 지낸 베테랑 군인이다. 켄터키 태생이지만 대부분 텍사스에서 살았으며, 웨스트포인트로 진학해 1826년에 졸업했다. 이곳에서 훗날 남부연합 대통령을 지낸 제퍼슨 데이비스와 만나게 된다. 1832년에는 블랙호크 전쟁에 참전했으나, 1834년 결핵으로 죽어가던 아내를 간병하기 위해 전역했다. 이후 텍사스로 이주해 농사를 짓던 그는 1836년 멕시코에 대항한 텍사스 독립전쟁이 벌어지자 이등병으로 텍사스군에 입대했지만 한 달 후 샘 휴스턴(Sam Houston) 장군의 전속부관으로 지명되어 소령을 달았다. 전후 텍사스 공화국의 제2대 대통령인 미라보 라마(Mirabeau Lamar)는 그를 전쟁부 장관으로 임명했었으나, 미국·텍사스 전쟁이 발발하자 다시 군으로 돌아가 재커리 테일러(Zachary Taylor: 미국 제12대 대통령) 장군 휘하에서 대령으로 복무하며 몬테레이 및 부에나비스타 전투에 참전했다. 전후 텍사스가 미국에 합병되고 테일러 장군이 미 대통령에 당선되자 테일러 대통령은 그를 미연방군 소령으로 불러들였다. 이 기간에 인디언을 상대로 하여 수차례 전투에 참전했으며, 1857년에 준장대우로 진급했다. 남북전쟁이 터질 무렵 그는 캘리포니아의 육군성 태평양부장을 역임하고 있었으나, 텍사스가 남부에 참가하자 전역 신청을 하고 로스앤젤레스로 가 가족과 숨었다. 하지만 북군(연방군)이 그의 행동을 수상하게 여기자 로스앤젤레스 용기병대에 이등병으로 들어갔고, 다시 텍사스 사막을 가로질러 도망쳐 남부연합군에 합류했다. 1861년 데이비스 대통령에 의해 대장을 단 그는 서부 방어를 책임지던 중, 부하늘의 감독 소홀로 포트 헨리를 북군의 그랜트 장군에게 뺏기고 말았다. 이에 그는 병력을 최대한 결집하여 실로(Shiloh)에서 그랜트에게 기습을 가했으나, 전투 중 심각한 부상을 입고 전사했다. 그는 남북전쟁 기간 중 전사한 최고위급 장성으로 기록되었으며, 데이비스 대통령조차도 "그의 죽음이 전쟁의 전환점이 되었다"라고 말하며 안타까워했다.

존슨, 해럴드 Harold Keith Johnson, 1912~1983, 육군 대장 ┃ 1933년 웨스트포인트를 졸업하고 보병 소위로 임관했으며, 보병학교 교육 후 본인의 요청으로 1940년에 필리핀에 주둔 중이던 57보병사단에 배치되었다. 하지만 바탄반도가 함락당하면서 1942년 4월에 일본군의 포로가 되었다. 속칭 바탄반도의 '죽음의 행군'에도 동원되었으며, 1944년경에 일본군이 그를 포함한 1,600명의 미군 포로를 필리핀 밖으로 이동시키기 위해 오료쿠마루(鴨緑丸)호에 승선시켰으나, 미군기가 함선을 침몰시켜 300명에 달하는 포로가 수장되었지만 그는 살아남았다. 다시 일본군에 의해 큐슈로 이송되었던 그는 1945년 9월 조선에서 미 7보병사단에 의해 구출되었다. 이후 미 본토에서 교관 생활을 잠시 한 그는 1950년 한국에 다시 파병되었으며, 1기병사단에 배속되어 낙동강 전투에 참여했다. 1953년에는 1군단 작전처장을 끝으로 미 본토로 돌아왔으며, 다시 유럽의 7군 참모장, 나토군 참모장을 거쳐 지휘참모대학 총장, 육군성 군사작전부장을 거쳐 1964년에 제24대 육군참모총장에 취임했다. 베트남전쟁으로 전황이 치닫기 시작하자 그는 빠른 시간에 적극적으로 참여한 후 철수하자고 주장했다. 1967년에는 얼 윌러(Earle Wheeler) 합참의장이 요양에 들어가면서 잠시 의장 대행을 맡았으며, 1968년에 전역했다.

주코프, 게오르기 Georgy Zhukov, 1896~1974, 소련군 육군 원수 ┃ 제2차 세계대전 당시 소련군 최고의 명장이다. 가난한 가정 출신으로 원래 모피공이 되려 했으나 16세에 제정 러시아군에 징집되면서 군인이 되었다. 기병병과에 배속된 그는 제1차 세계대전에 참전해 성 조지 십자훈장을 두 차례 받았고, 이를 통해 부사관으로 올라갔다. 10월 혁명이 발생하자 가난한 농가 출신이던 그는 볼셰비키당에 가담해 1기병군 소속으로 러시아 내전에도 참전했다. 1933년에는 4기병사단장이 되었고, 1938년에는 칼킨 골에서 제1소련-몽고 집단군사령관을 역임하며 일본의 관동군을 상대했다. 이곳에서의 승리로 적군(赤軍) 대장이 된 그는 적군 총장을 역임했으나, 스탈린의 반대로 금방 샤포슈니코프 장군과 교체되었다. 하지만 독일과 전쟁이 시작되면서 다시 중용되었으며, 스탈린그라드 전투에는 교체 지휘관으로 들어가 방어에 성공해 1943년에 원수를 달았고, 독소전쟁 중 가장 결정적인 승리 중 하나인 쿠르스크 전투를 지휘해 독일군의 진격 기세를 꺾었다. 전쟁 말기까지는 제1백러시아 전선군을 지휘하여 비스툴라-오데르 공세 및 베를린 전투에도 참가했고, 독일이 베를린에서 항복문서에 서명할 때에도 참석했다. 전후에는 독일 점령군사령관을 역임했지만 스탈린의 '영웅숙청'에 걸려 우랄관구로 좌천되었으나 1950년부터 일부 복권되어 국방차관 등을 역임하다가 베리야 체포 사건 후 국방장관이 되었다. 이후 브레주네프가 서기장이 되면서 장관 및 중앙위원회 위원직에서 해임되었으며, 그 길로 1964년에 은퇴했다. 부하들을 가혹하게 대했다는 평이 있으며, 참모나 예하 부대 지휘관이 명령을 제대로 이행하지 못하면 이등병으로 강등하거나 수인부대(囚人部隊)로 보내버리는 일이 종종 있었다고 한다.

줌월트, 엘모 Elmo Russell Zumwalt, 1920~2000, 해군 대장 ┃ 미 해군 역사상 최연소 참모총장이다. 부모가 모두 의사였기 때문에 처음에는 의사를 꿈꿨으나, 해군사관학교에 입교가 허락되자 해군장교가 되었다. 1942년에 소위를 달고 구축함 펠프스함과 로빈슨함에 승선했으며, 일본 연합함대를 상대로 싸운 전공으로 동성훈장을 받았다. 전후에는 중국에 주둔하며 일본군의 무장해제를 감독했고, 그곳에서 프랑스계 러시아인 아내를 맞아 결혼했다. 1950년에는 위스콘신함 항해사로 한국전쟁에 참전했으며, 해군 소장이 된 후 베트남전에 참전해 제7순양함-구축함 정대를 지휘했고 1968년에는 주 베트남 해군사령관 및 베트남 주둔 해군 군사고문단장을 겸했다. 1970년 닉슨 대통령이 그를 해군참모총장으로 임명했으며, 이후에는 주로 장병 복지에 힘썼다. 미 해군 차세대 구축함인 DDG-1000에 그의 이름이 헌정되었다.

지로, 앙리 Henri Honoré Giraud, 1879~1949, 자유프랑스 육군 대장 ┃ 제1, 2차 세계대전에 모두 참전했던 프랑스의 장군. 양차 대전에서 모두 포로가 되었으나 두 번 모두 탈출했다. 부모는 알자스 출신이지만 파리에서 태어났으며, 생시르(St. Cyr) 군사학교를 1900년에 졸업했다. 북아프리카에서 복무하던 중 1914년에 제1차 세계대전이 발발하자 본토로 귀환했으며, 기즈(Guise) 전투에서 부상을 당하며 포로가 되었으나 두 달 후 네덜란드로 탈출하여 본토로 돌아왔다.

전후 북아프리카에서 복무했으며, 최고군사위원회에 있을 당시 제2차 세계대전이 발발했다. 그는 기갑 전력을 사용하자는 샤를 드골의 의견에 강하게 반대했으며, 프랑스 7군을 이끌고 브레다에서 독일군에 대항해 독일군의 진출을 최대한 지연하는 임무를 수행했다. 하지만 9군까지 합세했음에도 아르덴에서 독일군 저지에 실패해 독일군의 포로가 되었으며 드레스덴 근교 쾨니히슈타인으로 이송되었다.

그는 2년간 치밀하게 탈출 계획을 세웠으며, 독일어를 배우고 근교 지리를 조금씩 섭렵하여 1942년 4월에 독일 농부로 변장한 후 벼랑을 타고 기어 내려가 탈출에 성공했다. 이후 영국군 SOE와 접선하여 스위스를 통해 비시 프랑스로 도망쳤다. 괴뢰정권의 수장인 앙리 필리프 페텡(Henri Philippe Pétain) 장군을 만나 "독일은 패할 것이며, 우리는 독일에 대항해야 한다"라고 주장했다. 비록 그의 주장을 받아들이지는 않았으나 페텡은 지로 장군을 반환하라는 독일의 요구를 거부했다. 그의 탈출 소식이 알려지자 하인리히 힘러(Heinrich Himmler)는 게슈타포를 보내 암살을 시도했고, 프랑스 총리를 겸임하던 라발은 그에게 독일 귀환을 종용했으나 그는 끝까지 거부했다. 이에 그는 연합군 측과 비밀리에 접선했으며, 킹핀(Kingpin)이라는 암호명을 받고 연합군의 북아프리카 상륙을 지원했다.

이후 연합군이 프랑소아 다를랑 원수와 협력하기로 하자 그의 휘하로 배치되었으나, 다를 랑이 왕당파 청년에게 암살당하자 아이젠하워 장군에 의해 후임자로 선택되었다. 이후부 터 사실상 북아프리카군의 총사령관이 되었는데, 자유프랑스의 수장인 드골은 정치적인 지도자가 되기를 원했으므로 지로를 자유프랑스군 총사령관에, 자신이 자유프랑스군 수장 에 앉기로 합의했다. 이후 두 사람은 프랑스 국가해방위원회 및 자유프랑스의 공동 대표로 활약했다. 하지만 둘 사이에 정치적인 알력관계는 항상 존재했다. 지로가 코르시카의 해방 전선 운동을 지원하기 위해 위원회 동의 없이 구축함을 파견하는 월권행위를 하자 위원회 는 그를 비난했으며, 결국 1943년에 대표직을 잃었다. 특히 그가 자신만의 정보망을 따로 구축하고 있던 것이 밝혀지자 위원회는 총사령관직을 사퇴하고 군감찰감을 수행하다가 전 역할 것을 종용하여 결국 이를 받아들였다. 1944년에는 그를 암살하려는 시도까지 있었으 나 살아남았다. 전후 1946년에는 자유공화당 의원에 당선되어 제4공화국 성립에 기여했으 며, 군사 참의회에도 계속 남았다. 두 차례의 극적인 탈출로 국가적 영웅 대접을 받다가 1949년 디종(Dijon)에서 사망했다.

처칠, 윈스턴 Sir Winston Leonard Spencer-Churchill, 1874~1965, 영국 총리 ┃ 제2차 세계대전 당시 영국 총리를 역임했다. 전시에 영국을 이끈 가장 위대한 총리로 추앙받을 뿐 아니라, 총리 도 두 차례(1940~1945, 1951~1955)를 지냈다. 말버러 공작 집안 출신의 부유한 가족 환 경을 등에 업고 여러 사립학교를 다녔으나 학업 성적은 좋지 않았다. 하지만 해로우 입교 후 적성을 찾았으며, 졸업 후 샌드허스트 왕립사관학교로 진학하여 기병 소위로 임관했다. 군인으로서도 앵글로·아프간 전쟁을 비롯해 다양한 참전 경험을 쌓았으며, 1900년에는 제 2차 보어전쟁에 참전했다가 포로가 되었으나 탈출해 국민적 영웅이 되기도 했다. 중령으 로 전역 후 정계에 진출해 보수당 하원의원이 되었으나 당의 정강과 부딪히면서 1904년에 자유당으로 옮겼다. 이후 다양한 장관직을 거치며 주요 인사로 떠올랐으나, 1915년 다르 다넬스 해전(제1차 세계대전)의 패전 책임을 지고 해군 장관직에서 물러났다. 이후 다시 내각 장관으로 입각했으나 자유당의 정강에 의구심을 품으면서 보수당으로 돌아왔다. 제2 차 세계대전 개전 초 다시 해군 장관에 복직한 그는 이서 체임벌린(Arthur N. Chamberlain) 수상이 사임하면서 후임 수상이 되었고, 전쟁 초반 연합군의 연패에도 히틀 러에게 강인하게 대항하여 결국 연합군의 승리를 이끌었다. 전쟁 회고록으로 노벨 문학상 을 수상했으며, 미국 명예시민증을 받은 첫 인물이 되었다. 1965년에 사망했으며, 엘리자 베스 2세 여왕에 의해 국장으로 장례가 치러졌다.

체임벌린, 스티븐 Stephen Jones Chamberlin, 1889~1971, 육군 중장 ┃ 캔자스 주 태생으로, 1912년 웨스트포인트를 졸업했다. 제2차 세계대전 중에는 맥아더의 참모장을 지냈으며, 제1차 세 계대전 중에는 호보켄(Hoboken) 양륙항 사령관을 지낸 데이비드 섕크스(David Shanks) 소장의 전속부관을 역임했다. 1938년에는 전쟁부 군수국 건축과 차장을 지냈으며, 제2차 세계대전 직전까지 공항, 해안방어선 등 다양한 미군 시설 건축에 참여했다. 1942년 1월 오스트레일리아로 이동해 맥아더의 남서태평양 전역군 참모부(GHQ) 작전참모로 보직되었으며, 뉴기니, 필리핀, 보르네오 작전 등을 함께 감독했다. 전후인 1946년부터 1948년까지는 전쟁부 정보참모국장을 지냈고, 5군사령관을 역임한 후 1951년 5월에 전역했다. 전역 후에는 아널드 기지 내의 아널드 엔지니어링 개발센터에서 보안책임자로 일했다.

칸스, 마이클 Michael Patrick Chamberlain Carns, 1937~ , 공군 대장 ┃ 1991년부터 1994년까지 미 공군참모차장을 지냈다. 1959년 미 공군사관학교를 졸업했으며, 비행교관과 작전장교 등을 두루 거친 후 1967년 하버드 대학교에서 MBA 과정을 이수했다. F-4 팬텀 II 파일럿으로 200회 이상 출격 기록을 쌓았고, 다양한 참모 보직을 거친 후 1986년 필리핀 주둔 13공군사령관에 보직되었다. 이후 미 태평양사령부 참모장과 합동참모국장을 거쳐 1991년 미 공군참모차장을 지냈다. 1994년 대장으로 예편했다.

캐넌, 존 John Kenneth Cannon, 1892~1955, 공군 대장 ┃ 유타 주 솔트레이크 시티 태생으로, 1914년 유타 농업학교(Utah Agricultural College: 현재 유타 주립대학교)를 졸업한 후 육군 보병 소위로 1917년에 임관했다. 1921년 텍사스 주 켈리 비행장에서 비행과정에 입교했으며, 1922년에 추격 조종사 비행과정을 이수했다. 함께 과정을 이수한 동기 일곱 명 중에는 훗날 미군 의용단(AVG) 사령관을 역임한 클레어 리 셰놀트(Clare Lee Chennault)도 있었다. 1941년 1공군 참모장이 되었으며, 예하 1요격대 사령관을 겸임했다. 1942년 횃불작전이 시작되자 12공군지원사령부 사령관으로 참전했으며, 알제리에서는 12폭격단장을 맡았다. 이후 지중해 사령부 산하 서북아프리카 훈련사령부 사령관, 서북아프리카 전술공군사령관을 맡아 영국군의 커닝엄 제독 휘하에서 시칠리아 작전에도 투입되었다. 1944년 남부 프랑스 전투에서는 남프랑스 연합군 공군을 총 지휘했으며, 1945년 3월에는 지중해 전역 연합군 공군 총사령관으로 영전하면서 중장을 달았다. 전쟁이 끝나기 직전인 1945년 5월에는 주유럽 미 공군사령관에 보직되어 전쟁 종료 이후인 1946년까지 직위를 유지했다. 전후 공군훈련사령관을 거쳐 대장으로 승진했으며, 다시 주유럽 미 공군사령관을 역임한 후 전술공군사령관을 끝으로 1954년에 전역했다.

캘리, 윌리엄 William Laws Calley, 1943~ , 육군 소위 ┃ 마이애미 태생이며, 부친은 미 해군 출신으로 제2차 세계대전에 참전했다. 1963년 팜비치주니어칼리지(Palm Beach Junior College)에 입학했으나 성적 미달로 퇴교되었다. 이후 이런저런 직업을 전전하며 서부까지 갔었다가 마이애미로 오던 중 1966년에 미 육군 병사로 입대했다. 입대 후 훈련 성적이 좋아 장교교육반(OCS)에 입교했으며, 16주간 교육을 받은 후 장교교육반 51기로 임관했다. 소위로 임관한 후 11보병여단 20연대 1대대 C중대에 보직되었으며, 소대장 보직에 '추천'되지는 않았으나, 베트남전쟁이 한창이었기 때문에 스코필드 배러스에서 보수교육을 받은 후 베트남에 파병되었다. 1968년 미라이 사건을 저지른 혐의로 기소되어 유죄 판결을 받았으며,

최초 종신형을 받았으나 1971년 4월 1일 자로 닉슨 대통령에 의해 가택연금형으로 바뀌었다. 4개월 후에는 형기가 다시 20년으로 줄었고, 1974년 9월에는 그의 재판이 절차상의 문제가 있었다 하여 로버트 엘리엇(Robert Elliot) 판사에 의해 무죄 판결이 내려졌다. 현재 부인과 2005년에 이혼한 후 아들과 함께 살고 있으며, 2009년 8월 한 일간지와의 인터뷰를 통해 미라이 사건에 대한 후회 소견을 밝히고 희생자에 대한 사죄를 표명하기도 했다.

커닝엄, 앤드루 Sir Andrew Browne Cunningham, 1st Viscount, 1883~1963, 영국 해군 원수 ㅣ 영국 왕립 해군 원수이자 자작이었다. 이름의 약칭인 'ABC'라는 별명으로 잘 알려졌다. 10세 때 왕립 해군군사학교에 입대하며 해군 생활을 시작했고, 브리타니아 왕립해군대학을 졸업하며 승진을 거듭했다. 제1차 세계대전 때에는 구축함장으로 전쟁에 참전해 다르다넬스와 발트 해에서 활약했다. 제2차 세계대전에는 왕립해군 지중해함대 사령관으로 참전했으며, 특히 타란토 전투, 크레타 섬 전투, 마타판 곶 전투를 비롯한 전쟁의 분수령이 된 지중해 해전에서 연달아 승리했다. 1943년부터 1946년까지 해군 제1군사위원(First Sea Lord: 해군참모총장에 해당)을 지낸 후 전역했다. 1953년 엘리자베스 2세 즉위식 때 왕실 집사 장관(Lord High Steward)을 맡았다.

커윈, 월터 Walter Thomas Kerwin, 1917~2008, 육군 대장 ㅣ 펜실베이니아 주 웨스트 체스터 태생으로, 1939년에 웨스트포인트를 졸업하고 포병 소위로 임관했다. 제2차 세계대전이 발발하면서 북아프리카, 시칠리아, 이탈리아 본토, 프랑스 등지에서 싸웠으나 1944년 12월 무지크(Mutzig)에서 부상을 당해 본국으로 송환되었다. 1961년에는 준장으로 진급하여 독일 하나우(Hanau)의 3기갑사단 사단포병대장을 맡았으며, 56포병단 및 18공정군단장 등을 역임했다. 이후에는 베트남으로 파병되어 베트남 항공수송사령부(MACV) 참모장을 지내고, 2야전군사령관을 거쳐 본토로 귀국한 후에는 대륙군사령부(나중에 육군전력사령부로 개칭) 사령관으로 보직되었다. '하나의 군대' 개념을 정립해 정규군과 예비군의 국방정책 실시와 우발 상황 대비를 일원화했으며, 1974년에는 육군참모차장으로 임명되어 베트남전 동안 이루어진 의무병제를 다시 자원병제로 전환하는 절차를 마련하는 데 기여했다.

케넌, 조지 George Frost Kennan, 1904~2005, 대사 ㅣ 미국의 외교관이자 역사가. 1930~1940년대에는 소련에서 외교관 생활을 했고, 1950년대에는 주소련 미국 대사를 역임했다. 냉전 기간에는 소련의 팽창주의에 대항한 봉쇄주의(containment)를 제창했으며, '봉쇄정책의 아버지'라는 별명이 있다. 미국의 대표적인 소련 전문가인 그는 미국의 대소(對蘇) 정책에 큰 영향을 끼쳤으며, 마셜플랜의 기획에도 참여했다. 1960년대에는 유고슬라비아 대사를 역임했다. 2005년 뉴저지 주 프린스턴에서 사망했다.

케니, 조지 George Churchill Kenney, 1889~1977, 공군 대장 ㅣ 제2차 세계대전 당시 육군항공대 지휘관으로 활약했다. 캐나다 태생이지만 매사추세츠 주에서 자랐다. MIT에 합격해 3년을 다녔으나 중간에 철도회사에 취직하자 자퇴했다. 1917년 육군 통신병과 병사로 징집되어 비행사 과정을 밟았으며, 소위를 달고 제1차 세계대전에 참가해 75회 출격했다. 91항공대대에 소속되어 두 대의 독일 공군기를 격추했으며, 그중 하나는 훗날 제2차 세계대전 중 독일 공군 루프트바페의 사령관을 역임한 헤르만 괴링(Hermann Göring)이었다고 여겨진다. 전후에는 시험비행단 단장을 맡았으며, 1940년 제2차 세계대전 초반에는 프랑스에 무관 보좌관으로 파견되어 항공전의 초창기 모습을 관찰했다. 1941년 초 캘리포니아 주둔 4공군사령관에 보직되었으나 미국이 개전하면서 연합군 서남태평양 공군사령관 겸 신설 5공군사령관에 임명되었다. 이 기간에 맥아더 휘하에서 미 육군항공대, 영국 공군, 오스트레일리아 공군, 네덜란드 공군을 통합해 지휘했다. 가장 성공적인 작전은 비스마르크 해전 중 일본군의 증원을 차단한 작전이었다. 이후 필리핀을 해방한 후 이오지마(유황도) 전투에 참가했으며, 최초로 일본 본토에 착륙한 미 공군 부대를 이끌었다. 전후 공군 대장으로 진급해 신설 공군전략사령부 사령관에 보직되었으며, 1951년 전역할 때까지는 공군대학 학장을 지냈다. 1977년 88세의 나이로 플로리다에서 사망했다.

케손, 마누엘 Manuel Luis Quezon, 1878~1944, 필리핀 대통령 | 필리핀의 초대 대통령. 필리핀 혁명이 발발하자 미국에 대항해 싸웠으며, 미서전쟁 후 필리핀이 미국령이 되자 필리핀 정계에 투신했다. 1935년 필리핀 공화국이 정식으로 출범하자 필리핀 독립군을 이끌던 에밀리오 아기날도(Emilio Aguinaldo)를 꺾고 대통령에 당선되었으며, 1941년에는 재선에 성공했다. 1942년에 일본군이 필리핀을 점령하자 미국으로 망명해 망명정부를 세웠지만, 필리핀의 회복을 보지 못한 채 워싱턴 D.C.에서 결핵으로 숨을 거뒀다. 필리핀에는 그의 이름을 딴 계획도시가 있다.

코너, 폭스 Fox Conner, 1874~1951, 육군 소장 | 1894년 웨스트포인트에 입교했으며, 졸업 후 쿠바 주둔군에서 복무하며 군 생활을 시작했다. 육군참모부 장교, 전쟁대학 교관 등을 거치며 훈련가로서의 자질을 키워나갔으며, 제1차 세계대전이 발발하자 미 동맹원정군의 작전참모(G3)로 발탁되었다. 당시 휘하에 조지 마셜이 있었으며, 그의 자질을 알아봐 이상적인 군인이자 군사적 천재라고 상부에 추천했다. 전쟁 중에는 미 동맹원정군의 '두뇌' 역할을 했으며, 전후에는 사후보고서(AAR)를 작성해 1920년 「국가방위법」에 크나큰 영향을 미쳤다. 그는 1919년 기갑학교에서 아이젠하워를 처음으로 만났으며, 여기에서 그의 자질을 알아봐 자신이 파나마의 20보병여단장으로 임명되자 아이젠하워를 참모로 뽑아 갔다. 이 기간 중 아이젠하워를 집중적으로 교육해, 다양한 군사 서적을 접하고 야전을 고루 경험하도록 독려했다. 1929년 소장을 달고 육군참모차장에 보직되었으며, 1930년 퍼싱이 참모총장으로 추천했으나 맥아더에게 밀려 총장으로 임명되지는 못했다. 이후 1938년 미 1군사령관으로 전역했다. 마셜과 마찬가지로 야전지휘관으로 내놓기에는 너무 훌륭한 참모였으므로 항상 참모 보직을 맡았으며, 전시에 야전지휘관이 되어 부대를 지휘해보지 못한 것을 한으로 여겼다. 아이젠하워는 그를 평생 만난 군인 중 가장 훌륭한 군인으로 꼽았다.

코드먼, 찰스 Charles Russell Codman, 1893~1956, 육군 대령 | 미국의 작가이자 와인 전문가이며, 제2차 세계대전 기간에는 조지 패튼 장군의 부관을 지냈다. 뉴잉글랜드의 부유한 가정에서 태어나 1915년 하버드 대학을 졸업한 후 미군에 입대했다. 파일럿 교육을 받은 후 제1차 세계대전이 발발하자 96항공대대 소속 중위로 참전했고, 전후 프랑스에 남아 와인 구매업 및 부동산업을 했다. 1940년 나치 독일이 프랑스를 침공하자 보르도에서 간신히 마지막 비행기를 타고 리스본으로 탈출하는 데 성공했으며, 1942년 미군에 소령으로 재입대했다. 프랑스어에 능해 횃불작전 당시 통역관으로 참전했으며, 이후 아프리카 북부에서 패튼이 부관으로 복무할 것을 제의하자 이를 받아들였다. 1945년 전쟁 종결 후 대령으로 전역했으며, 보스턴으로 귀국한 후 부동산업자로 남은 생을 보냈다. 와인 관련 서적(『Years and Years: Some Vintage Years in French Wines』)과 소설(『Contact』, 『Drive』)을 냈다.

코스터, 새뮤얼 Samuel W. Koster, 1919~2006, 육군 준장 | 아이오와 주 출신으로, 1942년에 웨스트포인트를 졸업하고 임관했다. 제2차 세계대전에는 연대 행정장교로 참전했으며, 한국전쟁 중에는 미8군에 소속되어 빨치산 토벌작전을 지휘했다. 베트남전쟁 중에는 아메리컬 사단(23보병사단) 사단장을 지냈는데, 사단장 재직 중이던 1968년에 문제의 미라이 사건이 발생했다. 이 사건은 휘하에 있던 어니스트 메디나(Ernest Medina) 대위와 윌리엄 캘리(William Calley) 소위가 미라이라는 베트남의 소도시 주민을 모두 학살해버린 사건으로, 베트콩을 색출하는 과정에서 총 350~500명의 남녀노소를 살해한 것으로 추정된다. 사건 당시 그가 미라이에 있던 것은 아니었지만, 이 사건을 보고받고도 특별한 조사나 조치를 취하지 않은 혐의가 적용되었다. 그는 보고서만 보고 약 20명 정도의 주민이 살해당한 것으로 생각했다고 법정에서 답했다. 하지만 주민에 대한 무차별 사격이 이루어진 것과 헬기 조종사이던 휴 톰슨(Hugh Tompson)이 이들을 저지하려 시도했던 사실도 알았던 것으로 확인되었다. 훗날 육군 측은 그가 "의도적으로 책임을 회피하려 한 혐의는 없다"라고 판단해 기소를 중지했으나, 미라이 사건 은폐 시도는 인정되어 중장 진급 예정이던 상태에서 진급이 취소되었으며, 수훈훈장 반납 및 1계급 강등 조치가 이루어져 준장이 되었다. 판결 직후 애버딘 테스트센터 부사령관으로 발령되었다가 1973년에 전역했다. 전역 후 미국·캐나다 전력공급기업인 코퍼-핸슨산업에서 12년간 전무로 재직했으며, 두 아들도 모두 웨스트포인트를 졸업하고 직업군인이 되었다.

콘웨이, 토머스 Thomas Conway, 1735~1800, 육군 소장 | 프랑스 출신 아일랜드계 군인. 프랑스군에서 복무하며 대령까지 달았으나 미국으로 이주했다. 독립혁명이 발발하자 대륙의회를 통해 준장으로 임관했으며, 저먼타운(Germantown) 전투 등에서 여단장으로 활약했다. 1777년 소장으로 진급하며 감찰감이 되었다. 이후 '콘웨이 도당사건'을 일으키며 워싱턴을 지휘관에서 끌어내리려 음해를 시도했으나, 워싱턴 본인에게 서신을 빼앗겨 시도가 발각되었다. 결국 1778년에 자진 전역했으며, 존 캐드월더(John Cadwalder)와 결투 중 부상

을 입고 프랑스로 돌아갔다. 프랑스군에 복귀한 후 프랑스령 인도 총독을 지냈고, 혁명이
터지자 왕당파로 싸웠으나 패했다. 이후 아일랜드로 추방되어 그곳에서 여생을 보냈다.

콜렛, 찰스 Charles H. Corlett, 1889~1971, 육군 소장 ┃ 제2차 세계대전 중 유럽과 태평양 양쪽에서
모두 싸운 인물. 네브래스카 주 출신으로 1913년에 웨스트포인트를 졸업했으며, 원래부터
말을 잘 다뤘기 때문에 '카우보이 피트(Cowboy Pete)'라는 별명을 얻었다. 1942년 태평
양에 투입되어 7사단과 함께 일본군에 빼앗긴 미국령 키스카(알류샨 열도의 일부) 탈환을
위해 상륙작전을 지휘했으나, 일본군이 안개를 틈타 전부 철수하여 저항 없이 탈환했다(우
군 사격으로 25명 사망자 발생). 이후 남태평양에서는 체스터 니미츠 원수의 지휘를 받아
콰절린(Kwajalein) 환초지대를 공격해 수개월에 걸친 폭격과 7일에 걸친 양륙전으로 임무
를 완수했다. 이는 전문가들이 '거의 완벽에 가까운' 상륙전의 본보기로 꼽는 작전이 되었
다. 1944년에는 유럽으로 이동해 1군 산하 19군단의 지휘권을 인수했으며, 노르망디 상륙
을 시작으로 네덜란드와 프랑스 각지에서 싸웠다. 전후 멕시코에서 근무하다가 뉴멕시코
의 농장으로 은퇴했으며, 주 정부와 관련된 일을 하다가 82세를 일기로 사망했다.

콜린스, 로턴 Joseph Lawton Collins, 1896~1987, 육군 대장 ┃ 루이지애나 주 뉴올리언스 태생으로
1917년에 웨스트포인트를 졸업했으며, 제1차 세계대전에는 가진급으로 소령을 달고 참전
해 22연대 3대대장과 주독 미군 작전참모를 지냈다. 제2차 세계대전 초반에는 과달카날
(Guadalcanal) 등 주로 태평양 전역에서 활약했으나, 노르망디 상륙을 전후해 유럽으로
옮겨 7군단장을 역임했다. 1945년에 육군참모총장으로 임명되었으며 한국전쟁 때까지 임
무를 수행했다. 그의 친형인 제임스 콜린스(James Lawton Collins) 장군도 소장까지 진급
했으며, 아폴로 11호에 탑승해 달 궤도선을 조종한 마이클 콜린스(Michael Collins, 훗날
공군 소장 전역)는 그의 조카다.

쿨리지, 캘빈 Calvin Coolidge, 1872~1933, 대통령 ┃ 미국의 제30대 대통령(1923~1929)이다. 법률
가 출신의 정치가로, 매사추세츠 주지사를 역임하다가 워런 하딩(Warren G. Harding) 대
통령의 부통령 러닝메이트로 선출되어 제29대 부통령이 되었다. 하딩 대통령이 티포트돔
(Teapot Dome) 스캔들로 인기를 잃던 중, 알래스카에서 유세를 마치고 오다가 캘리포니
아에서 사망하자 대통령직을 승계했다. 이후 재선에도 성공했으며, 임기가 끝날 무렵에는
전 행정부에서 잃은 대통령의 인기와 신뢰를 크게 회복했다. 과묵하고 말이 없었으며, 말
주변이 없어 항상 연설을 짧게 한 것으로 유명하다. 한 파티에서 어느 여성이 "오늘 각하께
서 세 단어 이상 말씀하시게 만들겠다고 친구와 내기를 하고 왔어요"라고 하자, 이에 쿨리
지가 "당신이 졌소(You lost)"라고 답했다는 일화가 있다.

퀘사다, 엘우드 Elwood Richard "Pete" Quesada, 1904~1993, 공군 중장 ┃ 워싱턴 D.C. 태생으로, 와
이오밍 세미너리를 졸업하고 조지타운 대학교에서 수학했다. 1924년 미 육군항공단에 입
대했으며, 초급장교 시절에는 전속부관, 무관 보좌관 등을 역임했으며, 1929년 공중급유

기술을 처음으로 테스트한 아이라 이커, 칼 스파츠와 한 팀을 이루기도 했다. 제2차 세계대전 중에는 9공군에 소속되어 전술 공대지 전투 방식 개발에 크게 기여했다. 특히 저주파 조기경계레이더의 사용이라든지, 파일럿을 육군 탱크에 탑승시켜 항공통제반으로 활용해 근접 항공 지원의 정확도를 높이는 등 다양한 혁신적 아이디어를 전장에 도입했다. 제2차 세계대전 후에는 전략폭격기의 사용을 제창했으며, 1947년 공군이 처음 독립하자 초대 전술공군사령부(TAC) 사령관에 임명되었다. 전역 후 프로 스포츠에 관심을 가져 1961년 프로야구팀인 워싱턴 세너터스(Washington Senators, 텍사스 레인저스의 전신) 구단주가 되었지만 1963년에 매각했다. 1953년부터 1955년까지는 록히드의 이사를 지냈으며, 1957년에는 아이젠하워 대통령의 항공 분야 보좌관으로도 근무했다.

퀸, 윌리엄 William Wilson Quinn, 1907~2001, 육군 중장 ｜ 메릴랜드 주 서머싯 태생으로, 1933년 웨스트포인트를 졸업하고 임관했다. 주로 군사정보(Military Intelligence: MI, G2) 분야에서 활약하던 장군으로, 벌지 대전투 등 굵직한 전투에서 정보장교 역할을 수행했으며, 1945년 전쟁 후에는 OSS(Office of Strategic Service: 이후 CIA로 개편)를 창설한 후 국장을 지내기도 했다. 1951년 한국전쟁이 발발하자 전쟁에 참전했으나 부상을 입었다. 이후 1966년에는 미 7군사령관을 역임했으며, 1966년에 전역한 후 17보병사단의 명예대령 계급을 수여받았다.

큐터, 로런스 Laurence Sherman Kuter, 1905~1979, 공군 대장 ｜ 1927년 웨스트포인트를 졸업했으며, 포병 소위로 임관했으나 비행학교에 입교해 1930년에 폭격기 조종사 교육과정을 이수했다. 이후 육군항공단(US Army Air Corps)으로 전과하여 클레어 리 셰놀트 대위와 함께 미국 역사상 첫 곡예비행단을 이루었다. 보잉사의 YB-9 폭격기 프로그램에 참여해 폭격 전술 및 기술의 기틀을 마련했으며, 1941년 초에는 전쟁부 항공전 기획과에 소속되어 제2차 세계대전 중 사용된 미군의 항공전력 운용계획 작성에 참여했다. 1942년 마셜 장군에 의해 중령에서 준장을 단 후 다시 헨리 아널드 장군에 의해 미 육군항공대 부참모장에 보직되었으며, 이후 제2차 세계대전에 참전해 8공군 1폭격단장, 연합군 서북아프리카 전술공군 부사령관 등을 지낸 후 독일군 에르빈 롬멜 장군의 항복과 동시에 워싱턴으로 돌아가 육군항공대 부참모장에 보직되었다. 태평양전쟁에도 참전하여 활약하던 중 종전을 맞았다. 전후 신설된 공군수송사령부 사령관을 지냈고, 한국전쟁에도 참전했으며, 1955년 극동군 공군사령관에 보직되면서 대장으로 진급했다. 1957년 신설된 태평양 공군사령관을 마지막으로 1962년에 전역했다.

크라이튼버거, 윌리스 Willis Dale Crittenberger, 1890~1980, 육군 중장 ｜ 메릴랜드 주 볼티모어 태생으로, 웨스트포인트를 1913년에 졸업했으며, 기병 소위로 임관해 첫 임지를 텍사스 주 포트 후드의 3기병연대로 받았다. 육군 기병학교 및 국방연수원 등을 거쳐 1930년에 1기병연대(기계화 보병)에 배속되었으며, 1934년에 1기갑사단 기병참모로 보직되었다. 제2차 세계대전이 발발하자 패튼 휘하의 2기갑사단 2여단장이 되었으며, 1942년 1월에는 패튼이 1기갑군단장으로 이동하자 2기갑사단장으로 영전했다. 1942년 8월에는 루이지애나 주에서 7기갑사단과 11기갑사단을 묶어 3기갑군단을 창설했으며, 다시 19군단으로 번호가 변경된 후 1944년 1월에 영국으로 이동했다. 1943년 아이젠하워는 크라이튼버거를 프랑스로 진공시킬 세 명의 군단장 중 하나로 선택했다. 이후 5군사령관이던 제이컵 데버스 장군이 예하의 9군단을 로마 해방 이후 전면에 내세우면서부터 적극적으로 전쟁에 참가해 총 390일간 전투에 돌입하여 1945년 5월 2일 독일군이 항복할 때까지 휴식 없이 전투에 투입되었다. 전후 카리브 해 방어사령관을 거쳐 초대 카리브 사령부 사령관이 되었으며, 이후 이 사령부는 미 남부사령부로 개칭되었다. 2년간 사령관을 역임한 후 1군사령관을 마지막으로 1952년에 전역했으며, 전역 후에는 미 육군사관학교 총동문회장을 지냈다. 이후 자유유럽위원회 위원장 등 활발한 민간 활동을 펼치다 1980년에 사망했다.

크레이그, 데이비드 Sir David Browrigg Craig, 1929~ , 영국 공군 원수 | 1949년 아일랜드 더블린에서 태어나 군인이던 아버지 아래에서 성장했으며, 훗날 아일랜드 공화국이 된 더블린에서 살면서 제2차 세계대전과는 다소간 동떨어진 유년을 보냈다. 1943년 영국 본토로 건너와 옥스퍼드 대학교에 진학하면서 공군에 입대했다. 1951년 임관 후 조종교육을 받고 글로스터 미티어(Gloster Meteor)와 헌터(Hunter) 항공기를 조종했다. 1964년 중령을 달았으며, 1965년에는 합참의장이던 리처드 헐(Richard Hull) 원수의 보좌관으로 보직되었다. 1972년 공군 준장, 1975년에 공군 소장을 달았으며, 1978년에는 왕립공군 1공군(No. 1 Group) 사령관이 되었다. 1980년 중장을 거쳐 1981년에 대장이 되었으며, 1983년에는 대장 계급에 대한 종신권이 부여되면서 왕립공군 타격사령부 사령관이 되었다. 1985년부터 1988년까지는 공군참모총장, 1988년부터 1991년까지는 합참의장을 지냈고, 1988년 11월에는 공군 원수가 되었다. 영국 왕실에서 남작 작위를 받았다.

크레이그, 멀린 Malin Craig, 1875~1945, 육군 대장 | 1875년에 웨스트포인트를 졸업하고 보병 소위로 임관했다. 미서전쟁뿐 아니라 중국에 파견되어 의화단사건에까지 참여했으며, 필리핀에서도 복무한 후 제1차 세계대전에 참전해, 41사단 참모장 및 1군단 참모장을 역임하고 준장을 달았다. 귀국 후에는 여러 군사학교와 파나마 등지에서 복무했으며, 1935년부터 1939년까지는 육군참모총장을 역임했다. 제2차 세계대전이 발발하자 동원 및 원정 준비 등을 기획한 후 1939년에 전역했다. 1941년에는 전쟁부 장관의 인사위원장으로 다시 선임되어 활동했으나, 1945년에 사망했다.

크로, 윌리엄 William James Crowe Jr., 1925~2007, 해군 대장 | 로널드 레이건과 조지 H. W. 부시 대통령 시절에 미 합참의장을 역임했다. 1947년 애나폴리스 해군사관학교를 졸업하고 해군 소위로 임관했으며, 1954년부터 1955년까지는 아이젠하워 대통령의 해군보좌관을 지냈다. 주로 잠수함에 승선해 임무를 수행했으며, 1962년에는 잠수함 트라우트(Trout)함의

함장을 지냈다. 스탠퍼드와 프린스턴에서 각각 석사와 박사학위를 취득했으며, 이 과정 중에 하이먼 리코버(Hyman G. Rickover) 제독이 원자력잠수함 프로그램에 참여하기를 권했으나 거절했다. 베트남전에도 참전했으며, 1980년에 대장으로 승진하면서 연합군 남부 사령관과 미 태평양사령관을 거쳐 1985년에 합동참모본부 의장으로 지명되었다. 1989년 전역 후 클린턴 대통령 후보 해외정보위원장을 지냈고, 클린턴 대통령 당선 후 1994년부터 1997년까지 주영 대사를 역임했다. 잠시 해군사관학교에서 교편을 잡기도 했다.

크루거, 월터 Walter Krueger, 1881~1967, 육군 대장 **|** 제2차 세계대전 당시 6군사령관과 태평양 남부 방어사령관을 지냈다. 원래 프러시아 태생으로, 프러시아 군인이던 아버지의 사망 후 온 가족이 미국으로 이민 온 독일계 미국인이다. 제2차 세계대전 중에는 주로 태평양 전선에서 활약했으며, 미군 역사상 이등병에서 대장까지 진급한 첫 인물이다.

크리치, 윌버 Wilber Lyman Creech, 1984~2003, 공군 대장 **|** 1978년부터 1984년까지 미 전술항공사령부 사령관을 역임했다. 1944년 7월에 고등학교 졸업 후 이등병으로 입대하면서 군 생활을 시작했으며, 중간에 학업을 계속해 메릴랜드 주립대학교와 조지 워싱턴 대학교에서 학사와 석사학위를 취득했다. 1949년 조종학교 과정을 마치면서 소위로 임관했으며, 한국전쟁에 투입되어 김포공항에 주둔 중이던 51비행단 소속으로 북한군을 상대로 103회 이상 출격했다. 25사단 예하 27보병연대에서는 전방 항공통제관으로 근무하기도 했다. 1953년에는 미 공군 곡예비행팀인 '선더버드(Thunderbirds)'에 합류해 125회의 공연을 완수했으며, 1956년에는 미 공군 유럽 곡예팀인 '스카이블레이저(Skyblazers)'의 대장이 되어 1959년까지 399회의 공연을 완수했다. 1968년에는 37전술비행단 부단장으로 베트남전쟁에 참가하여, 177회의 전투 임무를 소화한 후 사이공(현재의 호찌민 시)에 주둔 중이던 미 7공군 작전참모가 되었다. 이후 독일과 스페인에 주둔 중인 비행단의 단장을 각각 역임했고, 1974년 공군병기사령부 부사령관으로 근무한 후 전자체계센터 사령관을 지냈다. 1976년에는 유엔 군사참모위원회의 공군위원으로 들어가 나토 관련 업무를 수행했고, 전술항공사령부 사령관을 끝으로 1984년에 전역했다.

클라크, 마크 Mark Wayne Clark, 1896~1984, 육군 대장 **|** 뉴욕 주 태생으로, 모친이 루마니아계 유대인이었으나 그 자신은 웨스트포인트 재학 당시 성공회 세례를 받았다. 1917년 웨스트포인트를 졸업했으며, 제1차 세계대전에 11연대에 소속되어 참전했다가 부상을 입었다. 제2차 세계대전과 한국전쟁 기간을 통틀어 최연소로 중장을 달았으며, 주로 북아프리카와 이탈리아 전선에서 활약했으나, 이탈리아 방면 사령관을 맡았을 때 몬테카시노 폭격, 로마에 대한 조기 점령 등 몇 가지 실책을 범하기도 했다. 하지만 처칠과 아이젠하워가 모두 인정한 유능한 참모이자 교관이었으며, 조지 마셜 장군과도 친분이 두터웠다. 한국전쟁 중이던 1952년부터는 매슈 리지웨이 대장의 후임으로 유엔군사령관을 맡아 전쟁의 후반부를 책임지기도 했으며, 초창기 한국군의 기틀을 잡는데도 많은 도움을 주었다. 전역 후에는 사

우스캐롤라이나 주의 시타델 사관학교 교장을 역임했다.

클러터벅, 월터 Walter Edmond Clutterbuck, 1894~1987, 영국 육군 소장 ┃ 월트서 치페넘 태생이다. 1913년 왕립 스코틀랜드 경보병 연대에서 임관하여 군 생활을 시작했다. 제1차 세계대전에는 갈리폴리, 이집트, 팔레스타인, 남러시아 등지에서 복무했다. 제2차 세계대전에는 1 왕립 스코틀랜드 경보병 연대를 1939년부터 지휘했으며, 1940년에는 10보병여단, 1941년에는 1보병사단을 지휘하여 북아프리카 및 이탈리아 전선에서 싸웠다. 1943년에는 55사단장을 지냈으며, 제2차 세계대전 종전 후에는 이집트 군사대표단장을 끝으로 1946년에 전역했다.

클레먼스, 조지프 Joseph G. Clemons, 육군 대령 ┃ 1951년 웨스트포인트를 졸업했다. 임관 후 첫 보직으로 한국에 파견되었으며, 82공정사단에서 근무한 후 7사단 31연대 A중대에 배속되었다. '철의 삼각지(Iron Triangle)' 탈환전에 참가해 활약했으며, 전투 중에 심각한 부상을 입었는데도 소대원을 규합해 백병전까지 벌어 고지를 점령하여 이 전투의 공훈으로 수훈십자훈장을 수상했다. 1953년 4월 17일에는 포크 춉 힐 전투에 참가해 은성훈장을 받았으며, 이 전투는 그레고리 펙이 주연한 〈포크 춉 힐(Pork Chop Hill)〉이라는 제목의 영화로 제작되기도 했다. 1957년 귀국 후에는 레인저 교육을 받았으며, 독일 등지에서는 기계화보병 대대장을 역임했다. 1969년에는 베트남전쟁에 참전해 198보병연대를 이끌었으며, 특히 자신의 전용 헬기를 투입해 의료 도구를 수송하고 부상병 후송을 실시하기도 했다. 1970년에는 적의 화력에 고전 중인 우군을 헬기로 구출하게 하여 동성훈장을 수상했다. 전후 태평양지역 공정부대 전투참모지휘관을 마지막으로 전역했다. 1999년에는 레인저 명예의 전당에 헌정되었다.

클레어리, 버나드 Bernard Ambrose Clarey, 1912~1996, 해군 대장 ┃ 아이오와 주 출신으로, 처음에 윌리엄 펜(William Penn) 대학을 1년 정도 다녔으나, 다시 애나폴리스 해군사관학교 입학이 허가되면서 1934년에 임관했다. 첫 보직은 순양함 밀워키함(USS Milwaukee)에서 받았으나, 이후 코네티컷 주 뉴런던에 있는 잠수함 기지에서 잠수함 교육과정을 이수했다. 1937년 잠수함인 노틸러스함(USS Nautilus)에 탑승했으며, 12잠수함전단에 소속되어 기관 겸 통신장교로 근무했다. 진주만 기습 이후 잠수함 앰버잭함(USS Amberjack)에 승선했으며, 첫 순찰 때 일본군의 1만 9,000톤급 수송함인 토라마루함을 격침했다. 1944년에는 핀타도함(USS Pintado)의 함장이 되어 태평양으로 이동해 마리아나 해구와 대만 남방 해역에서 일본군 수송함을 잇달아 격침한 공로로 금성훈장을 받았다. 1945년 태평양함대 잠수함전단 참모로 보직되었으며, 전후 해군 공보국을 거쳐 해군성에서 다양한 보직을 거쳤다. 1951년 한국전쟁 중에는 중순양함인 헬레나함에 승선해 7함대 소속이 되어 북한군 및 중국 인민해방군과 11개월간 해전을 벌였다. 1958년 소장으로 진급하면서 국방부 인사정책국장에 보직되었으며, 1962년에는 미 태평양함대 잠수함전력사령관으로 보직되었다.

1964년 중장으로 진급하면서 태평양함대 부사령관, 1966년에는 2함대사령관에 임명되었다. 1968년 해군참모차장에 임명되면서 대장으로 진급했고, 1970년에 태평양함대 사령관을 끝으로 1973년에 전역했다. 전역 직후인 1973년부터 1977년까지 하와이 은행(Bank of Hawaii) 부총재로 재직했다.

클리퍼드, 클라크 Clark McAdams Clifford, 1906~1998, 국방장관 ┃ 변호사 출신으로서, 1944~1946년 미 해군에 복무하며 대령으로 전역했다. 현역 당시 대통령 해군보좌관을 지냈으며, 전역 후에 그대로 백악관에 남아 백악관 자문단에 참가했다. 이후 트루먼 대통령과 케네디 대통령 대에 대통령 보좌관을 지냈으며, 1963년부터 1968년까지 대통령 정보자문위원회 위원장을 맡았다. 1968년부터 1969년까지는 존슨 대통령 내각에서 국방부 장관을 지냈다. 1980년 카터 내각 때에도 대통령 인도 특사로 파견되었으며, 1998년 91세를 일기로 사망했다.

키드, 아이작 Isaac Campbell Kidd, Jr. 1919~1999, 해군 대장 ┃ 나토 유럽 연합군 최고사령관을 역임했으며, 1975년부터 1978년까지는 미 대서양함대(US Atlantic Fleet) 사령관을 지냈다. 부친(Isaac C. Kidd, Sr.)도 미 해군 소장이었으며, 1941년 12월 7일 일본군의 진주만 공습 때 애리조나함(USS Arizona, BB-39)에 승선해 있다가 함교에서 전사하여 최초의 장관급 전사자로 기록되었다. 부친이 전사하고 불과 12일 후인 1941년 12월 19일에 애나폴리스 해군사관학교를 졸업하고 소위로 임관했으며, 제2차 세계대전 중에는 구축함에 작전장교로 승선해 이오지마(유황도)를 비롯한 태평양과 유럽 전역을 누볐다. 제3차 중동전쟁(6일 전쟁) 중 리버티호 사건이 터지자 특별조사위원회 위원장이 되어 조사단을 이끌기도 했다. 대서양함대 사령관을 마지막으로 1978년에 전역했으며, 전역 후에는 윌리엄 앤드 메리 대학교(College of William and Mary)에서 해양법을 가르쳤다.

킨, 앨프리드 Alfred V. Keane, 1931~2007, 신부 ┃ 매사추세츠 주 태생으로, 가톨릭 메리놀(Mary-knoll)회 소속 신부로 활동했다. 1949년 메리놀 외방전교회에 들어갔으며, 1958년 6월에 27세의 나이로 사제서품을 받았다. 서품 직후 한국으로 파견되었으며, 한국에서 50년 가까이 헌신했다. 천주교 충주교구, 인천교구, 청주교구 등에서 다양한 직책을 맡아 일했으며, 충주성심학교 등에서 고교 교사로 재직하면서 학교교육 및 시설의 현대화를 위해 노력했다. 이후 부평 성가정 성당 주임신부를 지내면서 공장 노동자 등을 지원하는 일에 중점을 두었다가, 주한 미군 군속과 한국인 여성들 사이에서 태어난 아이들 문제를 인지하고 미국 의회에 탄원해 버림받은 아이들이 미국으로 귀환할 수 있게 하는 법안이 통과되도록 노력했다. 레이건 대통령은 이에 "이 아이들이 겪고 있는 곤경을 미국 정부와 국민이 깨닫게 하는 데 지치지 않는 노력을 보여주셔서 개인적으로 감사드린다"라고 서신을 보내기도 했다. 말년에 건강 악화로 뉴욕으로 귀국해 뉴욕 주 메리놀의 성 테레사(St. Theresa) 요양원에서 치료를 받던 중 2007년 7월에 선종했다.

킨케이드, 토머스 Thomas Cassin Kinkaid, 1888~1972, 해군 대장 ┃ 제2차 세계대전 당시 해군 제독으로, 항모를 이끌며 '전투 제독'이라는 이미지를 쌓았다. 주로 남태평양 전역에서 맥아더 원수 휘하 7함대 사령관을 역임했으며, 역사상 마지막 전함 간의 전투로 기록된 레이테 해전을 지휘했다. 1908년에 해군사관학교를 졸업했으며, 주로 전함에서 근무하면서 병기공학을 전공했다. 제2차 세계대전 직전에는 이탈리아와 유고슬라비아 무관으로 나가 있었으며, 제2차 세계대전이 개전하자 구축함 소함대를 이끌고 참전했다. 이후 산호해 해전, 미드웨이 해전 등에서 전과를 올렸고, 솔로몬제도와 산타크루즈제도 해전에서도 승전보를 울렸다. 이후 남태평양에서 일본군을 일소하고 종전을 맞았으며, 종전과 동시에 한반도로 진주해 미 24군단장이던 존 하지 중장과 함께 서울에서 당시 조선 총독이던 아베 노부유키(阿部信行) 대장의 항복을 받았다. 전후 본토의 16함대 사령관을 역임하다가 1950년에 전역했으며, 대장 계급을 줄이려는 의회 결정 때문에 중장 계급으로 환원될 것이라는 이야기가 나왔으나 대장 계급을 유지한 채로 전역했다.

킴멜, 허즈번드 Husband Edward Kimmel, 1882~1968, 해군 소장 ┃ 진주만 공습 당시 미 태평양함대 사령관을 지냈다. 사령관 보직 당시 해군 대장 계급을 갖고 있었으나, 진주만 책임 때문에 두 계급을 강등당한 후 그 계급으로 전역했다. 켄터키 주 핸더슨 태생이며, 1904년 애나폴리스 해군사관학교를 졸업했다. 토머스 킨케이드 제독의 여동생인 도로시 킨케이드와 결혼했으며, 부친인 매닝 마리우스 킴멜(Manning Marius Kimmel)도 남북전쟁 당시 남군 소령으로 참전했던 군인 집안 출신이다. 제독이 되기 전까지 구축함 및 전함 뉴욕(USS New York) 등을 지휘했으며, 1937년에는 소장으로 진급하여 7순양함대를 이끌고 남아메리카 일대를 순회하기도 했다. 1941년 2월 제임스 리처드슨(James Richardson) 대장 후임으로 태평양함대 사령관에 보직되었으며, 이 보직에 취임하면서 가진급으로 대장을 달았다. 원래 태평양함대 사령부는 캘리포니아 주 샌디에이고에 있었으나 1940년 5월부터 하와이 진주만으로 이전한 상태였는데, 그 자신도 1941년 2월 해군참모총장에게 보낸 서신에서 나타나듯 그곳이 기습공격에 취약할 수 있는 곳이라고 판단했었다. 결국 12월 7일 일본군이 진주만에 기습공격을 가했을 때 그는 잠수함기지에 위치한 자신의 집무실 창가에 서서 일본군의 공세를 바라만 봤다고 한다. 심지어 창가에 서 있다가 50구경 기관총탄이 사무실로 날아들어 그를 스치고 지나갔는데, 그는 자신의 통신 장교에게 말하길 "차라리 신께서 자비로우셨다면 방금 전 총탄에 내가 죽었을 텐데"라고 말했다고 전해진다. 이 기습 직후 태평양 사령관에서 보직 해임되었을 뿐 아니라, 대장에서 소장으로 강등당했다가 1942년에 조기 전역했다. 이후 사망하던 시점까지 진주만 책임에 대해 변호했으며, 중요한 정보들이 자신에게 제때 공급이 되었다면 적들의 공격을 예상했을 것이라는 주장을 폈다. 아직도 진주만의 방어 실패가 그의 책임이냐 아니냐에 대해서는 많은 논란이 있다. 실제로 태평양 사령관에 보직되기까지 그가 그 정도로 '무능한' 장교가 아니었으며, 태평양함대 사령관 취임 후에는 워싱턴의 관료주의 문제 때문에 그에게 제대로 된 완전한 정보가 공급되지 않았다는 주장도 존재한다. 반면 1941년 11월에 이미 진주만 방어태세를 강화하라는 명령이 하달되었으나 그가 아무런 방어대책도 세우지 않았었다는 지적도 있다. 전쟁 후 프레더릭 해리스(Frederic R. Harris, Inc)라는 회사에서 일했으며, 1968년 코네티컷 주 그라턴(Groton, CT)에서 사망했다. 제독의 가족들은 닉슨, 레이건, 클린턴 대통령 대에 계속 '킴멜 제독의 대장 계급 환원'을 요청했으나 전부 거부당했다. 1999년에 상원에서 찬성 52표, 반대 47표로 킴멜 제독의 대장 계급 환원안이 통과되면서 "그는 진주만의 희생자에 불과했다"라고 했으나 클린턴이나 부시 대통령 모두 이번에도 재가하지 않았다.

킹, 어니스트 Ernest Joseph King, 1878~1956, 해군 원수 | 제2차 세계대전 당시 미 해군참모총장이며, 미 해군에서 윌리엄 레이히 제독 다음으로 원수 계급에 오른 인물이다. 애나폴리스 해군사관학교를 1907년에 4등으로 졸업했으며, 해군항공대 지휘관으로 있던 시절 조종사 자격을 취득하기도 했다. 제2차 세계대전 중에는 해군참모총장과 미 해군 함대사령관을 겸직했다. 전쟁 말기인 1944년에 정년이 되어 이를 알리는 편지를 루스벨트 대통령에게 보내자 루스벨트 대통령이 "그래서 어떻다는 거요, 최고참 영감님(So what, old top)?"이라고 답변을 보냈다는 일화가 있다.

태프트, 윌리엄 하워드 William Howard Taft, 1857~1930, 대통령 | 미국의 제27대 대통령을 역임했으며, 퇴임 후 제10대 연방대법원 대법관을 지냈다. 원래 명망가인 태프트 집안에서 태어나 예일 대학교를 졸업했으며, 신시내티 대학교에서 로스쿨을 나왔다. 변호사 생활을 하다가 오하이오 주 대법원 판사를 역임했으며, 1891년에는 법무부 차관을 지냈다. 1900년 매킨리 대통령이 그를 민간 총독으로 필리핀에 파견했고, 다시 1904년에는 시어도어 루스벨트 대통령이 전쟁부 장관으로 임명했으며, 장관 재직 당시 루스벨트의 특사 자격으로 일본의 가쓰라 다로(桂太郎) 총리와 '가쓰라·태프트협약'을 맺어 일본은 미국의 필리핀 문제를, 미국은 일본의 조선 문제를 관여하지 않기로 거래하기도 했다. 전임 루스벨트의 인기 덕에 공화당 대선 후보로 추대되어 손쉽게 대통령이 되었으며, 임기 중에는 주로 해외 개발도상국에 대한 '달러 외교'를 폈다. 하지만 정치적 동맹관계이던 루스벨트와 틀어지면서 재선 도전 때 루스벨트가 제3당으로 단독 출마하는 바람에 표가 갈려 민주당의 우드로 윌슨에게 패했다. 퇴임 후 법조계와 학계 등에서 강의하다가 워런 하딩 대통령에 의해 연방대법관에 임명되었으며, 1930년 사망할 때까지 이 직책을 유지했다.

테더, 아서 Sir Arthur William Tedder, 1st Baron, 1890~1967, 영국 공군 대장 | 영국의 1등 남작이다. 제1차 세계대전 때에도 파일럿으로 활약했으며, 제2차 세계대전이 발발하자 왕립공군 중동사령관이 되었다. 윈스턴 처칠 경과 마찰이 많아 처칠도 그를 사령관에 임명하고 싶어 하지 않는데, 우선순위이던 보이드(O. T. Boyd) 장군이 전쟁포로가 되면서 다른 선택의 여지가 없었다고 한다. 이후 연합군의 지중해·북아프리카 작전을 지원하며 크레타 섬 탈출

작전 및 크루세이더 작전 등에 참가했고, 폭격전술을 즐겨 써 그의 폭격전술에 '테더 카펫(Tedder Carpet)'이라는 별명이 붙기도 했다. 노르망디 상륙작전에 참가하면서 아이젠하워의 부사령관으로 임명되었는데, 몽고메리와 특히 충돌이 잦아지며 그의 교체를 적극 지지했다. 전쟁 말기에는 벌지 대전투에 참가했으며, 독일군이 무조건 항복을 선언하자 아이젠하워의 대리로 독일군으로부터 항복문서를 받았다. 전후 공군참모총장을 역임했으며, 전역 후에는 나토 영국 대표로 워싱턴 D.C.에 주재하기도 했다. 전역 후에도 BBC 방송 부이사장, 케임브리지 대학 명예 총장 등을 지내다 1967년에 사망했다.

테일러, 맥스웰 Maxwell Davenport Taylor, 1901~1987, 육군 대장 | 미주리 주 출신으로 1922년에 웨스트포인트를 졸업했다. 웨스트포인트에서 프랑스어와 스페인어 교관을 역임했으며, 베이징에서 무관 보좌관을 역임하면서 외교관 자질을 키웠다. 제2차 세계대전이 발발했을 당시 82공정사단장에 보직된 매슈 리지웨이 장군의 참모장으로 들어갔으며, 외국어 능력 등 뛰어난 재능으로 시칠리아 작전 등에서 큰 두각을 보였다. 1942년 준장을 달고 이탈리아 작전에 참가했으며, 1944년에는 소장을 달면서 101공정사단 사단장이 되어 노르망디 상륙작전에 투입되었다. 같은 해 9월에는 마켓가든 작전에도 투입되었지만, 벌지 대전투 때에는 회의에 참석하고자 일시 귀국하는 바람에 사단을 예하 사단포병대장인 앤서니 매콜리프 준장에게 위임하여 전투에 참가하지 못했다. 전후 웨스트포인트 교관 및 육군본부 작전참모부장을 역임했으며, 밴 플리트 장군이 8군사령관에서 물러난 동시에 한국에 부임하여 휴전 때까지 8군을 지휘했다. 스탈린 사망 후 전쟁이 종결 무드로 들어서자 휴전 협상에 들어갔는데, 중공군이 휴전 후 입지를 강화하려고 공세를 강화하자 이에 맞서 가능한 모든 전력을 투입해 휴전까지 최대한 북방으로 진출하려고 했다. 전후 1955년에는 육군참모총장에 보직되었으며, 1957년에는 인종차별정책 때문에 흑인 학생의 등교를 저지하고 있던 아칸소 주에 101공정사단을 전개하는 명령을 수행하기도 했다. 1962년 케네디 행정부에서 합참의장에 지명되었으며, 이 시기에는 케네디 행정부와 함께 쿠바 미사일 사태를 겪어 냉전 시대 최고의 위기를 넘기기도 했다. 전역 후 1964년부터 1965년까지 남베트남 대사를 역임했다.

톰슨, 로버트 Robert C. Thompson, 1920~1982, 공군 소장 | 펜실베이니아 태생으로, 메릴랜드 주립대학교에서 학부와 석사를 마친 후 공군에 병사로 입대했다. 1944년 사관후보생 과정을 통해 장교로 임관했으며, 유타 주의 특수 무기 시험단에 소속되어 복무 기간이 끝나던 1947년까지 계속 그곳에 있었다. 1948년 다시 군으로 돌아온 그는 오키나와 미 육군 병참단 본부의 본부 사령으로 근무했다. 1950년에는 본토로 돌아와 기술훈련비행단에서 작전 및 정비과장으로 근무했으며, 1955년에는 스페인으로 이동하여 스페인 내 미 공군기지 건설을 감독했다. 1966년에는 베트남 탄손누트 국제공항에 주둔 중이던 미 7공군사령부로 이동해 공병참모부 프로그램 과장으로 보직되어 베트남전에 참전했다. 1968년에는 본토로 돌아

와 8공군 공병참모가 되었으며, 1971년에는 주독 미군에서 공병참모로 근무했다. 1974년 공군본부 프로그램 및 자원참모부장이 되었다가 1975년 병과장을 겸직했다. 1975년에 소장으로 전역했다.

트러스콧, 루시안 Lucian King Truscott, 1895~1965, 육군 대장 ┃ 텍사스 주 태생이며, 1917년에 육군에 입대해 장교 교육반을 거쳐 기병 소위로 임관했다. 영국군 코만도를 모델로 하여 미군 코만도 부대 창설에 결정적으로 기여했다. 대전 중에는 미 3사단, 6군단, 15군과 5군을 지휘했으며, 조지 패튼 장군과 함께 북아프리카 전역의 횃불작전에도 참가했다. 전후에는 조지 패튼의 후임으로 1945년부터 1946년까지 미 3군사령관 겸 바이에른 주 군정사령관을 지냈다.

트렌처드, 휴 Hugh Montague Trenchard, 1st Viscount, 1873~1956, 영국 공군 원수 ┃ 영국 왕립공군 창설에 핵심적인 역할을 했다. 왕립공군에서 '공군의 아버지'로 불린다. 영국 왕립육군에서 어렵사리 임관하게 된 그는 소위 임관과 동시에 보어전쟁에 보병으로 참전했으며, 남아공에서도 전쟁이 발발하자 자원하여 참전했다. 이 전쟁에서 큰 부상을 입는 바람에 폐를 잃었으며 신체 일부까지 마비된 채로 귀국했다. 스위스로 요양하러 간 그는 봅슬레이를 타던 중 큰 충돌 사고를 겪었으나, 오히려 이 사고의 여파로 마비 현상이 사라지고 혼자서 다시 걸을 수 있게 되었다. 이후 다시 현역으로 복귀한 그는 남아공으로 가서 보어전쟁이 끝날 때까지 머물렀으며, 이후 나이지리아로 가 7년간 남부 나이지리아 연대를 지휘했다. 1912년부터 비행을 배우기 시작해 중앙비행학교 부교장으로 임명되었으며, 제1차 세계대전 중에는 왕립항공단을 지휘하여 프랑스에서 싸웠다. 프랑스에서 독립 공군사령관으로 임명되기 전에는 공군참모총장을 지내기도 했다. 1919년에 다시 공군참모총장에 보직되면서부터 전역할 때까지 공군 정립에 힘썼다. 1930년 전역 후에는 수도권 경찰국장을 지냈다. 오늘날 그는 전략폭격을 최초부터 지지한 인물 중 하나로 손꼽힌다.

트루먼, 해리 Harry S. Truman, 1884~1972, 대통령 ┃ 미국의 제33대 대통령이다. 프랭클린 루스벨트 대통령의 세 번째 부통령이자 제34대 부통령을 역임했다. 루스벨트가 4선 당선 직후인 1945년 4월 12일에 서거하자 대통령직을 승계했다. 제1차 세계대전 당시에는 포병 소위로 참전해 35사단 60여단 129야전포병대대 D포대 포대장이 되어 프랑스 전선에서 활약했으며, 전후 로스쿨을 졸업하고 판사로 활동하다가 상원의원에 당선되었다. 대통령이 된 후 반소(反蘇), 반공을 내세운 '트루먼 독트린'은 냉전의 중요한 이정표가 되었으며, 재선 후에는 한국전쟁을 지휘했다. 하지만 한국전쟁을 '전쟁이 시작한 원점'에서 종결하려는 그의 의견에 반대해 "적의 근거지인 중국까지 처야 한다"라고 주장한 맥아더 원수와 의견 대립이 일자 그를 해임하기도 했다. 퇴임 후에도 왕성한 활동을 하다가 1972년에 서거했다.

트와이닝, 네이선 Nathan Farragut Twining, 1897~1982, 공군 대장 ┃ 위스콘신 주 먼로에서 태어났다. 조상 대대로 프렌치·인디언전쟁 때부터 군에서 복무한 군인 집안 출신이며, 모친은 소설가인 프랜시스 스테이버 트와이닝(Frances Staver Twining)이다. 1915년부터 1917년까지 오리건 주 방위군에서 복무하며 웨스트포인트 추천을 받았으며, 당시에는 전쟁 때문에 양성 과정이 짧아져 있었기 때문에 2년 만에 임관했지만 불과 며칠 차이로 제1차 세계대전에는 참전해보지 못했다. 1918년에 보병으로 임관했으나 이듬해 육군항공부로 발령되었다. 제2차 세계대전 때에는 공군본부 작전과에서 근무했으며, 전쟁 말엽에는 남태평양으로 가 연합군 남태평양 공군사령부 참모장으로 복무했다. 이후 13공군 및 15공군사령관을 역임했으며, 1943년 2월에는 과달카날에서 에스피리투로 비행 중 조난당했다가 6일 만에 미 해군에게 구조되기도 했다. 제2차 세계대전 후에는 공군물자사령부 사령관에 보직되었으며, 1947년에는 알래스카 방공사령부 사령관이 되었다. 원래 이곳에서 3년 복무 후 중장으로 전역할 예정이었으나 참모차장이던 뮤어 페어차일드(Muir Fairchild) 장군이 심장마비로 급사하면서 후임으로 보직되었으며 대장으로 진급했다. 1953년 중반에 호이트 반덴버그 장군이 전역하자 총장에 임명되었으며, 1957년에는 아이젠하워 대통령이 합참의장으로 임명했다. 대한민국 정부로부터도 태극무공훈장을 받았다.

파머, 존 John McAuley Palmer, 1870~1955, 육군 준장 │ 남북전쟁 당시 북군 소장을 지낸 존 파머 장군의 손자다. 1892년 소위로 임관했으며, 1894년 시카고 철도 소요 사태 등에 투입되었다. 미서전쟁에도 섬너(Samuel S. Sumner) 장군의 부관으로 참전했고, 1900년에는 중국 의화단사건에도 파견되었었다. 극동아시아 근무 후에는 레너드 우드 총장 휘하의 전쟁부에서 근무했으며 당대의 문학가이자 군사이론가로 명성을 쌓았다. 다시 텐진 및 필리핀 근무를 거치고 나서 제1차 세계대전 참전을 위한 1917년 징집법안에 참여하고, 미 동맹원정군(AEF) 원정계획 수립에도 함께했다. 미 원정군에도 작전참모로 내정되었으나 병으로 사퇴했다가 파병 직전에 회복하여 58여단 여단장으로 참전해 베르됭 전투를 치렀다. 1922년 퍼싱이 준장으로 진급시켰으며, 1926년에 전역했다. 전역 후 군사정책가로 활약하다가 제2차 세계대전이 발발하자 현역으로 복귀해 전쟁부 군사정책보좌관을 역임했다.

파월, 콜린 Colin Luther Powell, 1937~ , 육군 대장 │ 제65대 미 국무장관과 제12대 합참의장, 국가안보보좌관을 역임했다. 뉴욕 할렘 출신이며, 뉴욕 시립대(CUNY)를 졸업한 후 ROTC 소위로 임관했다. 대위 때 베트남전쟁에 참전해 남베트남군 군사보좌관으로 복무했으며, 파월 23사단에서 소령까지 달았다. 중령 때에는 한국에서 복무하기도 했으며, 순조로운 군 생활을 통해 1985년에는 5군단장을 맡았다. 1989년에는 미 육군전력사령부(US Army Forces Command) 사령관을 맡았고, 같은 해 말 합참의장으로 지명되었다. 이후 의장으로서 파나마 침공, 걸프전쟁 등을 지휘했다. 전역 후 공화당 측으로부터 부통령 제의를 받았지만 거부했고, 그 대신에 국무장관직을 수락해 2001년부터 5년간 미 행정부를 이끌었다. 군사력 사용은 항상 신중하게 결정해야 하며, 어쩔 수 없이 군사력이 개입해야 할 때에는 압도적인 전력으로 신속하게 전쟁을 끝내야 한다는 주장을 편 것으로 유명하다.

패트릭, 메이슨 Mason Matthews Patrick, 1863~1942, 육군 소장 ┃ 1886년 웨스트포인트를 졸업하고, 뉴욕 주에 위치한 응용공학학교를 마친 후 1889년에 공병 소위로 임관했다. 1892년부터 1995년까지는 웨스트포인트에서 공학 교관을 지냈으며, 1897년부터 1901년까지는 미시시피 강 관개사업에 참여했다. 대령을 달기 전까지 미국 전역과 쿠바 등지에서 관개사업에 참여했으며, 판초 비야 원정 때 육군 1공병단장을 지냈다. 제1차 세계대전에 참전하면서 준장을 달았고, 1918년 존 퍼싱 장군에 의해 처음으로 동맹원정군 연합항공단장을 맡았다. 1919년까지 항공부와 관련한 보직을 맡았으나, 귀국 후인 1920년에는 다시 육군 공병참모부장을 지냈다. 1921년 다시 육군 항공참모부장에 보직되었으며 이때 파일럿 자격증을 취득했다. 1925년 증편된 육군항공단장을 지낸 후 1927년에 소장으로 전역했다. 전역 후 콜롬비아 특별구(D.C.)의 공공사업국장을 지내다 1942년에 사망했다.

패튼, 조지 George Smith Patton, 1885~1945, 육군 대장 ┃ 대대로 군인 집안 출신이며, 조부인 조지 스미스 패튼 대령 또한 남북전쟁 때 남부연합군으로 참전해 전사했다. 원래 버지니아 군사학교에 입교했었으나 웨스트포인트로 진학하기 위해 1년 만에 퇴교했다. 수학 성적이 좋지 않아 1학년을 낙제했으나, 졸업할 때에는 오히려 부학생대장에 임명되었다. 1912년 스톡홀름 올림픽에 근대 5종 선수로 참가하기도 했으며, 펜싱의 달인이기도 했다. 미국의 멕시코 원정에 참전했으며, 제1차 세계대전 때에는 프랑스에 파견되어 처음 기갑전을 체험했다. 제2차 세계대전 기간에는 북아프리카 및 유럽 전선에서 활약했고, 벌지 대전투에서는 전매특허인 원거리 돌격작전으로 미 3군을 지휘해 독일군을 격파했다. 성격이 불같았던 것으로 알려져 있으며, 전장중후군으로 입원한 병사의 따귀를 때렸다가 군복을 벗을 뻔한 사건도 있었으나 마셜 장군 등의 비호로 무마되었다. 전후 바이에른 주 군정사령관에 임명되었지만 임기를 마치고 귀국을 준비하던 중 교통사고로 사망했다. 한때 히틀러조차도 '연합군에서 가장 위험한 인물'이라고 말했다고 한다.

퍼시벌, 아서 Arthur Ernest Percival, 1887~1966, 육군 중장 ┃ 원래 사회에서 다른 직업에 종사했으나 제1차 세계대전이 발발하자 이병으로 입대해 군 생활을 시작했다. 장교학교를 거쳐 26세에 소위를 달았지만 그와 함께 교육받은 동기생의 3분의 1은 제1차 세계대전 때 전사했다. 프랑스 전선에서 솜(Somme) 전투에 참전하는 등 혁혁한 전공을 세웠으나 샤프넬(Chapnel)에서 큰 부상을 입었다. 하지만 이 전공으로 승진을 거듭하여 독일군 춘계공세 때에는 대대장이 되었으며, 프랑스군 포대 하나를 구해내면서 프랑스로부터 훈장을 받기도 했다. 전후에는 러시아 내전에도 참전했으며, 아일랜드에서도 복무하며 IRA와 싸우기도 했다. 제2차 세계대전이 발발하자 됭케르크의 퇴각전을 지휘하도록 명령받았고, 그 후에 싱가포르로 보직되어 일본군의 상륙을 막게 되었다. 하지만 초반 상륙부터 모든 포격을 쏟아대는 일본군을 보며 후속 부대가 있을 것이라고 착각하는 바람에 더 많은 병력을 보유하고도 병력을 보존하고자 야마시타 도모유키 장군에게 항복했다. 타이완, 선양(瀋陽) 등에서 포로 생활을 한 후 1945년 8월 미 OSS(Office of Strategic Services: 전략정보국)에 의해 풀려났으며, 1946년에 명예진급을 통해 중장으로 전역했으나 연금은 소장 계급에 해당하는 금액을 받았다. 이후 동남아전쟁포로협회장 등을 지냈으며, 영화 〈콰이 강의 다리(The Bridge on the River Kwai)〉가 개봉하자 허구에 지나지 않는 이야기라며 개봉 반대 운동을 이끌기도 했다.

퍼싱, 존 John Jay Pershing, 1860~1948, 육군 대원수 ┃ 제1차 세계대전 당시 동맹원정군(AEF) 사령관으로 복무했다. 웨스트포인트 출신으로, 미군 장교 중 첫 번째 군번(O-1)을 받았다. 미서전쟁에서의 활약으로 장성 반열에 올랐다. 멕시코 국경에서 발생한 판초 비야 원정 때에는 제대로 성과를 내지 못하기도 했으나, 제1차 세계대전이 발발한 후 미국이 참전을 결정하면서 동맹원정군 사령관을 맡아 성공적으로 전쟁을 이끌었다. 전쟁 이듬해인 1919년 미 의회에 의해 대원수 계급을 받았으며 죽을 때까지 이 계급을 유지했다. 웨스트포인트에서 오래 교관 생활을 하면서 마셜, 아이젠하워, 브래들리, 패튼 등 훌륭한 지휘관을 양성하기도 했다. 유일하게 생전에 대원수를 단 인물이며, 1976년 미 의회가 조지 워싱턴에게 대원수를 명예 추서하기 전까지는 미 육군 역사상 가장 높은 계급을 단 인물이었다(1976년 추서 당시 워싱턴에게 선임 지위를 부여했다).

페쳇, 제임스 James Edmund Fechet, 1877~1948, 육군 소장 ┃ 1927년부터 1931년까지 미 육군항공단 단장을 역임했다. 부친도 서부 시대 보병 장교였다. 미서전쟁 때는 공병 병사로 참전해 쿠바의 산후안 언덕 전투에서 큰 부상을 입었지만, 회복 후 기병 장교로 임관해 필리핀 반란과 판초 비야 원정에 참전했다. 1917년부터 통신병과 항공학교장과 아르카디아 항공학교장을 지냈으며, 1920년에 아예 기병에서 항공병과로 전과했다. 1920년부터 1931년까지 육군 항공참모부장으로 근무했다. 한 번 전역을 했으나 다시 현역으로 복귀하여 육군항공단 진급심사위원국 국장으로 재직했으며, 1946년에 최종적으로 전역했다.

포그, 포러스트 Forrest Pogue, 1912~1996, 육군 상사 ┃ 제2차 세계대전 당시 미 육군의 공식 역사 기록관으로 활동했으며, 상사 대우를 받았다. 주로 구술로 역사를 기록하는 기술을 사용했다. 훗날 조지마셜재단 사무국장과 버지니아 사관학교 마셜도서관장을 지냈으며, 그의 아내인 크리스틴 포그는 도서관 입구에 건 마셜 장군의 초상화를 그리기도 했다. 오랫동안 가장 위대한 여섯 명의 역사가 중 한 명으로 손꼽혔다.

포글먼, 로널드 Ronald Robert Fogleman, 1942~, 공군 대장 ┃ 제15대 미 공군참모총장(1994~1997)을 지냈다. 1963년 미 공군사관학교를 졸업했으며, 지휘조종사로 6,800시간의 수송기, 공중급유기 및 회전익 항공기 비행 경력을 보유하고 있다. 베트남전쟁에도 참전해 F-100 슈퍼세이버로 총 315회의 전투 임무 출격을 기록했으며, 베트남과 태국에서 항공통제관 임무도 수행했다. F-15로 국제에어쇼 데모비행 조종사로 나서기도 했으며, 공군이동사령부 사령관과 미 수송사령부(US TRANSCOM) 사령관을 거쳐 공군참모총장에 올랐다.

포러스털, 제임스 James Vincent Forrestal, 1892~1949, 국방장관 ┃ 내각에 포함된 해군성의 마지막 장관이자, 최초로 설치된 국방부(Department of Defense: DOD)의 초대 장관이다. 제2차 세계대전 이전의 전함 중심 해군 편제에서 항모 중심 전단 편제로의 개편을 열렬히 지지했다. 이 때문에 대형 항모의 건조를 추진했으나 육군과 공군 및 해리 트루먼 대통령이 계속 이견을 보이며 마찰을 빚었고, 결국 트루먼이 1949년 3월 31일 자로 그를 해임하자 4월 2일에 신경쇠약으로 베데스다 해군병원에 입원했다가 5월 22일 병원 17층 창문에서 뛰어내려 자살했다.

포트, 코트니 Courtney L. Faught, 1918~1991, 공군 소장 ┃ 오하이오 주 매리언 태생. 오하이오 웨슬리언 대학교를 졸업하고 1941년에 조종후보생으로 입대했다. 제2차 세계대전 중에는 서남태평양에서 41전비대대 편대장 및 대대장을 지냈고, 121회, 400시간의 전투 임무를 소화했다. 전후 7, 8병력수송대대장을 역임했고, 잠시 오하이오 대학교에서 항공과학 교수로 재직했다. 1965년 군사항공수송사령부에 보직되었으며, 여기서 장거리 전략수송 개념의 현대화에 크게 기여했다. 1970년 육군성 민간 소요 작전차장을 끝으로 전역했다.

포프, 존 John Pope, 1822~1892, 육군 소장 ┃ 켄터키 주 루이스빌 태생으로, 부친이 일리노이 주 연방판사 출신이었으며, 젊은 시절의 에이브러햄 링컨 변호사와 친분이 깊었다. 1842년에 웨스트포인트를 졸업하고, 공병(지형공학) 소위로 임관했다. 미국·멕시코 전쟁에도 참전해 재커리 테일러 장군 휘하에서 복무했으며, 몬테레이 전투와 부에나비스타 전투에도 참전하여 대위로 승진했다. 1851년부터 3년간 뉴멕시코 공병대장을 지냈으며, 남북전쟁이 발발하기 전까지 퍼시픽 유니언 철도(Pacific-Union Railroad) 건설에 참여했다. 전쟁이 발발하자 초창기에 준장으로 진급한 케이스 중 한 명이며, 존 프리먼트(John Fremont) 장군 휘하에 배치되어 남군의 스털링 프라이스 준장을 꺾으며 서부전선에서 승전보를 울렸다. 그의 승리에 고무된 링컨은 그를 동부전선으로 이동시켜 신설 버지니아군사령관으로 임명했는데, 남군의 로버트 리 장군에게 공격을 가하다가 함정에 빠져 스톤월 잭슨 장군에게 후방을 뚫리면서 격파되었다. 두 번째 불런 전투에서도 남군의 잭슨군을 꺾는 데만 집중하다가 롱스트리트군에게 측면을 돌파당해 대패했다. 그는 패배의 책임을 피츠 존 포터 준장에게 전가해 군법 기소했는데, 포터는 1879년 군법재판소로부터 무죄 판결을 받았다. 이 전투 후 북방으로 전출되어 1862년 다코타 전쟁에 투입되었으며, 이후 군 생활 끝까지 인디언 토벌에 진력했다.

푸앵카레, 레몽 Raymond Poincaré, 1860~1934, 프랑스 대통령 ┃ 저명한 기상학자이던 니콜라 푸앵카레의 아들로, 프랑스의 정치가였으며 총리만 다섯 번 역임했다. 보수당 총재로 제3공화국 총리 및 대통령을 지냈으며, 제1차 세계대전을 치렀고, 반독(反獨) 및 러시아와의 동맹을 강조했다. 전후 평화회담에서 프랑스의 라인란트 회복을 주장했으며, 임기 후인 1923년에 총리를 지내면서 결국 이를 관철했다. 프랑스의 위대한 과학자이자 수학자인 앙리 푸앵카레와 사촌 사이다.

프랭클린, 벤저민 Benjamin Franklin, 1706~1790 ┃ 미국의 원로 정치가이자 발명가이며, 그 밖에도 작가, 정치이론가, 우편 분야의 선구자이자 과학자, 음악가, 시민운동가, 외교관 등 다양한 분야에서 족적을 남겼다. 특히 피뢰침, 복초점 안경 등 그의 발명품은 지금도 사용되는 물건이다. 프랑스 대사를 역임했으며, 독립전쟁 중에는 프랑스의 지원을 결정적으로 이끌어낸 공로를 쌓았다. 독학으로 공부했지만 끊임없이 자기 개발을 위해 노력했다.

플래처, 프랭크 Frank Jack Fletcher, 1885~1973, 해군 중장 ┃ 아이오와 주 태생. 1906년 애나폴리스를 졸업하고 소위로 임관했다. 주로 전함에서 근무했으며, 미 해군이 멕시코의 베라크루스를 점령할 때 플로리다 함을 지휘하던 중 피격당한 동료함 선원들을 구조한 공로로 미 명예대훈장을 수상했으며, 제1차 세계대전 때도 구축함에 승선하여 해군십자장을 수상했다. 진주만 공습이 발발하고 일주일 후에 항모 새러토가와 함께 웨이크 섬으로 파견되었으나, 갑자기 렉싱턴함을 기다리라는 명령을 받고 돌아서는 와중에 웨이크 섬이 점령당했다. 이후 특임대를 이끌면서 항모전을 펼쳐 산호해 전투, 미드웨이 해전, 과달카날 상륙전, 솔로몬 해전 등에 참전해 저돌적인 항모전을 펼쳤다. 하지만 새러토가를 비롯한 항모를 연이어 상실하자 해참총장 킹 제독이 그를 1942년에 13해군지역대 사령관으로 불러들였으며, 전쟁이 끝날 때까지 계속 전선에서 떨어져 근무했다. 전후 해군 일반위원회 위원장을 역임하다 대장으로 진급한 후 전역했다. 안타깝게도 그는 직접 갖고 있던 기록의 다수를 전투 중 소실했는데, 제2차 세계대전 미 해군 전쟁사를 집필 중이던 새뮤얼 엘리엇 모리슨이 국방부 기록보관소 기록으로 재건해볼 것을 요청했으나 거절했다. 이 때문에 문제의 책자에서는 그의 기록이 상당히 축소되었으며, 다소 혼란스럽고 주저하는 성격의 지휘관으로 묘사되었다고 한다. 1973년 88세 생일을 하루 남기고 사망했다. 미 해군에는 '플래처'라는 이름의 함선이 두 척 있는데, 첫 '플래처'인 DD-445는 그의 삼촌인 프랭크 플래처 대장을 기린 것이고, 두 번째 구축함인 DD-992가 그의 이름을 따 명명되었다.

하딩, 에드윈 Edwin Forrest Harding, 1886~1970, 육군 소장 ┃ 제2차 세계대전 초반 32사단을 지휘했다. 조지 패튼, 제이컵 데버스, 존 리, 로버트 아이첼버거, 윌리엄 심슨 장군 등과 웨스트포인트 동기이기도 하다. 제2차 세계대전 직전 27연대장을 역임했으며, 준장 때는 9사단 부사단장을 맡았다. 그가 지휘한 32보병사단은 과달카날 전투 후 미군이 처음으로 공세로 전환한 부대가 되었다. 하지만 당초 1년간 훈련을 실시한 후 평시 전력인 1만 1,600명을 보충받기로 되어 있었으나 완편시키지도 못하고 장비도 부족한 상태로 전선에 투입되었다. 32사단은 태평양 전역에서 총 654일간 전투에 참여해 전 미군 사단 중 가장 오랜 기간 전투에 투입되었으며, 결국 부족한 보급과 훈련 상태, 질병, 부족한 보충병 문제로 전력이 바닥나자 1942년 아이첼버거 중장은 부나에서 웨스트포인트 동기이기도 한 하딩 소장을 해임했다. 맥아더는 하딩을 다른 곳으로 배치하기로 했으나, 하딩은 몇 주 후 워싱턴으로 불려 갔으며 파나마 지대 기동군사령관으로 임명되었다. 이후 이곳저곳 '중요하지 않은' 보직을 떠돌다가 합참 전사편찬과장을 맡았으며, 제2차 세계대전 기간 중 미국이 구상한 전 계획을 정리하는 일을 맡아 총 120권 분량을 1945년 12월에 제출했다. 이 보직을 끝으로 1946년에 전역했다.

하몬, 밀러드 Milliard Filmore Harmon, 1888~1945, 육군 중장 | 태평양전쟁 당시 미 육군항공대 소속 중장으로 활약했다. 군인 집안 출신으로 그의 부친은 대령으로 퇴역했고, 형제 중 한 명은 소장, 또 한 명은 대령을 달았다. 1912년 보병 소위로 임관했으며, 1914년 필리핀 복무 후 당시 신설된 육군 통신병과 산하 항공반으로 보직되었다. 제1차 세계대전 직전에 파리에서 항공학교 과정을 마치고 참전했으며, 프랑스군에 소속되어 솜 전투에 참전했다. 1941년 제2차 세계대전이 발발하자 육군항공대 항공참모부장으로 보직되었다. 1942년 말에는 남태평양 전역 미 육군항공대 사령관이 되어 미 3함대장 할시 제독 등과 함께 활약했으며, 1943년에는 중장을 단 후 태평양 육군항공대 사령관이 되었다. 1945년 2월, 참모장인 제임스 앤더슨 준장과 함께 괌으로 가기 위해 워싱턴 D.C.를 출발, 하와이를 경유했으나 이륙 후 항공기가 실종되었다. 결국 생존자가 발견되지 않아 1년 후인 1946년 2월에 공식 사망 처리되었다.

하인스, 존 John Leonard Hines, 1868~1968, 육군 소장 | 1924년부터 1926년까지 육군참모총장을 역임했다. 웨스트포인트 출신으로 미서전쟁과 필리핀전쟁에도 참전했고, 멕시코 원정 때도 존 퍼싱 장군의 부관참모로 종군했다. 제1차 세계대전을 겪으면서 고속 승진을 거듭해 1917년 5월에 소령에서 중령을 단 것을 시작으로 1918년까지 16개월 동안 4개의 계급을 승진했고, 전쟁이 끝날 무렵에는 소장을 달았다. 전쟁 말에는 미 3군단을 지휘해 독일 내로 진입했다. 1922년에는 육군참모차장(총장은 존 퍼싱 장군)을 역임했고, 1924년에는 총장으로 임명되었다. 총장 임기를 마친 후에는 캘리포니아의 9군단 지역 사령관을 지냈고, 다시 필리핀 사령관을 거쳐 1932년에 전역했다.

하지스, 코트니 Courtney Hicks Hodges, 1887~1966, 육군 대장 | 조지아 주 태생이며, 부친은 작은 신문사를 경영했었다. 원래 웨스트포인트에 입교했으나 수학을 낙제하는 바람에 1학년 때 퇴교당했다. 이후 육군 이등병으로 재입대, 3년 후 장교 교육반을 거친 후 소위로 임관했다. 필리핀에서는 조지 마셜 장군, 멕시코에서는 패튼과 복무했으며, 제1차 세계대전 말엽에 프랑스에 투입되어 마른 전투에서 전공을 세웠다. 웨스트포인트 출신이 아닌데도 사관학교 교관을 지낸 후 1938년에 육군보병학교 부교장이 되었으며, 1941년에는 학교장으로 영전했다. 1941년 5월 소장으로 진급해 보병병과장을 지냈으며, 1942년에는 10군단장에 임명되었다. 노르망디 상륙작전에는 브래들리의 부사령관이 되어 1군을 이끌었으며, 1944년부터는 브래들리가 12집단군사령관으로 영전하면서 1군사령관에 임명되었다. 아르덴 전투 및 벌지 대전투 등에서 크게 활약했으며, 1군은 라인 강을 건너 독일 본토로 들

어간 첫 미군 부대가 되어 종전 시점에는 엘베 강에서 소련군과 만나기도 했다. 이후 일본 본토로 이동할 준비를 하라는 명령을 받았으나, 일본이 조기 항복하는 바람에 투입은 무산되었다. 전후에도 미국 뉴욕 주에서 계속 1군사령관을 지냈으며, 1948년에 전역했다.

할러웨이, 브루스 Bruce Keener Holloway, 1912~1999, 공군 대장 ▎ 테네시 주의 농가 출신으로, 테네시 주립대학교를 졸업하고 매리언 군사학교(Marion Military Institute)를 거쳐 웨스트포인트를 졸업했다. 1937년에 임관하면서 육군항공단에 배속되었으며, 1938년 조종사 자격을 취득했다. 제2차 세계대전이 발발하자 중국으로 가 클레어 리 셰놀트 장군의 '비호전대'에 관찰자로 합류했으며, 이후 육군항공대의 23전투비행단장을 역임했다. 이 기간 중에 13대의 일본기를 격추하며 에이스 자격을 얻었다. 전후 전술공군사령부, 9공군사령관 및 12공군사령관, 미 공격사령부(Strike Command) 사령관을 역임했고, 사하라 등지에서도 복무했다. 1965년 미 공군 유럽사령부 사령관이 되었고, 1966년에는 공군참모차장에 보직되어 2년을 근무한 후 전략공군사령부 사령관이 되어 1972년 전역할 때까지 근무했다.

할렉, 헨리 Henry Wager Halleck, 1815~1872, 육군 소장 ▎ 뉴욕 주 웨스턴빌 태생으로, 1839년 웨스트포인트를 졸업했으며, 총 31명의 동기 중 3등으로 졸업했다. 공병으로 임관한 그는 뉴욕 만 정비사업에 참여했으며, 이 사업에서 윈필드 스콧(Winfield Scott) 장군의 눈에 들어 프랑스로 파견되어 요새 건설 관련 기술과 군사학을 배웠다. 미국·멕시코 전쟁이 발발하자 윌리엄 슈브릭(William Shbrick) 장군의 전속부관이 되어 캘리포니아로 발령이 났는데, 7개월간 렉싱턴함을 타고 캘리포니아로 이동하면서 앙리 조미니(Henri Jomini)의 『나폴레옹의 정치 및 군사적 삶(Vie politique et militaire de Napoleon)』이라는 서적을 번역했다. 다수의 전투에 참전한 후 몬테레이 시의 군정관을 지냈으며 캘리포니아 주 헌장 작성을 감독했다. 이 과정에서 로펌을 창립하여 성공했으며, 1854년에 전역한 후 법률가로 나섰다. 1861년 캘리포니아 민병대 소장으로 진급한 그는 남북전쟁이 발발하자 연방군에 남기로 결정했다. 윈필드 스콧 장군의 추천으로 정규군 소장이 된 그는 초창기 서부 전역에 있었으나 곧 연방군사령관으로 보직되었다. 하지만 지나친 조심성과 우유부단함은 남군에게 치명타를 가할 결정적인 기회를 여러 번 놓치게 만들었다. 결국 예하 지휘관이던 그랜트 장군이 중장으로 진급하면서 형식상의 영전으로 '참모총장'이 되었으나, 실질적으로는 한직으로 밀려난 형태가 되어 종전까지 보직을 유지했다. 전후 리치먼드의 사단장을 역임했으나, 셔먼 장군과 남부의 처분을 놓고 계속 다투다 사실상 좌천되어 캘리포니아 지역으로 전출되었으며, 이후 루이스빌의 미 남부 사단 사단장으로 보직되었다가 그곳에서 사망했다. 그의 미망인은 약 47만 달러(2010년 미화 기준 약 870만 달러, 한화 약 96억 원)의 유산을 상속받은 후, 할렉의 참모장이던 조지 워싱턴 컬럼(George Washington Cullum) 대령과 재혼했다.

할시, 윌리엄 William Frederick Halsey, Jr., 1882~1959, 해군 원수 ▎ 황소라는 별명이 있던 명제독으

로, 호방한 성격과 공격적인 성향 때문에 부하들에게서 많은 사랑을 받았다. 애나폴리스 해군사관학교로의 진학이 예정된 후, 의학을 공부하고 싶어 버지니아 대학교(University of Virginia)에서 의학을 공부해 해군 군의관이 되고자 했다. 1904년 해군사관학교를 졸업했으며, 제1차 세계대전에는 쇼함(USS Shaw) 등을 지휘했다. 제1차 세계대전 후에는 노르웨이 국방무관 등을 지냈고 1934년에는 해군참모총장이던 킹 제독이 그에게 새러토가함(USS Saratoga)의 함장직을 제의했다. 그는 항모의 함장이면 함재기 조종에 관해서도 잘 알아야 한다면서 곧장 12주짜리 해군비행학교 교육과정에 입소해 52세의 나이로 비행사 자격을 취득했다. 제2차 세계대전이 발발하면서 니미츠 제독과 더불어 해군의 중추적인 인물이 되었으며, 남태평양에서 치러진 주요 전투에 대부분 참가해 전과를 올린다. 피부병이 발생해 미드웨이 해전의 지휘권은 참모장이던 레이먼드 스프루언스 제독에게 넘겼지만 이후에도 미 3함대를 이끌고 종전까지 태평양 전역을 누볐다. 전쟁이 끝난 후 의회 결정으로 1945년 12월에 원수를 달았으며 1947년 3월에 전역했다. 전역 후 자신이 이끌던 엔터프라이즈함(CV-6)의 해체를 막기 위해 노력했으나, 예산 문제로 결국은 해체되었다. 1959년 뉴욕 주에서 사망했다.

함마슈타인-에크보르트, 쿠르트 프라이허 폰 Kurt Freiherr von Hammerstein-Equord, 1873~1943, 독일 국방군 상급대장 ㅣ 독일제국 힌리히스하켄의 귀족 군인 집안에서 태어났으며, 자신도 남작 작위를 받았다. 1898년 준위로 임관해 제1차 세계대전 때는 독일 참모본부에 배속되어 투르투카이아 전투에 참전했으며, 1924년 3사단 참모장이 되었다. 1929년에는 1집단군 참모장이 되었으며, 같은 해 독일 병무국장에 취임했다. 그는 자신이 독일에 충성하는 군인이지 정치가에게 충성하는 군인이 아니라고 천명했으며, 같은 이유로 나치를 극도로 혐오해 1930년에는 그들을 '범죄 집단이자 변태들'이라고 부르기까지 했었다. 특히 아돌프 히틀러가 쿠데타를 시도하려 하자 '명령만 있다면 나는 쏠 것이다'라고 경고하기도 했다. 1930년 육군 총사령관에 취임한 그는 군비 증강에 박차를 가했으나, 결국 나치당이 정권을 잡자 힌덴부르크 대통령에게 히틀러를 총리로 세우지 말라고 읍소하기까지 했다. 하지만 결국 히틀러가 총리로 취임하고 군부가 나치 영향력 아래로 편입되자 상급대장으로 전역했다. 1939년 9월, 제2차 세계대전이 발발하자 현역으로 복귀해 A집단군사령관으로 임명되었으나, 같은 해 말에 한직으로 밀려났다가 강제 전역을 당했다. 그는 히틀러를 서부전선의 부대로 초청해 암살하려는 계획을 세웠지만 히틀러가 초청에 응하지 않아 결국 무산되었다. 그는 1943년 암으로 사망했는데, 하켄크로이츠(나치의 뒤틀린 십자가) 상징이 자신의 관을 덮는 것이 싫어 군인묘지에 묻히는 것을 거부했고, 히틀러가 보낸 화환도 분실한 것으로 둘러대고 가족들이 없애버렸다고 한다. 독일군 장교이던 그의 두 아들은 1944년 7월 히틀러 암살 계획(발키리 작전)에 가담했다가 실패해 독일을 탈출했지만, 함머슈타인-에크보르트 장군의 미망인과 더 어린 두 아들은 포로수용소에 수용되어 있다가 연합군에 의해 해방되었다.

해리먼, 애버렐 W. Averell Harriman, 1891~1986 ∣ 미국 민주당의 정치가이자 사업가, 외교관으로 활동했다. 철도왕 에드워드 해리먼(Edward H. Harriman)의 3남 3녀 중 둘째 아들로 태어 났다. 트루먼 행정부 당시 상무부장관을 지냈고, 제48대 뉴욕 주지사를 지냈다. 트루먼 대 통령의 지지에 힘입어 1952, 1956년에 민주당 전당대회에 출마했으나 두 번 다 당시 일리 노이 주지사이던 아들라이 스티븐슨(Adlai E. Stevenson, 유엔 대사를 역임)에게 패했다. 루스벨트 대통령 재임 당시에는 유럽 특사, 주소련 대사 및 주영국 대사를 지냈고, 케네디 행정부 시기에는 국무부 극동 차관보 등 요직을 역임했다.

해밀턴, 알렉산더 Alexander Hamilton, 1757~1804, 재무장관 ∣ 미국 건국공신 중 하나로, 독립전쟁 이 발발하자 포병 대위로 임관해 조지 워싱턴의 전속부관으로 복무했다. 전후 뉴욕 주 대 표(현재의 상원의원)로 당선되었으며, 워싱턴이 대통령에 취임하고 나서는 초대 재무장관 을 지냈다. 사실상 미 정부의 형태를 설계한 사람이자 초기 경제정책을 입안한 인물로 평 가된다. 한편 해밀턴은 1804년 대선 예비선거 과정에서 정적이던 애런 버(Aron Burr)를 모욕했는데, 이것이 결국 결투로까지 이어져 애런 버의 총알을 맞고 사망했다. 10달러 지 폐에 등장하는 인물로도 유명하다.

해스켈, 윌리엄 William N. Haskell, 1878~1952, 육군 중장 ∣ 미 육군 장성으로, 1919년에는 루마니 아 인도적 구호 작전에 지휘관으로 파병되었고, 제1차 세계대전 후 러시아 내전에도 미 지 원군으로 파견되어 러시아 백군을 지원했다. 1941년 제2차 세계대전 개전 전까지 미 27사 단장을 역임한 후 전역했다.

허터, 크리스천 Christian Archbald Herter, 1895~1966, 국무장관 ∣ 프랑스 파리에서 출생했으며, 미 국의 화가인 앨버트 허터(Albert Herter)의 아들이기도 하다. 1915년 하버드 대학교를 졸 업했으며, 처음에는 건축을 전공했으나 이후 외교계에 몸담게 되었다. 처음 독일 주재 미 국 대사관 담당관으로 파견되었으나 마인츠에서 스파이 혐의를 받아 체포되기도 했다. 이 후 국제연맹(League of Nations: LN)의 헌장 초안 작성에도 참여했으며, 허버트 후버 대 통령이 상무장관을 하던 시절에도 그의 보좌관을 지냈다. 1930년 처음 매사추세츠 주 하원 의원에 당선되어 12년간 의원을 역임했으며, 1953년에는 매사추세츠 주지사에 당선되었 다. 아이젠하워 정권에서는 1959년 국무장관에 임명되어 1961년까지 재직했다. 이후 케네 디 내각에 의해 1962년 초대 미 무역대표부 대표로 선임되어 1966년에 사망할 때까지 대 표직을 유지했다. 적극적인 프리메이슨 운동 회원으로도 알려져 있다.

헌터, 프랭크 O. D. Frank O'Driscoll Hunter, 1894~1982, 육군 소장 ∣ 코네티컷 주 하치키스(Hotch-kiss) 고등학교 졸업 후 스위스에서 수학했으며, 통신예비대 조종후보생으로 입대해 파일 럿이 되었다. 제1차 세계대전의 에이스로 적기를 9대 이상 격추한 단 4명의 육군항공부 파 일럿 중 한 명이다. 전투기 전략 및 전술의 열렬한 옹호자였으며, 제2차 세계대전이 발발하자 23혼성단 사령관을 맡았다가 8전투기사령부 사령관으로 보직되었다. 하지만 1943년 임무 실패로 아이라 이커 장군에 의해 해임된 후 1공군사령관에 보직, 보충병 양성에 집중했다. 육군 내 인종차별 정책을 고수해 '프리드먼 활주로의 반란'을 야기했다. 그럼에도 미 공군 역사상 손꼽히는 명조종사이며, 최고의 스턴트, 테스트, 레이스 조종사로 이름을 날렸다. 1946년 건강 문제로 퇴역, 육군항공대 소장으로 전역했으며, 1986년 고향 조지아에서 사망했다.

헤이그우드, 존슨 Johnson Hagood, 1873~1948, 육군 소장 ┃ 사우스캐롤라이나 태생으로, 1896년에 웨스트포인트를 졸업했으며, 포병장교로 임관했다. 웨스트포인트 교관 등을 역임한 후 벨 장군의 전속부관을 지냈으며, 다양한 지휘관 보직을 거친 후 제1차 세계대전 때에는 미 동맹원정군의 군수참모로 참전했다. 1936년 3군사령관 및 8군단 지역사령관(텍사스)으로 보직되었으나, 루스벨트 대통령의 뉴딜정책에 반대하는 견해를 공개적으로 밝혀 8군단 지역 사령관에서 해임되었고 즉각 전역 조치되었다. 한 일간지에서 그의 이름 발음에 관해 물어본 적이 있는데, 남부 계통 성이라서 표기와 달리 '헤이그우드'라고 발음한다고 밝혔으며, 원래 철자는 'Haguewood'로 썼었다고 말했던 적이 있다.

헤이슬립, 웨이드 Wade Hamton Haislip, 1889~1971, 육군 대장 ┃ 버지니아 주 우드스톡 태생으로 1912년에 웨스트포인트를 졸업했으며, 1914년에는 미국·멕시코 전쟁에 파견되어 베라크루스 전투에도 참전했다. 1917년부터 1921년까지는 제1차 세계대전에 참전해 프랑스에 파견되었으며, 생 미엘 전투에도 참여했다. 제2차 세계대전 중에는 85사단장을 시작으로 15군단장과 7군사령관을 역임했다. 1949년부터 1951년까지 미 육군참모차장을 지냈으며, 1951년에 전역했다.

호너, 척 Chuck Albert Horner, 1936~ , 공군 대장 ┃ 아이오와 주 대븐포트(Davenport) 출신으로, 아이오와 주립대학교를 졸업했으며, 여기서 ROTC 과정을 밟아 1958년에 소위로 임관했다. 1965년에 베트남전쟁에 참전해 F-105 와일드 위젤(Wild Weasel)을 타고 41회 출격을 달성해 은성훈장을 받았다. 베트남전쟁에 참전한 내내 통산 70회에 달하는 임무를 완수했고, 1969년까지 F-105 교관 및 전투조종사로 활약했다. 1987년 중부공군사령부와 9공군 사령관에 보직되었고, 1991년에 걸프전이 발발하자 미 공군 및 다국적군 공군사령관을 맡았다. 슈워츠코프 장군이 걸프 전역으로 도착하기 전까지 임시로 미 중부사령부를 지휘하기도 했다. 걸프전이 끝난 후인 1992년에는 북미방공우주사령부(현 북부사령부) 사령관을 지냈으며, 1994년 9월에 대장으로 전역했다. 전투기 조종사로 현역생활을 하면서 F-105 와일드 위젤을 비롯해 F-100 슈퍼세이버, F-4 팬텀, F-15 이글, F-16 팰컨 등을 조종했다.

혼버그, 핼 Hal M. Hornburg, 1945~ , 공군 대장 ┃ 텍사스 주 코시캐나 출신으로, 텍사스 A&M 대학교를 졸업했으며, ROTC 프로그램을 통해 공군 소위로 임관했다. 1969년 베트남전에 참전했고, 여기서 21전술공군지원대대 전방 항공통제사로 근무했으며, 영국, 독일 등 다양한 해외 파병 경험을 거쳐 1991년 사막의 폭풍 작전 당시 4혼성전투비행단장으로 참전했다. 보스니아 내전 때에도 합동전투수행센터를 지휘했다. 조종사 출신으로 F-4D/E와 F-15등을 몰았으며, 전술공군사령부에 있을 당시에는 F-15 시험비행조종사로도 근무했다. 2000년 6월에는 공군교육교리사령관을 지냈으며, 2001년부터 2004년까지 공군전투사령부 사령관, 미 합동군사령부 공군구성군사령관, 미 북부사령부 공군구성군사령관 등을 겸임한 후 전역했다.

홉킨스, 해리 Harry Hopkins, 1890~1946 | 루스벨트 대통령의 개인적으로 가장 가까운 조언자였으며, 전쟁 전에는 상무장관(1938~1940)을 역임하며 뉴딜정책을 설계했고, 전쟁 초에는 영국의 처칠 수상 사이의 밀사 역할을 했으며, 전쟁 기간 중에는 루스벨트 대통령의 외교 보좌관을 역임했다. 전쟁 기간(1940~1945)에 영국 비커스 암스트롱(Vickers-Armstrong) 사에서 제조한 '해리 홉킨스(통칭 '마크 Ⅷ')' 경전차도 그의 이름을 따서 명명되었다.

화이트, 토머스 Thomas Dresser White, 1901~1965, 공군 대장 | 제4대 미 공군참모총장을 지냈다. 1920년에 웨스트포인트를 졸업했으며, 보병 소위로 임관했다. 처음에는 파나마운하 지역의 14보병연대에서 복무했으나 1924년에 텍사스 주 브룩스필드의 기본 비행학교 과정에 들어갔고, 다시 고등비행학교에 들어가 졸업 후 99비행관측대대에 배속되었다. 1927년에는 중국어를 배울 목적으로 베이징으로 가 4년간 수학했으며, 귀국 후 육군항공단에 소속되었다가 다시 러시아, 이탈리아 및 그리스 무관 보좌관으로 이동했다. 1940년에는 브라질 국방무관을 지냈다. 본토로 귀국한 1942년에는 3공군 작전참모로 보직되었다가 동 부대 참모장이 되었으며, 제2차 세계대전에 참전한 1944년부터는 13공군 부사령관으로 보직되어 뉴기니 및 남부 필리핀, 보르네오 지역에 투입되었다. 1945년 6월에는 7공군사령관으로 보직되어 마리아나 및 오키나와에서 싸웠으며, 전쟁이 끝난 후인 1946년 1월 7공군과 함께 하와이로 귀환했다. 10월에는 태평양 공군사령부 참모장에 보직되어 도쿄에서 근무했으며, 1947년에는 역시 도쿄에서 5공군사령관으로 영전했다. 이후 본토로 돌아와 공군성 장관실 및 합참에서 행정 직위를 두루 거친 후, 1953년에 대장으로 승진하여 공군 참모차장이 되었다가 1957년에 공군참모총장에 올랐다. 1961년에 전역했다.

화이트헤드, 에니스 Ennis Whitehead, 1895~1964, 공군 중장 | 캔자스 주 웨스트팔리아 태생이다. 원래 법을 공부할 생각으로 캔자스 주립대학교에 입학했으나, 1917년 제1차 세계대전이 발발하자 계획을 바꿔 통신 예비병단 산하 항공반에 병사로 입대했다. 1918년 비행후보생으로 선발되었으며, 일리노이 대학교 어버나 샴페인 캠퍼스(University of Illinois at Urbana-Champaign)에서 비행교육을 완수한 후 프랑스로 파견되었다. 프랑스에서도 비행교육을 마저 이수한 후, 보르도의 포병학교에서 시험비행 조종사가 되었다. 전쟁 기간 내내 시험비행 조종사로 복무한 그는 1919년 동원령이 해제되면서 캔자스 주립대학교로 돌아갔다. 졸업 후 ≪위치토 이글(Wichita Eagle)≫ 기자로 활동하며 로스쿨로 진학할 돈

을 모았으나, 정작 막판에는 비행을 계속하고 싶다는 생각이 강해져 미 정규군에 들어가 육군항공단 소위로 임관했다. 1935년부터 지휘참모대학을 다니던 중 제2차 세계대전이 터지자 전쟁부 작전본부에 배치되었으며, 전쟁이 본격화하면서 야전부대로 전출되어 중령과 대령을 거쳐 준장을 달고 연합군 공군 서남태평양 지역대장으로 파견되었다. 전쟁 말엽에는 5공군사령관으로 보직되면서 대영제국 명예대훈장(OBE)을 받았다. 전후 극동아시아 공군, 공군방어사령관 등을 거쳤으며, 공군참모차장직 제의가 있었으나 이를 거절한 후 1951년에 전역했다. 아들과 손자인 에니스 화이트헤드 주니어와 에니스 화이트헤드 3세 역시 모두 공군에서 각각 소장과 준장을 달았다.

후다첵, 존 John W. Hudachek, 1930~2010, 육군 소장 ┃ 기갑병과 출신이며, 베트남전에도 참전했다. 1970년대 말에는 독일 주둔 2기갑수색연대에서 연대장을 지냈고, 소장을 단 후에는 미 4사단장을 역임하고 주한 미군(USFK) 및 미 8군(EUSA) 참모장을 지냈다. 전역 전에는 미 육군 군수참모부 자원관리국장을 역임한 후 1985년에 전역했다. 장녀인 테레사 후다첵(Teresa Hudachek)은 현재 현역 미 공군 준장이다.

후버, 허버트 Herbert Clark Hoover, 1874~1964, 대통령 ┃ 미국의 제31대 대통령(1929~1933)이다. 아이오와 주 웨스트 브랜치(West Branch) 태생이며, 원래 광산기술자 출신이다. 1895년에 스탠퍼드 대학교 지리학과를 마친 뒤 영국계 광산회사에 취직해 오스트레일리아에서 활동했다. 결혼 후에는 가족이 중국으로 이동했으며, 이때 배운 만다린어는 훗날 대통령 임기 중에 유용하게 쓰였다. 1900년 의화단사건 때문에 톈진에 묶여 있다가 미 해병대가 상륙하자 그곳 지리에 익숙했던 그가 안내했다. 이후 독립 컨설턴트로 활약하다가 제1차 세계대전이 발발하자 유럽에 있던 12만 명에 달하는 미국인의 귀환을 지원했다. 1920년대에는 워런 하딩, 캘빈 쿨리지 대통령 내각에서 상무장관에 임명되었으며, 1928년 대통령 선거에서 공화당 후보로 지명되어 민주당의 앨 스미스(Al Smith)를 꺾고 대통령에 당선되었다. 하지만 당선된 지 불과 8개월 만에 월스트리트 시장 붕괴로 세계 경제대공황이 시작되었으며, 후버댐 같은 대규모 사업 발주 및 관세 인상 등으로 난국을 돌파해보려 했지만 실패하여 결국 1932년 선거에서 프랭클린 루스벨트 후보에게 패했다. 비록 그의 임기 내에는 경제회복 시도의 성과가 나타나지 않았으나, 결국 그가 루스벨트 때 빛을 본 뉴딜정책의 기초를 다졌다는 평가도 있다.

후커, 조지프 Joseph "Fighting Joe" Hooker, 1814~1879, 육군 소장 ┃ 남북전쟁 당시 연방군(북군) 소장이었다. 1863년 챈슬러스빌에서 리 장군에게 패한 것으로 가장 잘 알려져 있다. 1837년에 웨스트포인트를 졸업했으며, 세미놀(Seminole) 전쟁과 미국·멕시코 전쟁에 참전했다. 1853년 당시 잠시 군을 떠났으나 남북전쟁이 발발하자 준장으로 복귀했으며, 윌리엄스버그(Williamsburg) 전투에서 승리하고 나서 소장이 되었다. 군단장이 된 후 앤티텀 전투에 참전했다가 부상을 입었으며, 프레더릭스버그 전투 이후에는 포토맥군사령관으로 옮겼다.

챈슬러스빌 패배 후 게티즈버그에서 리 장군에게 설욕할 기회를 노렸으나, 그의 지휘 능력을 의심한 링컨이 전투 직전에 지휘관에서 해임했다. 이후 서면 장군의 휘하로 배치되어 주로 종전 때까지 서부전선에서 활약했다. '파이팅 조'라는 별명은 윌리엄스버그 전투 후 한 기자가 신문에 잘못 표기한 것이 그대로 별명으로 굳었다고 한다. 주색을 즐기고 사령부에서 도박과 파티를 열어 평판이 좋지 않았다고 한다. 그의 이름인 '후커(창녀라는 뜻도 있다)'가 매춘을 뜻하는 단어의 어원이 되었다는 오해가 종종 있으나, 이미 그 용어는 그의 이름이 알려지기 전부터 문헌 등에서 사용된 예가 있다고 한다.

훅스, 대니얼 Daniel Edwin Hooks, 1908~1985, 공군 소장 ┃ 텍사스 주 아이오와 파크 태생. 1929년 텍사스 크리스천 대학교를 졸업하고, 1932년 하버드 대학교에서 물리학 석사를 취득했다. 이후 조종후보생으로 들어가 1933년에 고등비행훈련학교 과정을 마치면서 비행 상비군이 되었다. 1935년 정규군 소위로 임관했으며, 첫 임무로 랜돌프 공군기지에서 비행 교관이 되었다. 미국이 제2차 세계대전에 참전한 후인 1942년 1월에는 육군항공단 본부로 올라가 참모장교가 되었으며, 다시 샌안토니오 정비창의 부 창장이 되었다. 1944년에는 55정비창 장이 되었으며, 1944년 겨울에는 하와이에서 괌으로 이동하여 괌 보급창의 인사 정비과장을 지냈다. 1947년 오하이오 주립대에서 핵물리학 박사과정을 마치고 뉴멕시코 주의 전술 기술 연락위원회로 배속되었다. 이곳에서 그는 1948년 원자력 에너지 연구개발 현장 사무소 소장을 역임했다. 1950년에는 공군 특수무기센터 연구개발 참모로 보직되었으며, 1953년까지 같은 부대의 참모장과 사령관을 연달아 역임했다. 이후 공군본부 연구과장이 되었다가 공군참모총장 직속의 항공우주 연구실 실장을 끝으로 1962년에 전역했다.

휴브너, 클래런스 Clarence Ralph Huebner, 1888~1972, 육군 중장 ┃ 캔자스 주 출신으로, 이등병으로 군에 입대해 7년 가까이 18보병연대에서 복무하며 부사관까지 진급했다. 1916년 초에 장교로 임관했으며, 제1차 세계대전 중 1보병사단에서 중대, 대대, 연대를 순차적으로 지휘하며 은성훈장을 비롯한 다수의 훈장을 받았다. 제2차 세계대전에 미국이 참전한 후에는 1943년 1사단장 테리 앨런(Terry Allen) 장군을 대신해 사단을 맡았으나, 부하들의 신망이 높았던 앨런 장군과 교체된 점 때문에 사단원에게 평이 좋지 않았다. 특히 초반에 사단장에 부임하면서 역전의 명장인 부대원들에게 기본적인 사열이나 훈련 등을 재실시하여 반발이 심했다. 하지만 서서히 사기가 회복되면서 노르망디 상륙작전에 참가해 오마하 해변에 상륙하여 생 로 전투 승리에 크게 기여했으며, 1사단은 나중에 모르탱에서 독일군의 역습을 물리치고 프랑스를 가로질러 아헨 등에서 적의 기세를 꺾었다. 1945년 1월부터는 5군단장으로 영전해 라인 강에서 엘베 강 주변에 이르는 지역을 맡았으며, 그의 예하 부대는 처음으로 소련군과 만나기도 했다. 전후 1949년 5월부터 9월까지 독일 미군 점령지역 군정관 대행을 지냈으며, 1950년에 군에서 전역해 뉴욕 주 민방위위원회 위원장을 맡아 1961년까지 재직했다.

참고문헌

Chapter 1 | 사심 없는 마음가짐

Eisenhower, Dwight D. 1967. *At Ease: Stories I Tell My Friends*. New York: Doubleday & Company.

Grant, U. S. 1886. *Personal Memoirs, Volume II*. New York: Charles L. Webster and Company.

Hart, B. H. Liddel. 1933. *Sherman: The Genius of the Civil War*. London: Eyre and Spottiswoode.

Marshall, Katherine Tupper. 1946. *Together*. New York: Tupper and Love, Inc.

Personal interview with

General Mark Clark, USA(Ret.), and Edgar F. Puryear, Jr., December 20, 1962.

General of the Army Dwight D. Eisenhower and Edgar F. Puryear, Jr., May 2, 1963.

General of the Army Omar N. Bradley and Edgar F. Puryear, Jr., February 15, 1963

Chapter 2 | 결심: 리더십의 정수

Bradley, Omar N. and Clay Blair. 1983. A General's Life. New York: Simon and Schuster.

Butcher, Harry C. 1946. *My Three Years with Eisenhower*. New York: Simon and Schuster.

Collins, J. Lawton. 1979. *Lightning Joe: An Autobiography*. Baton Rouge and London: Louisiana State University Press.

Crowe Jr., William J. 1993. *The Line of Fire*. New York: Simon & Schuster.

Eisenhower, Dwight D. 1948. *Crusade in Europe*. New York: Doubleday and Company.

Ferrell, Robert H.(ed.). 1981. *The Eisenhower Diaries*. New York: W. W. Norton & Company.

Isaacson, Walter and Evan Thomas. 1986. *The Wise Men*. New York: Simon and Schuster.

Kennan, George F. 1967. *Memoirs 1925~1950*. Boston: Little, Brown.

MacArthur, Douglas. 1964. *Reminiscences*. New York: McGraw-Hill.

Pogue, Forrest C. 1987, *Statesman 1945~1959*. New York: Viking Penguin, Inc.

Powell, Colin L. 1995. *My American Journey*. New York: Random House.

Rusk, Dean. 1991. *As I Saw It*. New York: I. B. Taurus & Co., Ltd.

Smith, Walter B. 1956. *Eisenhower's Six Great Decisions*. New York: Longmans, Green.

Truman, Harry S. 1955. *Year of Decisions*. New York: Doubleday and Company.

Westmoreland, William C. 1976. *A Soldier Reports*. New York: Doubleday and Company.

Letter from Maj. Gen. Howard Davidson, USAF(Ret.), to Edgar F. Puryear, Jr., dated July 19, 1979.

Personal Interview with

Gen. David C. Jones, USAF(Ret.), and Edgar F. Puryear, Jr., January 10, 1997.

Gen. H. Norman Schwarzkopf and Edgar F. Puryear, Jr., October 27, 1995.
General of the Army Dwight D. Eisenhower and Edgar F. Puryear, Jr., May 2, 1963.
General of the Army Omar N. Bradley and Edgar F. Puryear, Jr., February 15, 1963.

Chapter 3 | 결심 수립에서의 감 혹은 육감

Butcher, Harry C. 1946. *My Three Years with Eisenhower*. New York: Simon and Schuster.
Codman, Charles R. 1957. *Drive*. Boston: Little, Brown.
Douglas MacArthur. 1964. *Reminiscences*. New York: McGraw-Hill.
Eichelberger, Robert L. 1950. *Our Jungle Road to Tokyo*. New York: The Viking Press.
Eisenhower, Dwight D. 1948. *Crusade in Europe*. New York: Doubleday & Company.
Greene, Joseph I.(ed.). 1943. *Infantry Journal*. New York: Doubleday, Doran & Company.
Marshall, Katherine Tupper. 1946. *Together*. New York: Tupper and Low.
Schwarzkopf, H. Norman. 1992. *It Doesn't Take a Hero*. New York: Bantam Books.
Truscott, L. K. 1954. *Command Missions*. New York: E. P. Dutton and Company.

Interview with Gen. Matthew Ridgway, USA(Ret.), and Lt. Col John M. Beair, November 24, 1971.
Letter from
   Gen. Ben Lear, USA(Ret.), to Edgar F. Puryear, Jr., August 17, 1943.
   Gen. George S. Patton Jr., to his son, cadet George S. Patton II, dated June 6, 1944.
   Lt. Gen. Alvan C. Gillem, Jr., USA(Ret.), to Edgar F. Puryear, Jr., August 19, 1963.
   Maj. Gen. Robert C. Macon, USA(Ret.), to Edgar F. Puryear, Jr., dated October 8, 1962.
   Maj. Gen. Stanley E. Reinhart, USA(Ret.), to Edgar F. Puryear, Jr., October 24, 1962.
Personal interview with
   Brig. Gen. Don C. Faith and Edgar F. Puryear, Jr., September 12, 1962.
   Col. Robert H. Baxter, USAF, and Edgar F. Puryear, Jr., April 19, 1979.
   Gen. Anthony McAuliffe, USA(Ret.), and Edgar F. Puryear, Jr., September 10, 1962.
   Gen. Carl Spaatz and Edgar F. Puryear, Jr., September 12, 1962.
   Gen. Curtis E. LeMay, USAF(Ret.), and Edgar F. Puryear, Jr., Nobember 17, 1976.
   Gen. David C. Jones, USAF(Ret.), and Edgar F. Puryear, Jr., January 28, 1998.
   Gen. Edward C. Meyer, USA(Ret.), and Edgar F. Puryear, Jr., July 14, 1997.
   Gen. J. Lawton Collins, USA(Ret.), September 20, 1962.
   Gen. Lucian K. Truscott, USA(Ret.), and Edgar F. Puryear, Jr., September 11, 1962.
   Gen. Wade HAislip, USA(Ret.), and Edgar F. Puryear, Jr., September 14, 1962.
   Gen. Wilbur L. Creech, USAF(Ret.), and Edgar F. Puryear, Jr., June 15, 1979.
   Gen. William H. Simpson, USA(Ret.), September 20, 1962.
   General John M. Shalikashvili, USA(Ret.), and Edgar F. Puryear, Jr., June 4, 1997.
   General of the Army Omar N. Bradley and Edgar F. Puryear, Jr., February 15, 1963.
   Maj. Gen. Jerry Cook, USAF(Ret.), and Edgar F. Puryear, Jr., July 22, 1980.

Acheson, Dean. 1969. *Present at the Creation*. New York: W. W. Norton.

Bradley, Omar N. 1951. *A Soldier's Story*. New York: Henry Holt and Company.

Collins, J. Lawton. 1979. *Lightning Joe: An Autobiography*. Baton Rouge: Louisiana University Press.

Halsey, William F. and J. Bryan, III. 1947. *Admiral Halsey's Story*. New York: Whittesey House.

MacArthur, Douglas. 1964. *Reminiscences*. New York: McGraw-Hill.

Mosley, Leonard. 1982. *Marshall: Hero for Our Times*. New York: Hearst Books.

Pogue, Forrest C. and George C. Marshall. 1963. *Education of a General*. New York: Viking Press.

Powell, Colin. 1995. *My American Journey*. New York: Random House.

Schwarzkopf, H. Norman. 1992. *It Doesn't Take a Hero*. New York: Bantam Books.

Letter from

    Maj. Gen. Charles H. Corlett, USA(Ret.), to Edgar F. Puryear, Jr., dated July 31, 1962.

    Maj. Gen. Paul L. Ransom, USA(Ret.), to Edgar F. Puryear, Jr., dated September 4, 1962.

Personal interview with

    Maj. Gen. Chaplin Meade, USAF(Ret.), and Edgar F. Puryear, Jr., April 1, 1981.

    Adm. William J. Crowe, Jr., USN(Ret.), and Edgar F. Puryear, Jr., May 16, 1997.

    Gen. Bruce K. Holloway, USAF(Ret.), and Edgar F. Puryear, Jr., July 7, 1978.

    Gen. Carl A. "Tooey" Spaatz, USAF(Ret.), and Edgar F. Puryear, Jr., September 19, 1962.

    Gen. Charles Gabriel, USAF(Ret.), and Edgar F. Puryear, Jr., July 17, 1986.

    Gen. Colin L. Powell and Edgar F. Puryear, Jr., October 16, 1997.

    Gen. David C. Jones, USAF(Ret.), and Edgar F. Puryear, Jr., January 20, 1998.

    Gen. Edward C. Meyer, USA(Ret.), and Edgar F. Puryear, Jr., July 14, 1997.

    Gen. Edwin W. Rawlings, USAF(Ret.), and Edgar F. Puryear, Jr., February 10, 1977.

    Gen. H. Norman Schwarzkopf and Edgar F. Puryear, Jr., October 27, 1995.

    Gen. John M. Shalikashvili, USA(Ret.), and Edgar F. Puryear, Jr., June 4, 1997.

    Gen. Joseph T. McNarney, USAF(Ret.), and Edgar F. Puryear, Jr., August 22, 1962.

    Gen. Larry Welch, USAF, and Edgar F. Puryear, Jr., February 19, 1987.

    Gen. Nathan F. Twining, USAF(Ret.), and Edgar F. Puryear, Jr., March 3, 1977.

    Gen. Wade Haislip, USA(Ret.), and Edgar F. Puryear, Jr., September 12, 1962.

    Lt. Gen. James H. Doolittle, USAF(Ret.), and Edgar F. Puryear, Jr., February 7, 1977.

Chapter 5 | 독서의 중요성

Blumenson, Martin(ed.). 1972. *The Patton Papers*. Boston: Houghton Mifflin Company.

Bowen, Catherine Drinker. 1974. *The Most Dangerous Man in America*. Boston: Little, Brown.

Bradley, Omar N. 1983. *A General's Life*. New York: Simon and Schuster.

Brookheiser, Richard. 1996. *Founding Father: Rediscovering George Washington*. New York: The Free Press.

Collins, J. Lawton. 1979. *Lightning Joe: An Autobiography*. Baton Rouge: Louisi ana State University Press.

Correspondence with Virginia Historical Society and Edgar F. Puryear, Jr., July 12, 1998.

Corsswell, D. K. R. 1991. *The Chief of Staff: The Military Career of Walter B. Smith*. New York: Greenwood Press.

Eckenrode, H. J. and Bryan Conrad. 1936. *James Longstreet: Lee's War Horse*. Chapel Hill and London: The University of North Carolina Press.

Eisenhower, David. 1986. *Eisenhower: At War 1943~1945*. London: Collins.

Eisenhower, Dwight D. 1967. *At Ease: Stories I tell My Friends*. New York: Doubleday & Company.

Franklin, Benjamin. 1994. *The Autobiography of Benjamin Franklin*. New York: Barnes and Noble.

Grant, Ulysses S. 1885. *Personal Memoirs of U.S. Grant*. New York: Charles L. Webster & Company.

MacArthur, Douglas. 1964. *Reminiscences*. New York: McGraw-Hill.

Manchester, William. 1978. *American Caesar*. Boston: Little, Brown.

Marshall, George C. 1991. *Interviews and Reminiscences for Forrest C. Pogue*. Lexington, VA: George C. Marshall Research Foundation.

Marshall, Katherine Tupper. 1946. *Together*. New York: Tupper and Love.

Marszalek, John F. 1993. *Sherman: A Solder's Passion for Order*. New York: The Free Press.

McFeely, William S. 1981. *Grant: A Biography*. New York: W. W. Norton & Company.

Robertson Jr., James I. 1997. *Stonewall Jackson: The Man, The Soldier, The Legend*. New York: MacMillan Publishing USA.

Schwarzkopf, H. Norman. 1992. *It Doesn't Take a Hero*. New York: Bantam Books.

Young, Kenneth Ray. 1994. *The General's General*. Boulder, Colo.: Westview Press.

Zourkova, Krassimira J. 1997. Princeton University, a publication for alumni and friends, Princeton University, Spring.

Interview with

    Gen. Carl Vuono, USA(Ret.), and Edgar F. Puryear Jr., April 14, 1997.

    Gen. David C. Jones, USAF(Ret.), and Edgar F. Puryear, Jr., June 12, 1984.

    Gen. Edward C. "Shy" Meyer, USA(Ret.), and Edgar F. Puryear, Jr., July 17, 1997.

    Gen. Matthew Ridgway, USA(Ret.), and Lt. Col. John M. Beair, November 24, 1971.

Letter from Gen. George S. Patton, Jr., to Cadet George S. Patton, III, dated June 6, 1944.

Personal interview with

    Adm. William J. Crowe, Jr., USN(Ret.), and Edgar F. Puryear, Jr., May 16, 1997.

    Gen. Colin Powell, USA(Ret.), and Edgar F. Puryear, Jr., October 16, 1997.

    Gen. Gordon R. Sullivan, USA(Ret.), and Edgar F. Puryear, Jr., April 20, 1999.

    Gen. John M. Shalikashvili, USA(Ret.), and Edgar F. Puryear, Jr., June 4, 1997.

    Gen. Norman Schwarzkopf, USA(Ret.), and Edgar F. Puryear, Jr., October 27, 1995.

    Gen. Thomas D. White, USAF(Ret.), and Edgar F. Puryear, Jr., April 30, 1963.

    Gen. W. L. Creech, USAF(Ret.), and Edgar F. Puryear, Jr., December 20, 1998.

    General of the Army Dwight D. Eisenhower, May 2, 1963.

    General of the Army Omar N. Bradley and Edgar F. Puryear, Jr., February 15, 1963.

    Lt. Gen. Joseph Smith, USAF(Ret.), and Edgar F. Puryear, Jr., July 6, 1977.

    Lt. Gen. Louis E. Byers, USA(Ret.), October 14, 1977.

Chapter 6 | 멘토십: 지도, 상담, 조언, 가르침, 그리고 앞길을 열어주기

Butcher, Harry C. 1946. *My Three Years with Eisenhower*. New York: Simon and Schuster.

Clark, Mark W. 1950. *Calculated Risk*. New York: Harper and Brothers.

Codman, Charles R. 1957. *Drive*. Boston: Little, Brown.

Creech, Bill. 1994. *The Five Pillars of TQM*. New York: Truman Talley Books/Plume.

Eisenhower, Dwight D. 1948. *Crusade in Europe*. New York: Dobuleday and Company.

Hatch, Alden. 1950. *George Patton, General in Spurs*. New York: Julian Messener.

Krueger, Walter. 1993. *From Down Under to Nippon*. Washington, D.C.: Combat Forces Press.

McCann, Kevin. 1952. *Man from Abilene*. New York: Doubleday and Company.

Pogue, Forrest C. 1963. *George C. Marshall: Education of a General*. New York: The Viking Press.

Young, Kenneth Ray. 1994. *The General's General*. Boulder, Colo.: Westview Press.

Letter from

Gen. Merrill A. McPeak, USAF, to Gen. W.L. Creech, USAF(Ret.), dated January 16, 1991.

General Hal Hornburg, USAF to Gen. W.L. Creech, USAF(Ret.), dated December 24, 1998.

Personal interview with

Adm. William Crowe and Edgar F. Puryear, Jr., May 16, 1997.

Col. George C. Cochew, USA(Ret.), and Edgar F. Puryear, Jr., December 19, 1962.

Former secretary of the air force John L. McLucas and Edgar F. Puryear, Jr., February 21, 1980.

Gen. Colin L. Powell, USA(Ret.), and Edgar F. Puryear, Jr.

Gen. Curtis E. LeMay, USAF(Ret.), and Edgar F. Puryear, Jr., August 28, 1975.

Gen. David C. Jones and Edgar F. Puryear, Jr., January 20, 1998.

Gen. Edward C. Meyer, USA(Ret.), and Edgar F. Puryear, Jr., July 14, 1997.

Gen. George S. Brown and Edgar F. Puryear, Jr., September 14, 1977.

Gen. Jacob E. Smart, USAF(Ret.), and Edgar F. Puryear, Jr., July 17, 1979.

Gen. John D. Ryan, USAF(Ret.), and Edgar F. Puryear, Jr., August 9, 1979.

Gen. John Shalikashvili and Edgar F. Puryear, Jr., June 4, 1997.

Gen. Robert E. Dixon, USAF(Ret.), and Edgar F. Puryear, Jr., June 10, 1980.

Gen. W.L. Creech, USAF(Ret.), and Edgar F. Puryear, Jr., December 20, 1998.

General of the Army Dwight D. Eisenhower and Edgar F. Puryear, Jr., May 2, 1963.

Chapter 7 | 배려

Arnold, Henry J. "Hap". 1949. *Global Mission*. New York: Harper & Row Publishers.

Clark, Mark W. 1948. *Calculated Risk*. New York: Doubleday and Company.

LeMay, Curtis E. 1953. *The National Geographic Magazine*, May.

Schwarzkopf, H. Norman. 1992. *It Doesn't Take A Hero*. New York: Bantam Books.

Truscott, Lucian K. 1954. *Command Mission*. New York: Dutton.

Letter from

Gen. Colbey M. Myers to Edgar F. Puryear, Jr., dated November 30, 1996.

Maj. Carl Spaatz to Maj. Frank D. Lackland, Air Officer, VIII Corps Area, dated August 22, 1922.

Maj. Carl Spaatz to Maj. Thurman H. Bane, A.S. dated July 13, 1922.

Maj. Gen. A. M. Jones, USA(Ret.), to Edgar F. Puryear, Jr., dated August 10, 1962.

Personal interview with

Lt. Gen. Elwood R. "Pete" Quesada and Edgar F. Puryear, Jr., June 22, 1977.

Brig. Gen. Ernest J. White, USAF(Ret.), and Edgar F. Puryear, Jr., March 8, 1981.

Col. Carl Barthel, USAF(Ret.), and Edgar F. Puryear, Jr., August 8, 1979.

Col. Robert H. Baxter, USAF(Ret.), and Edgar F. Puryear, Jr., April 19, 1979.

Gen. Curtis E. LeMay, USAF(Ret.), and Edgar F. Puryear, Jr., August 28, 1975.

Gen. J. P. Ryan USAF(Ret.), and Edgar F. Puryear, Jr., August 9, 1979.

Gen. John M. Shalikashvili and Edgar F. Puryear, Jr., June 4, 1997.

Gen. Lauris Norstad, USAF(Ret.), and Edgar F. Puryear, Jr., August 22, 1977.

General Carl Spaatz and Edgar F. Puryear, Jr., September 19, 1962.

Lt. Gen. Ira C. Eaker, USAF(Ret.), and Edgar F. Puryear, Jr., October 4, 1977.

Lt. Gen. Willis D. Critenberger and Edgar F. Puryear, Jr., October 20, 1962.

Maj. Gen. Courtney L. Faught, USAF(Ret.), and Edgar F. Puryear, Jr., August 8, 1979.

Maj. Gen. Daniel E. Hooks and Edgar F. Puryear, Jr., January 21, 1976.

Maj. Gen. Henry J. Meade, chaplain, USAF(Ret.), and Edgar F. Puryear, Jr., April 1, 1981.

Maj. Gen. Richard A. Grussendorf and Edgar F. Puryear, Jr., July 8, 1978.

Maj. Gen. Robert C. Thompson, USAF(Ret.), and Edgar F. Puryear, Jr., October 27, 1980.

Chapter 8 | 위임

Arnold Henry H. and Ira C. Eaker. 1942. *Army Flyer*. New York: Harper.

Butcher, Harry C. 1948. *My Three Years with Eisenhower*. New York: Simon and Schuster.

Edgar F. Puryear, Jr., 1971. *Nineteen Stars*. Novato, CA: Presidio Press.

Eisenhower, Dwight D. 1948. *Crusade in Europe*. New York: Doubleday and Company.

Ferrell, Robert H.(ed.). 1981. *The Eisenhower Diaries*. New York: W. W. Norton.

Headquarters, Department of the Army. 1993. 6. *Field Manual 100-5: Operations*.

Kenney, George C. 1961. *The MacArthur I know*. New York: Duell, Sloand and Pearce, and personal interview, February 16, 1963.

Lee, Clark and Richard Henschel. 1932. *Douglas MacArthur*. New York: Henry Holt and Company.

MacArthur, Douglas. 1964. *Reminiscences*. New York: McGraw-Hill.

Interview by Donald Saunessey with General Orville A. Anderson, USAF(Ret.), October 1959.

Letter from

Brig. Gen. Clarence P. Cain to Edgar F. Puryear, Jr., dated June 12, 1962.

Col. Edward McGough, USAF(Ret.), to Edgar F. Puryear, Jr., dated August 27, 1979.

Lt. Col. Albert Cochrane, USAF(Ret.), to Edgar F. Puryear, Jr., dated April 9, 1980.

Maj. Gen. Gerald K. Handricks, USAF(Ret.), to Edgar F. Puryear, Jr., dated February 14, 1980.

Maj. Gen. H. B. Hayden, USA(Ret.), to Edgar F. Puryear, Jr., November 27, 1962.

Maj. Gen. Harold A. Bartron, USAF(Ret.), to Edgar F. Puryear, Jr., dated October 17, 1962.

Maj. Gen. Robert B. Williams, USAF(Ret.), to Edgar F. Puryear, Jr., dated October 31, 1962.

Personal interview with

Maj. Gen. Rush P. Lincoln, October 9, 1962.

Gen. Carl A. "Tooey" Spaatz and Edgar F. Puryear, Jr., August 28, 1976.

Gen. Curtis E. LeMay, USAF(Ret.), and Edgar F. Puryear, Jr., August 28, 1975.

Gen. H. Norman Schwarzkopf and Edgar F. Puryear, Jr., October 27, 1995.

Gen. Jacob F. Smart, USAF(Ret.), and Edgar F. Puryear, Jr., July 17, 1979.

Gen. Larry D. Welch, USAF(Ret.), and Edgar F. Puryear, Jr., December 20, 1998.

Gen. Larry D. Welch, USAF(Ret.), and Edgar F. Puryear, Jr., February 19, 1987.

Gen. Spaatz and Edgar F. Puryear, Jr., September 19, 1962.

Gen. Thomas D. White, USAF(Ret.), and Edgar F. Puryear, Jr., April 30, 1963.

Gen. William F. "Bozo" McKee and Edgar F. Puryear, Jr., July 6, 1977.

Gen. William J. Evans, USAF(Ret.), with Edgar F. Puryear, Jr., April 17, 1980.

Lt. Gen. Joseph G. Wilson, USAF(Ret.), and Edgar F. Puryear, Jr., August 5, 1981.

Lt. Gen. Kenneath A. Tallman, USAF(Ret.), and Edgar F. Puryear, Jr., June 18, 1980.

Lt. Gen. Stephen J. Chamberline and Edgar F. Puryear, Jr., July 8, 1962.

Lt.Gen. Howard M. Lane, May 16, 1980.

Maj. Gen. Courtney L Faught, USAF(Ret.), August 6, 1979.

Maj. Gen. George F. Keegan, USAF(Ret.), and Edgar F. Puryear, Jr., January 12, 1980.

Maj. Gen. Tim Ahern, USAF(Ret.), and Edgar F. Puryear, Jr., September 14, 1977.

Speech given by Gen. Thomas D. White, USAF at the US Air Force Academy, June 7, 1957.

Chapter 9 | 책망하기보다는 문제를 바로잡아라

Allen, Robert S. 1947. *Lucky Forward*. New York: Vanguard Press.

Crowe, Jr., J. 1993. *The Line of Fire*. New York: Simon & Schuster.

Eisenhower, David. 1986. *Eisenhower: At War 1943~1945*. London: Collins.

Grant, U. S. 1886. *Personal Memoirs*. New York: Charles L. Webster & Company.

Hart, B. H. Liddell. 1933. *Sherman: The Genius of the Civil War*. London: Eyre and Spottswoode.

Johnson, William Preston. 1878. *The Life of General Albert Sidney Johnston*. New York: D. Appleton and Company.

Montgomery Papers, Imperial War Museum, reel 8.

Newman, Richard J. 1997. 8. 11. *U.S. News & World Report*.

Patton, Jr., George S. 1947. *War As I Knew It*. Boston: Houghton Mifflin Company.

Peers, W. R. 1979. *The My Lai Inquiry*. New York: W. W. Norton & Company.

Powell, Colin L. 1995. *My American Journey*. New York: Random House.

Raymond, Henry W.(ed.). 1879. *"Excerpts from the Journal of Henry J. Raymond" Scribner's Monthly, XIX*.

Schwarzkopf, H. Norman. 1992. *It Doesn't Take a Hero*. New York: Bantam Books.

Sherwood, Robert E. 1948. *Roosevelt and Hopkins*. New York: Harper and Brothers.

Westmoreland, William C. 1976. *A Soldier Reports*. New York: Doubleday and Company.

Letter from

    Gen. R. E. Lee to President Jefferson Davis, dated July 31, 1863.

    Gen. Theodore R. Milton, USAF(Ret.), to Edgar F. Puryear, Jr., dated April 9, 1976.

    Maj. Gen. John M. Devine, USA(Ret.), to Edgar F. Puryear, Jr., dated October 9, 1962.

    Maj. Gen. Lunsford E. Oliver, USA(Ret.), to Edgar F. Puryear, Jr., dated October 9, 1962.

Personal interview with

    Adm. William J. Crowe, Jr. USN(Ret.), and Edgar F. Puryear, Jr., May 16, 1997.

    Gen. David C. Jones, USAF(Ret.), and Edgar F. Puryear, Jr., June 12, 1984.

Gen. John M. Shalikashvili and Edgar F. Puryear, Jr., June 4, 1997.

Chapter 10 | 인품의 일부를 보여주는 품격

Bohlen, George E. 1973. *Witness to History*. New York: W. W. Norton & Company.

Bradley, Omar N. 1983. *A General's Life*. New York: Simon and Schuster.

Bryant, Arthur. 1959. *Triumph in the West*. London: Collins.

Catton, Bruce. 1951. *Mr. Lincoln's Army*. New York: Doubleday & Company.

Collins, J. Lawton. 1971. *Lightening Joe: An Autobiography*. Baton Rouge: Louisiana State University Press.

Edgar F. Puryear Jr. 1971. *Nineteen Stars: A Study in Military Character and Leadership*. Novato, CA: Presidio Press.

Eisenhower, David. 1986. *Eisenhower: At War 1943~1945*. London: Collins.

Eisenhower, Dwight D. 1967. *At Ease: Stories I tell My Friends*. New York: Doubleday & Company.

_____. 1970. *The Papers of Dwight David Eisenhower: The War Years*, Vol. IV. Louis Galambos(ed.). Baltimore, MD: The Johns Hopkins University Press.

Farwell, Byron. 1992. *Stonewall*. New York: W. W. Norton & Company.

Freeman, Douglas Southhall. 1943. *Lee's Lieutenants, Volume II*. New York: Charles Schribners Sons.

Gelb, Norman. 1994. *Ike & Monty*. New York: William Morrow and Company.

Hart, B. H. Liddell. 1958. *Sherman: Soldier, Realist, American*. New York: Frederick Am. Praeger.

Kennan, George F. 1967. *Memoirs, 1925~1950*. Boston, Little Brown.

McCann, Kevin. 1952. *Man From Abilene*. New York: Doubleday and Company.

McFeely, William S. 1981. *Grant: A Biography*. New York: W. W. Norton & Company.

Mosely, Leonard. 1982. *Marshall: Hero for Our Times*. New York: Hearst Books.

Office of the Chief of the Military History Collection(OCMH), Williams, oral history transcript.

Pogue, Forrest C. 1963. *George C. Marshall: Education of a General, 1880~1939*. New York: Viking.

_____. 1973. *George C. Marshall: Organizer for Victory, 1943~1945*. New York: Viking.

Pre-presidential papers, Principal File, Box 53, Eisenhower Memorial Library.

Rusk, Dean. 1991. *As I Saw It: A Secretary of State's Memoirs*. London and New York: I. B. Taurus & co., Ltd.

Schwarzkopf, H. Norman. 1992. *It Doesn't Take A Hero*. New York: Bantam Books.

Smith, Gene. 1984. *Lee and Grant: A Dual Biography*. New York: Blue & Grey Press.

Thomas, Emory M. 1995. *Robert E. Lee: A Biography*. New York: W. W. Norton & Company.

Vandiver, Frank E. 1957. *Mighty Stonewall*. College Station: Texas A&M University Press.

Personal interview with

Gen. Carl A. Spaatz, USAF(Ret.), and Edgar F. Puryear, Jr., September 12, 1962.

Gen. Curtis E. LeMay, USAF(Ret.), and Edgar F. Puryear, Jr., August 28, 1975.

Gen. Edward C. Meyer, USA(Ret.), and Edgar F. Puryear, Jr., July 14, 1997.

Gen. H. Norman Schwarzkopf, USA(Ret.), and Edgar F. Puryear, Jr., August 25, 1995.

Gen. J. Lawton Collins, USA(Ret.), September 20, 1962.

Gen. Mark W. Clark, USA(Ret.), and Edgar F. Puryear, Jr., December 20, 1962.

General of the Army Dwight D. Eisenhower and Edgar F. Puryear, Jr., May 2, 1963.

General of the Army Omar N. Bradley and Edgar F. Puryear, Jr., February 15, 1963.

Acheson, Dean. 1969. *Present at the Creation*. New York: W. W. Norton.

Collins, Lawton J. 1979. *Lightning Joe: An Autobiography*. Baton Rouge and London: Louisiana State University Press.

Eisenhower, David. 1986. *Eisenhower at War, 1943~1945*. London: Collins.

Eisenhower, Dwight D. 1948. *Crusade in Europe*. New York: Doubleday and Company.

_____. 1967. *At Ease*. New York: Doubleday & Company.

Flood, Charles Bracelen. 1981. *Lee: The Last Years*. Boston: Houghton Mifflin Company.

Franklin, Benjamin. 1994. *The Autobiography of Benjamin Franklin*. New York: Barnes and Nobles.

Grant, U. S. 1885. *Personal Memoirs of U. S. Grant, Volume I*. New York: Charles L. Webster & Company.

Hart, B. H. Liddell. 1933. *Sherman: The Genius of the Civil War*. London: Eyre and Spotteswood.

Keenan, George F. 1972. *Memoirs 1925~1950*. Boston: Little, Brown.

MacArthur, Douglas. 1964. *Reminiscences*. New York: McGraw-Hill Book Company.

Marshall, Katherine T. 1946. *Together*. New York: Tupper and Low.

Patton, Jr., George S. 1947. *War As I Knew It*. Boston: Houghton-Mifflin Company.

Pogue, Forrest C. 1963. *George C. Marshall: Education of a General*. New York: Viking.

Powell, Colin. 1995. *My American Journey*. New York: Random House.

Sherwood, Robert E. 1948. *Roosevelt and Hopkins*. New York: Harper and Brothers.

Smith, Walter B. 1956. *Eisenhower's Six Great Decisions*. New York: Longmans, Green.

Truman, Harry S. 1955. *Year of Decisions*. New York: Doubleday & Company.

Interview with Gen. Matthew Ridgway, USA(Ret.), and Lt. John M. Beair, November 24, 1971.
Letter from
  Col. Dwight Eisenhower, USA, to Col. Omar N. Bradley, July 1, 1940.
  Gen. George S. Patton, Jr., USA to his son Cadet George S. Patton, IV dated June 6, 1944.
  Gen. Joseph W. Stilwell to his wife, dated June 7, 1942.
  Gen. Robert E. Lee to President Jefferson Davis, dated July 31, 1863.
  Maj. Gen. Lunsford E. Oliver, USA(Ret.), to Edgar F. Puryear, Jr., dated October 9, 1962.
Personal interview with
  Adm. William J. Crowe, Jr., USN(Ret.), and Edgar F. Puryear, Jr., May 16, 1997.
  Gen. Carl Vuono, USA(Ret.), and Edgar F. Puryear, Jr., April 14, 1997.
  Gen. Charles Gabriel, USAF(Ret.), and Edgar F. Puryear, Jr., July 17, 1986.
  Gen. Clarence Ralph Huebner and Edgar F. Puryear, Jr., October 30, 1962.
  Gen. Curtis E. LeMay , USAF(Ret.), and Edgar F. Puryear, Jr., August 28, 1975.
  Gen. David C. Jones, USAF(Ret.), and Edgar F. Puryear, Jr., January 10, 1997.
  Gen. Edward C. Meyer, USA(Ret.), and Edgar F. Puryear, Jr., July 14, 1997.
  Gen. H. Norman Schwarzkopf, USA(Ret.), and Edgar F. Puryear, Jr., October 27, 1995.
  Gen. J. Lawton Collins USA(Ret.), and Edgar F. Puryear, Jr., September 20, 1962.
  Gen. Larry Welch, USAF(Ret.), and Edgar F. Puryear, Jr., February 19, 1987.
  Gen. Matthew Ridgway, USA(Ret.), and Lt. Col John M. Belair, November, 1971.
  Gen. W. L. Creech, USAF(Ret.), and Edgar F. Puryear, Jr., December 20, 1998.
  Gen. William H. Simpson USA(Ret.), and Edgar F. Puryear Jr., September 20, 1962.
  General of the Army Dwight D. Eisenhower, USA, and Edgar F. Puryear, Jr., May 2, 1963.

General of the Army Omar N. Bradley and Edgar Puryear, Jr., February 15, 1963.

Gordon R. Sullivan, USA(Ret.), and Edgar F. Puryear, Jr., April 2, 1999.

Lt. Gen. James H. Doolittle, USAF(Ret.), and Edgar F. Puryear, Jr., February 7, 1977.

Lt. Gen. Willis D. Crittenberger, USA(Ret.), and Edgar F. Puryear, Jr., October 20, 1962.

Nathan F. Twining, USAF(Ret.), and Edgar F. Puryear, Jr., March 3, 1977.

찾아보기

인물

ㄱ

거니, 존(John Gurney) 48
게이, 호바트(Hobart R. Gay) 395
게이브리얼, 찰스(Charles A. Gabriel) 187
게이츠, 호레이쇼(Horatio Gates) 43
골드워터, 베리(Barry Goldwater) 199
귄건드, 프랜시스 드(Francis De Guingand) 421,
　426
그라이스, 윌리엄(William Grice) 322
그랜트, 율리시스(Ulysses S. Grant) 27, 391, 406,
　409
그레이, 알(Al Gray) 118
그레이브스, 하워드(Howard D. Graves) 120
그루센도프, 리처드(Richard Grussendorf) 335
그린리프, 애벗(Abbot Greenleaf) 144
글렌, 존(John H. Glenn) 109
길렘, 앨번(Alvan C. Gillem) 126

ㄴ

넬슨, 호레이쇼(Horatio Nelson) 244
노리에가, 마뉴엘(Manuel A. Noriega) 118
노스태드, 로리스(Lauris Norstad) 294, 337
녹스, 더들리(Dudley W. Knox) 54
니미츠, 체스터(Chester W. Nimitz) 174
니컬스, 에드워드(Edward W. Nichols) 437
니컬스, 윌리엄(William Nichols) 199

ㄷ

다그, 허버트(Herbert Dargue) 63

다를랑, 프랑수아(J. L. X. François Darlan) 99,
　406
던, 조지(George H. Dern) 171, 270
덜레스, 존 포스터(John F. Dulles) 287
데버스, 제이컵(Jacob L. Devers) 32, 424, 473
데이비스, 제퍼슨(Jefferson F. Davis) 219, 390,
　474
데이비슨, 마이클(Michael S. Davidson) 298
데이비슨, 하워드(Howard C. Davidson) 97
델라필드, 리처드(Richard Delafield) 219
돌빈, 웰본(Welborn G. Dolvin) 108
둘리틀, 제임스(James Doolittle) 181, 469
듀건, 마이크(Mike J. Dugan) 404
드럼, 휴(Hugh A. Drum) 56
드바인, 존(John M. Devine) 394
딕슨, 로버트(Robert J. Dixon) 289

ㄹ

라이언, 존(John D. Ryan) 291, 341, 380, 479
래클랜드, 프랭크(Frank D. Lackland) 333
램지, 버트럼(Bertram Ramsey) 87
러벳, 로버트(Robert A. Lovett) 92, 137, 429
러스크, 딘(Dean Rusk) 101, 430
레이히, 윌리엄(William D. Leahy) 49
레인, 하워드(Howard M. Lane) 379
레인하트, 스탠리(Stanley E. Reinhart) 154
로버트슨, 앱샐럼(Absalom W. Robertson) 70
로저스, 존(John Rogers) 58
롤링스, 에드윈(Edwin W. Rawlings) 185
롱, 로버트(Robert Long) 192
롱스트리트, 제임스(James Longstreet) 220
루스벨트, 시어도어(Theodore Roosevelt) 214,
　271
루스벨트, 프랭클린(Franklin D. Roosevelt)

46, 89, 166, 360, 406, 423

르메이, 커티스(Curtis E. LeMay)　68, 133, 282, 338, 371, 396, 445

리, 로버트(Robert E. Lee)　17, 220, 389, 415, 474

리, 윌(Will Lee)　148

리-맬러리, 트래퍼드(Trafford Leigh-Mallory)　83

리겟, 헌터(Hunter Liggett)　267

리데나워, 론(Ron Ridenour)　397

리드, 월터(Walter Reed)　302

리어, 벤(Ben Lear)　132

리지웨이, 매슈(Matthew B. Ridgway)　141, 241, 463

린드버그, 찰스(Charles Lindbergh)　97

링컨, 러시(Rush P. Lincoln)　366

링컨, 에이브러햄(Abraham Lincoln)　218, 390, 407, 412, 474

ㅁ

마셜, 조지(George C. Marshall)　13, 35, 86, 92, 132, 163, 207, 223, 327, 428, 433

마이어, 에드워드(Edward C. Meyer)　73, 139, 195, 247, 266, 293, 447, 484

마치, 페이튼(Payton C. March)　216

매그루더, 넬슨(Nelson Megruder)　238

매코이, 존(John J. McCoy)　52

매콜리프, 앤서니(Anthony C. MacAuliffe)　17, 33, 136

매클렐런, 조지(George B. McClellan)　218, 390, 411, 474

매키, 윌리엄(William F. McKee)　370

맥거프, 에드워드(Edward A. McGough)　380

맥나니, 조지프(Joseph T. McNarney)　169

맥나마라, 로버트(Robert S. McNamara)　69, 286 ~ 287

맥도웰, 어빈(Irvin McDowell)　464

맥루커스, 존(John L. McLucas)　293

맥밀런, 브락(Brock McMillan)　69

맥브라이드, 윌리엄(William V. McBride)　71

맥아더, 더글러스(Douglas MacArthur)　14, 102, 140, 156, 170, 272, 208, 271, 362, 440, 459, 478

맥아더, 아서(Arthur MacArthur)　214, 272

맥퍼슨, 제임스(James B. McPherson)　392

맥피크, 메릴(Merrill A. McPeak)　315

메이컨, 로버트(Robert C. Macon)　154

모겐소, 헨리(Henry Morgenthau)　166, 466

모데카이, 앨프리드(Alfred Mordecai)　219

모미어, 윌리엄(William W. Momyer)　382

몽고메리, 버나드(Bernard Law Montgomery)　17, 85, 87, 128, 392, 418

무어, 제임스(James E. Moore)　293

무어러, 토머스(Thomas H. Moorer)　317

미드, 헨리(Henry J. Meade)　186, 346

미첼, 윌리엄(William "Billy" Mitchell)　57, 445

밀러, 헨리 저비스(Henry J. F. Miller)　436

밀턴, 시어도어(Theodore R. Milton)　396

ㅂ

바이어스, 루이스(Louis E. Byers)　238

바이츠만, 하임(Chiam A. Weizmann)　93

바트런, 해럴드(Harold Bartron)　372

반덴버그, 호이트(Hoyt S. Vandenburg)　370, 444

버치널, 데이비드(David A. Burchinal)　292

버크너, 사이먼(Simon B. Buckner)　435

번사이드, 앰브로스(Ambrose E. Burnside)　390

번스, 제임스(James F. Byrnes)　429

백스터, 로버트(Robert H. Baxter)　143

베이커, 제임스(James A. Baker)　118

베인, 서먼(Thurman Bane)　332

벨, 프랭클린(J. Franklin Bell)　267, 437

보인, 월터(Walter J. Boyne)　308

볼런, 찰스(Charles E. Bohlen)　92, 428

볼테, 찰리(Charlie Bolte)　232

부스, 도널드(Donald P. Booth)　64

부시, 조지(George W. Bush)　353

부시, 조지(George H. W. Bush)　119, 195, 321

부오노, 칼(Carl Vuono)　118, 251, 484

부처, 해리(Harry C. Butcher)　84, 130

불, 해럴드(Harold R. Bull)　232

불릿, 윌리엄(William C. Bullitt)　239

뷰캐넌, 로버트(Robert C. Buchanan)　409

브라운, 라이틀(Lytle Brown)　171

브라운, 조지(George S. Brown)　77, 106, 137, 249, 342

브라운, 해럴드(Harold Brown)　69, 71, 107,

199, 286, 299
브래들리, 오마(Omar N. Bradley) 16, 31, 96, 103, 128, 134, 163, 230, 393, 422, 425, 440
브랜트, 제럴드(Gerald C. Brant) 67
브레진스키, 즈비그뉴(Zbigniew K. Brzezinski) 291
브로밀리, 리처드(Richard F. Bromily) 343
브룩, 앨런(Allen Brooke) 85, 419
브리지스, 스타일스(Styles Bridges) 48
블래그, 톰(Tom Blagg) 193
블랜처드, 조지(George S. Blanchard) 297
빈슨, 칼(Carl Vinson) 69

人

샬리캐슈빌리, 존(John M. Shalikashvili) 139, 196, 257, 321, 356, 405, 484
서덜랜드, 리처드(Richard K. Sutherland) 176
서머벨, 브레헌(Brehon B. Somervell) 49
서먼, 맥스웰(Maxwell R. Thurman) 118
설리번, 고든(Gordon R. Sullivan) 255
셀프리지, 토머스(Thomas Selfridge) 443
셔먼, 윌리엄 테쿰세(William T. Sherman) 28, 222, 245, 392, 412, 456
셔먼, 존(John Sherman) 28
셔먼, 포러스트(Forrest P. Sherman) 103
셰리턴, 필립(Philip Sheridan) 48
슈워츠코프, 노먼(H. Norman Schwarzkopf) 111, 145, 188, 351, 384, 403, 410, 447, 460
슈토이벤, 폰(Von Steuben) 236
슐레진저, 제임스(James R. Schlesinger) 287
스마트, 제이컵(Jacob E. Smart) 287, 368
스미스, 월터 베델(Walter Bedell Smith) 83, 95, 233, 361, 420
스미스, 조지프(Joseph Smith) 238
스미스, 찰스(Charles B. Smith) 254
스위니, 월터(Walter C. Sweeney) 286
스코크로프트, 브렌트(Brent Scowcroft) 118
스콧, 윈필드(Winfield Scott) 464
스탈린, 이시오프(Iosif V. Stalin) 46
스태그, 제임스(James M. Stagg) 88
스터기스, 새뮤얼(Samuel D. Sturgis) 411
스테니스, 존(John C. Stennis) 72
스트래튼, 새뮤얼(Samuel S. Stratton) 400
스트로더, 딘(Dean C. Strother) 483

스티븐스, 알렉산더(Alexander H. Stephens) 415
스틸웰, 조지프(Joseph W. Stilwell) 176, 402
스팀슨, 헨리(Henry L. Stimson) 25, 47, 90, 168, 279, 476
스파츠, 칼(Carl A. Spaatz) 32, 66, 128, 137, 235, 182, 366, 442
시먼, 조너선(Jonathan O. Seaman) 400
시버트, 에드윈(Edwin L. Sibert) 436
심슨, 윌리엄(William H. Simpson) 19, 32, 135, 473
싱글로브, 존(John K. Singlaub) 109

ㅇ

아널드, 헨리(Henry H. Arnold) 35, 64, 97, 330, 365, 442
아이젠하워, 드와이트(Dwight D. Eisenhower) 14, 34, 81, 104, 123, 207, 265, 359, 375, 386, 389, 418, 438, 459
아이첼버거, 로버트(Robert L. Eichelberger) 140, 478
알라메인, 엘(El Alamein) 418
알렉산더, 해럴드(Harold R. L. G. Alexander) 100, 138
애스핀, 레슬리(Les Aspin) 201, 469
애치슨, 딘(Dean Acheson) 90, 92, 170, 429
애헌, 티머시(Timothy I. Ahern) 374
앤더슨, 오빌(Orville A. Anderson) 367
에번스, 윌리엄(William J. Evans) 380
에이브럼스, 크레이턴(Creighton W. Abrams) 295, 349
오도넬, 에멧(Emmett O'Donnell) 368
오스틴, 워런(Warren R. Austin) 48
올리버, 룬스퍼드(Lunsford E. Oliver) 394, 474
올즈, 로버트(Robert Olds) 282
와인버거, 캐스퍼(Casper Weinberger) 200, 320, 401, 475
왓슨, 에드윈(Edwin M. Watson) 96
우드, 레너드(Leonard Wood) 279, 476
우드워드, 우디(Woodie Woodward) 295
우든, 존(John Wooden) 250
워너, 존(John W. Warner) 76
워슬리, 필립(Philip S. Worsley) 28
워싱턴, 조지(George Washington) 25, 209, 458
워커, 월턴(Walton H. Walker) 241, 274

윌러, 캐빈(Calvin A. H. Waller) 403, 475
웨드마이어, 앨버트(Albert C. Wedemeyer) 19, 432
웨스트모얼랜드, 윌리엄(William C. Westmoreland)
    105, 397, 462
웨인라이트, 조너선(Jonathan M. Wainwright) 158
웰치, 래리(Larry D. Welch) 118, 187, 375, 468
위컴, 존(John A. Wickham) 302, 321, 461
윌러, 버튼(Burton K. Wheeler) 433
윌러, 얼(Earle G. Wheeler) 295
윌리엄 슬림(William J. Slim) 253
윌리엄 시버트(William L. Sibert) 163
윌리엄스, 로버트(Robert B. Williams) 373
윌슨, 우드로(Thomas Woodrow Wilson) 27, 456
윌슨, 조지프(Joseph G. Wilson) 380
윌코스, 빌(Bill Wilkows) 420
응오꽝쯔엉(Ngo Quang Troung) 145, 256, 464
이커, 아이라(Ira C. Eaker) 63~64
이튼, 로버트(Robert E. L. Eaton) 372

ㅈ

장제스(蔣介石) 176, 468
잭슨, 스톤월(Stonewall Jackson) 17, 415
제로, 레너드(Leonard T. Gerow) 274
제퍼슨, 토머스(Thomas Jefferson) 210
조이스, 케니언(Kenyon A. Joyce) 34
존스, 데이비드(David C. Jones) 57, 68, 110, 143,
    186, 246, 284, 346, 405
존스, 윌리엄(J. William Jones) 27
존스턴, 앨버트(Albert S. Johnston) 218, 391
존슨, 루이스(Louis A. Johnson) 105, 295, 446
존슨, 해럴드(Harold K. Johnson) 142
주코프, 게오르기(Georgy Zhukov) 153
줌월트, 엘모(Elmo Zumwalt) 116, 317

ㅊ

처칠, 윈스턴(Winston Churchill) 15, 91, 234, 423
체니, 리처드(Richard B. Cheney) 118, 403
체임벌린, 스티븐(Stephen J. Chamberlin) 362
칸스, 마이클(Michael P. C. Carns) 120
칼루치, 프랭크(Frank C. Carlucci) 320
캐넌, 존(John K. Cannon) 332
캘리, 윌리엄(William L. Calley) 399

캠벨, 포트(Fort Campbell) 462
커니, 필립(Philip Kearny) 411
커닝엄, 앤드루(Andrew B. Cunningham) 100
커스터, 조지(George A. Custer) 464
커윈, 월터(Walter T. Kerwin) 298
케넌, 조지(George F. Kennan) 92, 98, 428, 459
케네디, 존 F.(John F. Kennedy) 70, 457
케니, 조지(George C. Kenney) 175, 362
케손, 마누엘(Manuel L. Quezon) 37
케이프하트, 호머(Homer Capehart) 130
케인, 클리어런스(Clearance P. Cain) 366

ㅋ

코낼리, 톰(Tom Connally) 168
코너, 폭스(Fox Conner) 226, 276, 470
코드먼, 찰스(Charles R. Codman) 133
코스터, 새뮤얼(Samuel W. Koster) 398
코언, 윌리엄(William S. Cohen) 405
코코란, 찰리(Charlie Corcoran) 295
코크런, 앨버트(Albert Cochrane) 379
콘웨이, 토머스(Thomas Conway) 209
콜렛, 찰스(Charles H. Corlett) 168
콜린스, 로턴(J. Lawton Collins) 17, 32, 94, 135,
    143, 178, 232, 441
쿡, 제리(Jerry Cook) 137
쿨리지, 캘빈(Calvin Coolidge) 60
쿼얼스, 도널드(Donald A. Quarles) 375
퀘사다, 엘우드(Elwood R. Quesada) 336
퀴리, 제임스(James B. Currie) 144
퀸, 윌리엄(William W. Quinn) 294
큐터, 로런스(Laurence S. Kuter) 137, 367
크라이튼버거, 윌리스(Willis D. Crittenberger)
    327, 473
크레이그, 데이비드(David B. Craig) 404
크레이그, 멀린(Malin Craig) 166, 272
크로, 윌리엄(William J. Crowe, Jr.) 115, 191, 243,
    316, 401, 475
크루거, 월터(Walter Krueger) 34, 207, 275
크리치, 윌버(Wilber L. Creech) 145, 249, 304,
    477
클라크, 마크(Mark W. Clark) 18, 31, 138, 275,
    335, 441, 473
클러터벅, 월터(Walter E. Clutterbuck) 100

클레먼스, 조지프(Joseph G. Clemons) 188
클레어리, 버나드(Bernard A. Clarey) 317
클리퍼드, 클라크(Clark M. Clifford) 92, 106
클린턴, 빌(Bill Clinton) 195
키건, 조지(George J. Keegan) 381
키나드, 해리(Harry Kinnard) 296
키드, 아이크(Ike C. Kidd) 71
킨, 앨프리드(Alfred V. Keane) 349
킨케이드, 토머스(Thomas C. Kinkaid) 175
킹, E. L.(E. L. King) 66
킹, 어니스트(Ernest J. King) 35

ㅌ

타워, 존(John Tower) 76
태프트, 윌리엄(William H. Taft) 214, 279
테더, 아더(Arther W. Tedder) 87, 128
톨먼, 케니스(Kenneath L. Tallman) 382
톰슨, 로버트(Robert C. Thompson) 346
트러스콧, 루시안(Lucian K. Truscott) 19, 31, 136,
    138, 329, 473
트렌처드, 휴(Hugh M. Trenchard) 283
트로스트, 칼(Carl Trost) 118
트루먼, 해리(Harry S. Truman) 38, 89, 459
트와이닝, 네이선(Nathan F. Twining) 183, 336,
    444

ㅍ

파머, 존(John M. Palmer) 236
파월, 콜린(Colin L. Powell) 112, 192, 257,
    320, 404, 434, 460
판초 비야(Pancho Villa) 280
패커드, 데이비드(David Packard) 381
패터슨, 로버트(Robert Patterson) 430
패트릭, 메이슨(Mason M. Patrick) 64, 334
패튼, 조지(George S. Patton) 14, 133, 151, 227,
    277, 394, 424, 440, 474
퍼시벌, 아서(Arthur E. Percival) 158
퍼싱, 존(John J. Pershing) 47, 163, 267, 437
페쳇, 제임스(James E. Fechet) 65
포그, 포러스트(Forrest C. Fogue) 93, 164, 225
포글먼, 로널드(Ronald R. Fogleman) 405
포러스털, 제임스(James V. Forrestal) 40, 92

포스, 켄들(Kendal Foss) 180
포즈, 로버트(Robert Poz) 118
포터, 핏츠 존(Fitz John Porter) 411
포트, 코트니(Courtney L. Faught) 342, 378
포프, 존(John Pope) 411, 416
폰 함머슈타인, 쿠르트 프라이허(Kurt Freiherr von
    Hammerstein-Equord) 369
푸앵카레, 레몽(Raymond Poincaré) 164
프랭클린, 벤저민(Benjamin Franklin) 211, 470
프리먼, 더글러스(Douglas S. Freeman) 28, 217
피어스, 윌리엄(William R. Peers) 398

ㅎ

하딩, 에드윈(Edwin F. Harding) 230
하몬, 밀러드(Milliard F. Harmon) 67
하인스, 존(John L. Hines) 61
하지스, 코트니(Courtney H. Hodges) 421, 473
하트먼, 데이비드(David Hartman) 74
한니발(Hannibal) 209
할러웨이, 브루스(Bruce K. Holloway) 183
할렉, 헨리(Henry W. Halleck) 407, 414
할시, 윌리엄(William F. Halsey) 173
해리먼, 애버렐(W. Averell Harriman) 90
해리슨, 가이(Guy Harrison) 71
해밀턴, 알렉산더(Alexander Hamilton) 44
해스켈, 윌리엄(William N. Haskell) 56
허치, 존(John Hutch) 411
허터, 크리스천(Christian A. Herter) 429
헌터, 프랭크(Frank O. D. Hunter) 67
헙트, 허먼(Herman Haupt) 411
헤이그우드, 존슨(Johnson Hagood) 269
헤이슬립, 웨이드(Wade H. Haislip) 18, 136, 181,
    274
헬렉, 헨리(Henry W. Helleck) 48
호너, 척(Chuck A. Horner) 305
호프먼, 폴(Paul Hoffman) 33
혼마 마사하루(本間雅晴) 157
혼버그, 핼(Hal M. Hornburg) 314
홉킨스, 래리(Larry J. Hopkins) 73
홉킨스, 해리(Harry Hopkins) 51
화이트, 토머스(Thomas D. White) 236, 368, 374,
    444
화이트로, 존(John L. Whitelaw) 153

화이트헤드, 에니스(Ennis C. Whitehead) 288
후다첵, 앤(Ann Hudachek) 193
후다첵, 존(John W. Hudacheck) 192
후버, 허버트(Herbert C. Hoover) 170, 273, 364

후커, 조지프(Joseph Hooker) 411
훅스, 대니얼(Daniel E. Hooks) 338
휴브너, 클래런스(Clarence R. Huebner) 481
히틀러, 아돌프(Adolf Hitler) 85, 421, 424, 432

용어

ㄱ

가장 위대한 미국인 430
가치 452
강등 68, 411, 436
개방적인 분위기 461
개성파와 반골 116
건강교육복지부 장관 320
걸프전쟁 112, 305, 310, 475
검열관 396
게티즈버그 389, 438
게티즈버그 전투 225, 474
결심 수립 81~82, 95
결정의 한 해(Year of Decisions) 89
결행(go) 혹은 중단(no go) 85
경멸 411
경외감 465
경제대공황 170, 364, 467
경제협력국 33
계곡작전(Valley Campaign) 415
계류접촉기뢰 401
고급 보병학교 228
고급유인전략항공기 70
고등비행훈련학교 331
골드워터-니컬스 법안 198, 469
골프 코스 344
공공정책 수립 320
공공 도서관 213
공군 35
공군 공중수송사령부 291
공군교육교리사령부 307
공군 무관 471
공군 비행대대 장교학교(SOS) 265
공군력의 오용 197
공군물자사령부 185
공군병기사령부 137, 290, 381

공군성 25
공군성 인사참모부장 337
공군성 장관 381
공군성 차관 375
공군이동사령부 307
공군참모차장 282
공군참모총장 32, 71, 143, 182, 186, 235, 282,
    290, 315, 341, 346, 368, 374, 404, 481
공병부장 171
공보관 96
공중조기경보 통제시스템(AWACS) 309
교관 441
교육 비용 337
국가방위법 171
국가안보국 291
국가안보법 25, 198
국가안전보장회의(NSC) 120
국립항공우주박물관 308
국무부 120, 430
국무부 보좌관 106
국무부 부장관 101
국무부 차관보 90
국무부 특별정치국 430
국무장관 101, 170, 428
국민당 176
국방무관 215, 238, 241
국방부 25
국방연수원 249, 257, 286, 477
국제법 399
군 내 동성애자 195
군 의료시설 333
군 통수권 44
군 통수권자 196
군무원 344
군법재판 158
군법회의 61, 228
군사 리더십 21
군사법원 399
군사보좌관 290

군사술(軍事術) 256
군사적 반응력 134, 463, 160
군사학(軍史學) 225, 255, 415
군사항공 분야 442
군속 가족 352
군수 285
군수사령부 291
군종감 186
군종참모 27, 346
굿모닝 아메리카(Good Morning America) 74
귀향 요청 414
극동군사령관 173
근접항공지원(CAS) 380
금주령 334
기밀 유출 436
기상장교 88
기술병장 128
기습의 요건 103
기업 혁명 309
기자회견 53
기지 매점(BX) 346

ㄴ

나쁜 결정 111
나치당 433
나토 38, 317, 374
나토 유럽 최고 동맹군사령관 323
낙하산 332
남베트남 105, 354
남베트남군 464
남부연합군 389, 415
남북전쟁 214, 245
내가 예상했던 전쟁(Wars I knew it) 474
냉전 179, 338
넬리스 공군기지 310
노르망디 421
노르망디 상륙 328, 436, 459
노맨 182~183
노스캐롤라이나 대학교 27
누메아 174
뉴기니 175
뉴딜 사퇴 전법 101
뉴스위크 434

뉴욕 시 경찰국장 271
뉴욕타임스 62, 201, 399
뉴조지아 174
느린 사람 417
능력우선주의 266

ㄷ

다국적군 323
다낭 292
다롄 214
단일 지휘체계 363
담배 파이프 464
당번병 479
대대장 148
대륙간 탄도미사일(ICBM) 72
대륙육군 201
대륙의회 201
대영제국 왕실 45
대원수 55
대일 선전포고 89
대통령 해외정보고문위원회 106
대한민국 102, 108
던컨 기지 338
도쿄 103
독립선언서 211
독일 171, 352, 392, 432
독일 고등군사학교 433
동기부여 452
동료애 129
동원 248
디데이 38, 473
디데이 침공 389
따귀 사건 282

ㄹ

라이벌 412
라이트 기지 331
라인 강 125
랑그르 281
랭글리 기지 235
러일전쟁 215
러프 라이더 271

레드 플래그 연습 376
레이테 섬 141
렉싱턴 73
렉싱턴호 223
로즈 가든 70
루르 지방 85, 422
루프트바페 97
리 장군의 막료들(Lee's Lieutenants) 28
리더 개발 프로그램 477
리더십 20, 31, 33, 81

ㅁ

마누스 섬 175
마닐라 238
마라키나 계곡 140
마라톤 전투 209
마르네 라 코케트(Marne-la-Coquette) 42
마셜 문서(Marshall Papers) 328
마셜플랜 34, 98
마운트 버넌 210
마인츠 352
마치 기지 97, 144
마켓가든 420
만주 171, 241
매코드 공군기지 342, 378
매쿡 기지 332
맥스웰 공군기지 265
머내서스 416
메리놀 외방전교회 349
멕시코 270
멘토 273, 476
멘토링 303, 312, 316
멘토링 시스템 307
멘토십 266, 324
명예 37
명예대훈장 18, 159, 214, 268
명예추서 55
명확한 지침 113
모범 327
목표 377
몰타 360
무승부 416
묵덴 158

문민통제권 44
문호개방정책 480
물자 공중수송사령부 291
미 공군 전술공군사령부 145
미 공군 전투기무장학교 249
미 교육교리사령부 45
미국 국제개발국(US AID) 34
미국 대사 105
미국 독립혁명 42
미국·멕시코 국경 280
미 남부사령부 118
미 대사관 243
미 독립혁명 211
미 동맹원정군(AEF) 49, 267, 281
미라이 397
미래 전쟁 310
미 베트남 항공수송사령부(MACV) 292
미서전쟁 267
미연방의회 44
미연방합중국 대통령 90, 459
미 육군참모총장 17
미 전력사령부(US FORSCOM) 45
미주리호 156
미크로네시아 협상단 317
미키캬나 177
미 혁명군사령관 45
민간기업 313
민간통제 391
민간항공사 445
민다나오 141
민력 28, 413

ㅂ

바레인 319
바르샤바 89
바스토뉴 17, 425
바탄 53, 159
바탄 죽음의 행군 157, 329
방갈로르 235
방향성 452
배려 478
배열통제위원회 138
백악관 465

백악관 군사보좌관 96
백악관 웨스트윙 89, 114
백악관 펠로십 320
버마 도로 176
버지니아 군사학교(VMI) 225, 274, 437, 464
벌지 대전투 126, 395
베르사유조약 227
베를린 427
베이징 237
베트남 291, 353, 381, 449
베트남 파병 미군 사령관 105
베트남 항공수송사령부 290
베트남전쟁 198, 284, 397, 462, 477
베트콩 190
벤처사업 409
벨리 포지 209
별이 쏟아진 기수 274
병기사령부 291
병사 344
병사식당 331
병원 353
병원균 404
보너스 군대 364
보병교리 228
보병병과장 228
보병 저널(Infantry Journal) 155
보스니아 196, 323
보안성 검토 375
보어전쟁 229
보조 교수 220
보좌진(secretariat) 94
보직 사퇴 72
볼링 기지 239, 348
봉천 237
부대 검열 127
부대 식당 449
부대 전개 35
부사관 321, 344, 462
부사령관 414
부산 102, 237
북베트남 105, 146
북부 독일 373
북아프리카 48, 99, 278, 329, 422
북아프리카 공군사령관 181

북아프리카 침공 335
북한 254, 317
북한군 102, 249
분석평가단 295
불가리아 259
브레멘 396
브루나이 만 상륙작전 140
브루킹스 연구소 297
브뤼셀 420
브리즈번 174
브리지턴 401
비상 대기지역 338
비행기장(飛行紀章) 331
비행대대장 110
비호전대(Flying Tigers) 183
빅스버그 414
빨래이꾸 355

ㅅ

사관후보생(OCS) 46
사교 생활 440
사기 문제 431
사라미스 해전 209
사막의 방패 작전 353, 404, 460
사막의 여우 작전 314
사막의 폭풍 작전 117, 305, 310, 353, 460, 477
사명 456
사열 124
사이공 106, 450
사임 447
사회개혁 프로그램 172
산디아 기지 379
살레르노 침공 100
살인자 천사들(Killer Angels) 258
상상력 137
상원 국방세출위원회 69
상원 군사위원회 199
상호 신뢰 129
상호방위조약 108
새퍼 어택 188
샌드허스트 사관학교 234
샌안토니오 선언 62
생도의 기도 482

생 로 394
샤프스버그 416
샹 리외 281
서부사령관 270
서울 102, 349
석유회사 438
선더버드 249
섭리의 손가락 43
성공 가능성 115
성명서 393
성실함 37
성조기 159
성조지(Star and Stripes) 127
셀프리지 공군기지 334
셰넌도어 59
셰르부르 83, 132
소련 92, 239, 321
소모 현상 340
소해 자산 402
소해함 401
속빈 군대 74, 248
솔로몬제도 173
쇼맨십 151, 464
수송기 정비사 343
수혈 128
수훈십자훈장(Distinguished Service Cross) 188, 281
수훈훈장(Distinguished Service Medal) 281
순회 관람 140
쉬어: 친구들에게 전하는 이야기(At Ease: Stories I tell my Friends) 29
스미스 특임대(Task Force Smith) 254
스카이블레이저 249
스코필드 배럭스 337
승진 54
시계 368
시더 산 416
시온주의 91
시칠리아 133, 278
시타델 441
신연방군 편제 25
신파나마운하조약 106
실로 전투 245, 392
심리 상태 129

쌍권총 패튼 154

ㅇ

아랍권 92
아르덴 85, 392, 425
아르덴 공세 427
아르벨라 208
아른헴 420
아메라시안 법안 350
아메리칸 시저 217
아메리컬 사단 397
아발란체 작전 101
아이크 장군(General Ike) 130
아이크 재킷 161, 464
아츠기 기지 159
악당이 승리 448
안치오 329
안치오 계획 123
안클람 373
알 레카브 401, 475
알래스카 97
압력집단 41
압축 95
앞길을 열어주기(door opening) 266
애대심 129
애틀랜타 412
애포매톡스 27, 390
앤드루스 기지 348
앤트워프 132
앰뷸런스 333
야외 활동 441
야전명령서 226, 277
야전지휘관 275, 335, 360
얄타회담 89
어느 병사의 보고서(A Soldier's Reports) 483
어느 병사의 이야기(A Soldier's Story) 483
언어학습 장교 239
엔진 기화기 341
엔필드 소총 104
엘링턴 기지 332~333
엘베 강 126
엘패소 280
역량평가서 269

역사 216
연간 성과분석 보고서 194
연구개발국장 71
연방군 391, 411, 435
연방수사국(FBI) 433
연방주의자(Federalist) 210
연합군 37, 419
연합군사령부 141, 227, 425
연합군 서남태평양 방면 사령관 55
연합군 유럽 최고사령관 484
연합군 태평양 방면 사령관 55
연합원정군 226
연합작전 26
연합참모본부 26, 49, 359, 423
연합통신사(AP) 130
열아홉 개의 별(Nineteen Stars) 13~14
영감 125
영국 왕립공군 283
영국 원정 항공단 283
영국 하원 427
예비역 348, 480
예스맨 163, 466
오를레앙 293
오마하 기지 342
오버로드 작전(노르망디 상륙작전) 46, 359
오버아머가우 294
오성장군 55
오스트레일리아 217, 363, 366
오스트프리슬란트 58
옥스퍼드 234
완전지원병제 73
왕위를 거절 43
외교관적 기질 233
요르단 297
요코타 기지 346
우델쿠르 164
우주 공간 290
우호적 중재 215
워싱턴 114
워싱턴타임스 헤럴드 49, 432
워싱턴포스트 434
워털루 219
원자탄 89
원정군사령관 233

월터 리드 국립 군의료센터 302
웨스트포인트 146, 157, 216, 218, 220, 272, 293, 398, 436, 439, 444, 448, 482
위임 368
윌러 기지 337
유대인 91
유럽 승전일(V-E Day) 26
유럽 전역 최고사령관 130
유럽 침공 128
유령 관찰자 143
유엔 403
유엔군사령관 102
유연성 116
유타 해안 84
육감 112, 123, 231, 458, 460, 463, 470
육군 고문단 104
육군 공보국장 178
육군 공보부 53
육군 무관 97
육군 및 해군 연회 465
육군 병무국장 369
육군기갑학교 45
육군성 25
육군성 작전국장 275
육군성 전쟁기획국 274
육군참모차장 166, 181
육군참모총장 51, 94, 132, 166, 180, 195, 254, 268, 349, 363, 397, 447, 476, 484
육군항공단 35, 97, 331, 442
육군항공대 15, 35, 169, 334, 365
육군항공부 35
의무, 명예, 애국 451, 482
의사결정 37, 376
의사결정자 110, 458, 469
의회 군사위원회 171
이글 클로 198
이동표(movement table) 87
이라크 314, 403
이라크전쟁 403
이란 401
이수동(Issoudon) 444
이슈 북(Issue Book) 252
이스라엘 91, 297
이스라엘 건국 승인 93, 196

이아드랑 계곡 146
이탈리아 171
이탈리아 전투 329
인도 235
인사참모 376
인습 타파주의자 117
인애주의 347
인종문제 110, 246, 297
인종차별 347
인천 102
인천상륙작전 459
인품 25, 33, 451, 456, 478, 482, 484
인품의 결여 411
일리아드 28
일본 171
일본 연합함대 214
일본군 포로수용소 158, 329
임대업 410
입양 프로그램 350

ㅈ

자부심 457
작전 명령서 296
작전비행단 285
작전소요국장 184
작전참모부 35
잠수함 발사 탄도미사일(SLBM) 72
장교단 116
장교클럽 334
장군의 도 20, 477
저격수 152
저공비행주의 309
적체 현상 437
전 미국인(AA) 사단 297
전 세계를 울린 총소리 73
전기 208, 216, 250, 471
전도서 9장 10절 451
전략공군사령관 282, 338
전략공군사령부 184
전략상황실(War Room) 89
전략폭격 105
전략핵전력의 세 기둥 72
전력질주 전략 421

전방 전개지역 74
전술공군사령관 249, 286, 377
전술공군사령부 382
전역 437, 442, 484
전역 공군(Theater Air Force) 315
전장증후군 282
전쟁 455
전쟁기획국 169, 208, 272, 483
전쟁론 220
전쟁부 25, 96, 484
전쟁부 장관 171
전쟁부 필리핀 국장 269
전쟁사 470
전쟁신경증 131
전쟁에서의 성공 155
전쟁의 술(術) 221
전차교리 227
전차전 227
전투복 131, 345
전투비행단 363
전투식량 356
전투준비태세 188
전화정보 시스템 462
접촉선 152
정규군 171
정복자 159
정상회담 114
정치제도 316
제1차 세계대전 89, 231, 267, 281, 330, 437
제2전선 85
제2차 세계대전 13, 133, 159, 223, 328, 360,
    394, 419, 447
제3차 세계대전 460
제이피모건 437
조달병과장 270
조인트 스타스 309
조정자 419
존중 431
주변 사람 371
주영 미국 대사 243
주유럽 미 공군사령부 306
주유럽 미군사령관 287, 482
주유럽 미 육군사령관 298
주저하는 전사 434

주한 미군 109, 349
중공 321
중국군 176
중동군 사령관 319
중부사령부 314, 353, 403
중부사령부 공군구성군사령관 314
지도, 상담, 가르침 266
지브롤터 335
지식 136
지적 성실성 184
지휘계통 384
지휘관 의도 385
지휘관회의 142, 384
지휘권 423
지휘조종사 349
지휘참모대학 65, 228, 257, 268, 274, 477
지휘체계 423
직감 112
진급 35, 437
진급위원회 117, 194, 317
진급 적체 현상 30
진급 정책 117
진주만 176, 275, 440
진주만 공습 366
질 혹은 특성 이론적 접근 방법 455
징집위원회 133

ㅊ

참모 21
참모장 170
참모차장 181
참전 438
참전용사 364
책임 473, 481
챈슬러스빌 416
처칠 393
총림지대 조종사(bush pilot) 97
최종 결심회의 87
추락 사고 340
추방 63
충성 113
충실함 432
충칭 178

치카호미니 416
침묵 424

ㅋ

카사블랑카 406
카사블랑카 회의 248
카세르타 123
카우보이 342
카이로회담 50, 359
카터 행정부 109
카푸친 승려 237
칸나이 전투 209
칼라일 기지 300
캄란 만 292
캄보디아 146, 354
캐슬 공군기지 285
캘리포니아 223
캠프 로건 333
캠프 미드 227
켈리 공군기지 342
코레히도르 157
코탕탱 반도 84
콜롬비아 107
콜롬비아 대학교 438
콜린 파월 자서전(My American Journey) 193
쿠르드족 323
쿠바 271
쿠웨이트 401, 475
크리스마스 337, 353, 354, 479
크림전쟁 219
클레이모어 188

ㅌ

태평양 공군사령부 347
태평양 공군 307
태평양전쟁 140
탱크 227, 356
토건 관리평가팀 346
통신병과 57
통신병과 항공반 35
통합전투사령부 109
트라시메노 147

특별기구(ad hocracy) 301

ㅍ

파나마 117, 226, 236, 470
파나마 침공 작전(Operation Just Cause) 117
파나마방위군(PDF) 118
파나마운하 53, 106
파이프 담배 156
판텔레리아(Pantelleria) 섬 100
팔레스타인 91
패턴 457
패튼 474
패튼 문서(Patton Papers) 229
팬아메리칸 항공사 77
팬암 442
페르시아 만 319, 401, 475
펜타곤 15, 120
펜타곤 일반 장교관리실(GOMO) 194
평가 및 실행단 251
포린어페어(Foreign Affairs) 239
포크 촙 힐 188
포토맥군 411
포토맥군사령관 218, 390
포트 그랜트 231
포트 녹스 73, 132
포트 더글러스 269
포트 도널슨 435
포트 라일리 64, 445
포트 레벤워스 65
포트 루이스 274, 351
포트 마이어 218
포트 미드 277
포트 베닝 45
포트 블리스 280
포트 샘 휴스턴 274, 333
포트 아서 214
포트 조지 라이트 230
포트 카슨 192
포트 캠벨 321
포트 후드 207, 483
포트 훔볼트 409
폴란드 89, 257
푸에블로호 317

풋볼 336
프랑스 330
프랑크푸르트 114, 352
프랭클린 스토브 211
프레더릭스버그 390
프레더릭스버그 전투 417
프로바이드 컴포트 작전 323
피비린내 나는 영감님(Old Blood and Guts) 153
필리핀 36, 104, 140, 267, 272, 437
필리핀제도 207

ㅎ

하늘을 나는 대사 240
하와이 주지사 41
하원 국제관계위원회 107
하원 군 수사 소위원회 400
하원 군사분과위원회 69
하이델베르크 298
하퍼스 페리 416
학습 463
한국 108, 141, 254, 349, 463
한국군 102
한국전쟁 102, 241, 335, 446, 447
한니발(Hannibal) 147
함께(Together) 29
합동기획국 169
합동참모국장 120
합동참모기획단 433
합동참모본부 108, 173, 433
합동참모본부 의장 14, 71, 106, 115
합참 제도 197
항공 분야 관찰관 57
항공기 정비 관리 306
항공우편 366
항공참모부장 66
항복수리문서 157
해군성 25
해군성 정책기획부장 319
해군참모총장 35, 103, 117, 317, 319
해로우 234
해외 전개지역 338
해임 426, 473

핵잠수함 192
핵주먹 340
핵 폐기 협정 114
허스키 작전 100
헤를렌 168
헥토르 28
헬기 355
현대전 20
홀로코스트 91
회고록(Memoir) 172
회상록(Reminiscences) 103
후원자 265
휴가 361

기타

101공정사단 294, 321, 420, 447, 461
10개 전투사단 74
1공수사단 420
1군 270, 392
1기병사단 298
1항공기병사단 296
1항공사단 373
21집단군사령부 423
24사단 254
24시간 작업 본부 144
29보병사단 124
2공군사령관 110
2기갑사단장 153
2폭격단 283
3군 134, 392, 394, 483
3군단 275
3사단 473
3함대 사령관 55
4급 기술병 128
5군 473

5군사령관 18
5기갑사단 394
65보병사단 154
6군단 473
6집단군 473
7공군 292
7공군사령관 290, 380
7공군사령부 249
7군 134
7군단 297
7군사령관 17
82공정사단 86, 142, 297, 420
8공군 396
8군단 333
8군사령관 140, 142, 241
8기병연대 280
9공군사령관 314
9군 19, 424, 473

AC&W(Aircraft Control & Warning) 343
B-1 70, 108, 350, 458
B-17 373
B-50 341
B-52 106, 285, 286
B-70 69, 286
C-135 285
C-54 159
G.I. 130
INC 314
OER(Officer Evaluating Report System) 376
P-40에서 70 115
PX 345
ROTC 398, 484
SHAEF 42, 124, 127, 421
SHAPE 40, 293
USS 앨라배마 58

지은이 _ **에드거 F. 퍼이어** Edgar F. Puryear, Jr.

메릴랜드대학교(University of Maryland)를 졸업하고, 덴버대학교(University of Denver), 프린스턴대학교(Princeton University), 버지니아 주립대학교(University of Virginia)에서 석사와 박사학위를 받았다. 1983년부터 2000년까지 조지타운대학교(Georgetown University)에서 교수로 재직했으며, 현재는 동 대학 명예교수로 재직하고 있다. 지난 45년간 다수의 미군 교육기관 및 기지에서 군사 리더십에 관해 강의했으며, 현재는 버지니아 주 메디슨시에서 변호사로도 활동 중이다. 지은 책으로는 『19개의 별(Nineteen Stars)』, 『창공의 별들(Stars in Flight)』, 『명장의 코드(American Generalship)』, 『아메리칸 애드미럴십(American Admiralship)』 등 다수의 군사 리더십 관련 저술을 남겼다.

옮긴이 _ **윤상용**

예비역 육군 대위로, 현재 한국국방안보포럼(KODEF) 연구위원으로 활동하고 있다. 미국 머서스버그 아카데미(Mercersburg Academy)와 서강대학교 정치외교학과를 졸업했으며, 동 대학교 국제대학원에서 국제관계학 석사학위를 받았다. 육군 통역사관 2기로 임관하여 육군 제3야전군사령관 전속 통역장교로 복무했으며, 미 육군성에서 수여하는 육군 근무유공훈장을 수훈했다. 주간 경제지인 ≪이코노믹 리뷰≫에서 '밀리터리 노트' 칼럼을 연재했으며, 현재는 네이버 무기백과사전에 필진으로 참여 중이다. 역서로는 『명장의 코드』, 『영화 속의 국제정치』(공역), 『아메리칸 스나이퍼』(공역)가 있다.

명장의 코드

무엇이 그들을 성공한 리더로 만들었는가

ⓒ 윤상용, 2012

지은이 ㅣ 에드거 F. 퍼이어
옮긴이 ㅣ 윤상용
펴낸이 ㅣ 김종수
펴낸곳 ㅣ 한울엠플러스(주)

초판 1쇄 발행 ㅣ 2012년 12월 10일
초판 2쇄 발행 ㅣ 2020년 10월 26일

주소 ㅣ 10881 경기도 파주시 광인사길 153 한울시소빌딩 3층
전화 ㅣ 031-955-0655
팩스 ㅣ 031-955-0656
홈페이지 ㅣ www.hanulmplus.kr
등록 ㅣ 제406-2015-000143호

Printed in Korea.
ISBN 978-89-460-6969-5 03320(양장)
       978-89-460-6970-1 03320(무선)

* 이 책은 강의를 위한 학생용 교재를 따로 준비했습니다.
  강의 교재로 사용하실 때에는 본사로 연락해 주십시오.
* 가격은 겉표지에 표시되어 있습니다.